ISBN 978-0-428-02877-0
PIBN 11221955

1 MONTH OF
FREE
READING

at
www.ForgottenBooks.com

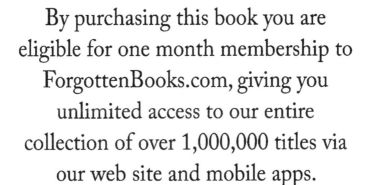

By purchasing this book you are eligible for one month membership to ForgottenBooks.com, giving you unlimited access to our entire collection of over 1,000,000 titles via our web site and mobile apps.

To claim your free month visit:
www.forgottenbooks.com/free1221955

English
Français
Deutsche
Italiano
Español
Português

www.forgottenbooks.com

Mythology Photography **Fiction**
Fishing Christianity **Art** Cooking
Essays Buddhism Freemasonry
Medicine **Biology** Music **Ancient
Egypt** Evolution Carpentry Physics
Dance Geology **Mathematics** Fitness
Shakespeare **Folklore** Yoga Marketing
Confidence Immortality Biographies
Poetry **Psychology** Witchcraft
Electronics Chemistry History **Law**
Accounting **Philosophy** Anthropology
Alchemy Drama Quantum Mechanics
Atheism Sexual Health **Ancient History**
Entrepreneurship Languages Sport
Paleontology Needlework Islam
Metaphysics Investment Archaeology
Parenting Statistics Criminology
Motivational

THEOLOGIA

MORALIS

ILLUSTRISSIMI AC REVERENDISSIMI

D. ALPHONSI DE LIGORIO,

OLIM EPISCOPI S. AGATHÆ GOTHORUM,

ET RECTORIS MAJORIS CONGREGATIONIS SS. REDEMPTORIS,
A PIO VII, 15 SEPTEMBRIS ANNI 1816 BEATORUM FASTIS
ADSCRIPTI, ADJUNCTA IN CALCE PERUTILI INSTRUCTIONE
AD PRAXIM CONFESSARIORUM, UNA CUM ILLUSTRISSIMI
AC REVERENDISSIMI JOANNIS DOMINICI MANSI AR-
CHIEPISCOPI LUCENSIS EPITOME DOCTRINÆ MORALIS ET
CANONICÆ EX OPERIBUS BENEDICTI XIV.

EDITIO CÆTERIS CORRECTIOR.

TOMUS TERTIUS.

Continens Tractatus de Contractibus et de præceptis parti-
cularibus certo hominum statui propriis.

———————

ANTVERPIÆ,

E PRELO JANSSENS ET VAN MERLEN, IN PLATEA
CORIARIORUM.
1822.

1276.3.3
✓

N

THEOLOGIA MORALIS.

CAPUT III.

DE CONTRACTIBUS.

DUBIUM I.

Quid in genere sit contractus?

» **R**ESP. Est pactum, sivè consensus duorum, quo 707.
» scienter, liberè, et legitimè uterque se vicissim,
» vel nimirùm saltem una pars se alteri acceptanti
» obligat, quocumque signo externo id fiat : ut v. gr.
» in contractu mutui, ex una parte mutuans se obligat
» ad non repetendum mutuum antè certum tempus; ex
» altera parte mutuatarius se obligat tunc ad illud red-

» dendum ; et sic de aliis. In promissione autem, vel
» donatione absoluta, una pars tantùm obligatur post
» alterius acceptationem. »

Prænotandum, alios esse contractus nominatos, ut
sunt emptio, mutuum, etc. Alios innominatos, quorum *ex l. Naturalis, ff. de Præscript. verb.* quatuor
dantur species, scilicet : *Do ut des : Facio ut facias :
Do ut facias : Facio ut des.* Notandum deindè, alios
esse contractus nudos, alios vestitos, nimirùm stipulatione, juramento. Pro nudis autem regulariter non
conceditur actio in foro externo.

508 Sed quæritur 1. quot modis contractus perficiantur ?
Resp. quatuor modis, I. *Consensu*, ut in emptione ,
locatione etc. Et si in istis convenitur de scriptura ,
ista magis ad probationem , quàm ad constitutionem
deserviet, *ex § Un Ins. de Obl. ex cons. et l. S. C. de Trans.*
Excipe, nisi partes intendant suspendere consensum,
donec scriptura fiat ; et hoc esse indicatur, quandò
ab initio de scriptura conveniunt , *l. Contractus , C.
de Fide instrum.* II. Contractus perficiuntur *verbis ,*
proùt in stipulatione. III. *Scripturâ ,* ut in contractu
censûs. IV. *Traditione ,* ut sunt mutuum, donatio ,
depositum, commodatum, pignus : qui omnes contractus, nisi traditâ re, non perficiuntur. Ità communiter *Lugo , Less. Mol. etc. cum Salm. de Contr. c.* 1
n. 5.

Hinc in contractibus, qui solo consensu perficiuntur , nequit una pars , alterâ invitâ, resilire ; Secùs, si
contractus scripturâ, aut traditione indigeant. Cæterùm
in foro conscientiæ contrahentium intentioni standum
est ; Ità communiter DD. *apud Salmanticens. ib. n.* 6
cum Less. lib. 2 *cap.* 17 *n.* 19 *Covarr. Gom. etc.*

509 Quæritur 2. an , si quis externis signis contraheret,
sed sinè contrahendi animo, in conscientia teneretur
ad contractum ? Resp. negativè ex communi cum
Sanch. de Matrim. l. 1 *disp.* 9 *n.* 5 *et Lug. Sylv. Prado
cum Salm. ib. n.* 7. Excipe, nisi in aliquo contractu
oneroso alter contrahens jam partem suam præstiterit ; tunc enim tenêris tu implere tuam , etiàmsi fictè

promiseris, juxtà dicta de stupratore fictè promit-
tente Matrimonium, vide *dict. n.* 642.

Quæritur 2 an qui, sciens obligationem contractûs,[710]
velit quidem contrahere, sed nolit se obligare, remaneat obligatus in conscientia? Adest duplex sententia
probabilis. *Prima sententia* affirmat cum *Less. Soto,
Dic. Pont. etc. apud Salm. de Matr. c.* 1 *n.* 20. *Secunda*
verò *sententia* probabilior negat cum *Sanch. de Matr.
lib.* 1 *D* 9 *n.* 5 *Bonac. eod. tit Qu.* 1 *p.* 1 *n.* 5 *et Salm.
dict. n.* 28 *cum Pal. Con. Avers. Villal. Bec. Cornejo,
etc.* Ratio, quià conditio apposita contraria substantiæ contractûs, contractum invalidat; quâ ratione in
cap. fin. de Condit. appos. dicitur, quod conditio contraria substantiæ matrimonii ipsum annullet, licet
adsit intentio contrahendi. Vide dicta *de Juram. pag.*
121 *vers. An autem; et de Voto pag.* 126 *Quæritur II.*

Quær. 4. utrùm contractus sinè debitis solemnitatibus celebratus obliget in conscientia? Triplex datur
probabilis sententia. *Prima* negat; quia leges irritan-
tes tales contractus fundantur in præsumptione non
solùm doli, sed etiàm periculi; et ideò potest Lex humana omninò tollere naturalem obligationem contractûs initi : Sic enim Ecclesia nullum reddidit
Matrimonium sinè Parocho, et testibus contractum,
Ità *Less. lib.* 2 *c.* 19 *n.* 35 *Lugo D.* 22 *sect.* 9 *n.* 252
Salm. de Contr. c. 1 *n.* 50 *cum Vasq. Trull. Bon. et
aliis.*

Secunda sententia omninò opposita, quam tenet[711]
Sotus de Justit. lib. 4 *quæst.* 5 *Mol. D.* 81 *Sa v. Contractus n.* 1 item *Abbas, Innocent. S. Antonin. et alii
apud Cabass. Theor. Jur. l.* 6 *c.* 3 *n.* 2 et meritò probabilem vocant *Lug. Less. et Salm. n.* 50 *et* 52 affirmat, hujusmodi contractus obligare, quià in illis
humana lex, quàmvis neget actionem civilem, non
tamen tollit naturalem obligationem, ad quam solus
quidem consensus sufficit. *Tertia* sententia, quam
sequuntur *Sanch. Con. lib.* 4 *cap.* 1 *d.* 14 *cum Henr.
Lop. etc. Cabass. l. cit. cum Bann. et Beja* (et his se
postmodùm adjungit *Sotus loc. cit. q.* 5 *art.* 3) docet,

in his contractibus præferendum esse possessorem ,
donec per sententiam judicis condemnetur ad restituendum; et probatur ex *c. Cum sunt , de Reg. Jur.*
ubi : *Cum sunt partium jura obscura , reo potiùs faven-*
dum est , quàm actori. Hanc sententiam non solùm
puto probabiliorem , sed in praxi omninò tenendam ,
eòquod (juxtà principium in hoc libro toties statutum) , cum possessio jus certum tribuat, nequit possessor re expoliari , nisi constet de jure alterius. Hæc
autem tertia sententia supponit secundam satis esse
probabilem. Sed primæ sententiæ Auctores possent
objicere exemplum suprà relatum Matrimonii clan-
destini , sinè Parocho et testibus initi , ex quo nulla
remanet naturalis obligatio , cum ab Ecclesia in Tridentino *Sessione* 24 *cap.* 2 omninò invalidum declaratum fuerit. Sed respondetur, hujusmodi contractum
multùm differre ab aliis , respectu enim ad Matrimonii contractum, cum ipse ad Sacramenti dignitatem
elevatus fuerit , singularis potestas à Deo impertita est
Ecclesiæ , solvendi scilicet ab omni obligatione Spon-
sos , qui sinè debitis conditionibus ab Ecclesia præs-
criptis Nuptias ineunt; nam et Ecclesia , licet nihil
mutare possit circà Sacramentorum materiam , et
ideò nullum potest invalidare Matrimonium legitimo
consensu contractum , attamen benè præscribere
valet, et declarare, illegitimum esse consensum illum,
quem Sponsi apponunt contrà legem ab Ecclesia propter commune bonum Christianæ Reipublicæ sancitam.
Procùl tamen dubio tenetur possessor stare sententiæ
Judicis, si damnetur ad restituendum, ut benè addit
Cab. loc. cit. n. 5 *in fine.* An verò possit Judex eo casu
judicare contrà possessorem , si probabilior sit Judici
opinio possessori opposita ? Probabiliùs nego , juxtà
dicenda *lib.* 4 *n.* 210 *v. Quæritur II.* Hîc autem notandum id , quod habetur *in l. Etsi inutiliter , C. de Fi-*
deicom. nempè, quod, si hæres jam tradiderit rem ex
fidei commisso relictam in testamento non solemni ,
nequeat postmodum eam repetere hâc præcisè ratione,
cum non ex sola Scriptura (verba textûs) *sed ex con-*

scientia relicti fideicommissi defuncti voluntati satisfactum esse videatur. Hinc ponitur in Argumento : *Agnoscens minùs solemnem voluntatem, et solvens, non repetit,*

« 1. Si alteri promisisti, aut donâsti interiùs tan-
» tùm, aut si externo signo quidem, alter autem non
» acceptavit, non fuit contractus, nec obligaris.

» 2. Invalidus est contractus, si contrahentes sint
» inhabiles ad contrahendum, vel si jus positivum
» resistat. Vide *Less. l. 2 c.* 37 *d.* 8.

» 3. Item si materia contractùs sit illicita, ut si sit pec-
» catum; vel illegitima, ut si fur vendat rem alienam.

Quæritur I. An inducant obligationem pacta de re turpi, puta de patrando homicidio, adulterio, furto, [712] sacrilegio, fornicatione, et similia? Certum est, quod antè patrationem peccati nullus sit contractus, et nullam pariat obligationem, quoniam justitia nullo modo potest obligare ad illicitum; undè certum est, quod eo casu nec promittens teneatur dare pretium conventum, nec alter retinere possit pretium acceptum. Dubium est, an post opus illicitum præstitum sit obligatio solvendi pretium promissum, et alter possit illud retinere ? Quòad meretrices commune est, et certum inter DD. quod possint retinere pretium meretricii præstiti. Ità *S. Thom.* 2 2 *qu.* 62 *art.* 5 *ad* 2 ubi docet : *Cum quis dat meretrici propter fornicationem . . . . mulier potest sibi retinere quod ei datum est. Sed si superfluè aliquid per fraudem vel dolum extorsisset, teneretur eidem restituere.* Et ità *Continuator Tournely tom.* 1 *pag.* 330 *sect.* 4 et omnes alii communiter : Et probatur ex *l.* 44 *ff. de Condit. ob turp. caus.* ubi dicitur : *Sed et quod meretrici datur, repeti non potest... quià licet turpiter faciat quod sit meretrix, non tamen turpiter accipit, cum sit meretrix.* Pro aliis verò maleficiis, puta pro ferenda sententia injusta, vel patrando homicidio, adulterio, fornicatione, etc. duplex est sententia probabilis : *Prima* negat esse obligationem solvendi pretium, aut posse illud retinêri ; ità *Adrianus in* 4 *de Rest.* §. *Restat Comitol.*

lib. 3 D. 5 Jo. Med. Cod. de Restit. Nav. Man. cap.
17 n. 38 (quàmvis *Less. et Lugo* asserant *Navarr.* alibi
mutâsse sententiam) *Continuator Tournely l. c. pag* 330
ac alii ap. Concinam t. 7 *pag.* 147 *n.* 5 et probabilem
vocant *Less. lib.* 2. *cap.* 14 *n.* 60. *Roncagl. de* 7. *Præ-*
cept. e. 6. *quæst.* 4. *et Dian. part.* 2. *tract.* 2. *Misc. R.*
40. alque huic adhæret *Canc. loc. cit.* Probatur 1. hæc
sententia ratione, quià actio illicita nullo pretio digna
est, cum peccatum non sit vendibile. Probatur 2. ex
l. Mercedem. C. de Condict. ubi dicitur : *Ob turpem*
causam ex stipulatione contrà bonos mores interpositâ
denegandas esse actiones. Item ex *l. Pacta. C. de Pac-*
tis. Pacta, quæ contrà leges constitutionesque, vel contrà
bonos mores fiant, nullam vim habere ; indubitati juris
est. Si igitur pactum antè impletionem est nullum,
non potest per impletionem validari ; regula enim
communis est quod illud quod ab initio non subsistit,
tractu temporis convalescere nequeat. Censentur autem leges istæ non solùm prohibere actiones ipsas
illicitas , sed etiàm solutionem pretii pro illis, eòquod solutio fomentum præbevet similibus sceleribus.
Accedit, quod leges, quæ non nituntur falsâ præsumptione , benè obligent in conscientia. Undè *S. Th.* 2
2, *quæs.* 32 *art.* 7 *ad* 2 ait: *Apud illos, qui sunt hujusmo-*
di legibus obstricti, tenentur universaliter ad restitutionem.
Et quæs. 62 *art.* 5 *ad* 2. *Ille, qui accepit contrà legem . . .*
non debet sibi retinére. Juxtà autem hanc sententiam
dubitatur, cuinam facienda sit restitutio accepti?
Sotus, et *Covarruvias* censent, faciendam esse illi,
qui dedit : Sed probabiliùs et communiùs tenent *Less.*
n. 61 *cum S. Anton. Navarr. et aliis* , erogandum esse
pauperibus , vel locis piis; absurdum enim est, et
contrà mentem legùm, ut illi fiat restitutio , quem
potiùs leges punire , quàm juvare intendunt. .
    Secunda verò probabilior sententia et communis,
quam tenent *Sanch. Dec. l.* 3 *c.* 9 *n.* 27 *et* 28 *Less. l.* 2
c. 14 *n.* 52 *et l.* 18 *n.* 18 *Salm. de Rest. c.* 1 *n.* 154. *Croix l.*
3 *part.* 2 *n.* 692 *Viva de Rest. quæst.* 1 *art.* 1 *n.* 3
Lugo de Just. D. 18 *n.* 59 *cum Vasq. Sol. Mol. Turr.*

Covarr. Cajet Arag. et aliis communiter, docet, tenêri promittentem solvere pretium, et contrà, recipientem non tenêri ad restitutionem. Ratio, ut quidam dicunt, quià opus malum, etsi pretio dignum non sit, quatenùs est malum, est tamen pretio dignum, quatenùs est alteri utile, vel delectabile. Sed hæc ratio tenuis mihi videtur, nam, ut docent communiter DD. cum *D. Thoma*, nullum pretium meretur res, quæ cedit tantùm in utilitatem emptoris, et ejus privatio nullum affert incommodum venditori pretio dignum. Nec valet dici, quod præstans opus illicitum justè pretium accipiat pro rectitudine, quâ privatur; hujus enim rectitudinis privatio, cum sit res merè spiritualis, nullo modo videtur esse pretio æstimabilis. Ratio potior mihi est, quià in quocumque contractu oneroso, *do ut des, facio ut facias* (ut statuimus ex communi sententia *n.* 644), lex naturalis dictat, quod, cum quis partem suam præstiterit, teneatur alter suam implere, quam licitè præstare possit. Undè, si alter opus suum (etsi illicitum) jam præstiterit, tenêris tu pretio promisso ei satisfacere. Sed dices: hoc currit quandò utraque pars est pretio æstimabilis; at hîc actio illicitè præstita nullo pretio digna est. Respondeo: actio illa peccaminosa nullo quidem pretio est digna, quià illicita est; sed benè pretium meretur, quâ est temporaliter laboriosà, vel ignominiosa, vel periculosa illam præstanti; pretium enim et actio tunc conveniunt saltem in genere rei temporalis. Et quamvis ignominia illa, sivè periculum, nullo pretio compensari possit, et antè pactum nihil compensare tenearis, cum sint res diversi ordinis, inter quas nulla datur proportio, et ideò qui famam alteri abstulit, non tenetur pecuniâ infamiam compensare, si nequeat famam restituere, ut ex probabiliori sententia diximus *n.* 627. Posito tamen contractu, et præstitâ ab altero actione peccaminosâ, tenêris tu pretium promissum solvere, non jam ad compensandum damnum alterius, sed ad implendam obligationem naturalem, ex qua (ut diximus) quis-

que tenetur suam partem promissam implere , postquàm alter suam præstiterit. Aliàs (rectè ait *Lugo loc.
cit.*) non videtur, quomodò possit obligari stupra-
tor, qui virginem violaverit sub facta promissione matrimonii, ad eam ducendam, ut diximus *n.* 643 ex
communi sententia. Ad leges autem civiles pro prima
sententia allatas respondet *Les. dic. c.* 14 *n.* 57, quod
licet ipsæ rescindant hujusmodi pacta, et auferant
omnem obligationem civilem, ob quam possit peti in
judicio promissum, tamen non irritent acquisitionem
rei ex tali causa. Et hoc satis significat lex in principio
hujus quæstionis relata, quâ declaratur, meretricem
posse retinere pretium sui meretricii, *quià, licèt turpiter faciat, quod sit meretrix, non tamen turpiter accipit,
cum sit meretrix.*

Quæritur II. An, si vir donet aliquid fœminæ ad ex-
torquendam copulam, possit illa id retinere, copulâ non
concessâ? Si adfuerit pactum de copula explicitum, vel
implicitum, tunc certè tenetur restituere ; Secùs verò,
si donum datum sit ad animum alliciendum, quià
datio illa fuit omninò liberalis; quemadmodum si quis
det pecuniam Episcopo tantùm ad eum alliciendum,
ut conferat Beneficium, justè potest Episcopus eam
retinere, si non conferat. Ità communiter *Lugo D.* 18 *n.*
49 *Mol. t.* 3 *D.* 737. *Roncaglia de* 7 *Præcept. c.* 6 *quæst.*
2 *et Salm. de Restit. c.* 1 *n.* 165 *cum Prado, Tap. Vill.
Dic. Reb. etc.* Benè tamen advertunt *Salm. ibid.* difficulter excusari mulierem accipientem tale munus à
peccato scandali, quià munere accepto vir ardentior
et audacior redditur ad eam concupiscendam. Undè
dixit *D. Thom. lib.* 4 *de Erudit. Princip.* ex D. Hiero-
nymo : *Matrona non est casta , quæ, cum rogatur, munera accipit.*

713   Quæritur III. Si actio sit debita ex alia virtute, quàm
ex justitia, puta jejunium in Quadragesima, an restituendum sit pretium pro illa actione, acceptum ?
Affirmant *Les. Medin. etc. apud Croix l.* 3 *p.* 2 *n.* 295.
Sed communiùs et probabiliùs negant *ibid. Sot. Lugo,
Bann. Tambur. Dian. et alii.* Ratio, quià præsens pretium tunc acquirit jus, quo anteà carebat.

« 4. Item si contractus sit factus vi, dolo, vel er-
» rore versante circà rei substantiam, v. gr. si acetum
» pro vino, vitrum pro gemma vendidisti.

　　» 5. Non est invalidus contractus (etsi aliquandò ob 714
» injuriam possit rescindi), si error vel dolus interve-
» niat circà qualitatem, aut circumstantiam accidenta-
» lem v. g. emisti vinum Mosellanum, putans esse Rhe-
» nanum : nisi fortè intentio contrahentis fuerit condi-
» tionata non obligandi se, nisi existente tali quali-
» tate, aut circumstantia ; qualis virtualiter fuisse
» censeri potest, si error versetur circà circumstan-
» tiam valdè immutantem objectum, et nimis exce-
» dentem ejus existimationem, ut notat *Laym. l. 3 t.*
» 4 *c.* 6. »

Contractus est nullus, si dolus, vel error sit circa
substantiam contractûs. Est commune ; *Less. l. 2 c.*
17 *n.* 27 *Salm. c.* 1 *n.* 19 *cum Trull. Bon. Villal. etc. ex*
S. Thom. p. 3 *q.* 51 *art.* 2 *ad* 7. Et hôc, etiàmsi dolus,
vel error non dederit causam contractui, idest etiàmsi,
patefacto errore, pars adhùc contraxisset : quià semper deficit actualis consensus, *Salm. ibid. cum Sanch.*
Bon. Con. Trull. Avers. etc. Communis è converso est
sententia, quod, si error sit non circà substantiam, sed
circà qualitatem rei, et non dederit causam contractui,
contractus sit validus, *Less. ib. n.* 28 *cum S. Anton.*
Soto, Caj. Hinc ait *Less.* quod, licet una pars decep-
ta fuisset in pretio ultrà dimidium, contractus non
posset rescindi, alterâ nolente, sed solùm ad æqualitatem reducendus esset ; *Salm.* tamen *c.* 1 *n.* 20 *cum*
Molin. dicunt, contractum posse rescindi.

　　Sed majus dubium est, si dolus, vel error fuerit 715
tantùm circà rei qualitatem, sed dederit causam contractui, ità ut, illo manifesto, pars non consensisset,
utrùm validus contractus remaneat? Negant *P. Con-*
cina tom. 7 *p.* 246 *Basil. et alii apud Salm. de Matrim.*
c. 10 *n.* 12 *et Præpos. cum Medina apud Salm. de Matr.*
l. 7 *D.* 18 *n.* 17 *et Salm. de Contr. c.* 1 *n.* 21 probabile putant. Ratio, quià licet qualitas in esse physico
sit quid accidentale, in esse tamen morali habet ra-

tionem substantiæ Oppositum tamen est communiter traditum à DD. et probabiliùs cum *Lug. D.* 22 n. 92 *Sanch. de Matr. l.* 1 *D.* 64 n. 3 *Less. loc. cit* n. 29 *Laym. l.* 3 *tract.* 4 c. 5 n. 3 *Pal. tract.* 14 D. 2 p. 5 n. 19 *Ronc. de Contract. quæst.* 5 *R.* 2 *Tourn. t.* 1 p. 415 *Salm. loc. c. cum Mald Prado, Trull. etc.* Ratio, quià contractus hic non est invalidus neque de jure positivo, neque naturali. Non de jure positivo, cum ex *Inst. l.* 4 *tit.* 13 *de Except.* sic habeatur : *Si metu coactus, aut dolo inductus, aut errore* (intellige circà qualitatem) *lapsus stipulanti Titio promisisti quod debueras promittere, palam est te jure civili obligatum esse et actio qua intenditur, dare te oportere efficax est : Sed iniquum est te condemnari, ideòque datur tibi exceptio, quod metûs causâ, aut doli mali, etc.* Non de jure naturali, nam ad contractum validandum sufficit animus voluntarius quòad substantiam, licet sit involuntarius quòad accidentia : Nisi (ut benè advertunt cum *Busemb.* hîc n. 5 *ut suprà Tournely loc. sit et Sporer de* 7 *Præcet.* n. 86 *cum Sanch. ac Laymann*) contrahens expressè consentiat sub conditione, si talis adsit circumstantia, quià tunc qualitas transit in substantiam. Communiter autem DD. ut ait *Concina cum Busemb. Les. Spor. Tour. etc.* docent semper posse irritari talem contractum à decepto ratione injuriæ, et defectûs consensûs, et teneri deceptorem ad damna ex deceptione orta, *ex l.* 13 *de Act. emptoris.* Et quandò res adhùc integra est, ajunt *Less. loc. cit. Laym. n.* 6 *Pal. n.* 23 *Sporer de* 7 *Præcept. c.* 2 n. 98, quod, si error fuerit invincibilis, non teneatur deceptus in conscientia implere contractum, etiàm onerosum, postquàm noverit veritatem, quæ si ab initio ei nota fuisset, minimè consensisset : Ratio, quià hæc est tacita mens contrahentium, non se obligandi ad contractum, quandò se deceptos deprehendunt : idque dicit confirmari à consuetudine recepta. Quandò verò res non est integra, nempè si altera pàrs jam impleverit, tunc si illa non erat conscia erroris, licet tu non habeas actionem ad rescissionem, adhùc tamen contractum potest rescindere in conscientia, si res est magni momenti, et deceptio fuit causa contractûs, ut *Sylv. et Navarr. apud Less. cum Laym. et Bus. dict. n. 5 in fine.* Si autem altera pars conscia erroris erat, tunc potes contractum irritare, ut suprà, etiàm in judicio. Notandum tamen, quod in conscientia altera pars errorem tibi manifestare non teneretur. Ità *Less. loc. cit. n.* 33. Intellige, modò non decipiat,sivè ipse non sit causa erroris,proùt dicitidem *Less.* loquendo de Donatione, vide *infr. n.* 737 *in fin.*

« 6. Nec est invalidus contractus·, sivè onerosus,
» sivè gratuitus, ex metu, licet gravi, injustè incusso,
» cum adhùc simpliciter sit liber, et voluntarius: li-
» cet possit à judice rescindi pro arbitrio metum passi.
» Ità communiter *ap. Sanch. d.* 8 *n.* 4 *Card. Lugo d.*
» 22 *Laym. loc. cit. c.* 5. Excipiuntur tamen aliqui
» contractus, qui ipso facto sunt irriti (saltem ex jure
» positivo), si ex metu gravi fiant; talis est 1. Con-
» tractus matrimonii, etiàmsi juramentum accesse-
» rit, *ex c. Cum loco, et c. Veniens.* * (*Utrùm currat*
» *idem in sponsalibus? Affirmant Salm. de Matr. c.* 1
» *n.* 62 *cum Sanch. Advers. Cov. Bec. At probabilius*
» *Con. Trull. Dic. Hurt. Led. dicunt sponsalia esse*
» *tantùm rescindibilia.* V. *de Matr. l.* 6 *n.* 844)* 2.
» Professio religiosa, *ex c.* 1 *De his.* 3. In aliis qui-
» buscumque votis. * (*Etiàmsi vovens noluerit se obli-*
» *gare. Salm. de Contr. c.* 2 *n.* 12 *ex communi.* Vid.
» *dict. n.* 197.) * 4. Contractus dotis promissæ, vel
» solutæ, qui in hoc sequitur naturam matrimonii,
» cui accessorius est. *Leg. Si mulier.* §. *Si dos, ff.*
» *Quod metùs causà.* 5. Promissio, vel traditio, in
» rebus Ecclesiæ, *c.* 15 *qu.* 6 6. Auctoritas tutoris
» per metum extorta. *Leg.* 1 §. *ult. ff. de Auctor. tu-*
» *tor.* His addunt alii plures, ut promissionem, et
» donationem gratuitam, renuntiationem beneficii;
» jurisdictionem per metum extortam. Verùm hi
» controvertuntæ, vide *C. Lugo de Just. d.* 22 *n.* 115
» *et seq.* »

Quær. 1. An contractus per metum gravem initus 716

sit ipso facto invalidus? Adest triplex sententia probabilis. *Prima* sententia affirmat; Ratio 1 quià si hujusmodi contractus naturaliter esset validus, ex injustitia oriretur justitia, cum ex contractu per injuriam extorto oriretur obligatio, quæ est actus justitiæ.
Ratio 2 quià, si contractus valeret, utique transferretur
dominium rei traditæ, et metum incutiens eam retinere posset, saltem usque ad Judicis sententiam; sed
hoc omnes negant; ergò contractus per se est nullus,
saltem de jure positivo, ex *l. Qui in carcerem*, 22 *ff.*
de eo quod metûs causâ, ubi dicitur contractum ex
metu initum, *nullius esse momenti*. Ità *Mol. t.* 2 *D.*
326 *Fel. Pot. de Contr. n.* 2359 *cum Vill. Dian. Leand.*
item *Sylv. Rebbel. et alii apud Salm. de Contract. c.* 1
n. 10, qui probabilem vocant. *Secunda* sententia tenet,
contractus gratuitos esse invalidos, non verò onerosos. Ità *Sot. in* 4 *D.* 29 *q.* 1 *art.* 3 *Pont. de Matr. l,* 4
c. 6 *n.* 4 *cum Medin. Arag. Reb. etc.* et quòad donationes hæc videtur esse *D. Th.* 2 2. *q.* 89 *art.* 7 *ad* 3
ubi ait : *Talis obligatio tollitur per coactionem, quià ille,*
qui vim intulit, hoc meretur, ut ei promissum non servetur.
Ratio, quià ad liberalem donationem, ad differentiam
aliorum contractuum, requiritur de jure naturali
voluntas omninò libera. *Tertia* verò sententia probabilior et communissima, quam tenent *Lugo de Con-*
tract. D. 22 *n.* 115 *Less. l.* 2 *c.* 17 *dub.* 6 qui vocat
ferè communem, *Salm. dict. c.* 1 *n.* 11 *Roncaglia de*
Contract. cap. un. quæst. 4 *R.* 1 *Fill. tract.* 33 *c.* 2 *n.*
32 *Azor. t.* 1 *l.* 1 *c.* 11 *Renzi de Contr. c.* 5 *quæst.* 3
Viva q. 1 *art.* 3 *n.* 11 et alii innumeri, docet, talem
contractum esse quidem rescindibilem, non verò invalidum, neque de jure naturali, neque positivo.
Non naturali, quià metus non tollit simpliciter voluntarium, ut *D. Thom.* 1 2 *q.* 6 *art.* 6. Non jure positivo, dum in *l. Si mulier ff. de eo quod metus etc.*
præcipitur Judicibus ut tales contractus rescindant;
ergò per se lex habet eos ut validos.

    Excipe tamen Matrimonia per metum gravem inita,
quæ certè per se sunt nulla ex jure Canonico. Vide

de Matr. l. 6 *n.* 1054. cui adjunjuntur : I. Professio
Religiosa *c.* 1 *de his quæ v.* II. Electio Præfati, *cap.
Periculum.* §. *Cæterùm, de Electione in* 6. III. Aucto-
ritas Tutorum extorta per metum, *l.* 1 § *ult. ff. de Auc-
tor Tut.* IV. Traditio rerum Ecclesiasticarum, *ex c.
Pervenit de Jurejur.* V. Jurisdictio Ecclesiastica per
metum acquisita, et etiàm civilis, *l.* 2 *ff. de Judæis.*
VI. Absolutio à censuris (non verò inflictio illarum.)
VII. Renuntiatio Beneficiorum, vide *Less. c.* 7 *d.* 6. *a
n.* 37.

Quær. 2 An metum passus possit pro suo arbitrio 717
rescindere contractum sinè auctoritate Judicis ? Negat *Croix l.* 3 *p.* 2 *n.* 638 et eum sequitur *Mazz. de
Contr. t.* 2 *p.* 40 qui dicunt, hoc prohiberi, ne jurgia
multiplicentur, si cuilibet liceret rem repetere propriâ
auctoritate. Sed affirmat communis sententia tenenda, quam tradunt *Less. dict. c.* 17 *n.* 38 et vocant
communem *Sporer tr.* 6 *c.* 2 *n.* 123 *Fill. loc. c. n.* 33
Laym. de Contract. c. 6 *n.* 2 *Pal. tr.* 2 *D.* 1 *p.* 12 *n.* 6
ad 2. *Viva loc. cit. Salm. dict. c.* 1 *n.* 16 *ad* 2. *Renzi loc.
cit. Roncag. dict. q.* 4 *R.* 1 *cum Mol. et Reb.* Undè inferunt, quod metum passus benè possit occultè sibi
compensare; intellige, si petat, et alter nolit contractum rescindere. Et contrà qui metum incussit, tenetur
restituere rem extortam, statim ac alter petat. Ità *Pal.
loc. cit. Viva dict. n.* 11 *in fin. Less. n.* 38. *Fill. n.* 35.

Idem autem, quod dictum est de contractibus initis
ob metum gravem, dicendum cum *Pontio de Matr.
l.* 4 *c.* 11 *n.* 3 *et* 4. de initis per metum reverentialem.
(Etsi *Pontius d.* 3 teneat, contractus merè gratuitos,
juxtà suam sententiam ut suprà in quæst. 1 esse non
solùm irritandos ad nutum, sed ipso jure irritos).
Alii tamen DD. tum tantùm id admittunt, cum metui
reverentiali adjiciuntur etiàm verbera, aut minæ, aut
diuturna indignatio, sivè torvus aspectus, dura verba,
et similia, quæ verè gravis mali timorem immittant.
Ità *Sanchez de Matr. l.* 4 *D.* 6 *n.* 14. *Viva de Matr. q.*
4 *art.* 3 *n.* 7. *Salm. eod. tit. c.* 9 *n.* 33 *et* 34 *cum Pal.
Dic. etc. communiter.* Idem in substantia sentit *Pontius*

sed meritò ait *l. 4 c. 5 ex n. 3 cum aliis*, metum reverentialem per se esse gravem, quià aliud est operari
ex reverentia Superiori debita, aliud ex metu reverentiali, qui necessariò induit timorem alicujus graviss.
damni imminentis ex obedientia non præstita, puta
diuturnæ indignationis, etc. ut suprà. An autem preces importunæ constituant metum gravem? Affirmat
Pontius ibid.' n. 17 *cum Nald. Lugo*, *etc.* Sed veriùs
negandum, nisi preces addantur metui reverentiæ ergà Superiorem: Ità *Sanch. l. 4 D:* 7 *n.* 7 *cum plur. etSal.*
loc. c. n. 37 *cum Pal. Bonac. Covarr. Dic. Hurt. et plu-*
rib. Et benè advertit *Sanch. ibid. n.* 8 non omnes preces assiduas dici importunas, sed tantùm quæ sunt
instantissimæ, et sæpiùs inculcatæ. Quarùm autem
personarum respectu detur metus reverentialis? Ultrà
proprium Patrem, Episcopum, Magistratum, dicit
Sanch. l. 4 D. 5 ex n. 26 *cum aliis*, dari etiàm respectu
Soceri, Avi, Curatoris, Matris (si tamen sit austera,
et minas soleat exequi); et etiàm Fratris majoris, aut
Patrui, si cum eis habitetur, et ab eis alimenta præ-
beantur.

718   Sed quæritur 3. utrùm contractus ex metu levi initus sit rescindibilis arbitrio metum passi? *Prima* sententia affirmat in foro interno; nam in externo non
datur actio *ex lib. 6 ff. de eo quod metus etc.* Ratio,
quià quicumque metus injuriam infert, ex qua incutiens commodum reportare non debet; undè sicùt ipse
tenetur in conscientia relaxare promissionem tali metu,
extortam, sic contrà promittens in conscientia non
tenetur illam adimplere. Ità probabiliter *Less. l. 2*
c. 17 *n.* 46 *cum Navarr. Sot. Syl. etc.* item *Sanch. de*
Matr. l. 4 D. 19 *n.* 6. *Pal. dict. p.* 12 *n.* 6 *ad* 2 *et Salm.*
de Contract. c. 1 *n.* 14 *cum Mol. Trull. Dic. et Reb.*
Benè tamen excipiunt Matrimonium (juxtà nostram
sententiam, vide *de Matr. l. 6 n.* 1056), et Professionem religiosam. An etiàm votum? Vide dicta *de*
Voto n 167. *Secunda* verò sententia mihi probabilior,
quam tenent *Pontius de Matr. l. 4 c.* 10 *n.* 5. *Tamb.*
Dec. l. 1 *c.* 2 § 6 *n.* 4 *et Viva de Matr. q.* 4 *art.* 2 *n.* 6

cum Per. Med. etc. dicit, neque in foro externo, neque interno rescindi posse contractum initum ex metu levi. Ratio, quià non præsumitur consensisse ex metu, sed verè spontè, qui noverit esse levem, et cum facilè potuisset, non rejecit. Excipienda tamen censent *Salm. loc. cit.* omninò esse sponsalia, quæ etiàm per metum levem contracta rescindi possunt per judicis sententiam, ex maxima libertate, quam sponsalia requirunt.

Quær. 4 utrùm si interfuerit metus gravis injustus dans causam contractui, et res pervenerit ad tertium possessorem bonæ fidei, pòssit metum passus ab illo rem revocare, et ille teneatur restituere? Negat *Laym.* Sed rectè communiùs affirmant *Salm. de Contr. c.* 1 *n.* 15 *cum Lugo, Sanch, Sylvest.* Quià res semper transit cum vitio suo, etiàmsi metus non sit ab illo tertio incussus; Et patet *ex l.* 14 §. 3 *de Eo, quod metus, etc.* ubi: *In hac actione non quæritur, utrùm is, qui convenitur, an alius metum fecit? Sufficit enim hoc dicere, metum illatum.*

« 7. Non possunt contrahere, qui bonorum suorum
» administrationem non habent: quales ferè sunt
» prodigi, furiosi, filiifamilias, uxores, religiosi,
» pupilli, minores; exceptis quidem casibus, de
» quibus V. *Less. l.* 2 *c.* 17 *d.* 4. *et* infrà hîc *c.* 4 *d.*
» 1. ex *n.* 918. »

DUBIUM II.

Quid in specie de Promissione, et Donatione?

728 *Quandò obliget donatio facta absenti?*
729 *An possit acceptari donatio post mortem donantis?*
730 *Quid, si mandatum fuerit, ut donatio fieret à nuncio, et ipse eam omisisset?*
731 *An mortuo donatario antè acceptationem, possit hæres acceptare?*
732 *An requiratur traditio ad acquirendum dominium rei do- natæ?*
733 *An donatio ultrà summam 500 solidorum teneat?*
734 *An sit obligatio implendi modum sivè finem donantis?*
735 *An promissio prodiga sit valida?*
736 *Quid, si donatio fiat ad alliciendum?*
737 *Quid, si ob causam falsam? Et quid, si causa sit secun-- daria?*

720 « R ESP. Quæ hùc spectant, facilè colliguntur ex
» dictis suprà de Voto *l. 3 tr. 2 c. 3.*

Ex quibus, et doctrina præcedentis dubii resolvitur.

» 1. Promissio acceptata à promissario, si materia
» sit notabilis, an sub mortali obliget secundùm se
» spectata? Non convenit inter Doctores, *Caj.* negat
» quem sequitur *Marat. 2 de just. d.* 19 *sect* 10. Alii
» (fortè probabiliùs) affirmant cum *Vasq.* 1 *p. d.* 65
» *c.* 7 *n.* 4 *Fill. Mald. etc.* Dixi *secundùm se*, quià
» certum est, quod per accidens possit obligare, sub
» mortali, v. gr. ratione gravis damni, quod aliàs
» promissarius pateretur : ut si promisisses ei te datu-
» rum mutuum, et ille tibi confisus aliundè sibi non
» prospexisset. Vid. *Less. l.* 2 *c.* 18 *d.* 5.
» 2. Tota hæc obligatio communiter dependet ab
« intentione promittentis. Circà quod notat *Sa*, vix
» quemquam promittentium intendere se obligare,
» aut alteri dare jus exigendi, nisi addat juramentum
» aut faciat instrumentum : sed plerumque tantùm
» intendere declarare suum propositum. V. *Escob.*
» *t.* 3. *c.* 6 *et Mol.* Hinc, ut in foro externo censeatur
» valida promissio, requiritur præter acceptationem,
» ut exprimatur causa, propter quam promittitur ;
» alioquin præsumitur errore, vel joco facta ; *Trull.*
» *l.* 7 *c.* 16 *art.* 7. *ex covarr. et Vill.* »

In hac quæstione tres sententiæ adsunt omnés satis probabiles. *Prima* dicit, quod quævis promissio acceptata obliget sub gravi et ex justitia, quià fidelitas promissa jus præbet promissario ad rem promissam. Ità *Sanch. de Matr. l.* 1 *D.* 5 *n.* 20 *Laym. tr.* 4 *c.* 12. *n.* 1 *cum S. Anton. Covarr. Pal. Trull. etc. ap. Salm. de contr. c.* 4 *p.* 79. *Secunda sententia* dicit, quod, qualis sit obligatio, pendeat ex voluntate, quam promittens habuit. *Bus. hic n.* 2 *et Lugo D.* 23 *n.* 89 *Spor. n.* 64 *et Holzm. n.* 702 *Mol. Vill. Reb. Reg. etc. ap. Salm n.* 80 *et* 81. In dubio tamen, ait *Lugo*, non censeri factam obligationem, nisi per verba obligatoria 'sit expressa ; vide *Lugo D.* 23 *S.* 6 *n.* 39 imò *Sa*, *ap. Bus.* nisi addatur juramentum , aut instrumentum. Cæterùm in dubio, an quis voluerit se obligare ex justitia , vel ex fidelitate , an graviter vel leviter , probabilissimum mihi dicendum videtur cum *Lugo D.* 23 *n.* 90 *Mol. tom.* 2 *D.* 262. *Sporer de* 7 *Præc. c.* 2 *n.* 69 *Holzm. tr.* 3 *n.* 702 eum non esse obligatùm nisi sub levi. Et hîc advertunt *Sanch. de Matr. l.* 1 *D.* 6 *n.* 24 *Spor. n.* 68 et alii communiter apud *Tourn. tom.* 2 *p.* 556, *v. Fatentur tamen* , ad constituendam materiam gravem in promissione requiri materiam quadruplò majorem , quàm in furto mortali , quià promissor agit de proprio, fur de alieno. *Tertia sententia,* quam tenent *Salm. ex n.* 82 *cum Ban. Caj. Led. Henr. Dian.etc.* dicit, simplicem promissionem non obligare, nisi sub levi, quià tantùm obligat ex fidelitate, et probant ex *S. Th.* 2 2 *q.* 88 *art.* 3 *ad* 1 qui docet, promissionem obligare tantùm secundùm honestatem, non autem secundùm jus civile , id est secundùm justitiam , ut explicant *Salm.* Et insuper probant ex *L. Juris gentium* §. *Si cum null. ff. de Pactis*, ubi dicitur, quod nuda pactio obligationem non pariat. Et huic adhæret *P. Conc. tom.* 7 *p.* 637 *n.* 13 sentiens, rarò esse obligationem ex justitia in simplici promissione.

Notandum autem est ut certum , quod quævis promissio , etiàm acceptata , non obliget , si posteà promissum reddatur impossibile, seu valdè nocivum, vel illicitum, vel inutile : Et generaliter loquendo, quoties supervenit notabilis mutatio rerum, quæ si prævisa fuisset, non fuisset facta promissio : Quià semper promissio facta præsumitur sub tali tacita conditione. Ità communiter *Viva de Contract. qu.* 8 *Art.* 2 *n.* 16 *et Salm. c.* 4 *n.* 78 *Continuator Tourn. tom.* 1 *p.* 558 *n.* 5. Idque expressè docet *D. Th.* 2. 2 *q.* 110 *a.* 3 *ad* 5 ubi loquens de obligatione promissoris ait : *Si verò non faciat quod promisit, tunc videtur infideliter agere per hoc, quod animum mutat. Potest tamen excusari ex duobus; uno modo, si promisit id, quod manifestè est illicitum.... Alio modo si sunt mutatæ conditiones personarum, et negotiorum : Ut enim Seneca dicit (l.* 4 *de Benef. c.* 34 *et* 35.).Ad hoc quod homo teneatur facere quod promisit, requiritur, quod omnia immutata permaneant.

¶21 « 3. Donare non possunt 1. Carentes usu rationis.
» 2 Muti et surdi nati, secùs si tantùm sint surdi, vel
» muti,vel licet utrumque, si nôrint scribere. 3. Senes
» deliri, sivè bis pueri, secùs si sint judicio vegeto.
» 4. Pupilli, vel impuberes (nisi ad pias causas) do-
» nationes tamen eorum in foro conscientiæ sunt
» validæ. (V. infrà *c.* 4 *d.* 1) 5. Damnatus criminis
» capitalis. V. *Dian. p.* 5 *tr.* 6 *R.* 3.
» 4. Qui præsunt Civitatibus, Universitatibus,
» Reipubl. etc. non possunt facere donationes, nisi
» remuneratoriæ, vel in eleëmosynas, *Sanch. Dian.*
» *p.* 8 *t.* 6 *R.* 16. Imò si Reges, et Principes nimis
» sint profusi in donationibus, in præjudicium Regni,
» vel status (præsertim si debitis gravati iis satisfa-
» cere non possunt, vel subditi nimiùm graventur
» exactionibus) possunt eæ revocari à Successore,
» *Sort. Lugo etc. cum Dian. p.* 8 *tr.* 6 *R.* 18 *et* 123. »

722. Adde. Neque donare potest debitis gravatus. Sed hic quæritur, utrùm licitè possis tu à debitis gravato accipere donum ? Affirmant *Lessius l.* 2 *c.* 20 *n.* 168 *Mol. t.* 2 *D.* 328 *Nav. l.* 3 *c.* 4 *n.* 217 item *Trull. Diana cum Lugo. ap. Sanh. de Contr. c.* 4 *n.* 91 et probabile putant Lugo *de Just. D. de n.* 116 *et Pal. de Just. tr.*

32 *D.* 1 *p.* 14 *n.* 7. Hi dicunt, te non peccare contrà
justitiam, et ideò non tenêri ad restitutionem, nisi
induxeris ad donandum, esto scias, propter hoc do-
nantem fieri impotentem ad solvendum. Ratio, quià
ille benè potest dominium transferre, cum adhùc
sit verus dominus rei, quæ donatur; et tu rem acceptando uteris jure tuo, justitia enim non obligat, ut
renuas accipere donum ob damnum alterius vitandum, cum illud per accidens eveniat, et tu non sis
causa motiva damni, sed tantùm permissiva, quæ
non obstringit ad restitutionem. Additque *Lessius*,
cui adhæret *Molina*, neque peccare contrà charitatem, quià charitas non obligat, ut repudies commodum tuum ad servandos creditores indemnes.
Secunda tamen sententia verior, et communis, quam
tenent *Pal. l. c. Bonac. de Restit. D.* 1 *q.* 8 *p.* 2 *Lugo
l. c. cum Cajet Sot. Nav. Sylv. Palud. Ang. Cov. et
Reb. ac Salm. l. c. n.* 92 *cum S. Anton. Prado, Salon.
et Arag.* docet, donatarium malâ fide accipientem omninò tenêri ad restitutionem damni, quod obvenit
creditoribus. Ratio 1 quià creditores etiàm personale
jus habent ad bona donata, nam licet in debitis per-
sonalibus directè sit tantùm persona obnoxia, tamen
creditores indirectè habent etiàm jus ad rem, sivè ad
bona debitoris, ut probabiliùs dicunt *Lugo d. D.* 20
n. 158 *Croix l.* 3 *p.* 2 *n.* 403 *Roncaglia. de* 7 *Præc. c.*
8 *q.* 6 *Salmanticens de Restit. c.* 1 *n.* 246 alii relati
n. 690 contrà *Pal. et alios ibid.* Et quamvis debitor
donans sit dominus rei, quæ donatur, attamen (ut ait
Pal. cit. p. 15 *n.* 7) habet illius dominium infirmum,
sub onere solvendi, quod debet, adeò ut nequeat de
re illa ad suum libitum disponere; quapropter dominium illud, sicut est in debitore, sic transit cum eodem onere in donatarium. Ratio 2 magis urgens, et
convincens est, quià sicut donans lædit justitiam, se
reddendo impotentem ad solvendam (quod nemo
dubitat), ita etiàm lædit accipiens, qui positivè cooperatur actioni donantis injustè cum damno creditorum; et licet donatarius non sit causa motiva, est

tamen·vera causa influxiva·et efficax alienationis rei
in damnum creditorum : contractus enim donationis
(ut dicemus infrà *n*. 725) non consistit in sola voluntate
donantis, sed etiàm in voluntate acceptantis, quâ contractus constituitur, et sinè qua nulla existit alienatio,
sivè donatio. Notandum autem hîc i·quod de jure positivo creditores infrà annum à die scientiæ habeat ac- ·
tionem contrà recipientem titulo sivè lucrativo, sivè
oneroso; ad vindicandam rem scienter acceptam in·
ipsorum fraudem, nullo restituto pretio, ex *l. Quià de-*
bitores, *l. Qui autem*, §. *Similis*, *ff. Quæ in fraud. etc.*
ac l. penult. Cod. eod. tit. Notandum 2 nihil posse ac- ·
cipi titulo lucrativo per ultimam vóluntatem à debitore in præjudicium creditorum, ex *l. Qui autem*, *ff.*
tit. cit. Vide *Lugo D.* 20 *n.* 107.

723   Adde : inter conjuges, quamvis alii contractus sint
validi *ex l.* 5 *ff. de* Don. *inter vir. et ux.* donatio tamen est nullius momenti, *l.* 2 §. *Secundùm. ff. eod.*
tit. Potest tamen conjux retinêre, vel distrahere rem
donatam, si donans sciat, et non contradicat. Ità
Sanch. de Matrimonio L. 6 *D.* 11 *num.* 2 *Salm. c.* 4 *n.*
100 *cum Pal. et Villal.* Semper tamen talis donatio juramento firmatur, ut *Less. l.* 2 *cap.* 18 *num.* 88 *Sanch.*
ibid. num. 2 *Salmant. num.* 101 *cum Sylv. Tapia, etc.*
Firmatur etiàm morte donantis, modò iste antè donatarium decedat, et modò res in vita tradita sit, *Salm.*
d. num. 101. Imò ab initio valida est donàtio inter·
conjuges, si sit remuneratoria; vel fit causa mortis,
vel si ex illa donans non fiat pauperior, nec donatarius ditior; item si vir sit prodigus, vel si uxor donet
viro, ut consequatur aliquam Dignitatem, etc. Vide
Salm. num. 102.

724   Prætereà invalida est donatio inter Patrem, et filium sub patria potestate adhuc manentem, *l.* 2 *C. de*
inofficiosa donatione. Sed est communis, quod firmatur
juramento, vel morte Patris. Econtrariò similiter
est valida in casibus ut suprà mox enumeratis. pro donatione inter conjuges : vel si fiat causâ studiorum, ·
ut *Bus. hic. n.* 5 vel si fiat causâ Matrimonii; vel si ·

filius sit tantùm naturalis ; vel si Pater fructus peculii adventitii filio donet. Hæc tamen intelliguntur, nisi
donatio sit inofficiosa (vide *n.* 740) scilicet lædens
aliorum filiorum legitimas, vel creditores, *Salm. n.*
104 *cum Nav. Sylv. Tapia et Less. n.* 90 qui notat, donationes factas à matre, vel à filiis Parentibus per se
firmas esse.

« 5. Donatio patris filio facta studiorum causâ est
» valida, nec filius tenetur computare in legitimam ,.
» tum quià fuit loco alimentorum ; tum quià, si de-
» trahatur, jam non fuit donatio contrà hypothesim.
» *Wading.* et 6 alii cum *Dian. p.* 8 *t.* 6 *R.* 23 *et* 29.
» Sed *Trull.* limitat, nisi constet, contrariam intentio-
» nem patri fuisse. Quód si tamén de ea non con-
» stet, præsumendum esse de pietate patris, ideòque
» tales expensas ordinariè post mortem patris non
» venire in collationem bonorum, nec debere confer-
» ri in commune, nisi pater protestatus fuerit, se
» velle in legitimam computari. Ità etiàm *Wading.*
» *ex l. si Pater* 2 *ff. familiæ ercisc.* * (*Vide n.* 955.) *
» 6. Si Pater officium filio emit, debet pretium
» computari in divisione cum fratibus : non autem ,
» si illud gratis à Principe obtinuit : uti neque quæ-
» filio intuitu meritorum patris sunt donata , quià
» sunt quasi castrensia , *Mol. Fag. Dian. p.* 8 *tr.* 6 *R.*
» 127 *et* 128.

» 7. Donatio antè acceptationem non parit obligatio-725.
» nem, ne naturalem quidem; potestque revocari, etiàm-
» si voluerit se absolutè obligare. Præsenti autem, et ta-
» centi facta, censetur ab eo acceptata, quià in favora-
» bilibus habetur pro consensu, *Mol.* et alii 18 *Dian. p.* 8
» *t.* 6 *R.* 89, 98 *et* 108. Pro altero verò nemo potest
» acceptare, sinè speciali commissione, nisi donatio
» fiat Ecclesiæ, vel causæ piæ ; nam hanc sinè ac-
» ceptione valere, et irrevocabilem esse, probabile est
» *Laym. Dian. l. c. R.* 106 *et p.* 3 *t.* 5 *Res.* 107. Mul-
» tis tamen casibus, dummodò verba dirigantur in
» præsentem, potest pater, vel mater pro filio, etiàm
» emancipato, tutor pro pupillo , curator pro mino-

» re, filiusfamilias pro patre, servus pro Domino,
» monachus pro monasterio; imò etiàm, secundùm
» multos, quicumque alterius curam gerit, ut Præla-
» tus pro Religioso, maritus pro uxore, Dominus
» pro servo, etc stipulari. Deindè idem jura permit-
» tunt Judicibus, et Notariis publicis, *Sanch. Mol.*
» *Trull. etc. Dian. p.* 8 *t.* 6 *R.* 97. »

Communis est sententia (quidquid dicat *Dian. p.* 5
Res. 116), quod donatio, antè acceptationem, nullam
obligationem inducat, ità *Lugo de Contr. D.* 23 *n.* 38
Tourn. de Promiss. p. 557 *Habert de Contract. tom.* 4
p. 3 *c.* 18 *q.* 1 *Conc. tom.* 2 *l.* 9 *Dis.* 5 *n.* 13 *Wigandt
tract.* 8 *r.* 4 *n.* 53 *v. Dixi* 3 *Antoine in Decal. c.* 2 *p.* 1
Cunil. Decal. c. 2 §. 1 *n.* 2 *Franzoja de Prœc. Decal. c.*
3 *Animad.* 2 *Less. l.* 2 *c.* 18 *n.* 34 *Soto de Just. l.* 3
q. 3 *Sanch. de Matr. l.* 1 *D.* 6 *n.* 10 *et Salm. de Contract. c.* 4 *n.* 68 *cum Pal. Prad. Tapia*, *et aliis*. Et hoc
veriùs est, ut probant *Lugo*, *Sot. Less. Sanch. et alii*
(*contrà Molin. etc. ap. Less.*) provenire non ex solo
jure positivo, sed etiàm ex jure Naturæ, vel saltem
Gentium, ut probatur ex *l. Absenti, ff. de Donat.* ubi
dicitur : *si nesciat* (Donatarius) *rem, quæ apud se est,
sibi esse donatam, donatæ rei dominus non fit, etiàmsi
per servum ejus, cui donabatur, missa fuerit; nisi eâ
mente servo ejus data fuerit, ut statim ejus fiat.* Ratio
est, quià nequit contrahi obligatio à Contrahentibus
sinè alterutrius consensu, ut enim sapienter ratioci-
natur doctissimus *Card. de Lugo*, nemo de jure natu-
ràli potest acquirere ullum jus in rebus alienis absque
ejus consensu; quamobrem absque acceptatione donationis nullum transfertur jus in donatarium super
rem donatam; et ideò, cum Donans immunis remaneat à quacumque obligatione, antè donationis acceptationem, poterit quidem ipse pro libito eam revocare. Nec obstat *l. Si argentum*, §. *final. si autem. C. de
Donat.* nam ibi nihil aliud dicitur, quàm quod donatio
valeat, etiàmsi res tradita non fuerit. Nec obstat *l.
Nec. ambigi, ff. de Don.* ubi habetur, donationem absentibus factam satis valere; respondetur enim (ut

explicat Glossa) id intelligendum , cum donatio acceptata fuerit per Epistolam , aut Nuntium , aut Servum , ut habetur in *l. Si aliquid* 13 *ff. de Don. l. Etiàm per interpositam* 4 *C. eod. tit. et l. cit. Absentem.* Neque demùm obstat jus Canonicum in *c. Qualiter , de Pactis , et c. Si tibi absenti , de Prœbend. n.* 6 nam in primo textu tantùm dicitur , quod donatio per nudum pactum teneat, etiàmsi nulla interfuerit stipulatio , quod negari non potest : Sed ibi nullum fit verbum de donatione non accepta. In altero autem textu agitur de Beneficiis, ubi dicitur, quod, si Episcopus conferat Clerico absenti aliquod Beneficium, ipso ignorante nequeat collationem revocare ; sed alia est collatio Beneficiorum , circà quæ Episcopuś aliam non habet facultatem , quàm ea conferendi , et ideò factâ collatione , nequit ipsam revocare : alia verò est donatio , quæ nullam habet vim antè acceptationem. Advertendum tamen cum *Sanch. de Matrim. l.* 1 *D.* 6 *n.* 11. , et *Villal. D.* 3. *n.* 4 quod , si donatio facta sit Infantibus, valeat ipsa etiàm antè acceptationem Donatarii, quià pro Infantibus lex ipsa acceptat. Idemque docent *Less. c.* 18. *n.* 36. *et Laym. c.* 1. *n.* 2. de donatione facta Civitati ad ædificia reparanda.

Sed quær. 1. utrùm donatio facta ad pias causas antè 726 acceptationem valeat ? Affirmant *Less. loc c.* et probabile putat *Busemb. ut supra cum Laym et Diana* . item *Molin. Felin. etc. apud Sanc. de Matr. l.* 1. *D.* 6 *n.* 16. Ratio istorum , quià acceptatio requiritur tantùm de jure positivo , et civili ; non autem de jure naturali , et Canonico. Sed probabiliùs negant *Sanch. loc. cit. cum Cov. ac Salm. c.* 4 *num.* 69. *cum Pal. Vill. Reb. etc.* Ratio , quià ad donationem de ipso jure naturæ , ut mox dictum est suprà , requiritur acceptatio , sinè qua nulla adest donatio. Secùs verò dicendum, si donatio sit facta Deo, videlicet : *Promitto Deo, me daturum tali Ecclesiæ, etc.* Quià, cum intentio feratur in Deum tunc donatio valet ut votum , proùt dicunt *Sanchez , et Salm. cum Sylv. Ros. Ang. etc.* Non autem , si promissio immediatè sit facta Ecclesiæ. Notant tamen

Salm. l. c. quod donatio Ecclesiæ facta possit à quocumque particulari acceptari nomine illius. Notant præterea *Lugo l. c. et Sanch. n.* 17, in dubio de intentione donantis præsumi, eum habuisse animum vovendi, quià in causis piis, dum in absentia promissio fit, communiter intentio fertur in Deum. An autem eo casu possit Episcopus in tali donatione adhùc acceptatâ dispensare, sinè loci pii consensu? Probabile est, vide *de Voto*, *n.* 255 *v. Dubium.*

727 Quær. 2 utrùm antè acceptationem revocari possit donatio juramento firmata? Negat *Laym. tract.* 4. *c.* 1 *n.* 3. *cum Covarr.* quià juramentum servandum est semper ac sinè peccato servari possit. Sed communiter affirmant *Sanch. de Matr. l* 1. *D.* 7 *n.* 24. *Viva de Contr. q.* 8. *art.* 2 *n.* 3. *cum Trull. Bon. Salm. ibid. n.* 70. *cum Pal. Gutt. et Mol.* quià juramentum sequitur naturam actûs, scilicet donationis, quæ de se revocabilis est, donec acceptetur *ex l. finali, C. de non n. pec.*

728 Donatio facta absenti, si per nuntium fiat, potest revocari, donec coram nuntio acceptetur : non enim sufficit, si acceptetur coram aliis, *Less. l.* 2. *c.* 18 *n.* 43. *Viva dict. art.* 2. *num.* 9 *cum Sancio, et pluribus contrà Sylv. et alios.* Si verò donatio offeratur per literas, *Viva* dicit sufficere, ut literæ ad donatarium perveniant : At *Less. ibid. n.* 43. *et Salm. c.* 4 *n.* 73. dicunt, requiri ampliùs, ut remittantur litteræ, vel nuntius acceptationis, ut donatio sit valida.

729 Quær. 3. utrùm post mortem donantis possit donatio validè acceptari ; Distinguit *Less. l.* 2. *c.* 18 *n.* 44. *vers. Petes, cum Mol.* Si donatio jam facta sit, et donans antè mortem mittat nuntium, aut epistolam, tunc censet, eam posse acceptari. Ratio, quià donatio permanet virtualiter in literis, vel nuntio misso. Et idem probabiliter tenent *Sanch de Matrim l.* 1. *D.* 6 *n.* 5. *atque Salm. c.* 4 *n.* 75. *Lugo D.* 23 *n.* 75. *et* 81. *Viva dict. art.* 2. Sed probabiliùs hoc negant *Lopez, Isern. Tiraq. Decius, et alii apud Sanch. ibid.* et probabile censet *Salm. dict n.* 75. quià post mortem donantis

nequit voluntas ejus uniri cum donatarii consensu , ùt ad acceptationem requiritur Hîc dubium oritur, an donatarius possit rem retinere, si donationem acceptaverit post mortem donantis? Ex his sententiis ambabus probabiliùs meo judicio infero , quod, si acceptaverit bonâ fide , cum jam acquisierit legitimam possessionem , justè possit retinere. Secùs , si cum mala , vel dubia fide , juxtà dicenda *n.* 761. ubi tenuimus, non posse cum dubio, etiàmsi positivo, inchoari præfatam legitimam possessionem.

Si autem , ajunt *Lugo n.* 75 *Les. n.* 46 *et Sanch.* 73* *ibid.* donatio nondum sit facta, sed sit mandatum, ut fiat à nuncio, per illum etiàm munere misso, tunc donatio post mortem donantis ampliùs acceptari nequit; ex *l. Inter causas ff. Mandati etc.* ubi expressè declaratur, mandatum expirare post mortem mandantis. Hoc tamen non obstante , dicit *Sa* , donationem posse acceptari , quià hîc mandatum , cum sit quædam gratia facta, non expirat morte mandantis; et hoc *Less.* *ibid. et Viva n.* 11 *cum Sporer , et Tamb. ap. Croix l.* 3 *t.* 2 *n.* 220 meritò probabile putant. Hinc juxtà primam sententiam dicunt *Sanch. n.* 8. *Spor. de Rest. cap.* 4 *n.* 21. *Croix l c. et Less. ibid. cum Mol.* quod, si res culpâ nuntii non sit tradita antè mortem mandantis , nuntius teneatur ad duplicem restitutionem , nempè hæredibus defuncti ratione rei, quæ ad ipsos pertinet ; et donatario ratione damni illati. Sed juxtà secundam sententiam , tenetur tantùm restituere donatario, ut dicunt *Sa v. Donatio , Tambur. l.* 8 *t.* 4 *c.* 1 § 5 *n.* 11 et probabile putant *Sporer et Less. l. c.* Advertendum tamen cum *Lugo n.* 78. *Mol. ac Sanch. ibid. ex ead. l. Inter causas,* quod, si donatio facta fuerit à nuntio , inscio mortis mandantis tàm nuncio, quàm donatario, tunc donatio valitura, ut clarè colligitur ex *ead. l. Inter causas* , ubi subditur : *Si tamen* (mandatum) *per ignorantiam impletum est, competere actionem utilitatis causâ dicit.*

Quæritur 4. An, mortuo donatario antè acceptatio-731 nem , ejus hæres possit donationem acceptare? Affirmat *Sanch. eod. loc. n.* 6 *cum Mol. Suar. Tiraquell.* · *Covarr. etc.* quià hæres repræsentat personam defuncti. Negant tamen probabiliùs *Less. l.* 2 *c.* 18 *n.* 35 *et Salm. c.* 4 *n.* 74 *cum Pal. et Rebell.* Quià hæres succedit in jura realia defuncti, non autem personalia, ut est jus acceptandi donationem. Concedit tamen *Less. dict. loc.* quod, si hæres sit filius donatarii, ex æquitate posset acceptare, cum talis præsumenda tunc sit mens donatoris.

732   « 8. Etsi acceptes donationem verbalem, quâ tibi
» Cajus v. gr. dat equum absentem ; non acquiris jus
» in re, et dominium equi antè traditionem. Undè,
» si intereà Cajus det, aut vendat eum alteri, eique
» tradat, is dominium· acquirit ; tu autem habes ac-
» tionem in Cajum pro injuria ratione juris, quod
» habebas ad rem. At sic donatio purè verbalis antè
» realem, hoc est rei traditionem, vix differt à pro-
» missione, ut *Less. loc. cit. dub.* 2.

733   » 9. Donatio, uti et remissio debitorum liquidorum,
» unâ vice et uno animi motu, uni, aut pluribus fac-
» ta, ultrà summam 500 solidorum (quæ summa
» hodiè ad 700 vel secundùm quosdam ad 800 aureos
» Italicos excurrit, ut ex Claro, etc. notat *Laym. l.* 3
» *tr.* 4 *c.* 12 *n.* 15) non tenet quòad hunc excessum,
» sed lege ità statuente, ob commune bonum., potest
» à donatore pro arbitrio repeti. Excipe nisi Judici
» donatio ea insinuata sit, aut juramento firmata, aut
» facta ad pias causas, aut ad redemptionem captivo-
» rum, aut ad reparationem ædium incendio, vel
» ruinâ destructarum, aut sit remuneratoria benefi-
» ciorum, aut fiat in remunerationem jurium, saltem
» speratorum, vel denique fiat militibus à belli duce
» ex bonis propriis mobilibus, vel hostium spoliis.
» Vide *Less. l. c. l.* 2 *c.* 18 *n.* 102. *Laym. l.* 3 *t.* 4 *c.* 12
» *n.* 15. *Tanner. d.* 6 *de Just. q.* 2 *dub.* 2 *n.* 15 *ex Mol.*
» *Claro, Rebello,* etc. quarè, si tunc repetatur, quod
» absque iis conditionibus, vel ultrà dictam summam
» datum est, tenetur donatarius· reddere ipsi, aut
» hæredibus repetentibus ; si non repetatur, potest·

» retinere. Vide *auth. cit.* * (*Idem dicitur de donatione*
» *omnium bonorum. Salm. cap.* 4 *n.* 97, 98 *et* 99.)*
  » 10. Si donationi apponatur modus, tacitè, vel 734
» expressè, non quidem obligando, quo spes detur, etc.
» aliquid alterum facturum ; vel animo eum ad hoc
» inflectendi, valet donatio, etsi finis non sequatur :
» v. gr. dat aliquis puellæ ad ejus consensum elicien-
» dum : si posteà non consentiat, non tenetur datum
» redderè : nam, etsi non dedisset, si scivisset eam
» sibi non consensuram, tamen dedit absolutè sinè
» obligatione alia, ut supponitur. Secùs esset, si verè
» intendisset eam obligare, et sub hac conditione
» dedisset. *Less. c.* 18 *d.* 16 *et* 17. »
  Ità *Less.* etiàm *l.* 2 *c.* 18 *n.* 124. *et Salm. de Restit.*
c. 1 *n.* 165 *cum Mol. Dicast. Lugo Tap. etc.* Vide dicta
p. 193 *v. Quær. II.* Benè autem hîc advertunt *Salm.*
ibid. quod puella accipiens donum post illicitam petitionem, difficulter excusanda sit à peccato scandali,
ex *S. Thom.* Addit *ibid Lessius* cum *Mol.* quod, si legatum sit relictum puellæ, ut nubat, possit ab illa
retineri, etiàmsi maneat cælebs ; et, si moriatur antè
nuptias, legatum transeat ad hæredes puellæ. Quandò
autem donans intendit ad aliquem finem obligare, si
finis est principalis, debet donatarius illum præstare,
nisi ab alio impediatur. Si verò finis sit secundarius,
tunc donatio non est irrita, sed potest à donante irritari. Ità *Less. n.* 126 *cum Medin.* Imò addit, quod,
si detur aliquid Monasterio sub aliquo onere, non
possit repeti, si onus non impleatur, sed tantùm cogi
Monasterium ad implendum, si possit.
  Quæritur utrùm promittens prodigè aliquid fœmi- 735
næ ob copulam, teneatur id post copulam dare? Affirmant *Lugo, Fill. Sanch. ap. Salm. de Rest. c.* 1 *n.* 166.
Quià, positâ promissione, datio tunc est debita, non •
prodiga. Negant autem probabiliùs *Sotus, Bann.*
Trull. etc. cum Salm. n. 167 etsi adfuerit juramentum,
quià promissio non tollit dationis prodigæ illiceita-
tem ; ideò res promissa reducenda est ad æqualitatem, juxtà communem æstimationem, et si res est

indivisibilis nihil debetur. Vide dicenda de *Matr. l.* 6 *n.* 851 *v. Cum autem.* Non negandum tamen, quin fœmina honesta pro usu sui corporis possit recipere quantò plus, ut docet *Less. l.* 2 *r.* 14 *n.* 53.

« 11. In similibus donationibus allectivis potest
» aliquis, v. gr. prædicta puella, acceptare, etsi non
» intendat præstare quod donator sperat, cùm dona-
» tio sit absoluta, animo alliciendi, non obligandi.
» Undè, si spe frustratus repetat, dicens, se non
» dedisse, nisi sub tali obligatione, non tenetur
» puella credere : quià eò ipso, quod donator non
» expresserit conditionem, præsumitur sinè ea dedisse,
» et repetere vel animo vindictæ, vel ut consensum
» extorqueat, *Less. loc. cit. Dian. p.* 1 *l.* 2 *m. R.* 40.
737 » 12. Non tenet donatio ob causam præteritam, vel
» præsentem quæ verè non est, ut v g. si dem tibi aliquid,
» quià apud Principem meam causam transegisti: vel
» quià pauper es, et reverà non ità est; teneris resti-
» tuere, cum sit error in formali causa, et principali.
» Undè qui mentiuntur se pauperes, cum non sint,
» debent aliis pauperibus eleëmosynam restituere.
» Aliud est, si error sit tantùm in causa secundaria;
» ut v. gr. si verè sint pauperes, et simulent insuper
» sanctitatem, ad hominum misericordiam provocan-
» dam : quià tunc primaria intentio dantium est
» dare pauperi. *Bon. Less. v. Dian. p.* 8 *t.* 6 *R.* 89. »

Docet tamen *Less. l.* 2 *c.* 18 *n.* 129 quod, si error sit circà causam secundariam, licet donatio non sit irrita, sit tamen irritabilis à donante ; imò, si donatarius sit causa erroris, tenetur ipse errorem detegere, nisi donans ità sit affectus, ut censeatur non revocare donationem, etsi errorem agnosceret. In dubio autem ait *Less.* restituendum esse pro rata dubii. Vid *Less. ex n.* 131. Sed *Croix n.* 61 adhæret *Bus. cum Dic. etc.*

DUBIUM III.

Quibus casibus donatio possit revocari?

738 *Quid, si donatarius sit ingratus?*
739 *Quid, si donanti nascatur proles post donationem?*
740 *Quid, si donatio fuerit inofficiosa?*

» Resp. 1 Donatio inter vivos, hoc est, quâ quis 738
» vult, se vivo, rem absolutè alterius esse, potest
» revocari (etsi res jam tradita sit) tribus casibus;
» nisi tamen donatio fuerit remuneratoria, aut facta
» sit Ecclesiæ, vel Monasterio.

Sunt autem hi Casus.

» Si donatarius enormiter ingratus sit : ut si donanti
» atroces injurias inferat, si inopiâ pressum non alat,
» etc. Quod notandum pro filiis, quibus parentes om-
» nia donârunt, et eos posteà negligunt. *Sylvest.*
» *Less. Bonac. Trull. c.* 17. *d.* 12.* (*Adde, si dona-*
» *tarius adulteretur cum uxore, vel filia donantis.* V.
» *Salm. c.* 4 *n.* 107.) * Neque valet pactum, ut do-
» natio non possit ob ingratitudinem revocari, *Bar-*
» *tôl. et alii* 8 *Lug. Dian. p.* 8 *t.* 6 *R.* 57. Debet tamen
» ingratitudo coram judice probari, antè cujus sen-
» tentiam donatarius non tenetur restituere, *Molin.*
» *Lugo, et alii* 4 *Dian. loc. cit. R.* 58 post eam verò
» etiàm fructus perceptos post litem contestatam,
» *Mol. Dic. Dian. R.* 58. Ab hæredibus autem non
» potest revocari ob eas causas, ob quas donator ipse
» potuisset, si eas ipsas scivit, et tacuit; secùs, si
» ignoravit, *Gom. Hurt. Wading. Lug. Dian. loc. cit.*
» *R.* 54.
» Et quidem revocatio etiàm habet locum in legato
» respectu legatarii, si defunctum testatorem gravi
» injuriâ afficiat, v. gr. uxorem ejus carnaliter cog-
» noscat, *Mol. Dicast. Dian. loc. cit. R.* 58.

» 3. Non habet autem locum I. In donationibus
» factis Ecclesiæ, tametsi Prælatus, vel Clericus fue-
» rit ingratus, quià facta est ob bonum animæ testato-
» ris, et principaliter Deo, qui ingratus esse non
» potest, *Less. Lug. Hurt. Hun Vad. Dian. loc. cit.*
» *R.* 56. II. In donatione remuneratoria (v. gr. pro
» beneficiis aliàs non debitis, et aliquo modo æqui-
» valentibus) quià potiùs est remuneratio, quàm do-
» natio. Remuneratoria autem censetur 1. si donator
» in ipsa donatione expressè meminerit meritorium ;
» vel 2. si de meritis constet ; 3. in dubio, *Dian. loc.*
» *cit. R.* 115. 116. 17. 19. 20. *ex Barb. etc.*

739 » 4. Si quis prole carens magnam partem bono-
» rum donaverit, et posteà nascatur proles : quià ex
» juris dispositione inest donationi hæc tacita condi-
» tio, nisi nascantur mihi liberi. Et quidem, si facta
» sit extraneo, revocari potest tota : si alicui ascen-
» dentium, ut patri, vel avo, vel Ecclesiæ, aut causis
» piis, tantùm revocari potest, quantùm necessarium
» est, ut filii habeant legitimam. Quamquam rectè no-
» tat *Lessius*, ad ædificationem expedire, ut, quod
» Ecclesiæ, vel Monasterio datum est, Prælatus to-
» tum restituat. Porrò etsi juraverit se non revocatu-
» rum donationem, adhuc potest, liberis natis,
» revocare ; quià hoc juramentum non excludit dic-
» tam conditionem. Excipe, nisi expressè etiàm hanc
» conditionem excluserit : tunc enim ipse revocare
» non posset : possent tamen ejus liberi post mor-
» tem patris, *Bon. Less. cap.* 18 *d.* 14. An autem hæc
» revocatio locum habeat, si filii nascantur illegitimi,
» qui posteà legitimentur ? Vid. *Dian. loc. cit. R.* 63
» *et* 64. Item, an in donatione remuneratoria, *Res.*
» 65 ubi cum *Mol.* et aliis sex negat, nisi excedat
» causam * (*Potest tamen donatarius retinere rem,*
» *donec illa à donante repetatur, Less. lib.* 2 *cap.* 18
» *num.* 110 *Pal. Vill. cum Salm. c.* 4 *n.* 110.) *

740 » 5. Si donatio fuerit inofficiosa, contrà officium
» paternæ pietatis, ut si pater tantùm donet, ut filii
» priventur sua portione legitima : tunc enim post

» mortem patris possunt filii revocare, *Navarr. c. 26*
» *Less. loc. cit.* licet donatio fuerit juramento confir-
» mata, *Megal et alii* 5 *Dian. p.* 8 *t.* 6 *R.* 66. Imò
» etiàm vivente patre; licet enim antè mortem patris
» non debeatur legitima ut tradenda, debetur tamen
» ut conservanda. Hinc, si pater bona dissipet, potest
» à filio per judicem cogi, ut servet legitimam, ne is
» post mortem patris careat alimentis. Ità probabiliter
» *Dian. loc. cit.* ex aliis 6 contrà *Less.* etc. An autem
» et quandò donatio rescindenda in totum? vide *Dian.*
» *loc. cit.* »

Notandum, quòd donatio, si est inofficiosa tantùm
re, infirmetur quòad partem, in qua filii fraudantur:
Si autem re, et consilio, scilicet animo fraudandi filios,
tunc tota infirmatur, quandò fit extraneis; quandò
verò fit aliis descendentibus, vel piis causis, etiàm quòad
partem tantùm infirmatur, *Less. lib.* 2 *cap.* 18 *n.* 112
Salm. c. 4 *n.* 111 *cum Vill. et Gom. Dian. p.* 8 *tr.* 7 *Resp.*
66 *P. Concina tom.* 7 *pag.* 441 *n.* 13 *Cabass. lib.* 6 *cap.*
29 *n.* 1 *ex Bartolo lib.* 1 *D. de Inoff. don. et ex l. Si totas*
5 *ac l. Si Mater.* 7 *C. eod. tit.* Notandum autem, quòd donatarius in tali casu antè sententiam Judicis nil teneatur
restituere filiis. Ità *Salm. ib. cum Pal. et Villal.* Deindè
notandum cum *Laym. lib.* 3 *tract.* 4 *c.* 12 *n.* 18 *Nav.*
c. 26 *n.* 39 *etc.* quòd Parentes, licet nequeant donationibus minuere filiorum legitimas, possint tamen
contractibus onerosis, et donationibus remuneratoriis.
Imò *Cardenas cum Lop, Rodr. Navarr. Vega, Cord.*
apud Croix lib. 3 *p.* 2 *n.* 812. dicunt: Patrem posse
insumere sua bona in opera pia, etiàm in præjudicium
legitimæ filiorum, modo illi non priventur alimentis,
jure nat   jus civile nequit præjudicare
causæ p   oni contradicunt *ibid. Sanch.*
Gutt. id
et alii, ut mox suprà diximus. Utraque
detur probabilis.

» 6. Per superveniéntiam liberorum, ut probabi-
» lius affirmat *Diana p.* 8 *tr.* 6 *R.* 78 ex aliis 4 contrà
» quosdam. Si tamen pater non revocaverit, non po-

Tom. III.   3

» test à filiis posteà natis revocari, nisi pro ratione
» Falcidiæ, sivè ex testamento, sivè ab intestato suc-
» cesserint, *ib.* »

DUBIUM IV.

Quid sit donatio mortis causâ? Et an possit revocari? Et quomodo, et quibus competat?

741 *Quandò donatio causâ mortis censeatur revocata?*
742 *An valeat hæc donatio in absentem?*
743 *Qui possint donare causâ mortis?*

741 • Resp. 1. Donatio mortis causâ, quâ quis sic
» donat, ut velit rem esse alterius primùm post suam,
» mortem, ut si dicas, do tibi hoc post mortem
» meam, vel cùm moriar, vel quià timeo me nunc
» moriturum, revocari potest etiàm tribus casibus
» his : * (*in dubio donatio est censenda inter vivos, et*
» *irrevocabilis, Lugo, Prado, Sylv. Vill. ap. Salm. c.*
» 4 *n.* 113.) *
» 1. Si donatorem pœniteat, sivè expressè, sivè
» implicitè, ut si rem illam donet alteri, *Less. loc. c.*
» 2. Si dedit intuitu alicujus instantis periculi, ex
» quo metuit mortem, hoc ipso, quo periculum eva-
» sit, censetur tacitè revocata donatio; ut si quis det
» in gravi morbo, vel instante prælio. *Bon. disp.* 3
» *quæst.* 13 *p. ult num.* 20.
» 3. Si donatarius moriatur antè donatorem, ipso
» jure revocata est : ut etiàm accidit in testamentis,
» et legatis. Secùs est in promissione, et donatione
» inter vivos, quæ transit ad hæredes. Quod si dona-
» tor promiserit se non revocaturum, transit in do-
» nationem inter vivos. Vide *Less. c.* 18 *d.* 14 *n.* 116
» *Mol. d.* 286 *et d.* 288 *Azor. l.* 11 *c.* 11 *q.* 4 *Bon. l. c.*
742 » Resp. 2 Hæc donatio fieri debet in præsentem,
» *Diana loc. cit. R.* 66 *et alii* 5. Nec valet in absentem
» sinè nuntio ; ad hóc destinato, vel epistola : licet

» valeat, ut fideicommissum, si fuerint adhibiti tes-
» tes, *Dian. etc. loc. cit.* Valet autem probabiliter,
» etsi donatarius præsens tacuerit.
· » Respondeo 3. Donare mortis causâ possunt omnes,74í
» et soli, qui possunt testari, excepto filiofamilias,
:» qui, licet testamentum condere nullo modo possit,
» cum hoc sit juris publici, donate tamen mortis causâ,
:» cum id sit juris privati, potest, si adsit patris consen-
·» sus expressus : imò sinè hoc donare eum posse, non
» tantùm de castrensibus, sed etiàm de adventitiis
·» probabile censet *Dian. l. c. Reg.* 68 *et* 69. * (*Si*
» *nimirùm filius ex concessione Patris habeat de istis*
» *usumfructum, et administrationem, ut Salm. cap.* 3
» *n. 116 cum Pal. intelligunt.*) * Hinc donare sic pos-
·» sunt minores 20 annis, etiàm sinè consensu sui
» curatoris. *Dian. l. c. Res.* 71 *ex Mol.* et aliis.
· ∎ 4. Non autem usurarius, nisi priùs usuris satis-
» fecerit, vel cautionem præstiterit ; Potest tamen ad
» causas pias, *Dian. ibid. R.* 73 *ex Fagund.* et aliis 6.
» Nec surdus, et mutus à natura, secùs si à casu su-
» perveniente (vel si surdus sit, aut mutus tantùm)
» licet donare inter vivos possit secundùm quosdam,
» *Azor. Dian. p.* 5 *t.* 6 *D.* 12. »

DUBIUM V.

Quid sit Commodatum, Precarium, et Depositum?

752 *Quis teneatur salvare rem alienam potius quàm suam ?*
Vide alia ibid.
755 *In quibus casibus depositarius possit rem denegare ?*

744 « **R**ESP. Commodatum est contractus, quo res ali-
» qua mobilis , vel immobilis quòad solum usum
» gratuitò conceditur, atque ad aliquod certum tem-
» pus explicitè, vel implicitè determinatum : expli-
» citè, ut si dicas, commodo tibi hunc librum, vel
» domum ad unum mensem ; implicitè, ut si dicas,
» commodo tibi librum, ut eum describas; quià tunc
» implicitè tantùm temporis determinatur, quantùm
» necessarium est ad commodè describendum.

745 » Precarium est, quo conceditur petenti res uten-
» da, non ad certum tempus , in, quo differt à com-
» modato, sed donec concedens repetat, sivè expressè,
» sivè tacitè, ut si det alteri, aut vendat, *Laym. lib.*
» 3 *t.* 4 *c.* 14. ».
Precarium cessat per mortem accipientis , non autem per mortem dantis, si ab hæredibus non revocetur, *L. Cum Precarium , ff. de Præc.* V. *Viva de Con-*
tract. q. 9 *art.* 2 *n.* 9,

« Depositum est, quo aliquid traditur custodien-
746 » dum , ut integrum reddatur. Et communiter est res
» mobilis, vel se movens, ut vestis, equus, etc.

Undè circà hæc resolvuntur.

» 1. Commodator non potest repetere absque in-
947 » justitia antè definitum tempus. *Layman. l.* 3 *t.* 4
» *c.* 14.

» 2. Quod si tamen commodanti damnum impen-
» deat, potest repetere, licet simile damnum impen-
» deret commodatario ex rei antè tempus repetitione,
» ut habet *Less. c.* 27 *d.* 5 quià, ut ait *Navarr.* in
» commodatione intelligitur tacita hæc conditio , nisi
» intereà contigerit rem esse necessariam commodan-
» ti, *Laym. loc. cit.* ».

Nota cum *Viva ibid. n.* 7 quòd in re commodata
expensæ ordinariæ debeant fieri à Commodatario, ut
alere equum, etc. expensæ autem extraordinariæ à
Commodante. ex *l. In rebus, de Commod.*

« Si depositarius bona fide existimet depositori non
» displicitum, si re deposita utatur, licebit uti, aliàs
» non. *Less. l. c. d. 2.*

» 4. Si depositum sit res usu consumptibilis, ut 74
» triticum, vinum, pecunia, quæ exponendo absu-
» mitur, eaque tradita sit certo numero, pondere,
» et mensurâ, non videtur depositarius peccare, sal-
» tem graviter, iis utens; si certus sit, se tantùmdem
» ejusdem bonitatis habiturum, quandò repetetur,
» *Less. loc. cit.* Secùs, si pucunia tradita fuerit sac-
» culo, vel arcâ inclusa, vel munita sigillo. *Sylv.*
» *Azor. Less. Bonac. v. Trull. c.* 25 *d.* 1. »

Ità etiàm *Viva loc. cit. n.* 4 *cum Mol. vers. Notat.*
Deindè notandum, quòd Depositarius, malâ fide
utens re depositâ, teneatur restituere valorem usus; at
si eâ utatur bonâ fide, tenetur in quo factus est ditior
dùm intellexerit id domino displicuisse. Ità *Viva n.*
3 *cum Hurt.* Quandò autem dominus concesserit usum
rei consumptibilis, et saltèm tacitè; tunc depositum
transit in mutuum, ex communi cùm *Less. Mol. etc.*
ib. contrà Hurt. Saltèm quandò depositarius re actualiter utitur ex consensu domini.

« Verùm si is, cui res commodata, locata, deposi- 749
» ta, et pignorata est, negligentèr custodiat, ità ut
» pereat, negligentia autem non sit theologica culpa
» mortalis, probabile est, quod dixi ex *Soto, Sa,* non
» teneri ad restitutionem in conscientia. *(Ut etiàm*
» *tenent Salmanticens. de Restitut. c.* 1 *n.* 32 *cum Lugo*
» *Led. Roncaglia, Cabass. lib.* 6 *cap.* 9 *n.* 2 *etc. vide*
» *dicta n.* 554.) * Alii tamen aliter sentiunt, nimirùm
» teneri restituere, qui juridicam culpam in custo-
» diendo contraxerit, si ea fuerit lata; et subindè si
» levis tantùm, imò et aliquandò sit levissima, nimi-
» rùm quandò depositio facta est in commodum
» utriusque, et si pretium pro custodia accipiat. Vide

» *Less. cap.* 7 *d.* 8 *Laymann tract.* 4 *cap.* 25 ubi do-
» cet depositarium tantùm tenêri de dolo, vel culpâ
» crassâ, quæ dolo æquiparetur.

» Dicitur autem juridica culpa lata, seu crassa,
» cùm quis facit, aut omittit, quod ut plurimùm non
» facerent, vel omitterent in ea re homines suæ pro-
» fessionis; ut v. gr. si quis rem apud se depositam
» relinquit in loco publico, etsi inadvertenter. Levis
» autem dicitur, cum quis facit vel omittit, quod fa-
» cerent, vel omitterent homines suæ professionis
» diligentes, ut si quis depositum relinquit in suo
» cubiculo, sed negligit ostium claudere. Levissima
» dicitur, cum facit, vel omittit, quod non facerent
» homines diligentissimi; ut si quis ostium quidem
» obserârit, sed neglexerit tentare manu, an esset
» benè clausum.

750   » 5. Sariotes, molitores, et cæteri artifices, quibus
» res traditur polienda, vel immutanda, item nautæ,
» caupones, apud quos res deponuntur, tenentur ex
» levi culpa, quià depositio fit etiàm in commodum
» ipsorum; imò *Sylv. v. Nauta*, vult eos tenêri ex le-
» vissima: *ex lib.* 1 *ff. Depositi*, idque cautum esse
» ad vitandas eorum fraudes. Quod etiàm *Less. et*
» *Trull. c.* 25 *art.* 1 putant esse próbabile in utroque
» foro, si quis eis rem expressè tradiderit custodien-
» dam: si autem ipsis tantùm videntibus deposuerit,
» v. g. in diversorio, navi, etc. ne ex lata quidem
» tenêri. Vid *Bon. Trull. Diana p.* 1 *t.* 8 *R.* 74.

751   » 6. Si depositarius (idem est de commodatario)
» dubitet, an depositum suâ culpâ perierit, non te-
» nêtur in conscientia ad restitutionem, *Sanch. de*
» *Matr. lib.* 2 *d.* 41 *n.* 18 quià in dubio non præsumi-
» tur delictum, ex *l. Merito. ff. pro socio. v. Dian. p.*
» 2 *t.* 9 *R.* 49. In foro tamen externo, si res deposi-
» tarii manserint incolumes, præsumitur de dolo,
» nisi depositarius probet, depositum casu periisse,
» et non potuisse simùl cum rebus suis (imminente
» v. gr. incendio) servari: tunc enim non teneretur,
» quià præsumptio doli cessaret. Vid. *Pal. tom.* 1 *de*
» *Cens. d.* 3 *p.* 4 *Trull. c.* 25 *d.* 1. »

Hîc pro regula generali distinguitur cum *Viva ib.* 751
n. 2. Quando res perit in incendio, naufragio, etc.
si contractus sit in favorem dantis, et res est minoris, vel
æqualis valoris, quàm tua; tunc poteris rem tuam
præferre, et salvare : At si res alterius sit longè pre-
tiosior, eo casu potes petere compensationem pro re
tua deperdita. Si verò contractus fuerit in commodum
tui, rem domini præferre debes, nec potes petere
compensationem, *Less. n. 27 et Viva q.* 9 *art.* 2 *n.*
2 *cum communi.*

« 7. Si domino repetenti depositum remiserit per
» hominem, qui fidelis habebatur, isque sibi reti-
» nuerit, vel perdidit, Domino periisse dicit *Molin.*
» citatus ab *Escob. V. Trull. l. c.*
» 8. Deponens rem, usu non consumptibilem, potest
» à depositario pro ejus usu aliquid accipere ; quià
» is est pretio æstimabilis (licet eo casu non depositi,
» sed locati, et conducti, contractus sit dicendus).
» Secùs, si sit usu consumptibilis : tunc enim de-
» positum, eo ipso, quòd depositarius incipit eo
» uti, induit naturam mutui, ex quo (seclusâ ra-
» tione lucri cessantis; etc.) nihil licet accipere, ut
» *v. dub. seq. et Bon. d.* 3 *q.* 13 *p.* 3 *Trull. l. c.* »
Notandum hîc, quòd depositarius in quatuor casi- 753
bus possit depositum domino denegare : 1. Si per
sententiam sint addicta omnia bona depositantis. 2.
Si comprehendat certò rem esse furtivam. 3. Si habeat
ipse certam causam compensationis. 4. Si prudentèr
certò timeat illum abusurum re depositâ contrà justitiam; puta gladio ad occidendum ; quià tunc peccaret, gladium reddendo, contrà charitatem, ut *Viva*
de Rest. quæst. 4 *art.* 5 *n.* 1. Imò *Less. lib.* 2 *cap.*
16 *d.* 4 *Salm. et Viva n.* 2 *ac Tamb. contrà Mol.* putant
verius, quòd peccaret etiàm contrà justitiam : quià
valdè proximè cooperaretur ad homicidium. Vide
dicta n. 697. Dixi tamen *certò timeat*, nam in dubio,
vel pari probabilitate de damno, gladius restitui debet
nisi dominus sit furiosus, ità ait *Viva ibid.* Sed illi,
pari probabilitate, non acquiesco, nam proximus etiàm

possidet jus ne lædatur in vita, undè videtur potiùs
præcavendum malum illius quod est majus.

Dubium est, an idem currat, si dominus abusuruş
sit re non contrà justitiam, sed contrà alias virtutes?
Negant *Sanch. et Bon. q. ult. p.* 1. Sed adhùc peccare
reddentem contrà charitatem veriùs dicit *Les. l. c. cum
S. Th.* 2 2 *quæst.* 62 *art.* 5 *ad* 1 cujus verba retulimus
n. 697. Nisi non reddendo grave timeat incommodum.

DUBIUM VI.

Quid Mutuum?

754 *Quomodo mutuum distinguatur à permutatione, pignore, etc.?*
755 *Quando restitui debet mutuum, si non est præfixus terminus?*
756 *An repeti possit mutuum datum Ecclesiæ, Universitati,
vel Minori? 757 Quid, si detur filiofam.?*

754 « Resp. Est contractus, quo rei alicujus numero,
» pondere, vel mensurâ constantis dominium à mu-
» tuante in mutuatarium transfertur, cum obligatione
» restituendi eamdem, vel similem specie, et boni-
» tate. Propriè autem mutuùm ferè est in rebus usu
» consumptibilibus, inter quas etiàm est pecunia :
» quæ, licet non absumatur, nec pereat in se, perit
» tamen exponenti, Distinguitur à permutatione, quòd
» in eâ reddatur res alterius speciei; item à pignore,
» hypothecâ, deposito, commodato, et locato, quòd
» dominium in iis non transferatur, sed usus tantùm.
» *Bonacin. disp.* 3 *q.* 3 *p.* 1.

Undè resolves.

» 1. Mutuans obligatur monere de vitio rei, alio-
» qui ad damnúm tenetur in conscientia.
» 2. Item non repetere rem antè tempus, nisi
» ipse sit in pari necessitate. »

Si non sit præfixus terminus ad restitutionem, de-755
bes, mutuum reddere, dùm à mutuante interpel-
lâris : Intellige post aliquod tempus competens arbitrio prudentum, nam aliàs mutuum potiùs tibi obes-
set, quàm prodesset. At tenêris reddere etiàm non pe-
titus, si non petatur ob oblivionem, reverentiam, aut
distantiam : Mutuans verò non petens, cum facilè possit, censetur indulgere dilationi. Ità *Laym. tr.* 8
c. 15 *n.* 2 *Pal. Rebell. cum Salmanticens. de Contr.*
c. 3 *n.* 4.

« 3. Item præstare casum fortuitum matuatarius
» tenetur, cum penès hunc rei dominium sit, et rem
» eadem quantitate, et qualitate reddere suo tempore.
» 4. In vero mutuo lucrum aliquod accipere non
» licet, quià est usura, de quo *dub. seq.* »

Sed hîc notandum 1. quòd mutuum, præstitum Ec-756
clesiæ, causæ piæ, aut Universitati non possit repeti,
nisi probetur in utilitatem illius conversum fuisse, *l.*
Civitas ff. Si certum petatur. Et idem dicitur de mutuo
dato Minori, qui aliàs non tenetur, etiàm major factus,
restituere, *lib.* 3 *C. Quandò facto tut.* Si tamen Prælatus cum consensu Capituli (et idem dicitur de Guber-
natore cum consensu Officialium) recipiat mutuum
nomine Ecclesiæ, ipsa semper tenetur solvere ; cùm
Prælati, cum Capitulo rectè alienare possunt res mo-
biles Ecclesiæ, *Less. lib.* 2 *c.* 20 *n.* 13 *Salm. ibid. n.* 6
cum Laym. Mol. et Pal.

Notandum pariter 2. quod mutuum datum filiisfam.757
ut tales habitis, et carentibus bonis castrensibus, sinè
saltem tacito consensu parentum, ab illis posteà restituendum non sit, saltèm in foro externo, *l.* 1 *C.*
de S. C. Maced. Quo privilegio filii uti possunt, etsi ei
renuntiârint, *Less. cap.* 20 *n.* 8. *Salm. n.* 7 *cum Pal.*
Dic. et Bon. Excipitur 1. Si mutuum sit in aliis rebus,
quàm in pecunia, de quâ lex loquitur. Excipitur 2.
Si filius juraverit solvere : quàmvis post solutionem
habeat actionem ad repetendum : imò potest relaxationem juramenti sibi procurare. *Salm. cum cit. DD. n.* 8.
Excipitur 3. Si mutuum datum sit, seiente et non con-

tradicente patre, aut si conversum sit in utilitatem
patris aut filiorum in rebus, quas pater eis præbere
tenebatur : item si res mutuata adhùc extet; vel si
pater solitus fuerit solvere debita filiorum ; Ità *Salm.*
n. 9.

Dubium est, an. filiifam. in primo casu posìto' liberi
sint à restitutione mutui, non solùm in foro externo ;
sed etiàm interno ? Negant *Bon. Dic. Covarr. et Rebell.*
ap. n. 10. quià Jus Civile non tollit obligationem naturalem. At satis probabiliùs affirmat *Less. dict. c.* 20
n. 8 *et Sanch. Laym. Pal. etc. cum Salm. n.* 10 quià
lex benè potest cum justa causa naturalem· obligationem auferre, et sic fecisse judicatur in hoc· casu ·ad
providendum damno parentum, et nequitiam fœnera-
torum advertendam: Non videtur autem posse· negari,
quòd Potestas suprema humana, ob altum dominium,
quod habet, benè possit propter bonum commune
transferre dominium rerum ab uno in ·alterum, ut
patet in lege præscriptionis : Vide *dict. n.* 517.

DUBIUM VII.

Quid sit Usura ?

vel ob Lucrnm cessans? 769. *Quot conditiones, requi-rantur ad hoc interesse exigendum? An in contractu oporteat monere mutuatarium de damno emergenti, vel alio justo titulo? An possit mutuans tale interesse exigere, si ipse offerat ad mutuandum?*

770 *An liceat mutuanti pacisci ab initio de certa pecunia solvenda pro damno, vel lucro incerto?*

771 *An possis exigere lucrum cessans, si aliam substituas pecuniam ad negotium non destiuatam?*

772 *Quid, si dicas : Negotiarer, nisi essent mutuum petentes?*

773 *Quid, si aderat justus titulus aliquid exigendi, sed mutuans bona fide inierit contractum usurarium?*

774 *Quæ pacta liceant in mutuatione?*

775 *An sit illicitum pactum* Legis commissoriæ? 776. *An fructus pignoris debeant restitui? Quid si pignus datum sit pro dote?*

777 *An teneat pactum, ut reddatur aliquid debitum, sed non ex justitia. An, ut desistatur ab injuria?*

778 *An valeat pactum, ut injuria condonetur?*

779 *An pactum, ut conferatur officium?*

780 *An pactum, ut præstentur debita ex gratitudine?*

781 *An pactum remutuandi?*

782 *An pactum, ut res in eadem specie reddatur?*

783 *An usurarius acquirat dominium lucri usurarii?*

784 *Quid de fructibus rei usu consumptibilis?*

785 *Ad quid teneatur præbens consilium, aut dans pecuniam pro mutuo usurario?*

786 *An peccet deponens pecuniam apud abusurum ad usuras?*

787 *An* Principes*, etc. cooperantes, ut solvantur usuræ, teneantur ad restitutionem?*

788 *An liceat creditori mutuantis exigere usuras?*

789 *An peccent famuli cooperantes Dominis usurariis?*

790 *Quomodo hæredes Usurarii teneantur ad restitutionem? An liceat petere mutuum ab usurario :* Remissivè ad l 2 n. 47 v. Secunda, et n. 77 v. 4 Licitum.

791 *Vide alios casus apud Bus.*

792 *Quæ obligatio, et pœna usurariorum?*

RESP. Est lucrum immediatè proveniens ex mutuo : 758 itá ut mutuans suprá sortem, id est, summam capitalem, lucretur aliquid, quod sit pecuniâ æstimabile, itá ut lucrum tale præcisè intendatur ratione mutui. Quod planè iniquum est, et grave peccatum

» contrà jus humanum, et Divīnum ; cùm mutuans
» acquirat lucrum ex re jam non ampliùs suâ : quià
» res mutuata jam transiit in dominium mutuatarii ,
» ut patet ex definitione.Et regula generalis est:**Omne**
» pactum, vel gravamen, sivè onus additum mutuo
» præter id, quod ei proprium et intrinsecum est,
» reddit contractum usurarium, *Bon. d.* 3 *q.* 3 *p.* 3.
» *Cardinal Lugo* , *etc.* »

759   Certum est, quòd usura etiàm de jure naturali sit
illicita , quòdque pro usu rei mutuatæ non possit
aliquid ultrà sortem exigi, ut communiter dicunt Theologi, et Juristæ *cum S. Th.* 2. 2 *q.* 78 *ar.* 1 *ex c. Super*
eod. de Usuris. Ratio est, quià, ut docet *S. Th. loc. cit.*
licet in re, quæ usu non consumitur, pròut in domo,
equo, possit usus à re distingui: in re tamen usu consumptibili, ut in vino, tritico, pecuniâ, non adest
usus rei distinctus à dominio, cum usus rei sit ipsa rei
consumptio, et ideò in mutuo ex sua natura transfertur
rei dominium in mutuatarium : Si igitùr aliquid exigeretur pro usu rei consumptibilis , injustè quidem
exigetur , ait *S. Thom.* et omnes , quià exigeretur pro
re , quæ non extat. Quidam autem Neotericus in libro
recenter edito laboriosè conatus est probare, pecuniam
de se non esse sterilem et infructiferam,sicùt aliæ sunt
res usu consumptibiles; cum ex communi commercio
hominum, ut asserit, quamplura lucra ex pecunia
observemus oriri. Hinc infert, præcisis justis titulis
periculi, damni, etc. de quibus infrà dicemus, licjtè
posse aliquid exigi à mutuo pecuniæ ultrà sortem,
modo lucrum sit moderatum, et modo mutuatarius
sit dives, et pecuniam illam in augendis, bonis suis
impendat. Sed meritò hæc nova opinio interdicta est
ab hodierno nostro Summo Pontifice Benedicto XIV.
in Epistola Encyclica, edita ann. 1545, quæ incipit :
Vix pervenit, et extensa afferetur in fine *Tom. III.* ,
vide *n. VII.* Ratio certa est, quià lucrum, quod recipitur ex pecunia, totum oritur, non ex ipsa pecunia,
quæ, cùm omninò sterilis sit, fructum parere haud
potest, sed oritur ex mera industria hominum : Nec

pro eo, quòd mea pecunia alteri proderit ob suam
industriam, possum ego ultrà sortem aliquid ab eo
exigere; pariter ac, si vendo rem, quæ emptori valdè
utilis erit propter industriam suam, non possum propter hoc aliquid recipere ultrà justum rei pretium.
Ratio de se patet, et alia declaratione non indiget.
Ad illud autem, quod opponitur, Judæis Deum per-
misisse ex *Deut*. 28. fœnerari ab alienis, respondet
S. Th. ap. Ps. c. 3 *n*. 27 quòd tunc non permiserit Deus
usuras, sed concesserit hoc modo accipere Gentium
bona, quæ Dominus Judæis largitus est. Lege *P. Conc.*,
qui peculiari volumine hanc falsam opinionem fusè et
perdoctè confutavit.

Hîc autem notandæ tres Prop. damnatæ. Prima ab
Innoc. XI. *n.* 41. dicebat: *Cùm numerata pecunia pre-
tiosior sit numerandâ, et nullus sit, qui non majoris faciat pecuniam præsentem, quàm futuram, potest creditor
aliquid ultrà sortem à mutuatario accipere, et eo titulo
ab usura excusari.*

Secunda ab eod. Innoc. *n.* 42. *Usura non est, dùm
aliquid ultrà sortem exigitur, tamquàm ex benevolentia
et gratitudine debitum, sed solùm si exigatur tamquàm
ex justitia debitum.*

Tertia ab Alex. VII. *n.* 42. *Licitum est mutuanti aliquid ultrà sortem exigere, si se obligat ad non repeten-
dam sortem usque ad certum tempus.*

Sed quæritur, an pro obligatione, cui se submitte-
ret mutuans non repetendi mutuum, nisi post multum
tempus; possit aliquid ultrà sortem exigere, etiamsi
nullum incommodum ex dilatione ei eveniat? Adsunt
tres sententiæ. *Prima sententia* communis negat, et
hanc tenent *Less. l.* 2 *c.* 20 *n.* 127. *Viva in d. prop.*
42 *n.* 10. *Laym. l.* 3 *tr.* 4 *c.* 16 *n.* 7. *Lugo D.* 25 *n.* 17
qui vocant contrariam falsissimam, et communiter ab
aliis reprobatam. Ratio, quià talis obligatio est intrinsecè annexa mutuo, quòd non repetatur statim; sicùt
igitur non potest aliquid exigi ex eo, quòd solutio
exspectetur pro aliquo tempore, ità nec pro tanto tempore; aliàs, dicunt, facile tali modo multoties usura

palliari posset, illam exigendo non pro mutuo, sed
pro obligatione exspectandi solutionem. Et huic videtur
favere damnatio secundæ Prop. allatæ.

Secunda sententia dicit, quòd, licet in mutuo sit
obligatio exspectandi solutionem per aliquod tempus;
quandò tamen obligatio est de non repetendo, nisi
post multum tempus, puta per triennium, tunc, cum
illa non sit intrinseca mutuo, possit aliquid licitè
exigi. Ità Medina de Rest. q. 32 §. Indè, Serra, Led. ap.
Ps. n. 25 ibique probabilem putant Trull. Henr. ac
Bassæus, atque non improbabilem putat Sporer de 7.
Præc. c. 4 n. 71. Et hæc sententia verè non videtur
sua probabilitate carere; si enim licitè aliquid exigere
possit, qui obligatur ad mutuandum infrà longum
tempus, ut docent DD. communiùs cum Mol. apud
Viva in d. prop. 42 n. 5 cur non possit, qui obligatur
non repetere suum, nisi post diuturnum tempus? Vide
mox infrà dicenda.

Tertia sententia parùm huic secundæ dissimilis,
quam tenent Salm. ibid. n. 26 cum Bann. Prado, Arag.
et Caram. dicit, quòd, licet adhærendo primæ sententiæ, exigere aliquid præcisè pro tempore sit usura,
attamen, cum sit moraliter impossibile, quòd per multum tempus exspectando mutuans non patiatur aliquod
periculum, damnum, vel incommodum, aut saltèm
non impediatur ab exercendo aliquem actum libera-
litatis, aut alterius decentis operationis, idcircò possit
aliquid ultrà sortem recipere, et pacisci.

Sed dices 1. Obligatio exspectandi per aliquod tempus
inest cuilibet mutuo, undè, sicut in mutuo ad 15. dies
adest obligatio non repetendi intrà 15. dies, ità et in
mutuo ad tres annos est obligatio per tres annos non
repetendi; quià tunc obligatio illa exspectandi per
tres annos est intrinseca tali mutuo, aliàs mutuator
venderet suam commoditatem : Nec talis obligatio
exspectandi per tantum tempus dici valet pretio æstimabilis, cum ipsa non procedat ex justitia, sed ex
eadem liberalitate, ex qua procedit beneficium mutuandi. Sed responderi potest: Cuilibet mutuo inest

quidem intrinseca obligatio exspectandi per aliquod
tempus ordinarium ; verùmtamen mutuo in particulari, cum pacto exspectandi per tempus extraordinarium,
non est intrinseca, sed omninò extrinseca talis obligatio ; et ideò illa non procedit ex liberalitate, sed ex justitia ratione pacti quod ex justitia obligat ad exspectan-
dum pro tanto tempore. Hinc, si mutuans aliquid accipiat pro tali obligatione, ritè accipit, non ratione commoditatis quâ privatur, sed ratione oneris ex pacto sibi
impositi, quod onus utique est pretio æstimabile, ut
fatetur ipse *Lugo loc. cit. n.* 24 *cum aliis*. Dices II. Obstat
tertia Propositio proscripta mox suprà relata, ex qua
videtur omninò vetitum aliquid exigi pro obligatione
exspectandi *usque ad certum tempus*. Sed respondetur :
Dicta Propositio meritò fuit damnata, quià per illa
verba nimis generalia comprehendebatur cujuscumque temporis exspectatio, etiàm ea quæ mutuo est intrinseca : non autem ibi prohibetur aliquid exigi pro
obligatione exspectandi per tempus extraordinarium,
quæ obligatio est mutuo extrinseca. Et hîc obiter notandum, nonnullos induci ad reprobandas cunctas
opiniones, quæ aliquam similitudinem habent cum
Propositionibus damnatis, ineptè putantes, eas ità
generaliter proscribi, ut nullam patiantur exceptionem, vel justam interpretationem. Quod reverà est
contrà naturam Propositionum damnatarum ; juxtà
enim omnium DD. consensum non sunt clausis oculis rejiciendæ omnes opiniones, nisi expressè aut virtualiter in proscriptis contineantur. Cæterùm, regulariter loquendo, Propositiones damnatæ intelligendæ
sunt uti jacent, et in sensu rigoroso, atque ab Auctoribus illarum intento. Præterquamquòd quædam opiniones (proùt dici potest esse hanc de qua loquimur)
damnatæ sint, quià nimis generaliter loquebantur ;
et ideò non sint extendendæ ad omnes casus particu-
lares, qui propter aliquam momentosam circumstantiam distinguuntur.

٭ 1. Peccat graviter ex genere suo exercens talem ʳⁿᵗ
usuram, etsi sit mentalis tantùm, sinè externo

» pacto. Dicitur enim usura mentalis, cùm quis in-
» tentionem habet accipiendi aliquid ex mutuo ultrà
» sortem, etsi exteriùs pacto id non exprimat : sicut
» realis, sed exterior usura dicitur, cum quis inten-
» tionem illam per pactum aliquod exprimit. Quòd
» aliquandò tantùm implicitè fit in aliquo contractu,
» et vocatur, usura palliata, cum videlicet contra-
» hentes prætendunt alium contractum emptionis,
» locationis, etc. in quo tamen reverà usurarium
» quid intervenit. Vide exempla apud *Tolet l.* 5 *c.* 31.

Hinc non est sermo de usura mentali, quæ in solo
animo sistit sinè datione mutui, hæc enim ad nullam
restitutionem obligat : Sermo autem fit de usura mentali, quæ conjuncta est cum mutuo sinè tamen pacto
expresso vel tacito lucrandi aliquid suprà sortem, ad
distinctionem usuræ realis, quæ oritur ex pacto. Quæritur I. Quandò ex hac usura mentali oriatur obligatio
restitutionis ? Dicimus I. Quandò usura mentalis est
ex parte utriusque, ità ut mutuans accipiat lucrum
tamquàm pretium mutui, et mutuatarius ut tale etiàm
solvat, tunc certè lucrum restituendum est. Dicimus
II. Quandò usura mentalis est ex parte solius mutuatarii, qui dat lucrum ut pretium, et mutuator accipit bona fide ut gratis datum, tunc non tenetur hic
restituere ex injusta acceptione, sed tantùm ex re accepta, cùm noverit mutuatarium non gratis præstasse.
Dicimus III. Quandò contrà usura est solum ex parte
mutuantis, eo quòd mutuatarius dederit gratis, et
mutuans receperit ut pretium, tunc, si noverit illum
liberaliter donasse, potest retinere.

Quæritur II. In dubio an mutuatarius dederit aliquid ultrà sortem gratis, vel ut pretium mutui, utrum
mutuator possit illud retinere ? Certum est, licitè
posse mutuantem accipere à mutuatario dona libera-
lia, ut docent omnes cum *D. Thom* 2. 2 *quæst.* 78.
art. 2. *ad.* 3 Si verò dubium sit, an mutuatarius dederit gratis, vel non ? respondent *Less: l.* 2 *c.* 20 *n.*
45. *et Salmanticens. c.* 3 *n.* 31. quòd, si mutuans acceperit munus bona fide, possit supervediente dubio

illud retinere ; secùs verò, si acceperit cum dubio. Sed
quid, si acceperit cum dubio positivo, sivè cum probabilitate veræ donationis. Admittit *Sporer de 7 Præcept. n. 80.* posse retinere, utens opinione probabili ;
sed communiter, et rectè id negant *Less. loc. cit Concina t. 7 p. 559. n. 3. Continuator Tournely t. 1 p. 515
v. Cum dubia, et Sal. tract. 14 c. 3 n. 31. cum Soto ,
Bonacina , Covarr. Prado , Arag. etc.* Ratio, quià cum
tali dubio nequit mutuator inchoare possessionem
rei alienæ ; Item , quià in dubio mutuatarius regulariter præsumitur coactè dedisse, quià difficulter homines gratis sua largiuntur, ut fatetur ipsemet *Sporer n. 77.* Cæterùm in hoc dubio deferendum est illi
parti, pro qua est potior præsumptio ; hinc ajunt
Salm. d. n. 31. Sporer l. cit. Less. c. 20 dub. 6. præsumendum esse mutuatarium moraliter certò donasse ,
si non sit pauper, aut avarus, aut non dederit impul-
sus ex metu, neque ex molestia, vel petitione mutuantis. Idemque dicunt *Salm. n. 43 cum S. Antonino ,*
si mutuatarius per scripturam asserat, liberaliter se
donasse , nisi constet in fraudem usuræ id scripisse.
Oppositum verò præsumitur cum *Salm. n. 42.* si mutuans antè donationem significârit se aliquid, tamquam
sibi debitum, velle ; aut si mutuatarius sit pauper, vel
non soleat donare, vel si solvat antè redditionem mutui :
quià tunc facilè præsumitur dare , ne citò cogatur ad
mutuum reddendum. Idem rationabiliter censeri dicunt *Nav. et Med. apud Salm.* contrà *Dicast.* si mutuatarius acceperit mutuum ad usus necessarios ,
quià talis necessitas tollit, vel saltem infirmat præsumptionem , quòd ille omninò gratis donaverit.

« 2. Non est usura si mutuans nihil intendat ut
» pretium, sed tantùm speret aliquid ex gratitudine,
» et ea intentione illi aliquid donetur ; licèt illud ut
» finem principalem intendat, *Mol. t. 2 p. 305. n. 5
» Lugo D. 25.* »

Quæritur I. An liceat dare mutuum sub spe lucri ?
S. Thomas 2. 2 q. 78. art 2 ad 3. sic distinguit : *Si aliquis ex pecunia mutuata expectet vel exigat , quasi per*

obligationem pacti taciti vel expressi , recompensatio-
nem muneris ab obsequio , vel à lingua: perindè est ac si
expectaret vel exigeret munus à manu....Si verò munus ab
obsequio vel à lingua non quasi ex obligatione rei exhibe-
tur,sed ex benevolentia,quæ sub æstimatione pecuniæ non
cadit, licet hoc accipere et exigere,et expectare. Hinc inferunt 1. *Caj.Pal.Prado,Trull.et Vill. apudSalm.c.*3n.34
in foro conscientiæ non esse signum usuræ mentalis ,
quòd quis non mutuaret, si crederet mutuatarium
nullam recompensationem redditurum. Inferunt 2.
iidem *Cajet. Prado ibid. cum Trull. Serra et Salas*, posse
mutuantem licitè talem spem mutuatario etiàm manifestare; sed benè advertunt *Salm.l.c. cum Lugo etc.*
hoc non carere vehementi suspicione usuræ, juxtà
dicta *de Simonia n.* 51. Undè rectè dicunt *Salm. et*
Viva in prop. 42 *Innoc. XI. n.* 15. taliter mutuantes
ordinariè censendos esse usurarios.

Sentiunt autem *Bus. ut sup. Sal. c.* 3 *n.* 33 *et Less.*
c. 20 *n.* 37 *cum P. Nav. ex Soto*, non esse illicitum
mutuanti dare mutuum sub spe lucri, etiàmsi talis
spes sit principale motivum mutuandi. Sed veriùs
puto cum *P. Concina t.* 7 *p.* 462 *n.* 10 hoc esse omninò illicitum, ex textu *Lucæ* 6 ubi præcipitur : *Mu-*
tuum date, nihil indè sperantes. Si textus hic non explicetur saltem de hac principali spe, nescio in quo
alio casu explicari possit. Ratio autem nostræ sententiæ est, quòd, si non liceat dare mutuum principaliter
ob lucrum ex mutuo percipiendum, etiàm non liceat
mutuare principaliter ob spem lucri. Id omninò confirmatur exemplo simoniæ, quæ pari quidem passu
incedit cum usura : Circà enim simoniam jam probavimus *n.* 51 *v. Cæterùm*, *et n.* 54 quòd, si quis det temporale solo intuitu obtinendæ rei spiritualis, tunc
censeatur habere intentionem saltem virtualiter simo-
niacam, ut patet ex propos. damnata 46 Innoc. XI quæ
dicebat, non esse simoniam dare temporale pro re
spirituali, *etiàmsi temporale sit principale motivum*
dandi spirituale. Idem dicendum in mutuo, quandò
etenim mutuum datur principaliter ob spem lucri,

tunc ipsum lucrum speratum, cum sit principale
motivum mutuandi, virtualiter convertitur in pretium mutui. Et hoc clarè colligitur ex *cap.*
Consuluit
de Usuris , ubi sic habetur : *Consuluit nos tua devotio*
an ille usurarius debeat judicari, *qui (non aliàs mutuo*
traditurus) eo proposito mutuam pecuniam credidit, ut .
licet omni conventione cessante, *plùs tamen sorte re-*
cipiat. *Verùm* , *quià quid in his casibus tenendum sit*
ex Evangelio Lucæ manifestè cognoscitur, *in quo dici-*
tur : date mutuum nihil indè sperantes; *hujusmodi*
homines pro intentione lucri quam habent, *cùm omnis*
usura prohibeatur in Lege , *judicandi sunt malè agere,*
et ad ea, *quæ taliter sunt accepta restituenda in anima-*
rum judicio efficaciter inducendi. Hinc sapienter dixit
Sanctus Raymundus : *Qui sub tali spe mutuavit* , *quid-*
quid posteà (etiàm gratis oblatum) ultrà sortem accepe-
rit, *usura est.* *Tract.* *de Usur.* § 3. Benè autem ait
Concina p. 460 *n.* 6 minimè peccare mutuantem , qui
mutuum dat ad captandam alterius benevolentiam,
etiàmsi hæc benevolentia sit principale motivum mutuandi , quià beneficium gratuitum ex se pertinet ad
conciliandam mutuam benevolentiam. Imò addò ,
etiàmsi secundariò speraretur aliquod lucrum , ità ut
lucrum sit causa impellens ad mutuandum ; (non
tamen , si hac spe deficiente , mutuum non darętur ,
quià tunc saltem præsumitur animus usurarius). Ità
ex *D.* *Th.* 2. 2 *quæst.* 78 *ad* 2 ubi ait : *Si* (mutuans) ac-
cipiat aliquid non quasi exigens, *nec quasi ex aliqua*
obligatione tacita vel expressa , *sed sicùt gratuitum do-*
num, non peccat, quià etiàm antequàm pecuniam mutuas-
set, *licitè poterat aliquod donum accipere* ., *nec pejoris*
conditionis efficitur per hoc quòd mutuavit. Recompensa-
tionem verò eorum quæ pecunia non mensurantur, licet pro
mutuo exigere, puta benevolentiam et amorem ejus qui mu-
tuarit, vel aliquid hujusmodi. Et in *Disp. de malo quæs.* 13
a. 4 dicit, licere mutuanti adhùc hujusmodi donum *spe-*
rare ; modo(intelligendum, ut diximus)hæc spes non sit
causa finalis mutui; nam, licèt speculativè loquendo,
differat sperare lucrum ex benevolentia ; et sperare

ex justitia, in praxi tamen facillimè hæc confunduntur.
763 Quæritur II. An mutuans possit retinere, quod
mutuatarius dedit non ex mera gratitudine, sed ex
timore, ne alia mutuatio ei negetur in futurum, aut
ne æstimetur ingratus? Negant *Caj. Molina, Nav.* et
alii apud *Dianam,* cum *Viva in prop.* 41 *n.* 10 qui oppositam sententiam putat speculativè, non practicè
probabilem. Sed affirmant *Laym. tr.* 4 *c.* 16 *n.* 1 *Lugo
Pal. Sot. Dian. et Salas apud Salm. c.* 3 *ñ.* 35 quià ex
S. Th. et communi, requiritur ad usuram, ut detur vi pacti, sivè ut debitum ex justitia; dari autem ex tali timore non efficit, ut detur in pretium :
Lex enim mutui non prohibet, ut alter nolit ingratus
apparere ; *Salmant.* autem, licet primò dicunt, talem
donationem difficulter non esse usurariam, cùm rarissimè præsumenda sit merè voluntaria, attamen reverà posteà primæ sententiæ adhærent, dicendo quòd,
si donatio verè fuerit gratuita, benè possit retineri :
Etsi enim illa sit alioquin involuntaria, nequaquam
tamen tale involuntarium illam irritat, cùm non proveniat ab extrinseco cogente, sed ab intrinseca necessitate, vel voluntate ipsius mutuatarii. Ità *Salm. n.*
36 *cum Serra, Trull. Prad. et Soto,* qui advertit discernendum semper esse, an mutuans recipiat ratione
amicitiæ, vel an ratione mutui.
764   « 3. Quòd, si tamen intelligeret sibi aliquid donatum,
» non gratis, ut putabat, sed ut debitum ratione mu-
» tui, teneretur restituere, quantùm indè ditior eva-
» sisset, ut habet *Sa, v. Usura, Card. Lugo, d.* 25
» *sect.* 3. »
     Adverte hîc prop. 42 damnatam ab Innoc. XI. quæ
dicebat : *Usura non est, dum aliquid ultrà sortem exigitur ex benevolentia, et gratitudine debitum, sed solùm
si exigatur tamquàm ex justitia debitum.* Rectè notat
Viva in d. prop. n. 6 quòd in illa verba *ex gratitudine
debitum* cadat damnatio, nam mutuatarius non tenetur
bonis suis satisfacere obligationi gratitudinis, cùm
possit satisfacere, mutantem laudando, pro eo oran-
do, etc. An verò obligatio antidoralis, seu gratitu-

dinis possit umquàm in pactum deduci ? Omninò
negandum, ut clarè infertur ex præfata propositione,
nam id, quod in pactum deducitur, jam dicitur debitum. Vide dicta *de Sim. n, 53.*

« 4. Nec est usura dare mutuum, alterius amicitiæ
» captandæ causâ, atque alterius indèsperare officium;
» quià amicitia non æstimatur pretio, *Card. Lugo l. c.*
» 5. Pactum tamen de obtinendo à mutuatario
» (vel ejus operâ) officio aliquo, illicitum est, et usu-
» rarium. Ità cum communi *Mol. p.* 310 *Less. Salm.*
» *C. Lugo*. * (*Cum Viva in Prop.* 42 *Innoc. XI n.* 15
» *et Salm. c.* 3 *n.* 58 *communiter,*) * contrà *Navarr.*
» Etsi *Salas de usura d.* 9 *n.* 4 eum excuset, qui mu-
» tuat aliquid pacto, ut statim præstetur aliquod
» Beneficium ex gratitudine. Vid. *Trull. l.* 7 *c.* 19
» *disput.* 7 * (*Excusatur quidem qui mutuat cum pacto*
» *ut alter remutuet in præsenti : Secùs, in futurum. Vide*
» *dicta de Sim. n.* 57 *et dicenda n.* 781 *ex D. Thoma*).
» 6. Pactum, ut mutuatario conferatur beneficium
» Ecclesiasticum, est usura (et simonia), quià co-
» gitur is subire novum onus.
» 7. Non est usura, cùm quis, non potens sua re-
» cuperare, mutuat, ut sibi reddantur sua, vel ne
» sibi iniquè noceatur : quià hæc jure jam antè de-
» betur, et sic non facit lucrum, nec imponit novam
» obligationem, *Bon. quæst.* 3 *t.* 3 *n.* 15 *ex Azor.*
» *Reg. etc.* * (*Vide dicta de Simon. ex n.* 98 *quæ di-*
» *cuntur etiàm de mutuo*) *.
» 8. Nec est usura exigere aliquid ratione periculi
» recuperationis, difficultatum, vel expensarum, quæ
» erunt, vel metuuntur in recuperanda sorte, quià
» pretio æstimari potest, quòd quis se in tale pericu-
» lum, et difficultatem conjiciat, *Con. d.* 3 *q.* 3 *p.* 5.
» Necesse tamen esse, ut periculum istud, etc. dedu-
» catur in pactum expressè, vel tacitè, docet *Laym.*
» *l.* 3 *t.* 4 *c.* 16 *n.* 9. *ex Medin. Val Mol Less. etc.*
» Idem dicit *C. Lugo. n.* 80. Et sic liciti sunt *Montes*
» *Pietatis*, ut vocant, hoc est thesauri quidam, qui
» in refugium pauperum à Republ. vel Principe re-

» ponuntur, undè pauperibus gratis mutuetur, ità
» tamen, ut parum retribuant pro expensis, quæ
» fiunt in ministros, et conservationem talium mon-
» tium V. *Tol. l.* 5 *c.* 18. *Less. l.* 2 *c.* 20 *Bonac. l. c.*
» *p.* 13. »

Magna agitur quæstio, an ratione periculi amittendæ sortis liceat aliquid suprà sortem exigere? *Prima*
sententia negat, eamque tenent *Nav. c.* 23 *n.* 81. *Sot.*
l. 6 *q.* 4 *a.* 1 *ad* 1. *Tol de* 7 *Præc. c.* 11 *Nat. ab Alex. l.*
3 *a.* 5. *Reg.* 3. *Genett. tr.* 4 *c.* 7 *q.* 3. Rationes hujus
sententiæ infrà exponemus in objectionibus ad secundam sententiam, quam sequimur. *Secunda* igitur sententia probabilior, et satis communis, quam tenent
cum *Bus. ut suprà, Less. l.* 2 *c.* 20 *n.* 111. *Sylvius in* 2
2 *q.* 77 *ar.* 1 *quæst.* 4 *Sylvester v.* Usura, *Continuator*
Tournely t. 1 *p.* 499. *Wigandt tract.* 9 *Ex.* 8 *Resp.* 9.
Fagnan. in c. Naviganti *l.* 5 *tit. de* Usur. *Petrocorensis*
t. 2 *p.* 387. *Cabassut. Th. J. l.* 6 *c.* 8 *n.* 2 Lugo D. 25
n. 77 *et* 79. *Salm. c.* 3 *cum Mol. Val. Salmant. Trull.*
et aliis innumeris, affirmant licitè posse aliquid moderatum accipi propter periculum sortis : Dummodò
1. periculum sit verum et extraordinarium, non autem commune, amittendi sortem, vel eam non recu-
perandi sinè magnis expensis, et laboribus, nempè
si detur mutuum homini dubiæ fidei, vel pauperi (intellige, si ipsi des mutuum, præter id quod tu præcisè
tenêris ex præcepto illi mutuare, ad ejus præsentem
inopiam sublevandam). Dummodò 2. non recuses
assecurationem sortis, si tibi offeratur per pignus,
aut fidejussionem, et non cogas mutuatarium ad tale
periculum transigendum, ut rectè notant *Less. n.* 39
et Salm. n. 85. *in fine.* Cæterùm benè exigere potes à
mutuatario id quod alter tibi daret pro assecuratione
sortis, licet mutuum postmodum integrè tibi reddatur. Ratio, quià te exponere tali periculo, verè est
pretio æstimabile. Id confirmatur 1. Ex Concilio Lateranensi *Sess.* 10. sub Leone X. ubi pro usura dam-
natur quodlibet lucrum ex re infrugifera perceptum,
secluso tamen titulo laboris. aut sumptûs, aut peri-

cŭli : *Quandò videlicet* (verba Concilii) *ex usua rei quæ non germinat, nullo labore, nullo sumptu, nullove periculo, lucrum, fœtusque conquiri studetur.* Confirmatur 2. ex doctrina *D. Thom. Opusc.* 75 *c.* 6. (*ap. Petrocor. l. c.*) ubi S. Doctor sic ait : *Res quæ extrà periculum possidentur ejusdem speciĕi, plus æstimantur, quàm eædem existentes in periculo ; et ideò ad naturam rei convertitur recompensatio, quæ propter periculum æstimatur plus vel minùs valere.* Confirmatur 3. ex Declaratione S. C. de Propag. Fide, quam referunt *Cabassutius et Tournely ll. cc. ad Bancel Sum. Mor. v. Usura.* Casus fuit hic : Apud Sinenses lege statutum erat, ut in mutuo acciperentur 30. pro centum, sinè respectu ad damnum emergens, vel lucrum cessans : et quià in recuperanda sorte erat periculum fugæ debitorum, aut tardæ solutionis, vel repetendi pecuniam cum onere recurrendi ad Judices, quæsitum fuit, an hoc liceret. Respondit S. C. approbante Innoc. X. (et hæc Declaratio an. 1645. Romæ typis demandata) *Censuit S. C. Cardinalium S. Rom. Ecclesiæ, ratione mutui immediatè præcisè nihil esse exigendum ultrà sortem principalem ; Si verò aliquid recipiant ratione periculi probabiliter imminentis, et qualitatis ejusdem, ac servata proportione inter periculum et id quod accipitur, etc.* Deindè Pontifex præcepit omnibus Missionariis sub excommunicatione latæ sententiæ, ut omnia hujus Decreti observarent, et illis uterentur. Nec obstat dicere, quòd non constet de hac Declaratione, ut ait *Henricus à S. Ignatio apud Tourn. l. c.* Nam *Thomas Hurtadus Ethica p.* 402 affert exemplar hujus Declarationis autenticatum per Notarium Apostolicum. Opponit deindè idem *Henricus* præfatam Declarationem non esse approbativam, sed tantùm tolerativam ; Sed respondetur, quòd S. C. dicat ibidem, mutuantes *non esse inquietandos, dummodò habeatur ratio probabilitatis, periculi,* quæ utique verba non meram tolerantiam, sed positivam permissionem significant. Præsterea quòd Pontifex, ut diximus, positivè præceperit observantiam hujus Decreti : Undè (benè ait *Tournely*) inaudita fuisset hæc agendi ratio, si Pontifex præcepisset Decreti observantiam, cùm haberet sibi persuasum aùt dubitaret hanc esse usuram. Demùm opponit prædictus *Henricus* id valere in casu extraordinario periculi longè majoris quàm periculi communis. Respondetur, quòd S. C. respondeat de periculis, de quibus fuit quæsitum, nempè fugæ, tardæ solutionis, et difficultatis exigendi, quæ pericula inter extrinseca non sont extraordinaria.

Objicitur I. Fur, cùm restituit ablatum, non tenetur restituere pretium periculi : ergò tantò minùs tenetur illud restituere mutuatarius : Si enim periculum amittendæ sortis non est titulus qui furem obstriugat ad aliquid ultrà sortem Domino solvendum, nec etiàm mutuanti erit justus titulus exigendi ; nudum enim pactum titulum non præstat. Sed respondetur : Nemo dubitat, quin ob damnum possit mutuans aliquid ultrà sortem exigere, et tamen, si damnum non sit deductum in pactum, nihil potest exigere, quià deest pactum ut dicemus *n.* 769 *v. Sed dubitatur.* Ergò damnum emergens etiàm non est titulus aliquid accipiendi ultrà sortem, sed benè est titulus justè deducendi in pactum exactionem. Ità à pari, periculum sinè pacto non est titulus percipiendi aliquid ultrà sortem, sed benè est titulus justè paciscendi, cùm mutuans in gratiam alterius in se suscipiat periculi onus, quod per se est pretio æstimabile. Fur autem, quià inter ipsum et Dominum nullum pactum intercessit, ideò nihil ratione periculi ultrà sortem tenetur restituere. Undè pro conclusione regula certa sit, quòd, ut mutuans licitè possit aliquid ultrà sortem exigere, requiratur, ut pactum justum intercedat, ut autem pactum sit justum, requiritur, ut mutuans aliquod onus extraordinarium in se suscipiat. Sicut ergò ipse potest justè pacisci aliquid exacturum ob damnum emergens certum, sic etiàm, ut exigat aliquid (etsi minus) ob damnum probabile, quemadmodum est damni periculum. Ideò benè ait *Tourn. p.* 500 quòd creditum periculosum non possit tanti vendi, quanti creditum securum.

Objiciunt II. textum in *c. Naviganti de Usuris*, ubi sic dicitur : *Naviganti vel eunti ad nundinas certam mutuans pecuniæ quantitatem, pro eo quod suscipit in se periculum, recepturus aliquid ultrà sortem, usurarius est censendus.* Huic textui multipliciter respondetur. Respondent 1. *Laym.· Barbos. Palaus, et Cabass. l. c. n.* 3 ibi mendum irrepisse et omissam esse particulam *non.* Hancque interpretationem benè fieri posse dicit *Tournely* ex contextu Canonis præfati, ubi, cùm sermo deindè immediatè fiat de mutuante granum, aut vinum, qui aliquid exigit ob dubium decrementi pro tempore restitutionis, subditur : *Ille quoque qui dat decem solidos, ut alio tempore totidem sibi grani, vini etc. non debet ex hoc usurarius reputari.* Idem igitur dictum censetur pro primo casu, particula enim *quoque* id satis ostendit ; Aliàs (ait *Tournely*) potiùs debuisset Pontifex apponere particulam *sed*, si contractum illum usurarium. declarare intendisset. Respondetur 2 cum *Fagnano in dicto c.· Naviganti, et Salm. de Contr. c.* 2 *n.* 145 quòd præfatus textus intelligatur tantùm pro foro externo, ubi talis contractus pro usurario habendus esse decernitur ; et ideò non dicitur ibi illum esse usurarium, sed quòd *usurarius sit censendus.* Proùt pariter ait *Fagnanus*, si Episcopus accipit gratuitum munus ab aliquo, cui posteà gratis confert Beneficium, in foro externo censebitur simoniacus, sed talis utique non erit in conscientia. Respondetur 3 cum eodem *Cabas.* item *Lugo D.* 25 *n.* 78 *Less. c.* 20 *n.* 116 *Salm. c.* 3 *n.* 92 *cum Laym. Pal. Covarr.· Tap. Villal.* et aliis communiter, textum intelligi pro casu, quo mutuans vi ipsius mutui obligaret mutuatarium ad talem contractum assecurationis ineundum ; Vel casu quo (ut sentit *Petrocor. t.* 2 *p.* 338.) mutuans intendat omninò ex mutuo lucrari, ità ut aliter non mutuaret. Idque expressè sentit etiàm *D. Th. Op.* 75 *c.* 6 (apud eumdem *Petrocor.*) ubi dicit : *Quod si mutuans non sperat lucrum pro mutuo, sed onus periculi, quod suscipit, petit sibi compensari ità, ut esset dispositus ad mutuandam gratis pecuniam*

ʒʃ *tale periculum in se non sumeret, certè tunc non peccat.*
Circà autem *Montes Pietatis*, quos meminit *Busemb.*
mox suprà, advertendum hos approbatos fuisse à
Concilio Lateranensi sub Leone X sub hac limitatione:
« (Concedit tantùm accéssionem ad solas ministro-
» rum expensas, et aliarum rerum ad illorum conser-
» vationem, ut præfertur, pertinentium pro eorum in-
» demnitate dumtaxat ultrà sortem, absque lucro
» eorumdem Montium). » Hinc advertunt *P. Con-*
cina t. 7 *p.* 581 *n.* 4 *et Tourn. t.* 1 *p.* 521. quòd, ut
licitè tales Montes erigantur, tres conditiones requirantur: I. Ut pecunia tradatur pauperibus intrà li-
mitem certæ summæ, pro tempore determinato
restituendæ. II. Ut pignus à debitoribus exhibeatur,
illudque custodiatur à ministris, et tempore præfinito
vendatur sub hasta, ac retento pretio, quod Monti
debetur, reliquum restituatur Domino pignoris, vel
pauperibus, si hic inveniri nequit; vel etiàm eidem
Monti, ut ait *Roncaglia de Usur. quæst.* 3 *in fine:*
Quod etiàm admittit *Concina p.* 382 *n.* 5 si Mons sit
pauper, et prematur necessitate succurrendi pauperibus, ut concesserunt aliquibus Montibus Sixtus V
et Clemens X. Hîc autem notandum cum *Concina loc.*
cit n. 6 peccare divites, qui sinè necessitate accipiunt
mutuum à Monte, ut aliàs lucrentur, et ideò tenentur illicò pecuniam restituere. Hoc autem intelligendum dicerem, si Mons esset pauper, quià tunc deficeret
subventio pauperum, pro quibus isti Montes sunt
instituti. *Pasqualigus* autem apud *Concina n.* 7 affert
quasdam Littcras Pauli III quibus asseritur, licitè concedi posse aliquam annuam accessionem iis, qui pecuniam otiosam in præfatis Montibus collocant. Sed *P.*
Ballerinus ib. clarè et meritò evincit has litteras apo-
cryphas. Adducit tamen *P. Concina t.* 7 *p.* 483 *n.* 9
alias Litteras ejusdem Pauli III Julii III et Pii IV in
quibus id conceditur, sed cum hisce limitationibus,
ut deponentes pecuniam id faciant zelo charitatis ergà
pauperes, et alias paratas habeant emptiones, ex quibus licitè lucrari possent. An verò sit licitum etiàm

privatis hujusmodi Montes instituere? Affirmant *Less.*
l. 2 *c.* 20 *n.* 194.

« 9. Nec est usura, si timens difficultatem, aut [766]
» fraudem mutuatarii in reddendo tempore consti-
» tuto, paciscaris, ut, si tunc non solvat, aliquid
» det præter capitale loco pœnæ, quæ pœna licitè
» exigetur, dummodò non fiat alia intentione, quàm
» ut mutuatarius sic quasi constringatur, ne sua cul-
» pa fallat. Undè, si mutuatarius absque sua culpa
» non possit solvere, non licebit pœnam exigere, ut
» habet *Tol. sup. c.* 32 qui ait, manifestum esse ar-
» gumentum pravæ intentionis, si optes non solvi tibi
» præfixo tempore, ut pœnam recipias : ac simpliciter
» usuram fore, si certo sciens alterum non valiturum
» solvere, adhuc tali pœna oneres. V. *Bonac. d.* 3
» *q.* 3 *p.* 7. *Mol. t.* 2 *d.* 317. *Less. l.* 2 *c.* 20 *d.* 15. »

Licitum est igitur in mutuo pactum *pœnæ conven-*
tionalis, ut tenent communiter *Lugo D.* 26 *sect.* 6. *Sot.*
l. 6 *q.* 1 *art.* 3. *Tourn. t.* 1 *p.* 511 *cum Henr. à S. Ign.*
Holz. de Contr. c. 3 *n.* 756. *Wigand tr.* 9 *Ex* 8 *q.* 3 *ad* 13.
Cab. Th. J. l. 6 *c.* 7 *n.* 1. *Les. l.* 2 *c.* 20 *n.* 128. *Anacl.* q 4 *n.*
38 *et Salm. c.* 3 *n.* 75 *cum Scot. Trull. Vill. etc.* Ratio
autem cur hoc pactum sit licitum, est, quià talis pœna apponitur, ut contractûs firmitati consulatur, et
avertatur negligentia mutuatarii. Ad licitè verò hoc
pactum apponendum requiritur 1 ut mora debitoris
sit notabilis, et culpabilis. 2. ut absit animus lucrandi per pœnam appositam, qui animus præsumitur,
si oneretur debitor ad restituendum pro tempore, quo
scitur solvere non posse. Ità *cum Bus. Salmantic.*
n. 75 *et* 76. Adde 3 ut pœna sit moderata, et culpæ
proportionata. V. *Salm. d. n.* 76.

An autem dicta pœna debeatur antè Judicis senten- [76 l]
tiam? Negant *Sanch. de Matr. D* 37 *n.* 4 *et Pal Dian. etc.*
ap. Salm. ib. n. 77 quià ratio generalis de pœnis est,
ut non debeantur antè sententiam. Oppositum tamen
tenent probabiliùs *Continuator Tournely t.* 1 *p.* 512
Holzm. Less. l. 2 *c.* 10 *d.* 14 *in fine et Sylv. Villal. et*
alii cum Salm. n. 77. Quià hæc pœna magis habet rationem pacti, quàm pœnæ.

768   « 10. Nec est usura, pacisci, et accipere aliquid ra-
» tione damni emergentis(siquidem mutuum verè illius
» causa sit), aut lucri cessantis, vel cessaturi, dummodò
» de hoc præmoneatur mutuatarius : ut si volebas do-
» mum reficere, aut poteras nunc commodo tempore
» emere triticum, privando autem te tuâ pecuniâ in
» dando mutuo, corruit domus, et posteà cariùs emes
» triticum. Item non poteris lucrari cum tua pecunia,
» quod poteras, et volebas negotiando, ità ut mu-
» tuatio sit verè causa lucri cessantis. Ubi notat Tol.
» supponendum in hoc titulo lucri cessantis, 1.
» Quòd verè volueris cum ea pecunia negotiari, et
» non habeas aliam. 2. Quòd malis negotiando, ali-
» tervè lucrari, quàm sic mutuando, ità ut mutues
» tantùm in gratiam mutuatarii. Ut minùs exigas, quàm
» lucrari poteras, et deductis expensis, quià lucrum
» cessans non est actu, sed in potentia, et variis ad-
» huc eventibus obnoxium. Undè ad arbitrium viri
» prudentis, pro majore, vel minore ejus certitudi-
» ne, æstimare id poteris, et sic cum mutuatario de
» eo pacisci. S. Th. art. 1 ad 2 Mol. d. 324. Sal. dub.
» 26. etc. Card. Lug. d. 25. sect. 6. Bonac. q. 3 p. 4.
» Hinc qui non habuit animum negotiandi, vel si non
» erant, nec brevi sperabantur merces, vel non erat
» moraliter certus de lucro, nihil potest accipere ul-
» trà sortem : quià mutuatio ista verè non fuit causa
» lucri cessantis. Eadem ex causa usura est, si mer-
» catores credito vendentes aliquid ultrà pretium ri-
» gorosum accipiant titulo lucri cessantis, verbi gra-
» tia, rem tantùm valentem 100. vendant pro 105.
» numerandis post annum : quià vendendo ad credi-
» tum (quod est virtualis mutuatio) plures habent
» emptores, pluresque res vendunt, et sic compensa-
» tur lucrum cessans, atquè adeò illud non cessat
» ratione hujus venditionis, Dian. p. 2. tr. 24. Trull.
» c. 19. d. 9. vid. dub. seq. Hac in re perlege Propos.
» 41. inter proscriptas ab Innoc. XI. »
    Certum est ob titulum Damni emergentis licitum
esse mutuanti exigere id, quod sua interest, causâ mu-

tui, Ità omnes cum *D. Thom.* 2. 2 *quæst.* 78 *art.* 2 *ad* 1
qui rationem dat, inquiens : *Hoc enim non est vendere
usum pecuniæ, sed damnum vitare.* An autem id liceat
ob titulum *Lucri cessantis ?* Dubitat *Sotus l.* 6 *q.* 1
art. 3 et absolutè negant *Scotus, Durandus, et alii apud
Azorium ;* hisque videtur adhæsisse idem *S. Thom.
l. c.* ubi subdidit : *Recompensationem verò damni ,
quod consideratur in hoc , quod de pecunia non·lucratur ,
non potest in pactum deducere , quià non debet vendere
id quod nondum habet , et potest impediri multipliciter ab
habendo.* Sed communiter alii DD. affirmant, ut *Cajet.*
2. 2 *quæst.* 62 *art.* 4. *Sylvius* 2. 2 *q.* 77 *art.* 1 *q.* 5. *Less.
l.* 2 *c.* 26 *d.* 10. *Gennetus tom.* 1 *p.* 233 *q.* 1. *Petroc.
tom.* 2. *p.* 399 *q.* 12. *Wigandt tr.* 9 *Ex.* 8 *q.* 2 *Resp.* 8.
Continuator Tourney t. 1 *p.* 501. *Anacl. qu.* 4 *n.* 36.
Salm. tr. 14 *c.* 3 *n.* 79 *cum P. Nav. Laym. Val. Bon.
Reb. etc.* Hunc titulum approbat *l.* 13 *ff. Rem. ret.
hab.* et expressè videtur approbasse SS. noster Pontifex
Benedict. XIV. in *Epist. Encycl. de Usuris* (vide
Epist. VI. fin. Tom. II.) dicens : *Neque item negatur
posse multoties pecuniam ab unoquoque suam per alios
diversæ prorsus naturæ à mutui natura contractus rectè
collocari et impendi , sivè ad proventus sibi annuos conquirendos , sivè etiàm* (nota) *ad licitam mercaturam et
negotiationem exercendam , honestaque indidem lucra
percipienda.* Ratio nostræ sententiæ est, quià, ut docet
idem *S. Th.* 2. 2 *q.* 62 *art.* 4 dupliciter potest aliquis
damnificàri, uno modo auferendo ei quod actu habebat : *Alio modo impediendo , ne adipiscatur quod erat
in via habendi ; et tale damnum non oportet recompensare ex æquo , quià minus est habere aliquid in virtute ,
quàm habere actu.* Idque in *Resp. ad* 2 dicit S. Doctor
valere etiàm pro lucro quod aliquis sperat ex sua pecunia, en verba D. Thomæ : *Nam ille qui semen spar-
sit in agro , nondum habet messem in actu , sed solùm
in virtute et similiter ille qui habet pecuniam , nondum
habet lucrum in actu , sed solum in virtute : , et utrumque potest multipliciter impediri.* Nec officit, quòd S.
Doctor id intelligat, (ut habetur ex *objectione* 2.)

de lucro cessante ob moram mutuatarii non solven-
tis tempore præfinito ; nam sivè lucrum cesset ob
moram mutuatarii, sivè ob causam mutui, eadem
ratio currit exigendi lucrum cessans, cùm tale interesse non debeatur mutuanti, nisi ob compensationem damni, quod in utroque casu æquè illi obvenit. Ad textum autem *D. Thomæ*, primo loco relatum,
respondet *Sylvius l. c.* S. Doctorem negare ibi, quòd
mutuator possit exigere integrum lucrum assequen-
dum, non verò partem ejusdem; et meritò sic respondet, cùm ipsemet S. Doctor in secundo loco, suprà
allato, doceat: furem tenêri compensare damnum, *non
autem ex æquo;* rationem adducens, *quià minùs est
habere aliquid in virtute, quàm habere actu.* Si ergò fur
teneatur recompensare Domino lucrum cessans ex furto, juxtà tantùm æstimationem spei; cùr juxtà eamdem
æstimationem mutuator non possit exigere lucrum
cessans ex mutuo? Id maximè confirmatur ex Bulla
Benedicti XIV. vide in fine *Tomi II ad n. III* ubi
dicitur justè posse aliquid exigi ex mutuo, si concurrant justi tituli, nempè si pecunia aliàs collocanda
fuisset ad licitam negotiationem.

769   Ad hujusmodi tamen interesse exigendum tres conditiones requiruntur : I. Conditio, ut interesse ab
initio in pactum deducatur ; nam post contractum
mutuans nihil petere potest, etsi immemor fuerit de
sui damni : Nisi vi, metu, vel fraude coactus sit à
mutuatario, ut *S. Th. d. q.* 78 *art.* 4 *et ad* 2ªLess. n.
79 *et alii :* Vel nisi involuntariè coactus sit ad mutuandum, quàmvis licitè, v. gr. à Rege ad bonum
publicum. Pariter tenetur mutuatarius ad damnum,
et lucrum cessans, si justè interpellatur ad solutionem; vel terminus præfixus elabitur, et ipse culpabiliter non solvat, *S. Th. d. l. ad* 1 *et Salm. c.* 3 *n.* 82.

Sed dubitatur hîc : an in contractu sit necesse
præmonere mutuatarium de vero damno, vel alio
titulo justo, pro quo possit exigi aliquid ultrà sortem?
Prima sententia negat , quam tenent *Lugo D.* 25 *n.* 74
et 182 *cum Sot. Salas , Aragon Salon. etc.* item *Cujet.*

Tap. Vill. ap. Salm. c. 3 *n.* 83. Ratio, quià mutuatarius nequit rationabiliter allegare suam intentionem
ad titulum injustum, sed debet contrahere juxtà ca-
pacitatem materiæ, et in titulum justum consentire.
Maximè quia regulariter mutuatarius non repelleretur
tur à contractu, ex eo quòd nosset justo titulo lucrum
exigi. *Secunda* tamen verior sententia (licet olim contrariæ adhæserim)docet monitionem esse necessariam;
ità cum *Busemb. ut suprà, Less. c.* 20 *n.* 110. *P. Concina tom.* 7 *p.* 406 *n.* 4 *et p.* 465. *Continuator Tournely
tom.* 1 *p.* 505 *v. Quarta, Salm. l. c. cum Laym. Pal.
Dic. etc.* Ratio ; quià mutuatarius, putans contractum
usurarium, non consentit in contractum justum, in
quem fortè consensisset, si novisset justum titulum;
putans enim titulum esse injustum, fortè contrahit
sperando se non soluturum usuras, vel solutas eas
sibi compensari, vel saltem quòd alter tempore mortis restituat; alioquin, benè ait *Concina*, posset fortè
evenire, quòd ille majus detrimentum ex mutuo,
quam commodum, retraheret. Sed ratio magis universalis est, quià ad contrahendum non sufficit voluntas
interpretativa, sed conditionalis, ut dicemus *n.* 773.
sed requiritur voluntas actualis, aut virtualis, aut
saltem aliquandò habita ; et non retractata, juxtà dicenda *l.* 6 *de Sacrament. Miss. n.* 324. Ergò mutuans,
si lucrum sibi cessat, imputet suæ negligentiæ;
ait enim *S. Thom. q.* 3 *de malo art.* 4 *Debebat sibi ca-
visse, ne detrimentum incurreret; nec ille qui mutuum
accipit, debet damnum incurrere de stultitia mutuantis.*
Secùs verò dicendum, si reverà existeret titulus justus, tàm mutuans quàm mutuatarius in contractum
consentirent, omni meliori modo quo possent, ut
mox dicemus in quæst. IV. *n.* 773.

II. Conditio est, ut non plus exigatur, quàm sit
lucrum, quod speratur ex alio contractu licito, juxtà æstimationem spei, et periculi, et deductis expensis, V. *Salm. n.* 84. An autem deducenda sit æstimatio laboris in tali lucro impendendi ? Affirmant probabiliter *Caj. Tap. Villal.* Sed probabiliùs negandum

censent *Less. n.* 89 *et Salm. d. n.* 84 *cum Bon. Trull.*
Pal. Dic. Salas, quià non tenetur mutuans detrahere
æstimationem cessationis laboris, quem ipse libenter
subiturus esset. Aliàs, si labor compensandus esset,
rarò à mercatoribus aliquid exigi posset pro lucro
cessante. Verùmtamen ex æquitate censeo aliquam
detractionem faciendam esse casu, quo esset cessatio
à magno labore, à quo mutuans ut se liberaret, probabiliter aliquid impenderet.

III. Conditio est, ut mutuum verè sit causa damni,
vel lucri cessantis; nam, si mutuans aliam habet
pecuniam, quàm ad negotiandum substituit; vel si
lucrum, quod amittit ob mutuum ex mercatura facienda, potest et vult sibi comparare ex alia via, aut
arte, cui mercando non potuisset vacare; tunc nequit exigere aliquid, nisi esset pro majori molestia
subeunda in illa alia lucrandi. Vide *Less. c.* 20 *n.* 89
Salm. c. 3 *n.* 85 *cum Pal. Trull. etc.*

An autem mutuans licitè exigat interesse damni
emergentis, vel lucri cessantis, si mutuet non com-
pulsus alterius precibus, sed ipse se offerat ad mutuandum ? Negant *Conradus*, et alii quidam *apud
Less. l.* 2 *c.* 2 *n.* 101. Quià cùm mutuator non rogatus, sed sponte mutuum obtulerit, lucrum non cessat
causâ mutui, vel mutuatarii, sed ipse mutuans lucrum sibi impedit. Sed probabiliùs affirmant idem
Less. Lugo D. 25 *n.* 107 *cum Mol. Nav. Tol. Bann. etc.*
Ratio, quià mutuator tunc non offert mutuum absolutè, sed sub conditione, ut ei compensetur lucrum
cessans; et sic mutuatarius acceptando mutuum, est
vera causa cessationis lucri, verèque impedit, cùr
mutuator ex sua pecunia justè non lucretur : Proùt si
quis in gratiam alterius offerat omittere jactum retis, licitè exigit pretium spei jactus illius, quià alter
est vera causa, cùr captio piscium sperata illi impediatur.

Sed hic plures quæstiones sunt enucleandæ.

Quæstio I. An liceat mutuatario pacisci ab initio
de certa pecunia solvenda, quandò damnum emer-

gens, vel lucrum cessans est incertum, seu tantùm
probabiliter futurum ? Distinguit *P. Conc. to.* 7 *p.* 408
n. 5 *et p.* 438 *q.* 4, et dicit, quòd, si certum sit damnum eventurum, vel lucrum cessandum, nempè quià
occasiones lucrandi sunt actu vel proximè præsentes, et
solùm dubitatur de ejus majori vel minori quantitate,
tunc benè possit taxari arbitrio prudentum; et in pactum deduci quantitas solvenda. Secùs verò, si damnum
non sit certè eventurum, vel si occasiones lucrandi
tantùm probabiliter occurrere possint. Ratio, quià
his casibus posset accidere, quòd damnum non eveniret, vel occasiones non occurrerent, et tunc mutuator
ex solo mutuo lucraretur. Sed veriùs censent *Salm. c.* 3
n. 84. *cum Malder. Vill. Gutt. Tap. Tamb. Dec. l.* 8 *tr.*
3 *c.* 8 §. 3 *n.* 4 *et* 14. *cum Nav. et Salas*, item *Sylv. et*
Decoq. ap. Tournely to. 1 *p.* 506 *v.* Quæres, licitè posse mutuantem pacisci de aliqua certa quantitate solvenda; debita servata proportione juxtà timorem
damni, vel spem lucri futuri. Ratio, quià debita
æqualitas jam benè servatur; nam sicut, damno non
eveniente, lucraretur mutuans, ità contrà, eveniente
damno lucrabitur mutuatarius. Nec refert, quòd damnum eventurum postmodum non accidat: quià pactum de auctario non fit pro damno futuro, quod fortè
eveniet, sed pro periculo ejus probabili quod actu
supponitur, et actu est pretio æstimabile: Proùt si
quis vendit jactum retis, non vendit quidem pisces,
qui fortè non capientur, sed vendit spem eorum probabilem, quæ jam de facto existit. Objicitur *l. Quem-*
admodum, §. *Item Labeo, ff. Ad l. Aquil.* ubi statuitur, quòd, si quis frangat retia, nihil teneatur solvere
Domino pro spe piscium capiendorum, sed solùm damnum retium. Sed respondetur cum *Glossa* (id verbo
Fieri) quòd tunc Dominus præcisè ex Lege Aquilia
nullam habeat actionem pro impedita spe captûs piscium : sed benè habet aliundè actionem ex *l. Si jac-*
tum 13. *ff. de Act. empt. et vend.* ubi sic dicitur : *Si*
jactum retis emero, et rete jactare piscator noluit, in-
certum hujus rei æstimandum est. Subdit Glossa : *Æsti-*

matur quantùm est verisimile , *quod esset captum.* Undè apparet licitè posse compensari damnum probabiliter ex mutuo eventurum , quàmvis incertum.

Ob eamdem rationem probabiliter ait *Bon. D.* 3 *p.* 4 *n.* 13. mutuatorem , qui non certò, sed tantùm probabiliter erat destinaturus pecuniam ad negotiationem , posse aliquid exigere pro rata probabilitatis. Sed dices : si potest aliquid exigi pro probabilitate applicationis pecuniæ, ergò posset etiàm aliquid exigi pro possibilitate applicandi. At respondeo negando paritatem; possibilitas est mera potentia, sed non repugnantia applicationis : undè mutuator ex ea nullum habet actuale , et positivum fundamentum lucri futuri , sed tantùm negativum. Econtrà probabilitas futuri lucri habet quidem positivum fundamentum talis lucri , sivè spei istius , et ideò est pretio æstimabilis. Quid si mutuator solùm animo pendeat, velit an non negotiari? Adhùc affirmant *Tamb. l.* 9 *tr.* 1 *c.* 3 §. 4 *n.* 3 *et Lugo D.* 20 *n.* 2 *cum Salas,* eum posse aliquid exigere , quià pariter est pretio æstimabile , privare se in gratiam mutuatarii hac potestate deliberandi , destinandique pecuniam ad negotium , cùm non teneatur gratis ea spe et potestate privari : Proùt si quis hæreat, utrùm cras velit vel nolit piscari, benè potest aliquid exigere , si in gratiam tuî se obliget ad non piscandum. Et hoc non improbabile videtur , cùm hæc privatio obligatoria , cùm teneatur mutuator non repetere mutuum per aliquod tempus , sit aliquo pretio æstimabilis.

Quamvis autem sub initio liceret in pactum deducere, ut diximus , damnum eventurum , vel lucrum cessandum incertum; numquàm tamen licebit ab initio per pactum exigere hujusmodi interesse , ut communiter docent *Lugo D* 25. *n.* 106 *Azor* 3 *p. l.* 5 *q.* 3. *Concina to.* 7 *p.* 446. *n.* 8. Ratio , quià si mutues centum , et pro lucro cessante accipias decem , non jam mutuas centum, sed nonaginta : privare autem mutuatarium ex pacto antè tempus commoditate pecuniæ mutuatæ , onus est, et illud imponere est usura. Con-

cedit tamen *Az. l. c.* posse exigi sub initio lucrum
conventum in alia specie : Sed rectè hoc etiàm repro-
bat *Conc l. c.* quià privare mutuatarium illa re antè
tempus, etiàm onus est.

Quæstio II. An possis exigere lucrum cessans ob 771
mutuum pecuniæ destinatæ ad negotiandum, si aliam
pecuniam habeas non destinatam, quàm tamen negotiationi substituere posses ? Et quidem, si illam
aliam pecuniam reservâsses ad usum familiæ, nimirùm ad familiam alendam, filias dotandas, senectutem
solandam, vel ne tuum statum periculo exponas,
tunc licitè exiges lucrum cessans, quià non tenêris
ratione mutui tuam providentiam negligere. Ita *Less,*
l. 2 c. 20 *n.* 87 *cum Nav. et Salm. c.* 3 *n.* 86 ut certum
supponunt. Sed dubium est, quid si sinè tali incommodo posses aliam pecuniam supponere? Negant probabiliter alii tunc posse aliquid exigere, quià tunc
tibi non cessat lucrum ex causa mutui. Sed *Less. l. c.*
Pal. D. 4 *p.* 15 *n.* 7 *Tamb. l.* 9 *tr.* 1 *c.* 3 §. 4 *n.* 2 *Spor.*
de 7 *Pr. c.* 4 *n.* 44 *cum Mol. Laym. et Lugo, Croix*
l. 3 *p.* 2 *n.* 86 item *Valent. Trull. Vill.* (et meritò probabile putant *Salm. ib.*) affirmant quòd, posito, quòd
statueris illam solam pecuniam negotiationi, et periculo
exponere, licitè possis petere lucrum cessans, quià verè
mutuatio est causa, cur tibi cesset lucrum speratum
ex illa pecunià; nec tenêris in gratiam mutuatarii pecuniam, non destinatam nogotiationi, exponere. Hoc
tamen non admitterem, nisi, dùm mutuum das, verè
habeas animum pecuniam illam reservatam negotiationi non substituere.

Quæstio III. Utrùm, si pecuniam non destinaveris 772
absolutè, sed conditionatè ad negotium, uti si dicas:
vellem negotiari, nisi multi peterent mutuum, tunc
possis exigere interesse? *Less. l. 2 c.* 20 *n.* 90 dicit
probabile esse, quòd possis, nam etsi ob multitudinem mutuum accipientium nulla mutuatio sit causa
de se, sed omnes simul sint causa lucri cessantis,
attamen verum est, quòd tu, ut isti mutues, jam de
facto lucro priveris, et ex alia parte mutuatarii in hoc

non putant injuriam sibi fieri. Et idem sentiunt *Laym.*
l. 3 *tr.* 4 *c.* 16 *n.* 8 *Tamb. l.* 9 *c.* 3 §. 4 *n.* 4 *Spor. de* 7
Pr. c. 4 *n.* 44. Sed dices : iste usuram committit, quia
efficaciter vult lucrari ex mutuo, et inefficaciter ex
negotiatione. At responderi potest : iste, quamvis habeat voluntatem inefficacem negotiandi, vult, tamen
efficaciter justè lucrari, et quià jam potest justè lucrari ex negotiatione, ideò justè lucratur ex mutuo,
cùm mutuum sit huic vera et efficax causa, ut lucrum
ex negotiatione ipsi cesset. Rectè verò advertit *Less.*
n. 95. non facile hoc admittendum ob periculum pal-
liandi usuras ; Nam (ut notat *Bus.* hîc cum *Tol.*), ut
quis ab usuræ labe sit immunis, malle debet lucrari
negotiando, quàm mutuando : et mutuare debet tantùm in gratiam mutuatarii.

773   Quæstio IV. Utrùm, si quis bonâ fide ineat contractum usurárium, et lucrum exigat ; re posteà cognitâ,
possit illud retinere, si verè contrahere potuisset ex jus-
tó áliquo titulo, nempè ratione periculi, lucri cessantis, etc. ? *Prima sententia* affirmat, quià quisquis
bonà fide contrahit, semper intendit contrahere modo licito, quo potest. Ideò enim hoc tali modo contraxit, quià licitum putavit : quarè virtualiter intendit contrahere quocumque licito modo, quo contractus cohonestari poterat. Ità *Lugo disp.* 25 *sect.* 9 *et Sa* ,
Dian. Tanner ap. Salm. c. 3 *n.* 38. *et Tamb. l.* 8 *c.* 8
§. 3 *n.* 21. *Secunda* tamen verior sententia, quam tenent *Salm. c.* 3 *n.* 39 *Less. c.* 20 *n.* 104 *Conc. to.* 7
p. 465. *Contin. Tourn. to.* 1 *p.* 515. negat posse eo casu mutuatorem lucrum perceptum retinere. Ratio,
quià minimè dici potest ipsum voluntatem virtualem
sivè implicitam habuisse, cùm non de alio contractu
quàm de usurario cogitaverit. Eo casu tantùm habuisse voluntatem interpretativam, quæ non sufficit ad
contrahendum, diximus suprà *n.* 769. *v. Sed.* Nec
obstat dicere, quòd mutuator iste possit retinere lu-
uàm possessor bonæ fidei, qui tenetur

ditior factus ille, cui ratione mutui cessavit lucrum,

quod justè percipere potuisset. Nam respondetur, quòd
ad justè exigendum in mutuo aliquid ultrà sortem ,
omninò requiratur, ut mutuatarius de justo titulo
moneatur, ut diximus suprà *l. c. n.* 769 *v. Sed.* Aut
saltem , ut tàm mutuator , quàm mutuatarius expressè vel implicitè consentiant in titulum justum, saltem
explicitè intendentes contrahere omni meliori modo
quo possint : quòd ècontrà sat probabiliter sufficiat
ad exigendum id, quod licitè exigi poterat ex illo justo
titulo, quàmvis non expresso ; ut dicunt *Croix l.* 3 *p.*
2 *n.* 924. *et Salm. Tourn. l. c.* ac probabile putat *Less.*
n. 105. Cæterùm SS. noster Pontifex Bened. XIV. in
sua Bulla *de Usuris* (vide ad calcem *Tom. II. Epist. En-*
cycl.) ubi postquàm dixit n. III. *Per hæc autem nequa-*
quam negatur posse quandòque unà cum mutui con-
tractu quosdam alios (ut ajunt) titulos , eosdemque ip-
simet universìm naturæ mutui minimè intrinsecos , fortè
concurrere , ex quibus justa omninò causa consurgat
quiddam amplius suprà sortem ex mutuo dubitam ritè
exigendi. Deindè ad significandum quales sint tituli
justi aliquid exigendi ex mutuo , statim subdit :
Nequè item negatur posse multoties pecuniam ab uno-
quoque suam, per alios diversæ prorsùs naturæ contrac-
tus rectè collocari et impendi , sivè ad proventus sibi an-
nuos conquirendos , sivè ad licitam mercaturam exer-
cendam , honestaque indidem lucra percipienda. Tandem ait *n. V.* falsum esse , quòd semper et ubiquè
præsto sint justi tituli , vel contractus , undè sic monet : *Quisque igitur suæ conscientiæ consultum velit , in-*
quirat priùs verè ne cum mutuo justus alius titulus , verè
ne justus alter à mutuo contractus occurrat , quorum be-
neficio lucrum omnis labis expers , et immune reddatur.
Posteà sapienter sic instruit : *Qui ab omni usuræ labe*
se immunes et integros præstare volunt. . . . admonendi
sunt , ut contractum instituendum anteà declarent , et
conditiones inserendas explicent , et quem fructum ex
eadem pecunia postulent. Et hîc sedulò animadvertendum est id, de quo in eadem Bulla Pontifex monet
Confessarios : *Ab extremis longè se abstineant; etenim*

*aliqui tantâ severitate de iis rebus judicant . ut quamlibet
utilitatem ex pecunia desumptam accusent.* Contrà verò
nonnulli *indulgentes adeò sunt, ut quodcumque emolu-
mentum ab usuræ turpitudine liberum existiment.* Suis
privatis opinionibus ne nimis adhæreant, sed priusquàm
responsum reddant, plures Scriptores examinent, qui
magis inter cæteros prædicantur. Deindè eas partes suscipiant, quas tùm ratione, tùm auctoritate planè confirma-
tas intelligent. Quòd si disputatio insurgat, dùm contractus aliquis in examen adducitur, nullæ omninò contumeliæ in eos infligentur, qui contrarium sequuntur;
Neque illam gravibus censuris notandam asserant, si
præsertim ratione, et præstantium Virorum testimoniis
minimè careat.* Hoc ut adverterent, cuperem, qui in
Scriptores non humilis notæ non dubitant plurimis
conviciis sæpiùs insultare, eò quòd eorum sententiis
contradicant.

774   Quæstio V. Quænam pacta licitè apponi possint in
mutuo ? Præ omnibus in hoc attendenda est generalis
illa regula tradita *a. S. Thoma 2 2 q. 78 art. 2.* quòd
omne onus pretio æstimabile impositum in mutuo ,
tamquàm debitum ex justitia, vera sit usura. Secùs, si
exigatur res quæ pecuniâ non mensuratur, ut benevolentia, amicitia, et similia : ità S. Doctor. Item certum est, etiàm non esse usuram exigere ex mutuo rem
aliàs ex justitia jam debitam ; Hinc licitè in mutuo
potest exigi, ut alter cesset à vindicta privata, à vexa-
tione injusta, etc. secundùm dicta *de Simon. ex n.* 98.
Ità *Less l. 2 c. 20 n. 57. Salm. c. 3 num* 54 *cum Pal.
Trull. Caj. etc.*

775   Sed dubitatur 1. an in mutuo possit apponi pactum *Legis commissoriæ*, scilicet quòd, non factâ
solutione pro certò tempore, pignus acquiratur à mutuante ? Communiter negant DD. *Pal. Navar. Bonac*
etc. cum Salm. n. 47. Nisi pignus non valeat pluris ,
quàm sors, vel nisi sit pactum (certè licitum) ut, si
tali tempore non fiat solutio, vendatur pignus, et de
pretio mutuans retineat tantùm suam sortem. Utrùm
autem valeat pactum, ut in pœnam non impletæ so-

lutionis amittatur pignus, etsi pluris valeat? Negant *Vasq. Palao, et Covarruv.* Sed probabiliter affirmatur cum *Bonac Trull. Azor, Reg. etc. apud Salm. n.* 48. juxtà dicta *n.* 766. ubi pœna conventionalis licita jam fuit probata.

Notandum est autem, quòd, si mutuator accipiat 776 loco pignoris rem fructiferam, teneatur fructus ejus in sortem commutare ; Et ideò pactum, quo creditor uti possit pignore, ejusque fructibus frui, donèc debitum solvatur, dictum *Antichriseos* (vulgò *Contratto à godere*), communiter rejicitur de se, præciso alio titulo, tamquàm usurarium : Est certum cum *S. Thom.* 2 2 *q.* 78 *n.* 2 *et communi ;* contrà *Dianam ;* quià , cùm res adhùc remaneat in domini mutuatarii, illi soli fructificat, *ex c.* 1 *et* 2 *de Usuris.* Imò tenetur mutuator reddere fructus illos, quos suâ culpâ negligit colligere. Vide *Salm. c.* 3 *n.* 46.

Excipitur tamen pignus pro dote promissâ datum, cujus fructus non computantur in dotem, ad onera Matrimonii sustinenda, ut *Conc. p.* 467 *n.* 6 *et Petroc. p.* 389 *q.* 7 *ex c. Salubriter, de Usuris,* ubi dicitur : *Generum ad fructus possessionem, quæ sibi à Socero sunt pro numerata dote pignori obligatæ, in sortem computandos, non esse obligandum.* Et hoc currit, etiamsi fructus pignoris onera Matrimonii excedant, quandò pignus conceditur absolutè, et tempore, quo dos constituitur. Secùs tamen, si detur tantùm in dotis securitatem, aut dote jam constitutâ ; Secùs item, si gener onera Matrimonii non sustineat. V. *Salm. c.* 3 *ex n.* 40.

Dubitatur 2. an possit in pactum deduci, ut red- 777 dantur à mutuatario, quæ ab eo sunt debita, non ex justitia, sed ex charitate, aut Religione? nempè ut Medicus medeatur, si alius non adsit: ut advocatus patrocinetur: ut dives succurrat in necessitate gravi; Item, ut, qui vovit eleëmosinam, eam præstet : ut Missam præceptam audiat etc. ? *Azorius* 3 *p. l.* 5 *c.* 7 *q.* 15. *Bon. D.* 3 *q.* 3 *n.* 7. item *Cov. Salas., Trull. Reg. etc. apud Salm. c,* 3 *n.* 55. negant id posse fieri sinè labe

usuræ, quià pactum addit onus justitiæ, quod priùs
non aderat; et hanc tenet *Viva prop.* 42 *Innoc. XI. n.*
15 dicens : omne pactum, novum onus imponens mutuatario, usurarium esse. Contradicunt tamen *Lugo*,
d. 25 *sect.* 5 *n.* 49 *Less. l.* 2 *c.* 20 *d.* 8 *Concina tom.* 7
p. 468 *n.* 2 *Tourn. p.* 509. *Salm. d. loc. cum Valent.*
Pal. etc. quià, ut inquiunt, talis obligatio superad-
dita, non meretur pretium, cùm sit in utilitatem tàm
mutuantis, quàm mutuatarii, qui implendo exonera-
tur ab obligatione, quam jam habebat. Addunt, si ex
sententia omnium possit deduci in pactum mutui, ut
alter desistat ab injuriâ inferendâ homini; tantò magis ab injuriâ inferendâ Deo. His non obstantibus,
huic secundæ sententiæ, pace tantorum Doctorum,
numquàm valui acquiescere, quià omne onus, quod
imponitur mutuatario ex pacto, tenetur ipse præstare
ex justitia, et ideò evadit quidem pretio æstimabile;
ità ut si post tale pactum Medicus ille non medeatur,
Advocatus non patrocinetur, tenebitur utique ex justitia compensare damnum, quod eveniet ex omissione
medelæ, vel patrocinii præstandi, ad quod damnum
resarciendum priùs certè non erat obligatus. Quid ergò refert, quòd pactum impositum cedat, vel non,
in utilitatem mutuatarii, cùm usura in hoc consistat,
quòd exigatur ex mutuo onus pretio æstimabile? Et
miror, cùr *Salmant.*, qui loquentes de simonia *cap.*
1 *n.* 41. (et ut diximus *n.* 59.), tamquàm certum as-
seruerunt ex *D. Th.* simoniam committere illum, qui det
aliquid alicui cum obligatione præstandi aliquod opus
spirituale, licet illud non sit in commodum dantis, eò
quòd esset contractus onerosus; hîc verò teneant
non esse usuram, similem imponere obligationem;
cùm ex communi axiomate dicatur : Quod in spiritualibus est simonia, in temporalibus est usura. Cæterùm
omnes rectè docent non inferre usuram pactum solvendi id, quod jam priùs erat debitum ex justitia, vel
tollendi injustas vexationes; quià tunc nihil exigitur
pretio æstimabile, vel de quo mutuatarius pretium
petere potuisset; ità *Concina p.* 468 *n.* 1 *Tournely tom.*
1 *p.* 509. *et alii.*

. **Dubitatur 3.** an possit deduci in pactum, ut mu-[778]
tuatarius faciat injuriæ condonationem, ad quam
non ex charitate tenebatur, sed poterat justè satisfactionem petere? Affirmant *Sot. Nav. et Sylv. apud. Salm.*
c. 3 *n.* 57 quià læsio tunc ratione amicitiæ naturaliter
condonari solet. Longè tamen probabiliùs et veriùs
negant *Lugo d.* 35 *s.* 8 *n.* 38 *Laym. Bon. Pal. apud*
Salm. ibid. Quià adderetur obligatio verè pretio æstimabilis. *Lessius* autem *l.* 2 *c.* 20 *d.* 7 *et Salm. l. c. cum*
Trull. Serra, Prado, etc. adhærent secundæ sententiæ,
dùm esset pactum justitiæ, Secùs verò, si esset
fœdus amicitiæ, ut loquuntur, quâ exigitur, ut
alter libenter injuriam remittat; Sed benè advertunt,
hoc palliatæ usuræ periculo non carere.

Dubitatur 4. an liceat pactum, ut mutuanti officium [779]
conferatur? Alii dicunt, quòd, si hoc petatur ex
justitia, esset quidem usura, et est communis cum
S. Th. 2. 2 *q* 78 *a.* 2 *ad* 3 et aliis contrà paucos *op.*
Salm. c. 2 *n.* 38 Secùs verò si petatur ex amicitia, aut gratitudine; *Salm.* autem *ib* dicunt hoc practicè non posse
admitti, nisi forte in aliquo casu raro. Sed ego absolutè
numquàm admittendum esse dico *ex prop.* 42. *Innoc.*
XI. ut suprà allata, ubi ab usura excusabatur aliquid
ultrà sortem exigi, tamquàm ex gratitudine debitum.
Hinc officium sic recipiens, teneretur illud resignare
ex justitia, vel pretium officii in sortem computare,
nisi mutuatarius hoc nolle præsumatur; cùm aliàs
collatio jam valida existimetur. Vid. *Less. l.* 1 *c.* 20
n. 62 *Lugo n.* 42 *Salm. n.* 59.

. Dubitatur 5. an liceat obligare mutuatarium ad ea, [780]
quæ ex gratitudine tenebatur præstare, v. g. ut emat
sibi necessaria à mutuante, suam domum locet, agrum
cum justa mercede colat, etc.? Omninò negandum
cum *Bus. n.* 12 non solùm, si hæc exigantur ut debita
ex justitia, sed etiàm ut debita ex gratitudine, juxtà
eamdem *prop.* 42. ut diximus : *Salm.* autem *c.* 3 *n.* 271
dicunt, quòd simpliciter rogare mutuatarium ut hæc
liberè præstet ex amicitia, de se non esset illicitum ;
Et in hoc videtur expressè consentire *S. Th.* 2. 2 *q.*

78 *a.* 2 *ad* 3 ubi dicit: *Si vero munus ab obsequio vel à lingua non quasi ex obligatione exhibetur, sed ex benevolentia quæ sub æstimatione pecuniæ non cadit, licet hoc accipere, exigere, et expectare.* Hæc autem doctrina currit speculativè loquendo, sed in praxi, rectè dicunt *Salm. loc. cit.* esse valdè periculosam. Nec admittendum id quod ait *Laym. l.* 3 *tr.* 4 *c.* 16 *n.* 3 licitum esse obligare mutuatarium ad hæc præstanda, si obligatio imponatur non ut onus, sed ut conditio sinè qua non daretur mutuum, quià, acceptatâ conditione, reipsa jam onus imponitur, et mutuatarius obligatur ad illud : quod numquàm licet ex *D. Th.* ; vide *n. seq.*

781   Si pactum autem sit remutuandi, *S. Th.* 2. 2 *q.* 78 *art.* 2 *ad* 4 sic docet; *Licet simul mutuanti unum, aliquid mutuum recipere, non autem licet eum obligare ad mutuum in posterum faciendum.* Licitum igitur est mutuatarium obligare ad remutuandum eodem tempore mutui, quià potes ab altero petere officium amicitiæ : quod ille à te postulat ; modò illud non sit ipsi magis onerosum : Et sic pariter posses petere, ut eodem tempore domum tibi locet, frumentum vendat, etc. Secùs autem, si eum obligares in futurum; ità cum *S. Th. Less. l.* 2. *c.* 20 *n.* 53 *et Salm. c.* 3 *n.* 62 *et* 74 *cum aliis, contrà Bann. et Rodr. etc. n.* 63 qui excusant ab usura pactum adhùc in futurum remutuandi, sed improbabiliter.

782   Dubitatur 6. an liceat pactum, ut reddatur res mutuata in eadem specie, et quantitate, quandò creditur pluris valitura ?

In hoc certum est 1 quòd liceat, si æque dubium sit, an valor rei sit augendus, vel minuendus : Vide *Less. l.* 2 *c.* 20 *n.* 145. Certum est 2. quòd, si rem servaturus esses usque ad tempus, quo ejus valorem augendum esse certò credas, possis petere, ut reddatur res in eadem quantitate, vel ejus incrementum, deductâ tamen æstimatione periculi, vel expensarum in reservandâ. Ità *Habert to.* 4 *p.* 242 *in fin Concina to.* 7 *p.* 471 *n.* 11 item *Bon. Dic. Reb. etc. cum Salm. c.* 3 *n.* 67. Certum est 3. quòd liceat mutuare vetus frumentum ut reddatur novum, quod non creditur pluris valiturum, nec melius vetere. Ità *Salm. ibid. cum Pal. Mol. Trull. etc. cum Bus. n.* 11.

Quæstio igitur est, an possis petere, ut tibi reddatur res, quam non es servaturus, in eadem quantitate eo tempore, quo credis, eam pluris valituram? Affirmant *Sot et Mol. apud Less. d. c.* 20 *n.* 154 Et his adhæret *Bus hic infr. n.* 18 quià, ut dicunt, hæc est natura mutui, ut res in eadem quantitate reddatur, et quià per mutuatarium stat ne res reddatur antè illud tempus. Sed docet *Less.* hanc sententiam tunc esse probabilem, cùm fuisset dubium, an pretium foret augendum, vel an tu rem servâsses (quo in casu etiàm puto, rem valore jam auctam cum aliqua detractione reddendam esse, juxtà prædicti dubii æstimationem, ne quid ex mutuo lucrēris : posito quòd non fuisses certò rem servaturus); nam alioquin rectè dicit *Less.* se non videre, quo jure possis æqualem mensuram recipere. *Salm.* autèm *num.* 70 *cum Bon. Azor. et Trull.* prædictam sententiam approbant, si vi pacti attendatur tantùm ad rei substantiam præcisâ consideratione valoris, et incrementi. Sed hæc præcisio non video quomodò licitè possit fieri, quandò res non foret servanda pro tempore redditionis, et certò, vel probabiliùs pluris valitura creditur; pretium enim rei de se necessariò semper pertinet ad rei substantiam.

Certum autem puto è converso cum *Salm. n.* 76 quòd, si certò, vel probabiliter res tempore restitutionis censeatur minùs valitura, possis majorem mensuram petere, ut te serves indemnem.

Hæc dubia tamen locum habent, quandò cogitatur et creditur res pluris valitura. Si verò bonâ fide nulla habeatur consideratio de incremento, vel decremento rei; benè poteris pacisci, ut res in eadem quantitate tibi reddatur. Ità *Less. c.* 20 *n.* 149 *P. Conc. l. c. ac Laym. etc. cum Salm. n.* 72. Hoc tamen non dici posse de mutuo pecuniæ, tenent *Salm n.* 73 *cum Sa, Pal Trull. Tol. etc.* quià in pecunia principaliter attenditur valor. Sed *Azor. Nav. et alii apud eosd. Salm. n.*

72 *in fine cum Bus. infrà n.* 17 ajunt : benè valere pactum, ut reddatur pecunia in eadem specie, et numero monetarum, quandò nullum cogitatur, nec intenditur incrementum, et ità expressè sit conventum :
Horumque sententia est mihi probabilior, saltem si
commune sit periculum incrementi, vel decrementi,
ut sentit *P. Concina tom.* 7 *p.* 473 *n.* 14. Pactum autem reddendi pecuniam in alia specie, quàm traditur,
omninò usurarium est, quià imponitur onus pretio
æstimabile, ut dicunt *Salm. c.* 3 *n.* 74 *Concina l. c.* et
alii communiter. Usque adhùc de pactis ; cii cà quæ
benè advertit *Anacl. de Us. q.* 4 *in fin.* cum aliis communiter, quòd contractus, in aliqua Regione usitatus,
et à viris probis celebrari solitus, nòn sit facile dam-
nandus. Sed procedamus ad alias quæstiones, quæ
supersunt.

783· Quæstio VI. utrùm usurarius acquirat dominium
lucri usurarii ? Affirmant *Lugo D.* 25 *n.* 206 *ac Scot.
Sa, Nav. etc. apud Salm. c.* 3 *n.* 106 quià mutuatarius
quàmvis coactè det, et ideò usurarius teneatur ad
restitutionem, dat tamen liberè, et transfert dominium,
sicut transfert qui metu coactus rèm vendit. Sed oppositum tenendum cum *S. Thom.* 2. 2 *q.* 78 *ar.* 3 *et
communi cum Salm. c.* 3 *n.* 107 *Conc. to.* 7 *p.* 534 *n.*
4. *Tourn. tom.* 1 *p.* 514. Et ratio est quià contractus
usurarius est omni jure nullus ; Nuda autem traditio
rei dominium non transfert, ut habetur in *l.Numquàm
ff. de Acquirendo rerum dominio.*

784 Circà fructus autem acquisitos per usuras acceptas,
docet *ibid. S. Thom.* quòd, si percepti sint ex re, usu
consumptibili, tunc restitui non debeant, quià sunt
fructus industriæ ; Secùs, si percepti sint ex re non
usu consumptibili, puta ex domo, agro, *quià* (verba
D. Thomæ) *sunt fructus rerum, quarum alius est dominus, et ideò ei debentur.* Et hoc valet, etiàmsi usurarius fructus non percipiat, si aliàs dominus perce-
pisset. Quid de fructibus, quos dominus non fuisset
percepturus, sed usurarius percepit? *Lugo d.* 25 *scss.*
11 *n.* 209 dicit non esse restituendos, quià ex sua

sententia usurarius dominium usurarum acquirit., et
tantùm tenetur mutuatarium indemnem servare. Sed,
nos contrarium in nostra sententia, quam suprà expo-
suimus , putamus cum _Salm. n._ 313 _Tournely l. c. et_
Conc. n. 5.

Quæstio VII. utrùm dans consilium pro usuris, ut,₇₈₅
præbens pecuniam usurario , ut mutuet, teneatur ad
restitutionem? Negant _Lugo D._ 25 _n._ 217 _et Sa_, _Tol._
Sylv. Med etc. apud Salm. c, 3 _n._ 115, quià hi non sunt
causa efficax damni : cùm possit posteà debitor solutionem usurarum negare. Sed respectu hujus rationis
longè probabiliùs (saltem, dico quòad suadentem
usuras teneri) affirmat _Bus. hic cum Less. l._ 2 _c._ 20. _n._
178. _Lugo D._ 25 _n._ 116. _Salm. ib. cum Pal. Bon. Trull. etc._
quià verè ipse tunc est causa injusti contractûs ; et
licet debitor possit non solvere, si tamen solvat ex
causa sua, injustè solvet. Commune autem est _ibid._ quòd
non peccet, nec ad restitutionem teneatur , qui in gratiam mutuatarii illa faceret; Et ideò ex alia ratione
prima sententia est satis probabilis, quià rationabiliter
in illis mutuatarius præsumitur consentiens, ut ait
Lugo l. c. Quòad eum autem, qui tradit pecuniam usurario, ajunt _Concina tom._ 7 _p._ 534. _n._ 7 _Less. c._ 20. _n._,
178 _et Salm. l. c. cum Bon. Trull. etc._ eum peccare et tenêri ad restitutionem; quià proximè cooperatur ad
damnum mutuatarii. Sed _Lugo eod. n._ 116 rectè excipit ob eamdem rationem , nisi præstet pecuniam in
gratiam mutuatarii. Vel nisi , addendum dico , non
possit ipse pecuniam tradens eam negare sinè damno
superioris ordinis , quàm esset mutuatarii damnum ,
juxtà dicta _n._ 571 _v. Secunda._

Quæstio VIII. an peccet, et teneatur ad restitutio-₇₈₆
nem deponens pecuniam apud eum, quem scit abusurum ad usuras? Respondet _Less. l._ 2 _c._ 20 _D._ 21 _et_
Salm. c. 3 _n._ 116 _cum Pal. Lug. Bonac et Trull._ quòd
is peccaret utique contrà charitatem, si usurarius non
haberet alias , undè usuras exerceret : Sed non teneretur ad restitutionem , quià in hoc injuriam non irrogaret mutuatariis. Tenêri tamen sentit _P. Concina_

to. 7 *p.* 535 *n.* 8 *ex D. Thoma* 2. 2 *q.* 78 *ar.* 4 *ad* 3 ubi
dicit : *Quod si quis committeret pecuniam suam usura-*
rio non habenti alias undè usuras exerceret, vel hac in-
tentione committeret, ut indè copiosiùs per usuram lucra-
retur, daret materiam peccandi: ut et ipse esset particeps
culpæ. Undè si talis deponens esset particeps culpæ,
non erit quidem particeps alterius culpæ quàm injustitiæ, quam perpetrat mutuator. Sed hoc non obstante,
veriùs mihi dicendum videtur, quòd deponens non teneatur ad restitutionem: ejus enim actio non est injuriosa
sed potiùs gratiosa mutuatario, cùm hic potius gratam
habeat, quàm ægrè ferat depositionem pecuniæ, ut in
necessitate sibi providere possit. Posito ergò quòd
mutuatarius in hoc non sit invitus, deponens, licet sit
particeps injustitiæ, quatenùs lædit virtutem justitiæ in
generali juxtà sententiam qnam tenuimus in *Tract. de*
Charit. n. 45 *v. Tertia*, ubi diximus præbentem occasionem peccandi, non solùm lædere charitatem, sed
etiàm virtutem, ad quam lædendam proximum inducit; non tenetur tamen ad restitutionem, quià non
lædit justitiam in particulari, nempè peculiare jus
alterius, nec ei injuriam irrogat, cùm ille respectu
deponentis non sit invitus. Et sic intelligi potest *S.*
Thom.

787   Quæstio IX. an Principes, Judices, et Advocati,
qui sunt causa, ut usuræ solvantur, teneantur ad restitutionem? Respondetur tenêri : sicut tenentur etiàm
illi, qui non excludunt à suis locis usurarios : Imò
excommunicantur ipso facto in *Clem. Ex gravi de*
Usuris; nisi tamen ob bonum publicum hoc permittere expediret. Ità *Less. n.* 179 *Salm. c.* 3 *num.* 117
cum Pal. etc.

788   Quæstio X., an si usurarius sit tibi debitor, possis
tu licitè exigere usuras, quas ille tibi assignat exigen-
das à mutuatario? Negat : atque si exigis, tenêris ad
restitutionem; modo tamen tibi constet illud debitum
esse pro usuris, *Salm. c.* 3. *n.* 118

789   Quæstio XI. an peccent famuli cooperantes dominis
usurariis ? Certum est, quòd famuli minùs principa-

les, qui tantùm scribunt, enumerant pecunias, de-
ferunt pignus, et similia, non tenaentur ad restitutionem, nec peccent. Ita *Salm. c. 3. n. 118. Croix l. 2.
n. 368. Tambur. Dec. l. 5. c. 1. §. 4. n. 49. et Bus. circà fin. hujus dubii.* Dubium est de iis, qui exigant
usuras, et ad solutionem cogant, an teneantur ad
restitutionem? *Sa, Sylv. Tabien. Vega apud Salm. ibid.*
licèt dicant, eos peccare, excusant tamen à restitutione,
quià isti non sunt verè causa exactionis, vel tantùm
sunt materialis, et remota; *Salm.* autem *ib. cum Pal.
Val. Med. Salm. etc.* putant eos tenêri, cùm verè sint
causæ injustæ proximè cooperantes : Et hoc videtur
probabilius cum *Tamb. eod. loc.* si ipsi cooperantur
in re ingrata debitoribus, proùt esset, si cogerent eos
ad solutionem, subscriberent apodixas: Secùs, si in
re, illis non ingratâ, nempè si eos hortarentur simpliciter ad solutionem, vel exigerent usuras sinè coactione ; quià in hoc debitores non censentur inviti. Sed
non excusarem exigentem à peccato cooperationis ratione solius famulatûs.

Quæstio XII. an hæredes Usurarii, vel alterius de-[790]
bitoris teneantur ad restitutionem in solidum? Distinguendum : Si debita sint hypothecaria ex contractu,
communis est sententia, omnes in solidum tenêri. Dubium est, si debita sint personalia defuncti ex delicto? Adhùc tenêri in solidum docent Canonistæ cum
*Sylv., Salas, Lopez, Major, etc. apud Continuat Tour-
nely tom. 1. pag.* 518 Idque arguunt ex *c. Tua nos.* 9
de Usur ubi dicitur : *Filii ad restituendas usuras ea sunt
districtione cogendi, qua parentes sui.* Sed satis probabiliter *Tournely l. c. cum Azor. Cajet. Tol. Bon. Bann.
Med. Habert, Pontas, Sambov. etc.* dicit : hos hæredes
tenêri solùm pro ratâ, nisi ipsi delicto defuncti coo-
perati fuerint : Et probatur ex *l. 1 C. de Delictis de-
funct. l. 4 tit.* 17 ubi dicitur : *Post litis contestationem*:
eo quia vim (seu damnum) *fecit defuncto, successores
ejus in solidum. alioquin in quantùm ad eos pervenit,
conveniri juris absolutissimi est.* Rationem dat *Cajetanus* respondens ad textum *Tua nos*, suprà oppositum,

et dicit: « (Filii tenentur sicut et Pater obligatione scilicet personali suorum bonorum : Sed in hoc est differentia, quod Pater est tota illa persona, ac per hoc habet totam obligationem; quilibet tamen hæres(scificet
filius) est pars illius personæ, et consequenter partèm
tantùm obligationis subiit.) »

Quæstio XIII. Hùc etiàm pertineret quærere, an licitum sit petere mutuum ab usurario, et illas ei offerre ? Sed de hac satis dictum est suprà *de Charitate
l. 2 n. 47 v. Secunda ; et n. 77.*

« 11. Mutuare frumentum;vetus cum obligatione,
» ut restituatur novum.(præsertim certo tempore)
» est usura, si mutuans sciat novùm fore melius, et
» majoris pretii, *Sylvest. Nav. Trul. d.* 15 *n.* 11.

« 12. Est usura ex communi sententia, si des mu-
» tuum ut posteà mutuatarius ex debito civili oblige-
» tur tibi rursùs mutuare, aut vendere, vel apud te
» in tua officina emere merces, aut operas suas loca-
» re : quia talis obligatio est res pretio æstimabilis,
» cùm privet mutuatarium potestate alibi emendi, et
» locandi operas, *Less. l.* 1 *c.* 20 *d.* 8. *Card. Lugo d.*
» 25 *n.* 46 V. *Loym. l.* 3 *t.* 4: *c.* 16 *n.* 3. *Bon. l. c. p.* 3.

« 13. Usura est, mutuare principi, vel Reip. eo
» pacto, ut interim, dùm non solvitur, sis liber à
» tributis vel oneribus justis solvendis, *Salas, C. Lugo
» n.* 64 ex communi.

« 14 Item mutuare eâ lege, ut mutuatarius eam
» pecuniam exigat à debitore mutuantis, à quo non
» facilè extorquebit. Quod addo quià, si spontè onus
» illud suscipiat, eò quòd facilè possit obtinere, non
» erit usura. *ib. et Bon. l. c.*

» 15. Item, si frumentum, quod alibi habes, des
» mutuum, obligando, ut tibi reddatur hîc, vel alibi
» (cum majoribus sumptibus, vel laboribus) plus
» valet, *ibid.*

» 16. Usura etiàm est, obligare mutuatarium, ut
» partem mutui accipiat in mercibus, quibus non in-
» diget, *ibid.*

» 17. In mutuo pecuniario, nisi aliter conventum

» sit , si quis det mutuo , v. g. 100. florenos , non
» potest exigere plus quàm eorum pretium, et valor
» tunc fuerit. Undè , si eorum valor tunc augeatur ,
» non potest repetere 100. quía reciperet aliquid
» suprà sortem. Quòd si valor decrescat , debet mu-
» tuatarius reddere plus , quàm 100. quià aliàs non
» restitueret ad æqualitatem. *Vid. Less. l.* 2. *c.* 20. *n.*
» 149, *Laym. l.* 3. *t.* 4. *c.* 16. *Bon. l. c. p.* 3. * (*Vide*
» *n.* 782. *vers. Hæc dubia.*) *

» 18. In mutuo tamen aliarum rerum, ut vini, tritici,
» etc. aliter se res habet , quià , si quis v. g. mutuet
» alteri 10. modios tritici , sivè pretium crescat , sivè
» non, potest repetere 10. Ratio disparitatis est , quià
» in pecunia non spectatur ordinariè (nisi aliter con-
» ventum sit ob certas , et licitas causas) nisi valor,
» sivè pretium. Undè non debet restitui nisi pretium
» æquale. At verò in frumentis , etc. spectatur ipsa
» materia , quià non petitur mutuum frumentum
» propter pretium frumenti, sed propter ipsum corpus,
» et substantiam : ergò, etsi crescat pretium illius, po-
» test repetere tot mensuras, quot dedit mutuo. Interim
» tamen quidam de his rebus eodem modo loquuntur,
» quo de moneta. V. *Laym. l. c. n.* 14 *et Bon. l. c.* *
» (*Vide dict. n.* 782) *

« Quæres : Quæ obligatio , et pœna sit usurario-
» rum , et cooperantium ?

« Resp. 1. Usurarius, etiàm non manifestus , ac hæ-792
» res tenentur restituere; imò etiàm omnes ii, qui
» ex parte usurarii cooperantur efficaciter : v. g. ju-
» dices , domini temporales , notarii , famuli , advo-
» cati, qui quovis modo juvant ; vel cogunt mutua-
» tarios ad solutionem usurarum. Dixi (positivè , seu
» efficaciter) quià habendo se negativè , possunt per-
» mittere usurarios , ob justam causam , et necessita-
» tem pauperum. Proptereà in praxi, ex præsumpta vo-
» luntate mutuatariorum, ferè excusantur minùs prin-
» cipales famuli. *(Vide dicta suprà n.* 789 *et l.* 2 *n.* 78.*)

« 2. Usurarius publicus , sivè notorius non debet
» admitti ad Communionem Altaris , nec absolvi ,
Tom. III. 6

» donec restituat usuras, nec sepeliri in loco Sacro ;
» et qui scienter sepelit, ipso facto est excommuni-
» catus. 3. Addit *Laym. l. c. n. 21.* ejus testamentum
» ipso jure irritum esse, nisi antè mortem restituerit.
» V. *Less. Bonac. Trull. cap.* 14 *d.* 22 * (*Item usurarii*
» *sunt infames. Salm. c. 3 n.* 125.) * »

DUBIUM VIII.

DE EMPTIONE, ET VENDITIONE.

ARTICULUS I.

Quid sit emptio et venditio ?

793 *Quando venditio est justa?*
794 *An requiratur determinatio pretii? An datâ* arrhâ, *liceat*
    à contractu resilire?
795 *An requirantur scriptura, et traditio?*
796 *An, ad transferendum dominium, requiratur solutio pretii,*
    vel fides de illo ?
797 *Ad quem spectent fructus, cùm compleatur conditio emp-*
    tionis ?
798 *Ad quem spectent fructus rei venditæ, sed non traditæ?*
799 *Cujus sit res empta pecunià alienà?* -
800 *An valeat contractus, si vendatur res aliena ?*
801 *In quibus casibus res suo valore crescat, vel decrescat?*
802 *Quid de merce ultronea?*
803 *An taxa obliget in conscientia ?*
804 *Quotupliciter pretium varietur? an res pretiosæ habeant*
    majorem latitudinem?
805 *An deceptio semper obliget ad restitutionem ?*
806 *An liceat pluris vendere rem utilem emptori?*
807 *Quid, si adsint alii justi tituli?*
808 *An res extraordinariæ possint vendi quanti plurimi? An*
    communis æstimatio variet pretium ? Et an venditio
    sub hasta, aut per venditrices?
809 *Quid, si res vendatur minutim?*
810 *An res possit variùs vendi ob dilatam solutionem? An*
    ratione periculi, vel quià res pluris esset valitura?
811 *An res ad creditum cariùs vendi possit?*
812 *An et quando liceat vendere cum pacto retrovendendi?*

813 *An licitum sit pactum reëmendi, ad arbitrium emptoris?
Quid de contractu* Mohatra? 814 *De* Monopolis. 815 *Quot modis fit* Monopolium? 816 *An unus, vel pauci, qui annonam emunt; ut cariùs vendant, peccent contrà justitiam?* 817 *An mercatores inter se conspirantes, ut merces vendant pretio summò, teneantur ad restitutionem? Et an facto* Monopolio *à Mercatoribus, liceat aliis mercem eodem pretio véndere?*

818 *An irritet contractum vitium occultum?*

819 *Quid, si vitium sit circà substantiam?* 820 *Quid, si vendatur ut pura res mixta perfectior aliis? Quid de vino mixto cum aqua?* 821. *An sit injustitia vendere quid pro quo?*

822 *Quid, si vitium est circà quantitatem?*

823 *Quid, si circà qualitatem?*

824 *An sit illicitum vendere pretio ordinario debitum, cujus debitor non est solvendo; vel mercem mox minuendam?*

825 *An traditâ tibi re ad vendendum pretio designato, possis retinere superfluum? Et an idem dicendum de eo qui emit nomine alieno?* 826. *Quid de Sartoribus vilius pannum ementibus?*

827 *Si res vendatur duobus, cui acquiratur dominium?*

828 *Si res pereat antè traditionem, cui pereat? Quid, si post traditionem?*

829 *An liceat viliùs emere chirographa, seu credita?*

830 *Vide alia apud Busemb.*

« R ESP. Est contractus, quo pretium pro merce sol- 793
» vitur; completurque mercis traditione. Venditio
» contrà. Justitia ejus in hoc consistit, ut pretium sit
» justum, sivè exæquet valorem rei, et contrà. Aliàs,
» si sinè legitimo titulo secùs fiat, committetur injus-
» tia gravis, vel levis pro gravitate excessûs, qui
» proindè, ad restitutionem in conscientia obligabit;
» etsi in foro externo ad restitutionem ferè non co-
» gatur quis, nisi ultrà dimidium defraudaverit. V.
» *Laym. c.* 17. *Bon. d.* 3. *q.* 2. *p.* 1. *et* 4. »

Notandum I. Quòd, ut contractus emptionis sit va- 794
lidus, requiratur determinatio pretii, quæ, si remit-
tatur ipsi emptori, nullus est contractus, *l. Quod sæpè. ff. de Contrahenda emptione.* Secùs, si remitta-

tur tertio , *l. ult. C. eod. tit.* sivè judicio Prudentum ,
ut rectè ait *Dicast.* An autem valeat emptio facta pro
justo pretio , sinè determinatione ? Affirmat *Palaus
disp.* 5. *p.* 1. *n.* 2. *Salm* autem *de Contr. c.* 2 *n.* 2. negant cum communi , nisi pretium sit jam à lege taxatum. Et sicùt pretium , sic etiàm (ut valeat contractus) res debet esse determinata , saltem in spe , ut
quandò venditur hic jactus retis. V. *Salm. ib. n.* 3.

Quæritur hîc , an , quandò data sit arrha , liceat
danti resilire à contractu cum jactura arrhæ ? Respondeo cum *P. Concina tom.* 7. *p.* 267. *n.* 2. quòd licitè
possit ex consuetudine , quæ regulariter talis est.
Excipitur , nisi arrha data sit pro majori securitate
contractûs jam initi. Utrùm autem in dubio', an arrha
data fuerit pro securitate , liceat danti resilire ? Videtur negare *La Croix l.* 6. *p.* 2. *n.* 134. *ex Onnate de
Contr. t.* 2. *D.* 34. *sect.* 1. quià natura hujus contractûs arrhæ est , ut detur pignus ad statuendam obligationem ad non recedandum à contractu sub pœna
pignus amittendi. Sed affirmat *Concina l. c.* Et hoc
verum mihi videtur in iis contractibus , ubi regulariter talis est consuetudo ; quisque enim præsumitur
velle contrahere juxtà consuetudinem, quâ regulariter
fiunt contractus.

795   Notandum II. Quòd contractus emptionis solo consensu perficiatur , nisi antè emptionem conveniant partes conficere scripturam , ex §. *un. Inst. de Oblig. ex
cons. et* §. *Emptio. de Empt. et Vend.* Dominium autem rei non transit ad emptorem , nisi factâ traditione, ut est commune, contrà *Pal. Nav.* et videtur
certum esse ex §. *Utique. Inst. de Empt. etc.* ubi : *Qui
nondùm emptori tradidit rem , adhùc ipse dominus est.*

796   Imò nec transfertur dominium rei, etiàm emptori traditæ, donec ab emptore pretium solvatur, vel offeratur,
aut saltem præstetur pignus, vel fidejussio, aut saltem
fides de illo, *ex* §. *Vend. Ins. de Rerum divisione,* ubi dicitur: *Venditæ verò res, et Traditæ non aliter emptori acqui-
rentur, quàm si is venditori pretium solverit, vel alio modo
ei satisfecerit veluti ex promissore, vel pignore dato. Sed si*

is, *qui vendit, fidem emptoris secutus fuerit, dicendum est emptoris fieri.* Quæstio autem. hîc fit, an gabella debita pro venditione, solvenda sit Gabellario tempore contractûs, vel tempore traditionis? *Vasquez, P. Nav. etc.* apud *Salm. cap.* 2 *n.* 4. dicunt tempore traditionis. Et probabile putant *Salm.* Sed rectè probabiliùs censent oppositum cum *Pal. Vill. Prado, Bon. Dic.* et idem tenent *Less. l.* 2 *c.* 21 *n.* 1 *Lugo D.* 26 *n.* 5 *et Continuator Tournely t.* 1 *p* 338. Ratio, quià contractus emptionis solo consensu perficitur, ut habetur ex §. *un. Inst. de Obl. ex censensu.*, ubi dicitur : *Consensu fiunt obligationes in emptionibus, locationibus... Ideò autem istis modis obligatio dicitur consensu contrahi, quià neque scripturâ, neque præsentiâ omninò opus est; at nec dari quidquam necesse est, ut substantiam capiat obligatio.*

Notandum III. Quòd, quandò venditio est conditio- 797 nata, impletâ conditione, contractus retrotrahatur ad diem venditionis ; ideòque fructus, interim percepti, pertinent ad emptorem. Hoc tamen est, quandò conditio adjecta est casualis : secùs, si protestativa, scilicet cujus impletio sit in potestate emptoris. Ità *Less. Mald. etc. cum Salm. n.* 25.

· Notandum IV. quòd periculum, et commodum rei 798 regulariter spectent ad dominum rei, sed in contractu venditionis, emptione perfecta, spectat ad emptorem semper ac est vendita res determinata:. etiàmsi res non sit tradita, vel tradita sinè habita fide de pretio (quibus casibus remanet res in dominio venditoris, ut dictum est mox suprà n. 796.), nisi aliter conventum sit. Ità ex §. *Cum autem* 3 *Inst. de Empt. et vend. l. Id quod* 7 *ff. de Peric. et comm. et. l. Post perfectam.* 1. *Cod. eod. tit.* Excipe tamen, si venditor sit in mora trahendi ; tunc etiàm ad ipsum pertinet periculum, ex *l.* 17 *ff. de Per. et comm.* Idem, si culpâ venditoris res fuerit destructa, vel deteriorata, ex *l.* 2. *eod. tit.* Vide *Croix l.* 3 *p.* 2 *n.* 605. Perfectâ autem emptione, si aliter conventum non fuerit, fructus rei pendentes spectant ad emptorem, ut communiter do-

cent *Less. l. 2 c.* 21 *n.* 100. *Spor. de* 7 *Præc. c.* 5 *n.*
93. *Cont. Tour. t.* 1 *p.* 450. *Lugo D.* 26 *Sect.* 14. *Croix l.*
c. n. 977. *cum Mol. Laym. etc.* Et hoc currit etiàm
pro foro conscientiæ, ut *Spor. cum Mol. et communi.*
Dicit tamen *Tourn.*, *cum Lugo*, quòd hoc valeat quòad
æstimationem, quam habent fructus tempore emptionis : Si. verò fructus tempore venditionis essent im-
maturi, cùm posteà sunt maturi, certum est, quòd,
re non traditâ, eorum incrementum debeatur venditori, ut *Less. et Mol. apud Lugo D.* 26 *n.* 212. *ac Tourn.*
loc. cit.

Ità quòad fructus pendentes; Quòad fructus verò
futuros rei, dubitatur 1. Ad quem spectent ipsi, re
non traditâ, vel traditâ sinè pignore, aut datâ fide de
pretio, ità ut dominium rei adhùc fuerit apud venditorem ? *Prima* sententia, quam tenent *Tournely tom.*
1 *pag.* 451 *n.* 4 *et Bon. de Contr. D.* 3 *q.* 2 *p.* 7 §. 1
n. 4. *cum Cov.* dicit, eos spectare ad venditorem, ex regula illa generali, quòd res suo domino fructificet. *Se-*
cunda tamen sententia communis et verior, quam tenent *Less. lib.* 2 *cap.* 21 *n.* 109. *Croix lib.* 3 *p.* 2 *n.*
978. *Salmanticens. de Contr. cap.* 2 *n.* 17. *cum Sylvest.*
Tap. Mald. Spor. de 7 *Præc. cap.* 5 *n.* 94. *cum S. An-*
tonin. Arm. P. Nav. et Laym. docet, fructus spectare
ad emptorem, nisi aliter conventum sit. Ratio, tùm
quià, cui debetur res, debentur etiàm fructus tamquàm accessorii; tùm quià æquum est, ut ad eumdem
emptorem spectet commodum fructuum, ad quem
spectat rei periculum, ut mox suprà dictum est. Nec
obstat regula enunciata, quòd res domino fructificet;
nam respondetur hoc intelligi de domino absoluto,
non autem de domino rei, quæ debetur alteri, ad
quem rei periculum spectat. Nec deindè obstat dicere,
iniquum videri, quòd emptor percipiat fructus, et
venditor non possit pretio frui ; Nam respondetur,
hoc commodum emptoris benè compensari cum periculo rei ab ipso assumpto ; Cæterùm pretium solvendum per se æquale est pretio persoluto, nisi ex mora
solvendi venditor patiatur aliquod interesse ratione

damni emergentis, vel lucri cessantis ; tunc enim emptor sanè teneretur illud ei resarcire , ut omnès docent
cum *Spor. n.* 96. Certum autem est . quòd, si venditor
intenderet non ratam habere venditionem , nisi postquàm pretium solvatur , eo casu tàm periculum rei ,
quàm commodum fructuum ad ipsum spectet, ut *Spor.*
l. c. P. Nav. et Laym.

Diximus autem , *nisi aliter conventum sit* , nam si res
non sit tradita , vel tradita sit sinè pignore, aut fide dé
pretio ; tunc dubitatur 2. an possit venditor pacisci ;
ut fructus ad ipsum spectent, donec pretium solvatur ? *Prima* sententia negat cum *P. Concina tom.* 7 *pag.*
269. *n.* 11 *et S. Antonin. Sylvest. Major. Arm. Gabr.*
etc. apud Dian. p. 4 *tr.* 4 *R.* 139. qui probabilem putat. Ratio , quià venditor , concedendo dilationem ad
solvendum pretium, nequit per hoc tempus proven-
tum exigere ; compensato tamen interesse ab emptore, si tempore præfinito fuerit in morâ solvendi. *Se-*
cunda verò sententia communior , et probabilior affirmat, eamque tenent *Mol. D.* 368 *n.* 9. *Fill. tr.* 35 *c.* 8
q. 2 *n.* 177 *cap.* 7 *dub.* 21 *n.* 3. *cum Nav. Ang. Tab.*
Castr. etc. Bon. D. 3 *q.* 2 *p.* 7 *s.* 1 *n.* 5. *cum Covarr.*
Gom. et Reb. et idem tuetur *Petrocor. tom.* 2 *pag.* 393.
Ratio , quià venditor justè potest dominium directum
transferre in emptorem , et reservare sibi dominium
utile , ut fructus percipere valeat , usquedùm pretium
solvatur ; et tunc non exigit fructus ratione solutionis
delatæ , sed ratione ipsius venditionis, hoc pacto ini-
tæ. Hoc tamen casu benè ait *Petrocorens. loc. cit.* quòd ,
si prædium pereat , vel deterioretur , non possit venditor exigere id , quod ratione præfatorum fructuum
emptor promiserit ei correspondere.

Quæritur 1. cujusnam sit res empta pecuniâ alienâ ? 799
Respondetur , emptoris , si emat nomine suo , *ex l. Si*
eo. C. de Rei vindicatione : ubi dicitur : *Si ex ea pecu-*
nia , quam deposueras , is apud quem collata fuerat ,
sibi possessiones comparavit, ipsique traditæ sunt... ab
eo invito in te transferri injuriosum est.. Excipe , si
pecuniam sit Ecclesiæ , minoris , et militis , ut *Bot.*

Rebel. Sylv. etc. cum Salm. c. 2 *n.* 29. Quià tunc illis res acquiritur.

800   Quær. 2. an valeat contractus, si vendatur res aliena ? Resp. ex *l. Rem alienam*, 28 *ff. de Contr. empt.* validum esse quòad translationem dominii, non quidem rei, sed pretii : undè vendens malâ fide acquirit dominium pecuniæ, sed tenetur emptori omnia damna restituere : qui autem vendit bonâ fide, non tenetur ad damna, neque ad evictionem, ut dicunt *Salm. de Contr. c.* 2 *n.* 31. cum aliis, quibus consentit *Pal. tr.* 33 *D.* 5 *p.* 28 §. 1 *n.* 1 sed tenetur quidem pretium restituere emptori, etiàmsi cum eo convenerit non tenêri de evictione, ut exprimitur in *l. Emptorem §. Qui autem. ff. de Action. empt.* ubi : *Idem esse dicendum, etsi apertè in venditione comprehendatur nihil evictionis nomine præstitum iri, pretium quidem deberi re evictâ.* Æquum enim non est, ut venditor lucrum faciat cum jacturâ emptoris ; vide *Palaum l. c.* §. 4 *n.* 2. Sed excipitur 1. nisi expressè fuerit conventum de non restituendo pretio, ut *Pal. ib.* Excipitur 2. nisi venditor in nihilo factus sit ditior, eo quòd nimirùm bonâ fide in largitiones fortè, aut in lusum pretium insumpserit, ut ajunt *Salm. dict. n.* 31. Excipitur 3. nisi emptor scienter rem alienam vel alteri obligatam comparaverit; tunc enim ipse, nisi expressè de evictione convenerit, in pœnam sui criminis nec etiàm pretium potest repetere, ut sancitur in *l. Si fundum. C. de Evict.* Vide *Pal. l. c. n.* 16. qui deindè *n.* 18. benè advertit, ex hoc non inferendum, quòd pretium eo casu possit à venditore retinêri, nam in foro conscientiæ illud emptori restituendum est, in foro autem externo Fisco adjudicandum.

Refert autem hîc aliqua adnotare de obligatione evictionis. Debetur evictio, non tantùm in venditione si res ab emptione evincatur ex *l.* 1 *et seq. de Evict.* sed etiàm in permutatione, datione in solutum pro debito, constitutione dotis æstimatâ, transactione, divisione hæreditatis, et in quolibet alio contractu oneroso, ut fusè probat *Pal. tr.* 33. *D.* 5 *p.* 8 §. 1. Non

verò in contractu lucrativo ; undè donans non tenetur
ad evictionem , nisi fortè donatio incœperit à promissione rei indeterminatæ , et posteà tradat rem quæ
evincitur : vide *Pal. l. c. ex n.* 11. Ut autem emptor
possit de evictione agere , tenetur litem motam , antequàm tempus probationum elabatur , venditori denunciare ex *l. Emptor , C. de Evict.* et *l. Si rem , ff.
Eod.* A qua tamen denuntiatione excusantur Minores ,
et Ecclesiæ : *Pal. l. c. §.* 3 *n.* 5 *et* 6. Factâ autem denuntiatione , tenetur venditor præstare emptori docu-
menta pro defensione ; sed non tenetur defendere ,
nisi id promiserit ; *Pal. ibid n.* 9 *et* 10. Tenetur tamen
ad expensas litis , ut dicit *Pal.* cum aliis (contrà aliquos) §. 5 *n.* 4 *et* 5 ex *l. Si plus ,* §. *Nota ff. de Evict.
et l. Qui absentem. ff. de Procurat.* Si verò malitiâ , aut
culpâ Judicis , aut vi alterius , aut negligentiâ emptoris res evincatur , venditor ad nihil tenetur ; periculum
enim fortuitum ad emptorem pertinet , ut rectè ait
Pal. §. 5 *ex n.* 11.

« Quod spectat ad emptorem , is potest emere vi- 80!
» liùs , quàm res valeat , si ei non sit commoda , vel
» emat in gratiam venditoris , ac similes sint circum-
» stantiæ , quæ rem faciant viliorem. Nec obstat , quòd
» venditor, necessitate, ductus vendat viliùs ; quià ven-
» ditio manet voluntaria , inquit *Cajet.* Vid. *Bon. l.
» c. n.* 21 *et* 23. Potest nihilominùs graviter peccari
» contrà charitatem,si quandò pauperculi extremâ ino-
» piâ res suas vendere coguntur , nimis viliter ab eis
» emas , *Laym. l. c. n.* 10. »

Notandum est 1. quòd res in manu mercatoris ratione sui laboris et operarum pluris æstimentur , quam
in manu alterius. Proptereà tamen non est illicitum
alteri rem vendere tanti , quanti venditor à mercatore.
Less. l. 2 *c.* 21 *n.* 24. *Salm. c.* 2 *n.* 21. *cum Lug. Bonac. etc.*

Notandum 2. quòd concursus emptorum , et penuria mercium augeat pretium rei ; paucitas contrà emptorum , et copia mercium minuit pretium , *Salm. cap.*
2 *num.* 102. *cum communi. P. Concina. tom* 7 *p.* 301 *n.*
101. *Tourn. tom.* 1 *p.* 442.

802 Notandum 3. quòd pretium rei decrescat, quandò-'
res est parùm utilis emptori, et hic in gratiam vendi-
torià emit. Est communis sententia cum *Tourn. tom.* r
pag. 443. *et Salm. c.* 2 *n.* 103 *et* 105. *in fine cum Bon.* '
Dic. Reg. et aliis. Hinc fit, quòd merces ultroneæ licitè
possint viliùs emi, ut communiter docent *P. Concina.*'
t. 7 *pag.* 301 *n.* 18. *Tourn. l. c. Diana p.* 1 *tr.* 8 *n.* 36'
et Salm. n. 105. cum aliis communiter, contrà *Ron-*
caglia de Contr. c. 3 *q.* 5 *R.* 4. qui ait ex hoc solo capite, quòd res ultrò à venditore offeratur, non esse causam, ut pretium rei decrescat, nisi accedat alia cir-'
cumstantia, nempè paucitatis emptorum, vel plura-
litatis 'offerentium : Sed veriùs alii DD. communiter',
ut diximus, contrarium docent, quià regulariter in
hujusmodi ultroneis venditionibus pauci invenientur
emptores. At dubitatur. 1. Quanti vilescat res ultrò
oblata. *M. Serra* 2. 2 *q.* 77 *a.* 1. *dub.* 3 *cum Conrad. et*
Reb. Salas, Palac. Barth. à S. Fausto, et Magala ap.
Dian p. 1 *tr.* 8 *R.* 78 sentiunt vilescere usque ad dimidium. Sed probabiliùs *Cajet.* 2. 2 *q.* 77 *art.* 1. *Bon.*
D. 3 *q.* 2 *pun.* 4 *n.* 23. *Fill. tr.* 35 *c.* 4 *n.* 79. *Sporer*
de 7 *Pr. n.* 22. *Diana l. c. R.* 36. *Mazzot. t.* 2 *p.* 111.
Tamb. l. 8 *tr.* 3 *cap.* 7. §. 4 *n.* 6. censent vilescere tantùm pro tertia parte. Dubitatur 2. An idem currat,
quandò vendantur merces ob paupertatem ? *Prima*
sententia affirmat ; eamque tenent cum *Busemb Cajet.*
d. a. 1. *Conrad. Res. cas. p.* 1 *q.* 157. *Bon. l. c. cum*
Soto, Sa, Vasq. et aliis, Dian. d. R. 78 *cum Nav.*
Terr. et Vill. Ratio, quià res ultronea de se pretio decrescit juxtà communem æstimationem ; inopia autem
venditoris non efficit, ut pretium mutetur. Negat autem *secunda* sententia, quam tenent *Tournely t.* 1 *pag.*
442 *et Salm. cap.* 2 *n.* 105. *cum P. Nav. Reg. Dic.*
Ratio, quià hoc videtur adversari caritati, et justitiæ,
'emere viliùs à paupere, qui, necessitate coactus, vendit. Excipiunt *Salm. et Conc. ll. cc.* si res ematur
tantùm in gratiam venditoris, ità ut aliàs non emere-
tur. Hæc *secunda* sententia est quidem æquior et omninò
suadenda ; sed spectatâ ratione, *prima* sententia non

videtur improbabilis. Dummodò excipio, quòd res emenda non sit de iis, quæ communiter emuntur et offe-
runtur, ut frumentum, oleum, vinum : Secùs de aliis,
quæ non ità facile venduntur. Neqûe in eo casu officit, quòd emptor re illâ indigeret, quià id per accidens esset, et casus non mutat pretium rerum. Quandò verò alter vendit necessitate coactus, et tu non
emis merè in gratiam suî, facile potes peccare contrà
charitatem, ut benè ait *Mazotta l. c.* emendo tàm vili
pretio, quàm emeres merè in gratiam venditoris. Qui
autem venderet in gratiam emptoris, sentio non posse vendere plus pretio supremo, nisi concurreret aliqua extraordinaria circumstantia, nempè raritas rei,
multitudo emptorum, incommodum venditoris, vel
specialis ipsius venditoris affectus ad rem, ut dicemus
infrà : Aliàs, si adesset tantùm commodum, vel affectus emptoris ad rem utique non liceret augere pretium, ut dicemus cum *S. Thom. n.* 806.

Notandum 4. quòd, si tàm emptor, quàm venditor
ignorent pretium rei, tunc justum futurum sit pretium
illud, quod convenitur, quià uterque tunc exponitur periculo jacturæ. Ità *Tournely tom.* 1. *p.* 446 *cum Ban.*
Itèm notandum cum eodem *Tournely p.* 447 quòd, si
aliqua res minoris valeret in uno loco, et majoris in
alio, possit majoris vendi in loco minoris pretii, dummodò venditor assumat in se periculum transvehendi
rem ad locum pretii majoris.

« 2. Emptor potest emere minoris, ex eo quòd
» multa simùl emat; quià tunc venditorem liberat
» multis curis, et expeditum facit ad alia nova com-
» paranda, undè meritò pretium decrescit. *Bon. loc.*
» *cit. pag.* 4 *n.* 13 *ex Less. Regin.* * (*Est commune
» cum Less. c.* 21 *num.* 38. *Lugo etc. ap. Salm. num.*
» 149.) *,
» 3. Quòad venditorem, is communiter debet ven- 803
» dere secundùm pretium taxatum à lege, vel magis-
» tratu; quod, si nullum est, id censebitur justum,
» quod morali hominum æstimatione imponitur. Quod
» non consistit in indivisibili, ut anxiè scrupulari

» oporteat, sed dividitur in infimum, medium, et
» summum, sivè, ut alii vocant, pium, moderatum,
» et rigorosum, ità ut intrà latitudinem hujus pretii
» vendere, et emère liceat, nunc summo, nunc in-
» fimo. »

Notandum est 1. quòd taxa facta pretii à Republica
obliget in conscientia, ut *S. Th.* 1 2 *q.* 96 *a.* 1 *ad* 3
cum communi, etiàm Ecclesiasticos (licèt sit probabile
alias leges non obligare Ecclesiasticos), *Salm. c.* 2 *n.*
118. Intelligitur tamen, nisi notabiliter res mutentur,
ut *Less. c.* 21 *d.* 2 *Salm. ib. cum Reg. Trull. Dic. etc.*
Vel nisi taxa à majori parte Populi non servetur,
sciente Principe, et non puniente, *Salm. n.* 116 *et*
135 vel si annus sit sterilis, ut mox subdetur. Utrùm
autem tunc res optima possit cariùs vendi, vel misceri
eum alia, ità ut fiat sicùt aliæ res communes? Affirmant probabiliter *Salm. c.* 2 *n.* 128 *et* 130. *P. Conc. t.*
7 *tr.* 306 *n.* 29 *et Tourn. t.* 1 *p.* 447. Ratio, quià Princeps, taxando pretium, respicit tantùm valorem mercis ordinariæ. An verò venditor possit cogere emptorem solvere in determinata specie pecuniæ? Probabile
esse, quòd possit, dicunt *Salm.* Negat verò *P. Conc.*
l. c. n. 28. Ego censeo posse cogere ad solvendum
pecuniâ usuali ; nempè æneâ pro rebus vilibus, argenteâ pro rebus magni valoris. Probabile autem est
in annis valdè sterilibus, taxam non obligare, ut
Nav. Bonac. Mol. Covarr. Pal. etc. contrà Ledes. Bañ.
Tap. Azor. etc. Vide *Salm. c.* 2. *ex n.* 132.

804   Notandum 2. quòd pretium variari possit, ratione
temporis, et loci, debet enim attendi tempus, quo
res traditur, et locus, ubi est res quæ venditur, non
autem ubi fit contractus, nisi venditor conveniat hùc
rem transferri, *Salm. c.* 2 *n.* 98 *et* 99 *cum Lugo,*
Dic. etc. ac Tourn. ut sup. n. 802 *in fin.* Hinc res pretiosa potest parvi emi, ubi parvi æstimatur ; et res
vilis magni vendi, ubi magni æstimatur. Vide *dicen-*
da n. 808. Econtrà venditor non potest alicubi rem
vendere pluris, quàm ibi æstimatur, licet emerit cariùs, et multum expenderit ad illam vehendam, ut
docet *S. Th. Less. Bon. etc. cum Salm. n.* 100.

Notandum 3. quòd pretium rerum vilium minorem
latitudinem habeat, quàm preliosarum ; vinum enim,
aut simile quod valet 5 potest vendi 6 vel 4. Aut si
valet 10 potest vendi 12 vel 8 ut dicunt *Tournely tom.*
1 *pag.* 442 *et Caj. apud Salm. n.* 79 *in fine ;* Aut si valet.
100 potest vendi 105 et 95 *Less. c.* 21 *n.* 10 *et Conci-*
na tom. 7 *pag.* 294 *n.* 2. Domus autem, aut villa, quæ
fortè vendita est pro 20 mille, post annum emi poterit
pro 12 mille. V. *Salm. ib n.* 80 *cum Less. Lugo, etc.*

. Notandum 4. quòd, licèt in foro externo non in- 805
validetur ,venditio, nisi deceptio sit ultrà dimidium
justi pretii : In foro tamen conscientiæ etiàm deceptio
infrà dimidium obligat ad restitutionem. Et ità omninò dicendum (contrà Juristas aliquos) cum *S. Th.*
2. 2*q.* 77 *a.* 1 *ad* 1. *Less. l.* 2 *c.* 21 *n.* 21. *Lugo D.* 16 *n.*
81 *et Salm. c.* 2 *n.* 85 *cum communi.* Et hoc etiàmsi
contractus fuerit initus bonâ fide; tunc enim decipiens tenetur saltem ad id, in quo factus est ditior.

Quòd si, ut suprà notavimus cum *Tourn. t.* 1 *pag.*
446 *et Salm.* 2 *n.* 88 tàm emptor, quàm venditor rei
valorem ignorent, et uterque sorti se committant,
ut lucrum vel damnum spectet ad eum, cui sors con-
tingeret, tunc valet contractus, etiàmsi posteà inveniatur deceptio in dimidio, quià tunc sibi invicem
censentur cedere excessum, ut rectè ajunt *AA. cit.*

Hîc etiàm advertendum, quòd communiter non
præstetur fides mendaciis vendentium, dum satis nos-
cuntur hæc esse communia stratagemmata; undè ipsi
regulariter non tenentur ob id ad restitutionem, ut
Salm. c. 2 *n.* 84 *cum Trull. Bon. et Reb.* Dixi *regulari-*
ter, quià si aliquandò venditor certè animadverteret,
emptorem mendaciis credere, et ideò majoris emere,
tunc quidem ab injustitia is non est excusandus.

« 4. Si quid emptori valdè utile sit, non licet hoc 806
» solo nomine rem vendere ultrà pretium justum : quià
» utilitas emptoris tota est ipsius, non venditoris, *Bon.*
» *l. cit. n.* 27. *ex Less. l.* 2 *c.* 27 *d.* 4. *Fill. t.* 35 *n.* 77.
» *(Ut communiter Salm. c.* 2 *n.* 91 *cum S. Th.* 2. 2 *q.*
» 77. *art.* 1 *qui ait : Si aliquis multum juvetur ex re*

» *alterius quam accepit , ille verò qui vendit , non dam-*
» *nificetur carendo re illa , non debet eam supervende-*
» *re : quià utilitas quæ alteri accrescit , non est ex ven-*
» *ditione sed ex conditione ementis.*

807· » 5. Licet autem vendere cariùs, quam valet pretio
» currenti, si alii boni tiluli adsint, et simùl de hoc
» emptorem moneas : quià tunc illi non fit injuria.
» Tales autem sunt, v. g. lucrum cessans, aut dam-
» num emergens, aut incommodum, vel molesta tibi
« obventura ex rei venditione : aut affectus in eam
» singularıs , ut si acceperis à majoribus, à Principe.
» Item si res sint novæ, raræ, et singulares ; ut v. g.
» peregrini.flores , aves , feræ , monumenta·antiqua ,
» picturæ; numismata , *Laym. l.* 3 *t.* 4 *c:* 17 §. 5 *n.* 10.
» *Con. l. cit. n.* 15 *ex Less. Reg.* »

Certum igitùr est posse rem pluris vendi ratione
damni emergentis, vel lucri cessantis causâ venditionis, ex *D. Th.* 2. 2 *q.* 77 *art.* 1. Modò de his emptor
moneatur, ut communiter docent cum *Busemb. ut
suprà, Less..l.* 2 *s.* 21 *n.* 26. *Lugo D.* 26 *n.* 89 *et Salm.
c.* 2 *n.* 89 *cum Bon. Soto, Trull. Bann. Mald. etc.* Et
hoc etiàmsi pretium sit à Principe taxatum ; quià taxa
respicit rem tantùm secundùm se, ut *Salm. l. c. cum
Trull.·et·Salon.* An verò possit hujusmodi interesse
exigi à venditore, si ipsemet se offerat ad vendendum ?
Negant *Tourn. t.* 1 *p.* 444 *in fin. et Bann. ac Trull. ap.
Salm. l. c.* Quià tunc ipse venditor, non jam emptor ,
esset causa talis damni. Sed probabilius mihi est oppositum , juxtà dicta *de Usuris n.* 768 *v. An autem ,
in fin.* Ratio , quià emptor, acceptando contractum ,
jam ipse est vera causa damni venditoris.

Quæritur I. An autem ratione specialis affectus ,
quem habet venditor ad rem, possit eam pluris vendere? Negat *Tapia ap. Salm. cap.* 2 *n.* 90 quià ob hoc
res non fit magis æstimabilis, cùm id nihil commodi
afferat emptori. Sed communiter, et veriùs affirmant
*Less. Lugo , ac Salm. ll. cc. cum Bon. Trull. Vill. et
Mald.* Ratio, quià privatio rei, ergà quam est quis
specialiter.affectus , verè est pretio æstimabilis. Si au-

Rem valeret ratio *Tapiæ*, nec etiàm ob damnum emergens, aut lucrum cessans, posset res pluris vendi,
quià neque illa afferunt emptori aliquid commodi.

Quæritur II. An res, quæ non sunt necessariæ ad
communem convictum, ut gemmæ extraordinariæ,
equi pretiosi, aves indicæ, picturæ singulares, et similia possint vendi quanti plurimi? Idem quæritur de
cantu, saltatione, abusu mulieris? Affirmant *Diana*
p. 1 *tr.* 8. *Res.* 56 *cum Sot. Tol. Ban. Reg. Serra, Val.*
Arag. etc. Et Salm. c. 2 *n.* 92 rectè probabile vocant.
Ratio est, quià cùm res non habeat pretium nec legitimum, idest, à lege taxatum, nec vulgare, nempè
juxtà communem hominum æstimationem, illud putatur justum, quod convenitur. Attamen probabiliùs
negandum puto, ut tenent *Lugo D.* 26 *n.* 47 *Less. c.*
21 *dub.* 3 *Tourn. t.* 1 *p.* 441 *et Salm. n.* 93 *cum Bon. etc.*
Quià, tametsi pretium talium rerum magnam recipiat
latitudinem, æquum verè est, quòd habeat quandam
taxam, juxtà arbitrium prudentum. Excipio tamen ex
his mulieris honestæ usum, qui, cùm sit pretio inesti-
mabilis; sinè injustitià poterit illa pro eo quampluri-
mi accipere.

Notandum autem 1. cùm *Lug. n.* 48 *et Salm. n.* 94 808
cum Pal. Bon. et Prado, quòd communis æstimatio
rei in aliquo loco reddat justum qualecumque pretium, proùt apud Japones magni æstimantur specula,
cultelli, etc. Notandum 2. cum *Lugo D.* 26 *n.* 45. *Tourn.*
p. 446. *Conc. p.* 299 *n.* 13. *Salm. n.* 95 *cum Dicast Trull.*
Bon. Bann. Dian. etc. quòd res, quæ venduntur sub
hasta, aut per venditrices, possint quanti cariùs vendi-
di, et quanti viliùs emi, ex *l.* 2 *C. de Resc. vend.* Modo
absit fraus, et pretium non sit à lege taxatum. Ratio,
quià tunc Potestas publica approbat pro justo pretium
illud, quod publicè emptorum concursu probatur.
Idem dicitur de reditibus beneficiorum, Commenda-
rum, etc. quæ locantur sub hasta, quià tunc, si emptores concurrant, res fit æstimabilior, si non concurrant, fit vilior. Et non satis probabiliter videtur huic
contradicere Auctor *Petrocor. t.* 2 *p.* 349 qui enixè

conatur probare, quòd, si res adjudicetur offerenti
pro pretio notabiliter minori, deberet ipse legitimum
pretium adæquare. Nam si hoc esset, dico, casu quo
emptor in licitatione offerret ultrà pretium supremum,
teneretur dominus rei excessum restituere; et hinc
sequeretur, quòd res non possit adjudicari ultimo
offerenti, si primus offerens jam supremum pretium
obtulisset; sed hoc nemo dicet. Ergò, si res adjudi-
catur offerenti ultrà pretium summum, hoc certè evenit, quià leges decérnunt illud esse justum rei pretium.
Ergò, si dominus potest retinere excessum, etiàm
emptor potest rem, pretio minori quàm infimo emptam, retinere.   .
   Diximus, *modo absit fraus*, quæ vel potest intervenire ex parte venditoris, nempè si celet occultum
vitium rei, aut si immittat fictos licitatores; vel ex
parte emptoris, si dolo, minis, aut precibus importunis impediat, ne alii plus offerant. Hi enim peccant
et tenentur ad restitutionem, donec ad justum pretium perveniatur; ità communiter *Tourn. t. 1. p.* 446.
Lug. D. 26 *n.* 45. *Dian. p.* 4. *tr.* 4. *R.* 17. *et Salm. c.*
2 *n.* 58. *et* 96. cum aliis passim. Idemque rectè docent
de Proxenetis, vel aliis quibus commissa sit venditio
rei, qui merces vendendas, aut bona Hastæ exponunt
eo tempore, quo sciunt paucos emptores esse adfutu-
ros, ut res amicis suis adjudicetur.   .
   Sed dubium 1. fit, utrùm, expositâ re ad licitatio-
nem, possit emptor alios rogare (precibus tamen non
importunis), ne plus offerant, ut ipse pretio infimo
rem obtineat? Negat *P. Megala* 2. 2 *l.* 2 *c.* 6 *q.* 5 *n.*
146 cui adhæret *Cobass. Th. Jur. c. de Empt. et vend*
Quid, dùm alii parati erant plus offerre, venditor impeditur, ne majus pretium consequatur? Et huic opinioni favet *Lessius l.* 2 *c.* 21 *n.* 46 *v. Dico Tertio*, ubi
ait: *Pari modo emptores contrà justitiam peccant, quandò conspirant, vel rogant alios, ut non liceantur rem
justo pretio, sed minori; ratio, quià venditores* (nota)
jus habent ad pretium majus. Affirmant verò communissimè *Tourn. dict. p.* 446. *Lugo D.* 26 *n.* 45. *Dian. p.*

1 *tr.* 8. *R.* 76 *cum Villal. Reg. Vega, Rodr. Arag, Con-rad. et P. Nav. ac. Salm. c.* 2 *n.* 58 *cum Pal. Trull. Tap. et Dic.* Ratio (ut ajunt), quià emptor licitè hoc casu utitur suâ diligentiâ, ut sibi consulat.

Dubium 2. fit, an liceat emptori pacto convenire cum aliis licitatoribus, ne plus offerant? Videtur *Diana dicta Res.* 76. cum aliis citalis pariter, affirmare, adducendo verba *Petri Nav.* (*de Restit. l.* 3 *c.* 2 *n.* 84 *et* 85.) qui sic tradit : *Non enim meo judicio quodcumque monopolium mercatorum, ut nonnisi certo pretio emant, est iniquum, si reverâ illud est justum. Atque idem est, si quis in publica licitatione roget amicos, ne plus dent, ut ipse justo pretio (infimo tamen, vel mediocri) rem habeat juxtà illum forum; iste enim utitur industriâ, ut res justo pretio detur, timens in emendo augmentum magnum in pretio.* Sed mihi, et aliis doctis Junioribus videtur oppositum dicendum, saltem casu quo per sententiam Judicis res ad subhastationem exponitur. Ratio, quià tunc Dominus rei tenetur omninò rem tradere plus offerenti; ideòque injuriam ei emptor irrogat, si solum pretium infimum, aut medium offerendo impedit venditorem à consecutione pretii supremi, ad quod jus habet, scilicet ne impediatur ab illo consequendo. Sicùt igitùr talis venditor constitutus est in periculo tradendi rem pretio parvo, si nullus alius emptor inveniatur plus offerens; ità jus habet, ne privetur spe obtinendi pretium majus, si plures interveniant oblatores, qui æmulatione ducti pretium augeant : Id enim videtur requirere jus, et natura licitationis, ut æqualitas servetur. Et idem videtur sentire *Lugo d.* 26 *n.* 45 *in fine*, ubi, licèt permittat rogare, non tamen admittit pactum inire.

« 6. Qui res minutim, et in parva quantitate vendunt, possunt aliquantò cariùs vendere, quàm qui
» in magna quantitate, quià debent majores labores,
» expensas, etc. impendere ad eas conservandas; et
» sic quidem excusant caupones, et stabularios, qui
» avenam, fœnum, paleas, etc. cariùs vendunt, quàm
» alii; dummodò pretium iis non sit taxatum. *Salas.*

Tom. III.   7

» *Trull. d,* 15 *n.* 11.* (*Est commune apud Salm. c.* 2
» *n.* 149 *cum Less.*.*n.* 38 *et Lugo*) *.

810 » 7. Non licet cariùs vendere præcisè ob dilatam
» solutionem, aut viliùs emere, ob præcisè anticipa-
• tam solutionem : quià in venditione, quæ fit cre-
» dito, vel in anticipata solutione est virtuale mutuum,
» ideòque usura, si quid snprà sortem exigatur. Quod
» intellige, ne interveniat alius titulus ex suprà enu-
» meratis de usura : vel nisi aliundè crescat pretium,
• v.gr. ex frequentia emptorum, etc. *Bon. l. c. ex Less.*
» *Regin. Fill. etc.* V. *super. dub.* »

Potest igitùr de se res cariùs vendi ob dilatam solutionem, vel emi ob anticipatam, ratione damni emergentis, vel lucri cessantis, dummodò de his emptor moneatur. Notant tamen *Salm. c.* 2 *n.* 241 *cum Bann. et
Villal.* non excusari, qui tantam habent copiam mercium, quòd opus eis sit partem earum ad creditum
vendere ; vel qui habent superabundantem copiam
pecuniæ, ut semper servent aliquid in deposito. (Sed
de hoc vide *dicta suprà d.* 771.) Rectè notant deindè,
raròhis venditoribus contingere hoc lucrum cessans,
quià, si venderent pecunià numeratâ tantas merces
non distraherent.; et sic jam lucrantur pecunià creditâ, quod lucrarentur numeratâ. Ex quo dicunt, eis
satis esse vendere ad creditum pretio summo id, quod
aliàs infimo vendituri essent, sed non ampliùs.

Ratione autem periculi in exigendo pretio, etiàm
cariùs res licitè vendi potest, eodem modo ut dictum
est suprà de usura *n.* 776. Sed in venditione certum
est de his titulis monendum esse emptorem, ut *Salm.
ib. cum Serra.*

Certum est etiàm, rem posse cariùs vendi, si pretium tradendum sit tempore, quo res pluris est valitura, modo à venditore usque ad illud tempus res
esset servanda ; sicùt contrà potest viliùs emi, si res
tradenda sit tempore quo minoris valebit, *Salm. c.* 2
n. 146 *et* 147.

812 Quæritur, an juxtà consuetudinem loci, præciso
quocumque alio titulo, liceat cariùs vendere rem ad

creditum, quàm venderetur pecuniâ numeratâ? *Prima* sententia negat, eamque tenent *Nav. Man. c.* 23 *n.* 82 item *Val. Medin. Garc. Cord. etc. ap. Salm. c.* 2 *n.* 150 quià, quidquid exigitur ob dilatam solutionem, est usura. *Secunda* verò sententia probabilis, quam tenent *Less. l.* 2 *c.* 21 *n.* 56. *Lugo D.* 26 *n.* 107 *cum Mol. Cano, Tolet. Vict. etc. Spor. de* 7 *Præc. n.* 24 *et Salm. cum Soto, Pal. Sanch. Trull. Serra, Bann. Reb. Vill. etc.* asserit licitum esse. Ratio, quià communis æstimatio justum reddit pretium rerum, quæ communiter ad creditum venduntur., cùm plures emptores ad sic emendum conveniant, et ideò res pretio augetur. Nec obstat, quòd emptores cogantur ad sic emendum à sua necessitate; nam hoc per accidens se habet: cæterùm verificatur, quòd eo casu concurrat emptorum multitudo, quæ justam reddit talem adauctam ætimationem. Tantò magis, quià in multitudine emptorum impossibile est non subesse aliquod periculum amittendi pretium. Nec valet dicere, quòd tunc non multitudo emptorum, sed modus sic emendi augeret pretium, et hic modus est usurarius; Nam respondetur, quòd reverà non modus det titulum augendi pretium, sed multitudo aliorum sic ementium, licèt multitudo ex tali modo oriatur. Ex dictis pariter est probabile licitum esse rem viliùs emere numeratâ pecuniâ ob anticipatam solutionem, si talis alicubi sit consuetudo. Ratio, quià tunc pauci sunt emptores qui emunt anticipata solutione; et contrà multi sunt venditores tali modo vendentes, ex quo oritur, quòd merces de se crescànt. Ita *Less. c.* 21 *n*, 61 *Lugo D.* 26 *n.* 120 *cum Mol. Tol. Cano, Turr. Vict. Salon. Reb. etc.* item *Salm.* *c.* 2 *n.* 153-154 *cum Sanch. Bon. Pal. etc.* contrà *Ban. Az. Valent. etc.* Nec obstat id, quod objicit *Habert t.* 4 *p* 277 nempè: quod ad hoc, ut valeret ratio paucitatis emptorum, oporteret, ut hæc raritas adesset tempore traditionis rei, quàndò perficitur venditio; sed tempore traditionis non habetur hæc supposita paucitas emptorum. Nam respondetur, quòd contractus emptionis non perficiantur tempore traditionis, ut supponit *Habert;* sed tempore contractûs initi, licèt dominium rei non transferatur, nisi post traditionem, juxtà dicta *n.* 705. An autem chirographa possint minoris emi ob anticipatam solutionem ? Vide infrà *n.* 829.

612 « 8. Licitum est vendere rem cum pacto de retro-
» vendendo, id est, ut emptor teneatur tibi statuto tem-
» pore, vel cùm volueris, eam revendere ; modo vera
» et non ficta emptio fiat, nec palliata usura interce-
» dat, *Mol. d.* 375. *Less. dub.* 14 *etc.* Qui addunt,
» juxtà æstimationem illius operis, ac pacti pretium
» esse imminuendum. V. *C. Lug. d.* 26 *n.* 189. »

Plures conditiones requiruntur, ut venditio cum pacto retrovendendi sit justa. I. Ut pretium minuatur juxtà æstimationem gravaminis, quod sic emptori imponitur. Hinc pretium rei venditæ cum pacto retrovendendi, alii dicunt decrescere usque ad quartam partem, alii usque ad tertiam, alii ad arbitrium prudentum, ut *Salm. c.* 2 *n.* 59 *cum Less. Bon. et communi;* sed *n.* 67 dicunt decrescere usque ad infimum pretium, non ultrà : Sed parum probabiliter, nam hoc reverâ decrementum dici nequit, quià emptor ad pretium infimum, etiàm sinè tali pacto, jus habet. II. Conditio, ut non apponatur pactum, quòd pluris, vel minoris retrovendatur; licitum autem est pactum, ut retrovendatur eodem pretio, licèt res pretio augeatur, ut *Less. l.* 2 *n.* 115. *Bon. et Vill. ap. Salm. n.* 64. Ideò enim minoris emitur, quià venditor libertatem habet reemendi rem eodem pretio, quandò res pretio augetur. III. Conditio, quòd non imponatur, ut periculum rei venditæ sit apud venditorem, cùm illud per se spectet ad emptorem ; nisi augeatur pretium juxtà æstimationem periculi. Ità *Salmanticens. n.* 65. Vid. *n.* 842 *et* 849. IV. Conditio, ut res retrovendatur sicùt traditur, vel vacua, vel cum fructibus. *Salm. dict. n.* 65. Probabile autem est, quòd, ob pactum retrovendendi, venditor habeat actionem in rem, etiàmsi emptor alteri eam vendiderit. Vid. *Less. n.* 121 *et Salm. n.* 66.

Si in venditione apponatur *Retractus Gentilitius*, sive pactum, ut consanguineus proximior venditoris jus habeat infra certum tempus rem reemendi, non poterit is rem reemere, ut aliis tradat; cùm hic *Retractus* tantùm institutus sit, ut bona conserventur in Familia; ità *Tourn. t.* 1 *p.* 465. *Conc. t.* 7 *p.* 290 *n.* 7. *Spor. de* 7. *Præc. c.* 5 *n.* 100 *et Cabassut. l.* 6 *c.* 9 *n.* 11 *cum aliis, ex l. Dubium* 14. *C: de Contrah. empt.* Si autem emptor velit rem vendere, tenetur monere consanguineos, qui, si per duos menses noluerint emere, potest ille cuilibet vendere, ut *Spor. loc. cit.* Quandò autem res venditur, consanguineo irrequisito, iste poterit rem retrahere intrà annum, et diem; ità DD. *ib.* communiter, ex *l.* 2. *Feudorum ap. Laym.*

An sit licitum pactum reemendi ad arbitrium emp-813 toris? *Prima* sententia negat, quam tenent *Habert t.* 4 *p.* 267. *Cont. Tourn. t.* 1 *pag.* 463. *Concl.* 2. Ratio, quià, licèt hujusmodi contractus fiat sub nomine venditionis, reverà tamen res non videtur vendi, sed tantùm in pignus dari, ità ut emptor percipiat fructus ex sua pecunia, quam potest recuperare ad suum libitum. Eamdem sententiam sequuntur *Salm. c.* 2 *n.* 61 *cum Vill. et Tap.* Modò tamen limitant, nisi de pretio tantùm minuatur, quantùm valent fructus; vel nisi sub initio contractûs vendatur prædium cariori pretio, juxtà spem fructuum per aliquod tempus designatum percipiendorum. *Secunda* verò sententia communissima affirmat, et hanc tenet *Less. l.* 2 *c.* 21 *n.* 113. *Lugo D.* 26 *n.* 200. *Mol. D.* 377. *Pal. tr.* 33 *D.* 5 *p.* 13 § 1 *ex n.* 1. *Spor. de* 7 *Præcept. c.* 5 *n.* 101. *Viva de Contr. quæst.* 2 *árt.* 3 *n.* 12. *Mazzotta t.* 2 *p.* 124. *Bonac. D.* 3 *quæst.* 3 *p. ex n.* 2 *cum Cov. Azor. Fill. et Garcia*; item *P. Navarr. Malder. et Sylvest. apud Salm. n.* 60. Hanc secundam sententiam certè probabiliorem puto, cum his tamen conditionibus. I. Ut adsit verus animus emendi, et vendendi, non autem fœnerandi. II. Ut emptor majus pretium solvat, juxtà æstimationem hujus oneris quod imponit venditori; reemendi rem quandò ipsi emptori placuerit; in quo omnes conveniunt. Hoc autem onus putant aliqui apud *Viva l. c.* æstimari usque ad tertiam partem pretii. III. Ut non obligetur venditor reemere eodem pretio majori quod recipit, ut docet *Less. n.* 118. Quidquid postmodum subdat, scilicet hoc excusari posse ex communi usu et æstimatione hominum; quod mihi minimè probatur. Hinc censeo non posse ab emptore in tali contractu obligari venditorem, nisi ad solvendum solum pretium, juxtà valorem rei tempore venditionis; et, si res sit deteriorata, juxtà valorem rei tempore reemptionis; excessus enim justi pretii datus venditori, totus ad illum spectat, ratione oneris ipsi impositi reemendi ad arbitrium emptoris. His conditionibus servatis, nequaquam illicitum mihi videtur præfatum pactum reemendi : sicùt enim licitum est pactum retrovendendi in beneficium venditoris cum diminutione pretii, sic contrà cum pretii augmento licitum dici debet pactum reemendi in beneficium emptoris, cùm ità gravamina utrimque compensentur. Neque dicatur hoc esse mutuum virtuale, cùm sit vera emptio et venditio, disparem quidem habens naturam à natura mutui, in mutuo enim res oppignorata perit mutuatario, sed hîc, si res pereat, emptori perit, aut deterioratur. . .

Nota hîc vetitum esse contractum *Mohatra*, scilicet quandò quis emit à te merceм majori pretio credito, cum pacto explicito, vel implicito, ut tibi retrovendat minori pretio numeratâ pecuniâ. A dest de hoc *prop.* 40. *damn.* ab Innoc. XI. *Contractus mohatra licitus est etiàm respectu ejusdem personæ, et cum contractu retrovenditionis, præviè inito, cum intentione lucri.* Ratio, quià patet esse palliatam usuram. Cæterùm, si res sine ullo prævio pacto retrovendatur, etiàm pretio infimo, eidem venditori, de se contractus licitus est, modo absit animus usurarius. Ità *Les. l.* 2 c. 21 n. 130. *Tour. t.* 1 p. 464. *Salm. c.* 2 n. 70. *cum Tol. Nav. Pal. Bon. et communi.* Addit imò *Lugo D.* 26 n. 208. non esse illicitum venditori, si creditor vendat mercem, et dicat emptori : *Si volueris eam viliori pretio vendere pecuniâ numeratâ, ego para-*

tus sum emere. Speculativè loquendo, hoc neqùè videtur illicitum , sed praticè puto difficillimè hunc venditorem carere animo usurario.

« 9. Monopolia, id est, cùm unus, vel plures id 814 » efficiunt, ut ipsi soli aliquid vendant; vel cùm mer- » catores conspirant, non minoris vendere, non sunt » contrà justitiam ; modò non conspirent ultrà jus- » tum pretium vendere. Ità contrà *Rebell. Navarr. etc.* » docent *Mol. Less. etc.* Qui tamen concedunt, esse » contrà charitatem. Vid. *C. Lugo d.* 26. *sect.* 13. Porrò » Principum , vel Magistratùs est , cùm uni , vel » paucis tale privilegium conceditur, ut soli aliquid » vendant; iis etiàm pretium taxare, et sic providere » ne subditi graventur. Vid. *Less. c.* 21 *d.* 20. *Card.* » *Lugo l. c. et Trull. c.* 20 *d.* 18 ubi rectè notat *ex* » *Navarr. etc.* etsi alia monopolia ex justa causa, auc- » toritate Principis , vel Reipublicæ concessa , taxato » pretio, sint licita , v. g. bibliopolis, ut nemo alius » talem librum vendat, vel ut tantùm sit unus, aut » duo tabernarii in aliquo loco ; nihilominùs quandò » unus , vel pauci propriâ auctoritate ea constituunt, » v. g. emendo merces certi generis , ut frumentum , » vinum , oleum , etc. ut ipsi deindè arbitratu suo » vendant cariùs, peccare semper etiàm contrà jus- » titiam cum obligatione restituendi. »

Monopolium idem sonat ac venditio unius , nam *Mo-* 815 *nopola* sonat unicus venditor. Quatuor igitùr modis Monopolium contingere potest. I. Si Princeps alicui concedat privilegium , ut solus vendat aliquod genus mercium ; et hoc certè licitum est. II. Si mercator impediat, ne aliæ merces advehantur, ut ipse merces suas vendat cum damno Reipublicæ ; et hoc est certè illicitum , et tenetur ad damni restitutionem. Et idem dicendum de eo, qui falsam notitiam spargit , naves esse submersas , aut similia mendacia. III. Si unus vel pauci omnes merces emant, ut deindè vendant quanti plurimi. IV. Si venditores conspirent inter se de pretio, ut non minoris vendant. Sed circà hos duos modos, hîc ultimo loco adnotatos , duæ magnæ agitantur quæstiones.

816   Quær. 1. An unus vel pauci Mercatores, qui tempore messis aut vindemiæ emunt omne triticum, aut vinum pretio vili tunc currente, ut posteà cariùs vendant, peccent contrà justitiam ? Certum est 1. id licitum esse, si emantur merces non necessariæ ad vitæ sustentationem, vel ad communem Reipubl. statum, ut sunt gemmæ pretiosæ, equi generosi, ornatos mulierum, et similia. Certum est 2. licitum esse emere triticum, vinum, etc. ut posteà vendantur Reipb. pretio communi, quo venderent alii negotiatores, ea de longè adportantes; vel ut vendantur civibus moderato lucro, postquàm cives jam emerit sibi necessaria, et convenientia, Ità *Bon. D.* 3 *q.* 2 *p.* 2 *n.* 3. *Salm. c.* 2 *n.* 45. *cum Trull. Tap. ac Villal.* et sic etiàm docet *S. Antonin. p.* 2 *t.* 1 *c.* 23 §. 15. ubi ait : *Licitè potest Mercator annonas illas emere messis tempore, cariùs posteà venditurus, ut sic honestum per operà sua lucrum reportet.* Quæstio igitùr est de ementibus omnes illas res necessarias ad sustentationem, ut posteà vendant cariùs ad suum libitum, an isti teneantur ad restitutionem? *Prima* sententia negat, et hanc tenent *Less. l.* 2. *c.* 21 *n.* 151. *et Mol. D.* 145. *in fin.* Ratio, quià hujusmodi emptores, quamvis peccent contrà justitiam legalem, non tamen lædunt justitiam commutativam, cùm emerint pretio currenti; Aliàs, ut dicunt etiàm eam læderent emptores, qui concurrendo simùl caritatem inducerent, quià sic etiàm ipsi essent causæ, ut pretium augeretur. Hæc tamen sententia minimè mihi videtur probabilis, quià constitutio pretii non pendet à privato arbitrio venditorum, sed à communi æstimatione civium; Nec obstat paritas adducta emptorum concurrentium, quià tunc actio pretii evenit per accidens; et hîc pretium augetur ex sola venditorum voluntate. Undè rectè *Sanctus Antonin. l. c.* sic docuit : *Si autem annonas temporis emit, et tantùm congregat, ut posteà compellantur homines emere ab uno ad placitum suum, et ideò vendit carè ut vult, enormiter peccat contrà proximum, et Communitatem. Secunda* igitùr sententia communis, et vera, quam tenent *So-*

tus l. 6 *de Just. q.* 2 *a.* 2. *Sylvest. v. Emptio , q.* 10.
Contin. Tournely c. 1 *p.* 477. *Viva q.* 2 *a.* 4. *Croix l.* 3
p. 2 *n.* 946. *Salm. c.* 2 *n.* 44. *cum Trull. Bann. Tap. et
Vill.* docet hos emptores teneri ad restitutionem damni
arbitrio prudentum cæteris emptoribus, et Reipubl. si
merces vendant cariùs quàm juxtà fori æstimationem
pretium curreret, si ipsi Monopolium non fecissent.
Ratio, quià isti sunt causa, cur pretium injustè augeatur. Eamdem sententiam sequitur etiàm *Lugo D.* 26. *n.*
176. modo tamen pretium augeatur suprà summum,
quo merces venderetur, si factum non fuisset Monó-
polium. Cæterùm probabiliter censent idem *Lugo n.*
177. *Bon. D.* 3 *q.* 2 *p.* 5 *n.* 4. *Fill. tract.* 35 *c.* 8 *n.* 214
Holzmann. de Contr. c. 4 *n.* 805. *Croix l c. n.* 946 *et
apud Lugo d. n.* 177. *Bann. Arag. Eman. et Vega ;*
non peccare contrà justitiam tales emptores si vendant
pretio summo, quod curreret, si monopólium non
præcessisset. Ratio, quià quisque jus habet ad rem
suam vendendam pretio rigoroso. An autem hujusmodi venditor (si unus sit qui merces illac congre-
garit) peccet tunc saltem contrà charitatem? Affirmant
plures, sed negant *Holzmann c.* 4 *n.* 805. *et Lugo D.*
26 *n.* 178. *cum Mol. et Less c.* 20 *n.* 168. Modo alios
non inducat ad cariùs vendendum; nam alioquin nemo tenetur negligere commodum suum, ut damnum
alienum evitet, quandò non tenetur avertere.

Quær. II. An Mercatores inter se conspirantes, ut[817]
merces vendant pretio cariori, teneantur ad restitutionem? Certum est teneri, si conveniant vendere
pretio ultrà supremum; sicùt pariter peccant contrà
justitiam artifices illi, et similes, qui inter se conveniunt de non locando operas suas, nisi pretio summum excedenti, ut *Less. l.* 2 *c.* 21 *num.* 147. *Salm de
Contr. c.* 2 *n.* 58. cum aliis communiter. Quæstio igitùr
est, quandò conventio fit, ut merces non vendantur,
nisi pretio summo, an peccetur contrà justitiam?
Prima sententia affirmat, quam tenent *Layman l.* 3
tract. 4 *c.* 18 *n.* 43. *Sot. l.* 6 *quæst.* 2 *a.* 3. *Tournely t.* 1
p. 477. *Spor de* 7 *Præc c.* 5 *n.* 103. *Ronc. de Contract.*

c. 8 *q.* 2 *R.* 3 *et Rob. ac Dic. apud Salm.* Ratio , tùm
quià ex *l. un. C. de Monop.* hoc graviter prohibetur
sub privatione omnium bonorum , et perpetuo exi-
lio ; tùm quià hujusmodi Mercatores per medium iniquum cogunt alios emere pretio illo supremo. *Secunda*
tamen sententia dicit : hos non peccare contrà justitiam , et hanc tenent *Less. l.* 2 *c.* 21 *n.* 145. *Lug. D.*
26 *n.* 172 *et* 173. *Viva de Contr. quæst.* 2 *a.* 4 *n.* 2 (qui
vocat communem) *Fill. t.* 35 *c.* 8 *n.* 232. *Holzm. c.* 4
n. 805. *Tambur. Dec. l.* 8 *c.* 3 §. 12 *n.* 11 *cum Mol.*
Bonac. et Salm. c. 2 *n.* 56 *cum Tap Bann. Reg.* et probabilem vocat *Laym. l. c. n.* 42 *cum P. Nav.* Prima
sententia est quidem probabilis ; sed hæc secunda non
minùs probabilis videtur , et fortè probabilior , tùm
auctoritate DD. tùm ratione ; quià non aptè dicitur ,
quòd venditores convenientes vendere pretio summo
cogant alios ad sic emendum , cùm isti voluntariè
emant ; si coguntur , non coguntur à venditoribus , sed
à sua propria necessitate , quæ non potest dici vera
coactio ex parte venditorum emanans. Rectè igitùr
loquendo , dicendum per talem conventionem emptores potiùs impediri ab emendo pretio minori. Cùm
autem sic impediuntur , non irrogatur eis injuria ,
nisi impediantur minis vel mendaciis , sicùt accidit in
omni alio contractu : Aliter etiàmsi aliquis tantùm
suaderet venditori , ut venderet pretio summo etiàm
peccaret contrà justitiam , et teneretur ad restitutionem ; quod iidem Contrarii negant. Hæc ratio sumitur ex regula generali , ut diximus *n.* 582 *et* 584. Sicùt
enim non infertur injuria alteri , cui sinè vi vel fraude impedias , ut testator relinquat hæreditatem non
debitam , etiàmsi testator erat determinatus ad eam
illi relinquendam ; ità in casu nostro. Licèt igitùr talis conventio sit illicita, quià est prohibita jure positivo,
non est tamen injuriosa jure naturali. Nec valet dicere , quòd ipsa conventio venditorum , cùm ipsi mutuo
obligentur ad non vendendum nisi pretio summo ,
cogeret emptores ad sic emendum : Nam respondetur 1.
quòd hoc pactum , cum sit sponte initum , non sit in

illo nec vis , nec fraus. Respondetur 2. quòd hujusmodi conventio, cùm sit illicita, et contrà charitatem,
ut infrà dicemus , nullam possit inducere obligationem, ex Regul. Jur. 69. in 6. ubi *In malis promissis
fidem non expedit servare;* juxtà dicta *n.* 172. Hinc ,
positâ probabilitate hujus secundæ sententiæ, probabiliùs. ést hos venditores non tenêri ad restitutionem ,
proùt diximus *n.* 669. Non dubitatur autem , quin
Judex eo casu possit pretium supremum reducere
ad medium, ut *Lugo n.* 177. Nec dubitandum quin
præfati venditores sic conspirando graviter peccent
contrà charitatem, ut docent *Less. c.* 21 *n.* 143·
Salmantic. dict. n. 56. *et Lugo n.* 175 *cum Mol.* et
communi, à qua, ait *Lugo*, non recedendum. Ratio ,
quià licèt charitas non te obliget ad vendendum infrà
pretium summum, videtur tamen te obligare ad non
dissuadendum aliis , ne mitiori vendant : Sicùt , esto
charitas non te obliget ad dandam eleëmosynam, videtur tamen te obligare ad non dissuadendos alios , qui
eam largiri velint.

Sed hîc aliud dubium fit , an facto monopolio de
pretio injusto à mercatoribus , liceat aliis merces eodem pretio vendere. Negent *Tapia* , *Reb. et Dic. apud
Salmanticens. c.* 2 *n.* 57. quià pretium illud injustum
est. Sed affirmant *Salmanticens. ib cum Bonac. Trull.
Reg. Medina , et Diana.* Ratio, quià illud pretium jam
commune est, et currens; per accidens se habet , ut ex
injustitia aliorum adauctum sit. At prima sententia mihi omninò melior videtur, semper ac (intelligo) pretium sit ultrà supremum. Ratio, quià pretium illud per
injustitiam adauctum , semper, et per se injustum
est , et ad justitiam reducendum. Illa autem minimè
est dicenda justa æstimatio , quæ injusta deprehendi-
tur , et ex injustitia est orta ; imò neque æstimatio dici
debet, sed potiùs deceptio et fraus. Ità rectè *Conc. t.*
7 *p.* 286 *n.* 5.

« 16. Venditor debet emptorem præmonere de no-
» tabili vitio rei, quod ei obesse potest, v. g. si equus
» sit furiosus , domus ruinosa , oves morbidæ , pan-

» nus adustus, etc. alioqui tenetur de fraude, et dam-
» no secuto : saltem si defectus fuerit in substantia ,
» vel quantitate, v. g. si deficiat in pondere, vel men-
» sura, aut vendiderit rem unam pro alia : et sic pec-
» cat mortaliter cum obligatione restituendi. 1. Qui
» frumentum venditurus ponit priùs in loco humido,
» ut intumescat. 2. Qui vino Rhenano miscet Franci-
» cum. 3. Qui carnes bubulas vendit pro vervecinis ,
» etc. V. Less. Bon. Dian. p. 1 t. 8 R. 51. Trull. d. 11.
» Quandò autem venditor possit justè tacere vitia
» qualitatis rei, quæ venditur, sinè obligatione res-
» tituendi pretium, vel rescindendi contractum , vide
» Card. Lugo d. 26 sect. 8 n. 128. et Trull. t. 20 d. 11.
» ubi notat venditionem factam ab ignorante vitium
» rei esse validam : rescindendam tamen , vel redu-
» cendam ad æquitatem , nisi venditor contrà hoc ex-
» ceperit. »

Triplex igitùr vitium potest esse in re vendenda ; I.
circà *Substantiam* , ut si vendatur stannum pro ar-
gento. II. circà *Quantitatem* , si dentur 5. modia pro
10. III. circà *Qualitatem* , ut si vendatur vinum cor-
ruptum , pannum adustum.

809   Et I. si vitium fuerit circà *Substantiam*, certè contractus est nullus , et venditor tenetur vel contractum
rescindere (si alter, vitio manifestato, non emisset, ut
docet *Less. l. 2. c. 21. n. 87.*), vel saltem excessum
pretii reddere. Idem contrà , si emptor emat gemmam
pro vitro , tenetur supplere pretium , saltem infimum, si ipse dolum non adhibuerit, *Salm. c. 2 n. 171.*
Excipe , si uterque sorti se committant ob ignorantiam valoris , ut diximus *n. 802. v. Not. 4.*

Sed dubitatur , an licitè quis emeret scienter
argentum pro stanno , petendo a venditore ignorante,
ut condonet , quod amplius valeat ? Omninò negandum , contrà aliquos, quià talis donatio , cùm procè-
dat ex ignorantia , nulla est. Ità *Tamb. l. 8. tr. 3. c. 7*
§. 11. n. 39. *cum Salas, et Salm. c. 2. n. 172. Less. n. 84.*

Idem , si venditor ob ignorantiam rem venderet
infimo pretio , etiàmsi venditor non interrogaret emp-

torem de rei valore (nam , si interroget , certè tenetur emptor valorem manifestare.) Ita *Salm. ib. Lugo D.* 26. *n.* 137. *et Tamb. n.* 38. *in fin.* Ratio , quià venditor tunc ob ignorantiam facile pretium infimum acceptat. Excipit *Less.* nisi ignorantia esset communis in aliquo loco, per quam res viliùs æstimatur. Sed huic sententiæ nescio acquiescere. Non nego, quòd, ratione illius donationis, nihil emptor retinere possit , quià non est vera donatio, quidquid dicant *Cajet. en Arm. ap. Lugo;* At nescio , cur non valeat hujusmodi contractus , ut vera venditio ? Ex una parte enim emptor justè emit , infimum pretium solvendo ; ex alia non valeo intelligere , undè ipse obligationem habeat certiorandi venditorem (sivè interroget venditor , sivè non) de rei valore ignorato , quandò nullo modo eum positivè decipit , aut cogit ad vendendum : Quòd autem venditor ignoret pretium illud esse infimum , per accidens se habet , et ipsi imputandum est.

Si verò res mixta venditur ut pura , dùm verè sit res perfectior aliis , et post mixtionem aliis non sit deterior , probabiliter vendi potest , vitio non manifestato , pretio communi , *Salm. n.* 138. *Less. n.* 83. et consentit *P. Conc. p.* 307. *n.* 30. cum sententia ferè communi , ut asserit ; modo , facta mixtione , merx verè adæquet alias , quæ communiter venduntur. Sed dubitatur 1. an idem possit dici de vino mixto cum aqua ? Negant *ib. Salm.* sed fatentur graves DD. hoc admittere , ut reverà admittit *Less. d. n.* 83. *cum Lop. et aliis , ut infrà.* Et satis probabile videtur , nisi ex mixtione vinum acesceret , vel servari non posset ab emptore , qui ad servandum emeret , ut ajunt *Tamb. n.* 27. *Serra* 2. 2 *q.* 77 *a.* 2 *cum Soto , et Conrado , Jo. de la Crux ; et Dian. ap. Moyam.* Saltem in hoc non videtur esse gravis injustitia. Id confirmat S. Antoninus dicens : *Cum aliqui sophisticant ea , quæ vendunt, ut se servent indemnes , et cum aliquo lucro congruo, quià, si venderent puras res , emptores non vellent dare justum pretium , quià alii vendunt alia sic mixta minori pretio ; videntur posse excusari , dummodò non*

fiant mixturæ quæ noceant corporibus in his , quæ ven-
duntur in cibum , et potum , et præcipuè in medicinali-
bus. P. 2 *tit.* 1 *c.* 17 §. 4. Confirmatur id etiàm ex S.
Thoma , qui ait : *Cum usus rei est conveniens emptori,*
si venditor propter hujusmodi vitium subtrahat quantùm
oportet de pretio , non tenetur ad manifestandum vi-
tium. 2. 2 *q.* 77 *a.* 2.

821   Dubitatur 2 an sit injustitia vendere quid pro quo,
ut solent pharmacopolæ, si quod traditur , sit æquè ,
vel ferè æquè utile? Negant probabiliter *Spor. c.* 5 *n.*
74. *Salm. c.* 2 *n.* 174 *cum Lugo , Sot. Dic. Medin. Sa-*
las ; et Tamb. l. 6 *n.* 9 dummodò exigatur justum
pretium rei traditæ. Ratio, quià tunc non adest di-
versitas substantialis quòad finem emptoris. Rectè
tamen advertit *Tamb.* quòd, ut venditor in hoc excusetur, debeat esse certus, non dubius de tali æqualitate
virtutis.

822   II. Si vitium est circà *Quantitatem ,* quæritur, an
excusetur qui utitur mensurâ diminutâ, ut consequatur justum pretium, aliàs non consecuturus ob
injustam taxam , vel injustum monopolium ementium?
Valdè probabiliter affirmant *Lugo D.* 26 *n.* 125. *Laym.*
l. 3 *tr.* 4 *c.* 17 § 2 *n.* 15. *Pal. D.* 5 *p.* 22 *n.* 5. *Spor. de*
7 *Præc. c.* 5 *n.* 76 *cum Sot. Val. Tol. et Salm. c.* 2 *n.*
175 *cum Reb. Salas , et Dic.* Ratio , quià tunc iste
vexationem suam justè redimit.

823   III. Si vitium deniquè est circà *Qualitatem ,* quandò
est de se patens, non tenetur venditor illud manifestare, ut *S. Th.* 2. 2 *q.* 77 ar. 3 *cum communi.* Notant
benè tamen *Salm. c* 2 *n.* 176 *cum Lugo. Laym. Dic. et*
Pal. quòd , si venditori constet ignorantia emptoris,
teneatur in conscientia vitium manifestare , vel damnum compensare; quamvis cæterùm (*ut dicit Tambur.*
ib. n. 19 *cum Less. et Mol.*) contractus sit validus;
nisi , excipit *Les. lib.* 1 *c.* 17 *n.* 33 res adhùc sit integra. Excipitur item , si qualitas transierit in substantiam , puta , si emptor expressè dixerit , *nolo vinum ,*
si non est vetus, Tambur. n. 21 *cum Dic.* qui etiàm notat *n.* 22 quòd venditor dolo decipiens emptorem cir-

eà qualitatem, si res æquè illi non sit, vel ferè æquè
utilis,.teneatur vel contractum rescindere, vel damnum
resarcire ad arbitrium emptoris; et idem dicit *Habert*
l. 4 *p.* 281 *quæst.* 3. Quandò autem vitium rei occultum, et nocivum sit emptori, ut si equus sit furiosus',
domus ruinosa, rectè dicit hîc. *Bus. cum Viva art.* 5
n. 3 tenêri ex justitia venditoremillum de vitio monere.
Notat etiàm *Viva quæst.* 2 *art.* 5 *n.* 3 *cum Less.* quòd, si
emptor interroget, an res habeat certum defectum, teneatur venditor manifestare : aliàs venditio est nulla :
Secùs autem, si interroget in genere, tunc, si res est utilis
ad finem emptoris, venditio est valida. Deindè notat
Tamb. d. §. 11 *n.* 29 quòd, si venditor protestetur, se
nolle rationem dare de quocumque defectu, sed vendere uti vulgo dicitur : *A saccq d'ossa roite ;* tunc ad
nihil teneatur. Undè meritò approbat *Tamb.* consuetudinem, quæ alicubi viget, præsertim in nundinis
magnis, quòd ità vendantur animalia, etiàmsi vitia
sint occultissima. Ratio, quià ad tollendas lites ob
commune bonum satis hoc cohonestari potest à consuetudine : Dummodò, intelligendum, non vendatur
res ultrà. justum pretium, saltem supremum, quanti
valet res, habita ratione illius vitii occulti.

« 11. Si scias occultè debitorem tuum non esse ⁸²⁴
» solvendo, injustum videtur, iis, qui id nesciunt,
» debitum illud vendere pretio ordinario; tùm quià
» est dolus, tùm quià vitium intrinsecum crediti non
» revelatur, *Bon. l. c. p.* 10· *Less. c.* 21 *d.* 10. *Fill. etc.*
  » 12. Etsi venditor sciat pretium mercis mòx mi-
» nuendum, licet tamen vendere pretio currente, et
» non dicere emptori (secluso tamen dolo, fraudi-
» bus, et mendaciis, quibus emptorem allicere ad
» emendum ei non licet); quià pretium currens sim-
» pliciter adhùc est justum, *Bon. q.* 2 *p.* 5 *n.* 12 *ex*
» *Az. et Fill. etc.* »
  Sed de hoc dubitatur inter DD. Alii enim, *ut Rodr.*
Med. Gob. etc. c. 2 *n.* 107 negant posse vendi pretio
currenti rem, quæ scitur mox minoris valitura, quià
tunc res illa ex tali circumstantia minùs valet : Et

hanc rectè *Salm. cum Pal.* probabilem vocant. Alii
tamen affirmant, ut *cum Bus. Less. c.* 21 *n.* 40. *Tournely t.* 1 *p.* 448. *Salm n.* 108 *cum Caj. Bon. Pal. Sot.
Trull. ex S. Th.* qui 2. 2 *q.* 77 *art.* 3 *ad.* 4 expressè
hoc docet, inquiens : *Venditor qui vendit rem secundùm pretium quod invenit, non videtur contrà
justitiam facere, si quod futurum est non exponat.*
Ratio, quià non est respiciendus valor futurus, sed
præsens, qui non variatur ex notitia particulari, sed
ex communi æstimatione : Et hanc sententiam veriorem censeo, si verè notitia sit particularis, non autem si communis. Sic pariter contrà, benè ajunt *P.
Conc. t.* 7 *pag.* 302 *n.* 20. *Town. pag.* 447 *cum. Bann.
Caj. Mald. et Salm.* licere cuique emere merces pretio
currenti, scienti pretium brevi augendum, quàmvis hoc
ignorent venditores, ut probatur exemplo Josephi *Gen.*
41. Item dicendum cum *Tour. p.* 449 *et Conc. pag.* 303 *n.*
21 benè te posse emere pecuniâ, quam privatè scis brevi
prohibendam; modò, semper intellige, absint mendacia,
vis, aut fraus. Utrùm autem emptor, aut venditor eo
casu peccent contrà charitatem, qui venderet rem illam alicui cum tanto ejus damno ? Resp. *S. Thom. l.
c. Si tamen.... de pretio subtraheret, abundantioris esset
virtutis.* Sed, si non minuat, regulariter non peccat ut dicunt *Tour. dict. p.* 449 *et Salm. ib* quià si ille consulit rebus suis, licèt damnum per accidens alteri eveniat : Certum autem est non teneri cum suo damno rem manifestare, ut *Contin. Tourn. t.* 1 *p.* 44. *Ronc. de Contract.
c.* 5 *q.* 6 *R.* 2 *et Salmantic. c.* 2 *n.* 108 *cum Less. Bon.
Trull. etc.* Ratio, quià ex una parte non lædit charitatem, qui utitur jure suo justè consulens rebus suis,
quàmvis alter per accidens damnum ex eo patiatur ;
ex altera parte non tenetur notitiam illam manifestare
cum suo incommodo, ut ajunt *Less. l.* 2 *c.* 21 *n.* 40
*et iidem Salm. ib. cum Sot. Caj. Bann. Pal. Bon.
Nav. etc. communiter.* Dictum est *regulariter*, nam
excipiunt 1 *Tourn., et Ronc.* si tali venditione emptor reduceretur ad extremam, vel gravem necessitatem ; sicùt enim charitas præcipit, ut subveniamus

proximo graviter indigenti, sic vetat, ne in paupertatem ipse redigatur, ut nobis divitias comparemus. Excipit 2 *Ronc.* si ille causâ talis notitiæ venderet in majori quantitate, quam foret venditurus, cum gravi damno emptóris; nisi iste adhùc eamdem quantitatem eodem pretio empturus fuisset ab aliis: At *Salm. l. c.* meritò sentiunt hanc exceptionem regulariter non valere. Excipit 3 idem *Ronc.*, si is posset mercem suam pluribus vendere, et vendit uni; vel si posset vendere alicui, qui statim iterùm venderet aliis rem consumpturis, et venderet alteri rem servaturo usque ad tempus diminutionis pretii. An autem in his omnibus casibus venditor semper graviter charitatem læderet, dubito, si attendatur ratio ab iisdem auctoribus citatis, nempè: quòd charitas non vetet, ne sibi quis consulat utèndo jure suo, licèt alteri per accidens damnum obveniat.

« 13. Si cui datum est aliquid vendendum pretio, 825
» v. g. infimo, vel moderato, et is vendat rigoroso,
» probabile est, ut habet *Ang. v. emptio*, non tenêri
» restituere, sed posse retinere excessum, cùm suâ
» industriâ acquisiverit. Aliud tamen est de famulis
» mercatorum, quibus indeterminato pretio traditur
» meliori modo vendendum, quo possunt, in utilita-
» tem domini: V. *Less. d.* 18 *C. Lugo d.* 29 §. 9. »

Quæritur, an tradità tibi re ad vendendum, pretio designato, possis tibi retinere id quod plus ex ea retrahes? Certum est nihil te posse retinere, si sis famulus stipendiatus domini rei, sivè pretio conductus ad vendendum. Alioquin, duo adsunt sententiæ: *Prima*, quam tenent *Bus. mox suprà cum Ang.* et probabilem putant *Viva de Contr. q.* 2 *art.* 3 *n.* 5 *ac Mazz. t.* 2 *p.* 122 *q.* 4. affirmat posse retinere, si ex tua industria vendas ultrà pretium assignatum, quià excessus ille non rei, sed tuæ industriæ fructus est. *Secunda* tamen sententia vera quam tenent *Less. l.* 2 *c.* 21 *n.* 138. *Lugo D.* 26 *n.* 150. *Sporer Complem. de* 7 *Præc. c.* 5 *n.* 38. *Ronc. de Contr. c.* 9 *q.* 1 *R.* 2. *Tamb. Dec. l.* 8 *tr.* 3 *c.* 7 §. 9 *n.* 10. *Tour. t.* 1 *p.* 473. *Conc. t.* 7 *p.*

Tom. III.   8

293 *n.* 13. *Salm. c.* 2 *n.* 72 *cum Sylvest. Pal. Vill. et Fagund.* (qui *apud Renzi de* 7 *Præc. c.* 6 *q.* 10 primam sententiam putat improbabilem) negat te posse retinêre illud pluris quod ex venditione retrahis. Ratio, quià assignatio illa facta est à domino ne infrà, non autem ne suprà pretium res vendatur. Excipiunt verò *Salm. n.* 71 *et Ronc. l. c.* consentitque *Croix l.* 3 *p.* 2 *n.* 114 si dominus commiserit vendere in uno loco, et tu, factâ ibi diligentiâ, plus vendas in alio valdè distanti. Sed meritò id negant *Lugo l. c. v. Quarto, Spor. Tamb. et Tourn. ll. cc.* tunc enim tantùm potes retinere pretium tui laboris, non autem totum excessum retractum ex re, quæ semper domino suo fructificat. Et idem dicendum sentio (quidquid dicant *Salm. n.* 76), si tibi alter commiserit aliquid tanti emere, et tu minoris emas, adhibitâ diligentiâ extraordinariâ; eo casu, præter valorem tui laboris, non poteris plus à Domino exigere, quàm impendisti, cùm ejus nomine, non tuo rem emisti.

Benè autem poteris excessum ex re vendita retractum tibi retinere in sequentibus casibus. I. si res tuâ industriâ sit meliorata, et ideò pluris vendas, ut concedunt *P. Conc.*, *et Tourn. ll. cc. cum Salm. n.* 71. Ratio, quià, ut communiter docent *Mol. Dic et alii cum Croix l.* 3 *p.* 2 *n.* 213. fructus mixti, scilicet provenientes tàm ex natura rei, quàm ex industria, non debent restitui domino à possessore tàm bonæ quàm malæ fidei, nisi in quantùm respondeant naturæ, non verò in quantùm respondeant industriæ: fructus enim illi non sunt rei, sed hominis, occasione rei, vel per rem tamquàm instrumentum sibi lucrantis. II. Si tacitè cum domino conveneris, nihil te ei daturum ultrà pretium designatum; ità *Lugo Disp.* 26 *n.* 150 *et Salm. cum Pol. Salas, Led. etc.* Quod utique intervenire asserunt, dùm dominus pro tuo labore nullum assignet stipendium. III. Si lucrum sit parvi momenti, ut *Spor. et Tamb. ll. cc.* quià tunc facile præsumitur dominus consentire, ut modicum illud lucrum tibi retineas. IV. Si tu, factâ communi diligentiâ, et pretio majori non

invento , rem tibi emas, et posteà pluris vendas, sol-
vasque domino solum assignatum. Ità *Lug. dict. n.*
150. *v. Quinto , Less, c.* 21 *n.* 139. *Tourn. p.* 174. *Viva
l. c. et Salm. n.* 75. *cum Vill. et Mald.* Et idem ait
Lugo n. 251. si alter tibi commiserit aliquid emere tali
pretio, et tu invenias rem pretio minori; poteris tunc
rem tibi emere, et posteà eam vendere illi alteri pretio
majori, dummodò posteà, adhibitâ diligentiâ ordinariâ,
non invenisses occasionem rei emendæ, nisi illo majori
pretio. Additque*Lugo n.* 152. tunc censeri, quòd tu volueris rem tibi emere; aut vendere, quoties habueris animum retinendi tibi excessum, et simùl assumendi periculum rei, si fortè periisset. Id tamen benè advertit*Lugo*,
non esse licitum Clericis, quibus interdicta est negotiatio , si ipsi ideò emant , ut posteà non mutatam cariùs vendant, ut in *Dub. seq.* fusiùs declarabimus.

Quid , si tu gratis, te obtuleris ad vendendum , vel
emendum? Nihil te posse retinere dicunt *Mol. D.* 363.
et Less. c. 21 *n.* 138. Sed *Ronc. l. c. Spor. n.* 41. *cum
Fagun. Tamb. n.* 6. dicunt: posse tibi retinere pretium
tui laboris, si non habueris animum donandi; Sic enim
fuisti quidem mendax, et non fidelis, sed non fuisti
injustus , cùm tuus labor jam pretio esset dignus. Et
hoc probabiliùs mihi videtur , modò dominus jam
priùs statuisset vendere rem illam , et modò alter non
fuisset , qui gratis rem domino venderet.

« 14. Quandò Sartoribus ementibus pannum pro 826
» iis, quibus vestes conficiunt, minoris venditur, quàm
» aliis, eo quòd sint Parochiani mercatorum, vel sæpè
» ab iis emant, possunt partem pretii remissam sibi re-
» tinere dummodò aliàs fideliter agant , quià nulli
» fit injuria : et cùm mercatorum plurimum intersit,
» ut talis ad ipsorum potiùs , quàm ad aliorum offi-
» cinas veniant , censetur in ipsorum gratiam remit-
» tere , iisque donare eam partem , *Filliuc. Dian. p.* 1
» *t.* 8 *R.* 26. Negat tamen *Salas* , eo quòd mercatores
» falsò dicant se remittere , ut alliciant. »

Cautè igitùr, ut benè advertit*Cont. Tour. t.* 1 *p.* 464 *v.*
Colliges, permittendum est Sartoribus ementibus pannos

pro aliis, retinere aliquid de pretio; nam aliquandò
mercatores reverà potiùs simulant ipsis donare, quàm
donent, ità ut si dominus ipse adiret, pro eodem pretio rem obtineret. Cæterùm, si Sartor fideliter negotium domini gerat, et mercator ei aliquid donet verè
gratis, quià suam officinam ille frequentet, vel ut eum
alliciat ad suam officinam frequentandam, licitè Sartor posset retinere donatum, modò moralem diligentiam adhibuerit ad emendum ab aliis mercatoribus
pretio minori, ità *Tourn. l. c. Spor. de* 7 *Præc. c.* 5 *n.*
37. *cum Bus. mox suprà, et Salm. c.* 2 *n.* 76. *cum Fill.
Trull. Dian. etc.* Præterea advertunt *Salm. ib.* nihil posse exigere Sartores ob lucrum, quod iis cessat, cessan-
do ab opere, causâ adeundi mercatores ad vestes emen-
das, quandò ipsi ultrò ad emendum se offerunt; Hoc
intelligendum, si alioquin alter non deesset, qui gratis domino emeret, ut diximus mox suprà *num. anteced. in fin.*

827 « 15. Cùm res duobus in solidum est vendita, is
» dominium acquirit, cui tradita est, dummodò is
» pretium solverit. Si neutri tradita sit, debetur ei,
» qui priùs tempore emit, et alter habet actionem in
» venditorem. Si quid tamen vendatur, aut detur Ec-
» clesiæ, vel aliàs piis locis, acquiritur dominium
» antè traditionem. Vid. *Less. loc. cit. et Card. Lugo*
» *d.* 26 *sect.* 9. »

Si res igitur sit vendita uni, et posteà tradatur secundò emptori, istius fit. Excipe 1. nisi hic secundus
emptor sit conscius prioris venditionis; Ità *Less. l.* 2
c. 19 *n.* 142. *cum Gloss. in c. Si tibi de Præb. in* 6. *P.
Conc. t.* 7 *p.* 267 *n.* 4. *Salm. tr.* 14 *n.* 10. *cum communi;* Et hoc etiàmsi hic secundus emptor sit persona
privilegiata, ut *Tourn. t.* 1 *p.* 456. *Conc. loc. c. Salm.
ibid cum Less.* et aliis communiter; Tunc enim iste
tenetur rem tradere primo emptori : sed non antè
sententiam, si fortè ipse induxerit venditorem ad rem
ei secundo vendendam, ut *Less. Salm. et Tourn. ll.
cc.* Excipe 2. si primus emptor sit privilegiatus, nempè locus pius, aut Universitas; *Tourn. p.* 455. *Conc.*

p. 267 *n.* 4 *et Salm. n.* 9. Excipe 3. si res secundo sit
tradita titulo gratioso, nam hic debet rem sibi traditam restituere emptori, qui jus habet ad rem , ex *l.*
Ignoti C. de Revoc. his quæ etc. Hæc tamen restitutio
non debetur, nisi alius emptor petat intrà annum, ex
l. 1 *D. Quæ in fraud.* Ità *Less. Tourn. et Salm. loc cit.*

« 16. Si res pereat antè traditionem, et sit certa', 828
» ac determinata, v. gr. hæc domus, hoc dolium vi-
» ni, perit emptori, nisi aliter expressè conventum
» sit, aut venditoris culpâ pereat. Si autem res sit
» indeterminata (ut si quis emerit 10. modios triti-
» ci ex granario, oves ex grege) aut si emat rem de-
» terminatam quidem, sed ad mensuram (ut acer-
» vum totum tritici uno floreno in singulas mensu-
» ras), tunc antè rei traditionem, aut mensurationem
» periculum spectat ad venditorem. Vid. *Less. d.* 12
» *loc. cit. Card. Lugo, d. sect.* 14 *n.* 216. *Laym. l.* 3 *t.*
» 4 *c.* 17 §. 2. *Bonac. q.* 2 *p.* 8.* (*Excipe, si emptor*
» *sit in mora, ne res sit dimensa, ex l. Lector D. de*
» *Peric. Nota tamen, quòd incrementum, et decremen-*
» *tum rei etiàm interminatæ spectet ad emptorem. Salm.*
» *c.* 2 *n.* 13 *cum Less. Bon. etc.*)*.

» 17. Si res vendita pereat, aut deterior fiat post
» traditionem, perit emptori ; licet pretium nondum
» persolverit, quià res Domino perit, *Laym. Bon. ll. cc.*

» Quæres 1., an, et quomodò liceat emere chiro- 829
» grapha, seu credita alterius ?

» Resp. Si credita inposterum exigenda (sivè jus
» quod habet alter, ut ipsi in futurum aliquid solva-
» tur) sint certa, ea minoris emere, solutione anti-
» cipata, est usura, secluso tamen lucro cessante, et
» damno emergente, *Bon. d.* 3 *q.* 3 *p.* 10. ex *Mol.*
» *Less. Tol. Fill.* quià accipitur aliquid suprà sortem
» ex mutuo; nam mutuat implicitè minorem pecu-
» niam pro exigenda majore. Dixi *certa*, quià si cre-
» dita sint incerta, periculosa, et litigiosa, at cum
» difficultate exigenda, licitè is, qui non est causa
» istius difficultatis, minoris emit, proùt difficultas,
» vel incertitudo solutionis minor est, vel major quià

» cum tali periculo, et difficultate minùs valent, *Bon.*
» *loc. cit. Trull. l.* 7 *c.* 20 *d.* 8. »

Creditum incertum, vel difficilis exactionis licitè
potest minoris emi, etsi ementi sit facile illud integrè
exigere : quià pretium sumitur à communi æstimatione, non ex circumstantia particularis ementis, ut
dicunt ex *S. Th.* 2. 2 *q.* 77 *art.* 1. *Less. l.* 2 *c.* 21 *n.* 78.
Lugo d. 25 *n.* 84. *Salm. c.* 2 *n.* 156 *cum Mol. Bon.*
Trull. contrà alios. Sed in dubium revocatur, an creditum liquidum possit licitè emi minori pretio quàm
infimo? *Prima* sententia affirmat, quam tenent *Caj.*
v. Usura, *Arm. eod. v. n.* 33. *Nav. c.* 17 *n.* 231. *Sanch.*
Cons. l. 1 *c.* 7 *d.* 17. *Tol. l.* 5 *c.* 31 *in fin Auctor in Add.*
ad Anacl. de vendit. q. VI. Tamb. Dec. l. 8 *tr.* 3 *c.* 7 §
8 *n.* 3 *cum Dic.* et probabilem putant *Lug. D.* 26 *n.*
95 *adhæretque Az. t.* 3 *l.* 7 *c.* 10 *q.* 5 *v. In hac, cum*
Abb. in c. Ex parte de Alien. mut. et S. Bern. Sen. p.
2 *Serm.* 34. *Diana p.* 1 *tr.* 8 *Res.* 49 *cum Sa, Malder.*
Philiarcho, et Fab. item *Innoc. Bannez, Trull. et Serra*
ap. Salm. c. 2 *n.* 159 refert *Less. l.* 2 *c.* 21 *n.* 66 sic
docuisse Lovanii Cardinalem Bellarminum. Ratio,
quià hic contractus non est mutui, sed emptionis,
quià non emitur pecuniâ, sed actio ad illam; et ideò
justum censetur pretium, quod communiter negocia-
tores pro talibus chirographis solvere solent. *Secunda*
verò sententia negat, eamque tenent *S. Th. Opusc.* 68.
Less. l. 2 *c.* 21 *n.* 67. *Lugo D.* 26 *n.* 96. *Salm. n.* 160
cum Pal. Sylv. etc. Croix l. 3 *p.* 2 *n.* 984. *Laym l.* 3 *tr.*
4 *c.* 17 §5 *n.* 33. *Azor. loc. cit. Viva de Contr. q.* 2 *art.*
2 *n.* 8. *Spor. de* 7 *Præc. c.* 4 *n.* 49 et alii plures. Ratio,
quià actio ad creditum liquidum reverâ, cùm nullum
adsit periculum, aut sumptum pro eo recuperando,
tanti valet quanti ipsa pecunia debita; undè emere
viliùs actionem illam anticipatâ solutione, quandò
nullum intervenit incommodum, est virtualis usura.
Hæc sententia est quidem suadenda, ut communior et
tutior, sed primam, tùm ob auctoritatem DD. tùm ob
rationem, cùm *Azor et Lay.* eam reprobare non audent
ità neq ego, modo absit omnis animus usurarius; Res

enim naturales, ut benè ait *Petrocor. tom.* 2 *p.* 348
pretium non habent, sed tanti valent, quanti ab hominibus æstimantur, ex *l. Pretia* 62 *D. ad l. Falc.
apud Cabass.* Constat autem (ait *Laym.*) quòd, cùm
talia chirographa ad venditionem exponuntur, minoris communiter æstimentur, quàm presentes pecuniæ, et hæc diminutiò æstimationis oritur ex difficili
exactione, à qua communiter præfata chirographa
solent non esse immunia. Undè iidem *Lugo loc. cit. n.*
99. *Croix, et Spor.* licèt secundam sententiam sequàn-
tur, dicunt tamen, quòd ea speculativè loquendo sit
vera, sed non practicè, nam in praxi communiter hujusmodi credita vix sunt libera à periculo exactionis, vel
saltem à molestiis, et sumptibus. Cùm autem in praxi
communiter hæc credita sint obnoxia hujusmodi periculis, et incommodis; idcircò non improbabile videtur,
pretio ipsa decrescere juxtà communem hominum æstimationem et ideò minoris emi posse. Alia autem est ratio mutui, alia emptionis ; ex mutuo enim nihil præter
sortem exigi potest, nisi titulus, extrinsecus ipsi accedat; in emptione autem sola æstimatio hominum constituit, justum pretium rerum, hicque præbet titulum
minoris emendi.

« 1. Usuram committunt. 1. Ministri Regum, 830.
» Principum, etc. qui, ut anticipatam faciant solutio-
» nem, aliquid accipiunt à creditoribus, 2. Qui ali-
» quid accipiunt à debitoribus, concessa dilatione ad
». solvendum; quià accipiunt aliquid ultrà sortem pro
» mutuo virtuali, *Con. loc. cit. Nav. Mol. Salm. etc.*
» 2. Minoris emi possunt regulariter credita, et
» stipendia, sivè salaria debita militibus, aut famulis
» nobilium, quià habent adjuncta incommoda, peri-
» cula, et molestias in exigendo, quam ob causam
» idem licet, etiàmsi credita illa tempore præsenti,
» vel etiàm præterito fuerint solvenda. *Bon. loc. cit.*
» *ex Regin. Mol. etc.*
» 3. Si ipse est causa difficilis solutionis, peccat
» contrà justitiam emendo minoris, et tenetur ad res-
» titutionem: tùm quià ipse est causa damni, cùm

» ipsius culpa creditum valeat minus; tùm quià alio-
» qui præmium ex delicto suo reportaret. * (Hoc
» certum est apud omnes, v. Salm. c. 2 n. 157.) * Mol.
» d. 313. Fill. Bon. loc. cit. Hinc Quæstores Princi-
» pum, ad quos solutio pertinet, quandò ipsi sunt
» causa difficilis, et malignæ solutionis, non possunt
» chirographa, vel credita emere minoris, ut docent
» Auct. cit. Additque Salas et Mol. l. c. non esse libe-
» rum quæstoribus, etc. quibus incumbit solvere Ma-
» gnatum debita, uni potiùs solvere, quàm alteri
» (nisi quis fortè jus præ aliis habeat: Vide suprà de
» ordine restit.) : sed tenêri omnibus solvere pro
» ratâ, Bon. l. c. Vide Trull. l. c. d. 10. »

ARTICULUS II.

Quid sit negotiatio, et quibus illicita?

831 Quandò Clericis negotiatio sit graviter illicita?
832 Quid, si Clericus negotietur per alium?
833 Quid, si negotietur nomine alieno? Et Vide ibi sancitum
      ex Bulla Benedicti XIV.
854 An· liceat Clerico, aut Religioso emere animalia, ad ea
      vendenda saginata in pascuis suis?
835 An liceat emerè pecora ad ea saginanda ex pascuis alie-
      nis?
836 An liceat emere agrum cum fructibus? An vendere ca-
      riùs, ut ematur viliùs? An emere lanas ad vendendum
      pannum?
837 An liceat Clerico absolutè negotiari pro necessitate sui,
      vel familiæ?
838 An aliquandò Laicis negotiatio sit illicita? An liceat Cle-
      ricis gerere negotia, sivè procurationes Secularium?

831 » RESP. Ea est, cùm quis rem sibi comparat eo
» animo, ut integram, et non mutatam * (secùs in
» melius mutatam. S. Thom: 2. 2 q. 77 ar. 4 ad 1)*,
» cariùs vendendo, vel permutando lucretur. Quòd,
» quià obnoxium est periculo multorum peccatorum,
» et valdè distractivum, ac indecens statui Clericali,
» sic lucris inhiare, severè prohibitum est Clericis

» constitutis in Sacris * (*Constitutis in Sacris tantùm,*
» *ut Salm.c.* 2 *n.* 37. *Lugo D.* 26 *n.* 25. *Less. c.* 21 *n.*
» 4 *et alii communiter* , *ex c. Secundùm* 6. *Ne Cler. vel*
» *Mon. id affirmat etiàm de Novitiis Tur. ap. Lugo* ,
» *sed Lugo meritò de hoc dubitat , quià Novitii in odio-*
» *sis non veniunt nomine Religiosorum*) * ; ità ut mor-
» taliter peccent * (*Ut habet communis* (*sed non con-*
» *trà justitiam*). *Et incurrunt suspensionem , et excom-*
» *municationem ,ferendæ tamen sententiæ; Salm. ib.*
» *De immunitate gabellarum autem , vide Salm. l. c.*) *,
» si multam negotiationi dent operam , ut ait *Less.*
» *quem v. l. c. d.* 1. *Laym. l.* 3 *t.* 4 *c.* 17 § 7. *Bon. de*
» *contr. d.* 3 *q.* 1 *p.* 5 *C. Lug. d.* 26 *s.* 3 *n.* 19. »
  Communis igitùr est sententia , non prohiberi negotiationem Clericis in minoribus. Ità *Contin. Tourn.*
t. 1 *p.* 467 *n.* 1. *Habert. t.* 4 *p.* 288. *Conc. t.* 7 *p.* 279
n. 5. *Lugo D.* 26 *n.* 25 *et Salm. tr.* 14 *c.* 4 *n.* 37. Dubitatur autem , an vetetur Beneficiatis in Minoribus ?
Negant *Mol. D.* 342 *et Trull. apud Salm. l. c,* qui id
probabile putant cum *Fill. t.* 2 *tr.* 36 *c.* 1 *q.* 8 *n.* 20.
Sed meliùs tenendum oppositum cum communi sen-
tentia , quam tenent *Lugo D.* 36 *n.* 26. *Salm. Tourn.*
Conc. Habert. ll. cc. item *Sa , Tap. Reb. Salas apud*
Lugo , ex c. Placuit 3 *C.* 21 *q.* 3 ubi prohibetur negotiatio non solùm Presbyteris , et Diaconis , sed etiàm
Clericis : quod saltem de Beneficiariis in Minoribus
intelligendum est; nec intelligi potest de Subdiaconis,
cùm in tertio sæculo , quo peractum fuit Concilium
Carthaginense III. cujus est præfatus Canon, nondùm
Subdiaconatûs ordo inter sacros connumerabatur ;
etenim adhùc tempore Urbani II. (qui vivebat anno
1031.) tantùm Ordines Presbyteratûs , et Diaconatûs
erant sacri , ut patet ex Conc. Benevent. *Dist.* 60 *c.* 4
apud Tourn. t. 10 *p.* 250. Ratio autem , cur Beneficiariis negotiatio sit interdicta , est , tùm quià Beneficiarii ex officio debent Deo vacare , utpotè addicti
Ministerio ecclesiastico , tunc quià ex Bullis Pontificum , ut asserit *Lugo* , Beneficiarii, non solùm in Majoribus, sed etiàm in Minoribus constituti, expoliantur

bonis acquisitis ex negotiatione; ergò etiàm iis negotiatio est interdicta. Sententia autem contraria, nescio quo valido fundamento nitatur. .

« Si Clericus semel, iterumque tantùm negotietur,
» in materia non gravi, v. g. libros, cruces, etc. emat,
» ut occultè iterum vendat cariùs, non est mortale.
» *Less. Mald. Fill. Diun. C. Lugo l. c.* »

Non peccat graviter Clericus bis, vel ter exercens negotiationem non turpem, nec in magna quantitate, quià Jura loquuntur de exercente. Ità *Less. l. 2 c. 21 n. 4. Lugo d. 26 n. 24. Salm. de Contr. e. 2 n. 38 cum Fill. Trull. Vill. etc. ex c. Multa 1. Ne Cler. vel Mon.* ubi prohibetur Clericis, *negotium injustum exercere.* Hinc, etiàmsi semel in materia gravi negotietur, nec etiàm peccare graviter, probabiliter tenet *Caj. Salas, Delbene ap. Croix l.* 3. *p.* 2. *n.* 1003. Imò *Caj. Michael de Palao et Rod. ap. Salm. ib.* dicunt non esse grave, etiàm frequenter negotiari, quandò fiat sinè scandalo, et negotiatio non sit turpis, nisi præcedat monitio; sed *Salm.* hoc rectè inquiunt minimè admittendum, cùm jura antè monitionem graviter negotiationem prohibeant : monitio autem tantùm requiritur ad pœnas incurrendas, non verò ut hujusmodi exercitium sit illicitum, cùm illud à lege interdicatur, utpotè statum Clericalem per se dedecens.

832   Notandum hîc ex Bulla *Ben. XIV.* contrà Clericorum negotiationem, editâ Romæ 25 *Feb. an* 1741 quæ incipit, *Apostolicæ*, statutum esse, quòd Constitutiones, et pœnæ contrà Clericos negotiantes intelligantur etiàm pro Clerico, qui non suo, sed alieno nomine quomodolibet illicitam negotiationem exercet. Item quòd negotia à Laicis incœpta, si ad Clericum quovis titulo deferantur, statim sint dimittenda ; quòd, si non possint dimitti sinè detrimento, permittatur continuatio, sed tantùm ad tempus, et per interpositam Laici personam, ac de licentia S. C. Concilii (aut Ordinarii, si sit extrà Italiam); Aliàs incurret Clericus eamdem Spolii pœnam.

833   Plures autem AA. dicunt: non peccare graviter Cle-

ricos, qui per alios negotiantur, dantibus ipsis pecuniam , aliis ponentibus industriam ; nisi eorum
superintendentia esset tanta, ut ipsimet negotiari vi-
derentur; ità *Salm. de Contr. c.* 2 *n.* 38. *Lugo Disp.*
26 *n.* 36 *in fin. cum Laymann et Castr. apud Croix l.*
3 *p.* 2 *n.* 1009. Sed hodie oppositum omninò tenendum ex Bulla Benedicti XIV. *Apostolicæ,* editâ 25
Febr. ann. 1741 ubi statutum est : pœnas ínflictas adversus Clericos illicitos negotiatores, extendi etiàm
ad Clericos illicitè (verba Bullæ) *sub alieno laici no-*
mine quomodolibet negotiantes , perindè ac per seipsos ,
ac proprio eorum nomine negotia ipsa illicita exercerent.
Quod intelligitur (ut ipse Benedictus clariùs explica-
vit *de Synodo t.* 2 *l.* 9 *c.* 6 *n.* 4 *et* 5) de Clericis, qui
per laicos negotiantur, lucrum pro seipsis acquirendo. Quod patet sic esse intelligendum etiàm ex eadem
Bulla , ubi Pontifex immediatè post relata verba declarat , quòd bona sic à Clericis alieno nomine sibi
acquisita ad spolii pœnam subjiciantur. Præstereà ex
Bulla Regnantis Clementis XIII. *Cum primum* , datâ
27 Sept. ann. 1759 confirmatur Bulla Benedicti , et
rursùs expressè prohibetur Clericis , ne negotientur
per interpositam personam , et præsertim ne per alios
cambium activum contrahant. Insuper in hac Bulla
Clemens præcipit, quòd, etiàmsi adsit necessitas Familiæ , Clericus nequeat negotiari sinè Dispensatione
Sedis Apostolicæ , si sit intrà Italiam ; Episcopi verò
si extrà Italiam. Præstereà addit, si de aliquo contractu negotiationis dubitetur , an licitè possit à Clerico iniri , vel ne , *expeditissimam esse viam scri-*
bendi ad S. C. Concilii, quæ dubium decernet.

« 2. Non est negotiatio Ecclesiasticis , vel Religiosis 834
» prohibita , si emant pecora, quæ pascuis suis sagi-
» nata vendant , quià vendunt fructus suorum præ-
» diorum , vel agrorum, *Mol. Less. C. Lugo sect.* 3 *n.*
» 29. Uti nec si greges alant, ut fœtus, lac , lanam
» vendant , *C. Lug. l. c.* Ubi tamen negant licere iis
» conducere agros , ut fructus vendant, eo quòd (li-
» cet non sit negotiatio propriè dicta) specialiter il-
» lis sit prohibitum in *Concil. Carthag.* 2 *l. c.* »

835   Certum est non esse licitum Clericis vel Religiosis
conducere agros alienos ad vendendos fructus. Ità
cum *Bus.* ut suprà *Lugo de Contr. D.* 26 *n.* 29. *Less.*
l. 2 *c.* 21 *n.* 6. *Laym. de Contr.* c. 13 § 7 *n.* 40. *Ronc.*
de Contr. c. 2 *q.* 4 *R.* 2 *etc* Ratio, quià, (ut dixit *Bus.*)
quamvis hæc propriè non sit negotiatio, tamen veti-
tum est *à Conc. Chalced.* (non *Cartag.*) ut habetur in
c. Pervenit 1. *caus.* 21 *qu.* 3 ubi sic dicitur : *Pervenit*
in S. Synodum, *quià de eis in Clero connumerantur*, *qui-*
dem propter turpis lucri gratiam alienarum possessionum
conductiones, *et causas seculares suscipiunt; et seipsos*
quidem à ministeriis sanctis per desidiam separant; ad
domos autem secularium concurrant, *et substantiarum*
eorum gubernationes avaritiæ causâ suscipiunt. Decrevit
igitùr S. Synodus neminem deinceps eorum , sivè Cleri-
cum , aut Monachum , conducere possessiones , aut
Misceri secularibus procurationibus. E converso licitum
est Clerico emere agrum cum fructibus jam maturis,
et illos vendere, quià tunc vendit fructus agri proprii.
Ità *Salm. loc. cit.* cum *Mol. Fill. et Bus. ut mox infrà.*
Licitum esse etiàm emere pullos equinos, ut posteà
domitos vendat, dicit *Pal. tr.* 16 *D.* 4 *p.* 13 §. 3 *n.* 3.
cum *Gutt. et Lassarte ;* Sed hoc parùm mihi arridet.
    An verò liceat Clerico emere pecora, vel porcos,
ut vendat saginatos, vel ut fœtibus, lacte, lanâ lucrum
faciat ? Communiter id admittunt DD. si in propriis
prædiis animalia saginentur, vel alantur, ut *Less. l.*
c. n. 6. *Lugo n.* 29. *Pal. n.* 3. *Laym. n.* 40. *Salm.*
n. 41. *Ronc. l. c. R.* 1. Sed dubitatur, an liceat ea alere ex prediis alienis, ut posteà vendantur ? Si ad hoc
conducantur prædia aliena, censeo omninò dicendum, quòd non liceat, ex citato *Conc. Chalced.* (nisi
alicubi contraria vigeret consuetudo). Ratio, quià, si
ibi prohibetur conducere agros ad vendendos fructus,
tantò magis videtur id vetitum ad animalia saginanda.
An autem liceat Clerico emere fructus alienorum agrorum ad animalia saginanda, et saginata vendenda? Generaliter loquendo, id concedunt *Viva de Contr. q.* 2
art. 4 *n.* 7. *et Salm. n.* 34. modò absit scandalum. Sed

negant *Laym. l. c. et Spor. tr. 6 c. 5 n.* 102. Verumtamen
nequeo intelligere, cur hoc absolutè sit illicitum ,
cùm ex una parte hæc non sit negotiatio ; emere enim
rem , ut in melius mutata cariùs vendatur, certum est
non esse negotiari , *sed præmium sui laboris accipere* ,
ut docet *D. Th. q.* 77 *art.* 4. *ad* 1. *cum aliis.* Ex alia
parte nullo Canone hoc vetitum invenitur. Et regula
generalis est, licitum esse quodcumque non constat
à Lege prohibitum, ut fusè probatum est *l.* 1 *n.* 48.
Dicit *Laym.* hoc prohiberi, quià dedecet statum Ecclesiasticum. Sed respondeo, vel dedecet per se , vel
propter scandalum aliorum : Quòd per se dedeceat ,
nequit dici ; nam si hoc esset, etiàm Clericum dede-
ceret animalia saginare in prædis propriis, quod communiter DD. cum ipso *Laym.* permittunt. Si verò ob
scandalum, ergò , secluso scandalo , non est illicitum.

« 3. Non peccat Clericus 1. Si emat agrum cum
» fructibus jam maturis, illosque vendat; quia ven- 836
» dit fructus agri sui , *Card. de Lugo l. cit. ex Molin.*
» *Filliuc. etc.* 2. Si id , quod ad proprios usus eme-
» rat , posteà , quià non indiget , vel mutato consilio,
» cariùs vendat, *ibid.* »

Notandum est deindè , quòd, ut negotiatio Clericis
vetita sit, requiratur animus viliùs emendi, ut vendatur cariùs ; undè licet eis vendere cariùs , ut emant viliùs, *Salm. n.* 42. Sic pariter non est vetitum Clericis ,
vel Monachis aliquid emere ut consumant, et posteà
vendere, si pretium illius crescat, ut viliùs simile
emant, quià hoc non est propria negotiatio *talis commutatio* (ait *S. Th.* 2. 2 *q.* 77 *art.* 4,) *non propriè
pertinet ad negotiatores sed magis ad Œconomicos,
vel Politicos, qui habent providère vel domui vel Civitati
de rebus necessariis ad vitam.* Item nec prohibetur
iis emere plura pro securitate suæ provisionis , et
quod semper est licitum etiàm cariùs vendere ,
quià emunt ne provisio deficiat, ut ajunt *Lugo D.*
26 *n.* 32. *Mazzott. tom.* 2 *p.* 128. Licitum etiàm est
Clericis emere ferrum , ad vendendos gladios : colores, ad vendendas picturas : lanas , ad vendendum
pannum ; modo tamen ipsi pannum conficiant, non

autem per operarios condúctos, quià aliter hoc valdè
accederet ad negotiationem ; ità *Lugo n.* 34. *Salm. cum
Mol. et Malder.* Et hoc affirmant, etsi lanæ essent propriæ ; de hoc tamen dubitat *Lugo.* An verò liceat conducere equos ad eos locandos ? Negat adhùc *Mol.* sed
concedunt *Lugo* , *et Salm. n.* 42.

« An verò , et quomodò Clericis liceat negotiari per
» alios non famulos, præsertim in necessitate ? V. *C.*
» *de Lugo d.* 26 *s.* 4 *n.* 36. *Trull. l. c. d.* 19. *Barb. de jur.*
» *un. l.* 1 *c.* 40 *art.* 1. »

837 Commune est apud DD. licitum esse Clerico negotiari pro sua vel suorum necessaria sustentatione. Ità
Less. l. 2 *c.* 21 *n.* 6. *Lugo D.* 26. *n.* 37. *et Salm. c.* 2
n. 39. *cum Mol. Sa, Nav, etc. ex c. Multa* 1. *Ne Cler.
vel Mon.* ubi dicitur : *Nec tamen justum negotium est
contradicendum propter necessitates diversas etc.* Sed
hîc dubitatur , quænam necessitas requiratur , vitæ,
an statûs ? Nimis rigidè *Laym. c.* 13 §. 7 *n.* 39 requirit necessitatem ad vitam sustentandam. Sed communiùs et probabiliùs *Pal. t.* 16 *D.* 4 *p.* 13 §. 3 *n.* 8.
Spor. tr. 6 *c.* 5 *n.* 102. *Croix l.* 3 *p.* 2 *n.* 1006 *et Mazzot. de Contr. c.* 3 *p.* 127 *in fin.* dicunt sufficere necessitatem gravem ad statum decentem, nempè si aliter
Clericus cum sua Familia commodè sustentari nequeat. Ratio, tùm quià Lex ecclesiastica non obligat
cum gravi incommodo ; tùm quià prohibitio , cùm
facta sit ob decentiam statûs , non censetur prohiberi
id quod necessarium est ad decentem statum servandum suum vel suorum.

838 Notandum est ultimò, quòd negotiatio, licèt tantùm Clericis prohibita sit, adhùc tamen laicis aliquandò illicita erit : nempè si unus, vel pauci mercatores
emant in magna quantitate res necessarias ad victum,
vestitum, vel ad usum communem civium , antequàm hi sufficienter de illis sibi providerint, ut posteà vendant pretio majori, quàm juxtà fori æstimationem venderentur. Ità *Salm. c.* 2 *n.* 44 *et* 45 *cum
Trull. Sot. Sylv. etc.* Et addunt in hoc peccare eos
contrà justitiam , et teneri ad restitutionem. Sed op-

positum non esse improbabile ait *Less. l 2 c. 21 n.*
151 cui adhærent *Palaus. Mol. Dic. et Dian. ap. Salm.*
dicentes, quòd isti potiùs peccent contrà charitatem, et contrà Justitiam legalem, non autem contrà commutativam ; quià non peccant emendo, nec
peccant non vendendo statim, cùm nullus teneatur
vendere res suas. Excipit tamen *Less. n.* 152 si pretium, spectato tempore venditionis, esset irratio-
nabile ; sed vide dicta *n.* 815. Admittunt autem
Salm. d. n. 44. *cum communi* posse mercatores
vendere merces pretio majori, si emant eas, antequàm in Urbem invehantur. Sicùt etiàm admittunt,
quòd dives in urgenti necessitate civium, possit emere
frumenta, ut moderato lucro posteà vendat, et sic
eorum necessitati subveniat.

Valdè refert hîc ultimo loco quærere, an liceat
Clericis gerere negotia, sivè procurationes Secularium?
Certum est illicitum esse Clericis exercere officium
Tutoris, Curatoris, aut Procuratoris pupillorum,
item Tabellionis, et qualecumque aliud officium publici ministerii, ex quo teneantur rationes reddere de
justitia, vel de bonis administratis. Et ob hanc causam tales Clerici fiunt irregulares ex *c. un. de Obligatione ad Ratioc.* Advertit tamen *Mazzot. de Irreg. t.*
4. *p.* 463. *cum Tamb. Ugolin. et aliis*, quòd, si à Clerico suscipiatur administratio post Ordinationem, non
incurratur Irregularitas, cùm hæc non inveniatur expressa in jure. Deindè advertunt *Salm. de Censur. c.*
9. *n.* 63. *cum Pal. Bonac. Cornejo, et Sayro*, quòd,
ut Clericus, qui hujusmodi officia exercuerit, possit
ordinari, sufficiat, quòd, deposita administratione,
idoneam fidejussionem de gestis præbeat. Imò (ut addunt iidem *Salm. cum Pal. Suar. Bon. etc. ib.*) sufficit,
quòd reddat rationes, et administrationem deponat,
etiàmsi debita non solverit. Communiter autem DD.
cum *Salm. n.* 74. docent, quòd Administratores locorum piorum, aut viduæ, aut pupilli indigentis, qui
causa pietatis tale onus susceperint, benè possint ordinari etiàm antè redditas rationes, argumento ex *c.*

1. *Ne Clerici*, *vel Mon. c.* 6. *q.* 1. clariùs ex *c,·Perve-nit*, 1. *Can.* 21. *q.* 3. *ac c. Indicatum* 5. *dist.* 39. '

Ad quæsitum veniamus ; communiter docent *Less. l.* 2. *c.* 21. *n.* 6. *Pal. de Censur. D.* 6. *p.* 13. *n.* 8. *Bon. eod. tit. p.* 4. *n.* 4. *Salm. eod. tit. c.* 9. *n.* 28. *cum Suar. Laym. et aliis* , illicitum esse. Clericis procurationem gereie personæ secularis privatæ non miserabilis , cum obligatione reddendi rationes , ut habetur ex *c. Sed nec* 4. *Ne Cler. vel Mon.* ubi sic. dicitur·: *Sed nec pro-curationes villarum, ut juris dictiones etiàm seculares.* ... *Clericorum quisquam exercere præsumat. Si quis autem adversus hæc venire tentaverit , quià contrà doctrìnam Apostoli dicentis (ad Tit.* 2.) *:* Nemo militans Deo im-plicèt se secularibus negotiis ; *ab ecclesiastico fiat Mi-nisterio alienus , pro eo quod ,* officio Clericali neglecto , fluctibus seculi , ut Potestatibus placeat , se immergit. Ex præfato autem textu infertur 1. talem Clericum incurrere suspensionem ab Officio , sed nonnisi feren-dæ sententiæ , à qua excusabit ignorantia , etiàmsi fuerit, crassa : cum ibi appositum sit verbum *præsumat,* quod importat commodam contumaciam per scien-tiam censuræ , ut dicemus *l.* 7. *n.* 47. Infertur 2. cum *Ronc. de Contr. c.* 2. *Reg. in praxi* 5. illum Clericum serió increpandum esse in hac materia , qui ita se im-mergeret in hujusmodi procurationibus , ut sua mi-nisteria cogeretur negligere , proùt deducitur ex verbis textûs allati , *officio clericali neglecto* , *fluctibus seculi se immergit.* Hinc non auderem damnare de· mortali Clericum , qui ob talem procurationem sua ministe-ria non negligeret. : Maximè si id non faceret avaritiæ causâ , sed ad decentiùs statum suum et familiæ con-servandum.

DUBIUM IX.

Quid sit Contractus Censûs , et an liceat ?

841 *An pereat census, pereunte re censuata?*
842 *An liceat apponere in censu pactum assecurationis ?*
843 *An sit licitus census redimibilis ex utraque parte?*
844 *An et quandò liceat census vitalitius ?*
845 *Quæ conditiones requirantur in Bulla Nicolai V?*
846 *Conditiones requisitæ in Bulla S. Pii V. Conditio I. Ut census constituatur super re stabili, et designatá. II. Ut pecuniâ numeretur. III. Ut non fiat pactum de solutione anticipata. IV. Ne obligetur censuarius ad casus fortuitos.*
847 *Dub. hic 1. An, pereunte re, extinguatur census? Dub. 2. An re per certum tempus non dante fructus, debeatur pensio? Dub. 3. An, pereunte re specialiter designatá, maneant obligata alia bona hypothecata ? Conditio V. Ut censuarius non privetur rem alienare. VI. Ne apponatur pœna pro pensione non soluta. VII Ne census creetur ex pensionibus non solutis. VIII. Ut censitor non possit pretium repetere, et ut censuarius possit redimere. IX Ut non vendatur aliis census majori vel minori pretio.*
848 *An Bulla S. Pii obliget in conscientia?*
849 *Et an obliget; ubi non est accepta?*

» Resp. Is est, cùm certa summa pecuniæ, v. gr. 839
» 100. florenis, emo à te jus percipiendi quotannis
» ex bonis tuis, aut certa aliqua re tua utili, sivè
» fructifera certam aliquam pensionem, seu censum,
» v. gr. florenos 5. annuos, vel 6. proùt consuetudine,
» vel lege taxatum erit : Ità ut hîc non sit mutuum,
» et usura, si aliàs pravam intentionem non habeas,
» sed vera emptio, et venditio quià emitur non præ-
» cisa ipsa pensio, sed jus eam percipiendi * (*Ità*
» *Salm. cap.* 4. *n.* 24.)*, quod longè minùs valet,
» ideòque minoris emitur ; licèt post multos annos
» pretium longè superet. *Mal. Less. Laym. l.* 3. *t.* 4.
» *c.* 18. et cæteri communiter. Rectiùs tamen *C. Lugo*
» *d.* 27. *s.* 2. *n,* 20. probat, ad excusandum censum
» ab usura, dicendum esse, non emi pensiones, ne-
» que jus ad illas, neque fructus, sed potiùs partem
» usûs fructûs talis prædii, super quo census consti-
» tuitur ; ità ut dominium totum directum prædii
» maneat apud venditorem, dominium verò utile,

» seu jus usûsfructûs ex parte vendatur : *Undè sol-*
» *vuntur sequentes Casus , qui etiàm ex naturâ emptio-*
» *nis , et venditionis solvi possunt.*

 » 1. Hic contractus est injustus , si non servetur
» pretium justum à Lege , vel consuetudine proba-
» tum , quomodò pro Germania constituit Carolus V,
» ut jus ad 5. tantùm pro 100 ematur.

 » 2. Non solùm licitus est census realis , id est con-
» stitutus super re aliqua , ut suprà dictum , ex cujus
» utilitate pensio extrahatur, ità ut ad quemcumque
» res transeat cum illa obligatione , et onere : sed
» etiàm (saltem ex natura rei , et seclusa prohibitione
» legis positivæ) personalis , et constitutus immedia-
» tè super persona , quæ suâ operâ, et industriâ uti-
» lis sit , et fructum aliquem pariat , vel bona in spe ,
» vel re habeat , undè pensio duci possit : alioqui enim
» jus , quod venderet , non esset pretio æstimabile ,
» et sic contractus fictitius. Ità probabiliter *Cov. Less.*
» *Salm. dub.* 3. *n.* 2. *etc.* contrà *Nav. Mol. C. Lug. d.*
» 27. *n.* 25. ubi censum merè personatum illicitum
» esse , docet esse probabiliùs, et prolixè probat: »

 An census personalis sit licitus de jure naturali?
Prima sententia negat , et hanc tenent *Lugo D.* 27. *n.*
25. *cum Mol. Ang. Reb. Lop. etc. P. Concina t.* 7. *p.*
576. §. 3. *cum Panorm. Nav. Sylvestr. etc.* Probant 1,
quià persona non potest vendi , ex *l. Ob æs alienum.*
Et l. seq. C. de Action. et Obl. ac c. 2. *de Pignor.* Probant 2. ex *Extrau.* 1. et 2. Martini V. et Callixti III,
qui solos census reales approbârunt ; et clariùs ex
Bulla S. Pii V. in sua *Extrav. de Censibus*, qui expressè statuit censum super re immobili , et non aliter,
constitui posse. *Secunda* verò sententia communior et
probabilior docet esse licitum. Ità *Less. l.* 2. *c.* 22.
dub. 4. *Sot. l.* 6. *qu.* 5. *art.* 1. *concl.* 4. *Pal. D.* 6. *p.* 11.
n. 2. *Abelly p.* 376. *n.* 2. *Merb. tom.* 1. *p.* 354. *q. un.*
Habert. t. 4. *p.* 324. *Cabass. l.* 6. *c.* 12. *n.* 5. *Continuat.*
Tournely t. 1. *p.* 540. *Wigandt tr.* 9. *Ex.* 8. *n.* 4. *R.*
1. *Ronc. de Contr. c.* 2. *q.* 4. *R.* 1. *Anacl. eod. tit.*
dist. 3. *q.* 6. *n.* 78. *et Salm. c.* 4. *n.* 26. *cum Cov. Bann,*

Trull. Prad. Salas, etc. Probatur 1. ex *Const.* Nicolai
V. in sua *Extrav.* de *Censibus*, ubi videtur clarè approbari census super personis, ut notant *Pal. Tournely*, *Salm.* et *Wig. ll. cc.* Hæc sunt verba Bullæ : *Cum
opportunâ contrahentium securitate, ac potestate ven-
dentis*, *personas earumque proprietates, reditus, jura*
*etc. census et omnia, et singula mobilia et immobilia
bona obligandi, et obligari faciendi etc.* Idemque con-
firmasse Gregorium XIII. testantur *Palaus, et Wi-
ganet.* Probatur 2. ratione, quià, si quisque possit operas suas locare, potest etiàm et vendere. In tali autem contractu propriè non emitur persona, sed im-
propriè, nam propriè emitur jus super industriam
personæ. Sicùt enim in censu reali non emitur prædium, sed emitur jus super fructus percipiendos ex
prædio ; sic in censu personali non emitur persona,
sed jus ad percipiendos fructus industriæ et laboris
personæ. Nec valet dicere hujusmodi contractum esse
quoddam mutuum virtuale ; nam in mutuo cogitur
mutuatarius reddere eamdem sortem, sed in censu capitale fit demortuum , et tantùm reddi potest ad arbitrium venditoris. An autem sit licitus census personalis redimibilis ex utraque parte ? Vide mox dicenda
in *seq. n.* 843. Ad Bullas autem Martini V. et Callixti
III. respondetur, quòd ibi minimè roprobetur census
personalis, sed quià ibi tantùm agebatur de censibus
realibus, de quibus quæsitum fuerat, an liciti essent;
ideò Pontifices eos tantùm approbarunt. Hinc benè
ajunt *Cabass. l. c. Less. n.* 47. *Salm. n.* 29. *et* 33. *cum
Pal. Sot. Vill. Prado, etc.* præfatas Bullas non obligare, cùm non sint præceptivæ, sed tantùm approba-
tivæ conditionum in iis expressarum. In Bulla autem
S. Pii V. præcipitur quidem non constitui censum nisi
super re stabili, non tamen declaratur census personalis illicitus de jure naturali. An verò hæc Bulla S.
Pii sit ubique recepta ? Infrà videbimus n. 848.

   » 3. Iniqui sunt venditores, seu censuarii, qui emp-
» toribus, sivè censualistis obligant rem non poten-
» tem reddere fructus, saltem tot, quot pensio exi-

» git, ut reddentem quidem, sed jam aliis censibus
» venditos, *Bon. dub.* 3 *q.* 4 *p.* 1 *n.* 9 *et* 13.

841 » 4. Sicùt in emptione res perit damno emptoris,
» sic etiàm in censu reali, si res, super quam im-
» positus est census, pereat, vel fructus ejus absque
» culpa venditoris, tunc enim perit census, ità ut
» emptor, sivè censualista non possit ampliùs reci-
» pere fructus, sivè censum : quià qui emit, suo pe-
» riculo emit, *Bon. l. c. Fill. c.* 35 *p.* 2 *n.* 225. * (V.
» *n.* 847.) * Undè ad hoc incommodum cavendum
» inventus est sequens modus.

842. » 5. Licitum est, ut probat *Tol. l.* 5 *c.* 46 *et Less.*
» *c.* 21 *d.* 11. contractui censûs adjungere aliud pac-
» tum assecurationis, ut si res, super quam fundatus
» est census, pereat, id fiat damno venditoris, ideò-
» que nihilominùs obligatus sit vel super aliis bonis
» suis eum statuere, vel restitutâ sorte eodem pretio
» ridimere. Debet tamen hoc pactum venditori com-
» pensari, augendo pretium censûs, vel quod eodem
» recidit, minorem pensionem designando, *Bonac.*
» *l. c. n.* 30. * (V. *infrà n.* 847. *Dub.* 2.) *

843 ». 6. Ex natura rei licitus est non tantùm census
» irredimibilis, sed etiàm redimibilis, tùm ex una
» parte, tùm utriusque, ut patet ex terminorum ex-
» plicatione : quià irredimibilis census dicitur, cùm
» venditor non potest illum pro suo arbitrio redime-
» re : redimibilis autem, cùm potest, reddendo emp-
» tori eamdem summam, quam accepit, atque ità rur-
» sus sibi emendo, quod antè vendiderat. Utrinque
» redimibilis dicitur, cùm ità conventum est, ut tàm
» emptor, quàm venditor possit emptionem factam
» resolvere, et summam, quam dedit, repetere. *Less.*
» *d.* 10. *Dian. p.* 2 *t.* 5 *m. R.* 76. * (*Vide dicta de pac-*
» *to retrovendendi, et reemendi sup. n.* 812 *et* 813.)

» 7. Nihilominùs, quià contractus censûs redimi-
» bilis, ex parte emptoris, est res periculosa, suaderi
» non facilè debet : nam in Constit. Martini V. et Cal-
» lixti III. PP. uti Caroli V. Imp. et usurarius con-
» tractus judicatur. Verùm id intelligi debet secun-

» dùm præsumptionem fori externi : præterquam
» quod illæ Constitutiones multis locis eatenùs non
» sunt receptæ, quatenùs prohibent ea, quæ juri natu-
» rali non adversantur, ut notat *Laym. l. 3 t. 4 c.* 18. »
 Quæritur, an sit licitus census redimibilis ex utraque parte ? Adest duplex sententia probabilis. *Prima*
sententia negat, quam tenent *Sot. l. 6 q. 5 a. 3 concl.*
, 1. *et Salm. c. 4 n. 4 t. cum Con. Tap. Vill. etc.* Ratio ,
quià ubicumque traditur pecunia cum pacto eamdem
rursùs recipiendi, est mutuum virtuale, undè, quidquid ex eo percipitur ultrà sortem, est usura. *Secunda*
verò sententia affirmat, et hanc tenent *Less. l. 2 c. 22*
d. 10. *Laym. l. 3 tr. 4 c.* 18 *n.* 8. *Pal. t.* 6 *tr.* 32 *D.* 6.
p. 24 §. 4 *n.* 2. *Spor. de* 7. *Pr. c.* 7 *n.* 21. item *Val Sa-*
las , Diana ,. et a. S. Fausto ap. Sal. n. 40. Hæc sententia , spectatâ rei naturâ, satis probabilis mihi videtur, modò observentur limitationes, quas adnotavi
circà pactum reemptionis *n.* 813. Nam reverà non potest assignari ratio disparitatis in venditione prædio-
rum, et in hac venditione censuum. Gratis autem asseritur hoc esse mutuum virtuale ; cùm hic contractus
omninò differat à mutuo , in mutuo enim , si perit res
oppignorata, mutuatario perit, hîc autem ; si perit
res censuata, censitori perit. (Vide omninò quæ diximus dicto *n.* 813.) Idque dicunt *Less. Laym. et Spor.*
ll. cc. valere non tantùm pro censu reali, sed etiàm
pro personali ; quod non est improbabile , si debita·
proportio servetur. Cæterùm , ut benè advertunt iidem *Lay. et Spor.* hùjusmodi contractus non caret periculo usurariæ intentionis.

   » 8. Census vitalitius, quià est virtualis sponsio , 844
» et nititur eventu fortuito, licitus est. *Fill. Dian. p.*
» 7 *t.* 9 *R.* 70. * (*Et communiter Less. c.* 22 *D.* 6; *Salm.*
» *c.* 4 *n.* 28. *cum S. Th. Pretium hujus census vitalitii*
» *constituitur juxtà rationem ætatis et sanitatis : Hinc·*
» *dicunt Bon. D.* 3. *q.* 4 *p. un. n.* 18. *et Cabass. l.* 6 *c.*
· » 12 *n.* 8. *quòd, si censitor possit ad annum* 60 *pertin-*
» *gere , poterit quotannis exigere aureos* 10· *pro* 100.,
» *Sed Less. l.* 2 *c.* 22 *n.* 74, *cui adhæret Croix l. 3 p.* 2

» *n.* 123 *et Mazz. t.* 2 *p.* 142. *dicunt posse exigere*
» *unum pro septem vel octo, quod importat in circâ* 12 *vel*
» 14 *per* 100. *Et alibi(in Auctar. v. Societas offic.) ait Les.*
» *posse exigere aliquandò usque ad* 16. *pro* 100.)* »

845   Hîc videndum, quæ conditiones requirantur ad licitam censuum constitutionem. De jure naturali, ut
ait *Less. l.* 2 *c.* 22 *n.* 74. duæ tantùm conditiones de-
siderantur: prima, ut sit æqualitas inter censum et pretium; secunda ut pacta præter naturam censûs adjecta,
justè compensentur. De jure autem Canonico duæ habentur Bullæ, in quibus plures assignantur conditiones pro censibus instituendis. Prima est Nicolai V.
incipiens *Solicitudo*, edita anno 1452. pro utraque Sicilia : In hac approbatur census solitus institui in
præfatis Regnis, etiàm cum pactis et pœnis appositis pro securitate ; modò serventur hæ conditiones, I.
Ut census constituatur specialiter super re certa, et generaliter super omnibus bonis censuarii. II. Ut adsit
pactum retrovendendi eodem pretio. III. Ut pensio solvenda non sit ultrà decem pro centum. In hoc autem
ait *Viva q.* 7 *art.* 3 *n.* 14. standum esse consuetudini
locorum.

846   Secunda Bulla posterior est S. Pii V. quæ incipit
Cum onus etc. edita ann. 1568. In hac plures aliæ
conditiones præscribuntur ; Et I. Ut census constituatur super re stabili fructiferâ, et designatâ : Undè
excluduntur census personales, etsi cum hypotheca
celebrentur, et ut veriùs tenent *Viva de Contract. Q.*
4 *a.* 3 *n.* 4 *et Salm. comm. c.* 4 *n.* 41. *contrà Nav. Lop.*
ap. Viva, putantes in Bulla præscindi à censu personali. Res autem stabilis reputatur domus, ager et etiàm
officium perpetuum, et census perpetuus irredimibilis,
unà etiàm redimibilis, ut contrà *Mol. et Az.* probabiliter
tenent *Pal. p.* 14 *n.* 3. *BonReb. Aurt. ap. Viva l. c.* Notat
tamen *Viva*, quòd, licet res debeat designari, hoc tamen non tollat, quin possint obligari alia bona ad securitatem pensionis, quæ tamen pensio utique periret,
pereunte re specialiter hypothecatâ. Vide *n. seq.* 847.

II. Ut census ematur pecuniâ enumeratâ coràm

Notario, et testibus. Sed hîc quæritur 1. an hæc conditio non obliget in foro interno, ità ut liceat in conscientia constituere censum ex pecunia antecedenter debitâ ? Affirmant *Less. l. 2 c. 22 n. 80. Nav, de Usur. n. 88. Dian. p. 1 tract. 8 R. 44. cum Megala, Mald. Val. Jo. de la Crux*, etc. et probabile putat *Tamb. de Contr. l. 9 tr. 2 c. 6 §. 2 n. 4.* Negat verò *Pal. tr. 33 D. 5 p. 16 n. 8.* cum *Med Lop* etc. item *Mol. D. 390. Lugo D. 27 n. 83. cum Salon. Reb.* et aliis pluribus. Ratio, quià, cùm Bulla sit justè constituta ad vitandas fraudes, si in aliquo casu particulari cesset fraus sivè injustitia, non cessat tamen ejus periculum. Hæc quidem secunda sententia est probabilior, sed prima non videtur improbabilis, casu quo omninò abesset in casu particulari fraus aut injustitia : Licèt enim probabiliùs sit Legem non cessare, cessante fine legis in casu particulari, contraria tamen adhùc videtur probabilis cum *Caj. Sylv. Ang. Val. Carden. Sa, Viva, Salm.* et aliis pluribus, ut diximus *l. 1 n. 199.* Si autem (loquendo in casu nostro) venditio rei frugiferæ per pecuniam creditam certè sit valida et justa, cur injusta censenda esset venditio censûs realis, quæ procul dubio vera conditio est, cùm vendatur jus ad fructus fundi, in quo census constituitur, ut benè arguit *Lugo l. cit. n. 80. cum Sot. Salas*, ad probandum quòd jure naturali minimè sit illicitus censuS constitutus ex pecunia credita. Quæritur hîc 2. utrùm venditor censûs, si sit læsus in pretio, possit minuere pensionem, aut ipsam integram teneatur solvere, et censitor teneatur supplere pretium ? Utraque videtur probabilis. Vide *Viva ib. n. 5.*

III. Ut solutio pensionis non fiat anticipatè, aut sic in pactum deducatur. Probabiliter tamen ait *Bon. de contr. D. 3 q. 4 p. un. n. 26. cum Mol. D. 390. Fill. Reb. Salas, Less. Az. et Salon.* quòd, si censuarius sponte vellet solvere anticipatè, hoc non prohibeatur ex Bulla. Illicitum est autem obligare Censuarium ad solvendam pensionem suis expensis in domo Censitoris, quià hoc onus esset extrà naturam contractûs, ut rectè ajunt *Viva q.* 4 *ar.* 3 *n.* 6 *et Bon. l. c. n.* 35. *cum Reb. Salas. et aliis ,* contrà *Rob.* Intellige , nisi propter hoc onus pretium minuatur.

IV. Ne obligetur censuarius ad casus fortuitos ; Hinc , si res hypothecata perit , nequit Censitor petere , ut alia substituatur , secùs , si res reperiatur aliena ; vel si reddatur infrugifera culpâ censuarii , ut *Less. Nav. etc.*

847   Sed dubitatur 1. an , præcisa Bulla S. Pii , pereunte re , de jure naturali pereat etiàm census ? *Prima* sententia negat , et hanc tenent *Pal. tr.* 33. *D.* 6. *p.* 31. *n.* 3. *cum Sot. Cov. Palac.* item *Salm. c.* 4. *n.* 48. *cum Salas , Mercad. Rodr. Martin. etc.* Ratio istorum , quià in censu præcipuè obligatio imponitur personæ , et accessoriè rei , quæ tantùm obligatur pro hypotheca, sivè pro assecuratione pensionis solvendæ; Hinc asserunt, quòd, pereunte re hypothecatâ, non pereat obligatio personalis censuarii. Sed venerando tot DD. auctoritatem , mihi omninò tenenda videtur *secunda* sententia , quam tenent *Less. l.* 2. *c.* 22. *n.* 34. *Lugo D.* 27. *n.* 103. *Tol. l.* 5. *qu.* 39. *n.* 4. *Mol. D.* 383. *et* 394. *dub.* 3. *Laym. l.* 3. *tr.* 4. *c.* 15. *n.* 4. *P. Conc. t.* 7. *p.* 594. *n.* 4. *Ronc. de Contr. c.* 1 *q.* 4. *R.* 5. *Anacl. n.* 75. item *Val: Reb. Med. Vill. etc. ap. Pal. n.* 2 *et ap. Salm. n.* 47. Ratio mihi potissima videtur, quià in censu reali pensio non super persona constituitur , sed super re , ad cujus fructus jus venditur ; Undè *Lessius* rectè dicit falli *Sotum et Covarr.* dicentes, rem ibi obligari tantùm pro hypotheca debiti personalis ; Nam reverà in censu non obligatur res pro assecuratione pensionis solvendæ , sed venditur jus percipiendi fructus ex re censita : Hinc sicùt , pereunte re , amittis jus servitutis quod super illa haberes , puta transeundi , colligendi glandes etc. Ità etiàm amittis jus percipiendi fructus per contractum censûs tibi acquisitum , et eo casu venditor ab omni obligatione liberatur. Ità *Less. ;* Admittit tamen ipse *Less. ib.* et consentiunt *Spor. tr.* 4. *c.* 6. *n.* 14. *et Tamb. c.* 4. §. 3. *n.* 1. pactum adjectum solvendi pensionem , adhùc, re pereunte , susti-

neri posse , si contractui censûs adjiciatur alter contractus assecurationis , dummodò pensio illa proportionatè moderetur. Sed neque opinioni isti acquiescere valeo ; Licèt enim probabilem censeam sententiam
Lugonis , *et aliorum* , ut mox dicemus *v. seq. Dubitatur* 2. quòd liceat pactum exigendi integram pensionem,etiàmsi fundus per aliquot annos non dederit fructus , modò pretium minuatur , quià per pactum illud
virtualiter compensantur pensiones minores solvendæ annis sterilibus, cum pensionibus , quæ solvendæ
fuissent pro annis fertilibus, et hæ relaxantur ; et sic
jam adest æqualitas. Attamen in nostro casu , cùm
pactum apponitur solvendi pensiones , etiàm, re pereunte , nulla æqualitas esse potest , dùm pensiones
solvendæ remanent in perpetuum ; fructus enim ante-
riores relaxati, quacumque relaxatione facta , non possunt adæquare pensiones, quæ in perpetuum solvi
debent.

Dubitatur 2. an, si res per certos annos non det fructus , attentâ Bulla, debeatur integra pensio ? Negant
Less. l. 2. *c.* 22. *n.* 82. *et Mol. t.* 2. *D.* 390. ex hac Bulla *S. Pii* , ubi prohibentur *conditiones directè vel indirectè obligantes ad pensionem in casibus fortuitis eum* ,
qui aliàs ex natura contractûs non tenetur. Sed probabiliter affirmant *Lugo D.* 27. *n.* 71. cum *Sot. Sa* , *Val.
Salas* , *etc.* item *Nav. Bon. et Reb. ap. Viva l. c. n.* 7.
modò compensetur pretio periculum , quod venditor in se suscipit. Ratio , quià licitum est contractui
censûs realis adjicere alium contractum assecurationis , qui eo casu virtualiter censetur appositus. Pactum
autem hoc assecurationis minimè videtur reprobatum
à Bulla, nam Pontifex ibi prohibet tantùm pacta præter naturam contractûs qui celebratur. Quamvis enim
in tali contractu pactum solvendi pensionem , etiàm
casu quo res non fructificet , non sit juxtà naturam
contractûs censualis , est tamen juxtà naturam alterius contractûs adjecti assecurationi, ut dicetur infrà
de Contractu Trino. Putat autem *Lugo n.* 103. quòd ,
si pars prædii facta sit infructifera in perpetuum ,

tunc non debeatur integra pensio, etiàmsi pars rema-
nens reddat fructus sufficientes ad pensionem. Sed
probabilius mihi videtur oppositum, quod decretum
fuit in quadam Decisione Rotæ Romanæ (quam refert
idem *Lugo n.* 105. idque non negat esse probabile),
nempè, deberi totam pensionem ex parte prædii rema-
nente, nisi fructus ejus ad pensionem non sufficiant,
et ità tenet *Ronc. de Contr. c.* 1. *q.* 4. *R.* 5. *cum Duard.*

Dubitatur 3. An, pereunte re, specialiter designatâ,
de jure naturali maneant obligata cætera bona venditoris in contractu generaliter hypothecata ? Affirmat
Habert t. 4 *p.* 324 *vers. Verum*, et videtur ei favere
citata Bulla Nicolai V. ubi conceditur posse constitui
censum super re certa, et generaliter super omnibus
aliis bonis venditoris. Sed mihi videtur probabiliùs
negandum cum *Azor. p.* 3 *l.* 12 *c.* 5 *q.* 5 *et P. Conc. t.*
7 *p.* 595. Quià, pereunte tota re, totus census perit,
juxtà mox suprà dicta *Dub.* 1. Nec obstat, quòd in
hujusmodi contractu soleant substitui omnia venditoris bona : Nam cautio hæc solùm valet ad reddendum fundum securum ab evictione, ut benè ait *Concina*,
nempè si ille sit gravatus aliis censibus, vel fidei
commisso, etc. Non autem, quòd, si fundus pereat,
census permaneat super aliis bonis. Et sic etiàm intelligi, ait *Az.*, Bullam Nicolai. Dicit autem *Ronc.*
de Contr. c. 1 *q.* 4 *R.* 1 ad constituendum censum satis
esse designationem fundi, vel plurium aliquot fundorum in aliqua via, aut villa, quin necessaria sit
designatio alicujus fundi in individuo, et testatur ità
pluries decisum fuisse à Rota Romana, ex *Clericato*
in Decision. Miscell. Dec. 73 *n.* 8.

V. Ut non'privetur censuarius rem posse vendere, aut
donare. Debet tamen iste, si vendere velit, monere
censitorem, num velit ipse emere eodem pretio ? Et
ideò debet expectare per mensem : Vide *Viva n.* 8 *et*
9. Præcisa verò Bulla, licitum esse pactum non alienandi rem, dicunt *Salm. cap.* 4 *num.* 49 *cum Sot.*
Cov. Pal. Salm. etc. Sed, quandò tale pactum non
adest, prædictam monitionem semper faciendam esse

asserunt cum *Val. Sql. et Pal. n.* 5o. Imò semper
æquum esse putant, ut censitor in emptione præferatur.

VI. Ne constituatur pro non solutâ pensione alia
pœna, aut interesse lucri cessantis scilicet extrinseci.
Puta, si præstandum erat triticum tempore, quo valebat duobus aureis, et reddatur tempore, quo valet
uno, ut *Mol. et Hurt. ap. Viv. n.* 20. Sed jure naturali appositio pœnæ proportionatæ non est illicita,
Salm. n. 38. Item de jure naturali ex dilatione solutionis benè potest éxigi interesse ; sed ex Bulla, ob frau-
dèm usurariam nequit illud in pactum deduci, ut docet *Less. l.* 2 *c.* 22 *n.* 85. In foro tamen conscientiæ
ob dilationem culpabilem tenetur debitor ad interesse
etiàm extrinsecum, *Less. n.* 83.

VII. Ne ex pensionibus non solutis novus census
creetur. An autem id sit illicitum de jure naturali ?
Benè ait *Lugo D.* 27 *n.* 98 hanc quæstionem pendere
ex aliâ suprà enunciatâ (vide dicta *n.* 846 *vers.* II. *Ut
census*), nimirùm an liceat constituere. censum ex
pecunia debita ?

VIII. Ut censitor non possit pretium umquam repetere, et contrà possit censuarius semper redimere
censum, facta denunciatione per bimestre. Pactum
autem quòd census non possit umquam redimi à cen-
suario, compensato pretio, per se non est illicitum,
ità *Less. l.* 2 *c.* 22 *n.* 26 *et Salm. c.* 4 *n.* 43. qui ajunt :
hoc omnes docere : Sicùt enim censuarius potest ven-
dere fundum, vel servitutem, super illo in perpetuum,
sic etiàm jus ad ipsius fructus; et ob eamdem rationem
licitum quoque est constituere censum cum pacto, ut
non possit redimi, nisi infrà certum tempus, ut communissimè docent *Less. c.* 22 *dub.* 9. *Sot. lib.* 6 *q.* 5
art. 3 *Concl.* 3. *Pal. D.* 6 *p.* 24 § 1 *n.* 4 *et Salm. d. n.*
43 cum *Salas, Arag. et Reb.* contrà aliquos : Modo
(intelligendum) pretium proportionatè minuatur. Communiter etiàm docent *P. Concina, et Salm. c.* 4 *n.* 44
cum *Lugo, Soto Pal. Prado*, *etc.* (contrà *Nav.*) licitum
esse pactum, ut census non per partes redimatur, sed

totum simùl : Justum enim est ، ut sicùt emptor totam
summam numeravit; Ità etiàm totam simùl recipiat.

IX. Ut non vendatur aliis census majori vel minori
pretio, quam ab initio constitutus fuit. De jure autem
naturali certum est, ut dicunt *Salm. c.* 4 *n.* 35 censum non liquidum posse minori emi. Et etiàm, attentâ
Bullâ, probabilissimum videtur hoc fieri posse, ut ait
Viva q. 4 *art.* 3 cum *Less. et Mol. et Bon.*

848   Quæritur I. an hæc Bulla S. Pii obliget in conscientia? Negat *Habert. t.* 4 *p.* 324 (dicens Bullam
obligare in solis locis Sedi Apostolicæ subjectis) *Sa
v. Census*, *n* 3. *Megala* 2. 2 *l.* 2 *c.* 7 *q* 2 *n.* 57. item
Nav. Salm. Mol. ap. Bon. de Contr. D. 3 *q.* 4 *p. un
n.* 45 et probabilem putant ipse *Bon. et Tamb. l.* 9
tr. 2 *cap.* 6 § 2 *n.* 4. Ratio, quià in foro interno illæ
tantùm conditiones requiruntur, quæ jure naturæ ad
constitutionem censûs sunt necessariæ : Bulla autem
est constituta ad tollendas fraudes; undè, ubi fraudes
absunt, Bulla non obligat in conscientia contrahentes, sed tantùm Judices, ne in foro externo contractum admittànt. Probabiliùs tamen affirmant præfatam
Bullam obligare etiàm in foro interno *Salm. c.* 4 *n.*
31. *Lugo D.* 27 *n.* 83. *Bon. l. c. n.* 46. *Less. l.* 2 *c.* 22
n. 100. *et Viva de Contr. q.* 4 *n.* 3. cum *Salon. Trull.
Hurt. et communi*, ut asserit. Ratio, quià, licèt contractus ex rei natura non sit usurarius, lex tamen
positiva benè potuit illicitum eum reddere ob periculum usuræ. Vide dicta suprà *n.* 846 *v.* 2 II. *Ut
census.*

849   Quæritur II. an prædicta Bulla obliget, ubi non
est recepta? Negant communiter *Less. c.* 2 *D.* 13
Tournely t. 1 *pag.* 540. *Mol. D.* 395. *Bon. p.* 4 *n.* 43
Lugo D. 27 *n.* 61 *cum Sot. Nav. Salas, et aliis.* Et
sic tenendum censeo, quidquid dicant *Salm. l.* 4 *n.*
32. Ratio, quià, licèt veriùs sit leges Pontificias non
indigere subditorum acceptatione, proùt (contrà
Less. l. c. et Cabass. Val. Bon. ac alios) tenuimus *l.*
1 *de Leg. n.* 97 *in fin. et* 138 *cum Suar. Laym. Pal.
Croix*, *etc.* Attamen communis est sententia, quòd,

ubi lex non est recepta , et per sufficientem desuetu-
dinem est derogata , etsi primi legem non observantes peccaverint , præsentes verò ad eam non obligentur , ut tenent ipsi *Salmant. de Leg. c.* 1 *n.* 106 *cum
Azor. Bonac. Granad.* item *Suar. l.* 4 *c.* 16 *n.* 9. *Pal.
tract.* 3 *D.* 1 *n.* 13 *n.* 5 *et Less. loc. cit.* ubi cum *Cov.*
asserit certum esse , quòd lex adhùc ecclesiastica
desinat obligare , si per solum decennium non sit recepta , ut pariter diximus *d. l.* 1 *n.* 139 *cum Bus.
Nav. et Az.* Bulla autem S. Pii non est recepta in
duobus Regnis Siciliæ , ut testantur *Less. l. c. n.* 99.
Salas ap. Viva l. c. item *Verde Inst. Civ. de Censin.
lib.* 3 *n.* 2389 *cum de Marinis , de Ponte ,* etc. Nec est
recepta in Hispania , ut dicunt *Salm. l. c. n.* 32 Nec
in Belgio , ut *Spor. tr.* 6 *c.* 6 *num.* 11 *et Less. ib.* Nec
in Germania , ut idem *Less. Habert , ac Tanner. Ills.
Phir. et Platell. ap. Croix l.* 3 *p.* 2 *n.* 1010. Neque in
Gallia , ut *Less. et Platell. ap Croix ibid.* Nec etiàm
Romæ observatur , ait *Tourn. pag.* 541.

DUBIUM X.

Quid sit cambium ?

850 *Quid sit Cambium , et quotuplex ?*
851 *An liceat Cambium minutum ?*
852 *An Cambium per litteras ?*
853 *An Cambium reale ?*
854 *Quid de Cambio ficto , seu sicco ? An liceat* Cambium
    cum Recambio ? *Quid de Cambio Francofurtense ?*
855 *An liceat pecuniam adulterinam expendere ?*
856 *An liceat famulo lucrari commutando pecuniam Domini ?*

« R~ESP.~ Càmbium , quod permutationem significat , 850
» hîc accipitur pro sola permutatione pecuniæ. Et
» est contractus , quo Campsor aliquis Campsario
» volenti cambit pecunias , cum lucro aliquo præter
» sortem. Quòd , si sinè intentione usuraria fiat , ob
» titulos justos , tali lucro æstimabiles , patet non esse
» malum. Undè , cùm quatuor sint cambiorum gene-

» ra, nimirùm 1. Cambium minutum; seu manuale,
» 2. Cambium per litteras 3. Cambium réale, 4.
» Cambium siccum, seu fictum ; »

Circà ea resolvuntur.

851   » 1. Licitum est Cambium *minutum*, in quo dantur
» pecuniæ minores pro majoribus, vel contrà : quià
» hîc sunt justi tituli aliquid lucrandi, nimirùm labor
» Campsoris, in numerandâ pecuniâ, item diligentia
» in pecuniâ omnis generis conquirendâ, ut Camp-
» sariis quibusvis sit paratus ; item puritas materiæ,
» et commoditas, ut cum aurum, vel alia moneta
» commoda datur pro minuta, et incommoda, *Laym.*
» *l.* 3 *t.* 4 *c.* 19 *n.* 4 * (*Idque licet etiam eis, qui offi-*
» *cium cambiendi non habent*, *Salm. c.* 4 *n.* 8 *cum*
» *Pal. Nav.*) *

852   » 2. Licitum est item Cambium *per litteras*, cùm
» scilicet Campsor hîc, v. g., Monasterii prior accipit
» pecunias, quas posteà litteris datis alibi, v. g. Fran-
» cofurti refundit per suos factores; quià hîc etiàm
» sunt justi tituli, scilicet virtualis trajectio pecuniæ,
» et ejus assecuratio. Tantumdem enim facit, ac si
» Campsario pecuniam ejus Francofurtum transferat
» sinè periculo. Minus tamen Campsor exigere debet
» quàm si realiter transtulisset, *Laym. l. c. Bon. d.*
» 3 *q.* 5 *p.* 1. *Nav. Less. etc.* *(S. Pius V in Bulla de
» *Cambiis, ad usuras amovendas, statuit non protrahi*
» *tempus solutionis cambii, nisi ad primas Nundinas;*
» *et solutiones esse faciendas ubi determinatæ sunt,*
» *ac juxtà tempus communiter taxatum de uno alio*
» *loco. Vide Salm. c.* 4 *n.* 12.) *

853   » 3. Item licitum est Cambium *reale*, cùm Campsor
» hîc Monasterii prior dat pecunias, ut per suos ali-
» bi eas recipiat à Campsario, qui alibi habet pecu-
» nias, sed eget nunc eis hîc. Titulus hujus Cambii
» est item translationis, et assecurationis : tantumdem
» enim fecit Campsor, ac si pecunias Campsarii ab-
» sentes sisteret hîc præsentes, vel ut alii ajunt,

» ac si præsenti pecùniâ emeret absentem, quæ uti-
» que minùs valet ; *Laym. l. c. n.* 6 *et* 7. *Bon. l. c.*
» (*Probabiliter ait Croix l.* 3 *p.* 2 *n.* 1031 *cum Less.*
» *Laym et Spor. quòd licitè potest Campsor accipere*
» *lucrum cambii, esto translatio pecuniæ sit ipsi utilis,*
» *quià in communi æstimatione hæc translatio est di-*
» *gna pretio, cùm communiter in ea incommodum adsit,*
» *commodum autem Campsoris tunc per accidens se*
» *habet*) *.

» 4. Illicitum est Cambium *fictum*, seu *siccum*,
» quod nihil aliud est, quàm titulus lucrandi; ut v.
» gr. Titius indigens pecuniis, petit à Campsore sibi
» dari 100. Campsor autem non aliter dat, nisi Fran-
» cofurti, v. gr. vel alio loco distante solvendos, pe-
» titque ab eo pretium quod solet dari pro locis si-
» milibus. Titius ergò accipit, et tamen verè non
» cogitat reddere in istis locis, imò forsan nec habet
» istic correspondentem, idque constat Campsori :
» contractus hic est Cambium fictum, ac reverà mu-
» tuum, ideòque palliata usura. Excusabitur tamen
» Campsor, si lucrum illud exigat titulo lucri ces-
» santis. Plura vide apud *Tolet. l.* 5 *c.* 52. *Bon. d.* 3
» *q.* 5 *p.* 1. »

Quæritur hîc, an sit licitum cambium cum recam-
bio, vulgò *Cambio collaricorsa ?* Casus est: Tu accipis
Neapoli centum nummos à Campsore solvendos in Sicilia, sed quià non habes ibi nec pecuniam nec procuratorem, qui pro te solvat, rogas Campsorem, ut
tibi concedat procuratorem suum in Sicilia residentem, ut nomine tuo solvat debitum ipsi Campsori cum
lucro Cambii, Campsor autem scribit ad suum procuratorem, ut tamquàm procurator tuus solvat sibi
Campsori cambium cum lucro, et tamquàm procurator ipsius debitum recipiat : At, quià tu non habes pecuniam in Sicilia, procurator ille rescribit Campsori,
ut hîc exigat tuum debitum Neapoli cum alio lucro
recambii, *Tamb. l.* 9. *tr.* 3. *c.* 5. §. 3. dicit hunc contractum probabiliter esse licitum citatque *Nav. Sa* ,
Less. et Lugo. Sed meritò hujusmodi contractum re-

854

probant *P. Conc. t. 7. p.* 549. *n.* 2. *Cabass. l. 6 c.* 10.
n. 7. *et Spor. de* 7. *Pr. c.* 6. *n.* 44. qui ait saltem practicè hoc esse cambium siccum duplicatum : Atque ego
censeo etiàm speculativè , cùm reverà in eo casu neque tu intendas pecuniam acceptam restituere , nisi
Neapoli ubi accepisti ; neque contrà Campsor intendit
exigere pecuniam creditam , nisi Neapoli ubi tradidit,
ut ità ex sua pecunia lucrum percipiat. Nescio quomodò à labe usuræ manifestæ id excusari possit.

    » 5. Quod attinet ad cambium *Francofurtense* ,
» in quo mercatores dantes Cambium ad proximas
» nundinas , quo magis eæ distant , eo plus exigunt ;
» si ideò præcisè plus exigatur , quia solutio diutiùs
» differtur , usura est ; si autem ratione alterius tituli
» justi , v. gr. lucri cessantis , cùm pecunia mercato-
» rum sit instrumentum lucrandi , quo si diutiùs ca-
» rent , carent lucro , et quo longius est tempus , eo
» plus cambium petunt, ideòque crescit valor pecu-
» niæ , tunc lucrum est justum. *Laym. l. c. n.* 9. *ex*
» *Mol. Less. etc.* * (*Hoc cambium puto licitum , dum-*
» *modo Campsor verè patiatur interesse. Sola autem*
» *dilatio solutionis non erit certe causa justa augendi*
» *pretium , ut rectè notat P. Conc. t.* 7. *p.* 557. *n.* 2.)*

855 » 6. Qui cambiendò , vel aliter , pecuniam adulte-
» rinam accepit , sivè ex ignorantia , aut inadverten-
» tia , non potest illam expendere : quià res vitiosa non
» potest tradi alteri , vitio non detecto , ut suprà *de*
» *Vendit.* Neque ex eo , quod ipse deceptus est , po-
» test decipere alios , cùm actio , qua deceptus fuit ,
» nullum ad hoc jus tribuat , *Bonac. d.* 3. *q.* 5. *p.* 1.
» *ex Azor. Sanch. etc.* »

    Sed alii distinguunt : Si moneta non sit materialiter
falsa , nempè si impressa sit signo Principis, et materia sit bona , ejusdemque ponderis , poteris eam expendere , cum nullum alteri inferas damnum : ità *Spor.
de* 7. *Pr. c.* 5. *n.* 30. *et Croix lib.* 3. *p.* 2. *n.* 960. Si
verò moneta adulterina sit etiàm materialiter falsa ,
tunc certè non poteris illà uti. Dubitatur autem , an
si eam expenderis bona fide , tenearis ad restitutio-

nem ? Negant *Sylvest. et Ang. ap. Dian. p.* 3. *tr.* 6. *R.*
3. qui probabile censet. Sed veriùs affirmant *P. Nav.*
ap. eumdem Dian. et Croix l. c. Spor. ib. qui ait in hoc
omnes consentire. Ratio, quià tunc ad restitutionem
teneris vi ipsius contractus, quo obligaris solvere
justum pretium pro re empta; cùm autem pecuniam
stanneam pro argenteâ tradis, minimè justum pretium
solvis.

Utrum famulus recipiens pecuniam auream à do-856
mino, ut satisfaciat creditoribus domini, possit lucrari, illam cum æneâ commutando? Affirmatur,
quià est fructus industriæ; nisi sit contrà expressam,
vel tacitam domini voluntatem, *Salm. c.* 4. *n.* 7. *cum*
Lug. Pal. etc.

DUBIUM XI.

Quid sit Locatio, et conductio ?

857 *Vide diversos casus apud Bus...*
858 *Quando locator potest conductorem expellere antè tempus*
expletum ?
859 *An successor locatoris expellere possit conductorem ?*
860 *An ob sterilitatem debeatur colono remissio pensionis ?*
861 *An liceat pauperi elocare jus mendicandi ?*
862 *An Nuncius proficiscens ad eumdem locum, possit accipere*
à duobus duplicatam mercedem ?
863 *An conductor obligatus ad meliorationes, illas debeat face-*
re expensis suis ?
864 *An debeatur salarium famulo ægrotanti? Et an expensæ*
curationis ?

» RESP. Est contractus, quo quis personam, vel 857
» rem aliquam mobilem, vel immobilem alteri ad
» tempus utendam, vel fruendam concedit, certo
» pretio, aut mercede, seu pensione constituta. Uten-
» da conceduntur, v. gr. elocata domus, equus, ser-
» vus, etc. fruenda conceduntur, elocatæ vaccæ, ca-
» præ, fundus, pomarium, etc.

Tom. III. 10

Undè, consideratâ hujus contractûs naturâ, et jurisdispo-
sitione, resolvuntur sequentes Casus.

» 1. Si res locata antè traditionem pereat, contractus
» dissolvitur , et conductor liberatur.

» 2. Si , absque culpa conductoris , usus , vel fruc-
» tus rei cesset, v. gr. quià domus ruinam minatur,
» infestatur spectris , vel ob periculum pestis (nisi
» tamen quòad hoc consuetudo sit contraria) , aut
» belli , tutam habitationem non præstat , liberatur
» conductor à solvenda pensione pro tempore , quo
» non potest inhabitare , vel aliâ re conductâ uti, vel
» frui, ut v. ap. Laym. lib. 3. t. 1. c. 23. Less. l. 2. c.
» 24. d. 2. etc.

» 3. Servo, aut laboratori conducto non debetur
» stipendium temporis notabilis , quo æger decubuit;
» nec ægro , nisi expensæ modicæ : nisi tamen aliter
» sit conventum , aut consuetudo ferat. V. Sa, v.
» Conductio. * (Vid. n. 864.) *.

» 4. Propter modicum damnum, vel infortunium,
» nihil remittitur colono de pensione : secùs, si mag-
» na sit clades. Quod si tamen antecedentium , vel
» sequentium annorum fertilitate damnum compen-
» setur , non remittitur, Laym. n. 7. Less. l. 2 c. 24
» d. 4 *. (Vid. n. 860) *.

» 5. Si pluribus annis ob cæli clementiam (secùs
» si ob industriam colentis) uberiores fructus ex
» fundo elocato proveniant , potest colono pensio
» augeri. Laym. n. 8.

» 6. Expensas facere in rem conductam , quæ
» duraturæ sunt , verb. gr. conservare sarta tecta,
» tributa , et onera publica præstare, ad locatorem,
» seu dominum spectat ; nisi aliter conventum sit,
» aut consuetudo ferat. Laym. l. c. n. 4.

» 7. Si conductor in rem conductam necessarias,
» sivè utiles expensas fecerit , potest eas de pensione
» detrahere, vel repetere à locatore , et dum non
» solvuntur, retinere rem conductam , Laym. l. c.
» Mol. d. 496.

» 8. Etsi incendium plerùmque accidat culpâ
» inhabitantium , et sic in dubio contrà illos præ-
» sumptio sit, quià tamen , sæpè id fit culpâ famu-
» lorum, quam paterfamilias præstare non cogitur ,
» hinc conductor absolvendus est, nisi locator os-
» tendat culpam. Vid. *Laym. supra num.* 6 *et Dian. p.*
» 9 *l.* 7 *R.* 31 ubi ex *Haun. et Berl.* docet , si con-
» stet accidisse culpâ certi , et determinati alicujus
» de familia, isque circà officium suum deliquerit,
» v. gr. stabularii, qui lumen malè custodierit in
» stabulo , tenêri patremfamilias (nisi famulus iste
» pro fideli , ac diligenti fuerit habitus) de damno :
» secùs, si culpâ alteriùs : vel si non constet, utrùm
» casu , an culpâ cujusquam acciderit.

. » 9. Si conductor domûs , v. gr. antè tempus ve-
» lit emigrare , id quidem licet , potestque alteri
» locare : cæteroqui autem de pensione nihil ei re-
» mittitur.

» 10 Locator non potest antè tempus præfinitum 838
» conductorem invitum privare re conductâ , nisi
» his casibus : 1. Si pensionem non solvat; expectare
» tamen debet biennium , si ultrà biennium res sit
» conducta. 2. Si casus improvisus accidat , ob quem
» domus v. gr. ipsi domino sit necessaria. 3. Si rem
» locatam reficere necesse sit , nec possit fieri altero
» inhabitante. 4. Si conductor in re conducta malè
» versetur, v. gr. destruat, vel abutatur, ut alendo
» ibi meretrices , *Laym. n.* 9.

» 11. Successor universalis, sìvè hæres non potest
» antè completum tempus conductorem expellere :
» Partialis autem successor, ut emptor, donatarius,
» legatarius , etc. non tenetur stare contractui loca-
» tionis , uti neque conductor ; nisi tamen aliter pac-
» tum sit, v. gr. ne res locata durante tempore loca-
» tionis alienetur. Vid. *Less. l.* 2 *cap.* 24 *et Laym. l.*
» 3 *t.* 4 *n.* 22. »

. Commune est, et certum cum *Bus.* ut suprà, 859
quòd successor universalis non possit expellere
conductorem, ut communiter , dicunt *Lugo D.* 29

n. 16 et Sporer de Præc c. 7 n. 23 cum aliis., ex l. Viam decima. C. de Locat. Certum est 'etiàm et commune, quòd possit 'eum expellére Successor particularis, utì emptor, legatarius, etc. ex *l. Emptorem. C. eod. tit.* Conductor autem habet 'eo casu actionem pro interesse contrà locatorem, vel' ejus hæredem, ex *l. Qui fundum 25 ff. de Locat.* Excipiunt tamen *Spor. n. 34 et Croix lib. 3 p. 2 n.* 1047 si ager jam esset à colono elaboratus, vel seminatus ; quià (ut dicunt) non patitur æquitas, ut colonus jacturam illam patiatur. Sed dico hanc exceptionem esse contrà expressam juris sanctionem, cùm ex præfatis textibus Successor particularis habeat jus certum expellendi colonum : E conversò non video, quomodò lædatur æquitas, cùm colonus jam habeat actionem contrà locatorem, vel ejus hæredem, repetendi damnum ; expresse enim in *c. l. Qui fundum,* (ubi sermo fit de legatario expellente colonum fundi legati) dicitur : *Et hoc detrimentum* (idest ab expulsione proveniens) *ad hæredem pertinet.* Notandum autem hîc, quòd minor teneatur stare locationi sui Curatoris: Beneficiarius, sui prædecessoris : et uxor stare locationi sui Mariti. Vide *Croix lib. 3 p. 2 n.* 1047.

360   Quær. 1. an ob jacturam causâ sterilitatis possit colonus petere remissionem pensionis ? De jure naturæ jactura sterilitatis per se spectat ad conductorem : ob æquitatem tamen juris introductum est, si ingens sit damnum, ut aliquid remittatur; nisi sterilitas compensetur cum ubertate aliorum annorum, ut ex *l. 8 C. de Loc. et ex cap. Propter sterilitatem, de eod. tit.* ubi Gregorius IX in quadam sua *Extravag.* sic sancivit : *Propter sterilitatem efficiendo magno incommodo conductores, vitio rei, sine culpa coloni, seu casu fortuito contingente, colono Ecclesiæ pro ratâ pensionis remissio est facienda: nisi cum ubertate præcedentis vel subsequentis valeat sterilitas compensari.* Hinc, si nulli fructus percipiantur, nulla debetur pensio, ut docet *Lug. D. 29 n. 40 ex l. Si merces. §. Vis major. ff. de Locat.* Si autem aliqui fructus percipiantur, ajunt

Less. lib. 2 c. 24 *n.* 17 *et idem Lugo n.* 43 *cum Cov.* *Bartolo*, *et aliis*, tunc tantùm remissionem esse faciendam, quandò, deductis semine, et expensis, non supersit quod sufficiat saltem ad solvendam dimidiam pensionem. Verùmtamen putant *Croix lib.* 3 *p.* 2 *n.* 1049 *cum Laym* et aliis, in hoc servandam esse consuetudinem locorum.

Quær. 2. an liceat pauperi elocare jus mendicandi ? 861 Affirmant *Sanch. Cons. lib.* 1 *c.* 7 *dub.* 2 *çum Henriq. et Spor. de* 7. *Præc. n.* 23. Quià ex una parte contractus est justus, cùm utrinque æqualis sit sors lucrandi, et perdendi : et ex aliâ hoc idem esset, ac si pauper mediatè per alium eleëmosynam peteret. Sed meritò negant *Lugo D.* 29 *n.* 9 *cum Rodr. et Cord. Conc. t.* 7 *p.* 629 *n.* 13 *ac Croix lib.* 3 *p.* 2 *n.* 1044. Ratio, quià, tametsi hic contractus sit justus inter locatorem et conductorem, est tamen injustus respectu ad fideles eleëmosynas dantes, qui pauperi tantùm volunt dare, non conductori, qui non est pauper, ut supponitur. Nec valet dicere, quòd Fideles mediatè dent pauperi; nam benè respondet *Croix*, quòd vi juris empti ad petendum, conductor non jam petat nomine pauperis, sed nomine suo : Et ideò nec mediatè, nec immediatè eleëmosynæ illæ pauperi dantur. Secùs autem dicendum censerem, si pauper non posset petere per seipsum : quià hoc casu, licet eleëmosynæ illæ hîc et nunc non perveniant ad dominium pauperis, prosunt tamen, ut ejus subventio sic manuteneatur; aliàs non inveniretur, qui pro paupere illo loca circumiret, et sic pauper destitutus maneret.

Quær. 3. an Nuncius proficiscens ad eumdem locum 862 licitè possit accipere à duobus duplicatam mercedem De Aurigis ait *P. Conc. t.* 7 *p.* 632 nullam esse difficultatem, quòd possint, quià talis est consuetudo : De Nuncio vero opinatur æquum esse, ut dimidiam tantùm mercedem exigat à secundo conductore. Et hoc videtur satis probabile, cùm eo casu operâ illius pro itinere, quod non suscipit gratiâ illius secundi conductoris, non videatur valère, quanti valeret, si

pro eo solo iter susciperet. Cæterùm satis etiàm probabile est, quòd possit totam mercedem exigere, ut
tenent *Less. l. 2 c. 24 n.* 28 cum communi sententiæ,
ut asserit idem *Concina*, et probabilem putat *Croix l.*
3 *p.* 2 *cum Laym. et Pal.* Ratio, quià, per accidens se
habet, ut opera sua sit utilis duobus; de se autem ab
unoquoque mercedem justam exigit, cùm unicuique
se obliget ex justitia ad iter illud peragendum; quod
si non peragit, peccat quidem injustitiæ contrà jus
utriusque. Vide dicta *de Cambio n.* 853 *in fine.*

863   Quær. 4. an conductor obligatus ad meliorationes,
illas debeat facere expensis suis? Negant *Mol. et Ve-*
la sq. ap. Lug. D. 29 *n.* 69 Sed verius affirmat ipse *Lug.*
ib. cum Lop, et Croix lib. 3 *p.* 2 *n.* 1053 quià, cùm quis
se obligat ad aliquid faciendum, per se censetur obligatus ad id faciendum suis expensis : sicùt si quis se
obliget ad solvendam pensionem in domo locatoris ,
tenetur quidem ad sumptus, ut illùc pensio trans-
mittatur. Intellige, dummodò in contractu locationis
detrahatur aliquid de ordinaria pensione, cùm hoc
onus meliorationum alienum sit à natura conductionis. Cæterùm expensæ modicæ, et ordinariæ in re
conducta faciendæ, regulariter spectant ad conductorem ; extraordinariæ verò ad locatorem, ut *Croix l.*
c. n. 1052 *cum Spor. et Tamb.*

864   Quær. 5. An debeatur pensio famulo conducto ad
servitium annuum , si ægrotet per aliquos menses ,
puta per trimestre? Affirmant *S. Antonin. Graff. etc.*
apud Croix lib. 3 *p.* 2 *n.* 1050. Sed veriùs negat communis sententia, quam tenent *Lugo D.* 29 *n.* 58 *et*
Croix l. c. in fine cum Mol. Laym. et aliis. Quià de justitia non debetur salarium pro obsequio non præstito.
Putat autem *Azorius apud Lugo n.* 60 tenêri saltem
dominum ad præstandam famulo alimenta, et expensas necessarias pro curatione. Meliùs tamen dicunt
ib. Rebell. et alii cum Diana, non tenêri nisi ad sùmp-
tus leves pro brevi infirmitate : Quinimo non immeritò ait *Lugo*, neque ad id obligandum esse dominum
nisi fortè aliquandò ex charitate, casu scilicet quo

infirmus esset in gravi necessitate. Benè tamen excipit *Ronc. quæst.* 3 *R.* 2 nisi alicubi esset consuetudo, ut domini teneantur ad totum stipendium, si famulus, ad annum conductus, per aliquot dies ægrotet.

DUBIUM XII.

De Contractu Emphyteusi, Feudi, et Libelli.

865 *Quid de Emphyteusi?*
866 *An debeatur pensio in gravi jactura fructuum?*
867 *Quid de Feudo?*
868 *Quid de· Contractu Libellatico ?*

RESP. 1. Emphyteusis est contractus similis lo-
» cationi, in quo res immobilis, quæ culturâ possit
» effici melior, conceditur alteri, vel in perpetuum,
» vel non brevius saltem, quàm ad decennium; ità
» ut dominium ejus directum, et possessio civilis
» maneat apud dominum, qui tradidit in Emphy-
» teusim, dominium autem utile transferatur in Em-
» phyteutam, cum hoc onere, ut quotannis certum
» canonem, ut vocant, seu pensionem domino solvat;
» quam si totam solvere negligat 26 annis continuis
» in Emphyteusi Ecclesiastica (cùm scilicet res est
» Ecclesiæ,.vel pii loci), vel in seculari 36. annis,
» incidit ipso jure in pœnam commissi, ut dominus
» eum expellere possit * ('Etiàm auctoritate· propria,
» *ut multi cum Pal. p.* 10 *n.* 1 *et* 6. *Sed Less. dicit præ-*
» *cedere debere monitionem.* Vide *Croix lib.* 3 *p.* 2 *n.*
» 1062.)*, etsi in solutione interpellatus non fuerit :
» Licet enim *Bart.* et alii quidam *ap. Dian. p.* 8 *t.* 7
» *R.* 36 dicant, si per 30 vel 40 annos non solverit,
» eum præscribere immunitatem in futurum, id tamen
» *Wesemb.* et alii 5 negant, V. *l. cit.* Porrò, quid
» juris sit in hoc contractu, pendet ex consuetudine
» locorum, quæ scripto instrumento concipi debet,
» ut valeat. Vid. *Lym. lib.* 3 *t.* 4 *c.* 23. *Less. l.* 2 *c.*
» 24 *d.* 9. »

865

866 Utrùm Emphyteuta debeat pensionem, quandò patitur gravem jacturam fructuum ? Dicit *Pal. tr.* 33 *D.*
9 *p.* 7 *n.* 5 de juris rigore, et consuetudine, integram
pensionem esse solvendam, ex *l.* 1 *C. de Jure emphyt.*
ubi sancitur, quòd, prædio manente in parte, solven-
da sit pensio. *Less.* tamen *lib.* 2 *cap.* 24 *n.* 49 *et* 50 *ac*
Lugo D. 29 *n.* 88 rectè sentiunt hanc legem esse in-
telligendam, quandò pensio est modica respectu
fructuum, et magis datur in recognitionem dominii
directi, quàm ad fructus compensandos. Secùs verò,
si sit magna et ferè æqualis fructibus, nam tunc ex
æquitate deberet minui, vel fundo pereunte ex parte,
vel magnâ sterilitate adveniente. Utrùm autem Emphyteuta gaudeat privilegiis, quæ dominus directus
in re habebat? Affirmant *Bart. Jason. Tiraq. etc. ap.*
Croix l. 3 *p.* 2 *n.* 1064. Sed negant probabiliter *Less.*
Laym. Pal. etc. ib. Ratio, quià, cùm transferatur in
Emphyteutam utile dominium rei, res fit sua ; undè,
si nimirùm ipse sit laicus, non potest gaudere privilegiis Ecclesiæ, ad quam spectet dominium directum.

867 » Resp. 2. Feudum est contractus similis Emphy-
» teusi, quo res immobilis alicui conceditur, cum
» translatione dominii utilis, proprietate retentâ, sub
» onere non quidem aliquid solvendi, sed exhibendi
» fidelitatem, et obsequium personale directo domi-
» no. Quod si tamen non faciat Vassallus (sic enim
» dicitur feudi acceptor), perdit feudum. Interdum
» etiàm in feudo aliquid persolvi debet in recognitio-
» nem dominii directi, sed tunc ex ea parte deficit à
» puro feudo, et declinat ad Emphyteusim : Porrò,
» quid juris sit circà feuda, pendet item à locorum
» consuetudine : quæ juris communis sunt, v. *l. cit.*

868 » Resp. 3. Contractus Libellaticus, sivè datio ad
» libellum dicitur, cùm Emphyteuta, vel Feudata-
» riùm rem illam, quam in feudum, vel emphyteu-
» sim, accipit simili contractu tradit tertio, (ad quod
» tamen, si in decennium fiat, requiritur domini con-
» sensus): ità ut sit quasi subfeudum, subemphyteusis.
» Ità *Less. d.* 1 *n.* 6.

DUBIUM XIII.

Quid sit Sponsio, et Ludus?

869 *Quid est sponsio, et an sit licita?*
870 *An liceat spondere circà peccatum committendum?*
8-1 *Quid ludus, et quandò licitus?*
872 *An sit restituendum lucratum à filiofam. Aut Religioso?*
873 *Quid, si Religiosus ludat illicitè per licentiam generalèm?*
874 *An Religiosus possit plus lucrari, quàm perdere?*
875 *An, si exponat majorem summam, quàm possit, teneatur restituere lucratum?*
876 *Quantum filiusfamilias possit exponere ludo?*
877 *Quandò ludens cum deceptione teneatur restituere?*
878 *An valeat sponsio, si unus spondeat majorem summam, quàm alter?*
879 *An si unus rem certò sciat, et manifestet? Vide alia ibid.*
880 *An cogens alterum ad ludendum possit retinere lucratum?*
881 *An teneatur restituere præsciens se victurum ob suam peritiam?*
882 *An qui utitur astutiis licitis? Quid, si utatur illicitis, et quantum debeat tunc restituere? An liceat ludere precibus sacris?*
883 *Agitur de ludo vetito.*
884 *Quæ sint Leges hunc ludum prohibentes?*
885 *An, et quomodò peccent. I. Laici hoc lusu ludentes?*
886 *An peccet graviter ludens ob lucrum?*
887 *An victor ludo vetitò possit retinere lucratum?*
888 *Quid, si impediat Judicem, ne ipsum condemnet? Et an teneatur fateri veritatem Judici interroganti?*
889 *An possit retinere lucratum, si lusit animo repetendi?*
890 *An victus teneatur solvere?*
891 *Quid, si uterque renuntiaverit legi?*
892 *Et an victus poterit petere relaxationem juramenti?*
893 *An victus possit sibi compensare solutum?*
894 *An possit transigere, si fictè minitetur repetere in judicio?*
895 *II. Quòad Clericos; quinam Clerici comprehendantur?*
896 *An certè peccent graviter Clerici ludentes frequenter, et in magna quantitate?*
897 *Quid, si solùm frequenter?*
898 *Quid, si solùm in magna quantitate?*
899 *Quandò non peccent graviter, nec leviter?*

900 *An hæc procedant in omni ludo chartarum?*
901 *III. Quòad* Religiosos ; *an, et quomodò peccent Religiosi hoc lusu ludentes ?*
902 *IV. Quoad* Episcopos *, quomodò ipsi peccent?*
903 *An peccent graviter Clerici et Religiosi his lusibus assistentes?*

869. **R**ESP. Sponsio est contractus , in quo duo de ve-
» ritate, aut eventu alicujus rei certantes sibi invicem
» aliquid spondent, ut id ejus sit, qui veritatem assecu-
» tus fuerit : v.·g. certo tecum 10 imperialibus hanc vel
» istam civilatem obsessam, captam etc. Ut licitè fiat
» quær. r. ut fiat super re dubia. 2. Ut sit æqualitas
» in re, quæ spondetur, cum æquali incertitudine. *
» (*Æqualitas tunc adest., quandò res est proportionata*
» *probabilitati alterius partis*, Lugo *D.* 31 *n.* 77.) * 3.
» Dubius eventus in utroque. 4. Ut uterque eodem
» sensu accipiat id, de quo certatur, *Molin. Less. C.*
» *Lug. d.* 36 *sect.* 6. »

Sed quæritur , an sint licitæ hæ sponsiones, vulgò
dictæ *Scomesse?* Negant *S, Anton. p.* 2 *tit* 1 *cap.* 25 §.
9. *Sylv. v.* Negotium *, q.* 4 *in fin. et Concina t.* 7 *pag.*
608 *n.* 21 *cum Gabr. etc.* Ratio , quià leges civiles has
sponsiones reprobant, nisi fortè fiant causâ exercendæ virtutis, puta in palæstra luctando , etc. Affirmant verò communiter *Azor. p.* 3 *l.* 11 *c.* 19. *dub.* 1.
Sanch. Cons. lib. 1 *c.* 8 *dub.* 32 *n.* 2. *Lug. D.* 31 *n.* 73.
Tourn. t. 1 *pag.* 554. *Ronc. de Contr. c.* 3 *q.* 1. *Wigandt*
tract 8 *Ex* 4 *q.* 20 *R.* 2. *Salmantic. cap.* 4 *n.* 74 cum
aliis pluribus. Ratio , quià hic est contractus fortunæ
quo uterque spondens exponitur pari periculo jacturæ,
et lucri. Neque verum est leges prohibere sponsiones,
nisi fiant circà corporis certamina , causâ odii , libi-
dinis et similis : Aliæ verò sponsiones indifferentes potiùs approbantur, ut in *l. Si quis ff. de Verb. Obl. et*
l. Si pater. C. de Ineff. Test. Hanc sententiam per se
veram puto, quià sponsio per se est res indifferens.
Tamen in individuo (cùm ex mea sententia non detur actio indifferens) regulariter censeo hujusmodi

sponsiones non excusari à peccato veniali, quià eis deest motivum cohonestans licitam recreationem, sicùt habetur in ludo honesto. Et sic videtur intelligere *S. Antoninus loc. cit.* vocans tale lucrum *turpe,* utpotè *nulli deserviens utilitati*, *sed vanitati, et prodigalitati.*

Nemo autem dubitat quin reprobandæ sint sponsiones circà ingluviem, aut potum; vide *Lugo loc. cit.* Sic per Bullam Pii V. *in Eligendis etc.* prohibentur sponsiones circà dubiam electionem Pontificis, sivè super ejus vitam et mortem, ut refert *Azor. l. c. c.* 20. *dub.* 3. Item testatur *Ronc. l. c. q.* 2. *R.* 2. Gregorium XIV. per aliam Bullam, quæ incipit, *Cogit nos,* ampliasse præfatam Bullam Pii etiàm ad electiones Cardinalium, et adhùc extrà Urbem sub excommunicatione latæ sententiæ, Papæ reservatâ, respectu ad electionem Pontificis; et respectu aliarum sponsionum, ipsæ annullantur in utroque foro, adeò ut quisque teneatur ad restitutionem antè omnem sententiam. Sic etiàm, ut testatur *Sanch. l. c. n.* 4. prohibentur sponsiones Scholasticorum Salmanticorum circà electiones ad cathedras.

Dubitatur 2. an sit licita sponsio circà peccatum 8. committendum? Benè distinguit *Lug. D.* 31 *n.* 75. Si sponsio est de peccato patrando ab alio tertio, illicita est, si spondens optet peccatum, vel opem ferat ad peccatum committendum. Ità *Lugo l. c. et Sanch. n.* 6. Advertunt tamen iidem *Lugo, et Sanch. cum Alcoz.* quòd eo casu opstans peccatum, peccaret quidem, sed non teneatur ad restitutionem, quià læderet quidem virtutem quam lædi optat, sed non læderet justitiam. Si verò Sponsio est de peccato patrando ab uno ipsorum spondentium, licita erit, si tu v. gr. sponderes alterum commissurum esse peccatum, quià tunc sponsio eum avertit à peccato : Secùs, si sponderes te commissurum peccatum, alterum non commissurum; quià tunc sponsio ad peccandum induceret.

Sed dubit: 2. an hoc casu, quod sic illicitè sponderes, tenearis ad restitutionem? Rectè negant *Lugo.*

n. 57. *Sanch. n.* 8. *Az. d. c.* 19 *dub.* 7 *et Ronc. c.* 3 *q.*
2 *R.* 1. Ratio, quià, licèt spondendo pecces, non
tamen lædis justitiam, cùm tu non accipias tunc pretium pro peccato commisso, sed pro eventu jam suc-
cesso juxtà pactum sponsionis. Et in hoc consentit
etiàm *S. Antonin. loc. cit.* ubi ait : *Non tamen restitue-*
re oportet de necessitate ; sed pauperibus erogandum,
et hoc magis ex consilio , quàm ex præcepto.

871   « Ludus verò est contractus, quo ludentes inter
» se paciscuntur, ut victori cedat, quod uterque
» deposuit. Hi contractus jure naturæ liciti sunt,
» modò debitæ conditiones adsint, et aliundè non
» interveniat scandalum, aut justa prohibitio, aut
» iniquitas se misceat , nec peccati sit occasio : quià,
» sicut quivis suæ rei dominus potest alteri eam
» donare absolutè, sic etiàm sub aliqua conditione,
» sivè ea fortuita sit, sivè ex industria pendeat, *Less.*
» *c.* 26. *d.* 1. *Bon. d.* 2 *q.* 3 *p.* 1.
» 1. Qui rei dominus non est, aut alienare eam
» non potest, non potest etiàm de ea ludere, aut
» disponere. Et sic deberet restituere, qui lucratus
» esset à religioso, et filiofamilias non potente
» alienare , *Laym. l.* 3 *t.* 4 *c.* 21 *n.* 5. »

872   Quod lucratur quis ludo a filiof. debet ei restituere,
nisi sit de bonis castrensibus , etc. vel nisi ludus sit
moderatus juxtà decentiam ; vel adsit tacita licentia
parentum , *Salm. de Contr. c.* 4 *n.* 54 idem dicendum
de uxore , et Religioso, ut *Lug. Mol. Azor. cum Salm.*
de Rest. c. 6 *n.* 34. Hoc tamen non intelligitur de
ludis illicitis vetitis à jure, à Regula, vel à Prælato,
uti sunt ludi alearum, et taxillorum, et consequenter
omnis ludus fortuitus, nisi fiat in parva quantitate,
et in illis Religionibus, ubi usus permittitur ad recreationem , ut *Salm. ibid. n.* 95 *cum Dic. Peyrin. etc.* At
in Religionibus reformatis talis ludus esset peccatum
grave propter specialem Regulæ prohibitionem , ut
communiter dicunt *Salm. ibid. cum Lugo , Diana*
Dic. etc. Et tunc lucratum omninò restituendum ipsi
Religioso , vel Monasterio. Vide fusiùs infrà dicenda

super hoc puncto *n*. 901. Ubi etiàm agetur de quantitate , quam alii Religiosi possunt ludo exponere.

Hinc quæritur 1. si Religiosus , obtentâ licentiâ 873
generali à Prælato expendendi aliquam summam ,
expendat in usibus illicitis , puta in ludis vetitis , aut
cum meretricibus ,. etc. utrum tunc peccet contrà
votum paupertatis , et tàm ipse , quàm accipiens
teneantur ad restituendum Monasterio ? *Prima sen-*
tentia cum *Salm. de Restit. c.* 6 *n.* 85 *cum Nav. Sanch.*
Less Sylv. etc. affirmat : Ratio , quià talis licentia à
Superiore nec præsumitur data , nec dari poterat , .
cùm ipse non sit dominus , sed simplex administrator
bonorum Monasterii. *Secunda* tamen *sententia* , quam
tenent plures Auctores gravès ,. ut *Suar. Lug. Hurt.*
Med. Salas , *Lop. Pelliz. Reb. etc.* apud *Salm. ib.*
n. 84 quibus *Croix l.* 4 *n.* 114 adhærere videtur ,
censet nec Religiosum tunc peccare contrà votum,
nec restitutionem Monasterio deberi ab ipso , aut ab
accipiente ,. Ratio istorum , tum quià (ut ait *Croix*)
tunc licentia habetur, ut data , non à Prælato admi-
nistratore , sed à Religione domina , quæ in tali casu ,
licet sit invita quòad modum , non est tamen quòad
substantiam ; et Religio præsumitur (ut ait *Rebell.*)
sæpè in eam consentire , ne periclitetur fama subditi ,
vel Superioris: Tum quià eo casu Superior aufert de
se impedimentum , quantum potest ; et ideò , cùm
universaliter licentiam præbet , non est cur credatur
eam limitasse ad usus tantùm licitos, ut dicunt *Croix,*
et Lugo cum aliis. Sed his non obstantibus , censeo
primam sententiam absolutè probabiliorem. Vide quæ
fusiùs dicentur *l.* 4 *n.* 31.

Quær. 2. an Religiosus possit in ludo plus lucrari, 874
quàm perdere? Distingue : Potest, si eodem jactu
(exponendo v. g. quinque argenteos) totidem à
quatuor personis lucretur ; vel si ludus moraliter non
interrumpatur; quià tunc, sicùt posset amittere pecuniam jam lucratam , unà cum sua exposita , ità benè potest plus lucrari, saltem duplum suæ pecuniæ
expositæ; *Sanch. l. c.* 19 *n.* 33 *et Valent. Reb. etc. cum*

Salm. de Rest. c. 6 *n.* 97. Si verò ludus moraliter interrumpatur, vel si lusores sint omninò diversi, non
potest pecuniam lucratam integrè exponere, quià illa
non est sua, sed Monasterii. Concedunt tamen *Salm.*
ib. cum Lugo, et Villal. non interrumpi ludum., si de
pluribus lusoribus unus substituatur alteri in eodem
genere ludi ; Aut si in altera die, urbanitatis causâ
ludatur cum iisdem. Idem de filiisfamilias docet *Sanch.*
Cons. l. 7 *c.* 8 *D.* 8 *n.* 2 et idem de similibus ait *Re-*
bellius.

275   Quær. 3. An Religiosus, qui sinè licentia exponit
ludo majorem summam, quam possit, teneatur restituere lusori summam lucratam uno jactu suprà illam, quam perdere poterat ? Negant *Nav. Gabr. Ar-*
mill. Graff. Tol. et alii ap. Sanch. Dec. l. 7 *c.* 19 *n.* 85.
Ratio istorum, quià contractus aliquandò benè potest
esse validus ex parte unius, et invalidus ex parte alterius, ut sunt contractus cum Pupillo., et Ecclesia
sinè solemnitate initi, ex *l. Julianus.* §. *si quis. ff. de*
Act. empt. et cap. si quis 12 *q.* 2 Hanc opinionem *Sanch.*
n. 86 licèt oppositam vocet longè probabiliorem, putat tamen probabilem : Sed ratio allata nullo modo
probabilis mihi videtur, in adductâ enim paritate
supponit lex adesse in contractu æqualitatem, et tantùm respectu deficientiæ solemnitatum favet Ecclesiæ,
et Pupillo ; At in casu nostro deficit æqualitas, et justitia contractûs, cui nescio quòmodò lex favere possit,
cùm sit in substantia injustus. Hinc adhæreo secundæ
sententiæ quam tenent *Salm. de Rest. c.* 6 *n.* 98 *Sanch.*
cum Less. Villal. etc. nimirùm, quòd eo casu omninò
teneatur Religiosus ad restituendum ; quià nequit lucrari tali contractu inæquali, et injusto. Et hoc congruit doctrinæ *Molinæ, Sanch. et Lugo ap. Croix l.* 3
part. 3 *n.* 1079 qui rectè dicunt, quòd, si quis lucretur
exponendo ad ludum pecuniam furtivam, extrà quam
nil aliud habet, quod tradat, tunc teneatur restituere
lucratum, quià contractus fuit nullus cùm exposuerit
pecuniam, quam collusor acquirere non poterat.
   Dicunt tamen *Salm. n.* 98 *et Sayr. Henr. Salon. Sa,*

etc. apud Sanch. n. 87. quòd, si alter lusor sciat Religiosum, vel filiumfamilias non posse illam quantitatem exponere, tunc nihil repetere possit; quià volenti non fit injuria. Sed hoc veriùs negant *Salas apud Lugo D.* 31 *n.* 59 *et Sanch dict. n.* 87 *cum Soto, Lop. Reb. etc.* Ratio, quià ille, etsi colludat cupiditate ludendi attractus, non tamen censetur ità cedere juri suo, ut possit perdere, et non lucrari. Rectè tamen id admittit *Sanch. cum Lop.* solo casu, quo ex conditione colludentis, et ex parva quantitate ludo expositâ, probabiliter præsumatur animus donandi; Vel si ipse colludens non animo lucrandi, sed recreationis gratiâ ludit, nec esset res magni momenti, ut etiàm benè subdit *Sanch. cum Reb.*

« Si tamen filiusfamilias (et idem de religioso ait 876
» *Nav. ap. Less. l. c. d.* 1.) alatur in distanti loco à
» parentibus, poterit ex alimentis moderatè aliquid
» insumere in honestum lusum, v. g. 5 ex 100 quià
» talis communiter præsumitur voluntas parentum,
» ut habet *Sot. l. c. Laym. etc.* Ac præterea potest
» etiàm filius deponere quidquid lucratus fuerit, cùm
» ad hoc etiàm parens censeatur tacitam facultatem
» dare, *Laym. l. c. Bon. de Restit d.* 1 *q.* 3 *p.* 2 *n.* 10
» *et seq.* »

Probabile tamen est, ut mecum senserunt Juniores valdè docti, quòd eò casu, si filius familias nolit solvere amissum in ludo, licitè possit exceptionem opponere, nec teneatur solvere, reservando aliquid ex alimentis. Utrùm autem filiusfamilias possit unâ vice exponere, quod per totum annum perdere potest? Negant *aliqui*, sed probabiliùs affirmant *Sanch. et Diana.* Nec victor tunc tenetur inquirere, an filius poterit, necne, illam summam exponere, nisi sciat quòd iste soleat, cum aliis ludere. Ità *Sanch. Lug. etc. ap. Croix l.* 3 *p.* 2 *n.* 1073.

» 3. Tenetur restituere, qui vicit faciendo contrà 877
» conditiones ludi, et decipiendo; aut fraude, ac
» per injuriam alterum pertraxit ad ludendum; v. g.
» si simularet se planè ignarum lusûs, et sic alterum

» multo imperitiorem provocaret, qui alioqui ludere
» noluisset, aut si conviciis lacesseret, ad quæ vi-
» tanda alter consensisset in lusum, aliàs non con-
» sensurus, *Mol. d.* 517 *Laym. l. c. Bon. d.* 2 *q.* 3 *p.*
» 2 *n.* 3.

878   » 4. Si, in re, quæ spondetur, sit inæqualitas, et
   » hæc alteri parti (v. g. cujus pecunia major est) sit
   » nota, isque nihilominus spondere velit, valet con-
   » tractus probabiliter; quià scienti, et volenti non
   » fit injuria, ut dicit *Navarr. Medin. Sanch. Dian.*
   » Contrarium tamen probabiliùs docet *C. Lugo d.* 31
   » *sect.* 6, *n.* 81 *ex Molin. Less. et Bon.* Si autem
   » ignota sit, non potest alter lucrari ; quià non est
   » æqualis conditio utriusque , et alter nulli se expó-
   » nit periculo. Vid. *Azor. p.* 3 *l.* 5 *c.* 25 *q.* 7. *Bon. d.*
   » 5 *q.* 3 *p.* 2 *q.* 36 *n.* 3. *Salas de ludo , dub.* 13 *num.* 3
   » *Escob. et Card. Lug. l. c.* »

879   An valeat sponsio , si quis manifestet se certò rem
scire et , hoc non obstante, alter perseveret in spon-
sione ? *Prima sententia* cum *Viva de Lugo art.* 4 *Salm.
de Contr. c.* 4 *n.* 64 *et ibid Sanchez , Trull. Dian. Villal.*
affirmat valere quià alter suæ pertinaciæ detrimentum
imputare debet. Sed *secunda sententia* mihi multo pro-
habilior, quam sequuntur *Lugo D.* 31 *n.* 83 *et Croix
l.* 4 *n.* 1068. tenet contractum esse nullum ; pari mó-
do , ac si quis pertinaciter emere velit gemmam falsam
pro verâ. Tunc enim , quamvis venditor manifestet illi
veritatem, si tamen ille pro verâ emat, adhùc emptio est
nulla, cùm ibi non alius contractus interveniat , quàm
emptionis ; nec emptor animum habet transferendi
dominium suæ pecuniæ alio titulo , quàm emptionis ;
quæ cùm sit injusta, quoad substantiam, nulla est. Excipitur 1. Si ille, qui à initio certus videbatur de
aliqua re , posteà, altero contradicente , ac spondere
volente , incipiat dubitare advertens jam aliàs se deceptum deprehendisse, etiàm in iis quæ sibi certa ap-
parebant, tunc enim poterit lucrari. Ità *Lugo n.* 79.
Tourn. t. 1 *p.* 555. *Ronc. de Contr. c.* 3 *q.* 2 *R.* 2. *Anatl.
de Spon. qu.* 9 *n.* 116. *cum Molin.* Prætereà ego ex-

ciperem , si sponsor deceptus suam assertionem haberet pro dubia , quià tunc spontè vult perdere : Quandò enim credit certum , quod ipse asserit , tunc spon-
det , non quià vult cedere juri suo , sed quià decipi-
tur , undè non habet voluntatem perdendi ; sed quandò alter prodit suam assertionem ut certam , et ipse
de assertione sua incipit dubitare , et tamen pertinaciter vult spondere , tunc cessat sua deceptio , et ipse
verè vult perdere , casu quo res se habeat , ut alter
asserit. Pròut si venditor asserat gemmam esse falsam ,
et emptor jam dubitans vult pluris emere , etiàmsi
deindè detegatur falsa esse , benè poterit venditor
pretium illud retinere.

« 5. Per se quidem , et jure naturæ licita est etiàm
» sponsio de futuro eventu , qui damnum proximi
» conjunctum habet , v. g. Petrum intrà annum mo-
» riturum (etsi enim detur occasio optandi , vel ma-
» chinandi mortem Petro , id est per accidens : po-
» testque idem periculum esse in censu vitalitio) :
» jure tamen humano sæpè prohibetur , C. Lugo l. c.
» n. 74.
» 6. Etsi sponsio cum conditione illicita , v. g. plus
» altero potaturum , sit illicita , quià inducit ad pec-
» catum ; quod tamen eâ lucratus es , non tenêris
» restituere , Sanch. Lug. Diana p. 7 t. 9 R. 69.
» 7. Probabile est , quod docent Molin. etc. dùm 880
» quis , minis , vel convitiis ad lusum inductus est ,
» et perdit , victorem non tenêri restituere , quià talis
» absolutè voluntariè lusit , Ron. l. c. ex Mol. et Garc.
» contrà Az. Less. Regin. Fill. etc. communiter. »

Quæritur igitùr an , si quis cogat injuriosè alterum
ad ludendum , possit posteà retinere quod lucratur ?
Prima sententia negat , quià damnum ex injuria secutum omninò est restituendum. Ità Lessius l. 2 c. 26 n.
9. qui vocat communem cum Malder. Steph. et aliis
apud Croix l. 3 p. 2 n. 1080. Secunda verò sententia ,
quam tenent Molin D. 516 cum Trull. Hurt. Dic. et
Dian. apud Croix l. c. ac Garc. apud Less. n. 8 et probabilem putant ipse Less. et Bus. ut suprà , affirmat
Tom. III.   11

posse retinere, quià tunc non coactio, aut ludus, sed potiùs casus, aut peritia cogentis fuit causa damni : si enim, dicunt, iste cogens perderet jam solvere utique tenentur, et alter posset retinere, ut communiter docent *ib. S. Thom. S. Antonin. Less. etc.* Ergò vice versâ, si vincit potest retinere. Hæc sententia, per se loquendo, mihi probabilior est (nisi collusor, qui coegit, superaret coactum in peritia ludendi; eo enim casu sentio, teneri ad restituendam saltem partem lucrati, juxtà mensuram peritiæ quæ præcelleret alteri). Ratio; quià contractus ille, non obstante injuriâ metûs incussi, fuit satis utrinque voluntarius, et validus, juxtà communiorem sententiam relatam *n.* 717. Neque obstat dicere cum *Tourn. t. 1 p.* 553 quòd eo casu teneatur cogens ad restitutionem, quià esset causa damni, cùm ex ejus injuria alter damnum patiatur. Nam respondetur ex *D. Thom.* 2. 2 *q.* 62 *a.* 7. cujus verba retulimus *n.* 562 *v.* Secunda, quòd irrogans injuriam, tunc teneatur ad restitutionem, quandò injuria per se conjuncta est cum damno; sed in casu nostro damnum non est de se annexum injuriæ, cùm metum passus, sicùt perdidit, ità æquè poterat lucrari; ergò damnum non provenit ex injuria, sivè ex metu incusso, sed ex infortunio et casu. Dixi *per se loquendo*, nam si metum passus petat restitutionem pecuniæ amissæ, rectè docet *Less. l. c. c.* 26 *n.* 10. teneri incutientem metum, lucratum restituere, juxtà dicta *dict. n.* 717 *v. Quæ-rit* 2. Quid verò, si ille cogat tantùm per preces importunas? *Sanch. Nav. Sylv. ap. Croix ib.* adhùc tenent eum non posse lucrum retinere. Sed longè probabiliùs contradicunt *Less. l. c. et plurimi cum Dian.* quià preces non tollunt voluntarium, sicùt nec minæ, ut ex communi asserit *Bus. hic cum Bann. et Mol.*

Quid, si victus cogat injuriosè vincentem ad ulteriùs ludendum, et posteà vincat aliud ultrà amissum, an possit retinere? Negat *Croix l.* 3 *p.* 2 *n.* 1080. *in fin.* nisi victor ex more lusûs haberet jus cogendi alterum ad ulteriùs ludendum. Sed alii DD. ut *Adrianus, Tol. Mol. Garç. etc. apud eumdem Croix l. c.* dicunt : non te-

heri eum ad restitutionem; Et hos sequor juxtà mox suprà dicta, nam idem est cogere ad ludendum, quàm ad
ulteriùs ludendum. Potest tamen coactus, ut diximus,
repetere quod post coactionem amittit.

» 8. Communior sententia est tenêri restituere, 881
» qui lusit, vel certavit, certò præsciens se victurum
» esse. Contrarium tamen, nempè non tenêri, dum-
» modò dolus abfuerit, tenent Tol. et Sa, V. Con-
» tractus, quià non tenetur quis ex justitia suam peri-
» tiam, vel scientiam adversario declarare ? Sed is suæ
» temeritati imputet, quòd ausus fuerit cum eo depo-
» nere, cujus scientiam non norat. V. Bon. l. c. n. 4
» Dian. p. 7 c. 9 R. 62.

» 9. Non tenetur restituere, qui utitur astutiis illis, 882
» quas regulæ lusûs, et consuetudo recepta pati-
» tur; cùm uterque sciat, tales astutias esse solitas,
» et sic tacitè in illas liberè consentiat, Azor.
» Filliuc. Less. Bon. l. c. p. 2 n. 2. v. g. 1. Si potiores
» chartas habens, et securus de victoria augeat spon-
» sionem, vel simulet metum, ut adversarius au-
» geat. 2. Si sciens se inferiores chartas habere, dis-
» simulet, augeatque sponsionem, ut sic relinquatur
» sibi, quod erat appositum, Cardin Lugo, Salm. Sanch.
» Dian. p. 7 t. 9 R. 43. 3. Si inspiciat chartas alte-
» rius, ex sola ipsius negligentia, et absque fraude ;
» secùs, si ità se collocet, ut possit videre ; vel si
» alium constituat, à quo admoneatur. 4. Si chartas
» à tergo discat nosse inter ludendum, quas antè non
» signarat, nec noverat, Trull. Sanch. Lug, Dian. p. 4
» t. 9 R. 50 et 52.

» 10. Qui verò utitur fraudibus non adhiberi so-
» litis, vel colludenti ignotis; v. g. suffuratur char-
» tas, vel signis à tergo notat, vel utitur notatis, aut
» iis, quas antè novit, ignorante socio, vel arte quâdam
» eas componit, etc. tenetur restituere non tantùm
» lucrum, sed etiàm quantùm alteri valebat spes lu-
» crandi, imò etiàm colludendi, Reg. Amic. Trull.
» Dian. l. c. R. 42. vid. etiàm p. 4 t. 3 R. 25. et Bon.
» de Rest. d, 2 q. 3 p. 2.

Certum est, quòd fraudator teneatur restituere non
solùm id, quod lucratus est, sed etiàm quod alter justè
lucraturus erat, si fraus abfuissèt : ità *Less. l. 2 c. 29
et Salm. c. 4 n.* 58. *cum Bon. Vill. et Trull.* In dubio
tamen, an alter fuisset lucraturus, non potest quidem
fraudans retinere lucratum, quià saltem est dubius,
an justè lucratus sit : sed non tenetur quantitatem ex-
positam alteri dare, quià melior est conditio possidentis : cùm alter non erat certò lucraturus, ut dicunt *Less l. c. et Salm. ib. cum Sylv. Dian. Villal. et Trull.*
Sed meliùs sentit *Contin. Tournely t. 1 p.* 552. *cum
aliis ;* tenêri ad dandum alteri, quantùm valebat spes
victoriæ, quam colludens cessante fraude habuissèt ;
Modò (intelligendum dico) in colludente potior fuisset spes lucrandi, quàm periculum perdendi ; Ratio,
quià eo casu spes illa, quo alter per fraudem privatus
est, jam aliquo pretio digna erat.

Qui lusit, quià fraudulenter monitus fuit ab altero,
qui vidit socii chartas, certè lucrum restituere tenetur, nisi antè monitionem jam illum jactum (vulgò
Posta) ludere statuisset. In dubio tamen, an fuisset
lusurus, si monitus non fuisset, alii dicunt tenêri
restituere totum lucratum ; Sed probabiliùs tenêri tantùm pro ratâ dubii judicat communis sententia cum
Croix l. 3 *p.* 2 *et ib. Bon. Sanch et Dian.* Quid, si post
monitionem adhùc eventus ludi esset dubius ? *Sanch.
ib* dicit, non tenêri ad restituendum aliquid : Alii dicunt
tenêri ad totum. Probabiliùs dico tunc tenêri etiàm
pro ratâ dubii, cùm dubia sit illatio damni : Sed quià
adfuit certa injustitia ob illàm majorem fraudulentam
probabilitatem vincendi, ideò tenetur ad aliquid. Nota hîc, non tenêri lusorem monere alterum de suo
errore, puta, si det manum, si numeret pro se mi-
nora puncta, *Croix ib. n.* 1043 *cum Sanch.* Quià sic
fert communis mos lusorum.

» 11. Si ludens habeat animum non solvendi, vel
» si perdat, repetendi, non potest lucrari, atque adeò
» nec retinere, quod est lucratus, quià fraudulenter
» decipit, nec alter vellet cum eo ludere, si id sci-
» ret, *Less. l. c. d.* 5. *n.* 31. *Regin. n.* 388. *Bon l. c.*

» 12. Peccant graviter , et communiter mortaliter,
» qui totos se lusibus tradunt, cùm sciant in gravia
» se indè peccata labi, aut impotentes reddi ad sol-
» venda debita , vel alendos liberos ,et uxorem , etc.
» *Sanch. Trull. c.* 17. *dub.* 1.

» 13. Ludere pro Psalmo , vel Oratione Dominica
» recitanda non est peccatum , nec irreverentia , *Nav.*
» *Reb. Sanch. Dian. p.* 7 *t.* 9 *R.* 1. »
Quæritur hîc an liceat ludere precibus sacris , ap-
plicandis pro victore ? Negant *Habert* , *ac Lop. Vega* ,
etc. apud Conc. t. 7 *p.* 662. *n.* 4. quià non licèt miscere
sacra profanis ; imò dicunt esse simoniam, si vellent
victos civiliter obligare. Sed meritò affirmant licere
idem *Conc. l. c. et Tour. t.* 1 *p.* 553 *cum Henrico a S.*
Ignatio. Ratio , quià malum quidem est adhibere spiritualia propter profana ; adhibere verò profana propter spiritualia , licitum et bonum est : Idque probat
piorum usus. Sicùt autem licitum est permutare spirituale cum spirituale , ut diximus *de Simon. p.* 105 *n.*
72 sic etiàm licèt , nec est simonia, invicem se obligare ad præstanda spiritualia. Si verò unus luderet
pecuniâ , alter precibus , hoc certè esset simonia.

» 14. Peccat idem ludens , si lusus lege positivâ 883
» sit prohibitus , ut lusus alearum , et similes, qui
» magis in fortuna , et casu, quàm in industria fun-
» dantur. At laicis ratione circumstantiarum sub ve-
» niali , clericis sub mortali prohibentur, *Less. l.* 1.
» *c.* 26 *n.* 6. Intellige , si clericus crebrò , perque lon-
» gum tempus luserit , non autem , si per brevè tem-
» pus , et causâ recreationis , et absit scandalum ;
» quia Canones id prohibentes non videntur recepti ,
» nisi quatenùs id fieret cum periculo scandali ; ut
» habet *Less. l.* 3. *tract.* 4 *c.* 21 *n.* 1. Notat autem *Dia-*
» *na p.* 7 *t.* 9 *R.* 2 *et ex Lug. Dicast. Amic. Trull. etc.*
» prædictis legibus per contrariam consuetudinem
» ità derogatum esse, ut non tantùm laicus, sed etiàm
» clericus non peccet , si principaliter pro recreatio-
» ne , et simùl pro lucro moderato ludat chartis , vel
» aleis : In Religiosis tamen (apud quos disciplina re-

» gularis viget) , uti et Episcopis , è peccato gravi ex-
» cusari vix posse , *ibid. Resp. 4 ex Molin. Dic. Lug.*
» *etc.* etsi *Sanch.* conetur excusare , si urgeat necessi-
» tas , v. g. excitandi , aut recreandi infirmum , vel si
» parùm ludat ob solam recreationem.

» 15. Si quis ludo tali vetito lucratus fuerit , juxtà
» sententiam probabiliorem non tenetur ad restitu-
» tionem antè judicis sententiam : quià jura non an-
» nullant contractum , nec impediunt acquisitionem
» dominii, sed tantùm concedunt , ut possit repeti.
» An verò, qui tali lusu perdidit, teneatur posteà ad-
» huc solvere ? Alii negant ; vide *Less. hic dub.* 5. *Mol.*
» *Reg. Fill,* etc. Alii affirmant ut *Azor. Reb. Val. etc.*
» apud *Bon. l. c, p.* 3 *n.* 2. Vide *Diana p.* 2 *tr.* 7 *R.* 8
» *et p.* 7 *t.* 9 *R.* 21. »

684 Omnia hæc, operæ pretium est , singula fusiùs , et
sedulius ad trutinam revocare. Antè omnia hîc præ-
notandæ sunt leges, quæ tàm de jure Canonico , quàm
Civili, prohibent ludos vetitos. De jure Canonico in
Can. 42 *et* 43. *Apost.* qui refertur in *c.* 1. *Dict.* 35 sic
habetur : *Episcopus , aut Presbyter , aut Diaconus ,
aleæ , atque ebrietati deserviens , aut desinat , aut certè
damnetur, Subdiaconus , aut Lector , aut Cantor similia
faciens , aut desinat , aut communione privetur: Similiter etiàm laicus.* Item in *c. Clerici de vita et Hon. Cler.*
dicitur : *Ad aleas etc. taxillos non ludant , nec hujusmodi ludis intersint :* Item in *c. Inter dilectos. De Ex-
cess. Præl.* Pontifiex declaravit, indignum Beneficio
quemdam clericum *aleatorem manifestum* , et proindè
consuetudinem talis lusus in Clericis penitùs impro-
bavit , eamque dixit *pravam , ac corruptelam.* Item,
Conc. Trid. *Sess.* 22 *c.* 1 quòad hanc materiam , et,
Clericos, antiquos Canones eorumque pœnas in usum
revocari præcepit , non obstantibus quibuscumque
consuetudinibus. De jure autem Civili in *l. Alearum*
C. de Rel. et Sumptib. fun. generaliter prohibetur lusus alearum , adeò ut *nulli liceat in publicis , aut privatis domibus vel locis ludere , aut inspicere ; Et si contrà
factum fuerit ; nulla sequatur comdemnatio* (id est victi

ad solvendum) , *sed solùtum reddatur* , *et actionibus competentibus repetatur ab iis qui dederunt.* Idem sancitur in *l.* 1 *et* 3 *C. de Aleatoribus.* Idem statutum est jure Hispano pro ludentibus pecuniâ creditâ ; Vid. *Salm de Contr. c.* 4 *n.* 63.

Hinc videndum , an et quomodò peccent Laici ; 885 Clerici , Religiosi, et Episcopi , aleis ludentes. Et 1. quod ad *Laicos* pertinet, commune, et certum est inter DD. quòd hujusmodi lusus non sit eis vetitus sub gravi , ùt cum *Bus.* tenet *Sanch. Cons. l.* 1. *c.* 8. *dub.* 25 *n.* 5. *Lug. de Just. D.* 31 *n.* 9. *Mol. de just. D.* 510. *Hurt. cod. tit. D.* 8. *diss. et Diana p.* 7 *tr.* 8 *Res* 2 cum aliis communiter. Imò probabilissimum est cum *Bus.* quòd, respectu ad leges suprà relatas, Laici he venialiter quidem peccent, ut dicunt *Less. l.* 2 *c.* 26 *n.* 6. *Spor. tract.* 6 *de* 7 *Præs. c.* 6 *et Sa , Val.* et alii communiter *ap. Croix l.* 3 *p.* 2 *n.* 1086 Quià (ut dicunt AA. præfati) leges civiles prohibentes obligant laicos tantùm ad pænam , non verò ad culpam ; datur enim ibi victis actio repetendi amissum , ut ex *d. l. Alearum* , ut suprà. Canon autem citatus *Episcopus* , quòad laicos est consuetudine derogatus ut dicunt communiter DD. vide infrà *n.* 895. Dixi , *respectu ad leges relatas* , nam , utrùm peccent venialiter laici ludentes principaliter propter lucrum? Negant alii *ap. Lugo n.* 4. Quià non est peccatum ordinare medium ad finem utilem ; si ergò lucrum honestum sit utile , ludere propter illud , culpâ caret. Sed probabiliùs, præcisis circumstantiis, puto cum *P. Conc. t.* 7. *p.* 601 *n.* 3 non excusari à culpa veniali, quià (ut docet *D. Th.* 2 2 *q.* 77 *ar.* 4.) omnis negotiatio propter lucrum cupiditati deserviens, quamdam turpitudinem habet. Idque clarè probatur ex *cap. Quicumque* , 14 *Qu.* 4. ubi dicitur : *Quicumque tempore messis , vel vindemiæ , non necessitate, sed propter cupiditatem comparat annonam... hoc turpe lucrum dicimus.*

Sed dubitatur 1. an peccet graviter ludens ludo ve- 886 llo principaliter ob lucrum? Affirmant *Sylv. vers. Ludus q.* 4 *et Abul. Gabr. Ricch. ac Comit. apud Diat. 9.*

c. R. 1 *et Caj. S. Antonin. Gutt. etc. apud Sanch. l. c.
c.* 8 *n.* 7. Quià (ut dicunt) esto intentio lucri non
sit mortalis, quandò ludus est illicitus, mortalis tamen est, quandò ludus est prohibitus : quià in illo
ludens intendit expoliare proximum medio illicito,
Sed communiter, et meritò negant peccare graviter
Sanch. dict. n. 6 *cùm Alcoz. Mol. D.* 510. *Lugo D.* 31
n. 5. *Hurt. D.* 8 *diff.* 2 *et Dian. l. c. R.* 1 *cum Val. Reb.
et communi.* Ratio, quià intentio lucri non potest esse
mortalis, quandò ludus est talis, ut per ipsum validè
transferatur dominium, eò quòd tunc ludens licito
medio intendat lucrum, licèt ludus, sivè modus lucrandi sit illicitus. Imò *Lugo*, *et Diana*, probabiliter
dicunt nec veniale esse, si ad honestum finem lucrum
intendatur.

    Dub. 2. an victor tali lusu teneatur restituere lu-
cratum antè sententiam Judicis? Affirmant *Syl. S.
Antonin. Arm. Tab. etc. apud Sanch. Cons.* 1 *c.* 8 *d.* 1
n. 2 *ex dict. l. Alearum*, ubi dicitur quòd, si victus
*solverit, solutum reddatur, et competentibus actionibus
repetatur.* Sed negandum cum *Busemb.* et communi
sententia, quam tenent *Laym. l.* 3 *tr.* 4 *c.* 21 *n.* 3. *Lug.
D.* 31 *n.* 60. *Salm. de Contr. c.* 4 *n.* 62. *Sporer c.* 6 *n.* 82.
Croix l. 3 *p.* 2 *n.* 1086. *Sanch. l. c. n.* 3 (qui meritò
dicit hanc sententiam omninò tenendam) *Less. c.* 26
n. 17 qui vocat veram cum *Sot. Mol. Med. Covarr.* et
aliis communiter. Ratio, quià (uti patet ex verbis Legis, ut suprà) ibi non declaratur irritus contractus,
sed tantùm datur victo actio ad repetendum. Et idem
dicunt *Salm. n.* 63 *et Lugo n.* 67 de lege Hispana ve-
tante ludum ad creditum. Addunt tamen *Salm.* hoc
valere solo casu quo victus liberè solverit, sciens ad
id non teneri ; Sed *Lugo n.* 67. *Dian. l. c. R.* 24 *et Dic.
ap. Croix l. c. n.* 1087 probabiliter dicunt victorem
posse retinere lucratum., etiàmsi victus ignoraverit
posse negari solutionem : quià recepit ex contractu
valido, et victus jam habebat obligationem naturalem
solvendi, licèt ex jure positivo potuisset exceptionem
opponere.

Dub. 3. an, si victor impediat, ne Judex eum obli-**888** get ad restitutionem, teneatur restituere? Responde- tur affirmativè, si impediat vi vel fraude; secùs, si alio modo. Ità communiter *Lug. D.* 31 *n.* 62. *Less. c.* 26 *n.* 21. *Sanch. dub.* 2 *n.* 2. *Mol. Disp.* 514. Quià vic- tor non tenetur restituere, nisi post sententiam. An autem victor interrogatus à Judice teneatur fateri quid- quid ludo vetito lucratus fuerit, et an aliàs obligetur restituere? Negant *Mol. et Sanch. ap. Lugo n.* 63 et alii cum *Diana p.* 7 *tract* 9 *R.* 27 et probabile putat *Less. n.* 22 si id probatum non sit saltem semiplenè. Ratio, quià, cùm victor examinetur criminaliter, ut puniatur privatione lucri in pœnam criminis, non te- nêtur fateri, quandò crimen est occultum. Sed pro- babiliùs *Lugo n.* 64. *Less. dict. n.* 21 *et Croix n* 1090 affirmant. Ratio, quià hìc non agitur de punitione, sed de restitutione concessâ à lege, quæ est dispositi- va in favorem eorum qui perdunt, non autem pœna- lis; si enim esset pœnalis, restitutio non esset facien- da victo, cùm ipse etiàm particeps fuisset delicti, sed Fisco, vel pauperibus. Regula autem, quòd reus non- teneatur fateri veritatem occultam Jadici interroganti sinè semiplena probatione, ut docent *Less. l. c. et c.* 31 *n.* 9 *et Lugo n.* 63 valet tantùm in causis crimina- libus, non in civilibus.

Dub. 4. an, qui ludit ludo vetito cum animo repe-**889** tendi in judicio, possit retinere lucratum? Negant *Less. c. n.* 26 *n.* 31 *et Mol. Reg. ac Dic. apud Croix. n.* 1088 quià tolleret æqualitatem contractûs, cùm eo casu possit lucrari, et non perdere. Sed probabiliùs affirmant *Lugo D.* 31 *n.* 53. *Sanch. l.* 1 *c.* 8 *dub.* 5 *n.* 1 *et Sporer p.* 84. Ratio, quià ex una parte contractus fuit validus, cùm intentio non adimplendi minimè irritet contractum; et ex aliâ parte contractus reman- serit æqualis, exceptio enim non solvendi utrique parti semper competebat. Hinc, si iste lucretur, retinet ex contractu valido : si verò perdat, negat solutionem, utens beneficio quod lex ipsi tribuit.

Dub. 5. an qui ludo vetito perdidit, teneatur sol-

vere? *Prima* sententia valdè probabilis affirmat, et
hanc tenent *Sayr. l.* 9 *c.* 22 *n.* 21 item *Val. Bann. et*
Reb. apud Bon. de Ludo quæst. 3 *p.* 3 *n.* 2 et probabilem vocant *Lugo D.* 22 *n.* 301, *et Salm. c.* 4 *n.* 62.
Ratio, quià jure naturali contractus fuit validus, et
ideò victus illi tenetur stare donec judicialiter exceptionem opponat, vel petat restitutionem. *Secunda* verò sententia communior et probabilior negat, eamque tenent
Sanch Dec. l. 2 c. 13 *n.* 144. *Less. l. 2 c.* 26 *n.* 24. *Lugo Dict.*
D. 22 *n.* 300 *et D.* 31 *n.* 70. *Viva de Ludo q.* 9 *ar.* 4 *n.*
1. *Salm. c.* 4 *n.* 62 *et Spor. tract.* 6 *n.* 7. *Præc. c.* 6 *n.* 83
cum Nav. Tol. Mol. et Laym. Ratio, ut dicunt *Salm.*
l. c. et c. 1 *n.* 71 *ac Less. n.* 24 quià in citata *l. Alea-*
rum C. de Relig. etc. videtur ablatam fuisse omnem
obligationem solvendi adhùc naturalem, dùm in ea
sancitur, *ut victus non cogatur solvere.* At frustrà
(ajunt) diceretur ludentem non posse cogi ad solvendum, si in foro conscientiæ aliàs cogeretur. Sed hæc
ratio probaret enim quòd ex tali lusu vincens teneretur antè sententiam restituere lucratum, quia, si victus
obligationem naturalem non haberet solvendi, injustè ille reciperet ; sed huic contradicit communis sententia, quam tenent ipsi *Salm. et Less.* ut vidimus
suprà in dub. 2. Ratio igitùr potior est, quià lex, nisi
obligationem naturalem non auferat, cùm tamen sit
lata non tantùm in pœnam victoris, sed etiàm in favorem victi, dando jus victo ad se defendendum excep-
tione vel repetitione soluti, dat etiàm jus absolutum
ad non solvendum ; At quid enim is tenetur solvere,
si potest solutum statim repetere ? Hoc confirmatur
ex *l. Creditari.* 5 *de Pactis*, ubi dicitur : *Frustrà solvitur*
quod statim repetendum est. Idque probabile putat *Lugo*,
D. 31 *n.* 302 (contrà *Mol.*) etiàmsi victus ob verecundiam
non haberet animum excipiendi, vel repetendi in judicio.

890   Dub. 6. an, si uterque ludens renunciaverit beneficio legis, poterit victus negare solutionem ? Rectè
affirmant *Less. c.* 22 *n.* 26 *et Lugo D.* 31 *n.* 65 si renunciaverint sinè juramento, quià beneficium legis

datum est in bonum commune , et ideò invalida est
cessio ludentium. Benè tamen advertit *Lugo ib.*, quòd,
si post solutionem fieret illa , cessio valida videatur et
irrevocabilis ; quià esset nova gratuita donatio inde-
pendens à ludo. Si verò lusores renunciaverint beneficio cum juramento , rectè distinguit *Less l. c.* et dicit , quòd si juraverint tantùm se soluturos, tenerentur
quidem solvere, sed poterunt posteà solutum repetere.
Secùs, si juraverint etiàm non repetituros , quià, licèt
ludus sit vetitus , permissum tamen est et licitum solvere tali ludo amissum , illudque non repetere ; ac ideò
valet quidem tale juramentum , utpote de re licita ,
ut mox videbimus in quæstione sequenti , contrà *Salmant.*

Quæritur enim , utrùm eo casu possit victus petere 892
à Prælato relaxationem juramenti? Affirmant alii apud
Less. c. 26 *n.* 27 proùt dicitur de Juramento de solvendis usuris. Sed veriùs negat *Less. l. c.* cum *Mol.*
quià hîc intervenit contractus validus, qui non intervenit in pacto solvendi usuras. Dicunt autem *Salm. de
Jur. c.* 3 *n.* 6 prædictum juramentum solvendi amissum in ludo vetito, reverâ non indigere relaxatione ,
quià est de re illicita contrà bonum commune, cùm
ob commune bonum sint vetiti tales lusus. Sed benè
contradicit *Sporer de Jur. c.* 1 *n* 21 dicens , verum
esse, quòd juramentum contrà id quod leges prohibent, per se sit irritum , ut probat *Palaus D.* 3 *p.* 8
n. 6. Sed in nostro casu advertendum , quòd lex ,
quàmvis prohibeat hunc lusum, non prohibeat tamen
sed benè permittat solvere perditum : Hinc concluditur , quòd juramentum ludendi lusu vetito esset quidem nullum , quià lusus est vetitus, et contrà bonum
commune; non autem est nullum juramentum solvendi amissum , quià hoc à lege non prohibetur.

Dub. 7. an victus , qui jam solverit , possit occultè 893
sibi compensare solutum? Affirmat *Adrianus* , et probabile putat *Angles apud Sanch. l.* 1 *c.* 8 *dub.* 2 *n.* 5.
Sed oppositum est omninò tenendum cum *eod. Sanch.
Arag. Met. Lop. l. c. Sporer tr.* 6 *n.* 82. *et Lugo D.* 31.

n. 71. cum Sot. Led. et communi. Ratio , quià domí-
nium pecuniæ solutæ jam validè translatum est , undè repeti non potest , nisi coram Judice : Sed quid si
victus repetat solutum , petendo rescissionem contractûs , et victor renuat restituere ? Perpende dicta *n.* 717.

894 · Dub. 8. et ultimò utrùm , si victus fictè minitetur
in judicio repetere solutum , possit titulo transactionis aliquid recipere à victore ? Negant *Mol. d.* 514.
Bonac. de Ludo §. 3. *n.* 13. *et Lugo D.* 13. *n.* 72 *cum
Salas* , et fusiùs *D.* 17 *n.* 167. quià (ut dicunt) contractus ille transactionis factus est per dolum dantem
causam contractui , scilicet per metum qui reverà
non aderat deficiente animo repetendi; et ideò victus
nihil potest accipere , et si accipit , tenetur restituere.
Sed probabiliùs affirmant posse accipere *Less. l.* 2 *c.* 17
n. 42. *Sanch. de Matr. l.* 4 *D.* 9. *Pal. t.* 1 *tr.* 2 *D.* 1 *p.*
10 *n.* 5. *Dian. p.* 3 *tr.* 4 *n.* 24 *et Trull. ac. Dic. ap. Croix
l.* 3 *p.* 2 *n.* 1086. Ratio , quià , licèt victus non habeat
animum , habet tamen potestatem repetendi ; quà se
privat imposterum per talem transactionem ; et victor
reverà non dat , ut illum animum deponat, sed ut cedat
juri suo repetendi , proùt reverà cedit.

895   II. Quod ad *Clericos* verò pertinet, aliter rès se habet quàm quòad Laicos. Sed prænotandum, quòd
Canones vetantes ipsis ludos alearum afficiant solos
Clericos in Majoribus constitutos , et Beneficiatos , ut
dicunt communiter *Roncag. de Ludo c.* 1 *q.* 3. *Lugo
de Just. D.* 31 *n.* 12 *cum Less. et Salas* , item *Sanch.
Cons. l.* 1 *c.* 8 *dub.* 28 *n.* 8 *cum Nav. et Lop.* contrà
Alcoz. Ratio , quià (ut ajunt) Canon *Episcopus,* in
principio relatus , quòad alios Clericos saltem ex
consuetudine derogatus est sicùt quòad Laicos. Quòad
Beneficiatos autem vide dicta *n.* 831 *v. Communi.*

896   At dubitatur 1. an prædicti Clerici in Sacris , aut
Beneficiati peccent graviter , aleis ludendo frequenter
et in magna quantitate ? *Salm. de Contract. c.* 4 *n.* 60
quàmvis probabilem putent sententiam affirmativam,
negant tamen hos peccare mortaliter , cessante scandalo. Ratio eorum , quià præfatæ leges vel ab initio

non obligârunt, nisi ad pœnam, vel ex consuetudine
sunt abrogatæ; et citant pro sua sententia *Sanch.*
Less. ac alios, *Apud Dianam;* Sed *Sanchez Less.* et
alii apud Dianam, ut infrà videbimus, expressè oppositum tenent. Undè omninò dicendum ipsos peccare
mortaliter cum communi sententia, quam tenent
Sanch. d. dub. 28 *n.* 7. *Less. l.* 2 *c.* 29 *n.* 6. *Spor. tr.* 7
in 7. *Prœc. c.* 6 *n.* 80. *Mol. D.* 512 en alii infrà citandi:
Ratio; tùm quià juxtà Canones (ut pro certo habet
Dian. p. 7 *l.* 9 *R.* 3) damnantur de mortali Clerici
publicè et frequenter aleis ludentes; tùm quià, licèt
Canones prohibentes hodiè non sint in tota sua observantia (ut concedunt *Less.* et *Lugo ll. cc.* ac *Fill.*
tr. 37 *c.* 4 *n.* 59) tamen non sunt omninò aboliti, cùm
lusus alearum de ipso jure naturali notabiliter dedeceat
statum ecclesiasticum, ut mox dicemus dubio sequenti.

Dub. 2 an peccent graviter Clerici frequenter lu- 897
dentes aleis, etsi in parva quantitate? *Prima* sententia negat, quam tenent *Sylv. v. Ludus, q.* 4. *Nav.*
Sum. c. 19 *n.* 12 item *Abb. S. Anton. Gutt. Lop ap.*
Sanch. dub. 28 *n.* 6. Ratio istorum, quià frequentia
ludendi, licèt aggravet peccatum, non tamen mutat
speciem, ut de veniali reddat mortale. Affirmat verò
secunda sententia communissima, quam sequimur,
et tenent *Cajet.* 2. 2 *q.* 168 *ar.* 3 *dub.* 3. *Ang. v. Lu-*
dus , n. 4. *Arm. eod. verb.* §. 4. *Hurt. de Just. D.* 8
diff. 3. *Viva de Contr. q.* 9 *ar.* 4 *n.* 6. *Sanch. l. c. n.* 7
cum Alcoz, et Palac. Laym. l. 3 *tr.* 4 *c.* 21 *n.* 1. *Mol.*
P. 512. *Less. c.* 26 *n.* 6. *Roncag. de Ludo c.* 1 *q.* 3 *R.*
2. *Spor. l. c. n.* 80 *et Dian. cum aliis dict. Res.* 3 *et p.*
4. *R.* 183 ubi vocat hanc sententiam communem, atque ab ea non discedendum. Idem sentit *Bus.* ut
suprà (modò tamen ludus non solùm sit frequens,
sed etiàm per longum tempus, ut etiàm loquuntur
Less. et Wigandt t. 8 *Ex* 4 *n.* 77.) Ratio, quià, ut jam
suprà indicavimus, et ut docent *Sanch. n.* 6 *et Mol.*
ac *Ronc. ll. cc.* frequentia talis lusûs de jure naturæ
dedecet valdè Ecclesiæ Ministros. Neque consuetudo
id excusare potest, quià, ut Pontifex declaravit in *c.*

Inter dilectos, *de Vita et honest. Cler.* talis consuetudó tamquàm vera corruptela , est omni tempore improbanda et removenda. Qualis autem sit hæc frequentia mortalis? *Bordon* putat esse ludere semel in hebdomada , sed *Roncaglia* meritò id putat nimis regidum. Imò *Less. d. n.* 6 *et Wigandt l. c.* sentiunt nob damnandos de mortali Clericos ludentes ad breve tempus, etsi crebrò , recreationis causâ nisi propria statuta Diœcesis, vel Ordinis id prohibeant.

898 Dub. 3 an peccent graviter Clerici ludéntes aleis in magna quantitate, etsi non frequenter? Affirmant *Sporer d. c.* 1 *n.* 80 *et* adhærent *Mol. D.* 512 *ac alii apud Nav. Man. c.* 24 *n.* 9 negat *Salas apud Lugo D.* 31 *n.* 11 et consentit *Laym. d. c.* 21 *n.* 1 citans *Less. et Reb.* nisi fiat publicè , et cum scandalo : Dicit enim *Laym.* quòd Canones (ut habetur in *cit. cap. Inter dilectos de Excus Præl.*) loquantur tantùm de publico aleatore , et his lusibus deditò.

899 Ex his omnibus dico I. non peccare graviter Clericos , qui rarò , moderatè , et privatim sinè scandalo aleis ludunt. Imò probabiliter nec venialiter , si ludant recreationis gratiâ in loco , ubi præfati Canones non regidè observantur, ut dicunt *Mol. D.* 512. *Laym l. c. n.* 2. *Spor. n.* 80 *et Dian. p.* 7 *tr.* 9 *R.* 3 *in fin.* cum *Dic. et Amic.*

900 Dico II. præfatas sententias , quæ damnant de mortali Clericos aleis ludefítes, non procedere in ludis chartarum , qui non sunt meræ sortis seu fortunæ. Confundunt alii ludum alearum cum omni ludo chartarum : Sed immeritò ; nam reverâ alea , ut Magistri Idiomatis latini docent , est nomen comprehendens solos ludos sortis , qui non ex arte, sed omninò à casu pendent , et hujusmodi sunt ludi talorum, tesserarum , et similium. Hinc dico, quòd lusibus illis chartarum , qui totaliter pendent à casu , ut sunt lusus vulgò vocati, *Bassetta , primiera* , et similes, pro his quidem valeant senténtiæ præfatæ; Non autem pro aliis,qui sunt tàm industriæ, quàm fortunæ, ut sunt illi qui dicuntùr,*Ombre,tressette,*et similes.Pro his enim

valdè probabiliter puto cum Auctore Libelli, cui titulus (*Instruz. per li Novelli Confess*) *p.* 2 *c.* 17 *n.*
397 *cum Passerin.* valere sententiam *Salmanticensium*;
ut suprà, scilicèt non peccare graviter Clericos iis
ludentes, nisi alicubi esset specialis prohibitio, aut
scandalum. Circà quod benè insuper advertit *Molin.*
dict. D. 512 pensandam esse qualitatem personæ, an
sit magnæ vel parvæ æstimationis; Clerici enim, qui
vitam non tàm exemplarem ducunt, reverâ grave
scandalum non ingerunt, si etiàm frequenter aspi-
ciuntur in talibus ludis versari, modò propria minis-
teria non negligant; imò nec ullum præbent scandalum, si meræ recreationis causâ id faciant. Et hos
verè dici potest excusari ab hodierna et universali
consuetudine, quæ certè differt ab illâ antiquâ arctâ
primitivæ Ecclesiæ disciplinâ.

. III. Quod ad *Religiosós* autem pertinet, dicunt *Lugo* 90%
D. 31 *n.* 12. *Sanch. c.* 8 *dub.* 28 *n.* 9 *et Mol. D.* 512
in fin. ipsos propter eorum statum, et scandalum
aliorum, faciliùs posse graviter peccare, aleis sivè
taxillis ludendo. Undè dicunt *Roncaglia d. c.* 1 *quæst.*
3 *R.* 2 *et Bann. apud Lugo d. n.* 12 quòd Religiosi
reformati, ut Capuccini, Jesuitæ, Discalceati, et similes peccent, si semel his lusibus ludant. Et tantò
magis id dicendum cum *Salm de Rest. c.* 6 *n.* 95 de
eo, qui in his Religionibus viam talibus ludis aperi-
ret: *Roncaglia* autem *l. c. et Sanch. n.* 9 *cum Met.*
dicunt adhùc, Religiosos non tàm arctæ observantiæ
peccare graviter, si frequenter versentur in his lusibus, etsi sinè scandalo; sed *Salm. l. c. cum Peyrin.*
Dic. et Ant. à Spir. S. dicunt, quòd, præciso scandalo, et præcepto in contrarium, hujusmodi Religiosi
excusentur à mortali, si ludant in modica quantitate;
etiàm à veniali, si ludant ob rationabilem causam;
puta ad solandum infirmum, aut socium tristem;
et hoc probabile mihi videtur, loquendo de ludis
chartarum non meræ sortis, juxtà id quod suprà diximus de Clericis. Addunt *Salm.* id licitum esse etiàm
recreationis gratiâ, vel ubi consuetudine permittitur;

sed huic non acquiesco, quià talis recreatio per se
dedecet statum Reliosum; neque consuetudo talem
indecentiam cohonestare potest. Quantam verò summam possit Religiosus ludo exponere? Modò ludus
non sit specialiter interdictus à Regula, *Spor. de* 7
Præc. cap. 6 *n.* 72 censet posse exponere tres florenos
quotannis. Alii autem, ut *Lugo de Just. D.* 3 *n.* 144.
Elbel tom. C. 18 *n.* 655. *Sanch. Dec. l.* 7 *c.* 19 *n.* 79
cum Nav. Val. Graff. Salon. et Mol. D. 520 *etc.* probabiliter opinantur, quòd, si Religiosus habeat quotannis centum aureos, possit exponere quinque,
dummodò tantumdem eodem anno non impenderit
in alios usus non necessarios. Alii tandem, ut *Salm.*
c. 6 *n.* 94 *cum Lugo, Mol. Azor. etc.* dicunt cum posse
exponere, quantùm sibi subtraheret parcè vivendo
de iis quæ sibi ad usum sunt assignata·.

902   IV. Et ultimò quod ad *Episcopos* pertinet, isti si
ludant aleis, cùm hoc valdè dedeceat statum episcopalem, vix possunt excusari à mortali, ut dicunt
Sotus, et *Salzed. apud Sanchez*, *Cons. l.* 1 *c.* 8 *dub.*
28 *n.* 5 qui *n.* 9 *cum Alcoz.* absolutè eos damnat de
peccato gravi, nisi id faciant ad recreandum infirmum.
Extrà tamen hanc, vel similem causam, *Alcoz. apud*
Lugo D. 31 *n.* 12 ait peccare mortaliter Episcopum,
qui semel ludat. Sed meritò (præcisis circumstantiis)
Lugo hoc putat nimis durum : *Sanchez* autem *ibid.*
cum Meth. et Reb. apud Dian. p. 7 *tr.* 9 *R.* 4 excusat
eum à mortali, si ludat semel ad recreationem; imò
Salas apud Lugo l. c. eo casu cum excusat etiàm à veniali.
Cæterùm ego Episcopum ludentem ludo meræ sortis,
etiàm semel, difficulter puto excusari posse à scandalo gravi; Sicùt etiàm censeo, si frequenter versetur in aliis ludis chartarum non omninò fortuitis.

903   An autem peccent mortaliter Clerici, aut Religiosi,
qui assistendo inspiciunt ludentes aleis ? Hoc quidem
prohibetur, ut vidimus, in *o. Clerici, de Vita etc.* ubi
eis præcipitur, *ne hujusmodi ludis intersint.* Communiter tamen negant DD, in hoc ipsos peccare mortaliter, nisi essent causa ludi mortalis, vel negligereut

lusores·corrigere', vel nisi de tali ludo, quatenùs
mortali, sibi complacerent; secùs, si assisterent causâ
tantùm se delectandi de industria vel fortuna ludentium. Ità *Sanch. Cons. l.* ı *c.* 8 *dub.* 29 *cum Cajet.*
Sylvest. et Ang. ac Dian. p. 7 *tract.* 9 *R.* 40. Qua de
re improbabiliter sentit *Bartholom. de S. Fausto apud*
Dian. loc. cit. quòd Clerici et Religiosi assistentes
ludis alearum non excusentur à mortali, eò quòd in
Bulla S. Pii hoc·interdicatur iis sub pœna excommunicationis ; Sed censeo præfatum Auctorem quoàd
hoc in magnum irrepsisse errorem, nam *Sanch. loc.*
cit. loquens de ludo alearum, nîl penitùs meminit de
tali Bulla; meminit verò de ea paulò post *dub.* 31 *n.* 5
et 12. At ibi.observatur, Bullam S. Pii loqui tantùm
de Clericis et Religiosis assistentibus agitationibus
taurorum ,·non autem lusibus alearum. Episcopi autem his lusibus ex proposito , et·frequenter assistentes difficulter etiàm excusari possunt à peccato scandali gravis.

DUBIUM XIV.

Quid sit contractus Societatis·?

904 *Quomodo fit societas ?*
905 *De conditionibus requisitis ad societatem. Quid·veniat*
   nomine Damnorum *?* ·
906 *Quid nomine* Expensarum? *Et an socius.possit sibi de-*
   ducere expensas itineris?
907 *Qu. I. An capitale sit dividendum , si unus conferat pe-*
   cuniam, alter laborem? Qu. II. Quomodò deindè divi-
   dendum lucrum? Qu. III. An damnum sortis spectet
   semper ad dominum? Qu. IV. An liceat pactum , ut
   damnum sortis sit commune ? Qu. V. Quandò inter
   Fratres censetur facta.societas? et quid in eâ servan-
   dum? Qu. VI. Quibus modis finiatur societas? ·
908 *An per* Tres contractus *possit exigi lucrum certum , sal-*
   vo capitali?
909 *De Societate* Animalium. *Qu. I. Si des rustico pecuniam,*
   ut emat boves ad societatem , et ille in aliud impendat ,
   possisne lucrum exigere? Qu. II. An liceat pactum

Tom. III,   12

supplendi oves mortuas, interim fructus dividendo?
Qu. III. An liceat contractus, ad caput salvum ?
910 *Quid de filio negotiante cum Patre?*

904 » Resp. Is est, cùm aliqui inter se conveniunt, et
» contributis aliquibus rebus ad lucrandum idoneis,
» sivè fructiferis, ut pecuniâ, animalibus, industriâ,
» labore, etc. commune aliquod lucrum faciunt,
» quod, uti et damnum, pro ratione, et rata cujus-
» que dividunt inter se, Vid. *Less. Laym. c. 20. Bon.*
» *q. 6 p. 1.* »

Undè spectando id, quod ratio, et justitiæ natura hìc
requirit, resolvuntur hi Casus.

» 1. Plus lucrari debet, qui confert pecuniam, et
» operam suam, quàm qui vel pecuniam, vel operam
» solam.
» 2. Capitale, seu sors, quam quivis contribuit, si
» pereat casu, vel culpâ sociorum levissimâ, contri-
» buenti perit. Ubi discrimen est inter hunc contrac-
» tum, et mutuum : quià in mutuo sors data aliena-
» tur, et dominium ejus transfertur in mutuatarium,
» cujus proindè solius periculum ac damnum est, si
» casu pereat ; in Societate autem, qui sortem confert,
» eam non omninò alienat à se ; et sicuti commodum,
» ac lucrum ad eum spectat, sic etiàm periculum,
» et damnum. *Bon. l. c.* »
Tres igitùr sunt præcipuæ conditiones licitæ socie-
905 tatis. I. Ut societas fiat in negotiatione honesta. II. Ut
damnum sortis spectet tantùm ad dominum. III. Ut
servetur æqualitas, nempè, ut æstimatio laboris æquiparet usum pecuniæ alterius. Vid. *Salm. tract. 14. c.*
3 *n. 96. Viva de contr. q. 9 art. 3 n. 2.* et alios passim. IV. Conditio est, ut uterque socius subeat onus
damnorum, et expensarum. Nomine autem *damno-*
rum veniunt tantùm damna illa, quæ solo intuitu societatis obveniunt socio, puta, si ipse causâ custodiendi,
vel transferendi, vel comparandi merces diripiatur à

latronibus ut habetur ex *l. Cum duobus.* §. *Damna*, ubi dicitur: *Damni partem dimidiam* (alterum) *agnoscere debere tàm pecuniæ, quàm rerum cæterarum, quas secum non tulisset socius, nisi ad merces communi nomine comparandas proficisceretur.* Non tamen veniunt damna, quæ remotè occasione societatis socius patitur, puta, si occupatus in societate prætermittat acquirere legatum sibi relictum, negotiis domûs suæ providere, etc. ità *Bon. de Contr. D.* 3 *q.* 6 *p.* 4 *n.* 1. *Cont. Tourn. tom.* 1 *p.* 523 *et alii, ex l. Socium.* §. *Socius. ff. eod. tit.* ubi id expressè sancitur. Nec veniunt damna, quæ non contemplatione societatis, sed intuitu ipsius propriæ personæ obveniunt socio, ut legitur in eodem §. *Socius*, mox citato. Si autem causâ societatis vulneretur socius, vel ejus servus à latronibus, tunc solæ expensæ curationis debent esse communes, ex prædicta *l. Cum duobus.* § *Damna.*

Nomine autem *expensarum*, veniunt sumptus itinerum, transvectionum, solutionis vectigalium, conservationis mercium, etc. Sed hîc dubitatur, an socius itinerans causâ societatis posset sibi deducere omnes expensas itineris ? Negant *Sylv. v. Societas, quæst.* 12. *Ang. eod. v. n.* 12 item *P. Nav. Reb. apud Bonac. de Contr. D.* 3 *q.* 6 *p.* 4 *n.* 4 et probabile putat *Less. l.* 2. *c.* 25 *n.* 35. Ratio, quià societas non tenetur subire sumptus, quos alter socius domi fecisset, sed solùm illos, in quibus is damnificatur causâ societatis. Alii verò, ut *Roncaglia de Contr. c.* 3. *quæst.* 2. *R.* 2. *Mol. D.* 418 *n.* 2. *Less. l.* 2 *c.* 25 *n.* 35. *Navarr. c.* 17. *n.* 283 *et Bonac. l.* 2 *cùm Reg. et Salon* concedunt posse integros deducere, modò aliter non sit conventum, et diversa non sit consuetudo ; et probant ex *l. Si frater.* § *Si quis, ff. pro socio,* ubi dicitur : socius *viatica, et stabulorum, jumentorum, carrulorum vecturas, vel sui, vel sarcinarum suarum gratiâ,* (societati), *rectè imputabit.* Undè, cùm lex absolutè concedat socio sibi recipere viatica cum cæteris expensis, non apparet ratio, cur ea non integrè recipiat. Hæc secunda sententia videtur probabilior, utpotè juri conformiór.

Sed quià primam non audeo dicere improbabilem,
ideò conseo, quòd, si bonâ fide socius sibi expensas
applicaverit, poterit retinere; secùs, si malâ fide; quià,
ut diximus *n.* 761 *v. Quær. II.* cum opinione probabili et non certa , non potest inch•ari possessio.

907   Quæritur I. Si in societatem unus conferat pecuniam,
alter laborem, an in fine societatis antè omnia restituendum sit capitale domino pecuniæ, *Prima* sententia , quam tenent *Glossa in l.* 1. *C. pro socio, et Bart.*
Acurs. Covarr. etc. ap. Pal. tr. 33. *D.* 8. *p.* 3. *n.* 1 negat , et non solùm lucrum , sed etiàm sortem inter
utrumque socium dicit esse dividendam. Ratio , quià
in societate omnia debent communicari , undè sicùt
mercator facit communem operam suam, sic alter
debet suam pecuniam communem facere. Alii dicunt,
quod sicùt ad dominum spectat capitale, et posteà
ejus lucrum ; sic ad mercatorem priùs pretium suæ
industriæ, et posteà pars lucri, quod in idem coinci-
dit. *Secunda* tamen vera sententia, quam tenent *Pal.*
l. cit. n. 2. *Azor. l.* 9 *c.* 3 *q.* 1 cum *Baldo , et S. Bern.*
Sen. Lugo D. 30 *n.* 24. *Petroc. tom.* 2 *p.* 405. *Bon. de*
Contr. D. 3 *p.* 3 *n.* 3. *Cabass. l.* 6 *c.* 13 *n.* 3. *Escob. l.*
41 *c.* 12 *dub.* 1 *n.* 82. *Ronc. de Contr. c.* 2 *q.* 3 *R.* 2
docet sortem semper primo loco domino deducendam,
etiàmsi nullum lucrum supersit. Probatur·1. Ex Bulla
Sixti V. *Extrav. Detestabilis.* § 2. ubi sic sancitur :
Si finità societate ipsum capitale extat , ei qui illud in
societatem contulerit, restituatur , nisi socio recipienti
fuerit communicatum , aut aliter inter contrahentes legi-
timè conventum sit. Probatur 2. ratione , quià pecunia
collata in societatem minimè fit communis inter socios
quòad dominium, seu proprietatem, sed tantùm quòad
usum, seu commoditatem , ut habetur ex *D. Th.* 2.
2 *q.* 78 *ar.* 2 *ad* 5. ubi S. Doctor ait : *Qui committit*
pecuniam suam vel mercatori, vel artifici per modum
societatis cujusdam , non transfert dominium pecuniæ
suæ in illum, sed remanet ejus ; ità quod cum periculo
ipsius mercator de ea negotiatur , vel artifex operatur.
Sicùt ergò , si pecunia perit, domino perit ; ità si
superest ; eidem superest. Nec obstat dicere , quòd

in societate fiant communia tàm industria, quàm pecunia ; Nam respondetur ; ut jam innuimus ; quòd in
societate non communicetur pecuniæ proprietas, sed
tantùm usus, seu commoditas ; undè sufficit, ut, uno
conferente industriam, alter conferat pecuniæ commoditatem. Et ideò, si finitâ societate solùm remanet
capitale, non erit injustitia, si totum domino restituatur ; sicùt enim socius amittit lucrum suæ industriæ,
sic iste amittit lucrum commoditatis suæ pecuniæ, quæ
cum sit negotiationi exposita, benè apta est, ad fructum
reddendum. Et sic etiàm neque verum est id quod
alii supponunt, nempè quod unus conferat operam,
et alter pecuniam; Nam reverâ ex una parte confertur
opera, et ex altera non pecunia, sed pecuniæ commoditas præstatur; Undè non quidem debetur mercatori
pretium sui laboris, et sui laboris lucrum ; sed tantùm dimidium lucri spectat ad eum, ut fructus suæ
industriæ, et dimidium spectat ad dominum sortis;
ut fructus commoditatis suæ pecuniæ negotiationi expositæ, semper domino salvo suo capitali. Proùt, si
quis ad negotium confert navim, et alter operam,
completo negotio, navis quidem integra debetur domino, cùm tantùm usus navis sit collatus ; et lucrum
deindè est dividendum.

Quær. II. Detractâ sorte domino, quomodò dividendum sit lucrum ? In hoc valdè obscurè, et confusè
DD. loquuntur. Alii, ut *Less. l. 2 c. 25 n. 9. Viva de
Contr. q. 9 art. 3 n. 5* (et probabile putat *Croix l. 3 p. 2 n.
1101.*) dicunt, quòd, si unus conferat centum aureos,
et alter operam tantidem æstimatam, tunc æqualiter
dividendum sit lucrum, et capitale, juxtà primam sententiam allatam in præcedenti quæstione. Alii verò, ut
*Cab. l. 6 c. 13 n. 6 cum Ang. Sylvest. Nav. et P. Nav.
etc.* dicunt, quòd deducto priùs capitali in beneficium
domini, reliquum æqnè dividendum sit, etsi valor operarum æquiparet valorem sortis. Pace tantorum Doctorum, censeo neutram prædictarum sententiarum
æquitati conformem esse ; prima enim plus æquo tribuit ponenti operam, ut jam diximus in *Qu. I. secundá*

plus ponenti pecuniam. Hinc omninò mihi dicendum videtur cum *Ronc. de Contr. c.* 2 *q.* 3 *R.* 2 *et Pal. tr.* 33 *D.* 8. *p.* 3 *n.* 2 *et* 3 *cum Reb.* quòd , salvo capitali domino ; lucrum dividendum sit pro rata , habitâ ratione valoris industriæ ex una parte , et ex altera commoditatis præstitæ ex pecunia , juxtà communem æstimationem lucri quod communiter haberi solet ex pecunia ápplicata ad negotiationem. Hinc benè advertendum cum *eod. Ronc. l. c. R.* 1 *et Sporer de* 7. *Præc. c.* 6 *n.* 51 quòd aliquandò industria mercatoris plus sit valitura, quàm usus pecuniæ, et tunc proportionaliter debet lucrum distribui : Ità ut aliquandò licitum poterit esse pactum, ut in fine etiàm capitale dividatur , æquè interim distributo lucro , proùt fit ex consuetudine in pluribus locis in societate animalium, ut testatur *Cabass. l. c.* Insuper advertendum , quòd aliquandò valor industriæ decrescat, ob multitudinem Operariorum societatum petentium ; Quâ ratione poterunt fortè excusari plures contractus , qui primo aspectu videntur injusti , eò quòd operariorum industria in societatem collata juxtà consuetudinem loci communiter non pluris ibi æstimetur.

E converso injustum omninò esset pactum, quod , emptâ merce , antè omnia durante societate restituatur dómino suum capitale , et deindè quod superest æqualiter dividatur ; nam , licèt compensentur mercatori fructus , quos interim non percipit , cum medietate sortis , quam in fine societatis percipiet ; tamen ponenti pecuniam minuitur periculum sui capitalis , dum initio illud salvum facit , et mercator , si, posteà merx pereat, subjacet periculo sortis et lucri ; ità optimè *Ronc. loc. cit. R.* 3 *in praxi.*

Quær. III. An damnum sortis sit commune , quandò , uno conferente pecuniam , altero operam, pecunia casu perit ? *Prima* sententia , quam tenent *Major in* 4. *Dist.* 15 *q.* 47 § *Tertius , Glossa in l.* 1. *C. Pro socio* , et alii *apud Azor. t.* 3 *l.* 9 *c.* 3 *q.* 3 sic distinguit: Si sors perit, postquàm socius suam operam posuit , tunc damnum totum spectat ad ponentem pecuniam ;

Si verò pecunia perit, antéquàm socius operam præstet, damnum debet esse commune. Ratio, ut dicunt, quià tunc, uno æqualiter conferente operam, et altero pecuniam, omnià fiunt communia lucra et damna. *Secunda* tamen et vera sententia; quam tenent *Glossa in l. Si non fuerint. ff. Pro socio. Nav. c. 27 n. 252. Ang. v. Societas, n. 17. Sylvest. eod. v. n. 1 q. 6. Azor. l. c. cum Bartol. Baldo, S. Bern. Sen. et aliis*, docet, damnum sortis ad solum dominum pecuniæ pertinere. Ratio, quià non est verum, quòd, collatâ pecuniâ, etiàm sors conferatur; confertur enim tantùm pecuniæ commoditas, ut suprà diximus in quæst. I. Undè, cum, sorte pereunte in principio contractûs, dominus illius nullam pecuniæ commoditatem conferat, sic etiàm ad nihil tenetur alter, si nullam conferat operam. Et ideò diximus è converso, quòd, finitâ societate, priùs reddenda sit sors domino pecuniæ, et posteà lucrum, si remaneat, inter socios dividendum.

Quær. IV. An liceat pactum, quòd, sorte pereunte, commune sit damnum inter ponentem pecuniam, et mercatorem? Respondetur: Si pactum sit, ut sicùt damnum, ità et sors sit communis, tunc licitum est; quià sicùt ponens operam habet commodum, ut ipsi tradatur media pars sortis; quàmvis sors de jure tota ad dominum spectet, sic æquum est, ut, sorte pereunte, ipse subeat mediam partem damni, licèt damnum sortis ad ipsum non pertineat. Ità *Roncag. c. 3. Reg. in praxi 3 et Azor. t. 3 l. 9 c. 3 q. 4 cum Ang. Sylvest. Rosell. et aliis*. Si verò pactum est, ut sors non sit communis, commune verò sit damnum, tunc certè illicitum est, et injustum, cùm nulla hîc detur justa recompensatio. Vid. *Azor. Roncag. l. c.*

Quær. V. Quandonam censeatur inter Fratres contracta societas? et quid in ea servandum? Respondetur: non censetur facta societas, nisi expressè, vel tacitè ex conjecturis id habeatur; Undè, non quià Fratres habent patrimonium indivisum, et de com-

muni mensa vivunt, inter ipsos, contrahitur societas, nisi verò omnes in aliquo negotio se exerceant;
vel nisi, uno negotiante, alii conferant bona sua, Ità
Azor. p. 3 *l.* 9 *c.* 19.q. 1. *Mol. D.* 421 *n.* 6. *Bonac. D.*
3 *q.* 6 *p.* 7 *n.* 2 *cum Fill. Ronc. de Contr. c.* 4 *q.* 1.
Idque clariùs præsumitur, si omnes conferant in
commune cuncta bona ad unumquemque spectantia.
Hoc tamen intelligitur, quandò unusquisque confert
etjàm bona propria, præter communia ; Secùs, si
tantùm unus sua propria bona conferat, puta lucra
alicujus officii, vel artis, et alii sola bona communia ;
tunc enim is potest ea sibi compensare, ut dicunt
Azorius quæst. 5 *cum Bart. et Baldo, ac Bonac. n.* 7
cum Nav. Et ità pariter, si unus majorem laborem
conferat (ait *Bonac. n.* 3 *contrà Mol.*) potest ille plus
accipere, juxtà æstimationem sui laboris. Si autem
aliquis Frater absens negotietur communi nomine ex
communibus bonis, intelligitur habere societatem,
usquedum admoneatur ab aliis Fratribus, velle ipsos
divisionem facere ; et tunc neque etiàm desinit societas pro negotiis inceptis ; ità *Ronc. loc. cit. cum Giri-
bald.* contrà aliquos.

Quæritur VI, Quibus modis finiatur societas ? Finitur I. completo tempore ad societatem constituto, aut
finità negotiatione, ex *l. Actiones §. Item. ff. pro socio*
II. per mutuum sociorum consensum. Ad id autem
sufficit etiàm tacitus consensus, nempè, si alter sociorum incipiat seorsim negotiari pro seipso, *l. Itaque ff.
eod. tit.* Si verò quis, socio invito, renuntiet antè tempus, tenetur ad interesse. Excipe 1. Si hoc sit necessarium ad bonum publicum, ut si socius abesse debeat
causâ Reipublicæ, nec alium commodè subrogare
possit. 2. Quandò nulla subest spes obtinendi id, ob
quod facta est societas. 3. Quandò alter non servat
pacta. 4. Quandò alter grave damnum infert societati.
Hæc tamen debent esse certa, aliàs possessio stat pro
observantia contractûs. Vide *Bonac. de Contr. D.* 3
q. 6 *p. ult. n.* 2. III. Finitur societas morte alterius
socii, nec transit ad hæredes ; Et hoc, etiàmsi conren-

tum sit, ut transeat societas ad hæredes mercatoris,
ex *l. Verum*, §. *In hæredem. ff. pro socio*. Ratio, quià
in societate eligitur industria personæ, ignoratur autem qualis sit industria hæredis. Excipit tamen *Bonac.*
n. 3 nisi pactum juramento sit firmatum : sicùt etiàm
non finitur societas circà negotia cœpta ; neque circà
vectigalia, seu alias res publicas conductas, ut *Mol.*
D. 414 *et Bonac. ibid. cum Fill. etc.* communiter. IV.
Finitur societas etiàm per mortem civilem, idest per
exilium, aut Professionem solemnem socii, ex *l. Verum*
§. *fin. ff. eod.* V. Finitur, si socius egestate vel infirmitate laborans; aut in carcerem conjectus non posset
pecuniam, vel laborem promissum præstare. Item, si
pereat pecunia collata, etiàmsi socius habeat aliam,
quam possit conferre. *Bonac. n.* 5. Item, si res ità sint
mutatæ, ut societas non sit ampliùs idonea, ex *cit l.*
Verum, §. *fin.*

  » 3. Potest tamen etiàm fieri in hoc contractu, ut [908]
» quis justè servet sortem suam indemnem, et in-
» super certum lucrum percipiat, si nimirùm ad con-
» tractum societatis adjungantur duo alii, assecura-
» tionis, et venditionis, cujus tale exemplum ponit
» *Laym.* Inis societatem cum mercatore, et contribuis
» ei 1000. florenos, v. g. spes est, quod is quotannis
» lucraturus sit 300, cujus lucri dimidium, v. gr. ju-
» re societatis tibi debetur unà cum sorte ; sed quià
» ad te quoque pertinere deberet ejusdem sortis pe-
» riculum, ut ipse id periculum in se suscipiat, et
» tibi sortem assecuret, in hujus oneris compensatio-
» nem, relinquis ei majorem partem lucri sperati,
» ut scilicet duæ partes lucri ad ipsum, et tertia ad
» te pertineat. Et rursùs, quià spes lucri hujus incer-
» ta est, ideò adhùc partem hanc lucri sperati, nempè
» 100 florenos in spe, vendis etiàm eidem pro 50 vel 60
» v. g. annuis certis, et sic tandem, id lucrum facis,
» et sortem servas indemnem. Vid. *Laym. et Bon. ll.*
» *cc.* »

  Hæc est celebris illa quæstio *Trium contractuum*,
an per eos possit lucrum certum exigi, salvo capitali ?

Prima sententia negat, quam tenent *Sotus l.* 6 *q.* 6 *art.* 2. *M'erbes. tom.* 1 *p.* 348. *Hab. tom.* 4 *p.* 317. *P. Conc. tom.* 7 *p.* 489. *Contim. Tourn. tom.* 1 *p.* 524 (*qui tamen p.* 541 admittit contractum duplicem, ubi sola sors, vel solum lucrum assecuratur, in quo consentit etiàm *Cabass. l.* 6 *c.* 13 *n.* 1.), item *Bann. Reb. Prad. Tap. Led. et Mercad. apud Salm. tract.* 14. *c.* 3 *n.* 96 et videtur adhærere *Azor. p.* 3 *l.* 9 *c.* 4 *q.* 5. Ratio., quià per hujusmodi contractus adjunctos contractui societatis, societas destruitur, cùm de ejus natura sit, ut dans pecuniam sit in periculo lucri, et sortis, vel saltèm alterutrius, juxtà sententiam *Cabassutii, et Tournely*, ut suprà: Destructo autem societatis contractu, deficit justus titulus, ex quo ille possit fructus exigere ex sua pecunia; et tunc exigeret lucrum ex mutuo, in quod transiret societas, dejecto toto periculo sortis et lucri in socium recipientem pecuniam. Nec obstat dicere, quod, si contractus isti societati adjecti fierent cum personis diversis, vel in diverso tempore cum eodem socio, jam persisterent; sic etiàm si fiunt eodem tempore, et cum eodem socio: Nam respondent Fautores hujus primæ sententiæ, quod in iis casibus perseveraret societas; sed hîc societas destruitur, et sic deficit fundamentum lucri ex ea percipiendi. Præstereà tuentur præfati AA. oppositam sententiam reprobatam jam fuisse à Sixto V. qui per Bullam *Detestabilis*, editam anno 1586 (*in Bullario p.* 154.) ubi in §. 1 sic dicitur: *Damnamus et reprobamus omnes contractus posthac ineundos, per quos cavebitur personis, pecunias, animalia, aut alias res societatis nomine tradentibus, ut, etiàmsi fortuito casu quamlibet jacturam sequi contingat, sors ipsa seu capitale semper salvum sit; sivè ut de certa quantitate in singulos annos aut menses durante societate respondeatur.* Et ideò huic sententiæ videtur adhæsisse noster SS. Pontifex Benedict. XIV in suo aureo Libro de *Synodo, l.* 7 *c.* 1 ubi dixit, quòd, licèt quæstio hæc adhùc indecisa remaneat, cùm *plures, et non obscuri nominis Theologi posteriores trinum contractum ab usura absol-*

verint, hanc tamen sententiam sentiat præfatæ Bullæ magis congruere. Accedit alia Bulla S. Pii V qui in sua *Extrav. onus.* §. 4 *de Censib.* sic dixit : *Conventiones directè, aut indirectè obligantes ad casus fortuitos eum, qui aliàs ex natura contractús non tenetur, nullo modo valere volumus.*

Secunda verò sententia communior defendit licitum esse hunc trinum contractum, dummodò absit animus fœnerandi, et omninò obligetur socius pecuniam accipiens, ut illam ad negotium applicet; Hanc tenent *Nav. Man. c.* 18 *n.* 254. *Less. l.* 2 *c.* 25 *n.* 13. *Tol. l.* 5 *c.* 41 *n.* 3. *Lugo D.* 30 *n.* 40. *Laym. l.* 3 *tract.* 4 *c.* 18 *n.* 11. *Pal. t.* 7 *tract.* 32 *D* 8 *p.* 5: *Bonac. D.* 3 *q.* 3 *p.* 11 *n.* 2. *Escob. l.* 41 *dub.* 3 *n.* 88. *Ronc. de Societ. c.* 3 *q.* 2. *Mazz. tom.* 2 *p.* 161. *Spor. de* 7. *Præc. c.* 6 *n.* 58. *Mol. D.* 416. *Salm. tract.* 14 *c.* 3 *n.* 100 *cum Jo. Major. D. Parigin. et Sylv. P. Nav. Arm. Med. Lop. Mald.* et valdè probabilem vocat *Azor. loco suprà cit.* saltèm de jure naturali. Vide etiàm libellum excusum Parisiis anno 1745 hoc titulo : *Examen Theologique sur la Société du pret à rente*, in quo verbatim referuntur approbationes Trini contractûs editæ ab Academiis, et Facultatibus Theologicis, Coloniensi, Trevirensi, Complutensi, Salmantina, Ingolstadiensi, Friburgo-Biscoica, et Moguntina. Ratio præcipua hujus sententiæ jam suprà est tradita, nempè, quòd, si hi tres contractus disjuncti valeant, etiàm conjuncti valere debeant. Nec subsistere dicunt Auctores hujus secundæ sententiæ duo illa præcipua fundamenta Adversariorum, nempè, quòd cessante periculo destruatur societas; et quòd de societate transeat in mutuum. Nam, quòad primum, negant *Navarr. et Lugo*, quod periculo in socium conjecto, societas destruatur; Sicùt enim in contractu commodati, quàmvis periculum rei fortuitum de sui natura spectet ad dominum, justâ tamen compensatione factâ, potest illi adjici pactum, ut periculum spectet ad commodatarium, proùt habetur ex *cap. un. de Commod.* neque tunc destruitur contractus commodati : Sic etiàm in contractu societatis, de cujus essentia non est, ut sit commune periculum damni, proùt asserunt Adversarii, sed id probare deberent, cum potiùs oppositum clarè probetur ex *l. Si non fuerit.* §. *Ità. ff. Pro socio*, ubi dicitur : *Ità coíri societatum posse, ut nullam partem damni alter sentiat, lucrum verò commune sit, Cassius putat.* De essentia ideò societatis tantùm esse dicunt, ut utraque pars aliquid conferat ad communem usum et lucrum, et æqualia sint commoda et incommoda. Ex quo fit, ut ex commodis æqualibus æqualia sint lucra et ex æqualibus incommodis · æqualia sint pericula. Undè, quandò quis assumit totum periculum, socium assecurando tum de sorte, tum de lucro, licèt majus sentiat · incommodum, illud tamen sibi compensat commodo majoris lucri; contrà verò conferens pecuniam, quàmvis nullum sentiat incommodum periculi, sentit· tamen incommodum minóris lucri, et sic fit æqualitas, ex qua principaliter constituitur societas. Quantùm autem lucrum possit exigi? *Mag. Serra apud Salm.* putat octo pro centum, *Bonac*, censet plus, si negotiatio esset lucrosior,et minùs periculosa;*Salm.* autem dicunt,regulariter posse exigi quinque pro centum.

Ad secundum verò fundamentum, nempè, quòd societas eo casu transiret in mutuum, quià, conjecto in socium toto periculo sortis, tunc etiàm in eum transferretur fortis dominium, ità ut sinè alterius socii injuria posset ille pro libito de tali pecunia ·disponere ; Diversè respondent Fautores secundæ sententiæ. *Lessius n.* 3o *et Azor loc. cit.* (quàmvis hic contrariæ sententiæ adhæreat) dicunt, quòd hujusmodi contractus, licèt non remaneret societas, non tamen transiret in mutuum, sed in aliam speciem contractûs, nempè conductionis operum socii, ut loquitur *Lessius*, vel contractûs innominati, ut ait *Azorius*, qui pro certo habet tunc contractum non transire in mutuum. Alii verò, ut *Lugo*, *Palaus*, *Escob. et Roncaglia*, respondent, quòd, non obstante periculo suscepto à socio, adhùc persistat societas : Sicùt enim (inquiunt) in commodato, si commoda-

tarius suscipit in se periculum rei commodatæ, non
acquirit illius dominium, cùm permaneat contractus
commodati , ut habetur ex *cit. c. un. de Commodato* ;
Ità etiàm in nostro casu socius ob periculum in se
susceptum non acquirit dominium sortis, sicùt in mutuo ; etenim , quàmvis ille solvendo in fine contractûs
valorem sortis, et lucri, de quo conventum erat, non irrogaret damnum domino sortis; faceret tamen ei injuriam, si pecuniam non applicaret ad negotium, ità ut eo
casu (ait *Lugo n.* 43.)posset justè cogi, ut pecuniam ad
negotium applicaret. Pariter addit *Lugo*, quòd, si socius
ille esset gravatus debitis , etiàm hypothecariis , non
possent creditores ejus habere actionem super hanc
pecuniam ; et contrà , posset eam dominus sibi vendicare tamquàm suam. Sed quòd hic' contractus non
transeat in mutuum , fortiùs probari dicunt ex textu
suprà relato in *l. Si non fuerit*, ubi dicitur benè posse
coiri societatem , ut suscepto à socio periculo, alter
nullam partem damni sentiat, et tamen lucrum communicetur.

Ad Bullam autem Sixti V. etiàm multipliciter Auctores istius secundæ sententiæ respondent : *Less. et
Salm.* dicunt prohibitionem Bullæ intelligi de eo, qui
cogeret socium ad sic contrahendum ex vi ipsius contractûs soeietatis ; sed *Lugo*, *et Roncag. c.* 3 *q.* 2. ajunt,
neque hoc illicitum esse , quià unusquisque potest
uni contractui alterum unitum velle , quandò nulla
adest injustitia. Hinc *Lugo n.* 37. *et alii* dicunt Pontificem ibi nulla alia pacta reprobâsse, nisi usuraria ;
et sic respondisse vivæ vocis oraculo eumdem Sixtum,
refert *Lugo ex Filliucio*, *et Comitolo*, qui Auctor insuper testatur sibi retulisse *P. Tucium*, quòd Cardinales Toletus, et S. Severina, quibus commissa fuerat
cura hanc Bullam sanciendi , idem affirmâssent. Item
Lugo refert quamdam Decisionem Rotæ Romanæ sub
die 3 Junii 1602 ex *Cherubino in Comp. Bull. Schol.* 1.
ubi decretum fuit præfatam Bullam solos comprehen-
dere contractus usurarios de jure naturali vetitos,
additis tamen majoribus pœnis. Demùm respondent

Salm. c. 3 *n.* 104 *cum Less. et Malder.* Bullám vel
receptam non fuisse, vel usu in hac parte abrogatam ;
testantur enim adesse consuetudinem immemorabilem
tali modo contrahendi in Hispania , Gallia et Italia ;
et ferè per totam Ecclesiam. Ad Bullam autem S. Pii V.
vide quæ alii AA. respondeant *suprà n.* 849. Hanc secundam sententiam tot auctoritatibus, et rationibus
roboratam meritò non reprobant *Lud. Abelly de* 7. *Pr.*
§ 13 *n.* 6 *et auctor Petrocorens. t.* 2 *p.* 411 quàmvis
contrariæ sententiæ adhæreant , et ego satis probabilem reputo. Cæterùm , quià non potest negari hujusmodi contractum periculo non carere animi usurarii ;
hinc censeo expedire , ut prima sententia universè
omnibus suadeatur.

809   » 4. Societas etiàm in pecoribus validè , et licitè
» instituitur. Et interdum quidem ità , ut tàm pecora
» ipsa, quæ alteri pascenda , et nutricanda tradun-
» tur, quàm emolumenta , et fructus, ipsaque detri-
» menta , et damna danti , et accipienti communia
» sint : interdum verò ità , ut pecorum dominium ,
» ideòque etiàm periculum , sivè casus fortuitus spec-
» tet ad solum dantem ; emolumenta autem fructuum,
» nempè fœtûs, lanæ , lactis ad utrumque. Vide *Less.*
» *hîc , et Laym. l.* 3. *t.* 4 *c.* 20. »

Hîc operæ pretium est aliqua valdè utilia ad praxim
annotare *de Societate Animalium.* Juxtà naturam societatis, animalia quæ pereunt, domino tantùm perire debent. Iis autem pereuntibus ; ad custodem pertinet probare, quod illa sinè sua culpa perierint ; aliàs
tenebitur restituere domino earum æstimationem , ut
benè ajunt *Continuator Tournely tom.* 1 *p.* 535 *cum
Sanbov. Pontas, et aliis.* Idque clarè probatur ex *l. cum
duobus* 52. § *Damna ff. Pro socio ,* ubi : *Quod si à fu-
ribus* (pecus) *subreptum sit , proprium ejus* (idest custodis) *detrimentum est , quià custodiam præstare debuit,
qui æstimatum accepit.*

Quæritur 1 si rusticus petat à te pecuniam , ut par
boum emat, et ad negotium applicet, reverà tamen
ille non emat boves , sed debitum suum extinguat ,

utrùm possis tu lucrum exigere ? Benè distinguit
Roncaglia de Contract. c. 3. *Reg. in praxi* 2. quòd, si
tu malâ fide pecuniam dedisti , sciens illum non emp-
turum boves , nihil exigere possis ; nisi(intelligendum)
aliundè pecuniam applicâsses alteri negotiationi , et
de hoc illum monuisses. Si verò bonâ fide dedisti ,
tenetur ille reddere tibi lucrum cessans : et tunc ad
illud tenetur, etiàmsi tu eum de tali lucro cessante
non monuisses.

Quær. 2 an sit licitum pactum, quòd , si ex grege
aliquæ oves pereant, suppleri debeant ex fœtibus, quæ
nascantur , et interim cæteri fœtus, lana et caseus æquè·
dividantur? Negant *Tamb. Dec. l.* 9. *c.* 11. *n.* 2. *et Sylv.
Ang. Tabien. etc. ap. Azor. tom.* 3 *l.* 9 *c.* 8 *quæst.* 12
quià dicunt in hoc non servari æqualitatem ,̦ *Filliucius*
autem *tract.* 38 *c.* 6 *n.* 101 ait in hoc standum esse consuetudini locorum. Attamen dicuntiidem *Filliuc. Azor.
loc. cit.* cum aliis , item *Pal. tract.* 33 *p.* 5 *n.* 2 *et Ronc.
de Contr. c.* 3 *Reg. in praxi* 2, hunc contractum satis licitum esse , quià talis substitutio ovium resultat tàm in
gratiam pastoris, quàm ementis oves. Nec officit, quòd
interim pastor amittere debeat lucrum fœtuum sub-
stituendorum , quià etiàm interim socius amittit partem sui lucri. His tamen non obstantibus , prima
sententia omninò vera mihi videtur, quià , licèt lucrum utrique priùs diminuatur, et utrique posteà
compensetur ; tamen fœtus , qui substituuntur , æquè
dividendi essent inter pastorem et dominum : àt quandò substituuntur , id certè magis cedit in utilitatem
domini, quàm pastoris, cùm dominus jam sibi com-
penset deindè jacturam lucri, sicùt et pastor , sed
interim dominus semper salvam sibi servat sortem ,
quæ ipsi diminui deberet, et ideò in contractu non
servaretur æqualitas.

· Quæritur 3 an liceat contractus societatis vocatus *ad
caput salvum* , scilicet quandò traduntur pastori animalia, cum pacto reddendi ea salva in eodem numero
in fine societatis , et lucrum dividendi ? Per se loquendo , hic contractus illicitus est, ut benè ajunt

Ronc. de Contr. c. 3 *q.* 3. *Viva q.* 9 *art.* 3 *n.* 2. *Azor. tom.* 3 *lib.* 9 *c.* 8 *q.* 10 *cum Sylvest. et Reg.* quià sors debet stare periculo apponentis , res enim suo domi-no perit. Probabiliter tamen licitus fieri potest , si adjiciatur alius contractus assecurationis , compen-sando pastori per majorem partem fructuum onus talis periculi sortis in se suscepti : idem *Azor. l. c. cum Sylvest. et Ang. Roncag. l. cit. cum Pal. etc. Viva de Contr. q.* 9 *art.* 3 *n.* 8 *cum Nav. Less. Trull. Reb. et aliis* , contrà *Bonac. et Reg ib.* qui videntur docere talem contractum esse usurarium, quià, dùm transfer-tur periculum animalium in alterum , jam transfer-tur eorum dominium per venditionem, ex qua non tenetur ille reddere nisi pretium ; undè, si partem fructuum reddat , usurariè reddit. Sed *Less. cap.* 23 *dub.* 3 *et Viva cum Nav. et aliis* , respondent in eo casu non haberi contractum venditionis , sed perma-nere societatem , et lucrum licitè exigi per aliud pac-tum assecurationis, proùt dictum est suprà *n.* 608 in quæstione trium contractum. Quantum autem pos-sit in hujusmodi contractibus accipi , ait *Viva l. c.* standum esse judicio peritorum , vel praxi timorato-rum cujuscumque loci ; rectèque addit, consultiùs esse hos contractus seorsim inire. Ad Bullam autem Sixti V. *Detestabilis* , ubi reprobantur contractus societa-tis , per quos cavetur , ut capitale semper domino salvum sit, vide, quæ respondeant DD. citati dicto *n.* 908 *v. Ad Bullam suprà.* Benè autem advertit *Roncag-lia d. c.* 3. *Reg. in praxi,* certè injustum esse contrac-tum, quo dominus dat boves æstimatos juxtà præsen-tem valorem , cum pacto, ut, si decrescant , finità societate, idem valor restitui debeat; quià deterio-ratio rei ad dominum pertinet, nisi aliundè hoc damnum compensetur. Si tamen adesset pactum , ut in fine societatis non solùm lucrum , sed etiàm sors animalium dividenda sint cum socio , tunc non quidem injustum erit pactum, ut, si interim pereat capitale , pastor restituere teneatur domino medieta-tem sortis , proùt dictum est suprà *vers. Quær. IV,*

Hìc ultimò quæritur, an filius negotians cum Patre, ponente pecuniam, et ipse industriam, possit accipère partem lucri suo labori et industriæ correspondentem ? Affirmat *Roncaglia de Contr. c. 1 quæst. 5 R.* 2 casu quo filius nomine proprio negotietur; secùs, si nomine Patris; tunc enim tantùm potest accipere id, quod Pater pro tali labore alteri daret; Et idem dixit *Bus. de Furto, n. 544 cum Laym. et Diana.* In eo tamen casu ait *Roncaglia ib.* posse Patrem detrahere ei valorem alimentorum, quæ. non ampliùs debet filio, cùm habeat undè se alat, Sed cùm valdè probabiliter neget *Croix l. 3 p. 1 n.* 1054 *cum Mol Moya etc.* posse filiumfam. stipendium petere à Patre pro suis laboribus impensis in ejus domo, ut tenuimus *dict. n.* 544 hinc dicimus (contrà *Roncaglia et Bus.*) nullo modo posse filium illud occultè accipere; dissentiente Patre.

DUBIUM XV.

Quid sit Assecuratio et Fidejussio ?

« R~ESP.~ 1 Contractus Assecurationis est, quo quis
» alienæ rei periculum in se suscipit obligando se,
» vel gratis, vel pro certo pretio, ad eam compen-
» sandam, si périerit. Quod si gratis fiat, est gratuita
» promissio : si pretio, est quasi emptio, quâ asse-
» curans vendit suam obligationem præstandi alteri
» rem ejus indemnem. Ad ejus justitiam requiritur,
» ut eventus rei sit incertus utrique, saltem quòad
» notitiam, quam de eo habent; quià alioqui non
» servaretur æqualitas, *Less. Bon. d. 3 q. 9p* 3. *Less.*
» *l. 2 c. 28 d. 4 n.* 24.

Undè resolves.

» 1. Si assecurans certus sit rem esse in tuto ini-
» què pretium petit., et tenetur restituere. *Ibid Bon.*

Tom. III.   13

» *d.* 3 *qu.* 9 *p.* 3. * (*Certum est. Ronc. Qu.* 9 *c.* 3 *q.*
» 22.)

» 2. Si res nondùm est in tuto, etsi privatâ scientiâ
» sciat non fore periculum, licere nihilominùs pre-
» tium ordinarium assecurationis accipere, dicit *Less.*
» *l. 6, n.* 27. Quià illa obligatio ob pericula ordinaria
» magis æstimatur, et causæ occultæ, quæ periculum
» minuunt, non imminuunt communem æstimatio-
» nem. Verùm id *Bon. d.* 3 *q.* 6 *p.* 3 *n.* 3 *et Card. de*
» *Lugo. d.* 31 *sect.* 7. rectiùs negat.

. » 3. Si eupiens rem suam assecurari, certò sciat,
» eam periisse, non potest pacisci de ejus assecura-
» tione. V. *Less. l. c. n.* 25.

. » Resp. 2. Fidejussio est contractus, quo quis alie-
» nam obligationem suscipit implendam, si debitor
» principalis non solverit. Ità commun. Doct.

Undè resolves.

» 1. Pro fidejussione licet accipere pretium, etsi
» nullum periculum timeatur ; quià ex se pretio est
» æstimabilis. *Nav. Azor. p.* 3 *l.* 11 *c.* 22 *d.* 5. *Fill. n.*
» 159. * (*Est commune apud Viva n.* 3. *Etsi mihi om-*
» *ninò videtur tenendum quidquid dicant Covarr. Moya*
» *etc. apud Croix. n.* 1106. *quià assumptio talis oneris*
» *procul dubio est pretio æstimabilis*) *

» 2. Mulieres ex fidejussione (saltèm si juramen-
» tum absit, et instrumentum publicum) non tenen-
» tur, ut nec Clerici, nisi quatenùs solvere commodè
» possint, et non egeant. V. *Laym. Bonac. quæst.* 9
» *p.* 2. *Less. l. c. cap.* 28.

. » 3. Fidejussor non obligatur plus, quàm princi-
» palis ; et hujus obligatio., si sit invalida, erit etiàm
» fidejussoris, *Card. Lugo* etc. commun.

» 4. Fidejussor regulariter non potest conveniri,
» nisi, factâ excussione principalis debitoris, constet
» ipsum non esse solvendo. *Azor. l. c. Fill n.* 153.

. » 5. Debitor tenetur de omni damno suâ culpâ ac-
» cedente fidejussori, etc. Vide *Azor. d.* 10. *Bon.*

» 6. Ex fidejussione Religiosi, propriâ auctoritate
» factâ, monasterium non obligatur, nisi quatenùs
» in ejus utilitatem versum est. Vide *Less. c. 28. et*
» *Laym. r. 29 n. 7.*

» 7. Qui fidejussit pro reo, cui periculum capitis
» impendebat, si is aufugit, non est ejus loco plec-
» tendus, quià non præsumitur sic se obligare ; imò
» nec potest, cùm nemo sit dominus vitæ, *Sylv. Bon.*
» *Less. d. 7 n. 41.*

» 8. Si debitor suâ culpâ non solvit, tenetur fi-
» dejussori, qui pro ipso solvit, non tantùm ipsum
» debitum, sed etiàm damna, et expensas omnes
» compensare. Si verò sinè culpa, v. gr. ob impoten-
» tiam, non solvit, ad solum debitum videtur tenêri,
» *Azor. Sylv. Sa, Bon. Trull. c. 26 d. 2.* »

DUBIUM XVI.

Quid sit pignus, et Hypotheca?

« Resp. Pignus est contractus, quo debitor dat cre- 913
» ditori rem aliquam mobilem, vel immobilem, ut
» sit pro debito obligata, ex eaque solutio peti possit.
» Aliquandò tamen pignus accipitur pro ipsa re, quæ
» datur. Differt autem ab hypotheca, quod pignus
» propriè sit rei mobilis, illa immobilis, *Mol. Fill.*
» *Bon. q. 10 p. 1* *(*Hypotheca specialis impedit vendi*
» *bona, non autem generalis. Viva n. 8.*)*

Undè resolves.

» 1. Pignore non licet uti contrà voluntatem do- 914
» mini ; quià est res aliena, ad securitatem tantùm, et
» non ad usum tradita, *Bon l. cit. ex Mol. Reg. etc.*

» Si tamen utatur , v. g. equo , vel agro , debet valo-
» rem usûs sicut et fructus omnes , si sit res ex se
» fructifera , computare in sortem, deductis expensis
» quià alioqui committet usuram , cùm res domino
» suo fructificet. *Nav. Bon. Trull. c.* 26 *p.* 2. * (*Præ-*
» *sumitur autem Dominus consentire , si nullum dam-*
» *num ei sequatur , puta , si alter utatur libro , et simili ,*
» *Viva n.* 9.) *.

915 » 2. Non possunt pignorari, quæ non possunt vendi,
» v. g. Ecclesiæ , *Molin. d.* 530. *Less. l.* 2 *t.* 28 *d.* 3.
» *Bon. l. c.* *

» 3. Immobilia , uti et mobilia pretiosa , cultui di-
» vino dicata , v. g. calices , casulæ , etc. non possunt
» oppignorari , nisi in necessitate , quià tunc etiàm
» vendi possunt , ut Ecclesiæ , et indigentibus sub-
» veniatur. Vid. *Nav. c.* 17. *Less. Bon. l. c.*

» 4. Creditor, qui pignus ab aliquo accepit, potest
» illud alteri oppignorare , sed non pro majore quan-
» titate. Neque potest vendere , debitore non solvente
» nisi post biennium , et eo priùs monito. Quidam
» tamen dicunt , posse vendere post trinam monitio-
» nem. V. *Laym. l.* 3 *t.* 4 *c.* 30. *Bon. l. c. n.* 9.

» 5. Eamdem rem non licet oppignorare , seu in
» hypothecam dare pluribus , nisi sit sufficiens ad
» solvendum omnibus , vel posteriores de priore hy-
» potheca admoneantur , *Azor. Filliuc. Bon. d.* 3 *q.*
» 10 *p.* 1. *Trull. c.* 26 *d.* 4.

916 » Quæres. Quid sit contractus Antichriseos , Ger-
» manicè *ein Pfandschafft.* * (*Apud nos ,* A godere.)*
» Resp. Is est , cùm in contractu pignoris conveni-
» tur , ut creditor utatur pignore , v. g. agro , ac fruc-
» tus indè tamdiù lucretur , donec debitum ipsi res-
» tituatur.

Undè circà hanc ex supradictis resolves.

» 1. Contractus hic videtur juxtà *Cajet. Sot. etc.*
» (contrà quosdam Juristas) esse usurarius : quià
» creditor ultrà sortem aliquid lucratur , causâ solius

» mutui, quæ est usura. V. *Laym. lib.* 9 *t.* 4 *c.* 16 *n.*
» 17. * (*Et certum est cum Pal. apud Croix n.* 1115.
» *Quare tenetur fructus etiàm illos reddere, quos ex*
» *culpa levi neglexit percipere. Vasq. Pal. etc. ibid.*
» *Quid, si agrum incultum coluerit? Eum adhùc tenêri*
» *fructus restituere, dicunt Mol. Bon. etc. contrà Sâ,*
» *Soto, etc. Vide Croix n.* 1112.) *
» 2. Possunt tamen intervenire tituli justi lucraη-
» di fructus ex pignore, sinè diminutione sortis : ut
» si v. g. fructus ex hypotheca percepti non superent
» quantitatem pensionis, quæ jure census, super eaη-
» dem constituti, exigi potest cum pacto redhibitio-
» nis, ut suprà dictum est de censibus : aut si alio-
» quin lucrum cesset, aut damnum emergat, dùm
» debitum differtur. Undè non facilè damnandi illi,
» qui à Principibus in locum debitorum agros, pas-
» cua, officia, etc. in antichrisim habent. V. *Laym.*
» *l. c. et Binfeld. de usuris, Mol. etc. Less. cap.* 137 *etc.*

CAPUT IV.

DE TUTELA, ET TESTAMENTIS.

DUBIUM I.

Quid sit Tutela, et Curatela?

917 *Quibus detur Tutor, et quibus Curator?*
918 *Ad quæ teneantur Tutores, et Curatores? An Pupilli,*
et Minores possint se naturaliter obligare, sinè con-
sensu Tutorum, etc. ?
Vide infrà vers. 6. *Pupillus.*

« RESP. Sunt quasi contractus, quibus Tutor, et 917
» Curator ad procuranda bona, et commoda Mino-
» rum cujuscumque sexûs, qui, vel parente carent,
» vel sub ejus potestate constituti non sunt, obliga-
» tur ex justitia, perindè ac si ex contractu ea obligatio
» suscepta fuisset ; supplente nimirùm lege, vel ma-

» gistratu vim contractûs. Differunt Tutor, et Cura-
» tor, quod Tutor solùm detur impuberibus, etiàm
» invitis, et principaliter detur personis, ut curet
» earum educationem, et institutionem : secundariò
» verò detur etiàm bonis illarum respectu omnium
» negotiorum. Curator verò datur Minoribus, post
» annos expletos pubertatis, usque ad annum 25
» completum; nec communi jure datur invitis, nisi
» in certis casibus, et datur principaliter rebus Mi-
» norùm, secundariò personis. Undè pro directione
» in foro conscientiæ, ex jure tùm naturali, tùm
» positivo communi resolves ex *Laym. et Tan. tom.*
» 3 *d.* 1 *q.* 7 *d.* 10. *Bon. d.* 3 *q.* 10.

918 » 1. Tutores, sivè sint testamentarii, hoc est relicti
» ex testamento, aut codicillo patris; sivè sint dativi,
» hoc est constituti à Judice, aut Magistratu; sivè
» sint legitimi, hoc est præscripti à lege (qualis præ
» cæteris, est mater, si velit, et promittat se non
» transituram ad alias nuptias, quin priùs tutelam
» abdicet, et rationem reddat : dein avia, et consan-
» guinei proximiores idonei) tenentur, uti et cura-
» tores, jurare se fideliter officium suum facturos,
» ac fidejussorem dare, rem Minoris salvam, et in-
» tegram restituendam : et universim tacitè omnia
» eorum bona sunt hypothecata Minori ; ità ut ad
» quemcumque pervenerint, possit illa Minor sibi
» vendicare, ut sibi satisfiat, si quid illorum culpâ
» est passus. V. *Tan. l. c. Laym. l* 3 *t.* 4 *c.* 9. *Bon. l. c.*
» 2. Bona Minorum tenetur Tutor, vel Curator
» administrare eâ curâ, quam diligens paterfamilias
» propriis suis rebus adhiberet, tàm impediendò, et
» præcavendo damna, quàm procurando commoda,
» et lucra Minoris ; alioqui damnum, et defectus
» congrui lucri ipsi imputabitur, et tenebitur etiàm
» in conscientia ad restitutionem. Vide suprà *l.* 2 *t.*
» 3 *cap.* 2 *d.* 3 *R.* 6.
» 3. Bona immobilia Minorum, aut alia pretiosa,
» quæ possunt servari, non possunt alienari, saltèm
» sinè Judicis decreto. *(Sicùt neque mobilia, quæ*

» *servari possunt, etsi adsit consensus tutoris. Salm.*
» *c. 1 n. 40.)* •

» 4. Tutori, aut Curatori, et personis ei subjectis
» nihil licet emere, sivè per se, sivè per alium, ex
» illis bonis Minorem, quamdiù illi tales sunt, nisi
» cum auctoritate. Judicis, aut cum ejus decreto
» bona pupillorum publicè, per privatum vendito-
» rem omnibus venalia exponantur.

» 5. Sinè decreto Judicis non potest Minor remit-
» tere, vel renuntiare hæreditati, legatis, fideicom-
» missis, aliisque juribus sibi acquisitis. Si tamen
» Religionem ingressus sit, potest bona alienare, quia
» moritur quasi.

» 6. Pupillus, dùm infans est, hoc est minor sep-
» tennio, vel infantiæ proximus (ità ut si masculus
» est, non expleverit annum decimum cum dimidio;
» si fœmina, nonum cum dimidio) nihil per se effi-
» cere potest, quo ullo modo vel alteri obligetur, vel
» alium sibi obliget : at pubertati proximus obligare
» quidem sibi potest alium, sed non se alteri, sal-
» tèm civiliter, *Sanch. d. 38. Less. l. c. c. 17 n. 61.*
» *Laym. c. 9 n. 7.* »

Certum est 1 quòd Minor, aut Pupillus etiam sinè
consensu tutoris, vel curatoris possint se obligare
circà bona castrensia, vel quasi castrensia; quià de
his liberam administrationem habent. Vide *Salm. de
Contr. c. 1 n. 39.* Certum est 2 quòd non possint se
obligare circà bona immobilia sinè Judicis auctoritate,
ex *l. Lex quæ 22 C. de Admin. tut.* quià jus omninò
irritat ipsorum conventiones, ut habetur in *l. St. ad
solvendum 7 C. de Prædiis Minor.* Circà autem mobilia nequeant se obligare, saltèm civiliter, sinè consensu tutoris, vel curatoris, *Salm. n. 41.* Sed quæstio
est, an Pupillus, vel Minor circà prædicta bona mobilia, si contrahant sinè auctoritate tutoris, vel curatoris, remaneant naturaliter obligati ? Certum est,
quòd, si Pupillus, aut Minor contrahant cum tutore,
vel curatore, minimè obligentur, ex *l. Non licet. C.
de Contrah. empt. et l. Pupillus. 5. De Auct. tut.* Pari-

ter idem communiter traditur à DD. si Pupillus non
sit pubertati proximus, ut docent *Sanch. de Matr. l.*
6 D. 38: *n.* 24. *Lugo D.* 22 *n.* 286 *et Salm. n.* 42 et
patet ex *l. Pupillus.* 58 *ff. de Act. et oblig.* Si verò
Pupillus sit pubertati proximus, et contrahat cum
extraneis, hîc quæritur, an maneat naturaliter obligatus? *Prima* sententia affirmat, et hanc tenent *Lugo*
D. 22 *n.* 288. *Less. lib.* 2 *cap.* 17 *n.* 61. *Sanch. l. cit. n.*
31. *Laym. lib.* 3. *Ses.* 5 *tr.* 4 *c.* 9 *n.* 7. *Pal. D.* 1 *p.* 4 §.
3 *n.* 9 *et Salm. n.* 5 *cum Nav. Reg. Fill. Reb. Tann.*
et Diana. Ratio 1 istorum, quià fidejussor Pupilli remanet civiliter, et naturaliter obligatus, ex communi
sententia, ut asserunt *Salm. d. n.* 45 *ex l. fin de Ju-*
rejur et l. Marcellus. 25. *ff. Fidejuss.* Ergò, si fidejussor (arguunt) jam obligatur, etiàm Pupillus obligatus intelligi debet; nam, deficiente obligatione principalis, deficere debet etiàm obligatio fidejussoris,
ut docet communis sententia ex *l. Cum lex* 46 *de Fi-*
dejuss. et l. Naturaliter, ff. De Condit. indeb. Sed hæc
ratio non satis evincit, quià probat nimis; probat
enim, quòd Pupillus etiàm civiliter teneatur. Ratio
potior est, quià ex *l. Novatio, ff. de Novation.* habetur, Pupillum obligari naturaliter, si promittat sinè
auctoritate tutoris; cùm in præfata lege dicatur creditoribus esse satisfaciendum, *dummodò obligatio aut*
civiliter teneat, aut naturaliter, ut puta, si pupillus sinè
auctoritate tutoris promiserit.

 Secunda verò sententia negat Pupillum, vel Minorem remanere naturaliter obligatum; et hanc tenent
Bonac. de Contr. D. 3 *q.* 1 *p.* 5 *n.* 6. *in fin.* item *Cov.*
Bann. Rodr. Dic etc. ap. Salm. n. 44. et vocant probabilem *Sanch. l. c. n.* 20 *et Diana p.* 2 *tr.* 5 *R.* 44. Ratio,
quià ex *l. Pupillus.* 41 *ff. De Condit. ind. et ex l. Pu-*
pillus 58 *ff. de Action. et abl.* expressè negatur, Pupillum naturaliter obligari, et præcisè in *dict. l.* 58. sic
dicitur: *Pupillus mutuam pecuniam accipiendo, ne qui-*
dem pure naturali obligatur. Sed hæc ratio non videtur
firma, nam ibi casus est de Pupillo infante, ut exponit *Glossa;* Undè alia *Glossa in dict. l. Notaria,* ait:

tàm relatam *l.* *Pupillus*, quàm alias, tantùm de Pupillo infante intelligendas esse. Hinc prima sentontia verior mihi videtur. Cæterùm, probabilissimum est,
quòd Pupillus non teneatur solvere quod promisit,
ut tenet *Lugo D.* 22 *n.* 3oo. *cum Soto, Mol. Cov. etc.*
et probabile putant *Salm. d. c.* 1 *n.* 47. *cum Sanch.
Reg. etc.* Ratio, quià, cui competit actio ad repetendum, competit etiàm exceptio ad retinendum, ex *l.* 8
ff. De Dol mal. except. et ex reg. jur. in 6. ubi : *Qui ad
agendum admittitur, est ad excipiendum admittendus.*
Vide dicta *n.* 89o.

» 7. Eadem est ratio Minoris, si Curatorem habeat:
» quem, si semel susceperit, tenetur illi subesse jure
» communi usque ad annum 25. expletum ; et si li-
» tem habeat, tenetur ad eam sumere Curatorem,
» exceptis tamen causis spiritualibus. Quòd, si Cura-
» tore careat, valent acta per illos, ità tamen, ut, si
» læsi sint, restituatur eis in integrum. Vide *Auth.*
» *cit. et Bon. d.* 3. *q.* 5. *p. ult.*

» 8. Etsi Minores sinè Curatorum auctoritate do-
» nare non possint, nisi quæ ejus conditionis adoles-
» centes donare solent (in iis enim præsumitur taci-
» tus consensus Curatoris); qui tamen dona ab iis
» accepit, non tenetur restituere, nisi repetantur le-
» gitimè ; quià probabile est, ea valere naturaliter,
» tametsi non civiliter, *Mol. Lugo, Trull. Dian. p.* 8
» *t.* 6. *R.* 4 *et* 7.

» 9. Tenentur Curatores, et Tutores singulis an-
» nis administrationis rationem reddere ; ubi, si quis
» deses, aut noxius reperiatur, amovendus est, im-
» posità satisfactione, aliusque subrogandus.

» 1o. Si Tutor, vel Curator, post rationes officii
» redditas, fidelis deprehensus fuerit, debetur ei
» præmium ; quod in quibusdam locis est vigesima
» pars redituum bonorum omnium Minoris, in aliis
» autem decima pars.

» 11. Porrò, qui non possint esse Tutores, et Cu-
» ratores ; et qui à tutela, et curatela excusentur, ne
» iis imponi possint, v. g. habentes quinque filios

» superstites pauperes , etc. V. apud *Tann. l. c. et Sa*
v. Minor, ubi sic habet : *Tutor non potest esse junior*
» 25. *annis , nisi fortè mater ; nec Religiosus , nec fœ-*
» *mina (nisi mater aut avia , et uxor casu antè dicto) ;*
» *nec Clericus in sacris , si non velit , nec Episcopus ,*
» *nisi miserabilium personarum. Horum verò tutelam*
» *suscipere tenentur et Episcopi , et Clerici , et Religiosi;*
» *quod ego , inquit, de Religiosis universim non ad-*
» *mitto. V. Laym. l. c.*

» 12. Si tutor , et Curator , cum tenerentur nego-
» tiari , omiserunt , possunt pupilli ab eis accipere
» 5. pro 100. *Sa , v. Curator.* Vide etiàm *Navar. c.* 25.
» *Plura vide suprà lib.* 3 *tr.* 3 *c.* 2 *dub.* 3. »

DUBIUM II.

Quid , et quotuplex sit Testamentum ?

919 *Quid est Testamentum? De requisitis ad Codicillum , et*
   quid importet Clausula Codicillaris ?

920 *Quotuplex est Testamentum ?*

921 *Ex quibus capitibus Testamentum est nullum ?*

922 *Quid , si desint solemnitates , et sit Testamentum ad pias*
   causas ?

923 *Quid , si constet hæredi voluntas Testatoris ?*

924 *Quid , si non constet , an ipse teneatur credere uni testi ?*
   Et an testamentum nullum valeat quoad legata pia ?

925 *Quid , si Testamentum factum sit ab hominibus rustica-*
   nis ?

926 *Quid , si tempore pestis ?*

927 *An Testamentum sinè solemnitatibus obliget in conscien-*
   tia ?

928 *Vide alios casus.*

929 *Quid de Testamento Clericorum , Novitiorum , et Mili-*
   tum ?

930 *Dub.* 1. *An legatum relictum virgini , ut nubat , possit*
   ei dari , si fiat Religiosa? Dub. 2. *An legatum relictum*
   civibus loci possit dari extraneis? Dub. 3. *An legatum*
   relictum Orphanis possit dari eis , qui Parentes ha-
   bent inutiles ? Dub. 4. *An legatum relictum puellis , ut*
   nubant , possit dari eis quæ sine dote jàm nupserint ?
   Dub. 5. *An legatum relictum puellis nupturis , possit*

dari viduis, ut iterum nubant? Dub. 6. An legatum relictum virginibus nubendis, possit dari virgini corruptæ? Dub..7. An legatum relictum puellæ, ut remaneat virgo, debeatur ei, si nubat? Dub. 8. An legatum relictum puellæ, ut nubat, transeat ad ejus hæredes, si antè nuptias moriatur? Dub. 9 An legatum relictum pro fabrica Ecclesiæ possit expendi in alia Divino cultui necessaria? Dub. 10. Quomodò distribuendum legatum relictum pauperibus?

931 *Quæstio. I. An ultimæ voluntates possint commutari à Papa sinè causa? Quæstio II. An ab Episcopis cum justa causa? Dub. 1 An tunc requiratur consensus hæredis, et legatarii? Dub. 2 Quæ sint causæ justæ ad commutandum?*

» **R**esp. 1. Testamentum est voluntatis justa senten- 919
» tia de eo, quod quis post mortem suam fieri velit, cum
» directa hæredis institutione. Quod additur, ut distin-
» guatur à reliquis ultimis voluntatibus, nam differt à
» legato, seu fideicommisso partiali, quod hoc sit
» donatio à defuncto relicta, et ab hærede præstanda:
» (*Legata accipienda sunt à manu hæredis. Vide Salm.*
» *c. 5 n. 178.* *) à codicillo verò differt, quià codicil-
» lus est quasi testamentum imperfectum, et non sit
» ad instituendum hæredem, nisi ex privilegio, v. gr
» militia, sed ad aliquid in testamento explicandum,
» mutandum, detrahendum, vel ad legata instituen-
» da. V. *Laym. l. 3 t. 5 c. 1 et seq. Tann. t. 3 d. 4 q.*
» *8. Less. lib. 2 c. 19. Bon. d. 3 q. 17 p. 1* »

Ad Codicillum sivè nuncupativum, sivè in scriptis, sufficiunt quinque testes, etiàm non rogati, et fœminæ (quàmvis ad Codicillum in scriptis requiratur testium subscriptio), ex *l. ult. C. de Codicill.* Ad Codicillum verò inter liberos, et milites sufficiunt duo testes; Vide *Lugo D. 23 n. 15.* Hîc notandum cum *eodem Lugo n. 17* quòd clausula in testamento apposita, scil. quòd, si illud non valeat ut testamentum, valeat ut Codicillus, importet, ut si testamentum sit nullum, sivè ob defectum solemnitatis, sivè ob præteritionem hæredis necessarii, hæres ab intestato debeat solvere legata, ex

Auth. Ex causa. C. de Fill. prat. et insuper ipse teneatur hæreditatem restituere hæredi, in illo testamento instituto, retentâ sibi quartâ trebellianicâ, ut colligitur ex *l. Posthumus.* §. *Si paganus ff de Injusto rupto
test.* et si sit hæres necessarius, retentâ sibi portione
debita.

920 » Resp. 2. Testamentum est duplex. I. *In scriptis*,
» *seu clausum ;* quod testamentum testator, sivè suâ,
» sivè alterius manu scriptum, septem testibus ido-
» neis, non defectuosis, non cæcis, non surdis,
» mutis, nec furiosis, prodigis, infantibus, religio-
» sis, cognatis, qui in testatoris potestate sunt * (*Adde
» infames de jure, fratres, patrem Testatoris, qui sunt
» in ejus potestate. Viva Qu.* 10 n. 4. *Salm c.* 5 *n.* 10.
» *Adde hæredem, sed non legatarios, non tutores, etc.
» Viva et Salm. Nec Religiosos, etsi isti peccent, si
» testentur sinè licentia. Viva ib.*) (quibus adde ipsum
» hæredem, et qui in ejus sunt potestate) sed mas-
» culis, puberibus, liberis, ad id rogatis, et vocatis
» coram offert, profitendo id esse suum testamentum:
» tùm, si possit, manu súa subscribit, alioqui octa-
» vus pro eo testis, dein omnes, et singuli septem
» testes eodem tempore subscribunt, si possint, per
» seipsos, proprioque, vel alieno, aut communi om-
» nes sigillo consignant, *Laym l. c. Bon. dist.* 3 *q.* 12
» *p.* 1. * (*Nullum est Testamentum scriptum ab ipso
» hærede, saltèm post sententiam. Salm c.* 5. *n.* 155.)*
» II. Nuncupativum, quod minorem solemnitatem
» requirit, scilicet tantùm, ut septem testes idonei
» supradicti convocati audiant, et intelligant testato-
» ris voluntatem, coram eis scriptam, vel voce arti-
» culatâ prolatam * (*Simùl et eodem tempore, ut sint
» contestes, Salm. c.* 5 *n.* 11. *Per signa autem nequit
» hæres institui. Quid, si Testator annuat? Probabile
» est posse sic institui Lugo, Vasq. etc. Vide Salm. c.* 5.
» *n.* 12. *Maximè ad causas pias, Salm. n.* 17 *in fine
» cum Villal. Gom. etc. Et Croix n.* 1130.)* Etsi verò
» talis nuncupatio coram testibus à notario in scrip-
» tum communiter redigi soleat, id fit, non ad actùs

» substantiam servandam; sed ad meliorem proba-
» tionem, et securitatem, si testes decedant, vel ido-
» nei reddantur. Si autem testamentum careat solem-
» nitate debitâ, dubiteturque, utrùm testator volue-
» rit conficere clausum, an. apertum, valet ut nun-
» cupativum : hæc enim præsumitur testatoris volun-
» tas, ne actus omninò corruat, *Sanch. lib.* 4. *cons.*
» *Lugo t.* 2 *de just. de* 24..*Bard. de* 6 *q.* 10. § 1.

» Porrò, præter has solemnitates jure communi re-
» quisitas, aliæ sunt partialium locorum, quas in
» singulis locis nôrunt periti Notarii : qui proindè,
» ne impingatur, utiliter adhibentur. »

Notandum 1. cum *Lugo D.* 24 *n.* 5 qui citat *Vasq.*
et Ronc. de Testam. c. 1 *q.* 3 *R.* 2 cum communiori,
contrà aliquos, ex *l. Hæc consultissima, C. Qui Tes-*
tam. etc. et l. Hæres 12 *ff. eodem. tit.* non sufficere ad
valorem testamenti nuncupativi, quòd Testator declaret, se in tali schedula, puta, sigillo signatâ, vel
tali loco clausâ nominare hæredem, et alias depositio-
nes; sed requiri, ùt ipse coram testibus sufficien-
tibus hæredem nominet; et quòad. alias sufficere,
quòd se ad schedulam remittat.

Notandum 2. quòd ex triplici capite Testamentum₉₂₁
possit esse nullum : I. ob defectum *solemnitatum*
substantialium, quæ ab Auctore explicantur. II. ob
defectum *complementi*, nam, si Testator moriatur,
vel loquelam amittat, antequàm testamentum compleat,
Testamentum est nullum, etsi hæredem instituerit,
ex *l. Si quis, ff. de Test.* Hoc tamen currit, si constet
Testatorem voluisse instituere alios hæredes, vel legata ordinare; In dubio autem Testamentum valet.
Sicùt etiàm valet, si hæres sit causa pia, vel si in eo
sint scripta legata pia, *Salm. c.* 5 *cum Mol. Tap.*
Dic. etc. III. Testamentum potest esse nullum ob defectum *libertatis*, eò quòd Testator non liberè egerit,
vel non compos mentis, vel deceptus, vel coactus vi
aut precibus importunissimis, vel metu reverentiali,
Salm. n. 30. Sicùt, si Testator fuerit inductus precibus
simplicibus, suasione etc. Vid. *Salm. l. c.*

922   » Quæres, an testamentum sit validum , cui desunt
» solemnitates à jure civili requisitæ ?

» Resp. 1. Si testamentum factum sit ad causas
» pias , etiàm in foro externo eas non requiri , sed
» sufficere eas, quæ sunt juris gentium , scilicet duos
» testes; in foro autem conscientiæ , suppositâ potes-
» tate disponentis , sufficere scripturam, nutum , vel
» aliud signum testatoris , absque ullo teste. Quod si
» tamen manus testatoris non extet, requiruntur duo
» testes in foro externo , inter quos etiàm fœmina esse
» potest. *Covar.* et alii 22. *Dian. p.* 7 *t.* 6. *R.* 16.* (*Cum
» Salm. c.* 5. *n.* 17.) * Item Confessarius, vel Parochus
» esse potest, licèt legata sint pro sua Ecclesia , id-
» que ad hoc tantùm , ut voluntas testatoris probari
» possit , et Judex pro ea sententiam ferat. V. *Less.*
» *et Card. Lugo tom.* 2 *d.* 22 *s.* 9. ubi etiàm probat, in
» tali testamento ad pias causas non esse necessariam
» hæredis institutionem. At , licèt morte interveniente
» non fuerit absolutum , valet tamen quòad legata pia
» in eo jam expressa , *Malder. Laym. Dian. part.* 5. *t.*
» 16. *R.* 126. An autem tale testamentum , ad causas
» pias principaliter factum , si solemnitates desint,
» valeat quòad legata profana, controvertitur : Negant
» *Bonac. et Lugo.* Affirmant *Covar. Sa, Less. Fill. Sanch.*
» *Barbos. Trull. cap.* 18 *de* 4. *Dian. p.* 7 *tr.* 6. *R.* 4.*
» (*Et hanc tenent Salm. n.* 19 *et Viva artic.* 2 *n.* 5 *cum
» communiori et Roncaglia cap.* 2 *q.* 6 *R.* 1 *vocat com-
» munem, quià accessorium sequitur naturam princi-
» palis. Attamen sententia Bonacinæ punct.* 3 *n.* 18 *et
» Lugonis D.* 22 *n.* 284 *cum Vasq. Jason. etc. est satis
» probabilis : quià respectu laicorum Papa nihil dispo-
» nit. Nec semper valet regula , quòd accessorium se-
» quatur naturam sui principalis, nam ipsa non currit ,
» ubi diversa est ratio accessorii à principali , ut hic ac-
» cidit, et ideò , non obstante, quòd Testamentum
» principaliter sit profanum , debetur legatum in eo
» relictum , etiam deficientibus solemnitatibus Juris
» Civilis , ex dicto cap. Relatum. Præterea Testa-
» mentum in favorem liberorum , licèt valeat quòad*

» *liberos*, *non tamen valet quòad alios*, *si solemnitates*
» *juris communis desint*, *ut habetur in l. Hac consultis-*
» *sima*, *et in l. Ex imperfecto. C. de Testam.*) * De-
» niquè testamentum ad pias causas non solemne
» revocat aliud solemne, etsi hujus mentionem non
» faciat. *Molin etc*: *Dian. p.* 6 *t.* 6 *R.* 25 *et* 26 * (*Cum*
» *Viva n.* 4.) * idque, etiàmsi priùs etiàm fuerit ad
» causas pias. *Molin.* et alii, licèt hoc posterius qui-
» dam negent. V. *l. cit. R.* 26. 27.

Quòad dispositiones pias certum est, quòd, si con-923
stet bæredi voluntas Testatoris, sivè per verba, sivè
per nutum, aut scripturam, teneatur hæres in conscien-
tià vel cedere hæreditatem loco pio, vel legata solvere.
Ità communiter *Lugo D* 22 *n.* 267. *Concina t.* 7 *pag.*
647 *n.* 9. *Laym c.* 7 *de Testam. n.* 5. *Roncagl. eod. tit.*
2. *q.* 2 *R.* 1 *et Salm. c.* 5 *n.* 18 *cum Less. Dic. Vill. etc.*
Undè infertur, quòd, si Testator dedisset tibi aliquid,
ut tamquàm pauper retinéres, vel ut in pias causas
distribueres, tutè id facères, etiàm inscio, et invito
hærede, proùt docent *Lugo n.* 268. *Mol. t.* 1. *D.* 134
et Salm. l. c. cum Dic. Vill. Cov. Gom. etc.

Cæterùm, si contrà non cònstet hæredi voluntas Tes-924
tatoris, docet *Laym. ibid. n.* 4 quòd ex certâ regulâ,
omnium consensu receptâ, non teneatur hæres in suo
præjudicio credere uni testi, quàmvis probatissimo,
cùm *in c. Relatum.* 1 *de Test.* expressè dicitur. *Tribus*,
aut duobus testibus requisitis. Et in *c. Licet. de Testib.*
dicitur : *Licèt quædam sint causæ, quæ plures exigant*
testes ; nulla tamen est causa, quæ unius testimonio,
quàmvis legitimo, terminetur. Hoc enim necessarium
fuit ad bonum commune, ut fraudes evitentur, proùt
ajunt *Laym. ib. Holzm. de* 6 *Pr. c.* 1 *n.* 657 *et Croix l.*
2. *p.* 3 *n.* 1130. Hinc docet *Laym. n.* 5 quòd hæres
non teneatur credere soli Parocho, nisi alius adsit
contestans ; et idem dicunt *Viva q.* 10 *art.* 2 *n.* 3 *et*
Croix ut sup.

Resp. 2. Si testamentum factum sit ad causas non 925
pias, hominibus rusticanis quinque testes sufficiunt,
si plures haberi nequeant, nec subscriptionibus opus

erit, si litterati non sint. *Laym. l. c. c.* 2 *n.* 16. *Bon. l. cit. part.* 1 *n.* 4.

Hîc autem quæritur, an testamentum nullum quóad causas non pias, valeat quòad legata pia? Alii negant, quià corruente principali, corruit accessorium. Sed communior sententia affirmat, quià specialis ratio reperitur in accessorio, quæ non est in principali, nempè, favor Religionis, et ideò ibi attenditur tantùm jus Canonicum. Ità *Laym. lib.* 3 *tr.* 3 *c.* 2 *et Ronc. de Testam. c.* 2 *q.* 6 *R.* 2 *cum Cov.*

926   » Resp. 3. Tempore pestis non requiruntur septem
» testes simùl congregati ad testamenti subscriptio-
» nem, sed sufficit, si singuli separatim adhibeantur.
» Adde, æquitatem postulare, ut, quandò testes,
» vel Notarius haberi non possunt, ultimæ volunta-
» tes validæ pronuntientur, si de voluntate defuncti
» liquidò constet. Hinc in Camera Imperiali valet tes-
» tamentum, peste valdè grassante, conditum coram
» duobus, vel tribus testibus, inter quos Confessa-
» rius esse potest. Atque hæc vera sunt secundùm
» jus Commune Cæsareum, seclusis specialibus lo-
» corum statutis. Nam Venetiis v. g. et Viennæ duo
» testes ad testamentum sufficiunt. Vide *Laym. l. c.*
» *cap.* 2. Imò absolutè loquendo tempore pestis suffi-
» cere solemnitates juris, gentium, atque adeò tres,
» vel duos testes. *Dian. p.* 7. *t.* 6. *R.* 34 ex *Sa, Laym. etc.*
» atque inter eos esse posse fœminam, et Notarium
» ipsum (tametsi non sit immatriculatus); modò non
» sit consanguineus, vel affinis defuncti, *R.* 36 *ex*
» *Menoch. etc,* nec opus esse, ut sint rogati, vel au-
» diant vocem testantis (etsi hoc quidam requirant),
» modò eum videant, *R.* 37 *et* 38 neque invalidari,
» licèt ægrotus convalescat, *R.* 39 ex aliis 8. Denique
» si Parochus scribat coram unico teste, habere vim
» testamenti, saltèm nuncupativi, dicit *Molin. et*
» *March.* cum *Dian. l. c. R.* 34 *et* 41 vide etiàm *p.* 5
» *t.* 3 *R.* 123.

927   » Resp. 4. Etsi probabilis, et secura sententia sit
» *Cov. Bon. d.* 3 *q.* 1 *p.* 4 et aliorum, testamentum

» factum ad causas non pias, sinè solemnitatibus à
» jure requisitis, invalidum esse in foro conscientiæ,
» præterquàm quod legata pia, *Molin. Lugo, Vasq.*
» *Sanch. Diana p.* 7 *t.* 6 *R.* 3 contrà *Barbos.* ità ut
» hæres per illud institutus, et legatarius teneantur
» ad restitutionem hæredibus ab intestato : contra-
» rium tamen verius est, ideòque licitè retinetur,
» quod tali testamento possidetur. Ratio est, quià
» illæ solemnitates tantùm requiruntur ad cavendam
» deceptionem, et ad fidem in foro externo faciendam.
» V. *Less. l.* 2 *c.* 19 *d.* 3. *C. Lugo disp.* 22 *s.* 9 Undè
» secundùm hanc posteriorem sententiam resolves
» sequentes. »

Triplex etiàm sententia (proùt diximus de contractibus *n.* 711.) est pro Testamentis conditis sinè solemnitatibus. *Prima* sententia tenet ea valere in conscientia, et naturalem parere obligationem : ità cum *Bus.
Less. l.* 2 *c.* 19 *d.* 3. *Mol. D.* 81. *Sa , et Sylvest. v. Testam. Roncag. de Testam. cap.* 1 *q.* 4 *R.* 2. item *Mald.
Reg. etc. apud Cabass. T. J. l.* 6 *cap.* 3 *n.* 4. Et probant
ex §. *Per traditionem Inst. de rer. div.* ubi : *Nihil est
tàm conveniens naturali æquitati , quàm voluntatem domini volentis rem suam in aliam transferri, ratam haberi.*
Hinc *Less. Salas , Sayr. et Molf. ib.* dicunt, hæredem
ab intestato , si certus sit de voluntate Testatoris , tenêri eam exequi, et restituere hæreditatem. *Secundam*
verò sententiam omninò oppositam tenent *Suar. Bon.
Cov. apud Cab. l. c. et Salm. tr.* 74. *c.* 1. *n.* 52. *cum
Laym. etc.* quià lex solemnitatum non solùm fundatur
in præsumptione fraudis ; sed etiàm in ejus periculo.
Eamdem sententiam sequitur *Lugo D.* 22 *n.* 256. *cum
alius :* sed excipit fidei commissa , ex § *ult. Inst. de Fi-
deic. Tertia* sententia, quam amplectitur *Cabas. l. c.
cum Sot. Sanch. Bann. et Beja,* tenet præferri debere
possessorem. Primam , et secundam sententiam probabilem censeo , sed hanc tertiam probabiliorem, et
in praxi omninò sequendam ; quià potius omni jure
est jus possessionis; undè omuinò dicendum puto,
quod hæres non teneatur solvere; et contrà, legata

Tom. III. 14

si bonâ fide legatum acceperint, non teneantur resti-
tuére. Observa attentè quæ dixerimus *dict. n.* 711. Id
tamen intelligendum nisi accedat sententia judicis,
ut dicunt *Roncag. l. cit. et Cabas. l. c. cum aliis cit.* Nec
obstat dicere, sententiam judicis non obligare, si nitatur lege fundatâ in falsa præsumptione fraudis, quæ
non adsit; nam, præterquamquòd sententia tunc nitatur lege quæ fundatur in periculo generali fraudum,
ut respondet *Roncaglia*, quisque tenetur parêre Judici
præcipienti, semper ac ejus sententia non sit evidenter injusta, ob bonum commune pacis, ut litibus, et
jurgiis finis imponatur.

» 1. Hæres ab intestato, si sciat voluntatem defunc-
» ti, tenetur restituere hæreditatem, et solvere legata
» iis, quibus testamento minùs solemni, aut ex vo-
» luntate ejus debentur. *Mol. Less.* (*contrà Bonac. l.*
» *cit.*)* (*Secùs verò dicendum juxtà contrariam senten-*
» *tiam probabilem mox suprà allatam.*)*

928 » 2. Si dubius sit de voluntate testatoris, debet cum
» illis componere pro ratione dubii : quià, cùm nec
» ipse, nec alii cœperint adhùc possidere bonâ fide,
» in dubio par est eorum conditio, *V. Bon. l. c.*

» 3. Si hæres ab intestato retineat hæreditatem, et
» legata, possunt illi, quibus aliquid per tale testa-
» mentum erat relictum, uti occultâ compensatione,
» quià reverà res illæ erant ipsorum. V. *Bon. l. c.*
» (*Sed hoc negamus. Vide dicta l.* 1. *n.* 35. *v. Attamen.*)*

» 4. Si hæres ab intestato fateatur, mentem testa-
» toris fuisse, ut hæreditatem nomine fideicommissi
» alteri traderet, vel legatum aliquod solveret; aut,
» si, oblato juramento, jurare noluerit, cogendus est,
» etiàm in foro externo, ad hæreditatem tradendam,
» et solvendum legatum.

» 5. Ob eamdem causam idem dicendum est, si fa-
» teatur voluntatem testatoris fuisse, ut hæreditas,
» non ut fideicommissum, sed immediatè perveniret
» ad alium, quià non est recurrendum ad fidem tes-
» tium, vel ad juris subtilitatem, quandò is, cujus
» interest, ipse confitetur testatoris voluntatem. Vide
» *Less. et C. de Lugo l. c.* »

Ait *Lugo D.* 22. *n.* 257. *et* 258. quòd, si Testator
voce committat hæredi fideicommissum, et hæres ta-
ceat, teneatur utique illud implere; secùs, si Testator
committat ei legatum ; Dicit tamen , quòd, si hæres
solverit jam legatum , non possit repetere.

» Resp. 5. Etsi probabile sit, Clericorum, et Novitio-
» rum testamenta facta ad causas non pias sinè so-
» lemnitatibus juris non valere : *Molin.* et alii 3. Cum
» tamen contrarium etiàm sit probabile , ex *Suar.* etc.
» potest hæres ex tali testamento hæreditatem adire
» pro foro conscientiæ , *Dian. p.* 9. *t.* 9. *R.* 16.
    » Resp. 6. Milites hujus temporis gaudent iisdem ₉₂₉
» privilegiis testandi, quibus olim, dummodò in cas-
» tris (vel in propinquo ex causa legitima) versen-
» tur. *Dian. p.* 7. *tr.* 15. *R.* 24. *et seq.* ex aliis 13. con-
» trà *Bald.* etc. atque adeò sufficiunt duo testes (licèt
» probabiliter nec hi requirantur , *R.* 45.), etiàm non
» rogati , *R.* 46. et alii 4. contrà *Molin. Lugo* , etc.
» etiam aliàs inidonei, modò non sint impuberes , nec
» cæci , vel servi , *R.* 47. *Lugo* , *Vasq. etc.* Neque
» opus est eorum subscriptione, vel signorum appo-
» sitione, vel ut sint in conspectu testatoris , *Ibid.*
» Imò miles jure militari (quo præsumitur esse tes-
» tatus in dubio) potest testari solo nutu , *R.* 19. Po-
» test etiàm plura simùl testamenta valida facere, vel
» pro parte testatus , vel pro parte intestatus dece-
» dere, *R.* 53. et 55. Valetque ejus testamentum etiàm
» post missionem honestam , sed non ultrà annum ,
» *Molin. Lugo etc. R.* 61. Denique possunt milites su-
» pradicto modo testari , tametsi sint surdi , et muti
» (saltem si in castris auditum , et vocem amiserint.)
» *Dian. R.* 48. 49. *et* 50. ex aliis * *(Testamentum inter*
» *Liberos valet , ut dispositio facta ad causam piam.*
» *Vide Salm. c.* 5. *n.* 20.)* »

Hîc plura dubia oportet annotare circà materiam ₉₃₀
Legatorum. Dub. 1. An legatum relictum puellis , ut
nubant , possit dari eis , quæ fiunt Religiosæ ? Resp.
Si legatum sit relictum personæ determinatæ , certum
est posse dari , nisi aliter constet de mente Testatoris,

ità ex *Auth. de Sanctiiss. Episc.* §. *Et hoc* Vide *Sal. c.*
5. *n.* 148. Quid, si legatum relictum sit personis indeterminatis? *Prima* sententia negat deberi illud puellis Religionem ingredientibus ; hanc tenet *Sanch. de*
Matrimon. l. 1 *D.* 33 *n.* 32. *Con. D.* 3 *q. ult. n.* 19.
Mol. D. 207. *Barb. de Pot. Ep. Alleg.* 83 *n.* 27. *Ronc.*
de Testamant. c. 7 *q.* 2. *R.* 3. *Conc. t.* 7 *p.* 679 *n.* 10
et Lugo Dist. 24 *n.* 293. cum communi, ut asserit.
Ratio, quià mens Testatoris servanda est in specifica formâ, semper ac servari potest ; nec recurrendum ad ejus voluntatem præsumptam, quandò
habetur voluntas contraria expressa : Tales enim
Testatores et piè providêre sic intendunt solis puellis nubere volentibus, ne exponantur periculo prostitutionis. Nec obstat præfata lex in *Auth. cit.* quià
ibi sermo fit tantùm de legato facto personæ determinatæ, ündè nullum aliis damnum infertur, si ipsi
ingredienti Religionem tradatur ; sed in casu posito
præjudicium irrogaretur aliis nubendis a Testatore
nominatis.

Secunda verò sententia, quam tenent *Salm. c.* 5
n. 185. *Diana p.* 4 *tr.* 24. *Misc. R.* 35 *cum Pontio*
Nattâ, Boerio, et Ochnagav. ac adhæret *Less. l.* 2 *c.* 18
n. 123 affirmat deberi legatum ; quià in dicta *Authent.*
assignatur ratio, cur legatum relictum certæ personæ
ad nubendum, ei debeatur, si fiat Religiosa : *Quòd*
vitam profitentur religiosam ; scilicet ne puella relinquat statum religiosum, ut legatum consequatur. Cùm
autem in legato relicto puellis indeterminatis idem
legis motivum urgeat, ideò Religiosæ non sunt illo
privandæ : *Ubi enim* (ut dicitur *in l. Illud. ff. ad l.*
Aquil.) *eadem militat ratio, eadem militare debet juris*
dispositio. Neque (ait *Lessius*) præfata lex Justiniani
innititur præsumptæ menti Testatoris, sed absolutè
vult favere pietati, etiàm contrà expressam Testatoris
voluntatem, ità ut, si Testator expresserit excludendas esse puellas Religionem ingredientes, talis dispositio rejiciatur tamquàm turpis. Hanc sententiam
reprobare non aüdeo, sed prima mihi videtur certè

probabilior; quià dispositio *Authenticæ* continet jus novum, quod, cùm exorbitet à jure communi, non est extendendum de casu ad casum; Maximè quià talis extensio redundaret in præjudicium aliarum. Probabiliter autem dicit *Conc. tom.* 7 *p.* 680 *n.* 11, quòd, si non extarent puellæ, quæ nubere vellent, tradendum esset legatum Religionem ingredientibus; nisi ex mente Testatoris expressè oppositum colligeretur. Præte- reà addit *Barb. d. All.* 83 *n.* 28 *cum aliis*, quòd, si Testator relinquat alicui puellæ mille, si nubat, et centum, si ingrediatur Monasterium, debeantur Monasterio et centum et mille, si hoc sit factum in odium Religionis, quià tunc sic decernendum est in pœnam Testatoris : Secùs, si id factum sit, eò quod dotes Religiosarum sint minores, quàm nubentium.

Dub. 2. An legatum relictum civibus loci, possit dari extraneis? Negandum, nisi isti animum habeant ibi perpetuò manendi, tunc enim ab initio pro naturalibus habentur; vel nisi sinè tali animo ibi per decennium manserint. Ità *Salm. c.* 5 *n.* 186 *cum Lugo Sanch. etc. ac Conc. tom.* 7 *p.* 681 *n.* 14 *ex l.* 1 *C. de Incolis.* Hîc addendum id, quod tradunt *Sanchez, Trullench. et Barbosa apud P. Ferraris (Bibl. v. Civitas n.* 71) nempè, quòd legatum relictum puellis originariis non sit dandum eis, quæ casualiter natæ fuerint in eo loco.

Dub. 3. An legatum relictum Orphanis possit dari pauperibus habentibus Parentes inutiles? Non concurrentibns verè orbatis Parentibus, videtur receptum apud omnes, quòd dari possit. Ratio, quià sic etiàm impletur voluntas Testatoris, qui vult opitulari filiis non habentibus, undè alantur, et tales sunt qui habent Parentes inutiles, ex celebri illo dicto apud *Glossam in c. Admov. cqus.* 33 *q.* 2 *ver.* Dixi. *Si re priveris, nec nomen habere mereris.* Et ex *Glossa v. Inutilem. in c. Inter cætera. de Trans. Episc.* ubi dicitur, inutilem reputari ut mortuum. Huic adhæret id quod dicunt *Covarr. Bald. Pal. Perez, etc. apud Sanch. l. cit.* nempè, quòd Pater dicatur orbatus filio, si filius sit inutilis, ex *Glossa in l. Plagiarii. C.'ad L. Flaviam* *de Plag.* Et ex eadem *Glossa* dicitur vidua, quæ virum inutilem habet. Sic à pari dicendus Orphanus, qui Parentes habet inutiles ; Ità *Roncag. de Testam c.* 7 *q.* 5 R. 1. *Conc. tom.* 7 *p.* 681 *n.* 15. *Dian.p.* 1 *tr.* 2. *R.* 52. *Salm. c.* 5 *n.* 187 *cum Trull. etc.* ac adhæret *Lugo* *D.* 24 *n.* 303. An autem, concurrentibus verè orbatis parentibus, hi sint præferendi ? Affirmant omnes præfati Auctores cum *Sanchez Cons. l.* 4 *c.* 2 *dub.* 13 qui vocat commune ; Ratio quià, cum voluntas Testatoris possit impleri in sensu proprio, non debet impleri in improprio, *ex Clement. Quin contingit de Rel. domib.* *et ex Trident.* sess. 25 c. 8. Sicùt enim propriè vidua non est, quæ virum habet inutilem, sed quæ viro caret, ut dicunt *Sylv. Tab. et Ang. apud Sanch.* Ità in casu nostro. Attamen videntur non omninò improbabiliter negare *Bonac. D.* 3 *q. ult. n.* 9 *et Roncag. l. cit.* *R.* 2. Ratio, quià id, licèt non congruat litteris dispositionis, congruit tamen, imò magis accedit ad finem Testatoris, subveniendi paupertati filiorum, qui, cùm Parentes habent inutiles, egentiores sunt verè orphanis, dum non solùm debent tunc propriæ, sed etiàm Parentum indigentiæ providere.

Dub. 4 An legatum relictum puellis ut nubant, possit dari eis, quæ sinè dote jam nupserint ? Resp. affirmativè, si sit relictum puellis determinatis, quià præsumitur Testator voluisse ipsis omninò providere ob peculiarem ergà illas affectum, vel ut nubant, vel ut nuptæ decenter vivant. Secùs, si indeterminatis, quià tunc censetur potiùs Testator voluisse subvenire nubendis, ut periculum prostitutionis vitarent. Quandò verò legatum est relictum pro dotandis puellis pauperibus, benè potest dari nuptis ; nam tunc perseverat finis Testatoris, nempè sublevandi ipsarum indigentiam. Ità communiter *Sanch. l.* 7 *de Matr. D.* 91 *n.* 63. *Ronc. de Testam. c.* 7 *q.* 3 *R* 1. *Salm. c.* 5 *num.* 188 *cum Trull. et Dian. Conc. tom.* 7 *pag.* 680 *R.* 12.

Dub. 5. An legatum relictum fœminis in matrimonium collocandis, possit tradi viduis iterum nupturis? Resp. affirmativè, si non sint aliæ fœminæ ætate nubiles : secùs , si adsint , quià nomine mulieris in matrimonium collocandæ, propriè intelligitur ea, quæ numquàm nupsit, vel si nupserit, invalidè nupsit, aut matrimonium non consummavit, ex *l. Hoc sermone. ff. de Verb. signif.* Ità communiter *Sanchez l. 7 de Matrim. D.* 95 *n.* 65. *Roncag. d. c.* 74. 3 *R.* 4. *Conc. tom.* 7 *p.* 681 *n.* 13 *et Salm. t.* 5 *n.* 189 *cum Bon. Trull. etc.* Qui tamen rectè addunt cum *Roncaglia*, quòd, si legatum sit relictum pro nubendis fœminis pauperibus, viduis etiàm dari possit, quià verbi significatio convenit tàm virginibus, quàm viduis.

Dub. 6. An legatum relictum virginibus nubendis possit dari virgini etiàm corruptæ? Distinguendum, si publicè constet de ejus corruptione, non potest tradi : quià non adimpleretur finis Testatoris , volentis tantùm subvenire iis, quæ verè virgines sunt. Secùs, si clàm sit corrupta , quià in communi æstimatione hæc pro virgine reputatur, ut colligitur ex *l. Liber. §. Quod autem. ff. de Legat.* Nec censetur Testator voluisse, ut puella manifestaret suam turpitudinem : Ità communiter *Conc. tom.* 7 *p.* 681 *n.* 16. *Ronc. de Testam. d. c. p.* 4 *R.* 1. *Salm. c.* 5 *n.* 190 *cum Trull. Dian. Martin. à S. Jos. etc.* An autem puella corrupta possit tale legatum petere? Affirmant *Salm. loc. cit.* quià in favorabilibus verba sunt largè interpretanda, ut probant *in tr. de Leg. c.* 4 *n.* 19. Sed probabiliùs negant *Concina l. c. et Martin. à S. Jos. ap. Salm.* tùm, quià verba Testatoris servanda sunt in rigore, quantùm fieri potest ; tum quià talis interpretatio fieret in præjudicium aliarum. Et idem videtur sentire *Roncag. loc. cit.* dicens illum, cui data est facultas à Testatore eligendi virgines pro legato , non posse eligere eam , quam certò scit corruptam, si absit scandalum. Conveniunt tamen *Concina, Ronc.* ad dicendum , posse illam petere, et eligi , si desint aliæ verè virgines.

Dub. 7. An legatum relictum puellæ, ut remaneat

virgo, debeatur ei, si nubat? Affirma; sic enim statutum est in *l. Quoties*, 22 *ff. de Condit. et demonstr.*
Quià, ut habetur ex alia *l. 2 C. de Induct. viduit.*
multùm interest Reipubl. ut proles augeantur. Secùs
dicendum, si legatum relinquatur viduæ, ad viduita-
tem servandam, *Auth. Cui relictum. C. tit. eû.* Quià
honestum est à secundis nuptiis abstinere; ità *Salm.*
de Matrimon. c. 1 n. 109 *et* 110 *et Concin. pag.* 678
n. 7.

Dub. 8. An legatum relictum puellæ, ut nubat,
transeat ad ejus hæredem, si antè nuptias illa moriatur? Rectè distinguit *Lugo D.* 24 *n. 209 cum Sanchez*
et Mol. Si legatum relictum sit puellæ intuitu subven-
tionis illius personæ, ut possit nubere, tunc transit
ad ejus hæredem; Secùs, si nullo habito respectu ad
personam, sed tantùm ad operam piam peragendam;
quià tunc est convertendum ad dotandam aliam pau-
perem; Vel si legatum sit relictum sub conditione
necessaria, ut puella nubat, sinè intentione faciendi
operam piam, quià tunc legatum erit profanum, et
fiet caducum, ac ideò transibit ad hæredem Testatoris.

Dub. 9. An legatum relictum pro fabrica Ecclesiæ
possit expendi in ornamenta, et alia Divino cultui
necessaria? Negant *Panormitanus, et Lopez apud*
Sanch. Cons. l. 4 c. 2 dub. 14. Sed probabiliter affirmant idem *Sanch. et Lugo D.* 24 *n.* 304 quià nomine
fabricæ intelliguntur omnia necessaria ad servitium
Ecclesiæ, nisi aliter constet de mente Testatoris.

Dub. 10. Quòmodò distribuendum legatum relictum pauperibus? Resp. si legati executio relicta sit ad
electionem hæredis, potest ipse dare cuicumque verè
pauperi. Si verò non sit hæredi electio commissa,
tunc præferendi sunt I. Conjuncti Testatoris, ut communiter DD. cum *Barbosa de Pet. Ep. All.* 83 *n.* 17
et Roncag. de Testam. c. 7 *q.* 6 *R.* 2. Et inter eos
præferendi sunt proximiores, ut docet *D. Th.* 2. 2 *q.*
32 *art.* 9. Id enim exposcit ordo charitatis: Atque
hoc (addit *Roncaglia*) etiamsi adsint alii pauperiores.

II. Pauperes concives Testatoris præferendi sunt cæteris extraneis , ut *Glossa in c. Pauperes, de Testam. et Ronc. l. c. cum Men.* utque colligitur ex *l. Præses. C. de Serv.* III. Magis indigentes , ut *S. Th. l. c. art.* 3 *ad* 1. *Ronc. l. c.* Et etiàm nubiles , ut addit *Barb. cum Surdo n.* 18. IV. Pauperes probatioris vitæ , *S. Th. ib. art.* 9. Hinc dicunt *Laym. l.* 3 *tr.* 5 *c.* 11 *num.* 6. *Roncag. cum Men.* præferendos esse Religiosos , qui ex eleëmosynis vivunt; Rectè verò censet *Roncag.* contrà aliquos , non venire nomine pauperum Religiosos , qui habent reditus sufficientes , undè vivant. V. In æquali paupertate præferendæ sunt fœminæ , quatenùs istæ majori periculo peccandi sunt expositæ , idem *Roncaglia.* Cùm autem Testator dixerit , legatum inter pauperes distribuendum , non potest uni tradi ; ità *Ronc. et Barb. n.* 19 *cum Men. Bart. etc.* communiter. An verò eo casu possit executor etiàm sibi aliquid applicare ? Affirmant *Laym. l. c. n.* 7. *Sanch. Dec. l.* 2 *c.* 11 *n.* 34 *et Barb. l. c. vide n.* 22 *et* 54 *cum Palac. Men. Gonzal. et aliis* communiter. Excipiunt tamen *Laym. et Sanch.* si Testator noverit ejus paupertatem , quià tunc censetur , quòd , si voluisset illi subvenire , aliquid expressè reliquisset. Sed non improbabiliter *Roncag. l. c.* hanc exceptionem non admittit , quià non præsumitur Testator eum voluisse inferioris conditionis facere , quàm alios pauperes ; et , si aliquid ei non reliquerit , id evenire potiùs censendum vel ex oblivione , vel inadvertentia , vel quòd noluisset Testator ruborem executori inferre , si inter pauperes eum numerâsset.

Quæritur hîc I. An Summus Pontifex possit sinè 931 justa causa validè commutare ultimas voluntates Testatorum ? Nulli dubium , quin Papa possit cum causa ultimas voluntates commutare , ut patet ex *Clem. Quià contingit, de Domib. relig.* ubi dicitur : *Ea quæ ad certum usum largitione sunt destinata Fidelium , ad illum debeant , non ad alia (salvâ Sedis Apostolicæ auctoritate) converti.* Sed dubitatur , an id possit Papa sinè causa ? Tres sunt sententiæ apud *Sanch. Consil. l.*

4 *c.* 2 *dub.* 1 *num.* 1. *Prima* sententia affirmat , quam
tenent *Armil. v. Legatum. n.* 55. *Ang. eod. verb. l. c.*
Ratio , quià omnia legata intelliguntur implicitè relec-
ta ad arbitrium Papæ , vel principis. *Secunda* sententia , quam tenent *Angles* , *Rosell. Covarr. etc. apud*
Sanch. n. 2. et cui adhæret *Croix l* 4 *n.* 482. id admittit de potestate absolutâ , non autem ordinariâ.
Tertia sententia verior et communis , quam tenent *Bus.*
infr. n. 939. *Sanch n.* 4 *cum Bart. Socin. Laym. l.* 3.
tr. 5 *c.* 11 *n.* 11. *Salm. c.* 5 *n.* 194. cum communi ,
Mol. l. 4. *de Primog. c.* 3 *n.* 19. *et Lug. D.* 24 *n.* 312.
(qui præfatas duas sententias falsas vocat) , omninò
negat posse Pontificem , aut Principem sinè justa causa commutare Testatorum voluntates. Probatur 1. ex
Trid. *Sess.* 22 *c.* 6. ubi (ut sentit *Laym. l. c. cum Mol.*
D. 249.) supponitur , tales commutationes non posse
fieri à Sede Apostolica , *nonnisi ex justa et necessaria*
causa. Probatur 2. ratione , quià licet dispositiones
Testatorum censeantur commissæ Papæ (vel Principi) ,
non tamen ut domino , sed ut boni communis , aut piarum causarum dispensatori committuntur , undè , cùm
Pontifex non sit dominus talium bonorum , non potest
nequè ex potestate ordinaria , nequè extraordinaria
convertere sinè causa has dispositiones , ad alium usum ,
quàm à Testatoribus sunt destinatæ. Si igitùr legatum
est profanum , poterit Princeps ob necessitatem publicam , vel aliam , justam causam , in aliud legatum
profanum , vel pium illud commutare. Si verò legatum sit pium , poterit Papa tantùm , justâ causâ interveniente , id in aliud pium convertere.

Quæritur II. An Episcopi cum justa causa possint
commutare pias dispositiones ? *Prima* sententia affirmat et hanc tenent *Angel. v. Legatum.* 2. *n.* 12 *et* 14.
Sylvest. eodem v. q. 12. *Arm. n.* 55. *et Rosell. Tap.*
apud Sanch. Cons. l. 4 *c.* 2 *dub.* 2 *n.* 3 *et Beja* cum aliis
ap Croix l. 4 *n.* 849. qui huic sententiæ adhæret. Ratio ,
1. quià communis sententia (ut asserit *Cr. ib.*) tenet ,
apud Episcopos esse hujusmodi facultatem ordina-
riam commutandi ; quià talis commutatio est quæ-

dam dispensatio in lege præscribente exactam impletionem ultimarum voluntatum ; undè, quandò dicitur,
fieri posse dispensationes , et non exprimitur à quo in
Tridentino , satis intelligitur fieri posse ab Episcopis;
uti cum pluribus docent *Suar. de Leg. l.* 6 *c.* 14 *n.* 8. *et
Sanch. de Matr. l.* 8 *D.* 5. Hinc inferunt idem *Sanch. l.
c. dub.* 7. *et Lugo D.* 24. *n.* 310. quòd , si Testator reliquit alicui Ecclesiæ Legatum pro festo anniversario,
possit Episcopus illud ad tempus commutare in reparationem Ecclesiæ, quæ aliter non posset reparari.
Ratio 2. quià , licèt Episcopus nequiret hoc facere ex
potestate ordinaria , potest tamen ut Sedis Apostolicæ
Delegatus , modò adsit justa causa judicio Episcopi :
Idque probant ex Trid. *Sess.* 22 *c.* 6. ubi dicitur : *In
commutationibus ultimarum voluntatum , quæ non nisi
ex justd , et necessaria causa fieri debent , Episcopi ,
tamquàm Delegati Sedis Apostolicæ , summariè et extra-
judicialiter cognoscant , nihil in precibus , tacità veritate ,
vel suggestà falsitate , fuisse narratum , priusquàm commutationes prædictæ executioni demandentur.* Ità *Barbosa de Pot. Episc. Alleg.* 83 *n.* 5. *cum Sylv. v. Legatum* 4 *q.* 12. *Menca , Beja Graff. Mendoza* , citatque
etiàm Rotam Rom. Dec. 1122. Et ità etiàm *Salm. de
Leg. c.* 5 *n.* 67.

Secunda verò sententia probabilior , quam tenent
Mol. de Just. D. 249. *Laym. l.* 3 *tr.* 8 *c.* 11 *n.* 10. *et
Sanch. l. c. dub.* 2. cum aliis negat , posse Episcopos ,
etiàm cum justa causa , commutare ultimas voluntates.
Ratio, quià ex *cap. Tua de Testam.* et ex Trident. *Sess.*
22 *c.* 8. imponitur Episcopis ut exequantur exactè ultimas voluntates ; Et hoc , etiàmsi commutatio fieret in
melius , ut dicunt *Barb. l. c. n.* 3. *cum Imola , et Bonif Laym. ibid.* ac adhæret *Lugo D.* 24 *n.* 307. *ex c.
Conquestus de Foro comp. et cap. Quià nos Testam* contrà *Dian. p.* 2 *R.* 26. *ac Sylv. Beja , Graff. Comit. Vasq.
etc. apud Croix l.* 4 *n.* 847. qui admittunt commuta-
tionem in melius. Nec probari dicunt primam senten-
tiàm à Trid. in *cit. c.* 6. Nam ibi tantùm committitur
Episcopis, ut, quandò commutationes ultimæ volunta-

tis à Sede Apostolica eis committuntur, ipsi, antequàm illæ executioni demandentur, examinent, an
sint veræ causæ expositæ ? Concilium enim in *cap.* 5.
immediatè præcedenti locutum erat de executionibus
dispensationum à sola Sede Apostolica obtentarum.
Et hoc ajunt esse conform. *Clementinæ*, *Quià contigit*,
citatæ in I. Quæst. Valdè tamen probabiliter censet
Laym. cit. n. 11. et consentiunt *Salm. c.* 5 *n.* 194. *cum
Bon. et Trul,* quòd, si aliqua causa superveniat, vel si
fuerit Testatori ignota, quam si ille cognovisset, aliter
disposuisset, tunc Episcopus cum hærede possit ex
epykia interpretari voluntatem Testatoris, et legatum in alium usum convertere, puta, si legatum sit
relictum pro vasis sacris conficiendis, quibus Ecclesia
non egeat, sed potiùs casulis. Quandò autem legata
pia nullo modo possunt applicari ad usum à Testatore intentum, illa non sunt caduca, sed applicanda
sunt in alium pium usum, arbitrio Episcopi, et Executoris, ut docent idem *Laym. ib. cum Abb. et Lugo
D.* 24 *n.* 305. *ex c. Nos quidem de Testam.*

Sed dubitatur 1. An in commutationibus ab Episcopis faciendis, requiratur etiàm consensus hæredis,
et Legatarii : *Abbas*, *et Petr. de Ubaldis ap. Barbos.
de Pot. Ep. All.* 83 *n.* 6 dicunt requiri consensum hæredis, ex *c. Nos quidem de Testam.* Sed, si hæres nollet consentire, Episcopus solus potest commutatio-
nem exequi, ut ait *Roch. cum Felin. ap. Barb. loc. c.*
Dicit autem prædictus *Petr. de Ubald. ib. ex Barth.*
quòd insuper requiratur consensus Ecclesiæ, cui factum est legatum; sed si neque Ecclesia vellet consentire. Episcopus solus illud commutare potest.

Dubitatur 2. Quæ sint causæ, ob quas Episcopus
ultimas voluntates commutare valeat ? Causa I. est,
quandò pecunia legata ad aliquem usum non sufficit,
Barbos. de Pot. Ep. All. 83 *n.* 7 *etc.* II. Quandò usus
legati non potest adimpleri, idem *Barb. n.* 8 *cum Riccio ;* vel si res legata nequeat deservire usui destinato, ob impedimentum facti, vel juris ? ità *Barb.
n.* 9 *cum Impla, Bonif. Abb. Innoc. Ubald. Socin. etc.*

Hínc, si non potest Monasterium Monialium construi, ubi voluit Testator, puta in loco campestri, contrà præscriptum à Concilio Tridentino *Sess.* 25 *c.* 5 potest Episcopus alium locum destinare, ut *Farinac. Alexandr. Riccius cum eód. Barb. n.* 10. Qui tamen notat cum *Ubald. et Genuens.* quòd, si impedimentum est facti; et non est perpetuum, debeat expectari tempus opportunum, *ex c. non est etc. Quod super his, de Voto.* Si verò impedimentum est juris, distinguit idem *Petrus de Ubald* quòd, si legatum sit ad usus pios, tunc fiat commutatio; secùs, si ad usus inhonestos, puta, ut in Ecclesia fiant ludi theatrales, qui prohibentur in *c. cum decorem. de Vita et hon. Cler.* tunc legatum est nullum, tamquàm inutile; et fit cadúcum. III. Causa est, si legatum est factum ad usum non ità necessarium; tunc enim poterit Episcopus id commutare in alium pium usum magis eidem Ecclesiæ necessarium; ità *Barb. n.* 12 *cum Riccio, et Genuen.* Vide mox dicta in *Qu.* II. Imò etiàm ad alium usum fructuosum, si causa sit gravissima, et ità præsumatur mens Testatoris, ut addit *ib Genuensis ap. Barb. n.* 13. Sic pariter dicit idem *Barb. n.* 14. *cum Riccio*, quòd reditus alicujus Capellæ deputati pro Missis, Episcopus possit commutare in paramentorum emptionem pro una vice tantùm.

DUBIUM III.

De Renunciatione hæreditatum.

932 *Quando videat renunciatio hæreditatis?*
933 *An hæc strictè interpretanda? Vide ibi resolutiones.*
934 *An sint irrita pacta de hæreditate viventium? Vide exceptiones.*
935 *De Constitutione Tridentini irritante renunciationes ingredientium Religionem.*

« R ESP. 1. Renunciatio futuræ hæreditatis, nisi jura-
» mento firmetur, nullius roboris est. Ratio est, quiâ
» ità jure cautum est propter bonum publicum. Ex-

» cipe 1. Nisi quis in ipso testandi actu renunciet
» juri successionis, vel post testamentum conditum,
» in quo omissus est, præteritionem suî approbet.
» 2. Nisi hæres necessarius, post debitam sibi portio-
» nem integram à patre acceptam, reliquæ hæreditati
» renunciet; qui tamen, si bona patris posteà augean-
» tur, legitimam eorum portionem poterit exigere.

933 » Resp. 2. Renunciatio hæreditatis, cum odiosa
» sit, et contrà jus commune, strictæ interpreta-
» tionis esse debet.

Undè resolves casus seq.

» 1. Non obstat renunciatio hæreditatis, etiàm ju-
» rata à filio facta, quominus ab eodem patre, mu-
» tatâ iterum voluntate, possit institui hæres. *Molin.*
» *Sanch. l. 7 c. 7.*
» Si filius renunciavit in favorem fratris, eo mortuo
» antè patrem, is, qui renunciavit in prima hæredi-
» tate, succedere potest; imò etiàm institui debet,
» quià causa renunciationis cessavit, *Mol. d.* 579 *n.* 19.
» 3. Filius post juratam renunciationem nihilomi-
» nùs succedere potest in iis bonis, quæ pater ad
» secundas nuptias transiens, liberis ex priore matri-
» monio susceptis relinquere cogitur. Ratio est, quià
» in his filius non succedit jure sanguinis, cui renun-
» ciavit, sed propter civiles Constitutiones, et favores,
» *Mol. n.* 21.
» 4. Etsi filia accipiens dotem à patre dicat, se eâ
» contentam, et renunciare paternæ hæreditati; pactum
» tamen illud est invalidum, eoque non obstante, potest
» petere complementum legitimæ portionis suæ. *Ex*
» *l. pactum dotale, C. de Collat. L. si quandò C. de*
» *pact. etc. Quamvis pactum, de pact. in 6 Mol.*
» *Sanch. l. 6 cons. Lugo respon. mor. l. 6 dist 24.*
» 5. Si parentes dent filiæ dotem infrà portionem
» legitimæ debitæ, inducantque eam coactione, vel
» fraude, seu dolo ad renunciandum legitimæ, non
» sunt in conscientia tuti, sed tenentur illi restitue-

» re libertatem, *Sanch. l. 4 de Matrim. d. 9. Lugo loc.*
» cit. Ac licèt filia, si renunciationem juramento fir-
» maverit, eam servare teneatur ; si tamen dolus ,
» vel metus intervenerit, licebit relaxationem jura-
» menti injustè extorti petere : eâque obtentâ , non
» tenebitur ad pactum, quod ex injusta coactione
» processit. Vid. *Sanch. l. 2 mor. c. 13. Lugo t. 2 de
» Just. d. 22 sect. 8 et resp. mor. l. 6 d. 24.*

   » Resp. 3. Omne pactum, vel donatio de alterius
» viventis hæreditate ipso jure irrita est, v. g. irritum [934]
» est pactum, quo Titius hæreditatem, quam sperat
» à Sempronio, promittit, aut obligat *Cajo.* Ratio
» est, quià tales pactiones odiosæ sunt, et plenæ pe-
» riculis, ob insidias, quæ parantur ejus vitæ, super
» cujus bonis fit paetio, *Laym. c. 7 n. 3.*

   » Excipe 1. Nisi consentiat is, de cujus hæreditate
» agitur, et in eo consensu usquè ad mortem perse-
» veret. 2. Nisi renunciatio fiat in favorem Communi-
» tatis, seu Collegii ; hîc enim cessat præsumptio ,
» vel periculum insidiarum. 3. Nisi quis ob Consti-
» tutiones Ordinis, de omnibus bonis, et juribus ac-
» quisitis, et acquirendis disponere debeat, idque in
» favorem Communitatis piæ, vel etiàm certæ per-
» sonæ pauperis, *Sanch. c. 2 n. 54. Laym. l. c. n. 3.*
» 4. Nisi fiat pactum circà hæreditatem personæ in-
» certæ, v. g. si quæ mihi hæreditas obvenerit, dum
» vixero, tua esto : cessat enim periculum, *Mol.*
» *Sanch. l. 7 c. 2.*

   » Quæres, quòusque se extendat constitutio *Trid.*
» sect. 25 c. 16 irritans donationes, et renunciationes [935]
» etiàm juratas, quæ fiunt ab ingredientibus religio-
» nem, nisi fiant cum licentia Episcopi, sivè Vica-
» rii, intrà duos menses proximos antè professionem
» et professio posteà subsequatur ?

   » Resp. 1. Hanc constitutionem non habere locum
» in codicillis, testamentis, aut donationibus mor-
» tis causâ : quià hujus constitutionis ratio est, ne per
» renunciationem hæreditatis novitiis imponatur ne-
» cessitas profitendi ; hæc enim ratio cessat in his ul-

» timis voluntatibus, quippè quæ usquè ad professio-
» nem revocabiles sint. Quare valet adhùc hodiè tes-
» tamentum à novitio conditum, neque rumpitur,
» secutâ professione, etsi Monasterium in eo præteri-
» tum fuerit, *Sanch. l.* 7 *c.* 5. Qui autem licitè à re-
» ligione recedit, recuperat omnia bona cuicumque
» antè donata, intuitu ingressûs in Religionem.

» Resp. 2. Eâ constitutione non prohiberi donatio-
» nem modicam, quià cessat ratio, *Sanch. num.* 23.

» Resp. 3. Eâ comprehendi renunciationem Bene-
» ficii Ecclesiastici. Ratio est, quià hæc est amissio
» magni juris ob quam libertas egrediendi à religio-
» ne impeditur, *Sanch. n.* 37.

» Resp. 4. Per eamdem etiàm irritantur renuncia-
» tiones, quæ fiunt antè ingressum religionis, intui-
» tu, vel causâ implusivâ ingrediendi; qualis inten-
» tio in dubio præsumitur, si non multò antè ingres-
» sum factæ sint. Ratio est, tum quià Concilium ab-
» solutè loquitur; tum quià aliàs non sufficienter
» consuluisset libertati novitiorum, *Nav. Less. l.* 2
» *c.* 41 *n.* 40 contrà *Sanch.* cujus tamen sententia est
» probabilis. Undè sic donatum tuto retineri potest,
» donec per sententiam Judicis rescindatur.

» Resp. 5 Irritam etiàm esse donationem seu re-
» nunciationem bonorum, sub conditione professio-
» nis edendæ factam, ità ut, eâ non secutâ, corruat,
» *Nav. Sanch. n.* 17 *Mol. etc.* Ratio est, quià donan-
» tes, seu renunciantes ægrè contristant donatarios,
» ut eos de possessione semel capta dejiciant : et
» Monasteria, quæ tales donationes acceperunt, om-
» nes modos adhibent, ut tales ad professionem in-
» ducantur, *Laym. c.* 7 *n.* 8.

» Resp. 6. Non obstante hac constitutione, validas
» esse renunciationes, antè, vel post ingressum Soc.
» JESU factas, juxtà ejus constitutiones. Ratio est, quià
» Tridentinum Societatem disertè excipit. Dixi (juxtà
» constitutiones) quià in iis donationibus, quæ contrà
» constitutiones fiunt, non videtur habere locum,
» quià Tridentinum id voluit in favorem Societatis;

» Quod autem ob gratiam alterius conceditur, non est
» in ejus dispendium, retorquendum , *Mol. Sanch.*
» *Laym. l. c.* »

DUBIUM IV.

Qui possint , et debeant esse Executores Testamenti ?

936 *Qui possint esse Executores? Et qui sint de jure? Et*
  an possint officio fungi per alios ?
937 *An Religiosus Executor possit applicare suo Monasterio*
  legata relicta ad pias causas ?
938 *Quomodò relicta incerta sint exequenda?*
939 *An legata ad pias causas possint commutari? 940. Vi-*
  de resolutiones.
941 *Quomodò exequenda voluntas Testatoris?*

« R̲ESP. 1. Illi à Testatore nominari possunt, unus, 936
» vel plures ex hæredibus, vel non hæredibus ; nec
» tantùm masculus , sed etiàm fœmina, *Sanch. Wad.*
» *Dian. p.* 8 *t.* 5. *R.* 4. non tantùm laicus , sed etiàm
» clericus, et religiosus. Hic tamen non sinè suí Præ-
» lati licentiâ ; At Fratres de observantia nullo modo.
» Si tamen religiosus , contrà Canonum decreta ,
» executor testamenti sit, acta ejus valent. Ità *Laym.*
» *c.* 11. Et ratio est, quià, spectato jure naturali ,
» sufficit voluntas Testatoris executoris ; nec Canones
» executionem religiosi infirmant, sed prohibent
» tantùm. V. *Bon. de contr. d.* 3. *q.* 18. *Dian. p.* 8 *t.* 5.
» *R.* 9. 10. Et, licèt impubes executor esse non pos-
» sit, potest tamen minor, si explevit annum 17. *Sanch.*
» *Lugo , Widing. Dian. p.* 8 *t.* 5. *R.* 6. Nullus autem
» cogi potest, ut sit executor , *Dian. l. c. R.* 27. De-
» trectans tamen hoc ipso perdit legatum (saltèm quod
» in præmium muneris ei relictum fuit) ceditque hoc
» aliis executoribus , *Mol. in Lugo , Dian. p.* 8. *t.* 5.
» *R.* 27 contrà *Wald.*
  » Resp. 2. Si nullus à testatore nominatus est exe-
      Tom. III.   15

» cutor, executio pertinet ad hæredem, etiàm quôad
» legata pia ; quo tamen casu Episcopus jure com-
» muni ad se pertrahere potest, *Laym. l. c.*

» Resp. 3. Executor non potest officio fungi per
» alium, nisi testator ei permiserit, aut nisi com-
» mittatur executio nudi facti jam declarati, *Sanch.*
» *C. de Lugo, Dian. pun. 8 t. 5. R. 26.*

937 » Quæres 1. An religiosus executor legatum in pias
» causas monasterio suo applicare possit?

» Resp. posse. Ratio est, quià, si quid obstaret,
» esset ex eo ; quòd executor etiàm indigens eleëmo-
» synam sibi ex testamento applicare nequeat, nisi
» testator indigentiam ejus ignoraverit, aut ea post-
» modum supervenerit, cùm, si eam cognovisset,
» certum quid ei legaturus fuisse videatur. Sed hæc
» ratio non ligat, quià causa monasterii distincta est
» à causa, seu persona professi, sicùt causa Ecclesiæ
» à causa beneficiati. Undè etiàm quivis jussus aliquid
» dare pauperibus, potest id tribuere cognatis, vel
» filiis suis, quià evidens est distinctio inter donan-
» tem, et accipientem, *Sylv. Sanch. l. 6. c. 11 n. 56.*
» V. *Dian p. 8 t. 5. R. 46.* Porrò ad pias causas legata
» dicuntur, quæ intuitu pietatis relicta sunt, nimi-
» rùm 1. Loco, vel personæ Sacræ. 2. Hospitali. 3.
» Confraternitatibus. 4. Pupillis et Orphanis. 5.
» Causâ alimentorum iis, qui indigent. 6. Causâ
» studii, saltem Theologici. 7. Ad constructionem
» monumenti. 8. Ad utilitatem publicam, v. gr. pro
» munienda urbe in necessitate ; vel viis reficiendis,
» *Dian. p. 7 t. 6. R. 29 et 30 ex Bald. et cæteris multis.*

» Quæres 2. Quomodò relicta incerta executioni
» sint mandanda?

» Resp. 1. Si incertitudo sit ex parte legatarii jure
938 » civili corruit legatum : v. gr. quià sunt duo ejusdem
» nominis, et amicitiæ ergà testatorem, jure civili
» corruit legatum : in foro conscientiæ tamen tenetur
» executor inter eos dividere æqualiter, si in id con-
» sentiant, *Mol. etc. Dian p. 3 t. 5. R. 58. Trull. d.*
» 12. 2. Legata ad causas pias ob incertitudinem lo-

» ci vel Ecclesiæ, non fiunt caduca, sed plerumque
» pauperiori Ecclesiæ, vel Xenodochio danda erunt.
» 3. Si incertitudo sit ex parte rei legatæ, videndum,
» an terminos à natura habeat, ut v. gr. bos, et
» equus ; vel ab arte, et industriâ, ut domus, ves-
» tis etc. Si à natura habeat, danda est una ex me-
» diocribus ; si ab arte, electio ad hæredem pertinet,
» qui rem in eo genere minimam dando satisfacit.
» Idemque dicendum est de legatis ; in numero pon-
» dere et mensura consistentibus. Vide *Laym. l. c. n.*
» 7, 8 *et* 9.

» Resp. 2. Si acceperint summam pecuniæ distri-
» buendam pauperibus, non tenentur dare pauperi-
» bus ; possuntque etiàm dare hospitalibus, Eccle-
» siis (quæ ornamentis, vel fabricâ indigent) Monas-
» teriis, vel iis, qui secundùm suum statum non
» possunt vivere, sivè ii sint opifices, sivè altioris
» conditionis, etiàm Nobiles, *Vasq. Mol.* et alii 8.
» dummodò tamen non constet, vel ex signis colliga-
» tur, aliam fuisse intentionem testatoris, quæ sem-
» per attendenda est, *Dian. p. 2. tit.* 15. *R.* 8. Si verò
» designaverint semel certos pauperes, non posse eos
» variare, docet *Wad.* sed affirmat *Lugo V. Dian. p.* 8
» *t.* 5. *R.* 50 *et p.* 2. *t.* 16. *R.* 19. Possunt etiàm sibi
» ipsis, vel suis cognatis, si verè pauperes sint, et
» præsertim si testator id ignoravit, eam applicare,
» *Wading. Dicastill. Dian. p.* 8 *tr.* 5. *R.* 46 *et* 47.

» Quæres 3. An legata ad certas pias causas possint 939
» ab Executore, vel Episcopo commutari in alium
» pium usum ?

» Resp. 1. Si voluntas testatoris impleri potest jus-
» tè, et honestè, non licet eam commutare in opus
» quantumcumque melius nisi ex dispensatione Pon-
» tificis, et justâ de causâ, *Mol. Wadind. Dian. p.* 1.
» *t.* 17. *R.* 28 *et p.* 8 *t.* 5. *R.* 63. *etc.* communiter con-
» trà *Vasq.* et aliquos, qui docent, Episcopum posse
» commutare in æquale, vel melius. Interdum tamen
» ad Episcopum, hæredes, et executores pertinet,
» secundùm epikejam interpretari, non alienum esse

» à defuncti voluntate, si mutatio fiat ; v. gr. si tes-
» tator pecuniam Ecclesiæ leget ad calices compa-
» randos, et Ecclesia non egeat calicibus, sed casulis,
» *Mol. Laym. l. c. n.* 10. Vid. *Vasq. opusc. de test. cap.*
» 8. § 5 *d.* 3 *n.* 104. *Trull. c.* 18 *d.* 12. *Barbos de*
» *off. et potest Episc.* * (*Vide dicta n.* 931. *Qu. II.*)*
» Resp. 2. Si ad usum à testatore destinatum ap-
» plicari nequeunt, non ideò fiunt caduca, sed arbi-
» trio Episcopi, et executoris ad aliam piam causam
» applicanda sunt : ità tamen, ut, quòad fieri possit,
» defuncti voluntas impleatur. Ratio est, quià is prin-
» cipaliter intendit in salutem animæ suæ ad Dei ho-
» norem relinquere, *Molin. disp.* 294 *Bon disp.* 3.
» *de cont, qu. ult. p. ult. Barb de Offic. Episc.* * (*Ex*
» *Trid. Sess.* 25 *c.* 8. *Vide Salm. c.* 5 *n.* 193. *et vide*
» *dicta n.* 931. *vers. Quær. II.*) *

Ex dictis resolvuntur sequentes Casus.

940 » 1. Si testator pauperi determinato aliquid legâ-
» rit, hic autem antè solutionem moriatur, hæres il-
» lud tenetur alteri pauperi dare, quià præsumitur
» legatum pium factum in beneficium animæ testa-
» toris, adeòque designatio pauperis demonstrativè,
» non taxativè, facta fuisse : nisi tamen aliud constet,
» vel ex circumstantiis colligatur de testatoris inten-
» tione, de qua si maneat dubium, manet data reso-
» lutio. *Mol. Sanch. Bard. D.* 6 *c.* 10. §. 7.

» 2. Si legata pia inveniantur inducta, et non con-
» stet de testatoris intentione, tenetur hæres ea sol-
» vere ; quià præsumitur id fortuitò, ac casualiter,
» et non ex testatoris voluntate accidisse, *Bard. d.* 6
» *c.* 10. § 17.

» Si Testator legaverit summam pecuniæ pro certo
» numero Sacrorum ? hæres autem eam summam Sa-
» cerdoti cuipiam bono tradiderit, ac posteà ob mor-
» tem dicti Sacerdotis, aliamvè ob causam dubitet
» prudenter, an Sacrificia illa sint peracta, non te-
» nêtur curare ea iterum celebranda ; quià satisfecit
» testatoris voluntati, *Bard. d.* 6 *q.* 10. §. 22.

» Quæres 4. Intrà quod tempus, quo ordine, et
» modo hæredes, et executores defuncti voluntatem
» exequi debeant et quis cogere possit ?

» Resp. 1. Tenêri statim post aditam hæreditatem, 94¹
» confectumque inventarium, etiàm intrà annum,
» nisi justo impedimento excusentur. Imò in legatis
» piis intrà sex menses, *Mol. Vasq. Dian. p. 8 t. 5*
» *R. 53.* idque, etiàmsi hæreditas non sit adita, eò
» quòd hæres vel antè fuerit mortuus, vel eam repu-
» diârit, *Covarr.* et alii tres, *Dian. p. 7 t. 6 R. 25.*
» Undè si differant notabiliter (præsertim solutionem
» piorum legatorum), aut negligant exequi, graviter
» peccant; tenenturque damnum, quod alii ipsorum
» culpâ acceperunt, compensare, *Bon. d. 3 q. 18 p. 4.*
» *Nav. cap. 25. Lugo, Dian. p. 8 tr. 5 R. 52.* *(In*
» *foro igitùr conscientiæ hæredes, et executores tenen-*
» *tur sub gravi statim implere legata (maximè pia),*
» *cùm possunt. Ità communiter Salm. c. 5 n. 155 cum*
» *Lugo, Dian. S. Anton. Trull. etc.)*

» Resp. 2. Ab utroque Judice, Ecclesiastico, et
» seculari compelli possunt (si tamen laici sint.)
» Quod, si post annum à monitione judicis, vel Epis-
» copi exequi negligant, omni commodo (exceptâ totâ
» legitimâ, si hæredes necessarii sint) ex testamento
» ipsis proveniente privantur. Vide *Laym. l. c. tr. 5*
» *c. 11. C. de Lugo d. 26 de just. Dian. p. 3 t. 3 R. 59.*
» *Valer. Trull. d. 11* imò, si intrà annum negligant
» exequi, jus executionis devolvitur ad Episcopum,
» *Molin.* et alii 8. *Dian. p. 8 t. 5 R. 40* nec admittitur
» purgatio moræ, *Sanch. Dian. l. c. R. 33 et 54.* Sed
» tenetur Episcopus exequi, removendo illos ab exe-
» cutione, et emolumentis spoliando; atque in defec-
» tu Episcopi idem potest Metropolitanus, *Molin.*
» *Merol. Dian. R. 57.*

» Resp. 3. Executor tenetur omnia exequi secun-
» dùm mentem testatoris ; ad hoc tamen execu-
» tor particularis non potest vendere bona defunc-
» ti, nisi hic ità statuerit : universalis autem potest,
» *Lugo D. 24 sect. 16 Dian. p. 8 t. 5. R. 32.* Neque

» potest utnquam, invito hærede, rem legatam dare
» legatario : quià non potest, nisi per Judicem, spo-
» liare hæredem suâ possessione, licèt teneatur mo-
» nere Episcopum, ut hæredem cogat, *Sanch. Lugo*
» *Dian. p.* 8. *t.* 5. *R.* 39. quod si bona non sufficiant
» ad legata omnia solvenda, distribuenda sunt om-
» nibus æqualiter pro rata (etiàmsi sint pia ; et licet
» uni res certa, et in dividuo sit legata) nec licet
» uni præ aliis gratificari : quià par omnium est ratio,
» et jus, *Sylv. Sanch. Bon. Dian. Trull. l.* 7 *c.* 18 *d.* 12.
» Resp. 4. Tenentur Executores reddere rationem
» executionis (idque probabiliter, etiàmsi testator
» eos hoc onere liberâsset) exceptis iis, quæ testator
» jussit erogari secretò, *Diana p.* 8 *t.* 5. *R.* 34. et alii
» 35. Possuntque ad hoc cogi ab Episcopo, vel Ca-
» pitulo, sede vacante, *R.* 36 et 37 et 62 nisi sint Re-
» gulares plenè exempti, quos cogi posse alii negant,
» affirmant alii, ut vide *l. c.* Denique non debetur iis
» salarium, cùm sit officium voluntarium amicitiæ :
» si tamen damnum ex eo patiantur, vel sint etiàm
» administratores bonorum, debet assignari à Judice,
» *Lugo d.* 24 *sect.* 16 *n.* 335. V. *Dian. R.* 39. Plura de
» executione piarum, et ultimarum voluntatum ; V.
» apud *Trull. et Dian. ll. cc. et Barb. l.* 3 *de jure univ.*
» *c.* 27. * (*Nemo tenetur munus executoris exercere.*
» *nisi jam acceptavit. aut legatum accepit, aliàs legatum*
» *amittit, Salm. c.* 5 *n.* 164 *cum Dicast. etc.*) * »

DUBIUM V.

De iis, qui testari, et hæredes institui possint.

942 *Qui testari possint?*
943 *Qui possint hæredes institui?* 944 *Vide resolutiones.*
945 *Quæ sit divisio hæredum !*
946 *An sit obligatio gravis relinquendi bona fratribus, et aliis propinquis indigentibus?*
947 *Quantum debeatur hæredibus necessariis?*
948 *Quæ sint causæ justæ exhæredandi filios?* 949 *An ob nup-*

tias cum indigenis ? Et vide dubia super hoc puncto, v.
Sed dubitatur ?
930 *Vide alios casus, quando Testamenta infirmentur.*
931 *Quid possint petere spurii à Matre, et patre ?*
932 *Quid, si pater relinquat bona alteri, ut ea reddat filio*
spurio ?
933 *Qui hæredes succedant ab intestato ?*
934 *Quomodo facienda sit collatio inter fratres ? 935. An de-*
beant conferri sumptus pro studio, Doctoratu, etc.
936. *An Patrimonium datum ad suscipiendos Ordi-*
nes ? 937. An bona paterna, quæ filius expendit in
ludis etc. ? 938. An expensæ factæ in nuptiis ? 939.
An vestes, et similia data Parentibus ?
960 *Quid, si conjuges transeant ad secundas nuptias ?*
961 *De Falcidia, et Trebellianica debita hæredibus.*

« **R**ESP. 1. Omnes homines liberam de suis bonis 941
» testandi facultatem habent, nisi naturali, aut posi-
» tivo jure prohibeantur. Naturali autem jure testari
» vetantur infantes, furiosi, amentes, nisi tamen lu-
» cida intervalla habeant, vel in unâ tantùm materiâ
» delirent, et aliis non, ut *Nav. Sanch. l. 1 de Ma-*
» *trim. d.* 8. Quid autem sentiendum de eo, qui ex
» morbo aliquamdiù delirat ? V. C. *Lugo d.* 14 *sect.* 4.
» Positivo autem, surdus simùl, et mutus à natura,
» prodigus, servus, usurarius publicus, filiusfami-
» lias de bonis adventitiis * (*etiàm de consensu Patris,*
» *nisi ad causas pias, ex l. Qui in potestate 6. D. Qui*
» *testamenta, etc. et ex c. Licet de Sep. in 6,)* * (si
» quidem antè Clericatum advenerint, ut v. *C. de*
» *Lugo de just. d.* 24 *n.* 67.), impubes, captivus apud
» hostem damnatus ad mortem, si bona ejus confis-
» cantur, C. *Lugo l. c. n.* 72 professus religionem.
» Dico, *professus*, quià novitius, cùm adhùc sui
» juris sit, absque superioris licentiâ validè testari
» potest, etiàm non servatâ juris solemnitate, ut ha-
» bet *Trull. c.* 18 *d.* 5 *ex Sa*, *et Bon.* et si quidem in-
» testatus decedat, proximi consanguinei in bonis
» succedunt. Similiter, Religiosus Societatis, post
» emissa vota simplicia, etsi non licitè, validè tamen
» potest testari ; quià dominium bonorum suorum re-

» tinet impedītum quasi voto paupertatis, quòad dis-
» positionem sinè licentia superioris, non tamen ullâ
» constitutione Canonicâ dispositio irritatur. Ità *Mol.*
» *Sanch. Laym.* qui addit, potestatem testandi, seu
» jure, seu consuetudine, etiàm Religiosis ordinum
» militarium concessam, frequenterque à Pontifice
» concedi iis solere, qui extrà claustrum Beneficium,
» vel Episcopatum habent.

943 » Resp. 2. Omnes homines etiàm amentes, surdi,
» muti, servi, imò et communitas, hæredes institui
» possunt; nisi id specialiter prohibeatur. Ità *Bon. de*
» *cont. d. 4 q. ult.* Quià ad hoc tantùm requiritur ple-
» na potestas in disponentes, et capacitas in hærede.
» Incapaces autem secundùm jura sunt 1. Apostatæ,
» et Hæretici, eorumque receptores, defensores, fau-
» tores: licèt probabile sit, eos antè sententiam ju-
» dicis ad restitutionem non tenêri, eò quòd hoc jus
» in eo rigore non sit receptum, *Less. l. 2 c. 19 dub.*
» 5. *Sanch. l. 2 c. 14 n. 31.* 2. Civitas hostium, et com-
» munitas Judæorum. 3. Damnatus ad metalla; per-
» secutores, et percussores Cardinalium, et qui ob
» crimen activè intestabiles sunt. *Less. l. cit.* Adde
» casus, in quibus aliqui excluduntur à bonis de-
» functi; ut 1. Hæres (uti et legatarius) qui testatorem
» occidit, *l. ult. § ult. ff. de bonis damnatorum.* 2. Idem
» si testatori prohibuit testari, aut testamentum re-
» vocare, aut si ad uxorem testatoris accedat. 3. Si,
» dum testator mente captus fuit, hæres illius curam
» non habuit, aut si captivum redimere neglexit. V.
» *Mol. D. 168 et 202. C. de Lugo d. 24 n. 75.*

Undè resolves.

944 » 1. Hæredes institui possunt professi Ordinum,
» quibus permissum est bona immobilia in communi
» possidere, eorumque nomine monasterium succedit.
» Tales autem sunt omnes ferè religiones, excepto Or-
» dine Minorum de Observantia, et Capuccinorum.
» Ratio est, quià illi sunt incapaces, secundùm *Trid.*

» *sess.* 25 *cap.* 3. V. *Sanch. l.* 6 *c.* 18 *Bonac. l. c.*
» *Laym. l.* 3 *t.* 5 *c.* 15 licèt contrarium probabilius
» esse putet *Wading. tr. de cont. lib.* 4 *dub.* 1 § 5. Vide
» *Dian. p.* 9 *t.* 9 *R.* 16.

 » 2. Testator potest quemvis extraneum instituere
» hæredem nullâ factâ mentione consanguineorum
» collateralium, etiàm fratris pauperis, dummodò
» absit scandalum, et gravis necessitas illorum : quià
» nullo jure prohibetur, et bona sunt ipsius, de qui-
» bus disponit liberè, *Bonac.* et alii 5 *Dian. p.* 1 *t.*
• 8 *R.* 83 *et* 85. Item *p.* 5 *t.* 3 *R.* 114.
 » Quæres 1. Quæ sit divisio hæredum ?
 • Resp. Hæres alius est ex testamento, alius ab in-945
• testato. Hæres ex testamento, vel est universalis, sivè
• ex asse; vel partialis, seu ex parte tantum, v. g. ex trien-
» te, vel dodrante, vel quadrante. Uterque horum vel est
» hæres necessarius; vel necessariò institui debet, ut sunt
» omnes in recta linea descendentes, et post hos as-
» cendentes, nisi sit causa justa exhæredandi ; vel
» non necessarius, quem testator potest instituere,
• et tamen non cogitur. *Laym. c.* 5 *n.* 9

An testator teneatur sub gravi obligatione relin-946
quere bona cognatis, qui non sunt hæredes necessarii
si ipsi graviter indigeant? Loquendo de fratribus,
aut sororibus, negant *Sal. c.* 5 *n.* 87 et dicunt esse
obligationem tantùm sub levi, nisi illi sint in extrema paupertate, et citant *Lugo de Just. D.* 24 *n.* 175
et Dian: p. 1 *tr.* 8 *R.* 85. Sed ipsorum pace nec *Lugo*,
nec *Diana* hoc dicunt, sed isti cum *Sylvest. Sa, Bon.
et Beja* asserunt, absolutè esse obligationem relinquendi bona fratribus graviter egentibus, saltèm quantùm
sufficiat ad sublevandam ipsorum indigentiam, juxtà
præceptum charitatis ; Et cùm hæc sit materia gravis,
non videmus quâ ratione possit negari, quòd charitas
ad hoc graviter obliget. Confirmatur ex eo, quòd communiter doceant *Laym. de Just. tr.* 4 *c.* 13 *n.* 5 *cum
Aug. Abb. Sylv. Sa*, *etc.* et idem *Salm. de* 4 *Præc. c.
un. n.* 69 cum communi, scilicèt, quòd unusquisque
teneatur fratribus alimenta præstare ; adeò ut Clerici

beneficiati teneantur. ex fructibus Beneficii præferre fratres graviter indigentes aliis pauperibus, proùt dicunt *Salm. l. c. cum. Azor. Sylv. Fag. Ang. etc.* Eadem igitùr obligatio, quæ urget in vita, urget etiàm in morte. Et hoc non tantùm ex generali præcepto charitatis, sed ex obligatione speciali pietatis, quam habemus ergâ fratres, et propter quam certum est, læsionem in fratres habere specialem malitiam, in Confessione explicandam, ut communiter dicunt DD. cum *Lugo de Pœnit. D.* 16 *n.* 305 *et Salm eod. tit. c.* 8 *n.* 82 *et* 87. Hinc censemus omninò dicendum cum *Spor. de* 4 *Præc. c.* 5 *n.* 66 *et Ronc. de Contr. c.* 4 *Reg.* 1 *in praxi* (qui citat etiàm *Lugo loco suprà cit.*), quòd idem vinculum pietatis, graviter obligans ad fratres non lædendos, obliget etiam sub gravi ad subveniendum eis in gravi necessitate præ omnibus aliis pauperibus, sivè operibus piis.... Addit *Ronc. ib.* quòd., si fratres sint pauperes, etiàmsi gravem indigentiam non habeant, adhùc sit saltèm veniale eos præterire.

Ergà verò alios consanguineos remotiores, putat *Spor. l. c.* adesse eamdem obligationem gravem eis succurrendi, si gravi vel adhùc ordinariâ paupertate laborent; quià censet offensam adversùs eos diversam etiàm speciem afferre. Attamen cùm hæc opinio sit singularis hujus Auctoris, et communis sit sententia opposita, nempè, quòd peccata contrà ipsos speciem non mutent, ut docent *Lugo de Pœnit D.* 16 *n.* 308. *Bon. eod. tit. q.* 5 *sect* 2 *p.* 2 § 3 *diff.* 3 *n.* 15. *Salm. de Pœnit. c.* 8 *n.* 89. *Croix l.* 6 *p.* 2 *n.* 1099 *cum Dic. etc.* Hinc non videtur adesse gravis obligatio ipsos præferendi aliis pauperibus. E conversò, quià (ut dicunt *Lugo, et Salm. ll. cc. cum Tamb. Exp. Conf. c.* 5 § 2 *n.* 9) offensa cognatorum, extra fratres, saltèm aggravat culpam, esto speciem non mutet, ideò puto quòd non excusetur à veniali præteritio ipsorum, si graviter indigeant, cùm ergà ipsos etiàm adsit aliqua, licet non ità stricta, obligatio pietatis.

947 » Quæres 2. Quantùm hæredibus necessariis debeatur?
» beatur?

» Resp. Jure novo legitimam portionem descen-
» dentium esse trientem hæreditatis, si non sint plu-
» res , quàm quatuor liberi ; si plures , semissem. Si-
» militer ascendentium portio , etsi unus tantùm sit ,
» est triens hæreditatis. * (*Sivè tertia pars* , *ex com-*
» *muni DD. ut Salm. t. 6 n.* 83.) * idque absque ullo
» gravamine , modo , et conditione ; alioqui pro non
» appositis habentur. Si autem alicui ascendentium ,
» vel descendentium portio legitima non relinquatur,
» competit ei actio ad petendum complementum , vel
» ad rescindendum testamentum, ut ipso jure nullum,
» maximè si causa idonea exhæredationis non sit in-
» certa, et probata, *Laym. cap.* 8 *n.* 10.»

Justæ causæ exhæredandi filium sunt ex *Salm. c.* 294.
n. 90. 1. Si filius , cum peccato gravi , manus injiciat
in parentem, aut ei contumeliam dicat, aut conetur eum
occidere. 2. Si accuset parentem , aut sit testis vel procurator contrà eum in causis criminalibus , mortis ,
exilii perpetui , vel infamiæ , aut damni gravis ; nisi
crimen sit hæresis, vel læsæ Majestatis. 3. Si rem habeat cum uxore, vel unicâ concubinâ patris. 4. Si
nolit fidejubere ad liberandum patrem e carcere. 5. Si
prohibuerit patrem testari. 6. Si filia , recusato justo
Matrimonio , luxuriosè ut meretrix vivat ; non verò ,
si nubat contrà parentum voluntatem.

Quæritur hîc autem, an Parentes possint exhæredare 949
filios matrimonium ineuntes cum indignis ? Affirmant
Baldus Goffred. et alii apud Sanch. de Matrim. l. 4 *D.* 24
n. 2 *ex Authent. ut cum , de Appell.* § *Aliud quoque;* ubi
dicitur filium exhæredari posse ob gravem injuriam
Patri illatam ; et talem hanc esse dicunt. Sed omninò
negandum cum *Sanch. n.* 3 *ac Suar. Sot. Mol. Palud.*
Tab. etc. apud ipsum, ac *Bonac. de* 4. *Præc. p.* 5 § 3
n. 3. Ratio, quià in præfata Authentica expressè declaratur, eo solo casu posse filiam exhæredari , quo
filia minor 25 annis, rejectis nuptiis à Patre oblatis ,
luxuriosè vixerit. Utrùm autem adhùc in hoc casu
possit Pater filiam exhæredare ? Negant pariter *Conc.*
l. c. et Sanch. l. 4 *D.* 25 *n.* 2 *cum Abb. Nav. Suar. Sylv.*

Ang. Henr. et aliis plurimis. Ratio, quià jus Civile in, hoc correctum est à Canonico, argumento *cap. Gemma de Despons.* ubi, ad servandam libertatem in Matrimonio, irrita declaratur quæcumque pœna in sponsalibus apposita : Cùm autem in Matrimonio ratio Sacramenti sit dignior ratione contractûs, ideò ad Potestatem ecclesiasticam principaliter pertinet de Matrimoniis disponere, et refellere statuta illa civilia quæ omnimodam libertatem in Matrimoniis diminuunt. Contradicunt tamen *Sotus, Mol. Salm. Led. Vega, Viguer. et alii apud Sanch. l. c. n.* 1 horumque sententiam *Bonac.* vocat probabilem, et *Sanch.* probabilissimam. Ratio, quià in dicto *c. Gemma,* sermo est de pœna, cui sponsi ultrò se subjiciunt, cuique nullo modo obstringebantur, nisi per pactum, quod quidem adversatur Matrimonii libertati ; sed in nostro casu agitur de pœna, quæ filiis justè infligitur, justè enim ex omni jure filii privantur legitimâ, quandò grave crimen contrà Parentes committunt ; quale autem majus crimen, quàm, rejectis honestis nuptiis, filiam velle se prostituere ? Utraque sententia est probabilis, sed hæc secunda videtur probabilior juxtà dicta *n.* 137. Tantò magis, quià etiàm pœna apposita in sponsalibus parti injustè resilienti, valet ex probabiliori sententia, ut dicemus *de Matr. lib.* 6 *n.* 852 *vers. Notandum autem.* Alia v. *apud Salm. c.* 2 *n.* 90. Filii è contrario Parentes exhæredare possunt ob similes causas, quas videre poteris apud *Salm. n.* 91.

Sed dubitatur 1. an in casibus enumeratis possint Parentes filiis etiàm alimenta denegare ? Affirmant *Vasq. et Sylv.* Sed communiùs, et longè probabiliùs negant *Salm. n.* 92 *cum Trullensch. et Villal.* si filii aliundè alimenta non habeant ad vitam necessaria ; ista enim semper debentur, saltèm ex jure Canonico, et naturali, et etiàm, dico, de jure civili, quo tamen exhæredare filium conceditur Parentibus, non autem alimenta denegare

Dubit. 2. Si pater, justam causam habens, de facto tamen non exhæredet filios, an possint isti privari hæ-

reditate? Respondendum negativè cum communi; ità
Mol. Lugo., Dicast. Trull. et Salm. n. 93 Ratio, quià
exhæredatio non ex jure naturali, sed vim habet ex
jure civili; quo insuper sancitur, ut causa exhæredationis, non solùm testamento inseratur, sed etiàm
legitimè probetur, ità in *Auth. C. de Liberis etc.*

Dubit. 3 An pater possit exhæredare filium ob causas similes enumeratis? Affirmant *Tap. Vasq. Villal. etc.* Sed negant probabiliùs *Salm. c.* 2. *n.* 94 *cum*
Lugo, Mol. Lop. etc. Cùm in pœnalibus non fiat extensio de casu ad casum; maximè, quià in Jure prohibetur exhæredatio ob alias causas, quàm expressas,
ex *Authent. Ut cum Appell. § Aliud.*

Dub. 4. An pater, recipiens filium in suam gratiam,
et injuriam remittens, possit adhùc eum exhæredare?
Negandum cum *Salm. n.* 59 *Trull. Lugo, Mol. Villal. etc.* communiter: quià, remissâ injuriâ, pater non
habet ampliùs justam causam eum exhæredandi.

Dubit. 5. An, si filius pœnitentiam agat de crimine
patrato contrà patrem antè ejus mortem, possit pater
eum exhæredare? Negant *Trullench. Sylv. etc.* Sed probabiliùs affirmant *Lugo D.* 15 *n.* 108 *et Salm. n.* 96
cum Vasq. et Mol. quià pœnitentia in foro humano à
pœna delinquentem non liberat.

« His adde I. Rumpi testamentum ob posthumi
» præteritionem. II. Peccare parentes, si absque
» justa causa ex inordinato affectu ergà liberos suc-
» cessionis inæqualitatem inter eos instituant. Justæ
» autem causæ hujus inæqualitatis erunt merita, et
» obsequia majora, si puælli magno sumptu in studiis
» ali debeant: si qui plus egere videantur, *Dian. p.* 1
» *t.* 8 *R.* 83. Si quis in studiis sustentatus sit Doc-
» tor, possitque lucrari, et alii secùs: imò pater id,
» quod habet suprà partes legitimas filiis debitas,
» potest de rigore relinquere extraneo, *Trull. c.* 18
» *d.* 19 *Bonac. Dian. p.* 1 *t.* 8 *R.* 83. III. Liberos na-
» turales, nisi legitimati sint, respectu patris non esse
» hæredes necessarios, respectu tamen matris esse;
» idque æquali jure cum legitimis. Si tamen pa-

parte promissio illa contrà leges eum non obligat; et vice versâ, verè est hæres, et dominium acquirit hæreditatis. Ità *Sanch. d. c.* 3 *dub.* 20 *n.* 9. *Mol. D.* 169. *Less. c.* 19 *n.* 60. *et Lugo D.* 24 *n.* 95. qui vocat hanc veriorem, et communem cum *Vasqu. Dian. etc. Secunda* sententia, mihi probabilior, dicit, hæredem tenêri bona restituere hæredi ab intestato, quià ex una parte non tenetur illa tradere spurio, cùm non teneatur gravamen illud observare, utpotè appositum contrà legem; ex altera non potest hæreditatem retinere contrà voluntatem Testatoris, qui numquàm intentionem habuit, ut apud eum bona remanerent. Ità *Sotus l.* 4 *de Just. q.* 5 *art.* 1 *ad* 4. item *Salon. Led, Trull. apud Salm. l. c. n.* 70, et valdè probabilem hanc vocat *Sanch. Tertia* verò sententia, quam, ut non minùs probabilem enixè tuentur *Salm. n.* 73. et non immeritò, tenet, hæredem benè acquirere hæreditatem, sed ex justitia pacti initi, tenêri eam reddere spurio. Ratio, quià promissio illa facta in pretium hæreditatis promissæ, satis obligat hæredem ex justitia, postquàm hæreditas sit tradita; maximè, si ideò hæres aliquam partem bonorum sibi acquisiverit. Ad objectionem autem, quòd illa promissio non obliget, tum quià facta est contrà legem, et in ejus fraudem; tum quià gravamen illud, sivè conditio est turpis; ideòque rejiciatur à lege: Respóndent, aliud esse quòd promissio sit contrà legem, aliud quòd materia sivè res fuerit promissa contrà legem; Promissio enim facta ad obtinendam rem turpem, illicita quidem est, ac invalida antè traditionem rei turpis; postquàm verò res turpis jam sit tradita, promissio pretii valet et obligat, ejusque impletio licita est. Sicut enim, qui promittit pretium meretrici, illicitò promittit, et antè copulam non tenetur promissionem implere, at copulâ secutâ, licitè pretium tradit, et ex justitia tradere tenetur, ut diximus *n.* 712. Ità à pari, quàmvis hæres illicitè promittat, se traditurum spurio hæreditatem, et peccet promittendo, quià fraudat legem, Licitè tamen potest, et debet ipsi tradere hæreditatem ex pacto inito, postquàm Testator ipsi hæreditatem reliquerit.

» Quæres 3. Qui hæredes succedant ab intestato,
» aut testamento rupto, vel irrito?

» Resp. I. Antè omnes alios patri succedere legiti- 953
» mos liberos, et in demortuorum locum nepotes. II.
» Deficientibus descendentibus, patrem, matrem de-
» functi, et in eorum locum avos, et avas. III. His
» quoque deficientibus, fratres, et sorores ex utra-
» que parte conjunctos; idque æquis portionibus,
» exclusis iis, qui ex solo patre, vel matre conjuncti
» sunt. IV. Si ex fratribus vel sororibus utrimque
» conjunctis unus mortuus liberos reliquerit, succe-
» dunt hi loco parentis sui cum patruis, non in capita,
» sed in stirpes. Si tamen fratres, et sorores utrim-
» que conjuncti omnes mortui sunt, tunc eorum li-
» beri, exclusis patruis ex una tantùm parte conjunc-
» tis, non in stirpes, sed capita, adeòque æquis
» proportionibus succedunt; quia duorum fratrum
» filii, non suorum parentum loco, sed jure propriæ
» conjunctionis succedunt. Cum ergò æqualiter juncti
» sint, æquales etiam in portione hæreditatis esse
» debent. (Ita Salm. n. 168 cum Lugo Mol. etc. con-
» trà alios.) V. Deficientibus fratribus, et sororibus
» utrimque conjunctis eorumque liberis, succedunt
» fratres, et sorores, ex una tantùm parte conjuncti,
» hoc tamen discrimine, ut, qui ex parte patris sunt
» juncti succedant in bona à patre provenientia, in
» reliqua æqualiter omnes. VI. Si fratres, et sorores,
» eorumque filii deficiant, succedunt propinquiores
» collaterales, usque ad decimum gradum: et fit
» talis successio in capita, nullà habità ratione, an
» ex altera parte, an ex utráque sint conjuncti.
» (Authent. post Fratres. Cod. de Legat. Hæred.)
» VII. Horum defectu succedit uxor, et demi-
» que in illius morte fiscus sæcularis in bona om-
» nia laici ab intestato defuncti: fiscus autem
» Ecclesiasticus in bona Clerici, Laym. c. 6 n. 1, 2,
» 3 et 4. »

Hinc quæritur: quomodò facienda sit inter fratres 954
collatio bonorum à Parente defuncto provenientium?

Hæc collatio, licèt de jure antiquo locum haberet tantùm, quandò filii ab intestato Patri succedebant, de jure tamen novo, ex *Auth. de Trient. et Sem.* §. *Illud.*, tenentur semper filii conferre bona à Patre obtenta., nisi Pater expressè eos à collatione exemerit.; vel nisi aliquis eorum nolit habere cum aliis portionem, contentus iis, quæ in vita de bonis defuncti habuerit. Poterit tamen petere; si aliquid à Patre in dotem, vel causâ Matrimonii aut simili ei fuerat promissum, nisi promissione illâ aliorum legitima læsa fuerit, *leg. penult. et ult. ff. de Coll. Salm. de 4 Pr. c. un. n.* 75 *cum communi.*

955   Quæritur 2 an sumptus à Patre pro filii studio, libris, Doctoratûs gradu facti, debeant in collationem, et portionem bonorum afferri? Resp. negativè cum communi, quià hæc cedunt in bonum commune, *Salm. ib. n.* 76 *cum Nav. Mol.* Nisi (dicunt *Nav Sylv. etc. ibid.*) in manu Patris adessent bona propria filii, v. g. castrensia, vel quasi castrensia; tunc enim censetur de illis filium in studiis sustentâsse.

Extendunt 1, hanc doctrinam ad expensas factas, pro aliqua dignitate, tunc enim præsumitur. Pater potiùs eas donâsse; nisi aliud expresserit, aut sumptus scripserit in libro rationum cum filio, quià ex hoc contrarium judicatur. Extendunt 2 ad expensas factas, ut filius militiam ingrederetur, vel obtineret Beneficium, vel ut liberaretur à vinculis, aut à pœna criminis. Ità *Salm. ib. n.* 77 *cum Mol. etc.* Extendunt 3 ad expensas factas pro filii honesta recreatione, *Nav. Sylv. cum Salm. ib.*

956   Quær. 3 an conferri debeat Patrimonium à Patre filio donatum ad sacros Ordines suscipiendos, si donatio lædat aliorum filiorum legitimam? Negant *Gomez, Pereira, et alii ap. Salm. ib. n.* 73 *Conc. Trid. sess.* 21 *c.* 2 ubi prohibetur omnis alienatio Patrimonii. Affirmant verò probabiliùs *Lugo D.* 5 *n.* 37 *Salm. n.* 79 *cum Vasq. Mol. Led. Bon. etc.* quià donatio, quæ lædit aliorum jus, est jure naturali illicita. Concilium autem (respondetur) non absolutè prohibet Patrimo-

nii alienationem, sed tantùm quandò Clericus aliter
decenter vivere nequit : Hinc licitè Clericus potest
sponte Patrimonium conferre, spe majorem portionem consequendi. *Salm. n.* 81.

Quær. 4 an filius conferre teneatur, quæ de bonis 957
paternis male expenderit in ludos, meretrices, etc.?
Affirmant *Nav. Syl. Bon. Vasq. etc. ap Salm. ibid. n.*
82 modò expensæ fuerint in magna quantitate; et
Pater eas non remiserit. Negant verò *Salm. n.* 83 *et
tr,* 13 *c.* 5 *n.* 44 *cum Mol. Sot. Fag.* modò filius plus
non consumpserit malè, quàm Pater contentus fuit,
ut in suam sustentationem, et honestas recreationes
expenderet : Secùs, si expensæ excessissent. His autem limitationibus utrimque positis facilè hæ duæ
sententiæ conciliantur.

Quær. 5 an expeusæ factæ à Patre in die nuptia- 958
rum sint in collationem adducendæ? Resp. negativè
cum communi, etiàmsi filius habeat bona propria,
nisi aliud expressè constet de voluntate Patris, *Nav.
Mòl. Bon. etc. cum Salm. de* 4 *Præc. n.* 85.

Quær. 6 an mobilia, vestes pretiosæ, et similia 959
data à Parentibus sint in collationem afferenda? Affirma, nisi Parentes expressè aliud disposuerint ex
l. Ut à litteris, et l. Illud C. de Collat. Et idem de ar-
rhis, et muneribus; *Salm. ib. n.* 66 *cum comm. Sanch.
Bon. etc.* Idemque dicunt de vestibus pretiosis datis à
viris uxoribus, constante matrimonio. Secùs verò dicendum de vestibus ordinariis.

» His adde 1. Si uxor, susceptis ex priori marito 960
» liberis, ad secundas nuptias transeat, quidquid à
» priore marito, donatione, aut testamento acquisie-
» rit, ejusdem matrimonii liberis cedere. Similiter,
» si maritus alteram uxorem ducat.

» Adde 2. Hæredem adeundo hæreditatem, non 961
» commoda tantùm, et jura, sed etiàm debita, et
» onera realia defuncti in se transferre. Interim tamen
» duplici beneficio gaudere. 1. Ut suprà vires hære-
» ditatis non obligetur. 2. Quod deductis expensis
» funeris, et solutis debitis, quartam partem *(Quæ

» *vocatur* Falcidia *in legatis , sivè donationibus causâ*
» *mortis , non verò in legatis piis ; ut Salm. c.* 5 *n.* 196.
» Trebellianica *autem in fideicommissis*), * hæredita-
» tis obtinere debeat hæres, vel hæredes; et si eam
» non habeant, legatis, non tamen piis , ut notat *Trull.*
» *l.* 7 *c.* 18 *d.* 12 *ex Authent.* similiter *C. ad legem Falc.*
» detrahere possint, beneficio legis *Fal. Laym. l.* 3
» *t.* 5 *c.* 6 *n.* 7. *Sanch. l.* 4 *c.* 15. Ut autem hoc bene-
» ficio frui possit hæres, conficere tenetur inventarium
» * (*Intrà* 30 *dies , et per alios* 60 *concludere §. Si autem*
» *D. Jur. Del. l.* 6. *Tit.* 6 *p.* 6. *Nisi adsit legitimum im-*
» *pedimentum*)*; tametsi hanc obligationem testator
» possit remittere , respectu legatariorum , et fidei-
» commissariorum , quibus ex mera liberalitate ali-
» quid relinquit, non tamen respectu creditorum ,
» quibus præjudicare non potest. Universim enim ab
» onere inventarii, et à rationibus reddendis eos,
» quibus potest relinquere bona , sine onere dandi
» partem aliis , potest liberare, iisque concedere, ut
» eorum dictis, vel juramento stetur, *Mol. C. de*
» *Lug. d.* 34 *s.* 8 *n.* 236. »

TRACTATUS VI.

DE PRÆCEPTO OCTAVO, NONO, DECIMO, ET PRÆCEPTIS ECCLESIÆ.

CAPUT I.

De Præcepto Octavo.

« PROHIBETUR hic omnis injusta læsio famæ, et ho-
» noris proximi : ac præcipuè omnis falsitas, et men-
» dacium : ac læsio verbalis , quæ sit tum in judicio
» falsò accusando, vel verum celando , de quo suprà :
» tum etiàm extrà perniciose mentiendo, secreta re-
» velando , de quo V. *Bon. de rest. d.* 2 *p. ult. Laym.*
» *l.* 3 *p.* 2 *q.* 5 ac denique detrahendo. »

DUBIUM I.

Quid sit suspicio, judicium temerarium, et dubitatio, ac quale peccatum?

» Suppono hæc tria differre inter se, quod Judicium 962
» sit firma animi sententia, seu assensus indubitatus:
» Suspicio, assensus inchoatus, quo quis inclinat in
» unam partem, judicans probabiliter, latere aliquod
» fundamentum opinandi. Dubitatio autem non est
» affectus (nisi causaliter), sed quasi suspensio animi,
» in neutram partem inclinando. Quæritur ergo hîc
» non de suspicione, et judicio prudenti, quod suffi-
» cientibus indiciis nititur, sed de imprudenti, et
» temerario, quod iis destituitur. Majora autem indi-
» cia requiruntur ad judicium, quàm ad suspicionem;
» et ad hanc, quàm ad dubitationem.

» Resp. 1. Judicium temerarium, cum plena adver-
» tentiâ, de gravi malo proximi, communiter est mor-
» tale, contra justitiam. Ita *Fill. Less. c.* 29 *l.* 2. *Laym.*
» *l. c. t.* 3 *c.* 7. Ratio est, quia proximo fit gravis injuria,
» dum sine causa improbus habetur, cum habeat jus
» ad bonum nomen, et famam: præterquamquod ex
» his judiciis plerumque gravia mala sequantur. In
» Confessione tamen non opus est explicare speciem
» mali judicati, cum omnia uni justitiæ commutativæ
» in specie infima adversentur. *Esc. E.* 10 *c.* 4.

» Dixi, *communiter,* quia, si judicium habeat mag-
» nam probabilitatem, etsi non omnino sufficientem
» ad certitudinem, erit veniale; quia moralis certitu-
» do, et magna probabilitas non adeo distant, ut cen-
» seatur gravis injuria, judicare certum, quod est
» valde probabile, v. g. si judices juvenem solum cum

» puella inventum in cubiculo illicita tractâsse. Ex
» quibus resolvitur, peccari tantùm venialiter remotè
» judicando sequentibus casibus V. *Tann.* 2. 2 *q.* 3
» *d.* 2.

 » 1. Si non sit grave malum, quod proximo temerè
» impingis : et sic eum, qui judicat alium esse spu-
» rium, vel filium Judæi, à mortali excusant *Nav.*
» *Azor. et Less* contrà alios apud *Dian. p.* 5 *R.* 69.

 » 2. Si sit gravè quidem, sed non perfectè advertas.

 » 3. Si advertas quidem te malè judicare, non ta-
» men advertas signa esse insufficientia, nec de iis
» dubites.

 » 4. Si signa sint sufficientia ad opinionem saltèm
» probabilem.

 » 5. Mortale etiàm non est (per se loquendo), si
» de indeterminato tantùm judices : quià nulli fit gra-
» vis injuria, *Esc. l. c. ex Fagund.*

963 » Resp. 3 Suspicio, et Dubitatio temeraria ex genere suo videntur esse peccata tantùm venialia,
maximè si procedant, ex errore intellectûs, quo in-
dicia, ut sufficientia, apprehenduntur. Ità *Laym.*
ex S. Th. Nav. Mol. Fill. tr. 4 *c.* 1 *q.* 5. *Less. l.* 2
c. 29 *d.* 3 *etc.* contrà multos, qui putant esse mor-
» tale. Ratio est quià communiter suspicio tantùm
» est concitatio quædam ad assensum : manet enim
» in mente suspicantis aliquo modo bona existimatio
» proximi : ergò non fit illi gravis injuria, cum non
» totaliter deturbetur de possessione bonæ famæ ; fit
» tamen aliqua, quià temerè dubitatur.

 » Dixi, *maximè, si ex errore :* quià talis, cum non
» sit per se voluntaria, nec pertinax, meretur excu-
» sationem ; si verò ex malevolentia, in suspicione gravi
» persistas, erit mortale, ut docent *Less. Fill. etc.*
» ob injuriæ gravitatem. Atque idem est de dubita-
» tione positiva, orta ex malevolentia absque causa :
» procedit enim ex contemptu alterius, proindèque
» gravis injuria reputatur. »

964 Quæritur, an suspicio, sivè dubitatio temeraria
possit pertingere ad peccatum grave ? *Prima sententia*

negat, et tenent *Caj. et P. Nav.* quibus adhæret *Laym.*
l. 3 Tr. 3 *p.* 2 *c.* 2 *n.* 6 *cum Dian. Sa , Armill. etc. ap.*
Salm. de Rest. c. 4 *n.* 102. Ratio istorum, quia suspicio,
quantumvis temeraria, numquàm graviter famam alterius lædere videtur. *Secunda* verò probabilior *sententia*
affirmat, si suspicio, sivè dubitatio sinè indiciis fieret
de peccatis gravissimis, ut esset de pio Religioso suspicari, quod sit hæreticus, vel quod cum Matre incestâ-
rit; vel de viro communiter habito ut Catholico, quod
sit Judæus, vel Atheus. Ratio, quià fortè major injuriâ
iis irrogatur talia suspicando, quàm si certum judicium haberetur illorum de delictis gravibus ordinariis.
Ità *Lugo, Mol. Dic. etc. ap. Croix l.* 4 *p.* 2 *n.* 177 *et*
Salm. ibid. n. 103 qui tenent hanc ut communèm, et
veram.

» Quæres; quomodò discerni possit suspicio à ju-965
» dicio firmo, quandò formido de opposito expréssè
» non est conjuncta?

» Resp. Cajetanus censet eum judicare, qui rogatus,
» an habeat rem pro certo, respondet sibi certam,
» aut ferè certam videri; eum verò suspicari, qui res-
» pondet se non esse moràliter certum, sed facilè posse
» falli V. *Bon. de rest. d.* 2 *q.* 7 *p.* 1. »

DUBIUM II.

Quid sit, et quam grave peccatum Detractio?

974 *An excusetur à mortali, propalare crimen publicum in uno loco, in alio ubi non est notorium?*

975 *Quandò crimen possit dici publicum?*

976 *An infamatus de uno crimine possit infamari de alio?*

977 *Quid, si detrahas ex loquacitate? Et quid, si referas audita?*

978 *Vide alias resolutiones sup. Dub.*

979 *Quomodo peccat audiens detractionem, et ad quid tenetur? 980 Quid, si sit Superior? 981 Quid, si sit particularis, et cum possit, non avertat?*

982 *An liceat alium infamare ad tormenta vitanda?*

983 *An liceat seipsum infamare?*

984 *Quomodo restituendus sit honor ablatus?*

985 *Quid, si dehonoratio fuerit secreta?*

986 *Quæ satisfactio præstanda?*

987 *An semper sufficiat petitio veniæ?*

988 *Quibus casibus expediat, Confessarium omittere monitionem de hac satisfactione præbenda?*

989 *An debeatur satisfactio, si offensus se vindicaverit de contumelia?*

990 *Quid, si offensor puniatur à Judice, vel damnetur ad satisfaciendum?*

986.» Resp, Detractio est alienæ famæ injusta violatio,
» vel denigratio. Differt à contumelia, quæ est injusta
» honoris diminutio 1. Objecto : quià contumeliâ
» honor, detractione autem fama læditur, quæ est
opinio, seu æstimatio de alterius excellentia; honor
autem est testificatio alienæ excellentiæ animo con-
ceptæ. 2. Differt modo : quià contumelia instar ra-
pinæ fit apertè contrà præsentem : detractio ut plu-
» rimùm instar furti occultè, et contrà absentem.
» Undè licet contumelia detractione gravior sit, est
» tamen detractio peccatum mortale ex genere suo,
» etsi ex parvitate materiæ, aut indeliberatione fieri
» possit veniale. Ratio est, quià est gravius furto, quod
» est mortale, cum lædat proximi famam, quæ est
» majus bonum, quàm opes.
» Hîc quæritur, quandò contumelia sit peccatum
» mortale? Apud *Matth. c. 5 v. 22.* habetur: *Qui.. dixe-*
» *rit fratri suo, raca, reus erit Concilio, qui autem dixe-*

» rit, fatue, *reus erit Gehennæ ignis.* Explicant inter-
» pretes apud *Corn. a. Lap.* verbum *Raca*, significare
» hominem vituperabilem, sivè sputo dignum, illud-
» que proferentem dici *reum Concilio;* quià in Concilio
» tantùm gravia crimina deferebantur. Sub verbo au-
» tem *Fatue* intelliguntur contrà convicia gravem in-
» juriam irrogantia. Hæc igitùr verba contumeliosa
» per se sunt mortalia, nisi excuset circumstantia
» personæ, vel inadvertentiæ, vel animi nolentis gra-
» viter lædere. Ità præfatus *Corn. à Lap. et Conc. t.* 4
» *p.* 604 *n.* 3. Hic verò *S. Th.* 2. 2. *q.* 72 *ar.* 2 *ad* 2.
» sic rectè advertit : *Dicendum, quod sicut licitum est*
» *aliquem verberare causà disciplinæ (*puta Patri, Præ-
» *lato, Domino, aut Magistro); ità etiàm causà dis-*
» *ciplinæ potest aliquis alteri, quem debet corrigere, ver-*
» *bum aliquod conviciosum dicere.* »

Omnes autem tenemur contumelias tolerare, animum vindictæ abjiciendo : Quandòque tamen expe-
diens erit contumelias repellere, nempè cùm earum
tolerantia prævidetur adscribenda obsistendi impo-
tentiæ, aut stultitiæ: vel si obesse possit bono communi,
proùt si Prælatus tolerando redderetur contemptibilis,
et sic petulantia subditorum augeretur, ut *Conc. p.* 606
n. 5.

» Detractio alia est directa, et formalis, quæ fit ex
» intentione famam lædendi : alia indirecta, et mate-
» rialis tantùm, quæ fit ex levitate, et loquacitate
» aliqua.

» 1., Regulariter non est mortale (etsi per accidens 967
» ratione damni sequentis tale esse possit) revelare
» naturales defectus animi, corporis, vel natalium ;
» quià tales non sunt morales ; nec infamia apud
» prudentes reputatur, quod quis, v. g. sit stupidus,
» spurius, luscus *Bon. t.* 2 *d.* 2 *q.* 4 *p.* 2. (Ità *Less.*
» *c.* 11 *n.* 14. *Salm. de Rest. c.* 4 *n.* 45 *cum Nav. Dic.*
» etc. Si verò dicantur in faciem, aliquandò possunt esse
» mortalia, *Salm.* ibid. Idem dicunt de defectus nata-
» lium propalatione, quæ aliquandò etiàm potest esse
» mortalis, ut dicere de viro honorabili, exercuisse cum

» vilissimum officium, vel fuisse mancipium: Sed omnia
» hæc maximè pendent à circumstantiis)*

» 2. Plerumque etiàm legis detractio habetur, si
» alium infames generalibus nominibus peccatorum
» mortalium, v. g. esse iracundam, superbum, etc.
» (etsi aliquando gravis esse possit) quià audientes
» plerumque interpretantur de naturali propensione,
» et defectu involuntario : nec oritur grave damnum
» famæ : S. Ant. 1 p. t. 8 c. 4. Sylv. Less. d. 3 n. 18
» Laym. l. 3 t. 3 p. 2 c. 3 n. 3.

» 3. Similiter non erit mortale communiter referre
» peccata mortalia, quæ ob conditionem personæ
» non notabiliter famam lædant, v. g. si dicas, mili-
» tem habere concubinam, pugnâsse in duello, co-
» gitare vindictam, adolescentem esse prodigum,
» deditum amoribus, etc. Laym. l. 3 t. 3 p. 2 c. 3.

» 4. Fieri tamen potest, ut narrando defectus etiam
» naturales, spectatâ conditione, et statu illius, grá-
» viter ei noceas, et sic graviter pecces: ut, si gravem,
» et optimi nominis Prælatum, aut Religiosum, men-
» daciis assuetum esse; virum gravem, ac consula-
» rem, illegitimè natum, Judæum, etc. dicas.* (Item
» Salm. ib. n. 43 cum Less. Navarr. Dic. etc.)* Idem
» est, etsi de altero nihil in particulari, sed tantùm
» in genere dicas, v. g. te scire aliquid de illo, quod
» si dicas, magno illum rubore sis affecturus. Card.
» Lugo d. 14 n. 49.

968   » 5. Crimen, aut defectum alicujus, modò verum,
» sæpè licet prodere ob justas causas: v. g. 1. Cum
» expedit Superiorem scire suorum defectus, ut emen-
» dentur, de quo v. suprà, de Corr. frat. et sic eos,
» qui crimen occultum filiorum parentibus, vel fa-
» mulorum hæris* (vel Religiosorum Prælato ut Patri:
» vide dicenda l. 4 n. 243.)*, in ordine ad correctio-
» nem (cavendo tamen, ne ex revelatione majus dam-
» num sequatur) significant, communiter excusari
» docet Trull. l. 7 c. 10 d. 11 ex Bonac. etc. uti et
» uxorem loquentem cum marito (vel contrà) de cri-
» minibus occultis filiorum, vel famulorum. 2. Causâ

» consilii, vel auxilii capiendi ; in quo tamen viden-
» dum, ut cum minimo damno tertii fiat. 3. Causâ
» cavendi alterius damni ; ut si alicujus æstimatio
» falsò concepta de ejus doctrina, probitate, est aliis
» perniciosa. Undè, cum agitur de conferendo officio,
» de contrahendo matrimonio, de suscipienda Reli-
» gione, assumendo medico, præceptore, famulo,
» famulâ etc., licet manifestare (imò aliquandò oportet)
» occulta alterius impedimenta, inhabilitatem, cri-
» mina, undè notabile aliquod incommodum meritò
» timendur : dummodò nulla alia sit ratio commo-
» dior impediendi, et damnum, quod proximo time-
» tur, sit majus, aut saltèm æquale damno, quod ex
» manifestatione defectûs, aut criminis alterius ei
» obvenerit, *Less. l. 2 c. 11 d. 12.* »

Maximè hîc advertenda doctrina *S. Th. 2 2 q. 73
ar. 2*, ubi docet, illum propriè detrahere, qui malè
loquitur de altero, intendens ejus famam denigrare,
secùs autem, si hoc non intendat, sed aliquid aliud.
Ratio, quià (ut addit idem *S. Thom. l. cit.*) : *Hoc autem
non est detrahere per se, et formaliter loquendo, sed solùm
materialiter, et quasi per accidens.* Undè infert Sanctus
Doctor, quod *si verba, per quæ fama alterius diminui-
tur, proferat aliquis propter aliquod bonum necessarium
debitis circumstantiis observatis, non est peccatum, neque potest dici detractio.* Hinc dicendum cum *P. Conc.
p.* 626 *n.* 17 *Tourn. t.* 1 *p.* 372 posse revelari crimen
alterius I. ut proximus emendetur ; deferendo illud
Judici, aut Prælato, Domino, aut Parenti. II. ad damnum publicum vitandum. III. ad tuendum innocen-
tem, puta, si innocens accusetur de homicidio, potens
manifestare auctorem ; vel si scis furem habitare cum
alio ignorante, potes eum certiorare, ut sibi caveat,
ità *Conc. loc. cit. Tourn. p.* 373. *Lugo D.* 14 *n.* 95 *et
Salm. tr.* 13 *c.* 4 *n.* 64 cum *Soto*, *Bann. et Tap.* ex S.
Basilio, qui in *Regul. brev. interr.* 25 ait, benè posse
crimen revelari, quandò necessitas poscit, ut periculo
consulatur aliquorum. IV. Addunt *Lugo, l. c. n.* 112
Tourn. l. c. Bonac. p. 8 n. 1 *et Salm. l. c.* cum aliis cit.

quod unusquisque ad evitandum grave damnum sui,
vel aliorum, etiàm in bonis fortunæ, licitè possit detegere grave crimen alterius; modò non intendat illum
infamare, sed damnum proprium, vel alienum vitare:
Sufficit autem, ut damnum vitandum sit grave,
quàmvis majus damnum immineat diffamato. Secùs
verò, si damnum vitandum sit leve, vel longè minùs.
Ità *Salm. ibid. n.* 75 *cum Vill. Dic. Tap.* item *Elbel
Conf.* 12 *n.* 353. *Maxxol. t.* 2 *p.* 442 *q.* 5 et hoc satis
probabile puto cum *Lugo d. D.* 14 *n.* 97 *et* 112 qui
dicit eo casu te non teneri neque ex justitia, neque
ex charitate proximi crimen occultare cum gravi tuo
damno. Non ex justitia, quià proximus ad famam suam
non habet jus ità strictum, ut obligentur alii ad te-
gendam veritatem, quandò oportet eam patefacere ad
proprium damnum effugiendum: Si enim spectat ad
bonum commune, quod sine sufficienti causa non
manifestentur crimina occulta, magis ad commune
bonum pertinet illa revelare, quandò hoc est necessarium ne alii errent cum notabili suo dispendio. Neque tenetur ex charitate, quià charitas non obligat
cum tanto detrimento: Sicùt enim non teneris impedire damnum proximi, etsi majus, cum gravi damno
tuo; ità nec etiàm teneris eo casu occultum crimen
proximi celare; ità *Lug.* Et hoc etiàm in dubio de
gravitate tui damni, quià in tali dubio favendum est
innocenti, uti dicunt *Salm. ib. cum AA. cit.* Hæc
autem omnia intelligenda, modò non possit damnum
aliter averti: Et modò non ampliùs, nec pluribus crimen manifestetur, quàm oportebit ad reparandum
damnum quod timetur.

969   Sed hîc magna quæstio occurrit, an ad vitandum
grave tuum damnum, possis crimen occultum alte-
terius revelare, si notitiam acceperis injustè per vim,
aut fraudem, putà aperiendo litteras etc.? In hac plures sunt sententiæ: *Sotus l.* 5 *de Just. q.* 10 *ar.* 2 dicit
te non posse, etiàmsi mortem subire deberes; et ferre.
consentit *Sanch. Cons. l.* 6 *c.* 6 *dub.* 2 *n.* 6. *Navarr.* autem *Man. c.* 18 *n.* 54 dicit, te non posse, si damnum

irreparabile alteri immineat ex illa infamatione; secùs
si reparabila. *Molin. D. 37 n. 13* censet tunc tantùm te
posse revelare, quandò longè majus detrimentum tibi
times. *Lessius lib. 2 c. 11 n. 55. P. Navarr. l. 2 de Rest.
c. 4 n. 13. Mazzot. tom. 2 p. 443. Cona. t. 4 p. 627
n. 18.* et (probabile putant *Salm. c. 5 n. 65.*) dicant
posse te revelare ad quodcumque tuum grave damnum
vitandum, quia licet peccaveris notitiam accipiendo,
in gravi tamen necessitate poteris illâ uti, prout,
quàmvis injustè furatus sis equum, potes tamen adveniente necessitate illâ uti, etiàm cum damno domini. Inter has tàm varias sententias, mihi magis ari-
det sententia *Lugonis D. 14 n. 101* (quem sequuntur
*Croix l. 3 p. 2 n. 138. Tourn. p. 373 et Sporer de 8
Præc. c. 4 n. 46.*) Docet hic magnus Theologus, te
non posse, generaliter loquendo, uti notitiâ illâ injustè receptâ, cum alterius damno, ob quodcumque
damnum tuum effugiendum. Ratio, quia actio injusta, quâ tu secretum accepisti, obligat te ad restituenda omnia damna propter illam proximo obventura.
Proùt casu, quo debitor est in extrema vel gravi necessitate, non tenetur restituere, etiàmsi creditor eâdem
necessitate laboret, ut diximus n. 399 ex n. 701. Sed
omnes (vide ib.) cum eod. *Less.* dicunt, quod tenearis
restituere, si præcisè propter illam subtractionem
proximum in eandem necessitatem injeceris. Sic à
pari in casu nostro, si tu, secretum revelando, damnum infers alteri, tenêris ad restitutionem, cum per
illam fraudulentam secreti extorsionem, proximum
conjeceris in necessitatem tale damnum patiendi. Et
hanc sententiam tenet etiam *Laym. l. 3 tr. 3 p. 2 c. 5
n. 3.* Tunc tantùm rectè admittunt *Lugo ex n. 130
Spor. et Croix ll. cc.* te posse crimen manifestare, quando esset tibi permissum etiàm per vim aut frandem
illud exquirere, et litteras aperire: Et casus esset 1.
Si revelatio esset necessaria ad commune bonum Reip.
2. Si alter teneretur ex justitiâ secretum revelare, ad
damnum tuum reparandum. 3. Si ille injustè te vexa-
ret. Aliàs, non licet tibi alterius litteras aperire, ex

52 n. 53 et 54. *Nav. c. 18 n.* 54. *Lugo D.* 14 n. 102.
Ronc. de 7 *Pr. o.* 4 q. 3 R. 2. *Sporer de* 8 *Pr. t.* 1 p.
156 n. 46. *Elbel t.* 2 p. 383 n. 390. *Bon. de Restit. D.*
2 q. 2 p. un. n. 8 tenet, te posse aperire secretum ad
vitandum tuum grave damnum, etiamsi inde alteri
immineret periculum mortis, modò illud sine vi aut
fraude exceperis. Ratio, quia non tenéris cum tanto
tuo incommodo damnum proximi vitare : Et non
præsumitur quis ad tale onus se obligasse, nisi ex
circumstantiis id certè appareat, ut addunt *Lugo d.*
D. 14 n. 116 *et Croix l.* 3 p. 2 n. 123. Nec obstat
dicere, quod spectet ad bonum commune secreta
commissa servare, ne humanum perturbetur com-
mercium. Nam respondet *Lugo*, ut diximus supra,
hoc verum esse, nisi ex observantia secreti damnum
alterius interveniat, eo enim casu magis ad bonum
commune pertinet, ut unusquisque noscatur qualis
sit, ne alii ex ignorantia graviter errent, et perni-
ciosè decipiantur cum damno innocentium. Præterea,
si potest ille cui secretum est commissum illud revelare ad vitandum damnum innocentis, ex communi
DD. ut supra vidimus : cur debet ipse inferioris esse
conditionis, quàm alii, ne posset revelare ad damnum
proprium effugiendum ? Excipe tamen, ut communiter DD. docent, nisi ex tali revelatione immineat
damnum commune grave. Dicimus *grave*; nam si
esset leve, probabiliter etiam posses secretum revelare, ut grave damnum proprium vitares, ut dicunt
Sanchez Cons. c. 6 d. 2 n. 5 *et Ronc. l. cit. cum Trull.*
Quià non videtur obligatio vitandi leve damnum
commune te obstringere ad grave damnum tuum pa-
tiendum.

Hoc quoad secretum commissum : quid si sit promissum, quando non promisisti cum obligatione servandi
secretum etiam cum tuo damno, certum est te posse id
manifestare, cum nemo censeatur ad secretum se obligare cum incommodo gravi. Ita *Lug. Ronc. Spor. et Holz.*
loc. supra cit. Quid verò dicendum, si expressè promiseris te secretum non revelaturum, etiam cum dispendio

vitæ, an revelare posses in periculo mortis? Affirmat satis probabiliter *Spor. de 8. Pr. c. 4 n.* 46 dicens, te tunc posse, et tenêri, quià nulli est licitum propriam vitam prodere: et huic sententiæ se adjungit *Laym. l. 3 tr. 3 p.* 2 *c.* 5 *n.* 4. juxtà aliam sententiam ab ipso propugnatam *l.* 3 *c.* 3 *n.* 4 ubi tenet cum *P. Nav.* (et idem tenent *Sot. Rodr. et Vega apud Salm. de Rest. c. 4 n.* 34) non esse licitum alterius vitæ propriam postponere , puta cedendo cibum in penuria, aut tabulam in naufragio ; quià ex præcepto charitatis quisque tenetur propriam vitam præferre alienæ. Sed , cum sit etiàm valdè probabilis , et communior sententia opposita , quòd liceat ob honestum finem , conservationem propriæ vitæ omittere , ob alterius vitam servandam , ut tenent *Lugo D.* 10 *n.* 48. *Less. l.* 2 *c.* 9 *n.* 29 *et* 31 *et Salm. de Rest. c.* 2 *n.* 34 *cum Victor. Prado , Dian, ac Trull.* quià hoc non est directè sibi mortem inferre , sed vitam non tueri, quod licitum est ob justam causam : Ideò valdè probabiliter DD. cum *Lugo D.* 14 *n.* 115. *Mol. D.* 37 *n.* 10 *et Croix l. 3 p.* 2 *n.* 1232 *cum Haun.* dicunt in casu proprio te satis obligari ad servandum secretum etiàm cum discrimine vitæ , si id promiseris ; aliud enim est prodigere vitam , aliud omittere (ut dictum est) ejus conservationem, ut promissum serves.

Quomodò autem peccent aperientes et legentes litteras alienas ? Vide *l.* 5 *n.* 70. _{922}

» 6. Hinc quoque, si quis injustè lædit famam
• tuam, nec potes eam tueri, nec recuperare aliâ viâ,
» quàm imminuendo quoque famam illius', id licet
» (dummodò falsa non dicas) in tantùm, quantùm ad
• tuam famam conservandam neeesse est, nec magis
• lædas quàm lædaris, collatâ tuâ, et alterius per-
• sonâ. Vide *Card. de Lugo n.* 50 * (*Itâ Carden,*
» *op. Croix l.* 3 *p.* 2 *n.* 1217 *et consentit Tourn. t.* 1 *p.*
» 381. *Secùs tamen , si agatur in judicio et tu nullo mo-*
» *do possis probare illius crimen ; quià tunc infamatio*
• *illius nihil tibi prodest. Omninò etiàm peccas , si falsa*
» *dicas , ex Prop.* 44 *damnata ob Innoc. XI quæ di-*

Tom. III.   17

» *cebat :* Probabile est non peccare mortaliter, qui
» imponit falsum crimen alicui, ut suam justitiam,
» et honorem defendat, etc.) *

973 » 7. Si quis solatii tantùm causâ, et non intentio-
» ne detrahendi, alicui amico narret injuriam ab
» alio sibi factum, non videtur esse mortale, etsi
» indè aliqua infamia proveniat auctori; ea enim ipsi
» imputanda est. * (*Est communissima ap. Salm. ib.*
» *n. 46. Et communis cum Mazz. t. 2 p. 444 cum Nav.*
» *Bon. Sayr. Led. etc. Hinc probabiliter ait Mazz. cum*
» *allis, excusari posse saltèm à mortali, famulos de-*
» *tegentes injurias illatas à dominis, uxores à viris, fi-*
» *lios à Patre, Religiosos à Prælato.*) * Cavendum
» tamen, ne dicatur pluribus, vel apertiùs nomine-
» tur persona, quàm necesse sit ad consilium, vel
» solatium, *Less. Laym. Tann. 2. 2 q. 8 d. 2 d.4 Card.*
» *Lugo d.* 14 et sic excusari posse famulos (saltèm à
» mortali), qui injurias sibi ab heris suis, uxores,
» quæ à maritis, filios qui à patre, Religiosos, à Præ-
/ » lato illatas, doloris tantùm mitigandi causâ, refe-
» runt, docet *Trull. l. 7 c. 10 p. 11 ex Less. Laym.*
» *Tann. Nav. Dian. p. 2 R.* 39. Idem putat *Caj.* di-
» cendum, si crimen occultum reveles uni alicui
» viro prudenti, et taciturno, cui dicere perindè sit,
» ac si nulli diceretur ; eò quòd damnum illud cen-
» seatur leve : et sic *Trull. l. 7 c. 10 d. 11 cum Dian.*
» *p. 1 t. 3 m. R. 22 et p. 2 t. 5 R.* 33 excusat Pœni-
» tentem, qui in confessione manifestat complicem :
» dicuntque cum *Tann. Bon. Escob. E.* 9 eam sen-
» tentiam esse probabilem. Verùm hoc universim non
» videtur satis tutum, quia læsio famæ apud unam
» etiàm personam censetur gravis, ut patet ex ju-
» dicio temerario : imò sæpè quidam ægriùs fe-
» runt, se lædi apud unam personam gravem, quàm
» tres, vel quatuor alias. Undè *Suar. Fill. Less. Azor*
» *et Laym.* putant communiter esse mortale V. C.
» *Lugo l. c.* »

Sed opposita sententia, nempè quod revelare crimen alterius uni vel alteri viro probo, non sit morta-

le satis est probabilis , ut dicunt *Less. lib.* 2 *c.* 11 *n.*
70. *Cajet* 2. 2 *q.* 73 *art.* 2. item *Nav. Trull. Covar. P.*
Navar. Reg. Bon. Tamb. et alii. Ratio , quià, cùm fama consistat in communi æstimatione hominum , non
censetur absolutè diffamatus , qui apud unum vel
alterum tantùm suam famam amiserit. Et huic sententiæ apertè adhæret *D. Th. Quodlib.* 11 *art.* 13 *ad* 3.
ubi dicit : *Ad* 3. *dicendum , quod si aliquis referat Præ-*
lato culpam proximi , intendens vel cautelam in futurum,
vel aliquid hujusmodi , quod ad emendam proximi vide-
ret expedire , non peccat. Si autem hoc sivè Prælato ,
sivè alicui amico suo ex malitia refert , tunc peccat mor-
taliter. Quod si ex incautela alicui dixerit hoc (idest
crimen· alterius) *ità tamen quod non* ' *proveniat indè*
aliud , vel infamia vel vituperium proximo delinquenti ,
tunc non peccat mortaliter , licet incautè agat. Ergò S.
Doctor putat non provenire illi infamiam , cujus crimen uni tantùm reveletur, nisi aliundè infamia ei
proveniat, nempè si alter hoc sit aliis manifestaturus.
Secùs autem ait *S. Thom.* si tu peccatum proximi amico
revelares *ex malitia*, nempè ex pravo animo nocendi ,
tunc non poteris à mortali excusari. Nec dicas, verbum
illud *ex incautela* intelligi pro inadvertentia , ex hac
enim numquàm peccatur "mortaliter ; sed omninò
intelligitur imprudentìa , sivè levitas animi , quæ
tantùm est venialis ; et tunc tantùm erit mortalis ,
cum ex ea *indè provenit delinquenti infamia aut vitupe-*
rium. Nec. obstat paritas judicii temerarii à *Busemb.*
allata ; nam benè respondet *Less. loc. cit.* quod ibi
peccatum mortale non committatur ob damnum famæ,
sed ob gravem injuriam quæ alteri irrogatur , cum
quisque habeat jus ne falsum crimen ei imputetur ,
et ideò judicium temerarium est mortale ut docet *D.*
Thom. 2. 2 *q.* 60 *art.* 3 *ad* 2. dicens : *Hoc autem ipso*
quod aliquis malam opinionem habet de alio , sinè causa
sufficienti ; indebitè contemnit ipsum , et ideò injuriatur ei.
Idque patet ratione, quià, si judicium temerarium
esset mortale ob damnum famæ alteri proveniens ,
etiàmsi tu ex justis indiciis, tibi tantùm notis, judi-

cares de occulto illius crimine, adhùc graviter pec-
cares, quod nemo dicet ; ergò malitia judicii temerarii non sumitur ex damno infamiæ, sed ex contemptu sivè injuria, quæ proximo infertur.

974   » 8. Crimen simpliciter publicum, sivè ut noto-
» rium jure, sivè facto, manifestare aliis, qui id nes-
» ciunt, non est peccatum mortale injustitiæ : quià
» hoc ipso auctor amisit jus ad famam, cum ratio justi
» judicii, et evidentia facti faciat, ne de injuria justè
» quæri possit. Quod confirmat consuetudo, mandans
» historiæ publica crimina.

» Dixi : *non est mortale injustitiæ :* quià detegere
» eo loco, quò fama hoc non erat perlatura, vel nonnisi
» post longum tempus, vel aliter cum gravi mœrore
» ejus, qui id commisit, sæpè potest esse mortale con-
» tra charitatem, ut *Less. Vat. Tol. l.* 5 *c.* 65 contrà
» *Nav. et Cajet. V. C. Lugo d.* 14 *n.* 59. *Fag. p.* 2 *l.* 5
» *c.* 3. »

Quæritur, an peccet mortaliter, qui crimen in aliquo loco publicum manifestat in alio loco, ubi ejus
notitia nondum pervenerit, nec perventura erit intrà
breve tempus? Circà dubium hoc tres sunt sententiæ.
*Prima cum Dicastill. Vill. Antoine, Cont. Tournely, Cu-
niliati, etc.* tenet, eum peccare graviter contrà justitiam,
quià peccator ille in eo loco adhùc est in suæ famæ
possessione. *Secunda sententia cum Less., Bon et Sylv.*
tenet, eum peccare graviter, sed tantùm contrà charitatem. Ratio, quià licet Reus jam amiserit jus ad famam, graviter tamen ille tristraretur, si soiret crimen
suum patefactum fuisse, ubi erat occultum. *Tertia*
sententia communior, quam tenent *Card. de Lugo de
Rest. D.* 14 *n.* 59 (et hic vocat communem, et veram)
cum *S. Antonino, Cajetano, Ledesma, et Jo. Majori,
ac Salm. eod. tit. c.* 14 *n.* 61 *cum Navar. Bannes,
Serra, Filliuc., Fagund. Macado,* et aliis, dicit eum
non peccare graviter neque contrà justitiam, neque
contra charitatem. Plures adducunt rationes præfati
Auctores pro hac sententia. Ratio mihi probabilior
videtur esse, quod publico bono conducat facinorosos

non ignorari, ut ab eis caveant omnes ; publicum
enim bonum sanè praeferendum est famæ privati hominis. Hæc tamen ratio valet tantùm respectu illorum
criminum , quæ reddunt hominem perniciosum , et
ab aliis vitandum, ut sunt crimina homicidii, predito-
rii , lenocinii , scandalosæ impudicitiæ , et similium.
Nec obstat dicere , Reum in eo loco suam famam possidere , et ideò non posse illâ expoliari cum sola opinione probabili. Nam respondetur, quod eodem tempore, quo suum crimen fit publicum , ex una parte
jam probabiliter amittat ipse jus ad suam famam, et
ex alia Communitas aliorum acquirit jus ad eum
agnoscendum, ut eum vitet; et cum ejus tunc evadit
incertum , redditur etiàm incerta possessio illius. *P.
Concina (Compend. Theol. to. 1 p.* 239 *n.* 10) in hac
quæstione distinguit , et ait , quod , cum delictum sit
publicum *notorietate facti* , idest, si publicè est patra-
tum , tunc in omni loco manifestari potest; cum autem esset publicum tantùm *notorietate famæ* respectu
ad illius manifestationem sic concludit : *Cauti omnes
sint oportet , quià facilè fingitur hæc publica fama.*

     » 9. Similiter non est peccatum contrà Justitiam ,
» saltèm mortale, quærere causam captivitatis alicu-
» jus, vel de ea loqui, sicùt enim captivitas est publi-
» ca, sic etiàm causa videtur esse facta publica *Sayr.
» Bon. Trull. t.* 7 *c.* 10 *d.* 11. Ubi eodem modo excu-
» sat eum , qui refert delictum alicujus publicum,
• referendo simùl poenitentiam, et emendationem ;
» secùs, si taceatur poenitentia , quam fecit : sic ait
» peccare historiographum; describendo peccata mor-
» tuorum publica, et non referendo poenitentiam, vel
» emendationem , si resipuerint.

     • 10. Similiter manifestare crimen, quod nondum
» est publicum ; moraliter tamen certum est, brevi
» fore publicum (sivè per facti evidentiam , sivè per
» sententiam Judicis) non est mortale, quià parùm
» nocet, nisi tamen ex ista anticipatione sequerentur
• gravia damna , v. gr. in officio , etc. *Card. Lugo l. c.*
• *n.* 92. »

975 Ut autem aliquod crimen possit dici publicum, censent *Mol. Lugo et Haun. apud Croix lib.* 3 *p.* 2 *n.* 1219 *et Elbel Cons.* 13 *n.* 379 *cum aliis* sufficere, si in aliqua Communitate octo personarum, quatuor illud sciant, vel si centum personarum, sciant quindecim; vel si mille, sciant viginti aùt circiter diversarum familiarum plusquam duarum : Publicum autem esse in aliqua Vicinia 40 personarum, si sciant 8 ex diversis familiis : Item, si in oppido 5000 civium sciant 40 per illud dispersi : Addit *Stephan.* cum aliis, crimen dici famosum, si illius fama pervagetur per majorem partem Oppidi, Communitatis, Viciniæ, vel Parochiæ. Item dicunt *Mol. et Lugo* dici infamatum in Regno, qui jam infamatus est in Curia, vel in alio illustri loco, ex quo facilè in Regnum fama dimanet.

976 » 11. Infamem uno crimine de altero valdè af-
  » fini infamare, est tantùm veniale : ut v. gr. si de
  » adultero, dicas, quod miserit litteras amatorias :
  » quià tunc non notabiliter augetur infamia. * (*Nec*
  » *si de publico fure dicas, eum esse perjurum ; nec si de*
  » *famulo lusore dicas, eum omisisse Missam, non curare*
  » *familiam. Ità Salm. n.* 52 *cum Less. Lug. Bon. Tap. etc.*
  » *Vel si dicas de milite, eum fornicationem, vel duellum*
  » *patràsse*)*. De disparato tamen, et non connexo
  » crimine infamare, est mortale : quià infamis in uno
  » genere vitii non amisit jus famæ in aliis virtutibus.
  » *Tan. d.* 4 *de just. q.* 8 *d.* 7 *n.* 141 *ex Nav. et. Less.* *
  (*Sic etiàm dicunt Salm. ibid. cum Less. Lugo, Bon. etc.*
  esse grave de fœmina diffamata de uno adulterio narrare aliud occultum), contrà *Sylv.* V. *detractio Palud etc.*

977 » 12. Detractio materialis ex loquacitate orta est
  » mortale, si gravem proximi læsionem importet ,
  » idque advertatur : quià, etsi non intendatur directè
  » læsio alterius : ea tamen indirectè, et implicitè est
  » volita, et æquivalet formali. Veniale autem tantùm
  » erit, si non sequatur læsio gravis, quià scilicèt communiter non seriò accipitur, nec creditur. Similiter
  » erit veniale tantùm, audita referre, ut audita tantùm,

» hoc est, nihil affirmando de rei veritate, sed dubi-
» tationem potiùs suam de ea significando ; ità ut
» nulla indè secutura putetur infamia, nec auditores
» rationabiliter sint credituri. Ità contrà *Azor. n.* 3
» *l.* 13. *c.* 6. docet *Tann.* 2. 2. *d.* 4 *q.* 8 *dub.* 7 *n.* 121.
» *Esc. E.* 10 *c.* 4 *n.* 40 : eò quòd diffamatio, si fortè
» sequatur, imputetur audiénti, si credat. Idem do-
» cet *C. de Lugo l. cit.* rectè limitans, nisi grave dam-
» num ex modo narrandi, vel ex levitate audientium
» (qui temerè credituri sint, et vulgaturi) secuturum
» possis prævidere. Hinc peccas graviter contrà jus-
» titiam, si referens grave crimen addas, id tibi
» dictum esse à viro fide digno, quià præbes suffi-
» ciens fundamentum credendi.V.*Dian. t.* 5 *m.R.* 18. »

Quæritur, an referre tantùm peccata occulta alte- ₉/₈
rius ùt ab aliis audita, sit mortale? dicendum I. Non
peccas mortaliter, si ità referas, ut tibi probabile non
sit ullam indè infamiam orituram, eò quòd alii non
sint credituri. Dicendum II. Si audita referas coram
iis, qui probabiliter sint credituri ex sola sua levitate, vel malitia, non peccas contrà justitiam, quià
non es causa efficax damni, sed merè per accidens,
at peccas contrà charitatem, quià quisque tenetur
impedire grave damnum proximi, quantùm commodè
potest. Dicendum III. Si tandem ità referas, ut audientes probabiliter, et meritò sint credituri, puta, si
asseras, te audivisse à persona fide digna, tunc peccas
etiàm contrà justitiam, quià das sufficientem causam
credendi malum. Ità *Less. l.* 2 *c.* 11 *d.* 5. *Lugo D.* 14
n. 56 *et* 57. *Spor. de* 8. *Præc. c.* 4 *n.* 62 *cum S. Anton.*
Caj. Sylvest. Laym. Tamb. et communi, *Croix l.* 3 *p.* 2
n. 1207. *Salm. de Rest. c.* 4 *n.* 51 *cum Soto*, *Trull.*
Vill. Sylvio, *etc.* Addit *Less. l. c. n.* 24 (et hoc *Salm.*
n. 49 habent ut certum cum *Bann. Lugo*, *et Bon.*)
quod, si referas crimen alicujus valdè enorme, puta
hæresis, rebellionis, aut sodomiæ, tunc pecces graviter, etiàmsi dubitanter dicas, quià hæc sola suspicio horum valdè infamat, juxtà dicta *n.* 964. E conversò, si referas crimen tamquàm auditum à personis

fide indignis , v. gr. ab inimicis infamati, et tunc non peccas mortaliter respectu infamati , ut *Salm. ib.*

« 13 Mortuum infamare, minùs grave est, quàm vi-
» vum : mortale tamen, et ad restitutionem obligans;
» *Less. lib.* 2 *c.* 11 *d.* 21. *Bon. d.* 1 *q.* 3 *p.* 2.

» 14. Non esse mortale de aliquo ignoto, vel inde-
» terminato malè loqui , v. g, in tali loco esse multos
» improbos, in tali Collegio unum Canonicum commi-
» sisse grave crimen, v. g. simoniam, docet *Escob. E.* 10
» *c.* 4. *Fag.* quòd *Trull. l.* 7 *c.* 10 *d.* 4 *ex Bon. Az. etc.*
» limitat , si non sit tale, quòd in alios redundet.

» 15. Gravissimè autem peccant , qui Ordini seu
» statui alicui Religiosorum in communi, vel Monas-
» terio detrahunt, dicendo v. g. quòd in eo malè vi-
» vatur , non servetur observantia regularis , etc.
» *nisi id sit planè notorium :* quià gravissimè nocent ,
» tenenturque sub mortali ad restitutionem toti com-
» munitati, à qua Superioris remissio excusat, *Sot.*
» *Nav. Trull. c.* 10 *d.* 14. Talem autem sufficienter
» confiteri, si dicat, detraxi cuidam Religioni , Or-
» dini, vel Monasterio, et sivè sit communitas nume-
» rosa , sivè non, docet *Lugo et Tamb. de exped. conf.*
» *l.* 2 *c.* 1

» 16. Similiter mortale est , tacitâ personâ , nomi-
» nare Monasterium, vel Ordinem religiosum , ex quo
» aliquis grave peccatum occultum, v. g. adulterii ,
» vel fornicationis commiserit. *Nav. Trull. c.* 10 *d.* 14.

» 17. Explicandum est in Confessione, an apud mul-
» tos , et quot circiter ; an verò apud unum tantùm
» alicui detraxerit. Ità probabiliter *Bon. de sacr. d.* 5
» *q.* 5 *p.* 2 § 3 *diff.* 3 *n.* 16 *et* 21 *ex Sanch. Sylv.*
» *Andr. n.* 135. Sed *C. Lugo d.* 16 *n.* 125 , 130 *et* 149
» *ex Nav. Salas , Con. etc.* negat, dicitque contra-
» rium esse probabiliùs. Nec omittendum, si quem
» infamaveris libello famoso ; cum id sit genus detra-
» hendi gravissimum, et ad plurimos pertinens. Non
» tamen necessariò dicendum , in quo genere infama-
» veris : quià fama semper est ejusdem speciei in ge-
» nere moris, *Card. Lug. d.* 16 *n.* 265.

» 18 Peccat mortaliter contrà justitiam, et tenetur ad 979
» restitutionem, ratione cooperationis, qui audit de-
» tractorem, eum excitando, vel animando efficaciter:
» qui verò lætatur tantùm detractione auditâ, aut,
» licet non lætetur, qui non impedit, cum commodè
» possit, peccat pro ratione damni mortaliter, vel
» venialiter contrà charitatem; non tamen tenetur ad
» restitutionem, nisi sit superior, pater, vel domi-
» nus: hi enim ex officio tenentur impedire subditum,
» ne alteri injustè noceat. Dixi, *si commodè possit :*
» quià non peccat, qui putat monitionem suam
» nihil profuturam : vel ex eo magnum incommo-
» dum metuit, vel qui rationabili verecundiâ pro-
» hibetur, ob auctoritatem detrahentis. Debet ta-
» men tunc discedere, si commodè possit, faciem
» tristiorem ostendere, vel aliò sermonem avertere,
» *Less. et Bonacin. loc. cit.* Hinc æqualis rarò, in-
» ferior rarissimè tenetur corrigere detractorem. 1.
» Quià audiens plerumque nescit, an quòd dicitur,
» sit notorium, tametsi ipse ignoraverit; et in dubio
» non est, cur damnet detractorem : in quo multi
» falluntur, existimantes, simùl ac aliquid audiunt
» dici contrà proximum, id sibi mox refutandum.
» * (*Excipe, si detrahens sit homo perditus; ut rectè
» ait Ronc. de* 7. *Pr. p.* 2 *q.* 11 *R.* 4.)* Quià, cœptâ
» detractione, sæpè meliùs consulitur proximo, si ea
» sinatur absolvi, quàm si abrumpatur. Nam si dis-
» tinctè explicetur, sæpè non tàm graviter apprehen-
» ditur, quàm initio conceptum erat. 3. Quià sæpè
» sinè gravi offensione non potes corrigere. 4. Quià
» sæpè alter habet justam causam manifestandi,
» præsertim uni soli, *C. Lugo l c. n.* 128. *V. Dian.*
» *t.* 3 *m. R.* 24 *et t.* 5 *m. R.* 25. »

Sed meliùs hæc sunt explicanda. Quæritur, quomodò peccet audiens detrahentem ? Resp. I. Qui inducit alterum ad murmurandum, certè peccat graviter, et contrà justitiam. Resp. II. Qui autem non
inducit, sed tantùm gaudet de detractione gravi, peccat graviter, non contrà justitiam, sed contrà chari-

talem, cum delectetur de gravi damno proximi; ità
cum aliis *S. Th.* 2. 2 *q.* 73 *n.* 4 Excipiunt *Less. et Bon.*
ap. Salm. c. 4 *de Rest.* 'n. 69 si ille non gauderet de
infamia proximi, nec de detractione, sed de auditio-
ne rei novæ, seu de cognitione curiosa alienorum
criminum. Imò *Elbeln.* 263. *Ronc. de* 7 *Pr. c.* 2 *q.* 11 *R.* 2.
Spor. de 8 *Pr. c.* 4 *n.* 106 *cum Mol. Less. ac Laym. Bon.*
p. 21 *n.* 5 *et Salm cum Tol. Dian. et Reg. ibid.* dicunt,
eum non peccare graviter, etiàmsi de ipsa detractione
delectetur, non causa odii, vel gaudii de alterius damno, sed ex curiositate seu vanitate; idque deducunt ex
S. Th. qui *l. c.* tunc tantùm docet esse grave, quandò
placeat ei detractio propter odium ejus cui detrahitur.
Resp. III. Superior tàm detrahentis, quàm illius, cui
detractum est, peccat graviter audiendo detractionem,
si eam non avertat, cùm commodè possit; quià ipsi
specialis obligatio incumbit corrigendi detrahentem,
aut damno infamati obviandi, *S. Th. eod. l. c. Lugo*
D. 14 *n.* 133. *Spor. n.* 170 *cum comm.*

360   An autem Superior tunc peccet contrà justitiam,
et teneatur ad restitutionem? *Prima* sententia cum
Bus. hîc affirmat, si Prælatus sit Superior detrahentis; quià, dicit, ipse tenetur ex officio obstare, ne
subditus alteri noceat. *Secunda* sententia cum *Salm.*
d. c. 4 *n.* 70 *Bann. et Tap. ib.* affirmat, si sit Superior infamati, quià ex officio tenetur ad obviandum
infamiæ subditi, quæ officit illi ad bonum spirituale
in alios promovendum. *Tertia* tamen fortè probabilior sententia negat peccare contrà justitiam, neque
Superiorem detrahentis, cum ipse non teneatur invigilare bono alterius non subditi (sed non excusatur
à culpa gravi contrà charitatem, et etiàm contrà justitiam, si sit Episcopus, vel Parochus, et non corrigat,
quià hi tenentur ex justitia ad corrigendos subditos,
juxtà dicta *n.* 360 *v. Sed debitatur*); neque Superiorem
infamati, cum ipsi non incumbat ex justitia bono temporali subditi attendere. Quod autem infamatus impediatur sic, quominùs promoveat spiritualem profectum
aliorum, videtur esse per accidens. Ità *Sotus*, *Rebell. et*

Dicast. ap. Salm. ibid., et consentit *Lugo D.* 14 *ex n.* 130. Bené autem advertit *Lug. n.* 133 quod, si infamatus, et infamans sint subditi, et infamatus imploret Prælati auctoritatem, ut fama ei restituatur, tunc ille ex justitia ad id teneatur, modò possit sinè timore gravioris mali.

Dubium majus est, an persona particularis peccet 981 graviter, si detractionem, cum commodè possit, non avertat? Affirmat *Bus. hic cum Lugo, Less. Bon. Dic. etc. ap. Salm. ib. n.* 72. Sed quià Auctores relatæ sententiæ plures addunt limitationes, quas afferunt *Bus. Lug. etc. n.* 978. *ut suprà;* censent absolutè *Salm.* dicendum esse cum communi Thomistarum, privatam personam nonnisi venialiter peccare, si ex verecundia, timore, vel negligentia detractioni non resistat, etiàm cum commodè possit : modò præter infamiam aliud damnum ex detractione non accedat. Ità *Ronc. de* 7 *Pr. c.* 2 *Reg. in pra.* 7. *Less. l.* 2 *c.* 11 *n.* 22. *Spor. n.* 109. *Mazz. t.* 2 *p.* 448. *Elbel Conf.* 12 *n.* 373. *Salm. n.* 74. cum *Sot. Bann. Tap. Reb. Tann. Dian etc. ex S. Th.* qui 2. 2 *q.* 73 *a.* 4. sic docet : *Si verò non plàceat ei peccatum, sed ex timore, vel etiam negligentia, vel verecundia quadam omittat repellere detrahentem, peccat quidem, sed multò minùs, quàm detrahens: et plerumquè venialiter.* Addit autem *S.* Doctor *plerumque* (ut notant *Sal.*), quià dicit posteà, eum in tribus casibus peccare graviter, nempè, 1. Si esset Superior. 2. Si aliud damnum proximo immineret. 3. Si ipse ob timorem ultimum finem in creatura constituerit. Prætereà, præcisis his casibus, memoranda est alia doctrina *S. Th.* 2. 2 *q.* 33. *a.* 1 *ad* 3. relata per extensum *l.* 2 *n.* 36. ubi docet excusari à mortali, qui ob timorem omittit facere correctionem, modò ei non constet, quod correctio sit profutura. At quià in hac materia detractionis difficillimè constare potest, correctionem proficere, et aliundè facillimè offendentur detrahentes coram aliis correpti, imò periculum est, quod potiùs augeant vel confirment detractionem: ex omnibus his motivis simùl congestis rationabiliter sustineri potest præfata communissima sententia excusans universè audientes à mortali , si correctionem omittant. Excusantur autem apud omnes etiàm à veniali, qui , advertendo detractionem , vel discedunt, vel sermonem divertunt, vel faciem avertunt, aut tristem ostendunt ex *Prov.* 25 *v.* 23. *Dissipat.... faciès tristis linguam detrahentem.* Ratio, quià istæ actiones sunt veræ correctiones. Vid. *Salm. n.* 72. *Elbel n.* 373. *Mazzott. loc. cit. et alios* communiter.

982   » Quæres 1. an liceat alium infamare ad tormenta
» gravia vitanda ?

» Resp. 1. Licet, si crimen sit verum : quià nullam
» alteri facit injuriam , cum habeat jus illud in ne-
» cessitate revelandi.

» Resp. 2 Si crimen sit falsum, non licet; quià
» esset mendacium perniciosum. *Sylv.* tamen, et *Nav.*
» putant, veniale tantùm esse, si sola infamia sequa-
» tur, et post torturam revocetur , eò quòd non sit
» infamia efficax *(Vid. inf. l* 4 *n.* 277.) *

» Quæres 2. an liceat seipsum infamare ?

983   » Resp. id non esse saltèm mortale regulariter. Ità
» *Less. Fill. et Laym. l.* 3 *t.* 3 *p* 2 *c.* 4 *n.* 14. quià
» non est contrà justitiam , cum sit famæ suæ domi-
» nus; nec contrà charitatem, quià hæc non obligat
» ad bona externa conservanda, nisi in quantùm id
» exigat salus própria, vel proximi.

» Dixi, *regulariter* : quià per accidens potest esse
» mortale, v. g. si tua fama sit necessaria muneri,
» vel si tibi damnum vitæ, vel aliis infamiæ ex eadem
» sequeretur.

» Non est mortale , ad vitanda gravia tormenta,
» falsum crimen sibi imponere , ex quo etiàm mors
» sequatur : quià non tenetur homo cum tantis cru-
» ciatibus vitam suam tuéri , nec talis dicitur se in-
» terficere , sed tantùm ex justa causa vitam morti
» exponere. *Less. Ang. Sylv. Fil. Tann.* *(V. inf. lib.
» 4 *n.* 275.) * »

984   Notandum autem est hîc , quomodò restituendus
sit honor injustè ablatus? Certum est, quod , si honor publicè sit ablatus per contumeliam, publicè etiàm

restitui debeat coram illis, qui dehonorationi præsentes fuerint, vel saltèm per modum, quo satisfactio de facili ad ipsorum notitiam pervenire possit. Sufficit autem, ut satisfactio fiat per aliam personam, quæ nomine dehonorantis veniam petat, etc. Ità *Sal. de Rest. c.* 4 *n.* 110. *cum Trul. et Pal. et Nav.*

Sed quæritur I. An, si contumelia fuerit occulta, debeatur satisfactio? Negant *Mol. D.* 46 *ex n.* 5 *et Laym: l.* 3 *tr.* 3 *p.* 2 *c.* 7 *n.* 6. Sed isti Auctores diversâ ratione ducuntur; Ratio *Laym.* est, quià in eo casu adest injuria sinè damno, quo secluso, nullam ait esse obligationem restitutionis. Ratio autem *Molinæ* est quià, licet damnum adfuerit, illud tamen transiit, et ampliùs non perseverat, cum deindè offensor jam solutam debitamque honoris testificationem nunc offenso exhibeat, ut supponitur. Sed affirmandum reor omninò cum communi et vera sententia, quam tenent *Less. l.* 2 *c.* 11 *n.* 144. *Salm. de Rest. c.* 4 *n.* 112 *cum Rebl Trull. Vill. Prado, et Serra, Spor. de* 8 *Pr. c.* 4 *n.* 185. *Roncag. de* 7 *Pr. q.* 4 *c.* 1 *q.* 2 *R.* 3 *cum S. Anton. Lugo D. v.3 n.* 54 qui dicit, hanc omninò tenendam, referens ex *Rebel.* contrariam reprobatam fuisse Romæ à Censoribus Societatis JESU. Ratio, quià contrà rationes primæ sententiæ probatur in tali casu, quod benè adsit damnum, et damnum perseveret. Quod adsit damnum non videtur posse negari : nam, ut pro certo habet *S. Th.* 2 2 *q.* 72 *a.* 1 *ad* 1 in omni contumelia, adhuc occulta, præter injuriam adest damnum honoris injustè læsi, cum quisque habeat jus, ut debitus honor ei servetur. Quod autem damnum hoc perseveret, pariter non est dubitandum, cùm honor offensi remaneat læsus, usquedum per debitam satisfactionem reparetur : Non reparatur verò per signa communia posteà exhibita, ut supponit *Mol.*, postquàm injuria est illata, quià, ut benè arguit *Lugo*, qui alteri injuriam irrogavit, in æstimatione hominum non videtur eum honorare sicùt debet, imò potiùs videtur contemnere, si honore solito ipsum revereatur, quin veniam ei petat contumeliæ irrogatæ. Cæterùm ipsi

Molin et Laym. non negant, quod offensor teneatur petere veniam ab offenso, saltèm ad reconciliandum animum illius exasperatum, juxtà præceptum Salvatoris *Matth.* 5. *v.* 23 *et* 24. *Si.... offers munus tuum ad altare, et ibi recordatus fueris, quià frater tuus habet aliquid adversum te...., vade priùs reconciliari fratri tuo.*

986 Quær. II. Quomodò facienda sit honoris restitutio? Resp. illam satisfactionem requiri, quæ censetur sufficiens ad manifestandum æstimationem, juxtà conditionem personæ offensæ. Si enim dehonorans fuerit Superior, sufficiet si honorabiliter dehonoratum salutet, domi invitet, benevolentiam ostendat, etc. Secùs si fuerit æqualis, vel inferior, tunc major satisfactio requiritur, nempè ut præveniat eum in salutando, cedat ei locum, veniam ab eo petat; qui modus quidem aptior est ad contumeliam compensandam : Cæterùm talis petitio veniæ non est nécessaria ; nisi quandò aliter satisfieri nequit. Ità *Less. l.* 2 *c.* 11 *n.* 244. *Salm. d. c.* 4. *n.* 113 *et* 114 *cum Caj. Trull. Bon. Dia. etc.* Ideò addunt, numquàm tenêri Prælatum veniam petere à subdito, herum à famulo, virum ab uxore, nobilem à plebejo.

987 Quær. III. An veniæ petitio sit semper sufficiens satisfactio ? Affirmant *Less. ib. n.* 145 *cum Bon. Trull. etc. ap. Salm. d. c, n.* 115. Sed negant *Salm. n.* 116 *cum Soto, Serra., Lug. Led. et Ronc. l. c. cum S. Anton. Laym. et Ant. a Sp. S.* Quandò enim injuria est gravissima, puta, si subditus inhonoret Superiorem, vel plebejus nobilem alapâ percutiat, ultrà petitionem veniæ, tenétur petere illam flexis genibus, vel aliam similem humiliationem ostendere : Quæ quidem sententia probabilior est.

988 Cæterùm, quòad praxim diligenter advertendum puto, quod multoties expedire continget, ut Confessarius omittat monere pœnitentem in bona fide existentem, qui alium inhonoravit, de satisfactione præstanda, in pluribus casibus : Et I. Si prævideat monitionem non profuturam, imò potiùs obfuturam, juxtà regulam infrà dicendam de *Sacram. Pænit. l.* 6 *n.* 610

dum experientiâ constat, quod pœnitentes facilè tales
satisfactiones promittant, sed difficulter in facto esse
adimpleant, ob ruborem quem posteà in hoc sentiunt,
vel apprehendunt. II. Si probabiliter putet, dehonoratum magis recusare, quàm cupere illam publicam
satisfactionem, ne memoria injuriæ acceptæ apud
alios redeat, aut ne ipse rubore magis afficiatur, ut
Lug. D. 15 *n.* 58 *cum Mol.* Tunc verò benè advertit
Lug. ib, aliam esse quærendam viam honorandi pe-
culiariter offensum extraordinariis actionibus, in quibus aptiùs contineatur petitio veniæ. III. Idem dicendum, si probabile periculum sit, quod in actu satisfactionis odia inter offensum et offensorem sint renovanda
IV. Si ex signis manifestè appareat remissio facta ab
offenso, nempè si iste sponte ad offensorem accedat,
atque valdè familiariter, et jocosè cum eo tractet, et
similia. Notant autem hîc *Salm. ib. n.* 326 *cum Bon.*
Dic. Trull. etc. non sufficere, ad præsumendam remissionem, simplicem familiarem conservationem offensi : Multi enim odium deponunt, et dissimulant injuriam acceptam ad evitandam notam, vel aliud damnum ; sed satisfactionem verè non condonant.

Quær. IV. Utrùm. si tu offensus vindictam sump- 98₉
seris; liberetur offensor ab onere satisfactionis pro
contumelia illata? Videtur quod non, quià non vi-
dèris recuperare honorem tuum læsum per læsionem
honoris offensoris tui. Sed affirmandum cum *Lugo D.*
15 *n.* 58 et communi sententia. Ratio, tum quià per
vindictam jam censetur tibi satisfieri, tum quià offensor tuus, tolerando posteriorem injuriam, videtur
suam culpam recognoscere, et satisfacere pro offensa
priùs tibi illata; Rectè verò censet *Lugo, n.* 60 quod,
si injuria à te irrogata tuam primam offensam notabiliter excedat, tenearis tu saltèm secundùm excessum
satisfacere.

Quær. V. Utrùm, si offensor à Judice publicè punia- 99*
tur, adhùc teneatur in conscientia pro injuria illata satisfactionem exhibêre? Probabilissimè negat *Lugo d.D.*
15 *n.* 61 cum communi. Ratio, quià ipsa pœna inflicta

pro honore tibi ablato videtur satis honorem tuum resarcire. Ità etiàm, si offensor à Judice coactus debitam
satisfactionem tibi præstiterit : tunc enim, licet coactè,
jam verè testificationem exhibuit æstimationis tuæ
dignitatis. Dixi *debitam*, nam si satisfactio imposita à
Judice non fuerit sufficiens ad reparandum tuum honorem ablatum, adhùc remanet ei obligatio illum ad
æqualitatem resarciendi.

DUBIUM III.

An, et quomodo fama restituenda?

991 *Quomodò debeat fama restitui? Et an apud auditores*
etiàm mediatos?
992 *Quid, si verum crimen propalaveris ?*
993 *Quid, si bonâ fide alterum infamaveris ? 994. An tunc*
tenearis ad damnum, si advertens famam non resti-
tuas? An autem diffamans injustè de crimine vero,
teneatur restituere integrum damnum?
995 *Quid notandum circà infamantem libello famoso?*
996 *An tenearis ad damnum ortum ex infamatione?*
997 *Quæ excusent à restitutione famæ?*
998 *Quid, si prudenter judices rem oblivione deletam?*
999 *An et quandò restitutio famæ possit compensari, si al-*
ter renuat restituere?
1000 *An tenearis infamiam pecuniis compensare?*
1001 *An infamatus possit pecuniis sibi famam compensare?*
1002 *An excuset à restitutione periculum vitæ vel propriæ*
infamiæ?
1003 *Quid, si infamatus remittat restitutionem? Et an hanc*
liceat remittere?

991 « R ESP. Nisi sit causa excusans, patet ex natura jus-
» titiæ, et ex dictis de restitut. famam injustè ablatam
» restitui debere. Et quidem, si verum crimen quis
» narraverit, debet opinionem conceptam, quantùm
» potest, apud audientes abolère, dicendo v. g. se
» malè dixisse, injuriam intulisse, deceptum esse, etc.
» Vel, si hâc ratione parùm proficiatur, eam laudan-
» do in aliis rebus, crimen extenuando, honores ejus

» in re alia procurando etc. sic enim sensim tantum-
» dem fama ejus illustratur ex una parte, quantùm
» ex altera obscurata fuit. Si autem crimen falsum,
» impegisti, tenêris id apertè retractare (adhibito
» etiàm, si opus est juramento). * (*Sufficit autem jura-*
» *mentum , quín adhibeantur etiàm testes ; ut tenent*
» *Navarr. Trull. Dicast. Salm. de Rest. c. 4 n.* 129. *con-*
» *trà Lug. Bonac. etc. qui etiàm testes requirunt*)* . apud
» eos, quibus dixisti, et (per se loquendo) ad quos
» infamia pervênit , sivè apud auditores mediatos :
» ut contrà *Less. et Tann.* 2. 2 *d.* 4 *q.* 6 *d.* 6 *n.* 146.
» docet *Card. Lugo*, quià totum damnum famæ, cujus
» causa es, tenêris reparare.

   » Licet aliquandò sufficiát dicere, te penitùs decep-
» tum . rem aliter se habere, malè te informatum
» fuisse. *V. Laym. l.* 3 *t.* 3 *p.* 2 *c.* 7. *Less. c.* 11 *d.* 30.

   » Dixi, *per se ;* plerumque enim per accidens ab
» hac obligatione talis excusatur respectu auditorum
» mediatorum : tum ob moralem impotentiam , tum
» quià eo ipso , quod apud immediatos retractavit ,
» implicitè illis commisit, ut hanc retractationem ipsi
» indicent aliis , si quibus fortè revelaverint. Idque
» confirmat praxis Confessariorum , qui tantùm obli-
» gant , ut retractent apud eos, quibus ipsi revelârunt.
» Vide *Card. Lugo loc. cit.* »

   Quæritur , an infamator teneatur famam restituere,
non solùm coram auditoribus immediatis , sed etiàm
mediatis ? *Prima* sententia , quam tenent *Lugo D.* 15
n. 15 *cum Navar. Less. et Turr. Spor. de* 8. *Præc. cap.*
4 *n.* 100. *Croix lib.* 3 *p.* 2 *n.* 1242. *Salmant. c.* 4 *n.*
122. *Roncagl. de* 7. *Præcept. cap.* 3 *quæst.* 1. *Concina
t.* 4 *pag.* 670 *n.* 5. *Cont. Tournely pag.* 378. distinguit :
Si famam abstulisti apud auditores , quos putabas
non revelaturos, non tenêris restitutionem facere
apud auditores mediatos, quià , cùm non prævideris
damnum, non tenêris illud reparare , tale enim damnum , si evenit, per accidens evenit : Secùs , si prævideris alios facilè evulgaturos. *Secunda* verò sententia , quam (practicè loquendo) probabilem putant

Tom. III.   18

cum *Bus. Lugo n.* 16 *cum Fabr. Holzm. de Restitut.*
cap. 3 *n.* 301. *Croix loc. cit. Spor. n.* 102. *Salmant d.*
n. 122 tenet sufficere ùt plurimùm restitutionem facere apud immediatos, tum quià restitutio apud omnes mediatos sæpè est moraliter impossibilis : tum
quià per illam retractationem coram immediatis jam
imponitur iis obligatio se retractandi apud alios. Sed,
his non obstantibus, prima sententia est mihi verior;
quàmvis enim ad nihil tenearis, si auditores tui jam
se retractent apud alios ; quandò tamen illi hoc facere
negligunt, tenêris damnum reparare, quantùm est
moraliter possibile : Proùt, si incendisti segetem tui
inimici, prævidens ignem facilè extendendum ad sege-
tes finitimas, tenêris utique totum damnum resarcire:
cum quisque teneatur restituere omne damnum, quod
alteri provenit ex sua injuria, semper ac illud fuerit
prævisun.

992   Notandum autem hîc, quod, cum fama sit restituenda ab eo, qui verum crimen propalavit, tres modi
à DD. assignantur : I. Modus, ut docet *S. Thom.* 2. 2.
quæst. 62 *art* 2 *ad* 2 est, si diffamator dicat : *Se malè*
dixisse, vel quod injustè eum diffamaverit. Sed hic modus, ut dicunt *Cajetan. Ledesm. Less. ap. Salm. de Restit.*
cap. 4 *n.* 130, vix hodiè sufficiens est apud rusticos, et
simplices. II. Modus, qui communiter aptissimus
existimatur, est, quod, si restitutio famæ alio modo
facta potiùs noceat, quàm prosit, tunc melior sit indirectè occasione oblatâ, serio et pluries honorabiliter loqui de læso, vel illum honorificè tractare. Ità
Salm cum Cajet. d. n. 130. III Modus esset asserere :
Se falsum dixisse, errâsse, se deceptum, vel mentitum
fuisse. Et licet hunc modum adhiberi posse negant
Sotus, Cajetan. Bann. Sylv, etc. apud Salm. n. 131
putantes hæc esse vera mendacia; Probabiliter tamen
Lugo d. 15 *n.* 30. *Sanch. Dec. lib.* 3. *cap.* 6 *n.* 14. *Wi-*
gandt d. 333 *n.* 104. *Less. cap.* 11. *n.* 110. *Roncagl.*
cap. 3 *qu.* 2. *R.* 2. *Mazzott. t.* 1. *pag.* 451 *cum com-*
muni, ut asserit, *et Salm. ibid. n.* 233 *cum Villal.*
Trull. Led. Serr. Tap. Prad. Sayr. P. Nav. censent

prædicta verba non esse mendacia, sed veras amphi-
bologias; nam, ut *S. Th.* 1 *p. quæst.* 17. *art.* 1. ait :
Ipsa peccata falsitates et mendacia dicuntur in Scripturis;
secundùm Psal. 4. *Ut quid diligitis vanitatem, et quæritis*
mendacium ? Et idem habetur in *Jerem.* 8 *v.* 10. *A Pro-*
pheta usque ad Sacerdotes cuncti faciunt mendacium ,
idest peccatum. Pariter igitur qui peccavit, benè potest
dicere, *se mentitum fuisse, sivè errorem fecisse.* Hinc
in nostro casu benè possumus, imò, si opus sit, tenemur talibus verbis ambiguis uti; dum *S. Thom. in*
4. *D.* 15. *quæst.* 1. *art.* 4 *q.* 2 *ad* 1 docet, famam proximi omni modo possibili reparandam esse. Ità *Salm.*
d. n. 133.

» 1. Confessarii est, uti et Concionatorum, benè
» instruere suos, et monêre de restitutione, ac fuga
» vitii tàm communis.

» 2. Is,, qui bonâ fide, vel probabili errore ductus, ₉₉₃
» sinè formali mendacio falsum de alio dixit, tene-
» tur (intellectâ posteà materiali injustitiâ) ad resti-
» tutionem; licet non tàm strictè, quàm qui infa-
» mavit per injuriam formalem : hic enim tenetur
» restituere cum detrimento famæ suæ, etiàm æquali;
» alter non item, sed tantùm, quatenùs sinè suo
» notabili incommodo potest. *Mol. Less. C. Lug. d.* 15
» *n.* 4. Similiter qui crimen narravit de uno, quod
» auditores ex errore intellexerunt de alio, licet non
» ex justitia (siquidem non ejus actio, sed error au-
» dientium causa fuit damni injusti), tamen ex cha-
» ritate tenetur ad restitutionem, cum possit grave
» damnum proximi sinè suo detrimento præcavere,
» *Bon. d.* 44. »

Notandum tamen, quod talis materialis detractor, ₉₉₄
si commodè possit, teneatur statim ac advertit, famam
restituere ex justitia; pari modo, quo incendens alterius domum sinè culpa, tenetur ex justitia ignem ex-
tinguere; aliàs damnum, quod indè sequitur, ipsi
imputatur. Ità communiter *Less. l.* 2 c. 11. *D.* 22. *Lugo*
d. 15 *n.* 4. *Laym. Trull. Bon. Dic. etc. cum Salm. de Rest.*
c. 4. *n.* 120 *et* 121.

An autem , qui injustè alium diffamavit , crimen
ejus verum manifestando, teneatur integrè damnum,
quod indè secutum est, restituere? Negat *Sotus*, dicens
tenêri eum tantùm ad partem, cum damnum proveniat
non solùm ex manifestatione, sed ex ipso crimine
commisso ; et hoc probabile putant *Bonac. et Trull.
apud Salm. n.* 125. Sed omninò oppositum tenendum
cum *Croix lib.* 3 *p.* 2 *n.* 1240 *et Salm. n.* 126 *cum Laym.
Lugo*, *Mol. Dicastil. etc.* quià hîc et nunc sua injusta
revelatio est causa vera et unica damni, dum sinè ipsa
damnum omninò abfuisset.

995 « 3. Qui detraxit alteri libello famoso, tenetur, ut
» efficax sit restitutio , eam facere contrariis scriptis,
» vel publica revocatione. *Sa* , *Bonac. d.* 2 *de test.*
» *quæst.* 4. *p.* 9. »

Notandum l. quod *libellus infamatorius* tunc conficia-
tur, quandò profertur scriptura, etsi brevissima, continens infamiam occultam alicujus, ut publica fiat.
Undè non esset talis , si confectus esset ad ingenium
ostentandum , non autem malum publicandum ; vel si
infamia jam esset facta publica ; vel si quis ob bonum
publicum proferret defectum grassantem in communem perniciem; vel si quis jocosa non gravia conscri-
beret. Ità *Salm. de Rest. c.* 4 *n.* 39 *cum Dic. Bon. et
aliis.* Notandum II. cum *Mol. et Dic. ib. n.* 49, auclo-
rem libelli censeri, et pœnis subjici etiàm illum, qui
aliquod signum infamatorium appendit ad januam
domus alicujus, quo publicè eum infamet. Dicuntur
autem libelli famosi etiàm schedulæ ad Judices delatæ
contrà aliquem sinè nomine accusantis, ob quas prohibetur Judicibus ad inquisitionem procedere in c.
Inquisitionis. § *Tertiæ de Accusat.* Notandum III. Quòad
pœnam contrà tales libellos conficientes , adesse excommunicationem ferendam ex c. *Qui alterius* 5 *q.* 11.
Latam autem ipso facto, si libellus sit contrà Papam
aut Cardinalem : imò esset reservata , si libellus sit
contià Statum Ordinum Minorum, aut Prædicatorum
aut aliorum privilegiis communicantium, ut *Bon. Mol.
Dic. etc. apud Salm. ib. n.* 41. Non verò , si contrà
Religiosum particularem.

« 4. Si ex læsione famæ ortum etiàm est alteri 99⊅
» damnum fortunarum , ùt, si privatus est officio ,
» excidit spe divitis matrimonii , amisit dotem , etc.
» tunc et fama debet restitui, et damnum illud com-
» pensari ; ad arbitrium prudentum. *(*Juxtà spei*
» *æstimationem, ut Less. Lug. cum Salm. cap.* 4 *n.* 24.
» *Notandum verò , quod ad obligationem restituendi*
» *damna omninò requiratur prævisio ipsorum, saltem in*
» *communi. Salm. n.* 118 *et* 124. *Vide dicta n.* 613.)*
» Et quidem obligatio restitutionis famæ, cum sit
» purè personalis, non transit ad hæredes : obligatio
» autem compensationis dicti damni , cum habeat
» respectum ad bona infamatoris, transit ad hæredes :
» *Laym. l. cit. c.* 6 *n.* 7 *cum Lugo , Less. Bon. etc.* »
Quæres 1. quæ excusent à restitutione famæ?
« Resp. Ea patêre ex dictis *de Rest. ex n.* 696. Et 1.997
» Excusatus es à famæ restitutione, si planè sis im-
» potens. *(*Qui autem nequit restituere totum , tenetur*
» *quòad partem , quam potest. Salm. c.* 4 *n.* 134.)*
» 2. Si crimen occultum , quod dixisti , vel simile,
» aliâ ratione fiat publicum. *(*Cum Lugo , Less. Bon.*
» *et Salm. n.* 139 *etc. Vel si auditores non credant. Salm.*
» *n.* 134.)*
» 3. Si fama aliis modis jam recuperata sit, ut in-
» famati purgatione , vitæ probitate, testimonio pru-
» dentum. *Less. l.* 2 *c.* 11 *d.* 24. *(*Ità etiàm Salm.*
» *num.* 137 *cum Less. Dic. Trull. Nav. et communi*)*.
» Etsi tunc pro damno , quod secutum est , debeat
» satisfieri , *C. Lugo d.* 15 *sect.* 3.
» 4. Si prudenter judicetur jam dudum res obli-99⊗
» vione deleta. Quo casu maximè prudentia opus
» est : nam aliquandò periculosiùs est retractare re-
» novándo memoriam. *Vid. Card. Lug. d.* 15 *s.* 3 *n.* 35.
Quid agendum, si dubium sit, an infamatio fuerit
oblivioni data ? Distinguunt DD. Si crimen, de quo
alter est infamatus, fuerit verum , ait *Less. l.* 2 *c.* 11
n. 100 , non esse facilè revocandum ad memoriam,
nisi evidens sit periculum , quod infamia illa ex alia
via ad memoriam redeat. Si verò crimen fuerit fal-

sum, semper revocanda est infamatio, nisi constet
de oblivione; ità *Lessus l. c. et Caj. ac Dic. ap. Croix*
l. 3 p. 2 n. 1255. Hoc tamen advertunt procedere, si
nullum periculum sit, ut per retractationem criminis
memoria renovetur; Nam *Lugo D.* 15 *n.* 35. *Holzm.
de Rest. c.* 3 *n.* 604 dicunt, aliquandò multò magis
periculosum fore, quòad servandam famam proximi,
detractionem retractare, memoriam revocando, quæ
fortè jam evanuerat, quàm tacere. Hinc ajunt *Cont.
Tournely t.* 1 *p.* 380. *Mazz. t.* 2 *p.* 456. *Holz. l. c. et
Salm. c.* 4 *n.* 138 *cum Less Nav. Mol. Val. Bon. Trull.
et Dic.* sufficere ad omittendam retractationem, quod
oblivio probabiliter credatur. Deindè censet *Less. et
Salm. cum Lugo, et Bon.* crimen præsumendum ob-
litum, si per multum tempus nulla de illo mentio
facta fuerit. Et in hoc insuper advertendum 1 quod
ad restitutionem famæ requiratur moralis certitudo,
quod detractor fidem obtinuerit apud auditores;
aliàs, ex regula generali, nullum damnum dubium
est de necessitate restituendum, proùt diximus *n.*
562 *v. Secunda*. Nec raro de facto accidit, quod
his detractionibus fides non præstetur; maxime si
detractor loquatur ex ira, vel alia passione, et detractio testimoniis aliorum, aut aliter non firmetur. Advertendum 2 cum *Lugo d. n.* 35 quod retractatio per
se afferat infamiam retractanti, undè quandò dubitatur de oblivione infamationis, non videtur quis tenêri
damnum certum pati, ad reparandum incertum damnum proximi. Et licet injuria irrogata sit certa, et
ideò prævaleat, attamen quià restitutio non debetur
ob solam injuriam, sed ob damnum verè illatum, ut
diximus cum *S. Thom. d. n.* 562 non videtur esse
obligatio resarciendi damnum dubium cum damno
certo restituentis, nisi quandò solum periculum infamiæ alterius in aliquo casu magis æstimaretur,
quàm infamia certa, sivè damnum detractoris.

999 » Si is, cui detraxisti, tibi similiter detraxerit,
» nec velit restituere; quià tunc potes jure compen-
» sationis, seu retentionis uti, dummodò infamia il-

» lata non redundet in alios. Ità probabiliter *Tol.*
» *Less. Sylv. Mald. Dian. t.* 2 *tr.* 5 *R.* 30. *Mol.* contrà
» *Caj. Tan. Card. Lugo , et Nav.* «

Quæritur igitur I. An liceat compensare famam
cum fama ? Certum est 1 quod , si alter tibi velit famam restituere , tenearis tu pariter restituere famam
ei ablatam. Certum est 2 quod , si alter famam tibi,
jam abstulerit , non possis deindè in compensationem
famam illi auferre; quià tunc non esset hæc compensatio , sed vindicta, cum fama tua non reparetur per
infamiam illius. Ità communiter DD. cum *Salm. tr.* 13
c. 4 *n.* 143. Sed quæstio vertitur , an, si alter nolit
famam tibi restituere , possis tu compensationem facere, differendo restitutionem ejus famæ? *Prima* sententia negat, quam tenent *Nav. c.* 18 *n.* 47. *Lugo D.*
15 *n.* 45. *Spor. de* 8 *Pr. c.* 4 *n.* 118 *cum P. Nav. Cajet.*
Val. et Tann. Ratio, quià compensatio tantùm conceditur ad reparandum damnum illatum : in nostro
autem casu , tu non restituendo alteri famam, non
jam recuperas famam tuam ab illo ablatam , et ideò
non datur compensatio , cum ipsa non reparet damnum illatum. *Secunda* verò sententia communior
(imò communissima, ut fatetur idem *Spor.*), et probabilior , quam probabilem vocat *Lugo,* et tenent
cum *Bus. ut suprà, Lessius l.* 2 *c.* 11 *n.* 133. *Laym. tr.*
3 *p.* 2 *c.* 7 *n.* 4. *Continuator Tournely t.* 1 *p.* 381. *Mol.*
D. 49. *Sylvius* 2. 2 *q.* 62 *art.* 2. *Ronc. de* 7 *Pr. c.* 3 *q.*
3 *R.* 5. *Holz. de Rest. c.* 3 *n.* 604. *Wigandt tr.* 8 *Ex.*
5 *n.* 103 *R.* 4 *in fin. Sotus l.* 4 *de Just. ar.* 3 *ad* 4 *et*
Salm. l. c. n. 143 *cum Sa , Reb. Dic. Trull. Vill. etc.*
concedunt compensationem. Ratio, quià hoc casu non
fit compensatio in reparatione proprii damni, cum
utriusque partis damnum permaneat ; sed fit in retentione debiti, eò quod possis tu retinere famam
alterius, donec ille famam tibi restituat : Ait enim
Laym., regulam esse generalem, *quod cogeris jus*
suum alteri reddere , si ille recuset tibi reddere tuum.
Licet ergò hæc quomodocumque dicta compensatio
non auferat damnum tibi ablatum , aufert tamen·

sivè suspendit obligationem resarciendi famam alterius, usquedum ille tibi famam restituat.

Nec obstat dicere cum *Lugo*, quod, si posses retinere famam alterius cum illius damno, posses etiàm famam illi tollere, quod nemo certe admittit. Nam respondemus, aliud esse damnum inferre, aliud illud permittere; aliud enim est positivè auferre famam proximi, aliud omittere famam ei restituere, et negativè se habere; quià pro his duobus diversis actibus diversa occurrit ratio : Tollere famam alterius, qui te infamavit, utique tibi non licet, quià infamia illius non reparat damnum infamiæ tuæ; omittere autem famam alteri restituere, licitum est, si justam causam habeas id omittendi; justa causa est hìc, ut diximus, quià non tenêris reddere jus alteri debitum, donec ille jus debitum tibi reddat. Prætereà, ablatio famæ de se positivè et principaliter tendit ad damnum proximi; et ideò est intrinsecè mala; Et quamvis id faceres, ut alter sic moveretur ad restituendam famam tuam, hoc tamen non potest reddere licitam tuam detractionem, cùm tale medium non sit per se aptum ad famam tuam reparandam. Non sic in omissione restitutionis, quià hæc omissio non tendit de se ad malum proximo inferendum, sed tantùm ad servandum te indemnem, ne obligeris famam restituere alteri, qui famam tuam renuit restituere.

1000 Quæritur. II. An, quandò restitutio famæ fit impossibilis, teneatur diffamator infamiam pecuniis compensare? *Prima* sententia probabilis affirmat, quià, cum fama sit pretio æstimabilis, debet compensari pecunià, si aliter resarciri nequeat. Ità *Sylv. Led. Sot. Arag. Top. Covarr. etc. ap. Salm. de Rest. c. 4 num.* 141 Ei videtur clarè hanc tenêre *S. Thom. 2 2 q. 62 art. 2 ad 2* ubi dicit : *Vel si non possit famam restituere, debet ei aliter recompensare, sicut et in aliis dictum est,* scilicet pecunià, ut in solutione ad 1. jam dixerat. *Secunda* tamen probabilior sententia negat, quià justitia tantùm obligat ad reddendum ablatum, vel æquivalens, sed pecunia non est id, quod per detractionem ablatum est, nec

æquivalens famæ ablatæ, cum fama sit ordinis superioris ad pecunias, et ideò quibuscumque pecuniis
numquàm satisfieri potest. Monent autem communiter
DD. quod, si infamator sit dives et infamatus pauper,
tunc, si nequeat famam illi restituere, congruum sit,
ut ille ex æquitate cómpenset infamiam cum aliqua
pecunia, si alter libenter illam acceptet. Vide dicta
n. 627.

Quær. III. An infamatus, si alter famam ei res- 1001
tituere nolit, vel nequeat, possit pecuniis illius compensari? Alii negant; Alii affirmant; ut *Less. l. 2 c.* 11
n. 136. *Mol Bon. Trull. Arag. Dian.* Sed difficultas hìc
urget, quomodò possit fieri compensatio cum sola
probabilitate debiti? Sed jam diximus *tract. de Conc.*
quod à generali regula hunc casum specialiter DD.
excipiant *apud Salm. de Restitut. cap.* 1 *n.* 321 *cum
Less. Med. Arag. Led. etc.* Et *Salm.* probabile hoc
esse ajunt *c.* 4 *n.* 149 dicentes, quod, cùm DD. doceant
non posse fieri compensationem debiti probabiliter
dubii, hoc intelligant de casu, in quo ipsum debitum est
dubium; non verò quandò debitum est certum, et
dubium tantùm versatur circà modum satisfactionis;
tunc enim licitè potes uti probabili opinione, tibi
satisfaciendo compensatione, vel aliter. Ità *Salmant.
l. cit.* Sed vide dicta *lib.* 1 *n.* 35 *et v. Attamen,* ubi
contrariæ sententiæ adhæsimus.

» Si non possis absque periculo vitæ (*Nisi alter ob* 1002
» *tuam infamationem sit in eodem periculo vitæ, Salm. d.*
» *n.* 138. *Tenet tamen Croix n.* 1251 *cum Ills. metum*
» *gravissimi damni temporalis in bonis, etiàm excusare*
» *à restitutione famæ; Hoc tantùm potest admitti, si*
» *damnum bonorum sit respectivè majus, quàm famæ)* *
» Vel si fama restituenda sit minoris valoris, quàm
» fama detractoris. Sic v. g. Prælatus non tenetur res-
» tituere vili homini; si aliter non potest, quàm
» amissione famæ suæ multò majoris momenti, sed
» sufficit tunc, si infamatum laudet, aut pecuniâ com-
» penset. V. *Card. Lugo l. c.* * (*Ità etiàm Less. l.* 2
» *c.* 11 *n.* 138 *et Salm. de Restit. c.* 4 *n.* 136 *cum Bann.*

» *Dic. Trull. etc. contrà aliquos : Quià aliter non ser-*
» *varetur æqualitas)* *.

2003 » 7. Si infamatus spontè remiserit, (modò tamen
» ejus infamia non redundaret in alios, ut familiam,
» statum) sivè expressa, sivè tacita sit condonatio :
» tametsi nihilominùs ex charitate damnum resarcire
» aliquandò tenearis, si possis absque gravi incom-
» modo. *Card, Lugo d.* 15 *s.* 3 *n.* 28. Imò aliquandò
» etiàm sufficit condonatio præsumpta, sivè interpre-
» tativa voluntas ejus, qui potest condonare, si ni-
» mirùm ille esset ità affectus, ut, si rogaretur, facilè
» condonaret : tunc enim non est invitus, saltèm quòad
» substantiam, etsi fama non restituatur V. *C. Lugo*
» *l. c.*

» Quæritur, an restitutio famæ licitè condonetur?
» Resp. Licitè fit in iis casibus, in quibus seipsum
» licet infamare ; in quibus autem, et quam graviter
» peccat se infamando , in iisdem et tàm graviter
» peccat condonando, *Nav. Trull. l.* 7 *c.* 10 *d.* 38 *
» *(Per se loquendo non est mortale infamare seipsum*
» *(exceptis casibus ap. Bus. ut inf.) ; Ità Holzm. t.* 1
» *p.* 303 *n.* 644 *cum Laym. et communi , quià quisque*
» *est dominus suæ famæ. Est tamen veniale , si fit sinè*
» *Causa)* *.

» 1. Còndonans famæ restitutionem peccat mor-
» taliter, 1. Si infamia redundet in alios. 2. Si indè
» sequatur scandalum. 3. Si sit vir valdè utilis Reip.
» et ex infamia fructus impediatur. 4. Si fama sit ne-
» cessaria ad muneris gubernationem, *Sot. Less. Trull.*
» *l. c.* qui tamen notant, condonationem semper esse
» validam, quandò fama non redundat in alios, secùs,
» quandò redundat. Undè parentes non possunt con-
» donare, quandò redundat in filios, neque filii,
» quandò in parentes. V. *Auct. cit.*

» 2. Ex eo verè præcisè, quod infamatus, vel con-
» tumeliâ affectus, conversans cum infamatore, vi-
» deatur remittere injuriam, non censetur condonare
» restitutionem famæ, vel honoris, sicùt nec alia de-
» bita per familiaritatem. *Nav. c.* 18. *Trull. d.* 19. *

CAPUT II*

Quid de præcepto Nono, et Decimo?

« R̄ESP. Prohibent omnes internas concupiscentias,
» et delectationes voluntarias illorum operum, quæ
» præceptis secundæ tabulæ, præsertim sexto, et
» septimo vetantur. Quâ de re vide suprà: et patebit
» ex dicendis de peccatis, infrà *lib. V.* »

CAPUT III.

Quid de Præceptis Ecclesiæ?

« R̄ESP. Etsi ea sint plurima, præcipuè tamen toti
» Christiano Populo communia quinque numerantur.
» Ex quibus hîc agendum restat de tertio, quià de 1.
» et 2 actum est in Præc. 3 Decal. De 4 et 5 infrà lib.
» VI. de Sacram. * Porrò contrà hoc præceptum ex
» solo contemptu peccari, propos. est proscripta ab
» Alex. VII Proposit. 23. »

DUBIUM I.

Quid requiratur ad jejunium Ecclesiasti-cum, et quanta ejus obligatio?

1011 *Dub. VI. Quorum animalium carnes vetentur in je-*
     juniis?
1012 *Dub. VII. Quibus pueris possint ministrari carnes?*
1013 *An, dispensati ad edendas carnes teneantur ad unicam*
     comestionem, et ad abstinendum à piscibus?
1014 *Quid in mensa privata?*
1015 *Sancita circà hoc à N. SS. P. Ben. XIV. I. De obli-*
     gatione sub gravi. II. De cibis in cœnula adhibendis.
     III. De hora prandii. IV. De epulis vetitis ad edendum
     carnes dispensatis. V. De Dominicis Quadragesimæ. VI.
     De Bulla Cruciatæ. VII. De jejuniis extrà Quadragesi-
     mam. Quid, si quis sit dispensatus ad edendum carnes
     ob debilitatem virium? An dispensatis ad carnes per-
     mittantur tantùm carnes salubres?
1016 *De horâ debita refectionis. An antevertens notabiliter*
     horam meridianam, graviter peccet?
1017 *De divisione prandii etc. apud Bus.*
1018 *Qu. I. An liceat in jejuniis sumere parùm cibi ante*
     potum?
1019 *Qu. II. An electuaria frangant jejunium?*
1020 *Qu. III. Per quantum temporis prandium non inter-*
     rumpatur? Qu. IV. An quis, postquàm surrexit à
     mensa, possit ad eam redire? Qu. V. Quantùm liceat
     protrahere prandium?
1021 *An liceat sumere lac, jusculum, et similià?*
1022 *Qu. I. An liceat potus vini? Qu. II. An potus cervi-*
     siæ, ac limoniadis dictæ Sorbetto?
1023 *Qu. III. An liceat potio* Chocolatis?
1024 *De* Collatiuncula *vespertina.* 1025. *Quænam* quantitas
     permittatur in cœnula; Et quæ in Vigilia Nativitatis
     Domini, et Paschatis, aut Pentecostes?
1026 *Quænam* qualitas *ciborum in cœnula permittatur?*
1027 *Dub. I. An liceat sumere ova? Et an parùm casei?*
1028 *Dub. II. An pisces?* 1029. *Dub. III. An panem coc-*
     tum, et jusculum ex herbis? An legumina?
1030 *Quæ sit parva materia carnium, aut aliorum ciborum?*
     Et an sit vetitum sæpiùs in die quid parùm edere?
1031 *Qu. I. an bis comedens culpabiliter, teneatur ad je-*
     junium? Qu. II. Quid, si inculpabiliter? Qu. III. An
     liceat cauponibus ministrare carnes in die jejunii?

1004 « Resp. Jejunium ex præcepto Ecclesiæ, obligante
     » sub mortali, requirit tres conditiones, *Laym. l. 4*
     » *t. 8 c. 1 n.* 13.

» 1. Est unica tantùm comestio de die in ordine
» ad nutritionem. Quæ ità necessaria est conditio, ut
» secundâ comestione pecces mortaliter ; reliquis
» autem suprà secundam, ad summum venialiter tan-
» tùm, *Laym. c.* 1 *n.* 12 *et* 13.

» 2. Est abstinentia ab esu carnium, itemque ovo- [1005]
» rum, et lacticiniorum, eo quòd ex carne originem
» trahant, multùmque nutriant. Undè intrà Quadra-
» gesimam jure communi prohibentur ; extrà eam
» permittuntur. Imò intrà eam in quibusdam locis
» consuetudo permittit, quæ ubique notanda est, *Bon.*
» *d. ult. q.* 1 *p.* 2. *ex Sylv. Nav. Less. Az. Lay. l. c.*
» *Fill. Fag. p.* 4 *l.* 1 *c.* 2. Adde, dispensatum quòad
» carnes, etiàm lacticiniis et ovis vesci posse, non ta-
» men vice versâ : et cui est permissus esus carnium,
» etiàm secunda refectio permissa videtur, ut contrà
» *Regin. Less. Nav. etc.* probabiliter docent *Az. l.* 7
» *c.* 10 *q.* 3. *Fill. t.* 27 *c.* 3 *q.* 4. *Tolet. etc.* * *(Sed hæc*
» *opinio hodiè non est ampliùs probabilis ex Declaratione*
» *nostri SS. Pontificis Bened. XIV. Vide infr. n.* 1013)*
» Confirmatque *Bon. l. c.* si esus carnium sit permis-
» sus ôb debilitatem naturæ, et non propter nau-
» seam, vel damnum tantùm. Vide *Less. Fill. Azor. etc.*
» Ratio est, quià de essentia jejunii est abstinentia à
» carnibus. »

Quær. an abstinentìa ab ovis, et lacticiniis in diebus [1006]
jejunii obliget sub gravi ? Damnata quidem fuit ab
Alexandro VII. Propos. 32. quæ dicebat : *Non est evi-*
dens quod consuetudo non comedendi ova, et lacticínia
in Quadragesima obliget. Undè certum est, prædictam
abstinentiam in Quadragesima obligare, et quidem sub
gravi, ut communiter DD. apud *Salm. Tr.* 23. *de Ter-*
tio Præc. c. 2 *n.* 34.

Sed dubitatur I. an abstinentia à lacticiniis obliget [1007]
etiàm in Dominicis Quadragesimæ ? Negant *Pasq. Fag.*
Mendo, Mach. Gom. Llamas, etc. apud *Salm. l. c.*
n. 35. Ratio istorum, quià in *c. Denique, Dist.* 4. prohibentur lacticinia solùm in diebus jejunii, ut refert
ibi *Glossa ;* Dies autem Dominici in Quadragesima non

sunt dies jejunii ; ergò non est in eis abstinendum à lacticiniis. Nequè constat, ut dicunt, contrariam consuetudinem Fidelium animo se obligandi sub culpa gravi fuisse introductam.

Quàmvis præfata sententia non sanè comprehendatur sub Propos. relata *Alex. VII.* omninò tamen opposita est tuenda cum *Viva* in *d. Propos* 32 *n.* 9. *Sanch. Cons. lib.* 5 *c.* 1 D. 19 *n.* 30 *cum Cajet. Cov. Medin etc. Salm. d. c. n.* 35. Ratio, quià ex *citato c. Denique*, universè præcipitur in diebus quadragesimalibus abstinentia à lacticiniis. Certum autem est, quod dies Dominici etiàm Quadragesimæ dies sint : Quare prima sententia sat probabilis non videtur , cum plures eam improbabilem putent apud *Sanchez d. num.* 3.

1008   Notandum 1. cum *Sanch. ib. n.* 4. *et Salm. num.* 40. *Trull. Pasq. et Marchad.* quod pauperes , qui non habent , aut non possunt invenire aliud ad se alendum, quàm lacticinia , licitè in Quadragesima possint ea comedere , et præbere domesticis , ac operariis suis. Idem dicit *Sanch.* de pauperibus mendicantibus. Et idem asserunt *Sanch. num.* 6. *et Salmantic. ib cum Trull. et Pasqual.* de iter agentibus , si in via non inveniant pisces ad emendum. Contradicunt tamen probabiliùs huic *Dian. p.* 10 *tractat.* 14 *R.* 59. *et Leand. ac Steph.* apud *Croix lib.* 3 *part.* 2 *n.* 1323. si hoc accideret tantùm per unum diem ; nisi , ajunt , sit persona, quæ aliter non valeat commodè refici.

Notandum 2. cum *Sanch. n.* 7. *Holz. de Præc. Eccl. c.* 1 *num.* 4 *v. Dices , Croix d. n.* 1323. cum *Dian. Pasq. et Salm. d. c.* 2 *n.* 19 cum *Vega , et Angles ,* quod in longa inedia per plures dies , ubi aliud , quàm panis, haberi non possit , liceret vesci non solùm lacticiniis , sed etiàm carnibus. *Sanch.* tamen refert , ab *Angles et aliis* non excusari pauperes , qui oleo carentes , larido sibi herbas præpararent ; sed hoc valdè rigidum mihi videtur , si carentia esset per notabile tempus , puta per hebdomadam : undè saltèm in tali necessitate probabiliorem censeo sententiam *Laymani tr.* 8 *c.* 1 *n.* 5. *Holzm. d. n.* 4 *et Elbel tom.* 2 *pag.* 156

eum Alense, qui laridi usum pauperibus concedunt. Circà esum autem laridi extrà Quadragesimam, vide dicenda infrà *n.* 1010. *Dubitat. V.*

Notandum 3. plures DD. censere, quod, qui in Quadragesima per plures dies careret piscibus, posset licitè lacticinia tunc comedere. Probabiliùs tamen dicit *Ronc. Tr.* 9 *c.* 2 *q.* 4, hoc tantùm permittendum assuetis piscibus vesci, non verò rusticis, qui pane, et herbis, aut leguminibus ordinariè aluntur; nisi tamen (ut rectè notat *Bus. Dub. II. n.* 2.) etiàm istis cibis carerent ad sufficientiam. Cum autem tales tenues cibi parùm sustentent, minimè tenentur ii ad unicam comestionem, ut dicunt probabiliter *Ronc. l. c. Sanch. l.* 4 *c.* 1 *D.* 15 *num.* 4. cum *Angles, et aliis, ac Salm. c.* 2 *n.* 133. Et idem rectè docet *Sanch. ib. n.* 1 cum communi, si quis non haberet manè prandium sufficiens ad se pro tota die sustentandum; vel si in die præcedenti inediam sit passus, ut *Tamb. et Sanch. n.* 4 cum *S. Th. etc.*

Dubitatur II. An in diebus jejunii extrà Quadrage- 1009 simam teneamur sub gravi abstinêre à lacticiniis de jure communi? Certum est, in Quadragesima nos tenêri ad abstinendum, ex propos. proscripta, suprà relata. Dubium est, an teneamur extrà Quadragesimam? *Prima* sententia affirmat, eamque tenent *Cov.* 4. *Var. c.* 2 *n.* 15. *Gomez in Bulla, Claus.* 7 *num.* 3. Idque probant ex *cap. Deniquè.* 6. *Dist.* 4 ubi Gregorius Magnus ad Augustinum Anglorum Episcopum sic scripsit : *Par autem est, ut quibus diebus à carne animalium abstinemus, ab omnibus quoque, quæ sementinam carnis trahunt originem, jejunemus, à lacte videlicet, caseo et ovis.* Ubi notandum, quod verba, *par est*, non denotent hîc consilium, sed præceptum, ut explicat ibi *Glossa*, et tenent communiter. DD. cum *Diana part.* 3 *tr.* 6 *R.* 80, *et ElbeL tom.* 2 *pag.* 155 *num.* 428. Confirmatur ex *cap. Rogationes.* 3 *dist.* 3 ubi in Conc. Aurelianensi dictum fuit, quod diebus Rogationum (in quibus olim jejunium servabatur.) Fideles *cibis quadragesimalibus utantur* : si ergò in Quadragesima

vetentur lacticinia, vetantur etiàm in aliis diebus jejunii. Hanc sententiam videtur etiàm tenêre *D. Th.*
2. 2 *q.* 147 *art.* 8 *in c.* ubi loquens generaliter de jejuniis, sic ait: *Illos cibos Ecclèsia jejunantibus interdixit
qui. . . . hominem ad venerea provocant. Hujusmodi autem sunt carnes animalium in terra quiescentium et respirantium , et quæ ex eis procedunt, sicùt lacticinia ex
gressibilibus, et ova ex avibus. . . . Et ideò ab his cibis
præcipuè jejunantibus Ecclesia statuit esse abstinèndum.*
Ergò S. Doctor videtur sentire, quod in cunctis jejuniis sola consuetudo, ubi viget, deroget obligationi
abstinendi à lacticiniis.

Secunda verò sententia communis, quam sequimur
et tenent *Laym. lib.* 4 *tract.* 8 *cap.* 1 *n.* 3. *Sanch. Cons.
lib.* 1 *cap.* 1 *dub.* 20 *num.* 2 cum *S. Anton. Nav. Pal.
Henr. etc. Bonac. de Præc. Eccl. D. ult. q.* 1 *part.* 2
num. 2. *Conc. t.* 5 *p.* 188 π. 5. *Salm. tr.* 23 *cap.* 2 *n.* 33
cum *Conc. Tolet. an* 1583. *Sporer de Jejun. sect.* 2 *n.* 9.
Viva in prop. 32. *Alexandri VII n.* 10. *Golzm. de Præcept. Eccl. cap.* 1 *num.* 3. *Elbel tom* 2 *pag.* 155 *n.* 428
docent de jure communi non vetari lacticinia, et ova:
ratiò, quià contrarium, extrà Quadragesimam, nullo
jure probatur : in citato enim *cap. Deniquè* agebatur
tantùm de jejunio quadragesimali, de quo erat quæsitum, ut patet ex *Glossa*, et ipso contextu Canonis,
ubi dicitur, *à Quadragesima propositum jejunandi suscipiant*, et deniquè, *hujus sacri temporis, etc.* Et sic
intelligunt *Panorm. Fagnan.* et alii communiter. Nec
obstat illud *cit c. Rogationes*, quià illud statutum fuit
pro illa particulari Ecclesia Aurelianensi.

Nec obstat *D. Th. in l. c.* nam *ib ad* 3 clarè docet,
abstinentiam à lacticiniis extrà Quadragesimam non
præcipi, et ideò non pertinere ad essentiam jejunii,
dum ait : *Et ideò in quolibet jejunio interdicitur esus
carnium ; in jejunio autem quadragesimali interdicuntur
universaliter etiam ova, et lacticinia.* Nota To *etiàm ;*
ergò in jejunio extrà Quadragesimam lacticinia non
vetantur. Cur autem vetentur in Quadragesima, plures rationes assignat S. Doctor, tum quià tale jeju-

nium est solemnius, tum quià illud observatúr ad
imitationem Christi Domini ; tum quià per ipsum dis-
ponimur ad Redemptionis nostræ mysteria devotè celebranda. Hinc *Viva in Prop.* 32. Alex. VII. *num.* 8
supponit ut certum , quod dispensatus ad lacticinia
teneatur ad jejunium, cum non sit ob talem esum à
jejunio solutus.

Dubitatur III. An ubi viget consuetudo abstinendi
à lacticiniis in jejuniis extrà Quadragesimam , talis
consuetudo obliget sub gravi ? *Prima* sententia negat;
quam tenet *Sanchez Cons. l.* 5 c. 1 *dub.* 21 *n.* 2 *cum
aliis , Villalob. Summa t.* 1 *tr.* 23 *diff.* 9 *n.* 1, et probabilem vocat *Tamb. Dec. l.* 4 *c.* 5. § 1 *n.* 22 *cum Portell.
Salas , Henr. etc.* Hæc sententia asserit , præfatam
consuetudinem nullibi obligare saltèm sub gravi, quàm
ubi viget, nisi constet, eam esse introductam à Populo
scienter , et animo se obligandi ; nam aliàs censetur
servata fuisse ex ignorantia , vel ex devotione sinè
obligatione. Ratio, quià ad se obligandum ex consuetudine, non sufficit credere, aliquam esse obligationem , sed requiritur , quod constet majorem Populi
partem habuisse animum graviter se obligandi , ut
dicunt *Salm. de Leg. tr.* 11 *cap.* 5 *n.* 28. *cum Suar.
Pal. Bon. etc.* Undè dicunt , quod in dubio tunc ju-
dicandum sit pro libertate ; nulla enim lex obligat,
nisi probetur ut certa, et nemo præsumitur in dubio certum onus sibi imposuisse.

Secunda tamen sententia communis , quam amplec-
timur , et docent *S. Th.* 2. 2 q. 147 *ar.* 8 *ad* 3. *Azor.
t.* 1 *l.* 7 *c.* 10 *q.* 1. *Less. l.* 5 *c.* 2 *n.* 3 *et* 10. *Laym. l. cit.
n.* 3. *Viva in d. prop.* 32 *n.* 10. *Ronc. de* 3 *Prœc. Q.* 2
c. 1 *q.* 3. *in fin. Conc. t.* 5 *pag.* 188 *n.* 5. *Salm. c.* 2 *n.* 33.
Bon. loc. cit. part. 2. *num.* 2 *cum Nav. Sylvest. Valent.
Fill. Reg. etc.* communiter tenet, esse obligationem
abstinendi à lacticiniis in locis, ubi ab immemorabili
talis viget consuetudo. Ratio, quià in hoc casu possessio non stat pro libertate, sed pro obligatione consuetudinis : Regula enim generalis est, ùt pluries diximus, quod pro eo stet possessio, pro quo stat præ-

Tom. III.   19

sumptio : una autem ex conjecturis, quæ faciunt, quod præsumatur consuetudo introducta animo se obligandi, est, quandò consuetudo·constanter, et cum gravi incommodo à majori parte Populi observatur, ut dicunt *Suar. de Leg. lib.* 7 *cap.* 16 *n.* 17. *Pal. t.* 1 *tr.* 3 *D.* 3 *p.* 2 §. 3 *n.* 13. *Diana p.* 3 *tr.* 6 *R.* 80. utque diximus *de Leg. n.* 107 *v. IV. Requiritur, cum Salm. et Croix ;* quià non solet Populus constanter convenire in observantiam alicujus consuetudinis graviter onerosæ, nisi quandò verè obligatum se sentit. Si ergò præsumptio stat pro consuetudine, quod animo se obligandi sit à Populo introducta, pro ea quoque stat possessio.

Dubitatur IV. An in jejuniis Quadragesimæ liceat comedere in quacumque quantitate panes biscoctos ovis confectos, vulgò *Ciambelle?* Affirmat *Pasqualigus decis.* 85 *n.* 3. quià quantitas ovorum farinæ immixta ità absorbetur in ejusmodi compositione, ut nullo modo censeatur cibus ex ovis. Sed omninò negandum cum *Palao tr.* 30 *D.* 3 *p.* 2 *n.* 6. *Conc. t.* 5 *p.* 190 *n.* 8. *et Salm. tr.* 23 *c.* 2 *n.* 41. Ratio, quià substantia ovorum non deperditur per hoc, quod farinæ misceatur, aliàs quilibet posset diebus prohibitis comedere cibum album, vulgò *mangiar bianco, confectum ex* carne, et farina. Dicunt tamen *Salm. l. c.* quod DD. communiter admittant, sinè jejunii læsione posse edi tantùm duos biscoctos, et citant *Dian. p.* 1 *tr.* 9 *R.* 31. *Led.* 2 *p. tr.* 27. *de Abstin. c.* 1. *diff.* 5. *Vill. t.* 1 *tr.* 23. *diff.* 7 *n.* 3. Sed *Diana* id tantùm admittit ratione consuetudinis ; *Ledesma* verò et *Vill.* dicunt, duos biscoctos posse edi sinè peccato gravi. Hinc mihi probabilius dicendum videtur, hujusmodi cibi esum non excusare à peccato veniali, nisi saltèm aliqualis causa accedat.

Dubitatur V. An, cui licitum sit edere lacticinia, liceat etiàm edere laridum, et sagimen ? Affirmant *Hostiens. Abbas, Sylv. et Glos. in c. Presbyter. Dist.* 82. apud *Laym. Tract.* 8 *c.* 1 *n.* 5. cum *Fagund.* apud *Bus.* Ratio, quià dicunt laridum, et sagimen reverà non esse carnes ; cum pinguedo crescat, etiàm finito naturali augumento animalium ; ideòque censent, pinguedinem potiùs dicendam esse excrementum carnis , sicut est lac , quàm veram carnem ; *Viva de* 3. *Pr. Dec. Qu.* 10 *art.* 1 *n.* 2 id putat probabile cum *Laym,* et *Az.* quos citat ; Sed *Az. t.* 1. *l.* 7 *c.* 10 *qu. ult.* minimè id asserit esse probabile , tantùm non improbat ; *Laym.* autem *l. cit.* dicit expressè , prædictam sententiam non esse practicè probabilem ob contrariam consuetudinem ; Quamvis concedat, posse eam inservire 1 ad permittendum lacticinia pauperibus. 2. Ut esus laridi, et, sagiminis non facilè damnetur de peccato gravi. 3. Ut permittatur ancillis illa coquere, et etiàm iis vesci, si nequeant resistere dominis hoc jubentibus. *Tamb,* autem *Dec. l.* 4 *c.* 5 §. 1 *ex n.* 14 distinguit , et dicit , laridum , sivè pinguedinem nondùm igne liquefactam , omninò censendam esse carnem ; Si verò illa sit liquefacta , et in *sagimen* reducta, dicit, probabile esse cum *Dian. Henriq. etc.* quod inter lacticinia numerari possit.

His omnibus igitur non obstantibus (quidquid sit de pauperibus , et ancillis , ut suprà dicit *Laym*), omninò videtur non recedendum à sententia communi , quam docent *Sanch. Cons, l.* 5 *c.* 1 *D.* 19 *in fine et Dec. l.* 4 *c.* 11 *n.* 48. *Bon D.* 4 *q.* 2 *p.* 6 *n.* 23. *Conc. t.* 5 *p.* 159 *n.* 2. *Elbel t.* 2 *p.* 156 *n.* 430. *Ronc. Tr.* 9 *c.* 1 *q.* 3. *Milante p.* 266. *Salm. d. cap.* 2 *n.* 15 cum *Trull. Henr. Rodr.* etc. Hi omnes dicunt, laridum et sagimen veras esse carnes , cùm verè de substantia carnis participent. Si verò adsit in aliquo loco diversa consuetudo ; hanc servandam esse dicit *Bus. n.* 3. *in fine.*

Dubitatur VI. Quorum animalium carnes judicentur vetitæ diè jejunii? *S. Th.* 2 2 *qu.* 147. *ar.* 8 ait, interdici carnes omnium animalium, *in terra quiescentium et respirantium.* Sed ad discernendum , quæ animalia reputanda sint carnes , quàmvis non leve judicium sit attendere, an illa diù extrà aquam vivere soleant , magis tamen attendenda est communis æstimatio Fidelium ac judicium medicorum , si repu-

tent carnes, vel pisces; ità *Less. lib.* 4 *c.* 2 *num.* 8.
Concina tom. 5 *pag.* 159 *num.* 2. *Elbel lib.* 2 *pag.* 155
n. 427. *Holzm. t.* 1 *p.* 333 *n.* 4 *et Bon. de Pr. Eccl. D.
ult. q.* 1 *p.* 2 *num.* 1 *cum Silvest. Navarr. Azor. Valent.*
Laym. Fill. et Reg. Hinc dicunt *Tamb. Dec. lib.* 4 *c.*
5 §. 1 *n.* 10. *Conc. Bon. Elbel Holzm. ll. cc.* item *Reg.*
et Gab. apud Croix lib. 6 *part.* 2 *numer.* 1266, non vetari carnes limacum, testudinum, ranarum, locus-
tarum, et concharum. Ratio, quià hujusmodi animalia
saltèm æquiparantur piscibus, cum vix habeant sanguinem, vel sanguinem frigidum, vel nutriuntur
piscibus, aut in aquis ad instar piscium. Idem ajunt
Milante pag. 265 *et Tamb. dict. num.* 12 de viperis,
quæ similes sunt anguillis. Idem dicunt *Elbel*, *et*
Holzm. ll. cc. de lutris, castoribus, fibris, et de ana-
tribus cujusdam generis. Aves tamen, ut *Mil. et Conc.*
ll. cc. licet aliquæ nutriantur in aquis, habentur ut
veræ carnes, proùt sunt fulicæ, corvi marini, et similes.

1012   Dubitatur VII. Quibus pueris licitè possint ministrari carnes? Certum et commune est posse pueris
usu rationis carentibus antè septennium, sicùt et
amentibus; *Sanch. Dec. lib.* 1 *cap.* 12 *n.* 6 èt 16. *Salm.*
tr. 23 *c.* 2 *n.* 20 *cum Panorm. Bon. Trull. etc.* Idem
dicitur de pueris, qui adhùc post septennium ad usum
rationis non pervenerint, ut *Croix l.* 3 *p.* 2 *n.* 1367
cum communi. E converso nequeunt carnes ministrari pueris statim ac completo septennio, usum rationis
adepti fuerint, ut omninò tenendum cum *Sanch.*
Laym. Bonac. Pal. Salm. etc. contrà *S. Antonin etc.*
Vide dicta *lib.* 1 *n.* 155 *in fine, v. Quæritur.* Dubium
fit, an possint dari carnes pueris, qui antè septennium
jam habent usum rationis. Affirmant *Sanchius, Diana,*
et Burgh. ap. Croix l. 1 *n.* 676 et alii in pari casu allati
n. 270, quorum sententia non videtur improbabilis
ex doctrina *D. Thomæ*, quià, ut dicunt, lex positiva
tantùm respicit communiter contingentia. Sed communiùs et probabiliùs negant *Sanch. l. c. n.* 6. *Az. p.*
1 *l.* 7 *c.* 17 *aliàs* 28 *qu.* 2 *in fine*, *et Salm. d. n.* 20 *cum*

Suar. Bon. Vill. Trull. Pill. etc. Ratio, quià Ecclesia
pro hujusmodi abstinentiæ obligatione non quidem
determinat tempus septennii, sed tempus,'quo pueri
sunt·capaces præcepti, et hoc sanè evenit, quandò ·
usu rationis jam sunt compotes facti. In dubio autem,.
an aliquis puer pervenerit, vel non, ad usum rationis, possunt ne ei·carnes ministrari? Distinguendum :
et si puer attigerit septennium, non possunt, quià
tunc præsumptio stat pro usu rationis. et consequenter pro obligatione, ut rectè dicunt *Salm. l. c. cum AA.
citatis.* Secùs dicendum, si non attigerit, quià tunc
præsumptio stat pro opposito, et ideò possessio stat
pro libertate, ut *Salm. de Leg. cap. 3 n. 52. Holzm. t.
1 p. 82 n. 402.*

Quòad eos autem, qui ' diebus jejunii dispensan- ₁₀₁₃
tur ad carnes, attentè oportet hîc advertere, quæ
nuper sancita sunt à SS. Nostro Pontifice *Bened.
XIV.* in Epistola Encyclica, qnæ incipit : *Non ambigimus.* Ipsam in Dissertatione Prolegomena P. II. in
extensum reperies : ubi SS. Pontifex, graviter dolens
de perniciosa licentia plurimorum, hanc adeò inva-
luisse·conqueritur, *ut nulla Apostolici instituti* (verba
sunt Epistolæ) *habitd ratione jejuniorum tempore palàm, et impunè ab iisdem agitentur convivia, et epulæ
interdictæ promiscuè inferantur.* Hinc in prædicta Epistola, et ˉclariùs in altera, quæ incipit : *In suprema,*
(et hanc ibidem reperies) ità Pontifex sancit : *Nos
quisbuscumque, quacumque occasione, sivè multitudini
indiscriminatim ob legitimam causam, et de utriusque
medici consilio (dummodò nulla certa, et periculosa affectæ valetudinis ratio intercedat, et aliter fieri necessario
exigat) in Quadragesima, aliisque anni temporibus, et
diebus, quibus carnium, ovorum, et lacticiniorum esus
est prohibitus, dispensari contigerit, ab omnibus omninò, nemine excepto, unicam comestionem servandam,
et licitas, atque interdictas epulas minimè esse apponen-
das, tenore præsentium declaramus, et edicimus.*)

Hîc ab aliquibus dubitatum fuit, an dispensatus ₁₀₂
ad carnes licitè possit aliquem pisciculum, sivè ci-

bum legalem, non in conviviis , neque cum scandalo,
sed in privata mensa aliquandò moderatè comedere?
Ad hoc dubium quidam modernus Auctor (*de Petio
in Addit. ad Fel. Pot.*) animadvertens relata verba SS.
nostri Pontificis , quæ sub initio primæ Bullæ præ-
mittuntur , ut suprà ; *Ut nullâ Apostolici Instituti, Sa-
cratissimique Præcepti habitâ ratione , jejuniorum tempore palàm , et impunè ab iisdem agantur convivia , et
epulæ interdictæ promiscuè inferantur.* Sic respondet :
(In conviviis igitùr, lautisque mensis promiscuè carnes , ac legales cibos comedere prohibetur. At si privatæ sint mensæ, et nullum sit scandalum, dispensatos ad carnes , legales etiàm cibos cum illis edere ,
si debitâ cum moderatione fiat , non ad satietatem,
non immodicè , non ad gulæ delectationem , sed ad
stomachi appetentiam , minimè censetur hac Bulla
prohibitum. Nonne et actus posset esse temperantiæ,
ut, si quis , ne comedat duo fercula carnis , unum
carnis , legale alterum edat ? Nec enim illa SS. Pontifex vult esse vitanda , quæ Theologorum sensus probat, sed ea, quæ solùm abusum redolent laxitatis) His
tamen non obstantibus , attentis duabus Bullis Nostri
SS. Papæ Benedicti XIV. nempè Bullâ, non *Ambigimus*, et
Bullâ, *Libentissimè*, præfata opinio non videtur probabilis; quià, licet in prima Bulla fiat obiter mentio de conviviis, non ideò tamen infertur, quod prohibitio fuerit facta
tantùm pro conviviis : nam in primis Bulla generaliter
prohibet dispensatis, ne piscibus vescantur ; secundò,
Pontifex asserit, hanc Bullam emanâsse ad instar alterius sui Rescripti eodem anno editi , quocum dispen-
sâsset generaliter ad carnes , expressè vetuit apponi
promiscuè licitas, atque interdictas epulas : Quis autem dicet, tunc Pontificem prohibuisse dispensatis
esum piscium tantùm in conviviis ? Deindè per alteram prædictam Bullam *Libentissimè*, et per insertam
ibi Constitutionem , *si Fraternitas* , videtur hoc dubium omninò ablatum : ibi enim Pontifex præcipit
Medicis , ne dent facultatem vescendi carnibus tempore vetito , nisi geminis adjectis conditionibus , scili-

cet *unicæ in die comestionis*, *et non permiscendarum epularum*. Ergò dispensatis ad carnes interdicti fuerunt generaliter pisces, tàm in conviviis, quàm in mensa privata, cum licentiæ Medicorum non dentur ad carnes edendas tantùm in conviviis, sed etiàm in mensa privata. Tandem in præfata Constitutione, *Si Fraternitas*, ad *Quæsitum* 4 solis dispensatis ad ova conceditur esus piscium, et negatur dispensatis ad carnes, nec ullam ibi Papa mentionem facit de conviviis, sed genericè loquitur. Prætereà præfatus Auctor *de·Petio l. cit.* notat, in præfata, et sequenti Epistola nostri SS. Pontificis Benedict. XIV. non reprobari opinionem, quod extrà Quadragesimam non sit obligatio de jure communi, diebus jejunii abstinendi à lacticiniis, juxtà *n.* 1009. Et quidem valdè probabiliter; nam licet in præfata Epistola, *In suprema*, ut suprà, dicatur: *In quadragesima, aliisque anni temporibus, et diebus, quibus carnium, ovorum, et lacticiniorum esus est prohibitus, dispensari contigerit, etc.* Per hæc tamen verba, assertivè prolata, nulla apparet facta à Pontifice de hoc peculiaris sanctio; et illa prohibitio lacticiniorum rationabiliter intelligitur asserta relativè ad tempora Quadragesimæ, in quibus procùl dubio eorum esus est vetitus..

Insuper aliâ Epistolâ editâ die 10 Junii 1745 quæ 1015 incipit, *Libentissimè.* (Vide Epistolam in eadem Dissertat. Proleg. P. II.) noster SS. Pontifex declaravit I. quod duo prædicta præcepta pro dispensatis ad carnes, scilicet de unica comestione in die facienda, et de non permiscendis epulis, obligent sub gravi. II. quod dispensati ad carnes in vespertina refectiuncula uti debeant *eo cibo, eaque portione, quibus utuntur jejunantes rectè meticulosæ conscientiæ.* III. quod iidem dispensati servare debeant horam jejunantibus præscriptam. IV quod pro dispensatis ad carnes edere licitum sit ipsas carnes, interdicti verò sint pisces, adeò ut utrumque simul adhibere non possint. V. quod præceptum de dictis epulis non miscendis dies quoque Dominicos Quadragesimales complectatur. VI. quod lex non

respiciat eos , qui gaudent Bullâ Cruciatæ. VII. quod
prædicta duo præcepta urgeant diebus jejunii, etiàm
extrà Quadragesimam. Hîc autem notandum, quod
dispensati ad carnes minimè prohibeantur secundam
comestionem facere, si sint dispensati ob debilitatem
virium , ut *Salm. cap.* ɔ *n.* ɔ6 cum *Wigandt :* Et idem
declaratur in Epistola nostri Summi Pontificis verbis,
ut suprà : *Dummodò nulla certa , et periculosa affectæ
valetudinis ratio intercedat, etc.* Scribit autem *Angelus
Franzoja lib.* 3 *tr.* 6 *cap* 3. *Animad. II. v. At hîc etc.*
quod dispensatus ad carnes , si pulmentum vulgò *Mi-
nestra*, carnium jure coctum comedat, licitè vesci possit
non tantùm lacticiniis , et ovis , sed etiàm piscibus.
Ratio, ut puto , quià prohibitio Pontificis non miscen-
di carnes et pisces, strictè intelligenda est, nempè
cum comeditur propriè ferculum carnium : sed jus
carnium , magis quàm edulii, condimenti rationem
habet.

Quæritur hîc, an dispensati ad carnes possint sinè
læsione jejunii edere carnes non salubres , nempè
porcinas, et similes? Affirmant communissimè DD. et
quidem probabiliter, tum quià licentia ad carnes generaliter impertita, non est restringenda ad solas salubres, tum quià aliàs dispensati pluribus subjicerentur
scrupulis, non rarò dubitando , quænam carnes noceant , vel prosint. Ità *Lugo de Just. D.* 3 *num.* 139.
Sanchez Dec. lib. 4 *cap.* 1 *num.* 59. *Croix l.* 3 *part.* 2
num. 1313. *Tambur. Dec. lib.* 4 *cap.* 5 §. 1 *num.* 8 *et
Salm. tr.* 23 *de* 3 *Præcept. c.* 2 *num.* 21 *cum Villal.
Trull. Diana , etc.* Verumtamen *P. Concina t.* 5 *p.* 273
num. 6 adducit quoddam Edictum Clementis XI. Romæ publicatum die 24 Febr. an. 1703 et confirmatum an. 1704 ubi dispensatis in Quadragesima permittuntur tantùm carnes salubres. Sed advertendum
cum *P. Viva de Jejun. quæst.* 10 *art.* 1 *num.* 4 *et Cap-
pelloto , ac aliis ap.* eumdem *Concina*, Edictum illud
non fuisse generale pro tota Ecclesia , sed tantùm pro
statu Romano , idque declaratum fuit à N. SS. P.
Benedicto XIV. priùs in libro Notificationum (*tom.*

1 *Notif.* 15 *num.* 24), ubi testatur hujusmodi Edictum emanatum fuisse à Clemente tamquàm Episcopo Romæ. Deindè expressiùs id declaravit in sua Bulla de Jejunio, *Non ambigimus,* in qua loquens de præfato Edicto (quo, ut diximus, vetitum fuit dispensatis edere carnes insalubres et insuper in eodem Edicto simùl præscriptum fuit dispensatos tenêri ad unicam comestionem) dicit : *Nolumus tamen vos ignore cum hujusmodi necessitate, et servandam esse unicam comestionem, sicut aliàs hic Romæ, ac nos ipsi hoc anno, urgentibus causis dispensantes, expressè præscripsimus.* Nota To *sicut aliàs hic Romæ,* ergò clarè exprimit noster Papa Benedictus, Decretum illud, quo simùl præscripta fuit quòad dispensatos unica comestio, et esus carnium tantùm salubrium, fuisse particulare solùm pro Roma. Noster autem Pontifex tale Decretum ampliavit quidem pro tota Ecclesia quòad partem unicæ comestionis, non verò quòad prohibitionem carnium insalubrium. Advertendum tamen, quod in Bulla, *Libentissimè,* ejusdem Benedicti XIV. (Vide Dissert. Proleg. P. II. Epist. III. *vers. Innocentius III.*) dicatur, quod, interveniente aliquâ urgentissimâ necessitate dispensandi ad esum carnium cum universa quadam Civitate, aut Gente, tunc tantùm à Sede Apostolica *carnis, salubris tamen, facultas sit concedenda.* Hoc enim æquum fuit sic disponere, et strictiùs procedere, cum ageretur de universo Populo. Quod autem in præfata Bulla diponendum sancitur pro universo Populo, non habetur sancitum quòad dispensationem pro singulis personis. Sed loquendo in particulari de carne porcina, non videtur illa absolutè posse dici insalubris, cum ipsa, ut scribit celebris Medicus Hoffman, maximam habeat convenientiam cum sanguine humano. Refertque *Riverius (Instit. medic. lib.* 2 *cap.* 17) id, quod sentit Galenus de carne suilla, et ait : *Galenus humanæ carnis similem esse asserit, et si benè coquatur, omnium ciborum potissimè nutrire. Crassum et lentum habet succum, et ideò nutrimentum præbet firmum, ac*

durabile, *quod dissipari facilè nequit.* Dicet aliquis :
sed cur caro porcina vetita fuit Hebræis, nisi quià
nociva ? Respondetur, quod Palæstinæ (regionis tàm
adustæ) prohibita fuit illa, quià sues ibi magis quàm
alibi leprâ laborant, ut scribit Calmet in Levit. 11. 8
sicut ibi etiàm leporina caro interdicta fuit, quæ certè
inter nos non habetur ùt noxia. Præterea ait S. Thomas, quod carnes Judæis vetitæ aliæ interdictæ fuerint ob nimiam humiditatem aut siccitatem, aliæ,
quià reputabantur immundæ, proùt carnes porcinæ,
et de facto ratio à Moyse prolata de tali prohibitione
hæc quidem fuit, quià carnes suillæ immundæ erant :
Horum carnibus non vescemini......, quià immunda sunt
vobis. Levit 11 8. *Immunda autem appellantur quià* (ut
scribit *Plutarchus*) *nullum animal ita gaudet cæno, ac*
sordidis locis. Item ait Natalis Alexander, et idem scripsit olim Tertullianus (*lib. 2 contrà Marcionem cap.* 18.)
carnes suillas vetitas esse Hébræis, ut eorum coerce-
retur ingluvies, et incontinentia refrænaretur.

1416 « 3. Conditio est certa hora refectionis, quæ est
» circà meridiem, nisi aliud loci consuetudo ferat.
» Idque non mathematicè computandum, sed mora-
» liter. Dictam autem horam notabiliter sinè justa
» causa prævenire, mortale putat *Nav.* et quidam
» alii; sed probabiliùs docent esse veniale *Tolet.* et
» *Filliuc.* eò quod non violetur substantia, sed tan-
» tùm circumstantia. *Tol. Less. d. 2 num.* 13. Vid.
» *Laym. c. 3 n.* 10 *et seq.*

» Dixi 1. *notabiliter: et sinè causa* : quià prævenire
» ex justa causa, v. g. si iter faciendum, si hospites
» dimittendi, etc. et absque ea, per mediam horam
» tantùm, nullum peccatum videtur esse. Dilatio in
» vesperam, et licita est, et laudabilis, si nihil antè
» sumas »

Quæritur, an antevertens notabiliter sinè causa horam meridianam graviter peccet? Primitùs compertum est, horam refectionis fuisse vespere post solis occasum. Deindè retroacta est ad horam nonam, nempè
ad horam mediam inter meridiem, et occasum. Ve-

rùm à XIV. sæculo consuevit refectio fieri ad horam sextam , sivè ad meridiem. Hæc autem hora non mathematicè , sed moraliter computanda est , ut docet *D. Th.* 2 2 *q.* 147 *art.* 7 *ad* 2 ubi ait : *Ad jejunium requiritur hora determinata , non secundùm subtilem examinationem , sed secundùm grossam æstimationem : sufficit enim ; quod fit circà horam nonam :* hæc enim tunc erat hora refectionis. Quæ autem dicenda est notabilis anticipatio ? Alii dicunt, si refectio anticipetur plus, quàm horâ ; Alii autem probabiliùs , si tantùm horâ, ut *Azor. tom.* 1 *lib.* 7 *cap.* 11 *quæst.* 4. *Conc. t.* 5 *pag.* 277 *n.* 6. *Elbel tom.* 2 *pag.* 160. *n.* 444. *Holzm. t.* 1 *pag.* 333. *num.* 6. Quamvis apud plures Religiosos , ut ait *Elbel l. cit. Croix , Spor. et Tamb.* receptissima sit consuetudo anticipandi prandium per integram horam. Cæterùm omnibus licitum est id anticipare iufrà horam, etiàm sinè causa. An autem notabilis anticipatio sit mortalis. *Prima* sententia probabilis affirmat cum *Azor. loc. cit. Sanch. Dec. lib.* 4 *cap.* 11 *num.* 51 *et Nav. Sylvest. Led. Cov. etc. ap. Salm. tr.* 23 *cap.* 1 *num* 86 ; et hanc probabiliorem putat *Conc. l. c. num.* 5. Ratio , quià, sicùt datur præceptum de unica comestione, sic etiàm datur de comestionis tempore. *Secunda* verò sententia communior , et probabilior negat , eamque tenent cum *Bus. Less. lib.* 4 *cap.* 2 *n.* 15. *Tol. lib.* 6 *c.* 2. *Bon. qu.* 1 *p.* 4 *n.* 3. *Pal. p.* 2. § 3 *n.* 3. *Laym. lib.* 4 *tr.* 8 *cap.* 1 *n.* 11. *Spor. de* 3. *Præc. sect.* 5 *n.* 23. *Elbel p.* 160 *n.* 443. *Holz. tom.* 1 *pag.* 433. *n.* 6. *Salm. d. cap.* 2 *n.* 87 *cum Innoc. Ricch. Archidiac. Vill. Fill. et Rodr.* Ratio , quià hora non est de essentia jejunii, ut ipsi Contrarii fatentur , sed est circumstantia tantùm accidentalis ; undè , sicùt in Officio Divino , licet hora recitationis sit præcepta, anticipatio tamen non est mortalis ; ità nec etiàm in jejunio. Hinc nequit dici , quod, esto horæ determinatio non sit de essentia jejunii, sit tamen conditio ab Ecclesia præscripta ; nam respondetur , quod hæc conditio vel non obliget sub gravi, vel an obliget sub gravi, saltèm non constet ; et ideò ad mortale non obliget. Neque

officit, quod anticipando, finis jejunii frustretur;
quià (ut benè respondet *Elbel*) maceratio, quæ manè
habenda erat, compensatur posteà, licet cum minori
difficultate; sed hæc diminutio non reputatur gravis;
proptereà quod finis præcepti non cadat sub præcepto.
Nemo autem dubitat, quin hujusmodi notabilis anticipatio sit saltèm venialis; à quâ excusat quælibet
causa rationalis, nempè iter inchoandùm, urgens
negotium, debilitas complexionis, urbanitas, et similia. Ità *Elbel*, *Holzm.*, *Sporer ll. cc. et Salm. n.* 90 *cum
Pal. Azor. Nav. etc.*

1017 « 1. Non solvitur jejunium per divisionem prandii,
» ob negotium incidens, vel si quid sumatur per
» modum medicinæ, vel ob debilitatem, aliamve
» causam rationabilem, ut apud Religiosos faciunt
» ministri, et lectores mensæ, quià non nisi unicam
» refectionem intendunt. *(Ità Caj. Bon. Less. Pal
» et Salm. n.* 51. *Et ità præscripsit S. Benedictus in
» Reg.* 28.) * Et hinc *Sanch. t.* 2 *opusc. lib.* 5 *c.* 1
» *dub.* 34. *Escob. t.* 1 *E.* 6 *c.* 3 *n.* 29 excusant famulos
» mensæ ministrantes, si aliquid prægustent, aut ex
» reliquiis gulosè sumant, tum ut meliùs serviant,
» tum ut famem sublevent; intellige, si cum illorum
» refectione licita moraliter uniatur. *(Ut ait etiàm
» Elbel tom.* 2 *pag.* 161 *n.* 448 *cum Less. Tamb. Spor.*
» *n.* 13 *cum Azor. Nav. Diana, et Croix lib.* 3 *p.* 2
» *n.* 1280.) * Nec solvitur per sumptionem electua-
» riorum, vel crebriorem haustum (antè quem mo-
» dicum sumere, ne potus noceat, permittit *Azorius,*
» *Escob. tom.* 1 *E.* 7 *cap.* 3 *num.* 28); et quidem toties,
» quoties biberit, dummodò non in fraudem jejunii,
» verbi gratiâ 5 vel 6 amygdalas, vel quid simile,
» *Regin. etc.* cum *Diana p.* 1 *tom.* 8. *R.* 24. quià or-
» dinatur potiùs ad alterationem corporis, vel diges-
» tionem ciborum, quàm nutritionem.

1018 Quæritur 1. an liceat sinè fractione jejunii, sumere
toties, quoties libuerit aliquid cibi antè potum, ne
potus noceat? Affirmant *Pasqual. Fag. Dion et Leander (apud Salm. tract.* 23 *cap.* 2 *n.* 66.) qui citant *D.*

Thom. Sylv. Sanch. Bonac. etc. Sed rectè contradicunt
Salm. n. 68. *cum Caj. Abul etc.* qui dicunt, nequaquam
D. Thomam, nec alios citatos à *Leandro*, id permittere toties, quoties, sed tantùm vix pro una vice, in
quo consentiunt ipsi *Salm. et Concina tom.* 5 *pag.* 255
n. 3. Alii verò, ut *Elbel tom.* 2 *pag.* 165 *n.* 44o. cum
communissima, ut asserit, *Sporer. sect.* 5 *n.* 14. *Laym.
l. 4 tr.* 8 *cap.* 1 *n.* 7. *Croix lib.* 3 *part.* 2 *n.* 1293. id
permittunt, si non fiat frequenter.

Quæritur II. an *Electuaria* frangant jejunium ? Elec- 1019
tuaria dicuntnr ea, quæ ex electis rebus, puta ex saccharo et junipero, aut cedro conficiuntur, vulgò
dicta *Conserve*, ut *Concina tom.* 5 *pag.* 2o3 *n.* 8 *et
Elbel t.* 2 *p.* 171 *n.* 447 *cum D. Th.* loco mox citando,
non autem intelliguntur potiones de *Kaffè*, et herba
Thè, quæ omninò ad libitum quidem permittuntur,
ut benè ajunt *Croix lib.* 3 *p.* 2 *n.* 1292. *Holzmann t.* 1
pag. 337 *n.* 21. *Milante in Prop. Ex.* 23 *pag.* 257 *et
Elbel p.* 156 *n.* 433 *cum communi.* De præfatis autem
Electuariis sic docet *D. Th.* 2. 2. *qu.* 147 *art.* 6 *ad* 3.
ubi ait : *Electuaria, atiàmsi aliquo modo nutriant, non
principaliter assumuntur ad nutrimentum, sed ad digestionem ciborum : Undè non solvunt jejunium, sicut nec
aliarum medicinarum assumptio ; nisi fortè aliquis in
fraudem electuaria in magna quantitate assumat per
modum cibi.* Hanc doctrinam S. Doctoris communiter
sequuntur *Holzmann. l. cit. p.* 338. *R.* 2. *Elbel p.* 161
n. 447. *Spor. n.* 14 *et Salm. cap.* 2 *n.* 42 *cum Caj. Less.
Navar. Laym. etc.* An autem hæc, ob solam delectationem sumpta, jejunium lædant? Negant *Salm. n.* 53
cum Abul. et Sylv. modò sumantur in parva quantitate :
utuntur ratione *D. Thomæ*, scilicèt, quod Electuaria
non sumantur ad nutriendum, sed ad digestionem
adjuvandam ? sicut vinum, etiàmsi verè nutriat, et
ad delectationem sumatur, tamen, quià non est ad
nutriendum institutum, non frangit jejunium. Sed
oppositum tenendum cum *Concina p.* 2o3 *n.* 8, qui citat *Leand. Fog. etc. ac Dian. Coord. tr.* 6. *R.* 95. *n.* 2.
Ratio, quià ideò Electuaria licitè sumuntur in parva

quantitate, eò quod, cùm assumuntur ut medica-
mentum, adsit sufficiens causa excusans à veniali;
cùm autem sumuntur ad delectationem, deficit causa, et proptereà nequeunt sumi sinè culpa. Nec obstat
ratio *D. Thomæ*, ut suprà opposita; quià, cum dicat
S. Doctor, non posse ea sumi per modum cibi, utique
consequenter excludit, posse sumi ad delectationem.
Neque etiàm valet paritas vini, nam vinum per se
habet rationem potûs, et non cibi, ut per se habent
Electuaria. Cæterùm, ad excusandum sufficit quælibet rationabilis causa, licet non tàm gravis, puta ad
digestionem ciborum, ut ait S. Thomas, sivè ad confortandum stomachum, ad tollendum fœtorem oris,
ad conservandam vocem, et similia; Ità *Spòr. d. n.* 14
et Elbel l. c. Et sic probabiliter excusantur ii, qui
aliquid sumunt, ne vires deficiant, quandò prandium
differre debent ultrà horam communem, ut docent
Pal. t. 7 tr. 1 *D.* 3. § 2 *n.* 3 *cum Azor Tol. Sa, Nav.
et Val. Less. ac Layman apud Croix l.* 3. *part.* 2.
n. 1282.

1020   Quæritur III. Per quantùm temporis prandium
mortaliter non interrumpatur, ita ut illud continuari
possit! *Tamb. Dec. l.* 4 *c.* 5 *n.* 16 *et Fill.* apud *Dian.
part.* 1. *Tract.* 9. *R.* 32 dicunt, si nulla adsit causa, non
interrumpi prandium per quadrantem cum dimidio,
etiàmsi decreveris non ampliùs comedere; imò *Elbel tom.* 2. *pag.* 158. *n.* 438. concedit id etiàm per
semihoram. Per horam procùl dubio interrumpitur
prandium, ut *Salm. tr.* 10. *c.* 21 *n.* 38. Quandò verò
intercedit negotium *Sanch. Cons. lib.* 5. *cap.* 1. *D.* 24
n. 1. cum aliis, *etc. Viva Qu.* 10. *Ar.* 2 *n.* 4. dicunt,
nec etiàm per horam prandium interrumpi. Imò *Joan.
Sanchez* extendit adhuc ad duas horas; Et quamvis
hoc non admittant *Salm. tr.* 23. *c.* 2 *n.* 49. attamen
Tamb. Dec. lib. 4. *cap.* 5. § 2 *n.* 15. cum *Fag. et
Lezan. Dian.* apud *Croix lib.* 3. *p.* 2 *n.* 1279. absolutè
concedunt; et sanè probabiliter, quandò quis non
sufficienter se refecit, ut ait *Holzmann. t.* 1 *p.* 338
n. 22. Imò *Croix loc. cit. cum Leand. Steph. et Pasq.*

adhuc probabiliter concedunt , quantumcumque fit
serò , posse eum redire ad prandium : Dummodò (addunt) retinuerit intentionem redeundi , et non sufficienter se refecerit. Sed casu, quo aliquis non posset
tolerare jejunium sinè magno incommodo, puto, eum
etiàm sinè illa intentione , posse redire , quià Ecclesia
numquàm intendit obligare ad diem transigendum
sinè sufficienti refectione? Et hoc concedere videntur
etiàm ipsi *Salmanticens.* sequenti *n.* 50 *in fine* cum *Les.*
Trull. et *Fill.*

Quær. IV. an quis postquàm surrexit à mensa animo non ampliùs comedendi , possit iterùm ad come-
dendum redire ? Negat *Nav.* Sed affirmant *Less. l.* 4
cap. 2 *D. 2. Ronc. cap.* 1 *q.* 1 *R.* 1 *ac Bon. Trull. et*
Vill. apud *Salm. cap.* 2 *n.* 50 qui meritò probabile
putant , si convivæ adhùc comedant , vel si in mensa
apponatur aliud ferculum , quod ille ignorabat apponendum : ut ait *Sanch. n.* 5 *et Salm. n.* 16 cum *Villal.*
quià adhùc moraliter censetur idem prandium durare. Id autem, quod dicunt *Nav. Sylv. et Pal.* scilicèt,
quod, qui causâ itineris manè jentaculum sumpserit,
non teneatur ad jejunandum, si posteà non proficis-
catur ; rectè id negant *Salm. Less. Trull. et Fill.* nisi
quandò per illam unicam comestionem non possit is
reliquo die commodè jejunare ; nam aliàs , cum essentia non adhùc sit destructa., tenetur utique jejunium servare.

Quæritur V. Quamdiù liceat protrahere prandium?
Probabiliter respondet *Tamb. l.* 4 *c.* 4 § 2 *n.* 15 *et*
Croix lib. 3 *p.* 2 *n.* 1283 *cum Fagund.* licere usquè ad
duas horas ; imò *Elbel tom.* 2 *pag.* 158 *n.* 437 *cum Go-*
bat concedit usque ad tres , vel quatuor horas , saltem pro Germanis , juxtà eorem morem ; sed *Croix*
meritò dubitat ; an hæc consuetudo sit approbata ;
nisi , ut ait , post duas circiter horas apponantur sola
bellaria , vel cibi leviores ; maximè si posteà vesperi
omittatur refectiuncula ; hocque ego nec approbo ,
nec reprobo.

« Excipe tamen 1. Si quis sumeret lac , jusculum, **103C**

» et similía , quæ sivè sorbeantur , sivè comedantur ,
» non habent rationem potûs, sed cibi , ac principa-
» liter referuntur ad nutriendum * (*Est commune*
» *apud Salm. n.* 57. *cum Sanch. Trull. etc.*) * 2. Si
» quis poma , pira , vel etiàm uvas in magna quanti-
» tate sumeret ; quià habent rationem cibi. *Dic.* et
» alii. 6. *Dian. p.* 9 *t.* 6 *R.* 14. * (*Etiàmsi solum suc-*
» *cum deglutiat. Salmant. n.* 64. *Et idem de uvis , ex*
» *communi Salm. n.* 65. (*contrà Pal.*) *Et idem dicit*
» *Viva q.* 10 *art.* 1 *n.* 8 *de peponibus ,* *vulgò* melloni
» d'acqua , *ùt est communissima contrà quemdam Ano-*
» *nymum , qui improbabiliter contrarium scripsit*) * 3.
» Nisi quis in magna quantitate electuaria in fraudem
» jejunii sumeret. Qui verò in potu valdè excederet ,
» contrà temperantiam quidem , non tamen contrà
» jejunium peccaret , saltèm mortaliter. *Laym. l. c.*
» *n.* 7. »

1022   Quæritur hîc I, An potus vini frangat jejunium? Non
dubitandum, quin frangat, ut testantur plures Patres,
S. Chrysostomus . S. Hieronymus, S. Basilius , etc.
juxtà primam Ecclesiæ disciplinam antiqui Christiani
in jejuniis omninò vino abstinebant. Sed nec etiàm
dubitandum , quin hodierno tempore potio vini sit
interdicto, si sumatur in comestione, vel extrà , ad sedandam sitim, vel ad digestionem juvandam , sic docet
S. Thomas 2 2 *q.* 47 *a.* 6 *ad* 2. *Non autem intendit Ec-*
clesia interdicere abstinentiam (*aliàs* sumptionem, *juxtà*
Billuart) *potûs*.... *licèt aliquo modo nutriat.* Et patet *ex*
c. Deniquè, dist. 3. ubi Gregorius Magnus sic ait : *Vinum*
quoque ità bibere permittitur , ut ebrietatem omninò fu-
giamus. Attamen dubium fit , an vinum sumptum extrà refectionem ad sedandam famem lædat præceptum jejunii ? *Prima* sententia affirmat, quam tenent
Sylvest. v. Jejunium num. 9. *Natal. Alexandr. l.* 4
art. 7. *Reg.* 14. Item *S. Anton. Abul. Reg. etc. ap.*
Salm. de 3. *Præc. c.* 2 *n.* 55. Et hanc videtur tenêre,
D. Th. in 4. *Sent. D.* 15 *quæst.* 3 *art.* 4 *quæst.* 1. *ad* 1
his verbis : *Qui potat extrà horam unicæ comestionis ,*
non dicitur bis manducare, et propter hoc nec statutum,

Ecclesiae frangit : nisi fraudem faciat , quià legem violat , qui in fraudem legis aliquid facit. Ratio igitùr hujus sententiae est , quià , licet libens vinum ad famem extinguendam, non peccet frangendo jejunium, peccat tamen frustrando finem jejunii. Hæc sententia est probabilis , sed probabilior est mihi sententia opposita , quam tenent *Sanch. Cons. lib.* 5 *c.* 1 *dub.* 23 *n.* 3. *Nav. Sum. c.* 21 *n.* 13. *Azor. l.* 7 *c.* 10 *quæst.* 6. *Ronc. tract.* 9 *c.* 1 *q.* 3 qui hodiè certam vocat , et *Salm. c.* 2 *n.* 56 *cum Less. Laym. Pal. Bon.* et aliis communiter. Ratio , quià , ut ipse *D. Th. eod. l. cit.* docet : *Statutum positivæ legis non attendit intentionem observantis , sed ipsum actum , eò quod modus virtutis non cadit in præcepto , sed est finis præcepti.* Si igitùr modus virtutis , seu finis præcepti non cadit sub præcepto , ergò non peccat contrà præceptum, qui modum virtutis , seu finem præcepti non observat , quià utitur jure suo. Neque huic obstat dicere , quod , si hoc esset , non peccaret qui sinè justa causa laborem assumeret, ut posset jejunium solvere; quod verum non est , ut dicemus in *Dub. seq. n.* 1045. Sed respondetur , aliud esse apponere impedimentum contrà præceptum , aliud contrà finem præcepti ; quandò labor assumitur ad non jejunandum , peccatur quidem contrà jejunii præceptum , eò quod Ecclesia , præcipiendo jejunium , præcipiat simùl, ut non apponatur impedimentum proximum ad jejunandum; At in nostro casu potus vini ad sedandam famem non est contrà præceptum jejunii , sed contrà finem jejunii , qui non cadit sub præcepto , et ideò talis potus non est saltèm culpa gravis ; et fortè per se nec venialis , quià potu vini non omninò frustratur finis jejunii , sicùt frustratur per sumptionem cibi , qui ab Ecclesia vetatur.

Quæritur II. An frangat jejunium potus cervisiæ ex hordeo , et cerasis confectæ , aut aquæ mixtæ saccharo , et succo cinnamomi, vel mali cedrini, vulgò dictæ *Limonata* , sivè *Sorbetto?* Certè , si modicâ aquâ magna rerum harum quantitas misceatur, je-

Tom. III,	20

junium frangitur : secùs, si parva quantitas mag‑
nâ quantitate aquæ, quiâ tunc judicantur isti veri
potus, eò quod alia, quæ aquâ miscentur, ità li‑
quefiant, ut videantur propriam naturam amisisse.
Ità communiter *Wigandt. p.* 738 *n.* 97. *Roncag. cap.* 1
q. 6. *Elbel t.* 2 *p.* 156 *n.* 433 cum communissima ,
Concina t. 5 *p.* 204 *n.* 9. *Viva q.* 10 *art.* 1 *n.* 8. *Maz‑
zotta t.* 1 *p.* 425. *Croix l.* 3 *p.* 2 *n.* 1292. *cum Leand.
et Steph. Tamb. de Pr. Eccl. c.* 5 *n.* 8 *et Salm. c.* 2
n. 57. Nec obstat dicere, quod aqua mixta saccharo,
cum congeletur, mutet naturam; quiâ mutatio naturæ
importat privationem prioris esse , ad quod redire non
possit : sed aqua congelata liquefit statim ac ori ad‑
movetur, ergò naturam non mutat. Confirmatur : si
gelu mutaret naturam , accideret, quod in speciebus
congelatis vini post Consecrationem desineret ibi esse
Christus, sed hoc est contrà Rubricam Missalis (*c* 10
n. 11.), ubi præcipitur, ut, si Sanguis congeletur, de‑
beat igne liquefieri, et sumi. Instabis : si quis uvam
manibus exprimat, et succum tamen deglutiat,
jejunium frangit, undè non refert, quod illa lique‑
facta deglutiatur. Sed respondetur : liquor intrà
uvas non est quidem in forma potabili, sed in forma
cibi, et per masticationem deglutitur ; sed aqua con‑
gelata non jam per masticationem deglutitur, sed ore
immissa, citò per se ipsius oris calore liquefit, et ad
pristinum statum redit, sicque naturam potûs non
amittit, et ut potus habetur.

1023 Quæritur III. An potio *Chocolatis* frangat jejunium?
Prima sententia, quam tuentur *Cardinalis Brancatus
in sua Dissertat. de Chocolat. Escol. tom.* 12 *p.* 93
dub. 28. *Hurtad. part.* 2 *tract.* 10 *c.* 5 *n.* 98. *Holzm.
tom.* 1. *p.* 337. *n.* 21. *Viva de 3 Præt. qu.* 10 *a.* 1 *n.* 8.
item *Machad. Avila, Henriq. Quintanad. apud Guime‑
nium*, et probabilem putant *Felix Potestas p.* 307
n. 2877 *et Tambur. l.* 4 *c.* 5 § 2 *n.* 13, qui testatur pro‑
babilem etiàm censuisse *C. de Lugo* ; negat jejunium
frangere, modò fiat usus illius . ut ex in Mexico; non
autem, si sumatur ad instar densæ pultis, puta si

misceatur aquæ in majori aut æquali quantitate. Fundamentum hujus sententiæ est, proùt aliqui ex citatis AA. dicunt, quià ratio potûs sumitur à materia prædominante, quæ hîc est aqua. Et hoc modo sentiunt citati Auctores hanc potionem posse sumi toties, quoties libuerit; feruntque *Hurtadus*, *et Illsung. apud Holz.* eam licitam declarâsse S. Pium V. Greg. XIII. et Paulum V.

Secunda verò sententia, quam tenent *Sanch. Cons. l. 5 c. 1. dub. 23 n. 1. Sylvius 2. 2. q. 147. art. 6. Laym. l. 4 tr. 8 c. 1. P. Conc. t. 5 p. 307 n. 4. Salm. tr. 23 c. 2 n. 60. Dian. p. 4 tr. 4 R. 194. Ronc. tr. 9 c. 1 q. 6 R. 3. Tamb. Dec. l. 4 n. 5 §. 2 n. 9.* et alii plures, docet frangere jejunium. Ratio, quià illa tantùm potio habet rationem potûs, quæ inservit ad vehiculum alimenti, non verò quæ ipsa alimentum est, ut est lac, et jusculum; ità et chocolatas. Aliàs, si quis pisces contunderet, et aquâ mixtos sumeret, nec iste frangeret jejunium. Hoc tamen non obstante, prima sententia probabilior mihi est, sub limitationibus tamen, ùt infrà dicam. Ratio, quià potus chocolatis eo modo, quo admittemus, licet non habeat rationem potûs, cùm non deserviat ad extinguendam sitim, ut certè sentio, et licet aliquo modo nutriat, habet tamen rationem medicinæ, quatenùs juvat ad vehendum cibum, sivé ad caput, ac stomachum confortandum. Undè de hoc potu idem dici potest, quod diximus suprà de electuariis *n.* 1019. cum *D. Th. 2. 2 q. 147. art. 6 ad. 3.* ubi ait: *Electuaria, etiàmsi aliquo modo nutriant, non tamen principaliter assumuntur ad nutrimentum, sed ad digestionem ciborum; undè non solvunt jejunium, sicùt nec aliarum medicinarum assumptio.* Sed hac ratione medicinæ non licebit sumere chocolatem, nisi in parva quantitate, et cùm aderit aliqua rationabilis causa, eo modo, quo licitus est usus electuariorum. Hinc *P. Milante in Prop. Alex. VII. Exer. 23 p.* 257. loquendo de electuariis, rectè ait : *Ergò etiàm ex fine in præsentiarum chocolatum ad consolidandum stomachum viri probi in moderata quantitate permittunt.* Accedit alia ratio extrinseca

universalior et fortè potior, nempè consuetudinis jam
hodie communiter receptæ, quæ negari non potest,
et quam etiam testantur *Salm. n.* 62 *in fine*, *et Viva
Tamb. Holzm. ll. cc. ac Felix Potestas n.* 2879. *cum
Ronc. l. suprà c.* ubi sic ait : (Dixi chocolatum fran-
nium ; habeo tamen rationem extrinsecam,
im mihi redditur, jejunium non frangere :
tem fundatur in universali consuetudine, quam
et tolerant Prælati Ecclesiæ, quæ consuetudo

casu) confirmatur ex *D. Thom.* 2. 2 *qu.* 147.
art. 4 *ad* 3 *in fine* ubi disserens de operariis, et pere-
grinantibus, an excusentur à jejuniis ; ait excusandos
esse, si immineat necessitas, et deindè subdit : *Videtur tamen in talibus recurrendum esse ad Superioris dispensationem, nisi fortè ubi ità est consuetum, quià ex hoc
ipso, quod Prælati dissimulant, videntur annuere.* Cum
verò ratione consuetudinis potus chocolatis admittitur,
censeo cùm *Salm. d. n.* 62 *in fine*, hanc consuetudinem non adesse, nisi pro uno tantùm cyatho in diem
non toties quoties, ut alii dicunt.

antitas censeatur parva, et juxtà
ii   i possit ? Sanè improbabiliter *Pas-
de jejun.* putat nimiam mediam
, ut possit sumi pro parva materia,
d hujusmodi quantitas plus nutriat,
lterius cibi : undè tantùm admittit
vel sextam partem unciæ ; Et huic opinioni
videtur adhærere *P. Conc. t.* 5 *p.* 243 *n.* 5. ubi ait,
solùm posse admitti aliquid pulveris chocolatis
aquâ ità admixtæ, ut aqua sapida efficiatur, et sto-
macho attemperetur : Cæterùm *n.* 6 non dubitat, quin
chocolatis possit sumi per modum medicinæ ad instar
electuarii. Contrà verò, meritò *Salm. num.* 63. reji-
ciunt *Leand. q.* 5 §. 4. *et Turrian. Sum. p.* 1 *c.* 256 *dub.*
37. qui permittunt potionem duarum unciarum chocolatis. Alii, ut *Pinellus ap. Salm. Felix Potestas, ac
Auctor Annotation. ad Anacl. de Præc. Eccl. D.* 2 *q.* 1
n. 6. permittunt unam unciam et dimidiam chocolatis

cum dimidia sacchari. Rationabilius tamen *Card. Brancatius* admittit potionem unius unciæ chocolatis (cum quinque unciis aquæ, ut ait) non frangere jejunium; Vel, ut admittunt *Escobar l. cit. Salm. n.* 65. *in fine.*, *Viva ut suprà*, *et Renzius de Præcept. Eccl. c.* 2 *q.* 18. *cum Hurtad.* unam unciam chocolatis cum dimidia sacchari. Spectatâ autem hodiernâ consuetudine, *P. Milante l. cit. p.* 256. sic scribit : *Dico, in præsentiarum esse absolutè licitum chocolatæ potionem in moderata sexquiunciæ quantitate* (idest unciæ cum dimidia), *quià parvitas materiæ ex consuetudine introductâ et tolerata ab Ecclesia omninò excusat à culpa. Dixi ex tolerantia Ecclesiæ, quià ex laudata permissione hodiè chocolata in præfata quantitate sumpta communalis potus simul dumtaxat in die permissus evasit.* Et quidem valdè probabiliter, dum communis usus fert, ut mihi constat, non minùs quàm unciam cum dimidia chocolatis in ordinariis cyathis solere immitti. Dicit autem *Viva*, quod tunc chocolatis babeat rationem potûs, quandò uncia chocolatis, et media sacchari, miscentur septem unciis aquæ. Sed hoc videtur contrà communem usum, neque hoc congruit ei, quod dicit ipse *Viva*, et quod proferunt *Leander, Diana, Escob. Potestas, etc.* nempè, tunc chocolatem non habere rationem potûs, cum illa æquat quantitatem aquæ. Undè melius videtur sufficere, quod præfata permissa quantitas sumatur cum aqua, quæ de more solet in usualibus cyathis adhiberi.

» 2. Jejunium non solvitur per collatiunculam vespertinam, etsi hæc non ad somnum, sed ad nutritionem ordinetur : quià consuetudo permittit. Addo, » *vespertinam* : quià sinè causa non licet illam sumere » manè, vel meridie : ex justa tamen causa licet » utrumque : ùt si fiat ratione debilitatis, negotiorum, » studiorum; sinè ea erit veniale tantùm, cum non » violetur substantia jejunii *(Ità Viva Q.* 10 *Ar.* 3 *a.* » 5 *et Salm. c.* 2 *n.* 82 *cum Less. Tol. Sanch. Cajet. Fill. et communi. Ibid. dicunt Fagund. et Leand. quod ratio sufficiut pro causa justa tempus commutandi.)*

» Quòad ejus quantitatem, communiter designatur
» quarta vel quinta pars integræ cœnæ, ut contrà
» *Dian.* 1 *p. tr.* 4 *R.* 117 *Tur. etc.* docent *Reg. c.* 2 *l.* 6
» *n.* 185. *Laym. c.* 1 *n.* 9. *Fill. t.* 2 *tr.* 27 *p.* 2 *c.* 2 *q.* 7
» *n.* 33 dicens, ità decisum esse in celebri Academia
» Theologorum, qui omnes in quartam partem con-
» senserunt. Idem probat *Escob. tom.* 1 *E.* 13 *c.* 3 *n.*
» 61 ; siquidem cœna ordinaria duarum librarum pon-
» dus non excedat, quià talis in reliquis præceptis
» modica censetur, ac proindè tantò quis magis, mi-
» nùsve peccat, quantò magis, vel minùs transgre-
» ditur. Adde, quibusdam locis ex consuetudine plus
» permitti sæcularibus, quàm religiosis, nobilibus,
» quàm plebeis, et in frigidis regionibus, quàm in
» aliis, ut notat *Laym. l.* 4 *t.* 8 *c.* 1. *Bon. l. c.*
» Plus item quibusdam in locis in vigilia Nativitatis
» Domini, et alibi in cœna Domini, permitti ex con-
» suetudine dicit *Med. Cajet n.* 34 *et Sanch. in opusc.*
» *Escob. t.* 1 *E.* 9. *c.* 3. Quod *Bon.* non improbat; ubi
» ea consuetudo est recepta.

» Quòad qualitatem, in ea prohibentur cibi ob
» nutritionem communiter ordinati, quippè inter
» fercula ferè apponuntur. Permittuntur autem levio-
» res, ut fructus, aliave ex saccharo, et melle con-
» fecta ; et pro more regionis parùm butyri, et casei,
» ut in regionibus septentrionalibus ob fructuum ino-
» piam. *Laym. l. c. n.* 9.

1045   In serotina igitùr refectione duo spectanda sunt,
quantitas et qualitas cibi. Sed hîc antè omnia animadvertendum, præcipuè in his attendendam esse
consuetudinem locorum, ut benè advertunt *Caj.* 2. 2.
q. 147 *n.* 6 § 2 et alii passim : Certum enim est,
quod, ubi agitur de consuetudine, tàm circà jejunium, quàm circà omnes alias Ecclesiæ leges, quibus nemo negat per consuetudinem derogari posse,
auctoritas Doctorum recentiorum, licet pauciorum,
qui soli de posteriori moderna consuetudine testari
possunt, pluris facienda sit, et sinè dubio præferenda
auctoritati, etsi communiori AA. antiquorum, qui ni-

hil de consuetudine imposterùm introducenda scire
poterant. Cùm autem Auctores de aliqua consuetudine
testantur, id non temerè, et siuè sufficienti fundamento eos asseruisse credendum est. His positis, omnibus
patet, quod antiquitùs, præter unicam comestionem,
nulla alia refectio cibi permitteretur. Tractu temporis
introductum fuit, ut aliquid parùm sumeretur fructuum, herbarum, aut dulciarium ad medicinam, ne
potus noceret, ut testatur *D. Antonin. et Caj.* de suo
tempore. Postmodùm consuetudo obtinuit, ùt etiàm ad
nutriendum sumeretur aliquid panis, et fructuum, usquè ad tres, vel quatuor uncias, ut aliqui DD. dicebant;
vel usquè ad sex, ut alii putabant. Recentiorum autem, quod ad quantitatem pertinet, alii, ut *Holzm. t.* 1
p. 338 *n.* 23 *cum Laym. Fill. Reg. Spor. t.* 1 *p.* 293 *n.*
26. *Wigandt p.* 139 *Resp.* 5. *Croix l.* 3 *p.* 2 *n.* 1299 *cum*
Bus et Elbel. t. 2 *p.* 175 *n.* 401 *cum Henno, et aliis,*
Anacl. p. 387 *n.* 27, dicunt ex consuetudine permitti
jejunantibus quartam partem cœnæ; Sed hæc regula
non multùm mihi arridet, nam vel potest esse nimis
indulgens, et ideò reprobant eam *Salm. tr.* 23 *c.* 2 *n.*
71 *et Diana p.* 1 *tract.* 9 *R.* 1 *cum aliis,* vel sallèm est
valdè obscura, scrupulisque obnoxia. Meliùs igitùr
alii communiter asserunt; permitti in collatiuncula octo
uncias cibi: ità *Palaus t.* 7 *tract.* 1 *D.* 3 § 2 *n.* 7. *Ronc.*
d. 3 *Præc. c.* 1 *q.* 5 *R.* 1 qui asserit, sic ferre hodiè
praxim timoratorum, *Viva eod. tit. q.* 10 *a.* 3 *n.* 1.
Tamb. Dec. l. 4 *c.* 5 § 3 *n.* 1. *Elbel, t* 2 *p.* 180 *n.* 493.
Felix Potestas de Pr. Eccl. n. 2886. *Mazz. t.* 1 *p.* 428.
Diana p. 1 *tr.* 8 *R.* 1 qui ait, hanc sententiam ab omnibus admittendam, et *Salm. c.* 2 *n.* 72 *cum Vill. Turr.*
Pasq. Led. Trull. Leand. etc. communiter, qui dicunt
sic hodiè tenére communem Piorum usum, et sic
practicari ab eodem suorum Discalceatorum Ordine,
sicùt apud ipsos *Salm.* testatur *Fagunt. ex Suar.* de
Societate Jesu. Idem confirmat *P. Milante in prop.*
Alexandri VIII. Exerc. 23 *p.* 258, qui Auctor, licet
rigidarum sententiarum fautor sit, tamen non dubitat
sic asserere: (Ut cœnula ista innoxia sit, debet esse

modica, ità ut octo unciarum pondus ordinariè haud
excedat quantitas illa, quæ pro refectione sumitur;
ità quidem universim viri quâ pietate, quâ doctrinâ
pollentes docent, et ad praxim deducunt. Dixi *ordi-*
*nariè,*quià justa ex causa poterit esse majoris ponderis,
quando videlicet aliquis majori eget nutrimento.)
Quod ultimum etiàm communiter DD. admittunt. Quapropter, cum censeant *Salm. loc. cit. cum Sanch. Viva*
n. 3. *Elbel t.* 2 *n.* 180 *n.* 484. *Spor.* § 3 *n.* 2 *et Vivald.*
Tamb. Leand. ac Diana apud Croix l. 3 *p.* 2 *n.* 1300,
duas uncias in refectiuncula non reputari excessum
gravem, consequenter tenêre debent, eum à culpa
excusari, qui majori indiget nutrimento, et per duas
tantùm uncias cœnulam excedit. Cæterùm, quantitas
octo unciarum ità hodie usu recepta est, ut indistinctè
permittatur, etiàm iis, qui illâ ad satietatem refi-
ciuntur; ut dicunt *Spor.ad.* 3 *Pr. de Jejun. n.* 27. *Croix*
n. 1299 *cum Vill. Fog. et Bon. Tamb.* § 3 *n.* 1. *Elbel t.* 1
p. 180 *n.* 491 *et Holzm. t.* 1 *p.* 339 *n.* 24 *cum communi.*

In Vigilia autem Nativitatis Domini ex consuetudine
permittitur quantitas duplò major, ut dicunt *Viva o.*
3 *n.* 2. *Holzm. n.* 25. *Mazzott. t.* 1 *p.* 278. *Ronc. R.* 2
Imò *Sanch. Cons. l.* 5 *r.* 1 dub. 26 *n.* 6 *cum Metin. El-*
bel p. 1 81 *n.* 496 *Pal.* § 2 *n.* 7 *et Salm. n.* 73 *cum Mol.*
Barb. Led. Fog. etc. dicunt, in ea nocte posse sumi
quantumlibet de fructibus, herbis, et dulciariis, non
autem de pane; quià hanc asserunt esse consuetudinem Ecclesiæ ab omnibus receptam. Hanc tamen consuetudinem *Mazzota* apud nos negat adesse; et ego
cum *Pasq. Dec.* 92 *n.* 2 *et Renzi t.* 2 *p.* 589 *quæst.* 6
saltèm de illa dubito. Duplicem autem refectiunculam
Sanch. Az. Dian. Tamb. etc. apud Croix n. 1301 *Mazz.*
et Ronc. ll. cc. admittunt, etiàmsi Vigilia Nativitatis
adveniat in Sabbato Quatuór Temporum, hoc est, etiàmsi
Festum Nativitatis incidat in diem lunæ; quià id conceditur ratione lætitiæ, et solemnitatis. Probabiliùs,
tamen advertit *Sanch. l. c. n.* 6, quod, si quis in meridie anteverteret refectiunculam, non posset excedere
octo uncias, quià tunc non adhùc Festum incepit.

In Vigilia autem Paschatis, aut Pentecostes dicunt·
Viva, *et Salm.* non permitti duplicem cœnulam, Sed
tantùm posse sumi ex consuetudine decem vel unde-
cim uncias cùm *Leand. Pasq. et Quintan.* sed de hac
consuetudine apud nos etiam dubito.

Quòad qualitatem verò cibi in cœnula sumendi, 1026
hodiè commune est posse comedi panem, fructus,
óleas, herbàs, et dulciaria, ut dicunt *Viva* ' *q.* 10
art. 1 *n.* 9. *Salm. c.* 2 *n.* 77 *cum Laym. Nav. Az.
Pal. etc.* communiter. Cæterùm, *Spor. t.* 1 *ad.* 3 *Præc.
n.* 32. *Elbel. t.* 2. *p.* 176 *n.* 483 *cum March. Tamb. et
Burghaber,* dicunt, quod, spectatâ modernâ consuetudine, tuta sit sententia; quod in collatione vespertina non sit attendenda qualitas ciborum, sed tantùm
quántitas; adeò ut ex omnibus cibis, qui die jejunii
sumi possunt in prandio, etiàm piscibus, leguminibus, ovis etc. adhùc liceat sumere in cœna. His videtur se adjungere *Bon. de Præc. Eccl. D. ult. q.* 1 *p.* 3 *n.*
3 dicens: *Ex quo patet, in secunda refectiuncula magis
servandam esse quantitatem, quàm cibi qualitatem.*

Huic opinioni non universè acquiescendum est, 1027
nam dubitatur I. An in cœnula liceat ei sumere ova,
cui hæc sint permissa? Affirmant *Sporer ut suprà tom.* 1
p. 284 *n.* 32. *cum Pasqualig. et Vivald. apud Croix l.* 3
p. 2 *n.* 1303. Sed hoc omninò negandum, ut dicunt
Viva p. 10 *a.* 3 *n.* 3 *Potestas de Præc. Eccl. n.* 2886.
Mazz. n. 1 *p.* 427. *Ronc. l. c. et Tamb. t.* 4 *c.* 5 § 3 *n.* 5
cum Sanch. Fill. et Diana. Ratio, quià ova sunt maxi-
mæ substantiæ, et ideò à consuetudine communiter
rejiciuntur. Tantùm permittunt *Busemb. ut suprà,
Laym. l.* 4 *tr.* 8 *c.* 1 *n.* 9. *Holzmann. tom.* 1 *p.* 339 *n.* 23
et Elbel tom 2 *p.* 276 *n.* 483. pro regionibus frigi-
dioribus sumere parùm casci, vel butyri. Verumtamen
Viva, Potestas, Tamb. ll. cc. et Mazzotta tom. 1 *p.* 427.
id indiscriminatim permittunt. Hocque probabiliter
apud nos admittitur, et in usum deducitur à pluribus
perdoctis Junioribus, et præsertim à doctissimo meo
Magistro ac Illustrissimo Episcopo D. Julio Torni, pro
eis, qui jam dispensati sunt ad lacticinia, modò non

sumatur plus quàm una uncia casei, vel ad summum una cum dimidia. Idem ait. *Palaus.* §. 2 *n.* 6. de biscoctis cum ovis, vel butyro confectis, modò eorum non sumatur plus quàm una vel altera uncia.

Hîc notandum, quod nuper per quemdam confessarium supplicatum fuerit SS. Pontifici Ben. XIV., ut explicaret, an reverà liceret in serotina collatiuncula parùm casei sumere iis, qui in Quadragesima et vigiliis sunt dispensati ad lacticinia ? Pontifex suplicationem transmisit ad S. Pœnitentiariam, quæ sic rescripsit : *Sacra Pænitentiaria optimè conscia mentis Sanctitatis suæ ex speciali auctoritate ejusdem respondet non licere.* Rationem afferens, quod illud *jejunantes*, expressum in Bulla *Libentissimè*, præfati Nostri Pontificis Benedicti XIV. (ubi dictum fuit dispensatos ad carnes, vel ad lacticinia, *opus habere eo cibo eaque uti portione, quibus utuntur omnes jejunantes rectè meticulosæ conscientiæ*) intelligitur de rigorosè jejunantibus in Quadragesimali jejunio, in quo tàm carnes, quàm ova et laticinia vetantur.

Deindè dubium subortum fuit, an S. Pœnitentiaria illud, *Optimè conscia mentis, etc.* dixerit ex sua interpretatione, vel ex proprio Oraculo Pontificis ? Idcircò idem Confessarius item Papæ supplicavit, ut ipsemet mentem suam explicaret. Venit Responsum (quod ego ipse authenticum observavi, et nunc apud me est) in quo sic dicitur : *Sacra Pænitentiaria de mandato SS. Domini, qui suis ipsis oculis retroscriptam epistolam dignatus est legere, respondet vera esse, et pro veris habenda, quæ constat ab eadem Pænitentiaria fuisse rescripta. Datum Romæ in Pæn. die 23 Julii* 1756.

Sed super hoc aliud dubium aliquibus factum fuit, an hujusmodi Declaratio Pontificis indigeat universali promulgatione, ut Fideles obliget. Dubitatio orta fuit ex eo, quod dicunt DD., nimirùm, quod interpretationes, sivè Declarationes, etiàm authenticæ, factæ scilicèt ab ipso Legislatore, vel à Successore, aut ejus Superiore, indigeant promulgatione, ut vim legis habeant. Attamen dicimus distinguendam esse Declara-

tionem purè talem, à Declaratione non purè tali, sivè
ab interpetatione. *Declaratio purè talis* est illa, quæ
clarè à principio inest in ipsa lege, idest, cum sensus
declaratus totus jam in lege continebatur, v. g. si lex
loquatur de alio, et dubitetur, an de filio legitimo,
vel spurio ; si Legislator declaret intelligi de legitimo,
jam sensus clarè in lege.inest à principio. *Declaratio*
autem *non_purè talis*, sivè interpretatio et illa, cujus
sensus non clarè est in lege imbibitus, sed jnfertur
ex aliquo argumento, puta, quod nomine Patris veniat etiàm Avus, nomine mortis naturalis veniat etiàm
civilis, et similibus.

Hinc dicimus cum sententia communi, quam tra-
dunt *Castrop. t.* 3 *D.* 5 *p.* 3. § 3 *n.* 3 *cum Suar.*, *Vasq.*
Salas, etc. *citatis ib. in* §. 1 *n.* 5. *Holzm. t.* 1 *de Lege*
p. 112. *n.* 543. *Spor. suplem. eod. tit. c.* 1. *p.* 47 *n.* 330.
La Croix l. c. n. 824. *Salm. tr.* 11. *de Leg. c.* 3. *n.* 30
quod Declaratio *purè talis* illius sensûs, qui clarè jam
inest in lege, non indigeat promulgatione, sed obliget
omnes qui Declarationem illam jam sciunt : cum ipsa
non sit nova lex, sed à principio in lege sit imbibita.
Declaratio contrà *non purè talis*, sivè interpretatio alicujus sensûs obscuri vel ambigui, qui dubius est, an
insit vel ne in ipsa lege, sed ex argumento infertur,
hujusmodi Declaratio, ut obliget, indiget promulgatione. Ut rectè ajunt *Pal. l. c.* § 1 *n.* 2 *et Suar. de Leg.*
l. 6 *c.* 1 *n.* 3. quod Declarationes omnes, quæ non fiunt
à Legislatore, sed ab ejus Successore, aut superiore,
semper indigeant novâ promulgatione, ut obligent;
Ratio, quià Successori aut Superiori non est tàm aper-
ta mens primi Legislatoris, sicùt ipsi Legislatori ñota
est ; ideòque, ut illi aliquid declarent, etiàmsi ex-
plicarent aliquem sensum jam in lege existentem ,
semper opus habent recurrere ad argumenta, et interpretationes, et proptereà semper videntur aliquid
novi constituere. Saltèm (ut ait *P. Suar de leg. l.* 4.
c. 14 *n.* 3.) hujusmodi Declarationes, proùt sunt Res-
ponsa declarativa Pontificum, obstringunt ad interpretationem tuendam, sivè ad servandum antiquum

jus secundùm illam interpretationem. Verumtamen idem *Suar eod. tit. l.* 6 *c.* 1 *n.* 3 sic addit ; *Ut authentica sit interpretatio, oportet, ut habeat legis conditiones, ut sit justa, sufficienter promulgata etc. Undè consequenter fit, ut hæc lex interpretativa alterius exposita sit dubiis, ità ut aliæ interpretationes necessariæ sint.*

His positis concluditur in nostro casu, quòd, cum sensus explicatus à Pontifice, legis ipsiusmet conditore (nempè verbum *jejunantes* accipiendum esse pro rigorosè jejunantibus), jam totus insit in lege, totum enim, quod significet abstinentiam tàm à carne quàm à lacticiniis, jam in verbo *jejunantes* continetur; proptereà hæc Declaratio non indiget promulgatione; tum quià explicatus est sensus jam in lege imbibitus, tum quià ab ipso Legislatore declaratus est.

Sed post hæc scripta Regnans Pontifex Clemens XIII per Bullam quæ incipit *Appetente*, sub die 20 dec. 1759 in hoc puncto omnia sustulit dubia, dicens : *Nova infringendis jejunii legibus, vel opinionum commenta, vel à vera jejunii vi et natura abhorrentes consuetudines quæ humani pravitate ingenii sint invectæ, ea omnia radicitùs convellenda curetis. In quibus profectò abusum illum censemus omninò numerandum, cùm nonnulli, quibus ob justas et legitimas causas ab abstinentia carnium dispensatum fuerit, licere sibi putant potiones lacte permistas sumere : contrà quam prædictus Præcessor Noster censuit tàm dispensatos à carnium abstinentia, quàm quovis modo jejunantes, unica excepta comestione, in omnibus æquiparandos iis esse, quibuscum nulla est dispensatio; ac proptereà tantummodò ad unicam comestionem posse carnem, vel quæ ex carne trahunt originem, adhibere.* Quænam autem sint, quæ ex carne originem trahunt, habetur in *Can. Denique, Dist.* II. ubi dicitur : *Quæ trahunt originem sementinam à carnibus, ut sunt ova, et lacticinia.* Itàque Dispensatis non permittitur in Collatiuncula alius cibus, nisi ille qui permittitur non Dispensatis.

1028 Dubitatur II. An in cœnula permittantur pisces? Hîc plures concurrunt Doctorum sententiæ. Id abso-

lutè negant *Salm.* c. 2 *n.* 80 *cum Sunch. Led. et Pal.*
ex communi, ut asserunt, etiàmsi pisces sint parvi, et
siccati ; quià, ut ajunt, nullibi est hæc consuetudo.
Attamen *Laym. cit. n.* 9 *cum Azor.* concedit pisciculum sale coctum. *Tamb.* autem *l.c.* § 3 *n.* 3 tenet, pisces
sale coctos, sivè parvos, sivè magnos, hodie vetitos non
esse ; et asserit *Viva d. a.* 3 *n.* 3, putans hanc consuetudinem jam introductam esse. Imò *Sporer loco supr.
cit. p.* 284 *n.* 32. *et Elbel p.* 176 *n.* 483. *et Vivald.
March. Pasqual. ac Burgh. apud Croix l.* 3 *p.* 2 *n.* 1302.
dicunt, juxtà hodiernam consuetudinem licitum esse
vesci piscibus, proùt in prandio, modò quantitas debita servetur. Cæterùm, *Bon. Dist. ult. q.* 2 *p.* 3 *n.* 3
et Viva , d. n. 3 *ac. Mazz. tom.* 1 *p.* 427 probabiliter
ajunt, hodiè ex consuetudine jam apud nos recepta
(quam mihi confirmârunt alii docti et probi Juniores)
posse sumi in cœnula exiguam partem, v. gr. duas
vel tres uncias piscis majoris. Hancque consuetudinem confirmat, et approbat ut licitum *M. Milante in
prop. Alexand. VII. Exerc.* 23 ubi sic ait : *Nec scrupulosus quidem Theologus inficiare audet* (licitum esse
vesci pisciculis recentibus,) *præsertim , quià viri prudentes ac docti , imò Regularium Communitates eisdem vesci in antipaschali jujunio consueverunt. Ut ingenuè meam in re proferam sententiam, attentâ præsenti disciplina, sinè ullo scrupulo posse etiàm magnos
pisces in eadem quantitate permitti existimo.... Undè,
sicùt hodiè in prandio licet grandes pisces comedere,
licet pariter in cœnula cum debito moderamine manducare.*

Dubitatur III. Utrùm liceat sumere octo uncias ₁₀₂₉
panis cocti aquâ, et oleo. *Prima* sententia affirmat, quam tenent *Diana p.* 10 *tr.* 14 *R.* 58. *Spor. tom.*
1 *p.* 284 *n.* 32 *cum Bassæo, et Dress. ac Bon. D. ult.
q.* 1 *p.* 3 *n.* 3 citans *Az. l.* 7 *c.* 8 *q.* 7 (sed non benè,
nam *Az.* ibi nihil aliud admittit, nisi aliquid panis,
ne alii cibi soli noceant) item *Elb. t.* 2 *p.* 181 *n.* 499,
qui probabilissimam vocat, et *Laym. l.* 4 *tr.* 8 *c.* 1 *n.* 9
dicit, eam non carere aliquâ probabilitate. Ratio, ut

dicunt, tum quià, si panis, et liquor sejunctim sumi
possunt, cur non unà simùl? tum quià, licet panis
crescat pondere, non tamen acquirit rationem majoris substantiæ quòadnutritionem, sed solùm rationem
temperamenti quòad cibum vehendum. *Secunda* verò
sententia tenenda negat, eamque docet *Pal. tr.* 30 *D.*
3 *p.* 2 *n.* 6. *Laym. l. c. Fill. tr.* 27 *p.* 2 *c.* 2 *n.* 30.
Ronc. c. 1 *q.* 5 *R.* 2. *Croix l.* 3 *p.* 2 *n.* 1303. *Tamb.*
Dec. l. 4. *c.* 5 §. 3 *n.* 2 qui oppositam non audet vocare probabilem, item *Salm. tr.* 23 *c.* 2 *n.* 77 *cum*
Trull. Villal. et Reg. idemque sentit *Viva Q.* 10 *art.* 3
n. 4 qui asserit, hanc esse communem, et contrariam
non esse sequendam, ut communiter rejectam. Ratio
1. quià, esto panis coctus aquâ naturam non mutaret, tamen hujusmodi ferculum minimè est consuetudine receptum. Ratio 2, quià reverà panis per de-
coctionem, et fermentationen cum aqua, aliam naturam acquirit, et ità fit quid unum panis et aqua, ut
evadat una substantia major, et ab invicem separari
nequeant. Tantùm ipse censeo admitti posse cum
Tamb. l. c. ut quis actu, quo se reficit, infundens
panem in aquam, aut vinum, statim, ori admoveat; quià
tunc non intervenit fermentatio, et liquor deservit
ad vehiculum cibi. Nec improbo, quod ajunt *Salm. ib.*
nempè quinque uncias (aut saltèm quatuor, ut ait
Ronc.) panis cocti non excedere notabiliter debitam
quantitatem.

· Probabiliter autem licitum est in cœnula edere jusculum ex herbis coctis aquâ, et aceto, aut oleo aut
vino decocto, ut dicunt *Palaus p.* 2 § 2 *n.* 6. *Dian.*
p. 10 *tr.* 14 *R.* 58 *cum Laym. Leand. et p.* 9 *tr.* 6 *R.* 8
et Viva q. 10 *a.* 3 *n.* 3 *cum Bon. et Tamb. Mazzot. t.* 1 *p.*
427 *ac Salm. c.* 2 *n.* 77 *cum Nav. et Azor.* nec dissentit
Wigand. p. 139 *Resp.* 5, si adsit aliqua causa, aliàs
ait esse veniale. Benè tamen advertit *Viva loc. cit.*
oleum, et acetum esse pondere computanda et ratio
est, quià oleum et acetum reverà non habent rationem potûs. Admittunt autem *Salm. loc. cit.* octo
uncias ex leguminibus igne tortis: Negant verò posse

sumi legumina cocta aquâ, quià (ut dicunt) huic
adversatur consuetudo ; Sed id concedunt *Escob.*
tom. 12 *l.* 45 *dub.* 54 *num.* 293 *et* 294 *Spor. loc. cit. num.*
32 *et Elbel num.* 483. Cæterùm, quod dictum est suprà
de pane decocto, fortiùs videtur posse dici de leguminibus, quæ minoris sunt nutrimenti, quàm panis.
» 3. In Confessione non sufficit dicere, non servavi,
» aut fregi jejunium, sed addendum, utrùm refec-
» tione multiplìci, an esu carnium. Et, si hoc, utrùm
» semèl, an sæpiùs quantitatem notabilem sumpserit:
» quià probabile satis est, etiàm in hac materia, par-
» vitatem à mortali excusare, ut docet *Bon. t.* 2 *D. ult.*
» *p.* 1 *q.* 2 *et Tann. t.* 3 *d.* 3 *q.* 3 *dub.* 5 v. gr. si coquus,
» aut ægroti minister parùm carnis prægustent, *Es-*
» *cob. l. c. n.* 54. *Sanch. in opus. t.* 2 *l.* 5 *c.* 1 *dub.* 12
» *n.* 10 *. (Mediam unciam carnis , ait Pasq. esse ma-*
» *teriam parvam , sed meritò rejicitur à Salm. c.* 2 *n.* 17
» *qui dicunt , materiam parvam esse tantùm octavam*
» *partem unciæ, ut ajunt etiàm Ronc. et Dian. ap. Croix*
» *n.* 1305) * vel ex aliis cibis quartam tantùm partem
» collationis serotinæ, sivè unam vel duas uncias su-
» mat : hanc enim esse materiam parvam, cum *Tur-*
» *rian*. *et Leon.* docet *Diana p.* 5 *t.* 5 *R.* 11 *p.* 8 *t.* 7
» *R.* 54 esse probabile. Si autem sæpiùs eodem die
» parùm sumeret, peccaret graviter ; quià materiæ
» illæ coalescerent in unam magnam, ut contrà *Salas*
» docet *Diana p.* 3 *tr.* 6 *R.* 43. Accedit auctoritas
» Pontificia damnans opinionem oppositam. Vide
» *Propos.* 29 inter proscriptas ab *Alexandro VII.*
» Denique, si sit in Quadragesima, utrùm fregeris
» esu ovorum, aut lacticiniorum ? Tametsi etiàm *Dian.*
» *t* 9. *R.* 54 *et t.* 6 *misc. R.* 82. citans multos Doc-
» tores, dicat, certum esse, quod sit mortale, si non
» ex jure positivo, saltèm ex consuetudine, in omni-
» bus ferè mundi partibus recepta, vesci ovis, et lac-
» ticiniis in quadragesima : probabile tamen est, et
» tutum (saltèm in Germaniæ partibus) esse tantùm
» veniale. *Laym. c.* 1 *n.* 3. *Fagund. l.* 1 *c.* 2 *etc.* Tum
» quià, licet consuetudo habeat, ea tamen non sem-

« per sub peccato, præsertim mortali, obligat. V.
» *Fill. t.* 27. 3 *Bon. n.* 2. Tum quià Ecclesia non tàm
» graviter ad hoc obligat; ut patet tum ex verbis ip-
» sis, tum ex faciliore dispensatione in his, quàm in
» carnibus, * (*Sed hodiè hoc est improbabile ex Prop.*
» 3a *damnata ab Alex. VII. relata suprà n.* 1007.) *
» Ob quam causam etiàm laridi, et adipis usum faci-
» liùs concedi posse pauperibus, docet*Lay. l.* 4 *t.* 8 *c.* 1
» *n.* 5. Imò ait, nec divitem propter eum usum con-
» tinuò damnandum esse peccati mortalis, præsertim
» cum *Sylv. verb. jejunium*, et alii dicant, ei, cui ovo-
» rum, et lacticiniorum usus permissus est, etiàm
» laridi, et sagiminis permissum videri, idque non
» improbet *Az. l.* 7 *c.* 10 *q. ult.* V. *Laym.* hîc, *Fag.*
» *p.* 4 *l.* 1 *c.* 2 *n.* 20. ubi dicit, pinguedinem inter
» carnes non computari. V. *Dian. p.* 1 *t.* 9 *R.* 21.
» Verùm in his videndum ubique, quid recepta pio-
» rum consuetudo ferat, à qua non temerè receden-
» dum. *Az. l.* 7 *c.* 10 *q. ult.* *(*Vide dicta n.* 1010.) *
  » Dixi : *si sit in Quadragesima*; quià extrà eam li-
» citè vescitur ovis, qui debet jejunare, v. gr. ob Ju-
» bilæum, *Henric etc.* vel ex pœnitentia sacramenta-
» li, *Fag.* vel ex voto, aut in vigilia. V. *Dian p.* 1 *c.* 9
» *R.* 5 *et* 6* *Vide dicta n.* 1009.

1030   Quæritur I. Utrùm, qui in die jejunii culpabiliter
bis comedit in notabili quantitate, peccet graviter, si
iterùm comedat? Affirmat *prima* sententia, quam tenent *Wigandt p.* 140 *n.* 101. *Resp.* 3. *Sylv. v. Jejunium*
n. 22. *Elbel. t.* 2. *p.* 154 *n.* 46 *cum Med. et Henno :*
item *Major, ac Montesin. apud Salm. de* 3. *Præc. c.* 1.
n. 7. Ratio, quià, sicut præceptum abstinendi carnibus est negativum, ità ut, qui eas comedit, toties peccet quoties edit, proùt omnes asserunt cum *Salm. c.* 2.
n. 29 *Suar. Diana etc.* communiter, contrà *Palud.*
Tab. etc. Sic est illud, quo præcipitur abstinentia à secunda comestione. Negat verò *secunda* communis, et probabilior sententia, quam tenent *cum*
Busemb. n. 1004. *Sanch. Dec. l.* 4. *c.* 1. *n.* 42 *et* 45.
Holzmann. tom 1 *p.* 335. *n.* 8. *Anacl. pag.* 386 *n.* 20.

Mazzotta tom. 1 *p.* 326. *Rönc. de* 3 *Præcept. c.* 1 *q.* 2
R. 2 *cum Az. Suar. Fag. Palaus tom.* 7 *tr.* 1 *D.* 3 *p.* 2
§. 2 *n.* 8 *cum Caj. Val. Sa, Tol. Laym. Henr. etc. Salm*
l. c. et c. 2 *n.* 47 *cum Bon. Trull. Fag. et Bass.* Ratio 1
ut alii dicunt, quià præceptum jejunii est positivum,
cum præcipiat principaliter per se unicam comestionem, undè non obligat semper ad semper; et proindè
qui semel illud fregit, non peccat saltèm graviter iterùm
comedendo; sed hæc ratio non convincit, nam si hoc
esset præceptum merè positivum, peccaret qui prorsùs
nihil per diem comederet. Ratio 2 potior est, quià
essentia jejunii consistit in unica comestione, ut clarè
videtur docere *D. Thomas.* 2 2 *q.* 147 *art.* 6 dicens:
Ecclesiæ moderatione statutum est, ut semel in die à je-
junantibus comedatur. Quàpropter, destructâ essentiâ
jejunii, cessat præceptum. Dispar autem est ratio præcepti abstinendi à carnibus, ibi enim essentia præcepti
constitit in unica comestione, quià factâ secundâ comestione, jam jejunium solutum est; ideòque bis comedens
non tenetur deindè jejunare, cum ampliùs jejunium
servare non possit. Adde, quod hoc præceptum communiter sic DD. interpretentur; et hoc solùm redderet probabiliorem sententiam nostram. Dixi autem
saltèm graviter, nam *Less. l.* 4 *c.* 2 *n.* 17. *Fill. t.* 2 *tr.*
27 *n.* 24 *et Croix l.* 3 *p.* 2 *n.* 1265 cum communissima
(contrà *Pal Anacl. et Salm: ll. cc.*) dicunt id esse veniale, eò quod sit contrà finem legis, qui est carnis
mortificatio: et quidem probabiliùs, quià contraire
fini legis est quædam inordinatio, quæ ab omni culpa
non videtur excusari.

Quæritur II. Utrùm, qui inculpabiliter bis comêdit
in die, teneatur abstinere à tertia refectione? Negant
Bon. de Præc. Eccl. D. ult. q. 1 *p.* 3 *n.* 8. *Holz. l. c. p.*
335. *Laym. c.* 1 *n.* 13. *Pal. p.* 2 §. 2 *n.* 9. *Elbel l, c. et*
Spor. tom. 1 *p.* 285 *n.* 39. Quià, ut dicunt, adhuc in
casu inadvertentiæ jam destructa est essentia jejunii.
Sed affirmant *Azor. Val. Sa, Nav. etc. apud Bon. l. ut*
sup. Ratio, quià is, qui jejunium inadvertenter fregit,
materialiter tantùm fregit, et non formaliter; undè

cum primùm advertit ad jejunii legem, tenetur illam servare, ne formaliter lædat. Utraque sententia est probabilis, sed juxtà dicta in præced. Quæst. prima videtur probabilior.

Quæritur hîc III. an liceat cauponibus die jejunii indiscriminatim ministrare omnibus cibos, et carnes? Affirmat *Viva Qu.* 10 *A.* 4 *n.* 7 cum communi, etiàmsi dubitent, an aliquis petens excusetur, quin eum interrogent; quià in dubio nemo præsumitur malus. Imò etiàmsi certò sciant, eum non excusari, conceduut tabernariis *Sanch. l.* 7 cum *Nav. Tol. Mol. etc.* apud *Viva ib.* posse adhùc invitare ad prandium ; quià, ut dicunt, illa invitatio intelligitur conditionata, hoc est, *si vultis comedere, comedite apud me.* Ad carnes verò dicit *Viva* non posse invitare hospites, nisi expressè sub dicta conditione nuper enunciata. Sed hæc duo ultima non admittimus, nisi permissivè, et accedat gravis causa excusans à peccato scandali, proùt diximus *l.* 2 *n.* 80.

DUBIUM II.

Quæ causæ excusent à Jejunio?

1031 *Quatuor sunt causæ excusantes à jejunio, I. Dispensatio. II. Impotentia. III. Labor. IV. Pietas. Vide omnia, quæ de his dicit Busemb.*

1032 *I. Causa est* Dispensatio ; *Possunt enim à jejunio dispensare* 1. *Papa.* 2. *Episcopi.* 3. *Parochi.* 4. *Prælati, de quibus singulatim agitur.*

1033 *II. Causa est* Impotentia. *Quinam excusentur de Impotentia Physica. Resp.* 1. *Infirmi*, 2. *Pauperes.* 1034. *Quinam excusentur de Impotentia Morali? Resp. Excusantur* 1. *Qui laborant dolore capitis: Vel qui nequeunt dormire : An autem hi teneantur manè sumere cœnulam ?* 2. *Milites.* 3. *An uxores timentes indignationem à Viris, et an Viri, qui non possunt reddere debitum ?* 1035. 4. *Adolescentes.* 1036. 5. *Senes. Dub.* 1. *An Sexagenarii robusti teneantur jejunare ?* 1037. *Dub.* 2. *An fœminæ quinquagenariæ ?* 1038. *Dub.* 3. *Quid de senibus habentibus votum je-*

junandi? 1039. *Dub.* 4. *An Religiosi sexagenarii teneantur ad jejunia Regulæ?* 1040. *Dub.* 5. *An jejunium subrogatum voto castitatis, obliget Sexagenarios?*

1041 *III. Causa* est Labor. *Quæ sint artes per se laboriosæ? An excusentur Tonsores, et Sartores? An Pictores, Scribæ, et Horologiarii? An Molitores, Argentarii, et Sculptores?* 1042. *Qu* 1. *An excusentur Artifices divites?* 1043. *Qu.* 2. *An excusentur Artifices qui possunt sinè gravi incommodo?* 1044. *Qu.* 3 *An excusentur ipsi diebus, quibus non laborant?* 1045. *Qu.* 4. *An excusentur qui assumunt laborem in fraudem jejunii?* 1046. *Qu.* 5. *An qui laborant sinè justa causa? Et an qui laborant ob rarum lucrum?* 1047. *De Itinerantibus. Dub.* 1. *Quale iter sufficiat ad excusandum? Dub. An excusentur iter facientes equis, vel rhedis?*

1048 *IV. Causa est Pietas. An ideò opera pietatis possint spontè suscipi?* 1049. 1. *Quandò excusentur inservientes infirmis? 2. Quandò peregrinantes ad loca sacra? 3. Quandò Concionatores? 4. Quandò Cantores? 5 Quandò Lectores? 6. Quandò Advocati, Judices, Medici, et alii Professores? 7. Quandò Confessarii?*

1050 *An absentes à Patria teneantur ad jejunium in illa præceptum? Et an ad jejunium loci ubi sunt? Remissivè ad n.* 1056.

» RESP. Hæ sequentes; 1. Superioris *Dispensatio;* 1031
». quâ tamen non est opus, si necessitas sit evidens,
» sed in dubio tantùm; idque sivè ad esum carnium,
» sivè ad secundam refectionem. Talis autem Superior
» est Episcopus, et Pardchus, etiàm præsente Episcopo, quandò legitima consuetudo sic habet. Imò
» *Sylv. et Sanch. de matr. l.* 9 *d.* 9 *n.* 27 *et in opusc. t.* 2 *l.* 5
» *c.* 1 *d.* 5 *n.* 18 absolutè affirmant eos posse dispensare
» præsente Episcopo: quià, inquit, ad Episcopum
» non recurritur in minimis, ut usus habet; quòd
» Episcopi sciant, et non contradicant. Verùm id
» totum pendet ab usu, et consuetudine, sine qua
» non licebit. V. *Trull. l.* 2 *c.* 3 *d.* 7. Item Prælatus,
» et in ejus absentia Vicarius illius, ut habent *Sanch.*

» *l c.* respectu suorum Religiosorum. Non tamen Con-
» fessarius, licet privilegiatus, si non sit Parochus:
» quià non habet jurisdictionem in foro externo, *Sanch*
» *l. c.* contrà *Pal.* Undè tantùm potest judicare de
» justitia causæ. * (*Vel adesse causam ad non jejunan-*
» *dum. Viva d. n.* 5.) * Causa autem valida ad dis-
» pensandum erit vel vera; vel quæ talis putatur;
» sufficit enim credulitas inculpata. Item cùm quis
» bonâ fide putat se à jejunio excusari, etsi causa in-
» sufficiens sit, tantùm venialiter peccare docet *Cajet.*
» At si verè bonâ fide putet, se planè excusari, nullo
» modo peccare videtur.

» 2. Causa est *Impotentia*, quâ excusantur, qui
» sinè notabili damno non possunt jejunare; ut sunt
» juniores usquè ad annum 21. completum; quibus
» tamen post septimum annum carnes dari non de-
» bent. Item debiles, infirmi, convalescentes, præg-
» nantes, lactantes, etc. * (*Etiàmsi lactantes sint*
» *robustæ, ut Viva q.* 10 *Art.* 4 *n.* 3. *Salm. n.* 126 *com-*
» *muniter. Idem Tamb. dicit de muliere mox conceptu-*
» *ra, si jejunium ei nocere probabiliter possit. Hinc pro-*
» *babilis metus gravis mali, ut ait Viva Art.* 4 *n.* 2 *aut*
» *gravis incommodi, ut dicit Croix l.* 3 *p.* 2 *num.* 1324
» *cum Bon. Tamb. et Pasq. excusat à jejunio.*) * Ratio est
» quià hi omnes egent alimento multiplicato : uti et
» senes communiter sexagenarii, nisi evidenter con-
» stet, eos posse jejunare sinè damno. In dubio autem,
» an possint, non tenentur cum periculo tentare fortu-
» nam : quià cum de ætate constet, et robur sit du-
» bium, non est expectandum, donec deficiat; tunc
» enim irrecuperabilis est defectus. *Gra. tom.* 2 *d.* 6
» *tract.* 3 *p.* 1 *d.* 6 *s.* 5 *n.* 39. *Escob. Laym. l.* 4 *tr.* 8 *c.* 3.
» *Tan.* 2 2 *d.* 3 *q.* 3 *dub.* 5. *Fill. tom.* 2 *tr.* 27 *p.* 2 *c.* 6 et
» cæteri communiter, contrà *Nav. Sa, Sanch. de matr.*
» *t.* 2 *l.* 7 *d.* 32 *n.* 17 *et par.* 2 *consil. lib.* 6 *c.* 1 *d.* 4 *n.*
» 9. item *Dian. p.* 1 *tr.* 9 *R.* 20 etc. qui absolutè, sinè
» omni restrictione, sexagenarios omnes à jejunio
» liberant. Quam sententiam *Trull.* tamquàm commu-
» niorem et magis conformem tempori, et imbecilli-

» lati humanæ, ut ait, sequitur (cum *Molf. Orliz. etc.*)
» *lib.* 3 *c.* 2 *d.* 7 *n.* 3. præsertim cùm à scrupulis, qui-
» bus exponit contraria, liberat. Quidam insuper id
», extendunt ad eos, qui pro toto tempore certis die-
» bus voverunt jejunium'; adduntque esse probabile,
» quod sufficiat, si annus 60 sit inchoatus, eò quod
» is in favorabilibus habeatur pro completo. *Diana'p.*
» 5 *t.* 14 *R.* 83 ex *Naldo, et Sanch.* Idem *p.* 9 *t.* 7 *R.*
» 73 *ex Trull.* et aliis 6. Eademque ætate, uti et antè
». annum 21. Regulares non teneri ad jejunia sui Or-
», dinis, probabile affirmat *Dian. p.* 9 *t.* 7 *R* 73 et aliis 4,
» qui etiàm probabile censet excusari fœminas quin-
» quagenarias, *p.* 9 *t.* 7 *R.* 93. Ex aliis 4. Deniquè
» paupeies, qui non habent alium cibum præter pro-
». hibitum, vel non sufficientem pro unica refectione.·
». Vide *Sanch. in opusc.* ubi ex *Nav. Gabr. Ang.* ex-
» cusat eos qui laborant tertianâ, vel quartanâ, item
» qui ex vacuitate stomachi notabilem capitis dolórem
» patiuntur vel totâ nocte caléfieri, aut dormiré non
» possunt. Neque hos tenêri manè sumere collatiun-
» culam, et vesperi cœnam, notat *Dian. p.* 1 *t.* 9 *R.* 51
» *ex Fill.* et aliis 3 quià nemo tenetur pervertere ordi-
» nem refectionum.

» 3. Causa est *Labor*, vel officium, quocum jeju-
» nium non possit consistere, qualis est agricolarum,
» et multorum opificum, ut fabrorum, pistorum,
» sutorum; etc. (etsi de sutoribus neget *Angles:* cujus
» sententiam *Sanchez* dicit esse veram, si non suant,
» sed tantùm scindant corium, et materiam præpa-
» rent); non tamen pictorum, sartorum, quòd labor
» exiguus sit. Excusat etiàm *Laym. l.* 4 *t.* 8 *c.* 3 figu-
» los, argentarios, lignarios, fullones, cœmentarios,
» coriarios, et textores. *Dian. p.* 4 *t.* 4 *R.* 138 *et Gor-*
» *don. t.* 2 *l.* 6 *q.* 18 *c.* 6 versantes prelum typogra-
» phicum, non tamen typorum compositores : fosso-
» res autem, ferrarios, et similes, etiàm in die uno,
» vel alteró, quo non laborant, excusat *Azor. etc cum*
» *Dian. p.* 1. *t.* 9 *R.* 9. Similiter excusantur qui pedi-
» bus facit iter per magnam diei partem, ut ait *Sanch.*

» *in opusc. loc. cit. Vid. Fill. n.* 119. Ratio horum om-
» nium est, quià communiter horum vires non suffi-
» ciunt ad hujusmodi labores cum jejunio.

- » Dixi, *pedibus;* quià multi non excusant equites;
» longa tamen equitatio ad plures dies, ut docet *Fill.*
» *tract.* 37 *c.* 6 meritò excusat. Ubi etiàm concedit ob
» labores præcedentes et subsequentes, posse aliquem
» excusari, si probabiliter debilitatus, vel debilitan-
» dus putetur, ità ut officio ritè fungi nequeat. V.
» *Bon. dist. ült. quæst.* 4 *n.* 11. Ex eodem capite Doct.
» excusant conjugem, si debitum reddere non possit,
» quandò jejunat; uti et uxorem, quæ ob maciem
» non possit cum jejunio se viro gratam præstare. *Bon*
» *loc. cit.* Atque, universim loquendo, nemo tenetur
» opus, ad quod obligatur, omittere ob præceptum
» jejunii, ait *Cajet.* Quod intelligo, nisi ista obliga-
» tio sit valdè levis, et rationabiliter postponenda obli-
» gationi jejunii.

  » 4. Est *Pietas*, vel majus bonum. Undè excu-
» santur, qui cum jejunio non possint vacare operi-
» bus melioribus, v. g. Concionatores, Præceptores
» ordinarii, Confessarii, Cantores, et quotquot opera
» charitatis, et misericordiæ tàm corporalia, quàm
» spiritualia exercent, etiàm ob mercedem, si ea
» cum jejunio peragere non possint. *Fill. t.* 2 *tr.* 27
» *p.* 2 *c.* 6 *n.* 24. *Azor. p.* 1 *l.* 7 *c.* 28. *Fern. Navar. Syl-*
» *vest. Fagund. etc.* Atque hi quidem omnes id intelli-
» gunt, et ferè addunt, quandò eorum labores cum
» jejunio non possunt consistere. *Diana* autem (ab-
» solutè loquendo) *p.* 1 *t.* 9 *R.* 9. Prædicatores, qui
» diebus quadragesimalibus (intelligo omnibus) con-
» cionantur, putat à jejunio excusandos; quià, in-
» quit, summoperè laborant : non item eos, qui
» Dominicis tantùm concionantur, nisi sint debiles.
» *Sanchez* tamen *in consil. p.* 2 *l.* 5 *c.* 1 *d.* 13 *n.* 6 7
» *et* 8. *Trull. l.* 3 *c.* 3 *d.* 7 putat à jejunio. Quadragesi-
» mæ communiter, et regulariter excusari eos, qui
» ter, vel quater in hebdomada concionantur cum
» fervore. Lectores verò *Dian. l. c. cum Fagund. p.*

» 4 *l.* 1 *c.* 8 *n.* 19 censet non omnes excusandos, sed
» eos tantùm, quorum labor est improbus; vel qui
» ità sunt debiles, ut satisfacere muneri non possint.
» Idem ferè sentit *Sanch.* licet *l. c.* putet, Lectores
» eos, qui quotidiè quatuor lectiones legunt (ut in
» Societate faciunt' præceptores Grammaticæ) satis-
» facere, si media Quadragesima, sivè ter in hebdo-
» mada jejunent, eò quod sit magnus labor, et pau-
» cis annis sic ille fatigentur, ut progredi non possint ;
» sic ille. Verùm præstat, ut Superiores, ad tollen-
» dum scrupulum, cum talibus dispensent; ut monet
» idem *Sanch. l. c.* Nam in omnibus istis regula cer-
» ta, et universalis statui non potest alia ; quàm quod
» lex Ecclesiæ non obliget cum magna difficultate,
» ut notat *Laym. c.* 2 *n.* 3.

» 5. *Charitas*, vel etiàm urbanitas secundùm quos-
» dam excusat etiàm à veniali eum, qui die jejunii
» rogatus ab amico, modicum cibi sumit, *Med. Fab.*
» *Fill. Dian. p.* 2 *t.* 9 *R.* 29, vel qui ad excitandum
» infirmorum appetitum, comedit parùm, etiàm car-
» nis. *Sanch. Dian. p.* 3 *t.* 5 *R.* 32. »

Quatuor igitùr sunt causæ excusantes à jejunio ; 1032
I. Dispensatio. II. Impotentia. III. Labor. IV. Pietas.
De his seorsim hîc, et accuratè censeo disserendum,
cùm sint res omnes pertinentes ad praxim, et scitu
necessariæ. Sedulò curavi, ut super hoc puncto quam-
plures Auctores observarem, et hîc recenserem, eò quod
Doctorum auctoritas in hoc redundet in probabilitatem intrinsecam, cùm agatùr de re, quæ valdè
pendet ab æstimatione Sapientum. Et quià infrà in
singulis sententiis eosdem AA. sæpè citare mihi opus
erit, ideò, ne citationes semper repetam, loca Doctorum de hoc puncto agentium, quos observavi,
hîc congero : Hi sunt *Sanch. Cons. l.* 5 *c.* 1 *ex dub.*
1 *pag.* 90. *Laym. l.* 4 *tract.* 8 *c.* 2 *pag.* 144. *Less. l.* 4
c. 2 *pag.* 590. *Azorius tom.* 1 *l.* 7 *c.* 17 *ex pag.* 389.
Petrocorens. tom. 2 *ex pag.* 191 *c.* 3. *Escob. tom.* 12
l. 94. *Palaus tract.* 30 *D.* 3 *p.* 2 *§.* 5 *pag.* 22. *Bon.*
tom. 2 *de Præc. Eccl. D. ult. q.* 1 *p. ult! pag.* 413. *P.*

Concina tom. 5 *de Praec. Eccl. Dissertat.* 2 *ex pag.* 3o8.
Sporer Append. ad 3 *Pr. Sect.* 4 §. 1 *pag.* 286. *Roncaglia tr.* 9. *de Jejun. c.* 2 *pag.* 266. *Salm. de Pr. tr.* 23 *c.* 2 *p.* 7 *pag.* 362. *Wigandt tr.* 5 *E.* 4 *pag.* 137. *Holzm. t.* 1 *p.* 3, *de Pr. Eccl. tr.* 1 *c.* 3 *pag.* 335. *Abelly tr.* 2 *c.* 5 *pag.* 414. *Viva de* 3 *Pr. q.* 10 *art.* 5 *ex pag.* 115. *Anaclet. Dec. l.* 4 *c.* 5 §. 7 *pag.* 392. *Croix l.* 2 *p.* 3 *ex n.* 138. *Tamb. l.* 4 *c.* 5 §. 7 *pag.* 140. *Elbel tom.* 2 *Conf.* 18 *pag.* 183. *Mazotta tom.* 1 *de* 3 *Praec. D.* 1 *q.* 4 § 4 *p.* 428. *Felix Potestas de Pr. Eccl. ex pag.* 3o8. *Renzius tom.* 2 *de Pr. Eccl. ex p.* 592. *etc. ut infra.*

I. Causa est *Dispensato;* circà quam quæritur, quisnam possit in jejunio dispensare? Resp. 1 Papa habet potestatem dispensandi à jejuniis per universam Ecclesiam, et quidem validè etiàm sinè justa causa, quàmvis non licitè. Quomodò autem peccat dispensando sinè causa? Plures censent, eum peccare graviter, ut *P. Conc. pag.* 33o. *n.* 2 *et Sotus, Covarr. Cordub. Tap. etc. ap. Salm. de Leg. c.* 5 *n.* 61. qui id putant probabile, quià hoc esset contrà bonum commune, ad quod leges ordinantur. Sed satis probabiliter dicunt, eum peccare tantùm veuialiter *Sanch. de Matr. l.* 8 *D.* 18 *n.* 7. *Laym. l.* 1 *tr.* 4 *c.* 22 *n.* 13 *et Salm. l. c. n.* 66 *cum Basil. Pal. Salas, Vill, etc.* modò tamen scandalum, vel aliud damnum absit. Ratio, quià hoc, quod non omnes conformentur in observantia legum humanarum, non videtur tàm gravis deordinatio, ut damnetur de mortali.

2. Episcopi possunt etiàm dispensare cum subditis suis pro casibus occurrentibus, sed nonnisi ex justa causa; aliàs dispensatio erit nulla. Si verò causa non videatur omninò sufficiens ad dispensandum, vel dubitetur, an sufficiat, poterit Episcopus partim dispensare, et partim commutare jejunium in aliud pium opus, ut ajunt *Roncaglia c.* 2 *Reg. in praxi* 4. *et Viva n.* 4 *cum Tamb.* Potest etiàm Episcopus ob aliquam specialem causam dispensare pro una vice in lege universalis jejunii, aut commutare, cùm ejus Officium sit saluti suarum ovium invigilare, et scandala

infirmorum tollere, puta si periculum sit alicubi jejunium non observari, ità *Laym.* cap. 3 *n.* 5 *Azor. c.* 18 *q.* 5. *et Salm. de* 3 *Pr. c.* 2 *n.* 160. *cum Caj. Armill. Tab. Trull.* Sed. Summ. Pontif. Benedict. XIV. in Bulla *Prodiit jam dudum.* §. 10. (*vide Bullar. Tom.* 3.) dixit, sententiam oppositam, nimirùm non posse Episcopos pro universo grege dispensare in lege jejunii, esse non modò communiorem cum *Raynaud. Merat. Diana, Monacell. Leand. et Ferrar.* sed etiàm magis rationi consentaneam. Et sic ait se respondisse quibusdam Episcopis rogantibus, an possent vigiliam S. Matthiæ occurrentis ultimo die bacchanaliorum ad præcedens sabbatum transferre. Hinc ipse Benedictus licentiam eis impertivit, ut pro illo anno prædictam vigiliam anticiparent. Vicarii autem Episcoporum non possunt dispensare, nisi ex speciali facultate ipsis concessa, ut ait *Viva art.* 5 *n.* 5. Neque possunt dispensare Abbatissæ, aliæque superiores Monialium, cum ipsæ nullam habeant jurisdictionem spiritualem; possunt tamen in aliquo casu declarare, Moniales subditas ad jejunium non tenêri. Ità *Concina tom.* 5 *p.* 331. cum aliis passim. Vide dicenda *l.* 4 *n.* 53 *et* 61.

3. Parochi, licet dubitetur inter DD. an ex vi juris communis possint dispensare in jejuniis, jure tamen consuetudinis certè id possunt ex justa causa cum suis subditis particularibus, non verò pro tota Parochia. Ità ex communi sententia, quam tenent *Laym. c.* 3 *n.* 8. *Less. n.* 45. *P. Concina p.* 331 *n.* 4 *Elbel n.* 504. *Sanch. de Matr. l.* 8 *D.* 9 *n.* 27. *Holzm. pag.* 436 *n.* 19 (quàmvis hic permittat tantùm ad unum vel alterum diem, sed alii absolutè loquuntur) item *Salm. c.* 2 *n.* 155. *cum Cajet. Suar. Sylvest. etc.* Ratio, quià hoc expedit ad suavè regimen Ecclesiæ; nimis enim grave foret ex locis remotis adire Episcopos ad obtinendam dispensationem, cujus necessitas occurrit in diem. Vide *lib.* 2 *n.* 109 *et l.* 3 *n.* 288. Imò valdè probabiliter potest Parochus in iis dispensare, etiàm præsente Episcopo; quàmvis enim Parochi de jure hanc jurisdictionem non habeant; habent tamen, ut dictum

est, ex consuetudine, quæ satis potest jurisdictionem tribuere, ex *c. Contingat de Foro compet.* ità *Sanch. Concina et Salm. loc. cit. cum Lop. Azor.* et aliis suprà relatis. Id ·possunt etiàm Vicarii Parochorum, qui exercent actus parochiales jurisdictionem exigentes, nisi Parochi expressè repugnent, ut *Salm. cum Sanch Paluo. Pasqualig etc'.*

4. Possunt etiàm dispensare cum suis subditis, et adhùc cum semetipsis, omnes Prælati Religiosorum, etiàm inferiores, atque Vicarii Superiorum localium: Ità *Concina p.* 331 *n.* 5 *et Elbel n.* 503. cum aliis communiter. Ratio, quià Regulares Superiores veram habent jurisdictionem spiritualem in subditos suos, ut eis provideant in illis quæ ad ipsorum bonum regimen pertinent.

Hîc autem maximè advertenda est de omnibus hujusmodi facultatem dispensandi habentibus· doctrina communis, quam tradit *D. Thomas* 2. 2 *quæst.* 147 *art.* 4 nimirùm : *Si causa sit evidens, per seipsum licitè potest homo statuti observantiam præterire, præsertim consuetudine interveniente, vel si non posset de facili recursus ad Superiorem haberi. Si verò causa sit dubia, debet aliquis ad Superiorem recurrere, qui habet potestatem in talibus dispensandi.*

1033   II. Causa est *Impotentia*, sivè Physica, sivè Moralis. Ex impotentia *Physica* excusantur 1. Infirmi, dùm timetur, ne jejunium eis notabile damnum afferat; Hinc dicunt *Elbel n.* 527 *et Viva art.* 5 *n.* 2. quod, si quis sibi persuadeat ex experientia, vel ex probabili ratione, jejunium sibi graviter nociturum, non teneatur jejunare. Et ideò etiàm excusantur, qui laborant febri tertianâ, vel quartanâ, vel qui ab ea immediatè convaluerunt, *Holzm. n.* 14. Item debiles qui una vice alimentum sufficiens non possunt sumere, ut *Sanch. dub* 14 *n.* 11. *cum Sylvest. et Anglss, ac Holzm. n.* 14 *cum Laym.* Item prægnantes, et lactantes, quibus aliquandò permittunt etiàm carnes, si puer sit infirmus, aut ei immineat periculum infirmitatis, vel si mater sit debilis, ut *Ronc. c.* 2 *n.* 1. *et*

Holzm. n. 18. Imò prægnantes peccarent, si pluries
jejunarent ; Secùs si unum vel alterum jejunium aliqua mulier robusta ferre vellet, ut *Petrocorens. tom.*
2 *p.* 198 *cum Nav.* ·

2. Excusantur pauperes, qui non habent prandium
perfectum pro unica congrua refectione. Ità communiter *Lessius c.* 2 *n.* 40. *Sanch. dub.* 14 *n.* 1. *Elbel. n.*
507. *Spor. n.* 55. *Holzm. n.* 13 *et alii ex D. Th.* 2. 2
q. 147 *art.* 4 *ad* 4 ubi ait : *Excusari videntur illi, qui*
frustratim eleëmosynas mendicant, qui non possunt
simul habere quod eis ad victum sufficiat. Hinc valdè
probabiliter dicunt *Sanch. dub.* 14 *n.* 3. *cum Angles*,
Salm. n. 133. *et Ronc. q.* 4 *R* 1. (contrà *Mazzotta*)
quod, si quis non haberet nisi panem et legumina,
aut herbas, non teneretur ad unicam refectionem :
Licet enim esset is hujusmodi obsoniis assuetus,
tamen ideò se sufficienter sustentat, quià pluries in
die, et pluries in magna quantitate se reficere solet iis
cibis, qui sunt modicæ nutritionis.

Impotentia autem *Moralis* etiàm excusat à jejunio : 1034
et hæc est, quandò jejunium non sinè gravi incommodo, sivè sinè magna difficultate extrinseca, quæ
magno incommodo æquiparatur, sustineri potest,
ut dicunt *Abelly pag.* 412. *n.* 2. *Viva n.* 3. *Tamb.*
n. 14. *et Croix n.* 1324 *cum Bon. etc.* Hinc 1. non tenentur jejunare ii, quibus jejunium affert gravem
capitis dolorem, ut dicunt *Holzm. n.* 14. *Elbel n.* 507.
et Sanch. dub. 14 *n.* 10. *cum Abul. Navar. et Gabr.* 2.
Excusantur ii, qui jejunando non possunt noctu cale-
fieri, vel per notabile tempus somnum capere, ut
communiter docent DD. ut *Sanch. dub.* 14 *n.* 10. *et*
Salm. c. 2 *n.* 125. *Pal. n.* 9. *Spor. n.* 53. *Holzm. n.* 14.
Less. n. 40. *Laym. n.* 3 etc. An autem isti teneantur
eo casu manè sumere collatiunculam, ut serò possint
comedere, et sic servare jejunium? affirmant *Ronc.*
c. 1. *Reg. prax.* 4. *Conc. pag.* 310 *n.* 41. *Salm. c.* 2
n. 83. *et Croix n.* 1325. *cum Sanch. dub.* 27 *n.* 4. Ratio,
quià ille, qui tenetur ad finem, tenetur etiàm ad media
non difficilia. Sed valdè probabiliter id negant *Elbel*

n. 5o7. *Tamb.* §. 7 *n.* 14. *Fill. tom.* 2 *tr.* 27 *c.* 6 *n.* 13o.
Viva c. 5 *n*, 3. *cum Fagund. Diana p.* 1 *tr.* 9 *R.* 51.
item *Lop. Sanctius, et Soth. ap. Croix loc. cit.* Ratio,
ut alii dicunt, quià nemo tenetur ordinem pervertere, sed potest communi aliorum consuetudini se uni-
formare. At hæc ratio debilis est, nam refectionem
ad vesperam transferre, reverà non est ordinem pervertere, sed illum perfectiùs servare, cùm hæc erat
antiqua disciplina. Ratio potior est, quià dilatio comestionis usquè ad vesperam reverà medium est non
solùm extraordinarium, sed grave afferens incommodum, cum in eo non leve perfecatur incommodum,
quà ratione derogatum est antiquæ disciplinæ, quæ
olim tàm rigorosè fuit observata.

3. Excusantur milites, sivè sint in castris, sivè in
hospitiis, ut dicunt communiter *Concina pag.* 323
n. 2. *Roncag. c.* 2 *Reg. prax.* 2. *et Salm. cap.* 2 *n.* 141.
cum Leand. Pasqualig. et aliis. Ratio, tum quià ipsi
magnos labores perferunt, tum quià statis horis non
possunt comedere, nec congruum habent cibum pro
jejunio.

· 4 Excusantur uxores, quæ aliàs jejunando magnam
paterentur indignationem à viris, ut *Less. n.* 44. *Azor.*
c. 189.7 *Viva art.* 6 *n.* 6. *Sanch. de Mat. l.* 9 *D.* 3 *n.* 13
et 26. *Salm. c.* 2 *n.* 127. *Holzmann. n.* 16. *et Sporer*
n. 65. *cum Cajet. Sylvest. Nav. Laym. etc.* Modò jejunium à viro non prohibeatur in contemptum Religionis, vel præcepti Ecclesiæ. Pariter *Sanch. l. c. de*
Matr. n. 12. *Viva art.* 6 *n.* 3. *et Tamb. n.* 45. excusant
à jejunio puellam petentem nuptias, si timeat, ne jejunando notabiliter deformetur. Sed rectè ait *Croix n.* 326.
hoc practicè vix esse probabile, cum vix accidat ex jejuniis ordinariis Ecclesiæ hanc notabilem deformita-
tem causari. Bene autem excusantur viri, si jejunando
non possint uxoribus debitum reddere, quià præceptum justitiæ debet prævalere præcepto humano
jejunii. ità *Sanch. l. cit. n.* 10. *cum Cajet. Arm. Nav.*
Sa, Val. etc. Laym. n. 4. *Holzmann. n.* 16. *Tamb. n.* 37.
et Salm. c. 2 *n.* 127. *cum Less. etc.* Idem sentit *Conc.*

pag. 317. *n.* 14. censet; tenêri virum priùs precibus hortari conjugem, ut à petendo desistat : Si tamen hoc omitteret, non putarem eum peccare, saltèm mortaliter. Si autem vir servans Ecclesiæ jejunia, et alia moderata ex devotione, redderetur minùs potens ad debitum reddendum; non teneretur ab eis abstinere; quià non tenetur cum spirituali jactura illa omittere, ut potentiorem se reddat, uti dicunt *Sanch. n.* 5. *cum Gabr. Soto, Sylvest. Angles etc. ac Croix n.* 1338. *cum Cornejo, et Steph.* Non autem excusantur conjuges à jejunio, si cum illo debitum petere non possint, ut *Croix loc. cit. et Tamb. n.* 40. qui tamen *n.* 41. probabiliter excusat conjugem advertentem in altero, nisi petat periculum incontinentiæ, vel gravem suspicionem concipientem. quod ipse adulteratus fuerit, vel alium diligat.

5. Excusantur universè Adolescentes usquè ad annum 21. completum, ut docet *D. Thom.* 2. 2 *q.* 147 *art.* 4. cum aliis communiter : Hi enim indigent majori et crebriori cibo, tàm ad augmentum naturæ, quàm ad vires solidandas. Sentit autem *Durandus in* 4. *Dist.* 15. *quæst.* 10. *art.* 4. quod, si aliquis adolescens esset robustus, et in ipso natura jam attigerit terminum augmenti, is teneretur ad jejunia; sed hæc opinio est contrà communem, et contrà *D. Thomam l. cit.* qui prorsus deobligat juvenes antè finem tertii septennii, et tantùm subdit; *Conveniens tamen est, ut etiàm in hoc tempore ad jejunandum se exerceant.* An verò aliquis adolescens complens 21. annum, v. g. horâ tertiâ, vel nonâ, teneatur eo die jejunare ? Negant *Escob. pag.* 108 *n.* 364. *Sporer pag.* 286 *n.* 41. *et Trull. Diana, etc. ap. Salm. cap.* 2 *n.* 120. quià, ut hi dicunt, præceptum jejunii respicit totum diem integrum, tamquàm unicum objectum præcepti. Sed probabiliùs affirmant *P. Concina p.* 289 *n.* 3. *Sanch. de Matr. lib.* 2 *D.* 24 *n.* 23. *et Salm. l. cit. cum Bon. etc.* Ratio, quià præceptum obligat statim ac tempus obligationis advenerit; proùt qui perveniens ad locum, ubi tenetur ad jejunium, obligatur jejunare, statim ac eò pervenerit.

1036   6. Excusantur Senes; Sed de his dubitatur 1. an sexagenarii indistinctè sint ab·obligatione jejunii immunes? Communiter DD. docent, sexagenarios excusari in dubio de validitate virium, nisi oppositum constet, ità *Bonac. p. ult. n. 4. Less. n. 41. Laym. n. 2. Sanch. dub. 4. n. 7. Abelly n. 2. Sporer n. 50. cum Nav. Tol. etc.* Ratio, quià in istis præsumptio in dubio stat pro imbecillitate virium, ut à jejunio excusari censeantur. Sed dubium fit, an teneatur jejunare, si quis certè robustus inveniatur? *Prima* sententia affirmat, eamque tenent *Fill. tract. 27. cap. 6 q. 4 n. 112. Elbel n. 458. Bon. p. ult. n. 4. cum Valent. Abul. Rodr. Reg. Laym. n. 2. cum Nav. Cajet. Tol. Sa, etc.* Ratio, quià illi, qui in ea ætate vires validas habent, non reputantur ut senes. Hæc quidem est probabilis, sed non minùs probabilis est sententia opposita, quam tenent *Sanch. de Matrim. lib. 7 D. 22 n. 17. Escob. pag. 108 n. 367. Holzmann n. 17. Roncaglia quæst. 4 R. 1. qui* eam tutam vocat. *Viva artic. 6 n. 8. cum Trullench. Moff. etc. Salm. cap. 2 n. 130. cum Villad Leand. etc.* et probabilem putant *Azor. cap. 17 q. 4. Palaus §. 5 n. 6. cum Sa, et Angles, Elbel pag. 166 n. 458. ac Mazzot. to. 1 pag. 428.* Ratio, tum, quià sic fert universalis consuetudo, ut testantur communiùs DD. apud *Roncaglia,* tùm, quià aliàs esset res multis scrupulis obnoxia, examinare, an aliquis sexagenarius sit vel ne sufficienter robustus ad jejunium sustinendum. Sed ratio potior est, quià hujusmodi senes, tàm ob virium imbecillitatem, quàm ob defectum caloris, nequeunt simùl alimentum sufficiens sumere, egentque cibo frequentiori; et licet nonnulli in tali ætate robusti videantur, eorum tamen robur est de facili illusivum et inconstans, cùm negari non possit, in hujusmodi senibus vires deficere et prolabi in interitum, ità ut, si in morbum incidant, difficulter perfectè convalescant, undè *Galenus l. 5 de Sanit. tuenda* sic dixit: *Senibus simili ratione iis, qui ex morbo convalescunt, in victu esse curandum.* Hinc commune adagium prodiit; *Senectus ipsa morbus est.*

. Nec obstat dicere cum *Elbel*, quod senes antè sexagesimum annum certè teneantur ad jejunium : ùndè, cùm dubium accedat,, aù deindè ob ætatem excusentur, prævalet præceptum. Nam respondetur I. quod, cùm dubitatur, an lex comprehendat aliquem casum, aut subjectum, non obliget ; quià tunc prorsùs perinde est, ac si dubitetur, an existat lex vel non pro illo casu, aut subjecto.; et ideò prævalet libertas, ut docent *Sanch. Dec. l.* 1 *c.* 10 *n.* 33. *Palaus t.* 1 *tr.* 1 *D.* 3 *p.* 7 *n.* 2 *cum Salas*, *Salm. de Leg. c.* 2 *n.* 110 *et Tamb. Dec. l.* 1 *c.* 3 §. 7 *verb. Leges*, *n.* 1. An verò sexagenarii comprehendantur à lege, vel non , est quidem dubium ; imò valdè probabiliter negatur, ut ostendimus ; ùndè hoc casu , non lex, sed libertas prævalet. Respondetur 2. quod, etiàmsi eo casu possessio staret pro lege, sexagenarii nec etiàm tenerentur ad jejunium ; quià , cùm senes ad eam ætatem perveniunt, duabus ipsi obligationibus obstringuntur, unâ servandi præceptum Ecclesiæ, alterâ tuendi valetudinem ; unde sicùt in dubio prudens timor gravis incommodi excusat à recitatione Officii, ut communiter dicunt *Holzmann. t.* 1 *pag.* 451 *n.* 486. *Viva de* 1. *Præc. q.* 3 *art.* 6 *n.* 3. *Salm. de. Hor. Canon. c.* 3 *n.* 36, *cum Sanch. Pelliz. Trull. et aliis*, ac ipse *Elbel t.* 2 *p.* 556 *n.* 443 ità excusat etiàm sexagenarios à præcepto jejunii ; præceptum enim naturale servandi sanitatem præponderat præcepto ecclesiastico jejunii , cùm in talibus senibus adhùc robustis , ut ait *Palaus n.* 8 semper adsit periculum moraliter certum gravis nocumenti , aut diminutionis virium , quæ semel amissæ , numquàm reouperantur.

An autem annus sexagesimus debeat esse completus, ad excusandum ? Affirmant *Sporer et Elbel ll. cc.* Sed alii dicunt sufficere, ut sit inchoatus, *Viva art.* 6 *n.* 8. *Mazz. t.* 1 *pag.* 428. *Diana p.* 6 *tr.* 14 *R.* 83 *cum Naldo*; et probabile putat *Pal.* § 5 *n.* 6 *cum Sa., Angles*, et *Llamas*. Ratio, quià communiter dicitur sexagenarius, qui annum sexagesimum inchoavit.

. Dubitatur 2. An excusentur à jejunio fœminæ quinquagenariæ ? Prima sententia affirmat , quam tenent

Escobar p. 109 *n.* 372. *Renzius p.* 593 *quæst.* 4 *et Nar-*
bena , Machad. ac Pelliz. op. Diana p. 9 *tr.* 7 *R.* 73 *et*
hauc approbat etiàm *Sanchez ,* qui, licet *in Tract. de*
Matr. in dubium eam revocaverit, in Opusculo tamen
Consiliorum *dub.* 4 *n.* 5 *cum Cajet. et aliis* eam absolutè. docet ; et probabilem putant *Viva art.* 6 *n.* 8 *et*
Mazzot. tom. 1 *p.* 428. Ratio istorum, quià in fœminis
antecedit senectus , ità ut quinquagenariæ nequeant
ampliùs generare. *Secunda* verò sententia, quam te-
nent *Laym. c.* 3: *Salm c.* 2 *n.* 131. *Tamb.* §. 7 *n.* 5. *Croix*
num. 1318. *Holzmann. p.* 336 *n.* 17. *Elbel p.* 187 *n.* 507.
Anacl. p. 393 *n.* 64. negat quinquagenarias excusari,
nisi adsit specialis circumstantia infirmitatis , vel debilitatis ; quià experientiâ constat, quod fœminæ sine
detrimento valetudinis faciliùs jejunent , cùm ipsæ
minori indigeant cibo. Primam sententiam non audeo
improbare, sed nequè audeo probabilem dicere, dum
video illam à *Laym. Tamb. Elbel , et la-Croix* cum
aliis omninò rejici , et *Dianam* dubitare de sua probabilitate.

1038   Dubitatur 3. An, qui voverit jejunare, puta semel
in hebdomada, *toto vitæ suæ tempore*, teneatur ad jejunium in ætate sexagenaria ? *Prima* sententia , quam
tenent *Sanchez. Dec. l.* 4 *c.* 11 *n.* 54. *Bon. p. ult. n.* 4.
Renzius tom. 2 *pag.* 594 *q.* 6. *Palaus* §. 5 *n.* 8. *Escob.*
l. 94 *n.* 379 *et Tamb.* §. 7 *n.* 9. *cum Fag. so Diana ,* negat , nisi quis expressè voluerit se obligare ad jejunandum post sexagesimum annum. Ratio istorum ,
quià votum , cum sit lex particularis , non obligat nisi
ad instar legis Ecclesiasticæ. *Secunda* tamen verior sententia, quam tenent *Laym. n.* 3. *Spor n.* 51 : *Anacl. n.* 78.
Holz. n. 26. *Elbel. n.* 528. *et Ronc. cap.* 2 *q.* 4 *R.* 1. affirmat, eum tenêri, nisi adveniat specialis ratio debilitatis.
Ratio, quià votum, quàmvis obliget ad instar praecepti
Ecclesiastici quòad modum, non tamen quòad personas;
undè sicut adolescens antè 21 .annum potest se obligare
ad jejunandum, ità et senes post annum sexagesimum;
et satis praesumitur ad id voluisse se obstringere ,
qui vovit jejunium *usquè ad mortem* sivè *toto vitæ suæ*

tempore. secùs autem dicendum cum *Anacl. et Elbel*, si quis voveat sine tali expressione, et non advertat ad aetatem sexagenariam ; tunc enim non tenetur, 'quià eo casu vel censetur se obligâsse adinstar praecepti ecclesiastici, juxtà primam sententiam : vel quià tunc supervenit notabilis mutatio, ad quam, si advertisset, non intendisset se obligare, juxtà dicta *n.* 226.

'Dubit. 4. An Religiosi sexagenarii excusentur à jeju- [1039] niis Regulae ? Affirmant *Sporer p.* 287 *n.* 51. *Holzm. p.* 340 *n.* 26. *Tamb. de Jure Abb. D.* 12 *q.* 5 *n.* 7. item *Rodr. Pasqualig. et Sanctius ap. Salm. c.* 2 *n.* 132. Quià pariter dicunt praeceptum Regulae obligare adinstar praecepti ecclesiastici. Sed negant *Azor. qu.* 3. *Elbel pag.* 167 *n.* 480. *Roncaglia q.* 4 *R.* 1. *et Salm. c.* 2 *n.* 132. *cum Bordon. etc.* Ergò distinguendum puto, et dico, eos non excusari, si in Regula, quam Religiosi profiten- tur, expressè promittatur observantia *usquè ad mor- tem*. Secùs, si promissio fit sine illa clausula *usquè ad mortem*, juxtà, id quod diximus in praecedenti dubio. Et hujus sententiae videntur quidem esse *Salmanticen- ses*, cum asserant, in sua Regula (secundùm quam lo- quuntur) observantiam *usquè ad mortem* promitti.

Dubitatur 5. An jejunium subrogatum voto Castita- [1040] tis obliget voventem post 60. annum ? Negat *Tamb.* §. 7. *ex n.* 10. *cum aliis*, quià in illa aetate, ut ait, Ipsa senectus, utpotè magnis infirmitatibus obnoxia, aequi- valens est morbo à jejunio excusanti. Affirmat verò *La-Croix n.* 1320. dicens, quod, sicut senes tenerentur in ea aetate ad Castitatem, sic teneantur ad jejunium illius vice impositum. Sed haec ratio non convincit, nam nimis probat : probaret enim, quod, si vovens gravi laboraret morbo, adhùc teneretur ad jejunium. Quapropter, cum senectus morbo aequiparetur, ejus- demque aerumnis subjiciatur, non omninò improba- bilis videtur prima sententia ; Sed cum res sit valdè dubia, putarem hunc tenêri ad impetrandam dispen- sationem, pro quà aetas illa est quidem sufficiens causa.

III. Causa est *Labor*. Ante omnia hìc est advertenda [1041]
Tom. III.   22

Propos. 30. damnata ab Alex VII. quæ dicebat : *Om-nes Officiales , qui in Republica corporaliter laborant, sunt excusati ab obligatione jejunii ; nec debent se cer-tificare , an labor sit compatibilis cum jejunio.* Meritò Pontifex præfatam Propositionem damnavit, quià se-cundùm eam omnes laborantes, sivè ob officium, sivè ob recreationem , sivè labor esset compatibilis , sivè non cum jejunio , essent excusati , quod falsum est. Ideò igitùr fuit illa proscripta , quià nimis generaliter loquebatur. Cæterùm omnes artes , quæ exercêri non possunt, nisi cum ingenti corporis agitatione , à jeju-nio excusant, eò quod in eis multi spiritus consumun-tur. Hujusmodi artes laboriosas exercêre , et à jejunio excusari, ex communi sententia dicuntur Fossores, Agri-colæ, Lapidicinæ, Figuli, Textores, Lanarii, Fullones, Bajuli , Aurigæ, Nautæ remigantes , Fabri lignarii, ferrarii et murarii ; ità communiter *Salm. c.* 2 *n.* 136. *Concina pag.* 320 *n.* 2. *Elbel n.* 508. *et alii.* Iis meritò adduntur Cursores cum *Sanchez dub.* 10 *n.* 6. *Wigan. n.* 92. *Ronc. c.* 2. *Reg. in prax.* 2, *Spor. n.* 58. Sutores, qui calceos conficiunt, non verò qui coria scindunt, *Sanch. d. dub.* 10 *n.* 7. *Salm. n.* 136. *Elbel n.* 508. *Az. q.* 8. *Pal. n.* 10. *Wigandt n.* 92. *et Sporer n.* 58. Item Furnarii, *Salm n.* 136. *Holzm. n.* 15. *Palaus n.* 8. Pi-stores , *Azor. q.* 8. *Elbel n.* 508. *Pal. n.* 8. *Holzmann n.* 15. Coqui , plures dapes et multis personis præ-parantes , si ferè per diem laborent , ut *Salm. ll. cc. Roncaglia Reg.* 2. *in prax. et Tamb n.* 27. Secùs, si pauca fercula parent , vel tantùm præsideant inferio-ribus ministris. Typographi prælum versantes , non verò typos componentes, *Concina pag.* 322. *n.* 7. *Salm. n.* 136. *Holzm. n.* 5. *Elbel n.* 508. Famuli, qui vehe-menter totà die incumbunt majoribus laboribus , ut *Laym. n.* 3 *et Sporer n.* 58. non verò Ancillæ lanam aut linum nentes , aut similia levia servitia domûs ex-hibentes , ut *Tamb. §.* 7 *n.* 25. Secantes lapides, per-cursantes urbem ad vendendas merces, *Croix n.* 1330. ornantes Templa scalas circumferendo, *Tamb. §.* 7 *n.* 30, qui autem benè advertit , omnes hos laborantes non excusari à jejunio, si laborént saltèm per majorem diei partem, non verò si per duas vel tres horas.

Barbitonsores communiter non excusantur, ut docent *Less. c. 2 n. 43. Laym. c. 3 n. 3 et Salm. cap. 2 n. 39 etc. cum communi.* Excipe, nisi aliquis artem suam sine refectione exercêre non valeret propter laboris molestiam, vel propter complexionis debilitatem, ut dicunt *Palaus. p. 2 § 5 n. 10. Sanch. c. 1 dub. 7 n. 8. Mazzotta tom. 1 p. 429. Concina p. 321 n. 6 et Led. Fag. ac Leand. ap. Salm. l. c. ex Less. d. n. 43.* Item *Palaus n. 10 et Led. Angles ap Sanch dub 6 n. 7* excusant etiàm Sartores; sed hoc non admittendum, nisi ipsi peculiari debilitate laborent, ut ait *Concina p. 371 n. 6* vel nisi aliquandò deberent extraordinario labore etiàm per magnam noctis partem suere, ut evenire posset, si aliqua festivitas immineret, et non possent necessarias vestes conficere, ut dicunt *Ronc. Reg. in prax. 2 et Salm n. 139.* Pictores, et Scribae, sivè Notarii non excusantur, ut veriùs docent *Salm. n. 140. Tamb. n. 25. Viva art. 6 n. 4 et Elbel n. 508 cum communi,* ut asserit (contrà *Henr. Machad. Leand. et Pasq. ap. Salm. ibid.*) nisi labor sit talis, ut non posset exercêri cum jejunio, sine magna difficultate. Nequè Horologiarii, ut ait idem *Elbel;* Sed excipe eos, qui magna horologia conficiunt, ad quae construenda magnis viribus opus est.

Alii absolutè excusant Molitores, Argentarios, et Sculptores; At *Concina p. 326 n. 6* hos non excusat, nisi ob debilitatem personae. Sed meliùs puto dicendum, in his attendi dêbere qualitatem laboris, an sit gravis, et cum jejunio incompatibilis: Regula enim communiter recepta est cum *Lessio n. 43* quòd, qui sine magno incommodo nequit aliquam artem, etsi per se non laboriosam, exercêre, vel propter debilitatem personae, vel propter aliam peculiarem circumstantiam, is non teneatur ad jejunium.

Hîc quaeritur 1: An Artifices divites, qui ex officio 1042 exercent artes laboriosas, peccent, si die jejunii laborem assumant; *Prima sententia* probabilis affir-

mat, quam tenent S. Antonin. 2 p. tit. 6 cap. 11 § 8
Concina p. 319 n. 1 cum Fabr. Durando, et Armill. Et
hanc claré tenent etiam S. Thomas 2. 2 q. 147 art. 4 ad
3 ubi sic ait : Si..... operis labor commodè differri possit,
aut diminui absque detrimento corporalis salutis, et ex-
terioris status, qui requiritur ad conservationem corporalis, vel spiritualis vitæ; non sunt propter hoc Ecclesiæ
jejunia prætermittenda. Verùm secunda communis sententia, quam tenent Sylvest. v. Jejunium n. 4. Nav. c.
21 n. 16 Salm. n. 134 Viva in prop. 39. Alex. VII Less.
n. 42. Ronc. c. 2. Reg. in præx. 2 Elbel n. 518. Sanch.
dub. 7 n. 4 cum Tol. Led. Met. et alii innumeri, dicit
hos non peccare, quàmvis non indigeant pro sui vel
suorum sustentatione. Probatur 1. ex Decreto, sivè
Oraculo vivæ vocis prolato ab Eugenio IV anni 1440.
ut testantur omnes AA. citati, utque habetur in Compend. Privilegiorum. Fratr. Minor. verb. Jejunium n. 2.
In illo enim sic fertur Pontifex declarâsse : Artifices
laboriosos artes exercitantes, et rustici, sivè divites sint,
sivè pauperes, non tenentur jejunare sub præcepto peccati mortalis. Et quod absolvi possunt, et induci ad elee-
mosynas, et alia bona opera facienda. Alicui hujusmodi Declaratio visa est apocrypha, dicenti 1. Inepta
vidéri verba illa, sub præcepto peccati mortalis; ergóne
declarat Pontifex tenéri sub veniali? et cur? Sed respondetur, quià facilè hujusmodi divites possunt venialiter peccare, assumendo laborem propter cupiditatem lucri, juxtà dicta n. 885. Et ob hanc causam
rationabiliter monet Pontifex eós inducendos esse ad
alia bona opera facienda. 2. Inepta etiàm vidéri alia
verba illa, et quod absolvi possunt : Si non peceant, à
qua culpa absolvi debent? Sed hoc clarè intelligitur;
eo quod forte ii, tamquàm indispositi, à Confessariis
dimittebantur, proptereà Eugenius declaravit bene eos
absolvi posse, non quidèm à transgressione jejunii, sed
ab aliis peccatis confessis. Cæterùm, usquedum mihi
non constabit falsitas hujus declarationis, numquàm
audebo eam apocrypham dicere, póstquàm tot classici
Authores communiter pro vera illam habeant, et super

ex suam sententiam fundent. Ratio autem hujus sententiæ mihi videtur esse, quia valdè interest Reipublicæ, ne causâ jejunii Operarii intermittant exercêre artes, quibus ex suo officio incumbunt; si enim diebus jejunii tantùm pauperes laborare possent sine jejunii obligatione, plures, quibus non est opus actualiter laborare ad se sustentandum, laborem intermitterent, quod certè verteret in notabile Reipublicæ detrimentum.

Quæritur 2. An Artifices, qui laborando sine gravi 1043 incommodo jejunare valent, teneantur ad jejunium? *Prima* sententia negat, quam tenet *Tamb.* §. 7 n. 18 *et Leand. et Pasqual. ap. Concina p.* 320 *n.* 3. Ratio, tum quia consuetudo communiter à jejunio eximit omnes, qui laboriosas artes exercent; leges autem non respiciunt, quod rarò, et per accidens evenit; sed quod communiter, et per se contingit; tum quia ab Eugenio IV. in præfata Declaratione omnes hi fuêrunt dispensati. *Secunda* verò sententia, quam tenent *Bonacin. p. ult. n.* 8. *Concin. l. c. Viva in prop.* 3o *damn. ab Alex. VII Regin. l.* 4 *c.* 16 *n.* 216 affirmat, eos tenêri, modò tamen sit manifestum, quòd ipsi jejunando grave non subeant incommodum; cùm ex una parte lex universè obliget omnes, qui valent cum levi incommodo jejunare: et ex altera satis non constet, Eugenium voluisse cum eis dispensare. Secùs verò dicendum, si dubium sit, an jejunando grave perferant incommodum; quia ex communiter contingentibus in dubio præsumitur jejunium non esse compatibile cum artibus laboriosis. Hæc secunda sententia, speculativè loquendo, videtur probabilior; sed in praxi vix reperietur unus, qui ex hujusmodi labore non graviter relaxetur.

Quæritur 3. An excusentur à jejunio exercentes ar- 1044 tes laboriosas his diebus, quibus vacant à labore? Commune est inter DD. quòd ii, qui uno vel altero die non laborant, non teneantur jejunare. Ità *Sanch. dub.* 7 *n.* 10. *Bon. p. ult. n.* 8. *Azor. c.* 179. 8. *Ronc. c.* 2 *Reg. in prax.* 2. *Elb. p.* 189 *n.* 518. *Tam. §.* 7 *n.* 24. *Croix n.* 1385 *cum Mendo*, *et Diana*. Ratio, quià, primo die excusantur, ad reficiendam lassitudinem propter laborem assumptum die præcedenti : altero, ad servandas vires propter labores in subsequenti die assumendos. Sed quid, si illis duobus diebus posset aliquis sine gravi incommodo jejunare? *Bonac. l. c. Led. et Med. apud Viva in d. prop.* 30 *Alex VII n.* 9 affirmant, eos tenêri, nisi experti jam fuerint ex præcedenti labore se laxatos manêre, vel minùs aptos reddi ad laborem pro die sequenti. E contrario *Elbel p. 189 n.* 518. *Sanch. dub.* 7 *n.* 10 *cum Victoria, etc. Diana p. 1 tr.* 9 *R.* 9 *cum Fag. et Hurtado* absolutè eos excusant, quià ipse labor lassitudinem refert. At ego sentio cum *Viva l. c.* pariter distinguendum, ut in præcedenti quæstione, nempè, quòd si manifestè ipsi grave incommodum ex jejunio non sustinerent, tenerentur jejunare; Secùs si non manifestè; in dubio enim excusantur, quià ex communiter contingentibus præsumptio stat pro necessitate alimenti, ut vel reficiantur à labore exercito, vel idonei reddantur ad laborem exercendum.

1045 Quæritur 4. An, qui laborem assumit, ut eximatur à jejunio, excusetur à culpa? Non videtur dubitandum, quin hic, postquàm graviter est defatigatus, etiàm nullo fine, et etiamsi præviderit defatigationem illam fore incompossibilem cum jejunio, ad illud non teneatur, ut communissimè docent *Laym. l.* 4. *tr.* 8 *c.* 3 *n.* 5. *P. Concina tom.* 5 *pag.* 308 *n.* 2. *Sporer n.* 61. *cum Med. ac Diana, et Sylvest. Palud. Sanch. Pal. Fill. et Pasqual.* (qui asserit communem esse sententiam) *apud Croix l.* 3 *p.* 2 *n.* 1334. Ratio, quià jam ille est factus moraliter impotens ad jejunandum. An autem iste, apponendo impedimentum, peccet contrà jejunii præceptum? Negat *Salm. de Leg. c.* 2 *n.* 164. *cum Pasq. Sanctio, et Recaful. ap. Croix l. c.* Ratio, ut dicunt, quià tunc ille utitur jure suo, quo potest se extrahere ab obligatione legis, sicùt se eximit ab obligatione jejunii, qui egreditur è sua Patria, ubi aderat obligatio jejunandi, ut alium locum adeat, in quo tale præceptum non adest. Sed omninò affirmandum

cum sententia communi , quam tenent *Sanch. Cons.*
l. 5. cap. 1. *dub.* 7 *n.* 13. *Azor. tom.* d *l.* 7 *c.* 17 *n.* 9.
P. Concina tom. 5 *p,* 140 *n.* 2. *Mazzotta tom* 1 *p.* 126.
et Diana p. 3 *tr.* 14 *R.* 11. qui ait ab hac sententia non
recedendum , quidquid priùs alibi dixerit : item *Viva*
q. 10. *art.* 6 *n.* 7. *et Croix l. c.* qui dicunt, contrariam,
sententiam communiter rejici. Ratio, quià , licet ia
non peccet contra præceptum jejunii, omittendo jejunium post defatigationem , peccat tamen, quià operatur in fraudem præcepti ; omnis enim lex obligat , ne
quid fiat datâ operâ, ut lex eludatur, ex *D. Thom.*
vide *num. seq.*

Quæritur 5. An peccent contra legem jejunii , qui ₁₀₄₆
sinè justa causa laborem assumunt, quàmvis non in
fraudem præcepti? *Negant Roncaglia. tr.* 9 *c.* 2. *Rog.* 1,
Bonac. Led. Med. Leand. Pasqual. et alii ap. Croix l. 3
p. 2 *n.* 1334. Sed oppositum pariter omninò tenendum,
ut censent *Laym. l.* 4 *tr.* 8 *c.* 3 *n.* 5. *Sanch. Cons. l.* 5
c. 1. *dub.* 8 *n.* 2. *Palaus tr.* 30 *D.* 3 *p.* 2 §. 5 *n.* 10.
cum *Nav. cajet. Tol. Abul. Fill. etc. communiter* , item
Croix , *l. c.* cum *Sanch. Diana* , ac *aliis* . Et hanc clarè
docet *S. Th.* 1. 2 *q.* 71 *art.* 5. ubi loquens de eo, qui occupat se talibus, quibus ab eundo ad Ecclesiam impeditur,
(nempè ad Sacrum audiendum), damnat de peccato
omissionis ; et rationem adducit : *Qui enim vult aliquid,*
cum quo aliud simul esse non potest, ex consequenti vult
illo carêre. Nec obstat dicere, quod, si quis obligatus ad
Sacrum audiendum , aliò pergat , ubi non adest tale
præceptum , eo fine, ut eximatur, vel prævidens, se sic
eximi ab obligatione Missæ, non peccat. Nam benè respondet *Mazzotta l. c.* quòd hic talis , aliò eundo ,
omninò eximatur à debito Sacri audiendi , sed qui opus
assumit ad se liberandum, vel prævidens, se liberatum
iri à jejunio , adhùc remanet ad illud obligatus , licet
posteà propter laborem assumptum à jejunio excusetur. Notat autem *Sanch. Cons. l.* 5. *cap.* 1 *dub.* 7 *n.* 16.
cum *Victor. et aliis*, quòd, si quis non ad recreationem ,
sed ad finem utilem , licet non necessarium , assumit
laborem , non peccet contrà præceptum jejunii , si

posteà non jejunet. Et idem ait *n.* 17. de itinerante
ex aliqua causa honesta, etsi non necessariâ, puta ad
visendos propinquos, vel Patriam, ad venandum, ad
ludendum pilâ ; tunc enim semel, vel iteràm excusat.
Sed his non universè acquiesco ; præsertim, si solâ
delectationis causâ, iter, sivè alius labor suscipiatur,
ut benè ajunt *Abelly p.* 412 *n.* 3. *et Sporer n.* 61. Cæterùm probabiliter *Ethel p.* 191 *n.* 526. *Sporer n.* 60.
cum Laym. et Sanch. dub. 7 *n.* 2 *cum Caj. Nav. Angles,*
et aliis communiter, excusant à culpa eos, qui, licet
ex proprio officio non laborent, tamen laborem aliquem magnum assumunt ob rarum lucrum, sicut
probabiliter non peccant, qui ob hujusmodi causam laborant die festivo, ut ait idem *Sanchez,* utque diximus *de 3. Præcep. n.* 301. *et n.* 332. *cum*
aliis.

1047   Ratione pariter laboris excusantur à jejunio iter
facientes pedestres per majorem diei partem, ut probabiliter docent *Sanch. dub.* 10 *n.* 2. *Less. c.* 2 *n.* 43.
Holzmann. p. 335 *n.* 15. *Pal.* §. 5 *num.* 10. *et alii*
communiter. Sicque pariter excusantur Muliones, et
Agasones pedestres, mulas, aut asinos ducentes, ut
Salm. cap. 3 *num.* 137. *cum Sanch. Pal. Tol. Laym. etc.*
Hoc tamen intelligitur 1 nisi persona, completo itinere, et aliâ refectione non sumptâ in notabili quantitate, jam posteà satis se reficiat, tunc enim nequit
secundam comestionem facere, nisi die sequenti iter
prosequi deberet. Intelligitur 2 nisi iter commodè
differri possit, ut docet *D. Th.* 2. 2 *q.* 147 *art.* 4 *ad*
3. dicens : *si peregrinatio.... commodè differri possit....*
non sunt propter hoc Ecclesiæ jejunia prætermittenda.
Et eum sequuntur *Less. n.* 43. *et Laym. n.* 3. *cum*
Sylvest, Tol. et Medin. Quando autem, incepto itinere, jejunii dies intercurrit, non tenetur itinerans
ab illo desistere, ut jejunet, uti docent *Sanch. dub.*
11 *n.* 5 *cum Abul. Laym. c.* 3 *n.* 5. *et Sporer n.* 66 *cum*
aliis communiter.

   Sed dubitatur 1. Quale iter, communiter loquendo,
sufficiat ad excusandum ? *Pasqualigus apud Crois-*

n. 1344. dicit, satis esse iter septem milliarium, id est
duarum leucarum , et mediæ (leuca enim importat
hîc spatium milliarium , sivè unam horam itineris):
Sed hæc opinio ab aliis non recipitur, qui probabiliter dicunt, requiri ad excusandum saltèm iter quatuor
vel quinque leucarum , ut *Salm. n.* 145. *Pal.* §. 5
n. 10. *Viva art.* 6 *n.* 4. *cum Trull. et Diana ;* quàmvis
La Croix cum Bonac. Fill. etc. requirat iter ad minùs
quinque leucarum, id est 15 milliarium. Si tamen via
esset tàm ardua , aut tempus tàm asperum., aut si
itinerans esset adeò debilis , vel itineri non assuetus ,
ut non posset jejunare sine magna difficultate ; ob
has causas aliquandò posset eum excusare à jejunio
iter etiàm sex milliarium, vel minùs; ità *Sanch. dub.*
10 *n.* 3. *Salm. n.* 137. *Roncag. Reg.* 2. *in prax. et*
Croix l. c. Sic pariter *Tamb.* §. 7 *n.* 25 *in fine* rectè
excusat famulos pedestres comitantes Dominum , qui
per totum diem equitaret per Urbem. Et sic adhùc
probabiliter quidam doctus excusabat famulos , qui
jugiter per diem inserviunt, ambulantes ad emendum ,
ad comitandum , ad litteras ferendas , et similia.

Dubitatur 2, an iter facientes equis, vel rhedis , excusentur à jejunio? Damnata quidem fuit prop. 31
ab Alex. VII. quæ dicebat : *Excusantur absolutè à*
præcepto jejunii omnes illi , qui iter agunt equitando,
utcumque iter agant , etiàmsi iter necessarium non sit ,
et etiàmsi iter unius diei conficiant. Sed communiter
DD. excusant eos , qui sic itinerantur per plures dies ,
ut *Salm. n.* 138. *Sanch. dub.* 10 *n.* 5. *Ronc. c.* 2 *Reg.*
2 *in prax. Laym. n.* 3. *et Viva art.* 6 *n.* 4. *cum Trull.*
(*Viva* tamén, et *Laym.* requirunt, ut tale iter sit saltèm per octo dies; sed hoc videtur nimis rigorosum).
Benè autem advertit *Viva*, quod hujusmodi itinerantes non excusentur , si constet eos sine magno incommodo posse jejunare. Præterea , rectè dicunt *Croix ,*
Ronc. ll. cc. et Salm. n. 137 *et* 138. *cum Sanch. Azor.*
Tol. Trull. etc. posse aliquandò excusare iter etiàm
únius diei , si agendum esset cum magna defatigatio-
ne, ut evenit Cursoribus ; vel si equitans sit debilis ,

aut témpus sit asperum, vel iter arduum , aut extraordinarium: Iter autem octo, vel decem leucarum putant
non esse extarordinarium *Salm. cum Sanch. Tol. Trull.
Lastra, Corella*, etc. contrà *Machad. Dianam , Leand.
etc. ib.* Meritò autem hic notat *Viva d. art.* 6 *n.* 11.
cum Sanch. dub. 32. quòd itinerantes , si non habeant
cibos quadragesimales sufficientes , quibus sustenten-
tur, potiùs debeant refici lacticiniis, adhùc in Quadragesima, et servare jejunium, quàm aliis legalibus cibis
levioribus vesci et jejunium frangere , quià observantia jejunii præstat abstinentiæ à lacticiniis.

1048   IV. Causa excusans est *Pietas*: Communiter docent
DD. propter hujusmodi causam pietatis posse hominem jejunium omittere , scilicet ob peragendam aliam,
piam charitatis aut religionis operam , quæ sit majoris boni , quàm jejunium. Ità *Salm. c.* 2 *n.* 142. *cum
aliis passim,* ex *D. Th.* 2, 2 *q.* 147. *a.* 4 *ad* 3 ubi sic ait : *Si
autem immineat necessitas statim peregrinandi, et magnas
diætas faciendi, vel etiàm multum laborandi , vel propter conservationem vitæ corporalis , vel propter aliquid
necessarium ad vitam spiritualem , et simùl cum hoc non
possint Ecclesiæ jejunia observari, non obligatur homo
ad jejunandum ; quià non videtur fuisse intentio Ecclesiæ statuentis jejunia , ut per hoc impediret alias pias,
et magis necessarias causas.* Subdit tamen S. Doctor :
*Videtur tamen in talibus recurrendum esse ad Superioris
dispensationem ; nisi fortè ubi est ità consuetum ; quià ex
hoc ipso, quod Prælati dissimulant, videntur annuere.*
Sed facile *S. Thomas* dispensationem hanc potiùs requirit ad majorem cautelam, vel de convenientia,
non verò de necessitate , cum mox priùs jam dixerit
ut suprà, *propter hujusmodi causas Pietatis non obligatur homo ad jejunandum.*

Sed dubium fit , an hujusmodi opera à jejunio ex-
cusantia possint suscipi spontè, et non ex officio,
vel obedientiâ ? Negant *Sylvest. Navar. Cajet. et alii
ap Salm. n.* 142. Sed probabiliùs affirmant *Sanch.
dub.* 17 *n.* 2. *et Salm. loc. c. cum Arm. Gabr. Palac.
et Villal.* Idque expressè docet *D. Th. in* 4 *dist.* 15 *q.*

3 art. 1. q. 2 ad 3 ubi dicit : *Si enim sit tanta absti-*
nentia , quòd homo ab operibus utilioribus impediatur ,
quàmvis ad ea de necessitate non teneatur , indiscretum
est jejunium , etsi non sit illicitum. Modò, subintelligitur,
(ut infrà , explicabimus) opera illa ex justa causa
assumantur , et differri non possint.

Hinc **1**. Excusantur , qui pluribus infirmis cum 1049
magno labore inserviunt in Hospitalibus, aut Monasteriis , ut dicunt *Palaus* §. 4 n. 11. *Bon. p. ult. n.* 13.
et Salm. c. 2 *num.* 143. *cum Led. etc.*

2. Excusantur peregrinantes ad loca sacra, modò I.
ipsi verò zelo peregrinationem suscipiant , in magnum
Dei honorem , aut magnam ædificationem communem,
nempè si sint personæ gravis Authoritatis , ut ait *Caj.*
apud Laym. n. 5. vel si peregrinatio vertat in magnam
ipsius peregrini spiritualem utilitatem, ut dicunt *Sanch.*
dub. 11 *n.* 5. *Holzmann p.* 336 *n.* 16 *et Salm. tr.* 23
c. 2 *n.* 144. *cum Sylvest. Abul. Pal. Vill. etc contrà*
Ledesm. Palac. et Met. ap Sanch. loc. cit. qui excusant
à jejunio etiàm eos, qui simplicis devotionis causâ peregrinationem suscipiunt : Sed hæc opinio non videtur satis tuta, simulac ipsi commodè peregrinationem differre possint, ut docet *D. Th. eod. loco su-*
prà cit. art. 4 *ad* 3 ubi ait : *Si peregrinatio , et operis*
labor..... commodè differri possit, aut diminui absque detri-
mento corporalis salutis ... vel spiritualis vitæ , non
sunt propter hoc Ecclesiæ jejunia prætermittenda. Et
sic alii communiter, ut *Less. c.* 2 *n.* 44. *Laym. d.*
n. 5. *Holzm. et Salm. ll. cc.* Quandò verò peregrinatio
jam suscepta fuit, et interim dies jejunii occurrit,
non est obligatio intermittendi eam , ut jejunium
servetur , prout communiter inquiunt *Sanch. et Salm.*
ll. cc. cum Abul. Spor. n. 66. *et Laym. d. n.* 5 qui ait,
id ut certum tenendum.

3 Excusantur Concionatores, qui prædicant quotidiè, sivè frequenter in Quadragesima, ut ex communi sententia dicunt *P. Wigandt Ex* 4 *n.* 92. *Tolet.*
l. 6 *et Salm. c.* 2 *n.* 149. *cum Nav. Cajet. Tolet*
Trull. etc. quià actio concionandi est valdè laboriosa ,

tum propter studium ad id necessarium, tum propter
corporis agitationem. Et hoc maximè locum habebit
pro Missionariis, qui diebus Missionis cum vehementi
agitatione concionantur. Cæterùm decet quidem Concionatores omnes, qui non solùm verbo, sed etiàm
exemplo debent prædicare, ut, quantum fieri possit, ad
ædificationem Populorum jejunia satagant observare,
ut faciunt qui perfectionis amantiores sunt. An verò
excusentur, qui tantùm ter, vel quater in hebdomada
Conciones habent? Affirmant absolutè *Sanch. dub.* 13
n. 6. *Roncag. c.* 2. *Reg. prax.* 3 *Tamb.* §. 7 *n.* 26. *et*
Henr. Trull. ac Pasqu. ap. Salm. n. 149. Idem sentiunt *Busemb ut suprà, Elbel p.* 169 *n.* 464. *et Viva*
art. 6 *n.* 4. Modò tamen, ut isti dicunt, cum magno
fervore concionentur. Sed meliùs ajunt *Holzm. p.* 335.
n. 15. *et Salm. l. c.* in hoc standum esse judicio prudentum, nempè si Concionatores isti ob corporis agitationem, et applicationem mentis ità debiles evadant,
ut nequeant jejunium perferre, tunc possunt excusari. Et hoc valet, etiàmsi ipsi concionentur causâ
lucri, ut dicunt *Sporer n.* 63. *Tamb. n.* 26. *Sanch.*
dub. 13 *n.* 3. *cum Nav. et Angles*, contrà *Cajet. Led.*
et Arm.) *et Salm. d. n.* 149. *Less. Bonac. etc.* Ratio,
quià hujusmodi lucrum, cùm sit justum stipendium
talis laboris, licitè intenditur; et aliundè ex tali intentione non impeditur utilitas audientium.

4. Excusantur Cantores, sivè Musici, qui jejunium
observando vocem amitterent, nec possent suum Officium exercêre, ut dicunt *Anacl. n.* 65. *Spor. n.* 63.
Elbel. n. 511 *et Less. n.* 44 *cum Sylvest. Nav. et Tamb.*

5. Excusantur Lectores Scientiarum, qui magno
studio et labore indigerent; non verò qui dictant lectiones jam priùs ordinatas, et sæpius repetitas; ità
communiter *Roncag. c.* 2. *Reg. prax.* 3. *Elbel n.* 464.
et Salm. c. 2 *n.* 147. *cum Less. Nav. Caj. Tol. Azor etc.*
Asserunt *Salm.* contrarium sentire *Sanch. dub.* 13
n. 7. Sed non benè; nam hic Auctor ibi non loquitur
de Lectoribus, sed de Scholasticis, qui propter studium non possent jejunare, et dicit cum *Angles*, hos

potiùs debêre omittere studium ; etiam per totam
Quadragesimam, quàm jejunium ; contra *Azorium q.*
8 et Pal. n. 11 qui censent Scholasticos excusari ,
si per quinque horas utilibus studiis vacent. An autem excusentur à jejunio Lectores Grammaticæ? Negant
Salm. n. 148. Sed affirmat *Sanch. n.* 7 si in die quatuor
legant lectiones : sivè, si doceant per quinque horas, ut
ait *Azor., Pal.* autem, et alii *ap. Croix n.* 1346. dicunt, Magistros Grammaticæ, qui per quatuor horas docent, non
tenêri jejunare plusquam tribus diebus in hebdomada.
   6. Excusantur Advocati, qui cum jejunio non possent satisfacere suis clientibus, propter studium, quo
indigent, ità *Ronc. Reg. 3. prax. Holz. n.* 15. *Elbel*
n. 464. Idem ajunt *Salm. n.* 140. de Judicibus, qui
egent studio ad sententias ferendas. Idem dicunt
Sporer n. 59. Holzm. et Elbel ll. cc. cum Bonac. de
Medicis, et Confessariis, qui magno indigent studio,
ut suis infirmis, aut pœnipentibus satisfaciant : Hi
enim, licet non egeant majori cibo, cum labor sit
mentis, opus tamen habent cibo frequentiori, ut in
eis reparetur spirituum consummatio.

7. Confessarii causâ Confessionum excipiendarum
communiter non excusantur ; nisi extraordinarium
laborem subeant, nempè, si Confessiones audiant ferè
per totum diem (puta per septem., vel octo horas ;
ità *Palaus n.* 11. *Salm. n.* 150 *et Ronc. c.* 2 *Reg. Prax.*
3. Sed meliùs *Sanch. dub.* 13 *n.* 11 *Sporer n.* 59. *Viva*
art. 6 *n.* 4 *et Diana p.* 1 *tr.* 9 *R.* 10 *cum Fagund.* ad eos
excusandos, ultrà laborem extraordinarium, requi-
runt, ut ipsi sint ità debiles, ut cum jejunio non possint satifacere frequentiæ pœnitentium ; et idem sentit *Tamb.* §. 7 *n.* 25 ubi insuper notat, quòd prædicti
Professores, nempè Lectores, Cantores, Advocati,
Medici, et Confessarii, non per se, sed tantùm per
accidens à jejunio excusari possint, nimirùm si ratione alicujus gravis circumstantiæ suis officiis jejunando non possint satifacere. Et hoc maximè advertendum
in hac materia, nam ubi labor per se excusat, in dubio præsumptio stat pro exemptione jejunii ; è conver-

so, ubi labor non per se, sed per accidens, nempe ob aliquam circumstantiam debilitatis personæ, vel gravitatem laboris excusat, in dubio præsumptio stat pro obligatione jejunii.

Hic autem ultimò animadvertenda est quædam doctrina, quam tradunt *Sporer n. 67 et Laym. c. 3 n. 6 cum Navarr. Sylvest. Cajet. et Tol.* quod, si quis non habeat causam absolutè sufficientem, quâ excusetur à jejunio Quadragesimali, et aliqua ratio ipsi probabilis et justa appareat, quâ tantùm bis, vel ter in hebdomada jejunet, non est urgendus ad jejunandum, etiamsi causa illa non omninò sufficiat, sed relinquendus in sua bona fide; ne ipse forte deinde omnia jejunia culpabiliter omittat.

1050   An autem peregrinus teneatur ad jejunium, quod servatur in loco ubi reperitur non permanenter, sed per aliquod tempus, aut transeunter; Et quid, si ibi non servetur jejunium, quod servatur in Patria? Vide dicta *l. 1 num. 156. v. His refert.*

LIBER QUARTUS.

DE PRÆCEPTIS PARTICULARIBUS CERTO HOMINUM STATUI PROPRIIS.

« Cum omnes fideles sicut præcepta Decalogi, ìtà
» etiàm alia præcepta, quæ pertinent ad statum, et
» officium uniuscujusque, teneantur scire sub pecca-
» to mortali, ìtà ut ipsa eorum ignorantìa vincibilis,
» licet non sequatur transgressio, sit peccatum mor-
» tale *(Sylv. Sayr. Sanch. Bald. t.* 1 *l.* 1 *d.* 9 *n.* 8 *et* 9.)
» Hinc post præceptá omnibus communìa agendum
» de propriis certorum statuum in particulari. »

CAPUT I.

DE STATU RELIGIOSO.

DUBIUM I.

Quæ sit natura Statûs Religiosi ?

1 *Quid Status Religiosus? Et qui sint Religiosi?*
2 *An Religiosus promotus ad Cardinalatum, vel Episcopatum*
   maneat obstrictus votis? 3. *An teneatùr ad observantiàm*
   suæ Regulæ? 4. *An promotus ad Parochiam teneatur ad*
   habitum, et Regulam?

« Resp. Status Religiosus est fidelium ad divinæ cha-
» ritatis perfectionem tendentium, editis votis perpe-
» tuæ paupertatis, castitatis, et obedientiæ, stabilis
» in communi vivendi modus, ab Ecclesia approbatæs.
   » Dico, *ab Ecclesia;* quìà, etsi olim Episcopi Reli-
» giones approbare poterant; posteà tamen in Conci-
» lio Lateranensi sub Innocentio Tertio statutum est,

» ne nova Religio inducatur, nisi approbata à Papa.
» Ratio est, quià, cum Religio sit communitas sacra,
» in qua debet esse spiritualis jurisdictio, hæc autem
» à Papa proveniat, decens est, ut talis communitas
» ab eodem approbetur. *Laym. l. 4 t. 5 c. 1.*

Undè resolvuntur casus.

» 1. Ad essentiam Religionis non requiruntur Vota
» solemnia. Ratio est, quià, qui in Societ. JESU vota
» simplicia edunt, sunt veri Religiosi, uti definivit
» *Gregor. XIII.* in Bulla, *Ascendente Domino. Laym.*
» *l. c. n. 4.*

» 2. Non sunt Religiosi ii Ordines militares, qui
» conjugalem castitatem tantùm vovent: sunt tamen
» verè Religiosi, milites S. Joannis, et Teutonici, eo-
» rumque similes, cum tria vota substantialia habeant.
» Similiter ex Fratribus, et sororibus Tertiariis sivè
» Ordinis sancti Francisci, sivè aliorum. Tantùm
» sunt Religiosi, qui in Religione approbatâ, secundùm
» certam Regulam tria vota substantialia emittunt.
» Contrà autem ii non sunt, qui, licet tria ista emit-
» tant, et communiter, vel seorsim habitent, Regu-
» lam tamen à Sede apostolica approbatam non pro-
» fitentur, *Laym. l. c.*

» 3. Religiosi non sunt, qui, edito voto perpetuæ
» paupertatis et castitatis, obedientiam vovêre Confes-
» sario, aut Episcopo. Ratio est, quià tali voto non
» subjiciuntur jurisdictioni spirituali, quæ à Deo,
» medio ejus Vicario, provenire debet. *Ibid n. 7.*

» 4. Etsi Papa in votis solemnibus Religionis dis-
» pensare possit, ut quis desinat esse Religiosus: non
» potest tamen dispensare, ut quis manens Religiosus,
» substantialibus votis non teneatur; quià ad essen-
» tiam Religionis spectant. *Laym. l. cit. n. 8. es*
» *Nav. etc.*

» 5. Religiosus, promotus ad Cardinalatum, vel
» Episcopatum, obstrictus manet votis essentialibus
» suæ Religionis, etsi quòad aliquos effectus pauper-

» tatis, et obedientiæ exemptus censeatur. Deindè,
» etsi jugo Regulæ absolutus sit quòad culpam, et
» pœnam, tamen ex obligatione moralis honestatis,
» ea servare debet, quæ eum decent, et cum ejus
» mpnere consistunt. Hinc quòad habitum; sui Or-
» dinis colorem deferre debet, etsi quòad figuram
» Episcopis sæcularibus se conformare possit, ut
» Clemens VIII. concessit apud *Sanch.* 6 *mor. c.* 6.
» Imò, si Episcopatum resignet, vel ob culpam de-
» ponatur, absque degradatione tamen, non tenetur
» ad regularem observantiam redire, quià retinet
» eminentiam Episcopalem, ob quam ab obedientia
» regulari exemptus fuit: *Ibidex S. Th. Rodr. Sanch. etc.*
» Secùs est in Cardinali religioso; qui non est Epis-
» copus; hic enim, relicto Cardinalatu, nihil reti-
» net ex dignitâte Cardinalitia; ideoque; si Papa ejus
» renuntiationem acceptârit, tenetur redire ad obe-
» dientiam regularem sui Ordinis. *Pal. de Lug. resp.*
» *mor. l.* 5 *d.* 12. »

Quæritur igitùr I. An Religiosus assumptus ad Episcopatum maneat absolutus à votis? (Intellige à votis
obedientiæ, et *paupertatis;* nam voto castitatis remanet quidem obstrictus ratione Ordinis.) *Prima* sententia affirmat cum *Vasq. Sot. Med. Angles:* et signanter
quòad votum paupertatis, tenent *Palac. Tamb. Dian.*
et probabilè putant *Sanch.*, *Villal. cum Salm. tr.* 15 *de*
Stat. Rel. c. 5 *n.* 30 *et* 32. Probantque ex *c. unic.* IV.
Qu. 1 ubi dicitur: *Monachus, quem canonica electio*
à jugo Regulæ monasticæ professionis absolvit, et sacra
Ordinatio de Monacho Episcopum facit. Et hoc igitùr
dicunt, eum liberari à voto obedientiæ. Sequitur textus:
Velut legitimus hæres paternam sibi hæreditatem posteà
jure vendicandi potestatem habet. Si enim, dicunt, potest
ut legitimus hæres sibi vendicare hæreditatem paternam, ergò potest illius verum dominium acquirere,
dum vendicare solis dominis competit. Et sic etiàm
liberâtur à voto paupertatis.

Secunda sententia, quam sequimur, et tenent cum
Bus. Less. d. c. 40 *n.* 113. *Pal. t.* 3 *tr.* 16 *D.* 4 *p.* 14 *n.* 4

» étiàm in plerisque aliis, ab obedientia Prælati exi-
» matur, et Episcopo subjiciatur. Vid. *Sanch. l.* 6
» *Mor. c.* 6 *n.* 36. »

DUBIUM II.

Quæ requirantur ad valorem Professionis Religiosæ ?

5 *Quæ conditiones requirantur ad professionem religiosam?*
    I. Aptitudo voventis. Quid de ætate, et exploratione puellarum suscipientium habitum religiosum?
6 *II. Requiritur consensus Prælati Ordinis.*
7 *III. Ut professio sit spontanea.*
8 *Quomodo et quando professus possit reclamare de nullitate suæ professionis?*

8 » R*esp.* Ad valorem ejus tres requiruntur conditio-
» nes. 1. Est qualitas, seu aptitudo voventis, scilicet
» ut, juxtà *Trid. sess.* 25 *c.* 15 *de Regularibus*, deci-
» mum sextum ætatis annum expleverit, annumque
» integrum cum religioso habitu steterit in probatione,
» nullumque habeat impedimentum, quod per sta-
» tuta à Pontifice confirmata, in isto ordine substan-
» tiale esse censeatur. *Azor. to.* 1 *l.* 12 *c.* 2 *q.* 6 *et* 7
» *Rodr. to.* 2 *c.* 6. »

Quoad moniales, Tridentinum statuit, ne puellæ
suscipiant habitum regularem antè 12. annum completum : undè nequeunt anteà suscipere, ut tenet
Alex. Cons. Mon. c. 2 §. 1. *Qu.* X. *cum Tamb. Rodr.
Naldo* (contrà *Sanch. l.* 4. *Dec. c.* 18 *n.* 33. *Vill. etc.*)
et affert Declar. S. C. Exploranda autem est voluntas
puellarum antè susceptionem habitûs, et antè professionem ab Episcopo, vel, eo impedito, à Vicario, vel
alio deputato. Si utraque exploratio omitteretur, esset
culpa gravis, sed valeret professio, ut *de Alex l. c.*
cum *Sanch. Barb.* cum declaratione S. C. *et Salm. de
Privil. Tr.* 18. *c.* 3 §. 2 *n.* 14. qui notant, explorationem
hanc ex consuetudine fieri, et semel, et tantùm antè

professionem intrà 15. dies. Episcopus autem explora-
re potest, et debet voluntatem puellarum etiàm in
Monasteriis exemptis, ut *Sal. ib.*

» 2. Conditio est consensus, et acceptatio expressa 6
» vel tacita Prælati Ordinis : per hanc enim Religioni
» incorporari debet. * *Error circà substantiam tàm ex*
» *parte profitentis, quàm admittentis, vitiat professio-*
» *nem, Salm. c. 4 n. 27.* *Idque ordinariè non tan-
» tùm cum consilio, sed etiàm cum consensu Capi-
» tuli, aut certè majoris, aut principalioris partis,
» secundùm cujuscumque Ordinis statuta. *Nav. Less.*
» *c. 41 d. 7.*

» 3. Ut professio spontè facta sit, non cogente gra-
» vi metu, qualis esset incarceratio, alimentorum
» subtractio, eò quod in professionem consentire no-
» luerit. Itemque metus reverentialis, non quidem
» se solo, sed accedente precum, blanditiarum, et
» imperii sæpius repetitâ importunitate, aut gravi
» offensione, aut diù continuatâ indignatione consan-
» guineorum, adjunctis etiàm minis de subsidiis ne-
» gandis, si ex Religione egrediatur ; hæc enim vel
» singula,vel certè simùl juncta, consideratâ conditione
» hominis rudis, timidi, et metum justum incutere
» possunt,et professionem irritare, ut *Laym.* cum aliis
» *l. 4 tr. 5 c. 5. Less. l. 2 c. 43. dist. 7.* * (*Vide dicenda*
» *de Matr. l. 7 n. 1055. Professio enim, et Matrimo-*
» *nium æquiparantur; ac Salm. de statu Rel. c. 4 n. 26.*) *

Undè resolvuntur sequentes Casus.

» 1. Is, qui professionem irritam edidit, ex defec- 7
» tu alicujus conditionis ex jam dictis, nisi eam post-
» modùm tacitè, vel expressè ratificaverit, egredi è
» Religione, et uxorem ducere potest; licet, ob vita-
» tionem scandali, causam egressûs dicere debeat,
» et si ad forum externum causa deveniat, defectum
» professionis ; post illud enim non auditur, juxtà
» *Trid. c. 9. Sess. ead.* quià præsumitur eam intereà
» ratificâsse.

» 2. Quòd, si tamen sciret, illam juris præsumptio-
» nem falsam esse, eò quod vel ignorans impedimen-
» tum, vel metu gravi, aliâve justâ causâ impeditus
» reclamare infrà quinquennium non potuerit ; vel
« impedimentum sit essentiale, ac perpetuum, aut
• saltèm ultrà quinquennium duret, eo elapso potest
» reclamare, debetque audiri in judicio, saltèm ex-
» traordinario, vel in integrum restitui, ut contrà Bon:
» de claus. d. 4 q. 2 p. 16. docent Navar. Sanch. d. 32
» n. 22. Less. l. 2 c. 41 d. 7. Az. l. 12 c. 4 qu. ult.
» Dian. p. 3 t. 2 R. 53. Barb. in Trid. sess. 25 c. 19
» n. 8. ubi plures alios citat : et nisi aliud quid im-
» pediat, fugerè potest, ut docet Laym. Qui addit, si
» fuga sinè gravi scandalo, vel incommodo tentari
» non posset, monendum à Confessario, ut profes-
» sionem tacitè ratificet : quod fiet ; si professorum
» habitum proprium deferat, actusque iis proprios
» exerceat, cum intentione, quod professus talis Or-
» dinis esse velit. Vid. Auct. cit. et Dian. p. 8 t. 7 R.
» 51. ubi ex Trid. sess. 25 c. 19. probat, Episcopum
» de nullitate professionis sinè interventione Supe-
» rioris regularis sentèntiam ferre non posse, et, si
» faciet, fore nullam. * (Itd Salm. c. 5 n. 15. commu-
» niter. Dubius de sua professione nequit reclamare,
• Salm. c. 5 n. 8 cum Pell. et Lez. quia Religio possi-
» det sibi subditum : intellige, si dubium superveniat.
» Nec creditur reclamanti, nisi probet fide consensisse,
» ex c. 2. de Regul. Salm. n. 9.)* »

Hîc addenda, quæ nuper sancita sunt à N. SS. P. Bened. XIV. in sua Bulla, quæ incipit, Si datam hominibus. (In suo Bullar. t. 2 n. 47 p. 393.) Ibi statuitur
I. omnia, quæ decreta sunt de viris religiosis, compre-
hendere etiàm fœminas, ubi eadem causa militat. II.
Causas nullitatis professionis agnoscendas esse à Prælato regulari tempore motæ litis, et simùl ab Ordinario,
pro Monialibus verò non exemptis à solo Ordinario,
et pro exemptis simùl ab Ordinario, et à Prælato, cui
regimen Monasterii commissum est. III. Non posse
Prælatum ejicere professum, nisi cognitâ causâ per ip-

sum et Ordinarium ut suprà , casu quo agnoverit posteà impedimentum, etiàmsi de eo subditum interro-
gaverit, nullam aliàs professionem fore protestatus ,
et ille occultaverit. IV. Posse causam nullitatis agi
etiàm , elapso quinquennio , si intrà illud professus
serio reclamaverit. V. Cognitionem causæ ad Sedem
Apostolicam pertinere, si professio emissa fuerit extrà
Novitiatum. VI. Apostatas repelli à judicio , nisi habitum Religionis reassumpserint. VII. Non posse
professum prætendere annullationem suæ professionis
ratione vis aut metûs illati, si intrà quinquennium non
reclamaverit, tametsi allegaret, vim et metum semper
durâsse. Concedi tamen huic restitutionem in integrum
dandam tantùm per Sedem Apostolicam, prævio pro-
cessu confecto à suo Prælato, et Ordinario, cum assistentia defensoris professionis, qui debet etiàm Romæ
assistere. VIII. Post primam sententiam professus non
posse egredi à Religione, sed debere expectare secundam, post appellationem faciendam à defensore.

DUBIUM III.

Ad quid teneatur Religiosus vi suæ professionis.

9 *De obligatione Religiosi tendendi ad perfectionem ?*
10 *Quando Religiosus peccet graviter contrà hanc obligationem ?*
11 *An peccet graviter , si intendat servare sola mandata obligantia sub gravi ?*
12 *An quilibet Christianus graviter peccet , si proponat committere omnia venialia ?*
15 *An Prælatus aliquando peccet graviter , negligendo cor- rigere defectus leves subditorum ?*

» **R**ESP. Religiosus vi suæ professionis tenetur ad 9
» progrediendum aliquo modo in via perfectionis.
» Quià ex vi professionis tenetur velle servare suum
» statum, qui est perfectionis, sivè tendentium ad
» perfectionem (licet secundùm se non sit præcepti,
» sed consilii); hoc autem est intrinsece velle tendere
» ad perfectionem *S. Th.* 2 2 *q.* 186. *ar* 1 *et* 2 *et q.* 184.

» *ar*. 5. *Laym*. *l*. 3 *tr*. 5 *c*. 2 *n*. 1. *Suar*. *de relig. t*. 4 *l*. 1
» *c*. 4. *Bardi. de coësid. d*. 7 *c*. 6 §. 5.

Unde resolves.

» 1. Religiosus non tenetur actu esse perfectus, sed
» tantùm studere perfectioni *Bard. etc. loc. cit.*
» 2. Tenetur tendere ad perfectionem 1. Per media
» essentialia. 2. Per vota 3. Per auxilia secundaria,
» non contemnendo ea. *Laym. l. c.* 9 *n*. 13. 4. Tenetur
» aliquibus mediis uti, et, si omnia media abjiciat,
» non est in statu salutis. *Suar Laym. l. c.* dicens, si
» nullum perfectionis studium adhibeat, sed omnia
» monita, et regulas negligat, eò quod sub mortali
» non obligent, peccare mortaliter. 5. Tenetur ad ali-
» qua opera bona supererogatoria, sivè specialiter non
» præcepta, nec promissa : quià aliàs, moraliter lo-
» quendo, non potest habere debitam intentionem
» salutis. *Suar. l. c.*
» 3. Tenetur tendere ad perfectionem per media
» suæ Religionis, non per alia : hoc est, servando
» suas Regulas, *Sanch. l*. 6 *c*. 5 *n*. 1. *et* 2. Hinc peccat,
» 1. per contemptum Regulæ, hoc est, si nolit subji-
» ci, *ib. n*. 6. 2. Si tantùm velit servare, quæ sub mor-
» tali obligant, quià contemnit perfectionem, *ib. n*. 7.
» 3. Per actum directè contrarium, hoc est nolendo
» perfectionem; quod esse mortale docet *Sanch. n*. 10.
» *Pelliz. et Bard. l. c.*
» 4. Si quis non tantùm intendat non esse sollicitus
» in observatione Regulæ, sed etiàm numquàm ser-
» vare, etiàmsi facile possit, est mortale, vel proxi-
» ma dispositio ad illud, vixque potest fieri sinè
» contemptu formali, *Suar. loc. cit. n*. 23.
» 5. Si ex remissione animi, et sinè ullo justo titulo,
» per directam intentionem, velit aliquam Regulam
» non servare, erit saltèm levis contemptus, et pec-
» catum veniale, *Suar. l. c.*
» 6. Frequenter, et ex consuetudine violare Regu-
» lam, esse mortale, dicit *Sanch. l*. 6. *mor. c*. 4 *n*. 18

» *et* 20. Tum quià perturbat religiosam disciplinam ;
» tum quià secundùm quosdam est contemptus in-
» terpretativus , vel saltèm probabilissimum ejus
». periculum : tenetur autem sub mortali ità vivere ,
» ut non sit graviter perniciosus Religioni, inducendo
» alios malo exemplo ad Regulæ laxitatem , *Sanch. n.*
» 18. *Laym. c.* 9 *n.* 13. Tum quià constituit se in eo
» statu , ut tamquàm incorrigibilis sit expellendus :
» tenêtur autem quisque ratione votorum , quibus se
» Religioni addixit , ità se gerere , ut sit tolerabilis ,
» et non mereatur expelli ; at qui nullum conatum
» perfectionis adhibendo , Regulas sinè discrimine
» transgreditur , reddit se intolerabilem , ut debeat
» expelli , aut si toleretur , plurimùm nocet : ergò
» per accidens , et indirectè agit contrà professio-
» nem , peccatque mortaliter. *Sanch. n.* 18. Vide
» *Auct. cit.*

» 7. Religiosus Societatis JESU peccat mortaliter ,
» si non adhibet diligentiam in cavendis defectibus ,
» ob quos se dimittendum , vel ejiciendum prævidet :
» et licet ità dimissus sit liber in conscientia, si tamen
» sit dimissus ob fraudem , vel peccata in eum finem
» commissa , irrita est dimissio , utpotè obtenta per
» dolum dantem ipsi causam (sicùt in Matrimonio ,
» et cæteris contractibus) , undè subjacet pœnis
» apostatarum , *Bon: de claus. q.* 2. *p.* 12. § 1.

» 8. Scholasticus Societatis JESU , qui pravis mo-
» ribus de industria dimissionem extorsit , vel falsis
» allegationibus impetravit , non est liber à votis.
» *Less. l.* 2, *c.* 41 *d.* 15. *Sanch. l.* 6. *c.* 9. *n.* 66. *Laym.*
» *l.* 5. *t.* 5. *c.* 9. *n.* 13.

Pro majore hujus puncti intelligentia , quæritur I.
Quandonam Religiosus , contrà obligationem hanc
tendendi ad perfectionem , graviter peccet ? Resp. I.
Peccat graviter , quandò regulas , etsi ad culpam venialem tantùm , vel nullam obligantes, ex contemptu
transgreditur ; est commune cum *S. Th.* 2. 2. *q.* 180.
art. 2. *et* 9. *Salm. de Stat. Rel. tr.* 15 *c.* 1 *n.* 20 *etc.*
Tunc autem Religiosus censetur regulas prætermittere

ex contemptu , quandò illas transgréditur animo non
subjacendi illis , vel Prælatorum præceptis. Ità *Bus.*
infrà n. 3. cum *Sanch. et Less. l.* 2. *c.* 41 n. 76. *Salm.*
c. 1 n. 20 cum *Lez.* Item, si eas omittat observare tamquàm inanes ; non verò , si omittat concupiscentiâ
ductus , vel quià putat illas sibi non esse nécessarias
ad salutem , vel si judicet , eas non præcipi sub gravi.
Ità *S. Th.* 2. 2. *q.* 180. *ar.* 9 *ad* 3. *Sanch. Dec. l.* 6.
c. 5 n. 1. *Salm. l. c. n.* 20. cum *Pal. Ant. a Sp. S.*
Ideò transgredi regulas in rebus parvæ materiæ, etiàm
ex consuetudine , veniale non excedit, ut *Salm. ib.*
cum *Lez. Az. Garcia , et de Alexandro Confes. Mon.*
c. 1 §. 2 *Qu.* 11 cùm *S. Th.* 2 2 *qu.* 186 *ar.* 5 *ad* 3. Sed
vix umquam transgressio à veniali excusabitur, etiàmsi
regula ad nullum culpam obligaret, ut rectè notat *de*
Alexand. d. c. 1 § 2 *Qu. I et Laym. l.* 4 *tr.* 5 *c.* 9 *n.* 8 *cum*
Vasq. Sanch. et Val. ex D. Th. l. c. a. 9 *ad* 1 ubi ait :
Qui tamen possent venialiter , vel mortaliter peccare ex
negligentia, vel libidine , seu contemptu. E converso
dicit *Laym. ib. cum AA. cit.* quod, si quis aliquam transgreditur regulam ex bono fine, puta regulam silentii loquendo, ut socium mœstum soletur, nullo modo peccet.

   Resp. II. Peccat mortaliter Religiosus , qui firmiter
statuit non tendere ad perfectionem , vel nullo modo
de ea curare, *Sanch. d. c.* 5 *n.* 10. *Salm. n.* 21 *cum*
Pelliz. Lez. Anton. à Sp. S. et de Alex. cap. 1 §. 1.
Qu. 111. Resp. III. Peccat graviter ratione scandali ,
si suò exemplo alios inducat ad regulæ relaxationem.
Salm. d. n. 12. *cum Sanch. Sylv. Lez. Pell.* Sed hoc
intelligendum , si materia sit gravis , ut notant *Salm.*
ibi in fine cum Ant. de Sp. S. Et hìc expedit perpen-
dere verba *Sanch. Dec. l.* 6 *c.* 4 *n.* 17 ubi sic docet:
Religiosus tenetur sub mortali taliter vivere , ut non sit
graviter suæ Religioni perniciosus, inducendo alios suo
pravo exemplo ad nimis relaxandam regulam , ut esset ,
si nollet umquam servare silentium, nec orare , nec mo-
destè incedere , et ingrederetur omnium Religiosorum
cubicula , et similia Religionis statuta transgrederetur.

11   His positis , quæritur I. An peccet graviter Religio-

sus, qui intendit servare tantùm mandata obligantia
sub gravi, alia verò statuit omnia transgredi, vel de
iis non curare ? *Prima* sententia probabiliter affirmat,
quià ipsum propositum non curandi de regulis, etsi
præcipientibus tantùm sub levi, est virtualis de iis
contemptus. Ità *Croix l 4 ex n.* 57. *Elbel t.* 2 *p.* 612
n. 592. item *Lez. Sylv. Barb. Escob. etc.* apud *Salm.
c.* 1 *n.* 23. *Secunda* tamen sententia communior, et
probabilior negat talem peccare graviter. Ità *Sanch. l.*
6 *c.* 5 *n.* 9 *et c.* 4 *n.* 18 *in fine, Salm. n.* 24 *cùm Azor.
Pal. Val. Suar. Payrin Pelliz. etc.* Et idem expressè
docet *S. Th. d. q.* 186 *ar.* 9. in corpore, ubi S. D.
tunc damnat de mortali Religiosum, cum vel is transgreditur regulam ex contemptu (intelligitur quidem
formali); vel cum agit contrà regulam, aut Prælati
expressum præceptum, obligans, ut intelligitur, sub
gravi. Ratio, quià eo ipso, quod Religiosus velit servare præcepta, quæ respectu ipsius obligant sub
gravi, cum ista de se, et respectu aliorum sint mera
consilia, volens ea servare, jam tendit ad perfectionem.

Hoc tamen intellige, quod sic ille excusandus sit
à mortali, ratione hujus præcisè obligationis, quam
habet tendendi ad perfectionem; nam difficillimè excusabitur quidem ex aliis capitibus; nempè ratione periculi
transgrediendi vota, vel grave damnum Religioni infe-
rendi quòad regularem disciplinam etc. quæ omnia (ut
docet *Sanch. l. c.* est moraliter impossible evitari ab eo,
qui propositum habet transgrediendi, vel negligendi
omnia statuta sub gravi non obligantia.

Quæritur autem hîc obiter II. An quilibet Christianus graviter peccet, si proponat committere omnia
venialia ? Affirmant *Sanch. d. c.* 5 *n.* 4 *et Bon.* quià,
ut docet *S. Th.* venialia de se disponunt ad mortale.
Negant verò probabiliùs *Pal. et Anton. à Sp. S.* apud
Salm. d. c. 1 *n.* 29. (secluso tamen comtemptu, vel
periculo proximo labendi in mortale, habito respectu
ad præteritam experientiam). Ratio, quià reverà tale
propositum tantùm remotè conducit ad mortale.

❡3   Quæritur III. An Prælatus aliquandò, defectus leves subditorum corrigere negligens, ipse graviter peccet? Affirmativè tenendum (contrà *Lorca*) cum *Lugo*, *Trull.* *Peyrin.* *Dian.* *et de Alex.* *Conf.* *Mon.* *c.* 11 §. 1 *q.* 1 *communiter,* casu quo defectus plures sint, et tales (v. gr. circà silentium, jejunia, etc) ut disciplinam valeant relaxare. Ratio, quià licet quisque Religiosus deficiat in re gravi, levem regulam transgrediendo; superior tamen, negligens impedire, cum possit, observantiæ relaxationem, deficit in re gravi. Et ideò tenetur defectus subditorum in damnum totius communitatis vergentes non solùm corrigere, sed etiàm inquirere, ut corrigat, proùt docet *S. Th.* 2. 2 *q.* 33 *a.* 2 *ad* 4. Sine tamen nimia sollicitudine, ut notat *Alex. l. c. q.* 15. Expedit autem, ut aliquandò corrigere dissimulet, si defectus scandalum non afferant, vel si prævideat subditum ex correctione pejorem fieri, vel si tempus opportunius sit expectandum. Et hîc advertendum, quod, si oportet ad corrigendum, superior possit subditum etiàm verberare, et conviciis increpare, ex *D. Th.* 2. 2 *q.* 72 *a.* 2 *ad* 2; modò non agat ex ira, nec coram sæcularibus, aut novitiis. Et, sicut superior tenetur corrigere, sic de transgressionibus aliorum tenetur ipsum admonere, qui officium zelatoris habet, *Alex.* c. 11 § 2 *q.* 8 cum *Suar.* etc.

DUBIUM IV.

Ad quid Religiosus obligetur vi votorum?

14 *Ad quid obligetur Religiosus ex voto* paupertatis? *An manuscripta, Reliquiæ, et picturæ sint propriæ Religiosorum?* 15. *An possint habere peculium?* 16. *Quæ non repugnent voto paupertatis?* 17. *An et quomodo peccet Religiosus accipiens, vel absumens sinè consensu Superioris?* 18 *An excuset à mortali licentia præsumpta?* 19 *An peccet Religiosus absumens bona in alium usum, quàm ei sunt data;* 20. *An possit renunciare, vel non acceptare sibi debita?* 21. *An facere donationes remune-*

ratorias ; 22. An testari? 23. An aliis largiri, quod sibi subtraxit ex sibi concessis ad usum? 24 Quænam quantitas in Religioso sit gravis? 25. An peccet graviter, si accipiat parva usquè ad magnam quantitatem? 26. An impotens ad restituendum teneatur sibi subtrahere ex rebus datis ad usum? 27. An peccet mutilans res ad usum concessas ? 28. An abscondens res, ne Superior de eis disponat? 29. Quid, si Prælatus det licentiam expendendi ad usus turpes aut vanos ? 50. An hæc licentiâ sit de se invalida? 31. An subditus, obtentâ licentiâ generali, peccet contrà paupertatem; et teneatur restituere, tàm ipse, quàm accipiens ; si expendat in usus turpes ? 32. An Superior possit dâre licentiam aliquid ludo exponendi? 33. An excuset licentia petita, et injustè negata? 54. An accipens aliquid à Religioso sinè licentia, possit aliquando id retinére? 35. An votum paupertatis possit per consuetudinem abrogari? 36. An Abbatissa possit liberè bona Monasterii administrare? An instituere beneficia, et ea auferre? necnon conferre Capellanias etc. ?

37 *De Voto* Castitatis, *Hic enim agitur de* Clausura Religisorum.

38 *Ad quid obligetur Religiosus ex voto* Obedientiæ? *Et an teneatur subditus obedire sub gravi, si Prælatus non jubeat in virtute obedientiæ, vel sub pæna gravi? 39. An teneatur ad ea, quæ indirectè pertinent ad Regulam ? 40 An ad ea, quæ sunt contrà, vel suprà Regulam? An teneatur assistere morbo contagioso infectis ? 41 Quid, si Regula obliget sub peccato? 42. Quid, si non sub peccato? 43. An obligentur Religiosi ad nova Statuta Capitulorum? 44. An teneantur obedire Prælatis Regulam reformantibus ? 45. An Prælati possint præcipere sub peccato actus internos ? 46. An Religiosus non obediendo dupliciter peccet ? 47. An teneatur obedire, si dubitet, utrùm res præcepta sit licita? Quid, si habeat opinionem probabilem, quod non teneatur? 48. An Religiosus validè voveat sinè licentia Prælati? 49. An teneatur obedire Prælato jubenti revelare secretum commissum? 50. An Religiosus teneatur ad vota in professione emissa, etiàmsi superveniat aliqua notabilis circumstantia non prævisa? An valeat licentia impetrâta à Prælato inferiori, si à majori fuerit priùs denegata?*

51 *Moniales quibus Superioribus teneantur obedire? 52. An Abbatissa possit ipsis præcipere, obligando in con-*

54 « **R**ESP. 1. Religiosus ex voto *Paupertatis* obligatur,
» ut nihil habeat proprium. Nomine *proprii* autem
» intelliguntur bona temporalia pretio æstimabilia,
» quorum dominium, vel certè facultatem disponen-
» di liberam, et independentem in perpetuum abdi-
» cavit. Constat *ex cap. Non dicatis* 12 *qu.* 2 *c. Mo-*
» *nachi.*

• Dicitur 1. *Bona temporalia :* quià retinet Religio-
» sus dominium bonorum spiritualium, honoris,
» famæ, et similium, Item jus eligendi, præsentandi
» conferendi regulare beneficium, etc. S. *Th.* 2. 2 *q.*
» 186 *a.* 7. *Sanch. l.* 7 *c.* 18. *Less. l.* 2 *c.* 4 *d.* 5.
» *Laym. l.* 4 *t.* 5 *c.* 7. »

Quæritur hîc, an manuscripta sint propria Religiosorum. Negat *Henno cum aliis apud Contin. Tourn. t.* 3
p. 80 tùm quià, ut ait, manuscripta sæpè sunt pretio-
siora libris impressis, tùm quià, sicùt picturæ quælibet arte facta à Religiosis, etsi postulent multùm ingenii, Religioni cedunt, ità et manuscripta. Sed probabiliùs affirmant communissimè *Lugo D.* 3. *n.* 230.
Sporer t. 3 *de statu Rel. p.* 97 *n.* 149 *et Salm. de Rest.*
tr. 22 *c.* 2 *n.* 195 *cum Pelliz. Diana.* etc. tùm quià
manuscripta sunt quid spirituale, cum sint partus in-

genii, quàmvis alieno studio elaborata ; tùm quià pertinent ad scientiam, quæ non cadit sub voto paupertatis ; quià talis est communis consuetudo. Hinc (ut dicemus *n. seq. vers. Ità respectu*) ex Brevi Benedicti XIII. Religiosi promoti ad Episcopatum debent omnia bona suis superioribus resignare, præter manuscripta. Et insuper Clemens VIII. apud *Spor. l. c.* expressè declaravit, quod Religiosi possint ad suum arbitrium sua manuscripta alienare, etiàm sinè licentia. Idem sentit *Tourn. l. c.* Dummodò (excipit cum aliis) non sit aliter definitum in Ordinis Constitutionibus. Idem, quod de manuscriptis, dicunt *Salm. ib.* de Reliquiis. Quòad picturas verò, si Religiosus eas elaboravit animo retinendi, illæ sunt Monasterii. Idem dicendum, si Religiosus sit conversus, quià tales conversi ad hoc tantùm recipiuntur, ut artes externas exercitent ; excipitur, si conversus eas faciat die festivo, per unam aut alteram horam in die elaborando : ità *Salm. n.* 197. Si autem Religiosus sit chorista, distinguunt idem *Salm. et Spor. cum Bon. Pell. et Diana ap. Croix. l.* 4 *n.* 232 et dicunt, quod, si tabulæ, tela, colores etc. tradantur ei à Monasterio, tunc picturæ ad Monasterium pertineant : secùs, si illa præstentur ab aliis.

• Dicitur 2. *Dominium, vel facultatem disponendi,*
» propter Religiosus Societatis JESU, qui post emis-
» sa vota retinent, et acquirere possunt dominium
» radicale bonorum temporalium, non tamen habent
» jus actuale de iis pro suo arbitrio disponendi, vel iis
» utendi, in cujus abdicatione essentia religiosæ pau-
» pertatis consistit. *Sanch. Laym. l. c. n.* 3.

• Dicitur 3. *Independenter*, quià Religiosus, etiàm
» professus, potest habere peculium dependens, et
» revocabile ad nutum superioris, quod nomine pro-
» prii non comprehenditur. *Laym. c.* 7 *n.* 12. »

An Religiosis licitum sit habere peculium ex superioris licentia? Et hîc distinguendum jus antiquum à jure novo Concilii Tridentini. De jure antiquo alii, ut *Gerson, Theodor. Felin. Tap. etc. ap. Sanch. Dec.*

l. 7.c. 22 n. 4 negant licitum esse ullum peculium habere. Ratio, tùm quià hoc est contrà jus naturale,
nempè contrà votum paupertatis religiosæ, cùm ex
administratione peculii Religiosus jacturam facit præ-
cipuarum utilitatum paupertatis; tum quià est contrà
jus positivum ab Ecclesia in Concil. Lateranensi statutum in *cap. Monachi, de statu Monach.* ubi sancitum fuit : *Monachi non pretio recipiontur, nec peculium
permittantur habere.* Alii verò probabiliùs tenent, id
non esse vetitum ex jure antique, ut censent *Sylvest.
v. Abbas n.* 3. *Nav. Comment.* 2 *n.* 14 *Pal. t.* 3 *tr.* 16
D. 3 *p.* 7 *n.* 2. *Sanch. l.c. n.* 5. *Salm. tr.* 12 *c.* 2 *n.* 200
qui dicunt, hanc esse receptam sententiam, et *Felix
Potest. de* 1 *Præc. n.* 1082 ait esse communem cum
S. Anton. Suar. etc. ac B. Umberto c. 18 *in Reg. S. Aug.
et B. Jordano l.* 3 *de Vitiis Fratrum c.* 13. Ratio, quià
hoc neque est contrà jus naturale, cùm, licet id ad-
versetur fini paupertatis, non tamen est contrà paupertatis votum, quod solum Religiosos obligat, ne
rebus ut propriis utantur : neque est contrà jus positivum, cùm ex ipso potiùs contrarium appareat; nam
in *c. fin. Insinuare, qui Clerici vel voventes*, approbatur professio facta sub conditione vivendi in propria
domo, ibique retinendi administrationem bonorum
in sui sustentationem. Ex quo infertur, retentionem
peculii non esse contrà votum paupertatis; neque
contrà statum religiosum. Nec obstat textus oppositus
in *d. cap. Monachi;* etenim, ne dicantur Canones sibi
contradicere, probabiliter ait *P. Milante* in suo libro
(cui titulus *Vindiciæ Regul. p.* 120.), nomine peculii
ibi intelligi appropriationem fundorum, quam tunc
temporis Monachi ex massa communi abdicave-
rant, ut probat ex Petro Blessensi, et Thomassino;
idque solùm vetitum fuisse ostendit à Conc. Lateranensi.

Sed majus dubium est, an peculia sint vetita jure novo ? *Prima* sententia affirmat, et hanc tenent
Pal. d. Disp. 3 *p.* 7 *n.* 5. *Suar. t.* 3 *de Relig. tr.* 8 *c.* 14
n. 8. *Pont.* 7. 9. *Scholast. c.* 4. *Laym. l.* 4 *tr.* 5 *c.* 7 *n.* 13.

Holzm. t. 1 *de præc. partic. p.* 485 *n.* 616 *et Salm. n.* 201
cum Vasq. Valent. etc. Idem enixè tuetur *P. Conc.* in
duo Opusculo (*de Disciplina Apostolica, Monastica
Diss. Theol.*), ubi erudite, quidem loquitur, sed plus
quàm par est invehit contrà Religiosos, quodcumque
minimum peculium habentes; hós enim vocat (ùt refert *P. Carratinus p.* 81 in alio libro contrà *Concinam*
editò) filios iræ, filios perditionis, infames violatores,
paupertatis; ac perindè dicit, eos esse in æternæ dam-
nationis periculo, et superiores gravissimi peccati reos
esse, nisi studeant vitam communem, ubi collapsa
est, restaurare; nec posse Regulares in iis Conventibus
bonâ conscientiâ manere, ubi non viget vita communis, sed transire debere ad Monasteria vitam communem observantiæ, sive proprii, sive alterius Ordinis,
si aditus pateat; item juvenes Religionem ingredientes, ubi vita communis obsolevit, se exponere periculo æternæ salutis: graviter peccare Superiores eos
acceptantes, et illos, qui consilio aut favore illos indu-
cunt ad ingrediendum, uti etiam parentes filios ab
ingressu pro viribus non avertentes; quià (ùt ait),
ubi vita communis sublata est, Religio non est Religio, nec status perfectionis, sed confusionis et dam-
nationis. Ità doctus præfatus Auctor, sed nimis se-
verus Judex. At veniamus ad quæstionem; hæc prima
sententia probatur ex Decreto. *Trid. Sess.* 25. *c.* 2 *de
Regul.* ubi sic dicitur: *Nemini igitur Regularium tam
virorum quàm mulierum liceat.... bona immobilia, vel mobilia, cujuscumque qualitatis fuerint, etiàm quovis modo
ab eis acquisita, tàmquam propria, vel etiàm nomine Conventùs possidere vel tenere, sed statim ea superiori tradantur Conventuique incorporentur. Nec deinceps liceat
superioribus bona stabilia alicui Regulari concedere, etiàm
ad usumfructum, vel usum, administrationem, aut commendam. Administratio autem bonorum Monasteriorum
seu Conventuum ad solos officiales eorumdem, ad nutum Superioris amovibiles, pertineat. Mobilium verò
usum ità Superiores permittant, ut eorum suppellex statui
paupertatis, quam professi sunt, conveniat; nihilque*

Tom. III.   24

superflui in ea sit; nihil etiàm, quod sit necessarium; eis degenetur. Quod si quis aliter quidquam tenere deprehensus, aut convictus fuerit, is biennio activâ, et passivâ voce privatus sit, atque etiàm juxtà suæ Regula et Ordinis Constitutiones puniatur.

_ Secunda verò sententia, quam tenent *Nav.* Comment 2 n. 15. *Sa v. Religio.* n. 48. *Sanch. l. c.* n. 11· *Barbos. in c. l. Trid. Cabass. T. J. l.* 1 c. 22 *de Alexand. Confess. Manial.* c. 4 §. 2 q. 1 *et* 4 *cum Pelliz. Rodr. Peyrin Vill,* etc. *et P. Milante cum aliis,* dicit, Concilium nihil novi statuisse, præterid, quod jure communi statutum erat. Præcipit quidem Concilium (ut ajunt), nullum Religiosum posse habere peculium cum dominio utili, ità ut illud sine licentia Prælati distrahere possit, vel saltèm nulli licere sine justa causa habere; sed non prohibuit, ut Superior ex justa causa possit usum peculii Religioso concedere dependenter à suo arbitrio; sicùt et usum aliarum rerum Monasterii ipsi concedere potest.

His tamen non obstantibus, prima sententia probabilior videtur, spectatâ Sanctione Concil. Ducor primò illis verbis. *Nemini liceat bona immobilia, vel mobilia.... etiàm nomine Conventùs possidere.* Ergò non licet qualecumque peculium tenêre, nec etiàm ex consensu Superioris ; non enim aliter poterit Monachus dici bona habere *nomine Conventùs*, nisi ea concedantur ipsi à Prælato, qui vices Conventùs repræsentat. Quod autem dicitur, hoc intelligi *sine justa causa*, id omninò gratis videtur asseri ; tantò magis , cùm ibi subdatur, *bona statim superioii tradantur, Conventuique incorporentur ;* quod verbum *incorporentur* denotat bona illa fieri communia, et ad usum totius Conventùs destinari. Item moveor verbis illis : *Administratio bonorum ad solos officiales pertineat; mobilium verò usum ità Superiores permittant, ut nihil, quod sit necessarium, eis denegetur.* Ergò, quoad stabilia, omnis administratio Religiosis interdicitur: et quoad mobilia, tantùm *necessarium* (non verò quod ad delectum, licet honestum, deserviat) sta-

túitur non denegari ; quo verbo excluditur administratio etiàm mobilium ad usus indeterminatos. Idque
confirmatur ex To : *Ne deinceps liceat*, *etc.* quibus
vérbis videtur Concilium novum jus statuisse, undè
Laym. l. c. n. 13 infert : *Propositum* (Concilii) *fuisse,*
hujusmodi stabiles reditus , *seu annuas pecuniarias por-*
tiones omninò interdicere.

Ità respectu ad Decretum Concilii ; sed ratione consuetudinis, quæ hodiè ferè in omnibus Religionibus,
saltèm non reformatis, introducta est, puto cum eisdem fautoribus *primæ* sententiæ, ut *Sanch. n.* 11 *et*
14. *Laym. n.* 13. *Less. n.* 32. *Pal. n.* 6. *Pontius l. c.*
Salm. n. 240. Item *P. Milante p.* 169 *cum Nav. Barb.*
Suar. Az. Cab. Sylv. Wigandt . Beja, Luca , Redr. Mi-
randola . Cordub. de Alex. Lop. Conrad. Passer. Led.
et Mastrio etc. rigorem Concilii hodiè temperatum esse,
et licêre singulis Religiosis ex consensu Superioris
peculium habere , ut sibi provideant ad usus necessarios vel honestos ; modò sint parati bona à se abdicare
ad Superioris nutum, semper ac sibi sufficienter subveniatur ; nam aliàs non tenerentur peculium dimittere , dicunt *Salm. cum Sanch. Less. etc. ll. cc.* Libet
hîc annotare responsum datum à Cardinali Bellarmi-
no (ut refert *P. Milante in cit. l. p.* 245) qui cum rogatus fuisset à Cardinali Gesualdo Archiepiscopo Nea-
politano , an Moniales , non obstante contrariâ consuetudine, tenerentur exactè vitam communem servare , sic respondit : *Si consuetudo inobservantiæ est*
legitimè præscripta , videntur posse excusari illæ ; quæ
Religionem sic relaxatam invenerunt; nam talis Religio sic
relaxata , in qua tantùm servantur omnia substantialia ,
est vera et bona Religio ; ergò potest eligi, et qui in ea
vivunt sunt in statu perfectionis. Præfatam autem administrationem peculii ad nutum Superioris , dicunt
Pal. Salm. Pontius, et Sanch. licitam esse ratione
consuetudinis , non solùm de bonis mobilibus ; sed
etiàm de immobilibus. Idque videtur confirmatum ex
quodam Brevi edito à Bened. XIII. an. 1724. inci-
piente , *Postulat humilitati nostræ ,* (ac in extensum

relato ab eodem *P. Milante p.* 196.), in quo Pontifex, loquens de Religiosis promotis ad aliquam Dignitatem, præcipit; *ut omnia bona mobilia, seu immobilia, cujuscumque generis, quæ eos tempore suæ promotionis penes se, vel alios habere contigerit, exceptis dumtaxat scriptis propriis etc. Superiori locali resignare teneantur.* Ergò Pontifex, licet expressè hîc non approbet, saltèm præsupponit tamquàm licitum peculium sivè mobilium, sivè immobilium, quod Religiosi penes se habent.

Hoc quòad peculium bonorum etiàm immobilium; sed quòad peculium mobilium, illud expressè approbatum habetur à Clem. VIII. qui (ut refert *P. Milante*) anno 1692. per suum Breve Cardinali Gesualdo declarandum injunxit (en verba Brevis,) *quod liceat Abbatissæ cujuslibet Monasterii permittere Monialibus, ut unaquæque earum ex subventionibus, quæ eisdem Monialibus dantur, aliquid expendere possit, absque eo, quod per manus Officialium erogetur, et sinè onere aliam de eis rationem reddendi; summa autem hæc erit scuti unius qualibet mense pro minutis causis, etc.* Præcipit tamen ibidem Pontifex, *ut inposterùm nequè ad habitum, nequè ad professionem aliqua recipiatur, nisi sub integra reformatione vitæ communis.* Sed, cùm rursùs ab hoc ultimo Moniales reclamâssent, idem Clemens aliud edidit Decretum, quo sic declaravit : *Moniales verò, quæ......inposterum admittentur in iis Monasteriis, in quibus subventiones retinentur, nullatenùs invita cogantur ad vitam communem.* Ergò ex hoc Decreto Pontificis vita communis non pertinet ad essentiam voti paupertatis, et peculia ex consuetudine ritè permittuntur. Idipsum confirmatur pro Religiosis ex alio Brevi Innoc. XI. edito an. 1691. approbante Constitutiones Ordinis S. Mariæ de Mercede, jam priùs approbatas à novem aliis Pontificibus; in iis autem Constitutionibus (*Dist.* 3 *c. de voto paupert.*) sic statutum erat : *Sancimus, ne quis Fratrum professorum aliquid proprium habeat, nequè pecunias, nequè vasa argentea etc. nequè illa expendat absque sui Prælati li-*

centia... Attendant autem Fratres nostri, quod singulis annis semel omnia, quæ in usu retinent, Commendatoribus suis exponant, et realiter exhibeant, eorum dispositioni relinquendo, et specialem licentiam utendi eis accipiant à Prælato. Ergò cum licentia benè poterant retinere, et expendere.

Cæterùm (ut proferam quid ego sentiam super hac re) licet præfatam secundam sententiam probabilem censeam, imò probabiliorem, ratione consuetudinis universaliter introductæ; attamen in praxi omnes Prælati tamquàm certum sibi persuadeant, quod, si usum peculii in Monasteria de novo introducant, vix nomen paupertatis ibi superfuturum sit; et ex hoc innumera mala communitati quòad observantiam sint superventura. Quapropter, etiàmsi ipsi à peccato gravi excusari possint, usum peculii concedendo, respectu voti paupertatis; non tamen excusabuntur ob Regulæ relaxationem, cui hac concessione proculdubio operam dabunt.

Omnes autem conveniunt, quod in iis Conventibus, in quibus non observatur vita communis ob paupertatem, vel incuriam Superiorum subministrandi subditis necessaria, possint concedi peculia ad nutum Prælatorum. Ratio, quià Tridentinum tunc præcipit Religiosis vitam communem, cum à Conventu *Nihil* (eis), *quod sit necessarium, denegetur.* Ità *Potest. Fagn. de Alexand. l. c.* communiter.

Hinc infertur I. cum *Pell. Val. Lop. et Potest n.* 1078. in dicto casu non peccare (saltèm graviter) Religiosum, qui peculium retinet, non in communi deposito, sed in sua cella cum licentia Prælati dependenter ab ejus arbitrio; quià tunc substantia paupertatis jam servatur.

Infertur II. non posse Regulares vitam communem recusare, si superiores illam erigere velint, ut *de Alex. c.* 4 § 2 *Q. 2 cum Suar. Less. Nav. et Potest n.* 1087 *cum communi.* Ratio, quià, licet vitam communem non servare non sit contrà votum paupertatis; est tamen contrà votum, vitam communem respuere; quià est habere bona independenter à voluntate Supe-

riorum. Dicunt tamen *Less. et Peyr. cum de Alex. l.
c. Q.* 111 quod Religiosus non teneatur tradere peculium suum Prælato, qui velit illud in usum Monasterii convertere, nisi ei constet, quod Prælatus suis ne-
cessitatibus sufficienter aliundè provisurus sit.

Infertur III. quod, si Religioso relinquatur legatum
eum conditione, ut illud possideat independenter ab
arbitrio Superiorum, tunc certè peccaturus sit Religiosus contra votum paupertatis, si sic retineat; sed ligatum
valebit in favorem Monasterii, quià illa conditio tamquàm turpis rejicitur. Ità *de Alex. ib. Q. V. cum Graff.*
et aliis communiter.

« 1. Non repugnat voto paupertatis, quod Religiosi
» habeant bona in communi, etiàm immobilia. * (*Ex-
» trav. Ex iis de Verb. signif. et Trid. sess.* 25 *c.* 3 *de
» Regul. Vide Salm. tr.* 12 *c.* 2 *n.* 164. *Potest tamen
» Papa, justà urgente causà dicta bona in aliud opus
» pium transferre. Salmant. d. n.* 164 *cum Pal. Lug. et
» Less.*)*. Imò sinè consensu Papæ non possunt se
» obligare communitati, quòd ea numquàm sint ac-
» quisituri, quià præjudicarent immunitati ecclesias-
» ticæ. *C. Lug. Resp. mor. l.* 3 *d.* 8. Neque possunt
» fructus, seu reditus à donatore destinatos ad ea
» emenda applicare, ad usus alios, v. g. solvenda
» debita, etc. *ib. d.* 10.

» 2. Non repugnat paupertati, si Religiosis detur
» villa, vel alius locus administrandus nomine Mo-
» nasterii, idque in Monasterii commodum. Imò nec
» repugnat, si detur in commodum, vel incommodum
» ipsiusmet Religiosi aliquod ecclesiasticum Benefi-
» cium. Quo casu competit ei administratio redituum,
» quos ad sui sustentationem, piasque causas appli-
» care potest, juxtà Canonum concessionem: quod
» reliquum est, pertinet ad Ecclesiam, vel Beneficium,
» cui servit: ac consequenter donationes de reditibus
» Beneficii factæ ab eo in usus non pios invalidæ sunt,
» et contrà justitiam, neque accipientes possunt tutâ
» conscientiâ retinere. *Suar. t.* 4 *de rel. l.* 5. *Mol.
» 267 etc.* communiter. Ratio est, quià non habet do-

» minium dictorum redituum. C. Lug. de just. t. 4
» d. 4 s. 1. Nihilominùs Wading apud Dian. p. 8 t. 6
» R. 133 probabile censet, quod, etsi illicitæ, validæ
» tamen sint istæ donationes; idemque multò magis
» de donationibus Episcoporum regularium censet
» cum eodem Dian. l. c. R. 132 et contra Sanch.
» Suar. etc. Ad Monasterium verò omnia alia pertinent,
» quæ aliundè, quàm ex Beneficio, acquiruntur, nisi
» ex consuetudine cedant Ecclesiæ. Nav. Az. t. 1 l. 12
» c. 10 q. 6 et 7. Mol. Laym. l. c. V. Trid. sess. 25 t. 2
» de Regul.

  » 3. Non tantùm jure antiquo, sed etiàm post Tri-
» dentinum, probabile est, Religioso in Monasterio,
» vel juxtà illud manenti annuatim assignari posse
» reditum, ut ex eo vivat suo commodo, et incom-
» modo, revocabiliter tamen ad nutum Prælati : si-
» militer Monialibus victum præberi posse, ità ut
» ipsæ sibi labore manuum vestes comparent. Ità con-
» trà Azor. Less. et Mol. docent Sanch. l. 7 mor. c 22.
» Tan. Laym. l. 4. c. 7. Qui addit, talem consuetudi-
» nem, ubi viget, non damnandam : probat tamen
» tolli debere, si commodè possit, monetque, non
» sinè urgentissima causa introducendam.

  » 4. Peccat contra paupertatem Religiosus, si quid, [17]
» seu domi, seu foris, etiàm ex iis, quæ ad victum, et
» vestitum pertinent, sine Superioris consensu ex-
» presso, tacito, vel præsumpto, accipiat, retineat,
» absumat, permutet, alteri donet, vel accomodet.
» Ità Less. l. 2 c. 41 d. 8 et d. 9 n. 79. Sanch. 7 mor.
» c. 19 n. 53 et c. 21 n. 32. Suar. t. 3 de rel. l. 8 c. 11.
» Laym. l. 4 t. 5 c. 7 Az. t. 3 l. 12 c. 12
  » Dixi, sine consensu tacito : quià, si Prælatus
» sciat, subditum aliquid accipere, retinere, vel
» expendere, et non prohibet, cum facilè possit,
» tacitè consentire et approbare videtur. Undè Sanch.
» 6 mor. c. 19 ait, si in aliqua Religione consuetudo
» viget aliqua recipiendi, vel expendendi, sine licen-
» tia, id excusari per tacitam licentiam Prælati, qui
» id tolerando, consuetudinem rationabilem declarat.

» *(Salm. de Rest. c. 6. n. 25. cum Pal. Pell. Fag.
» Boss. etc.) * Etsi Prælatus subdito donet , vel
» donari permittat imagines, rosaria, etc. sciens non
» indigere iis omnibus ad proprium usum , tacitè
» facultatem concedere censetur donandi aliis , ut
» notat Laym. Monet tamen Less. talem consensum
» non præsumendum , nisi in rebus parvis, et crebrò
» occurentibus.

» Dixi 2. vel præsumptâ; hic enim locum habet,
» cùm res urget, superiorque non est præsens. Ad
» hunc autem , ut vult Sanch. et Bon. non sufficit,
» quod superior libenter sit concessurus , si peteres
» (alioquin omnes donationes à Prælatis permitti solitæ
» licitæ essent sinè venia: quod cederet in eversionem
» disciplinæ regularis) , sed requiritur , ut ipse cen-
» seatur concedere , quàmvis non petas , et nolit, in
» iis circumstantiis te petere. Addunt tamen Suar. et
» Less. excusari à mortali, si præsumatur affectus
» Superioris libenter rem concessuri , si rogaretur.
» Ratio est, quià tunc censetur rem habere ex volun-
» tate Superioris saltèm virtuali , quæ in illo affectu
» latet; ideòque , si Superior tantùm sit invitus quòad
» modum, venialiter quidem peccari ; non tamen
» contra paupertatem , docent Suar. Sanch. Laym l. 5
» tr. 5. c. 7. »

18　Quæritur igitùr , an liceat Religioso res alienare,
vel accipere ex licentia præsumpta ? Affirmant DD.
communiter , si licentia præsumatur de præsenti , ex
voluntate actuali vel virtuali Superioris. Imò Lug. D.
3 n. 125. et Salm. tr. 13 de Rest. c. 6 n. 72 dicunt sufficere ad non peccandum , saltèm graviter , contrà
votum paupertatis, ut Superior non habeat hìc et
nunc voluntatem omninò repugnantem quòad substantiam , licet sit invitus quòad modum. Hinc infertur, excusari saltèm à mortali (ut ajunt Less. l. 2.
c. 41 n. 79. et Salm. n. 71 cum aliis communiter) Religiosum , qui noverit, Superiorem ergà ipsum ità esse
affectum, ut si hic sciret, libenter licentiam conce-
deret, vel saltèm non graviter repugnaret. Idem di-

cunt *Salm. ib. et Lugo n.* 126, si datio vel acceptio ce‑
deret in utilitatem Monasterii. Item , si Superior non
possit facilè adiri , et urgeat causa aliquid accipiendi,
vel alienandi , ut *Contin. Tourn. t.* 3 *p.* 81. *Less. et
Salm. ll. cc. ac Holzm. t.* 1 *de Pr. Partic. p.* 483 *n.* 603
cum communi. Advertunt tamen *Elb. t.* 2. *p.* 632 *n.* 664
et Lugo n. 128 *cum Suar. et Sanch.* quod Religiosus
post talem acceptionem teneatur , si commodè potest ;
rem Prælato manifestare , ut deindè licitè possit eam
retinêre. Idem ait *Elbel p.* 631 *n.* 640 si Superior de
facili soleat licentiam concedere pro quibusdam re‑
bus , maximè exculentis , et poculentis ; sed in Mo‑
nasteriis benè ordinatis non solent passim tales licen‑
tiæ concedi , ut ait *Less. l. c.* nisi pro rebus minimis ,
et crebrò occurrentibus.

Hæc docent præfati AA. quandò agitur de licentia
præsumpta de præsenti. Sed magna quæstio est , an
peccet Religiosus contra votum paupertatis , quandò
aliquid accipit , aut dat , ex licentia interpretativa ,
sivè præsumpta de futuro , scilicet præsumendo , quod
Superior annueret , si rogaretur ? *Prima* sententia ,
quam tenent *Holz. p.* 482 *n.* 599. *Elb. p.* 631 *n.* 639.
Pal. tr. 16. *D.* 3 *p.* 23 *n.* 8 *cum Nav. Azor. Suar. Val.
et P. Nav.* item *Tolet. et Rosell. ap Sanch. Dec. l.* 7.
c. 19. *n.* 13. *et Pelliz. Rodr. ac Bassæus apud Salm. de
Rest. tr.* 13 *c.* 6 *n.* 67, negat talem Religiosum peccare,
saltèm mortaliter. Hocque dicunt procedere. *Holzm.
Elbel , Sanch. et Pal. ll. cc. cum Suar. Nav.* etc. non
solùm si ille certè , sed etiàm si probabiliter crederet
Superiorem licentiam concessurum ; nisi (benè exci‑
pit *Sanch.*) in aliqua communitate observanti vigeat
præceptum , ut licentiæ expressè petantur. Hanc sen‑
tentiam docet etiàm *D. Th.* 2. 2. *q.* 32 *a* 8 *ad* 1 ubi
ait : *Si verò non habet dispensationem ,* (*Religiosus à
Prælato commissam*) , *quià nihil proprium habet , tunc
non potest facere eleëmosynam sine licentiâ Abbatis ,
vel expressè habitâ , vel probabiliter præsumptâ.* Idem‑
que tradit in 4. *D.* 15 *q.* 2. *a* 5 *q.* 4 ubi dicit : *Non
esse proprietarium Religiosum , qui donat aliquid potens*

spem in ratihabitione Prælati. Ratio , quia , ad non
peccandum contra votum paupertatis ea sufficit licentia, quæ efficit , ut acceptio non fiat nomine proprio,
sed cum dependentia à voluntate Superioris. Idque
confirmatur ex *l.* 46. § 7. *de Furto* (cujus verba retulimus *n* 700 *v. Quæritur hic., ubi* dicitur non esse
reus furti, qui aliquid accipit probabiliter credens,
Dominum consensurum , si peteret. Sicùt igitur talis
accipiens ex præsumpto consensu Domini futuro
nor lædit justitiam ; ità Religiosus non lædit votum
paupertatis , quià accipiendo ex præsumpta ratihabitione Superioris , jam dependenter accipit.

Secunda verò sententia tenet, Religiosum accipientem, vel dantem ex tali licentia interpretativa, peccare contrà votum, et hanc sequuntur *Sanch. Dec. l.* 7
c. 19 *n.* 15. *Less. lib* 2 *c.* 41 *n.* 79. *Lug. D.* 3 *n.* 114.
Salm. de Rest. c. 6 *n.* 70 *cum Bon. Vill. et Garcia.* Ratio,
quià aliud dicendum (ut ajunt,) quandò licentia requiritur ad honestatem actûs, aliud, quandò requiritur ad
ejus valorem; quandò enim licentia requiritur ad honestatem, sufficit licentia Superioris interpretativa,
sivè ratihabitio de futuro, quandò verò consensus Superioris requiritur ad valorem actûs , tunc omninò
requiritur voluntas Superioris actualis, vel saltèm virtualis, nec sufficit ejus voluntas præsumpta de futuro;
sicùt non sufficit, ut quis Confessiones excipiat, vel
ut carnes comedat diebus vetitis, eò quod Superiores
licentiam concederent, si ea peteretur. Nec officit paritas furti; respondet enim *Lugo n.* 127 quod ibi benè
sufficiat ad excusandum accipientem, ut rem accipiat
non invito Domino ; sed ad valorem actûs dandi vel
accipiendi. requiritur in Religioso licentia Superioris
de præsenti, cum tales actus à Religioso exerciti non
sint validi, nisi dependenter à Prælati voluntate.

Sed , his non obstantibus, probabilior mihi videtur
prima sententia , et pace tantorum DD. hujus secundæ sententiæ , puto , eos non attigisse punctum
quæstionis, in qua agitur non de valore ; sed de honestate actionis. Confundunt enim adversarii valorem

actûs cum honestate illius ; nam ratio ipsorum probat quidem, actum Religiosi non esse validum , nisi post-quàm Prælatus illum ratum habuerit; quià certum est (ut diximus de *Cont.* 769., *s. Sed dubitatur*) , quod ad valorem contractuum non sufficiat voluntas interpre-tativa, sed requiratur voluntas contrahentium actua-lis , aut saltèm virtualis de præsenti : et ideò rectè di-citur Sacerdos non posse validè absolvere , nec alius edere carnes in diebus vetitis , nisi habeant concessio-nem Superiorum , saltèm præsumptam de præsenti , eò quod reverà nec Sacerdos validè absolvat sine ju-risdictione de præsenti collatâ, nec alius licitè vesca-tur carnibus die vetito , nisi jam per dispensationem sit à lege absolutus. Non autem probat ratio allata, ac-tum Religiosi accipientis ex licentia interpretativa es-se illicitam , et contra votum paupertatis ; ad agen-dum enim contra votum requiritur, ùt ipsi contrarii fatentur, quod Religiosus agat nomine proprio , et in-dependenter à voluntate Superioris. Non autem agit nomine proprio , et independenter , qui accipit ex consensu Prælati prudentur interpretato , quià tunc verè cum dependentia agit.

Nec obstat 1. dicere , quod, cùm actus sit invalidus, ideò sit illicitus ; proùt Sacerdos ideò illicitè absolvit eum facultate Episcopi præsumpta de futuro , quià invalidè absolvit. Sed dispar est ratio casûs hujus à casu nostro ; nam ibi honestas actionis pendet ab ip-sius validitate ; sed hîc honestas acceptionis non pen-det ab ejus valore , sed pendet à non agendo nomine proprio et independenter , hoc solum enim lædit pau-pertatis votum ; et sic in nostro casu benè poterit esse licitus actus accipiendi hîc et nunc , cum fiat depen-denter à consensu præsumpto Superioris, quàmvis hîc et nunc invalidus sit, et sit futurus, si Superior non an-nuet: sicùt aliquis bonâ fide contrahens Matrimonium cum impedimento , licitè quidem contrahit, quàmvis invalidè. Nec obstat 2 dicere , quod, si nostra sententia in praxim deduceretur, locus daretur relaxationi ; vix enim esset casus, quo non posset subditus facilè præ-

sumere concessionem licentiæ , si peteret , saltèm à
Prælatis majoribus , si inferior negaret. Sed respondetur, primò advertendum in hujusmodi acceptioni-
bus ex licentia præsumpta , ùt plurimùm accipientes
non excusari à culpa veniali, cum Prælati plerumque
sint inviti quòad modum , si non ad substantiam. Prætereà advertendum, hujusmodi licentias non esse facilè
præsumendas , nisi habeatur certitudo , vel saltèm
certa probabilitas de ipsarum concessione, dum rectè
notat *Tourn*. *t*. 3 *p*. 81, in illis summoperè cavendum,
ne præsumantur quæ præsumi non debent ; imò nec
semper, quæ sub oculis Prælati fiunt, ab eo tacitè approbata esse censenda ; plerumque enim Superiores
ægrè coguntur plura tolerare , quæ vident fieri contra
suam voluntatem. Prætereà licentiæ , quæ à Prælatis
inferioribus negantur, vix præsumi possunt concedi
à majoribus , dum ipsi , ad justum regimen servandum
communitatis , vix concedunt quæ ab inferioribus de-
negantur. Ideò ipsi in talibus licentiis præsumendi
sunt inviti etiàm quòad substantiam ; nam , si res sint
parvi momenti , cum Prælati majores non se ingerant
hujusmodi levioribus causis, non adest prudens præsumptio de ipsarum concessione; si autem res sint
magni momenti , quòad eas (ut ait *Holzm*. *n*. 602.)
non suffragatur licentia præsumpta , aliàs daretur
ansa ad res etiàm majoris momenti sine expressa licentia accipiendas et retinendas , quod cederet in
grave detrimentum religiosæ paupertatis.

19   « 5. Contrà votum paupertatis peccas , si quid ex
» rebus in usum tuum concessis, in alium usum er-
» pendas , aut culpabiliter amittas , vel destruas latâ
» culpâ. Ratio est quia in iis tantùm habes usum
» facti , idque precariò, quamdiù Superiori videbitur,
» estque actus dominii , posse rem arbitratu suo des-
» truere. *Sánch*. *c*. 19. *Laym*. *n*. 6. *Less*. *n*. 79. »

20   Notandum I. Quod Religiosus, licet non possit donare, nec remittere sibi debita, ex communi cum *Salm*. *tr*.
13 *de Rest*. *c*. 6 *n*. 21 nec renuntiare legata sibi relicta
sive mercedes suis laboribus debitas, quià horum jus

Immediate Monasterium acquirit , ut dicunt *Sanch. l.*
7 c. 12 a. n. 55 *et de Alex. c.* 4 § 2. *Qu.* 7 possit tamen Religiosus non acceptare munera ; nam votum
paupertatis obligat ad non alienandum acquisita , non
vero ad acquirendum quænondum acquisivit. Ità *Sanch.*
Dec. c. 19 n. 75. Salm. ib. n. 23 cum Lugo, et Pell. Hinc vo-
lentem dare centum tibi Religioso , benè potes rogare, ut det tuo consanguineo , vel amico ; *Salm. ib. cum*
Lug. Trul. Sanch. etc. et Tour. t. 3 p. 80 n. 10 qui addit,
Religiosum nolentem sine justa causa acceptare ,
quod sibi offertur , peccare contra charitatem , impediendo bonum suæ Religionis , non verò contra
justitiam.

Notandum II. Quod Religiosus sinè licentia possit **21**
facere donationes remuneratorias ex bonis sibi concessis ad usum, quià tales donationes sunt quasi de-
bili solutiones ; *Salm. l. c. n.* 24 cum *Rod. et Vill.* Imò
potest plus donare , quàm accepit , usquè ad excessum quartæ partis, ut *Salm. ib.* quià postulat grati-
tudo , ut semper plus reddatur , quàm sit acceptum ,
prout dicunt *Sanch. Bard. Nav. Dian. etc.* ex *S. Th.*
apud *Salm. d. c. 6 n. 92.*

Notandum III. Licet Religiosus non possit testari **22**
ullo modo , ut est commune cum de *Alex. Conf.*
Mon. c. 4 § 1 *q.* 2 si tamen petat licentiam donandi
aliquid post suam mortem , et Prælatus id promittat
se executurum , dicit *de Alex.* § 3 *q.* 11 tunc tenêri
Prælatum stare promissis. Sicuti , si dominus aliquid
promittit servo , tenetur servare , ut docent *Less. et*
Mol. cum *Sanch. l. 7 c. 9 n.* 13.

Quæritur hîc 1. an Religiosus possit sinè licentia **23**
donare , quæ parciùs vivendo sibi substrahit ex rebus
sibi concessis ad usum ? Affirmant *Val. Rodr. Arad.*
Sylv. Dian. etc. apud *Salm. d. c. 6 n.* 26. At, licet id
probabile putent *Salm.*, modò sit de rebus , quæ usu
consumuntur , cum in iis usus et dominium minimè
distinguantur ; probabiliùs tamen respondendum esse
dicunt , quod , si Religioso ad suam sustentationem
certa quantitas ità assignetur , ut nec Monasterium

teneatur aliud ei præstare, nec ipse rationem reddere ; tunc sivè is intrà claustra commoretur, sivè extrà, quidquid sibi de illa portione subtraxerit, poterit ad suum beneplacitum erogare, modò eroget ad
honestum usum. Secùs verò, si nulla certa quantitas
ei assignetur, sed omnia necessaria à Monasterio sub-
ministrentur ; quià tunc non præsumitur, sicùt in
primo casu, Prælatus licentiam concedere. Ità *Sanch.
Dec. l. 7 c. 19 n.* 100 *et* 101. *Salm. l. c. cum Abul. Pal.
Garcia , Mol. Vill. ac Holzm. n.* 615 *cum aliis* communiter.

Ab auctoribus autem communiter permittitur Religiosis , qui cum debita licentia vivunt extrà Conventum, ut eleëmosynas moderatè faciant ex iis, quæ à Monasterio , vel ab aliis eis subministrantur ad victum.
Item permittitur Religiosis, ut elargiant, cui velint, suas
pitantias , quæ limitatè eis præbentur, ut ova, carnes , etc. ità *Sylv. S. Anton. Arag. etc.* cum *de Alex.
4. 4 § 4 q.* 5 nisi Superior expressè id vetaverit. Prætereà , permittitur eis succurrere pauperi magnâ paupertate laboranti ex bonis Monasterii, quandò aditus ad
Superiorem non patet : item permittitur, ut leves donationes faciant amicis, et consanguineis in signum gratitudinis, vel debitæ amicitiæ, vel ad conciliandum aliorum amorem ergà Religionem. Ità *Salm. n.* 31 *et Croix
l. 4 n.* 123 *cum Suar. et Pal.* Permittit etiàm *Bordon.
de Paup. Rel. c.* 20 *n.* 32. Religiosis , ut dent aliquid
esculenti vel póculenti pauperibus, quià in his Prælatus
præsumitur consentiens.

Quæritur 2. quænam quantitas requiratur , ut Religiosus eam expendens sinè licentia peccet graviter?
Ex Navar. Azor. Graff. etc. Pal. tract. 16 D. 3 p. 10
num. 3. *Sanch. lib.* 7 *cap.* 20 *num.* 3. assignant pro
materia gravi quatuor argenteos. Plus verò Conventibus pinguibus ; et adhùc plus , si res non sit ex
pecuniis, sed ex vestibus, libris, et similibus. *C. de
Lug. de Justitia. D.* 3 *numer.* 173 pro Conventibus
mediocriter opulentis assignat 7 vel 8 argentos , si ac-
cipiantur à Religioso ex destinatis ad suum usum ; et

plus, si res surripiatur ad usum proprium, et remaneat in Communitate. Si verò res surripiatur ex rebus
communibus Monasterii, et detur extraneis, putat,
sex argenteos esse materiam gravem. Plus tamen requirunt *Ledesma*, et *Cenedo apud eumdem Lugo* n. 170;
nam censent, non esse mortale accipere 8 vel 9 argenteos ex rebus, quæ usu non consumuntur; modò id
non plus quàm semel aut bis fiat in anno. Alii, ut *Sot.*
et Rodr. ap. Salm. d. n. 47 (*et Arag.* putat probabile)
dicunt, requiri ad materiam gravem duos aureos. Alii
demùm, quòad gravitatem materiæ putant, ut *Rebell.*
Fagund. etc. ap. Croix l. 4 *n.* 133, idem dicendum esse
de furtis Religiosorum, quod dicitur de furtis filiorum. juxtà dicta de 7. *Præc. n.* 543. Et consentiunt
Holzm. n. 595 *ac Elbel p.* 633 *n.* 646 *cum Henno. et*
aliis, dicentes, quod Religiosi furantes materiam communiter gravem, nisi furtum redundet in grave damnum monasterii, sint peccaturi quidem contrà votum
paupertatis, sed non contrà justitiam; undè non erunt
obstricti ad restitutionem. Sed probabiliùs id negandum, scilicet requiri in Religiosis ad peccandum graviter, ut eam surripiant quantitatem, quæ requiritur
in filiis; ità *Lug. d.* 3 *n.* 172 *et Sanch. Dec. l.* 7 *c.* 20
n. 3. Ratio, tùm quià filii censentur quasi in spe dominii bonorum parentum, non autem sic Religiosi, qui
non possunt Monasterio succedere; tùm quià parentes in furtis filiorum sunt inviti respectu ad detrimentum temporale, sed Prælati in furtis Religiosorum
sunt inviti etiàm respectu ad eorum detrimentum spirituale, undè faciliùs præsumuntur inviti Prælati
quòad furta Religiosorum, quàm parentes quòad furta
filiorum; tantò magis, quià filii benè sunt capaces
possidendi, non autem Religiosi, qui voto paupertatis obstringuntur.

Cùm autem donatur res Religioso ejusdem Conventûs, certè plus requiritur, ut censent *Salm. n.* 47
cum *Suar.* Hinc dicit *ib. Coriolanus.* quod ex rebus
ad usum concessis donatio 12 regalium tunc non esset
materia gravis; *Ledesma* extendit ad viginti argenteos:

imò *Eug. Sanch. Pell. Rodr. et Anton. à Sp. S.* apud
Salm. l. c. ajunt, quod, si res non sit pecunia, nec etiam
valor 5 aureorum, tunc non sit futura gravis materia.
Si verò accipiatur aliquid ab extraneis ad aliis præstandum, adhùc plus requiritur; tùnc enim *Garcia*
cum *Pal. Leand. Dian. etc.* apud *Salm. n.* 47 assignant
pro materia gravi valorem majorem 60 argenteis. Regulariter autem non peccat graviter Religiosus clam
accipiens, ex. gr. librum ad usum temporalem, etiàm
diuturnum, sed non in perpetuum; quià tunc Prælatus non censetur invitus quòad substantiam, sed tantùm quòad modum. Ità *Salm. n.* 49 cùm *Suar. Az.
Pell. Vill. etc.*

25   Quær. 3 an Religiosus res paulatim accipiens sinè
licentia peccet graviter, si furtula ad magnam quantitatem perveniant, et teneatur ad restitutiónem? Negant *Nav. Tol. Fill. Gran. Rod. Dian. etc.* atque probabile vocat *Pelliz.* consentitque in aliquo *Lugo*, judicans, raro contingere, quòd Religiosus, modica accipiendo sinè animo perveniendi ad magna, graviter
peccet, quià Prælati contrà talem nomquàm graviter
offenduntur. Attamen veriùs affirmant *Salm. de Rest.
c.* 5 *n.* 53. cum *Sanch. Bon. Vill. Garc etc.* quamvis
majorem requirant quantitatem pro materia gravi.
Benè tamen admittunt *n.* 52. cum aliis; hæc furtula
non coalescere, si inter ea intercedat magna interpo-
latio; hæc autem, ut magna reputetur, *Sanch.* requirit spatium anni; sed *Salm. d. n.* 55. *in fine.* cum *Fill.
Dian. Garc. et Ant. a. Sp. S.* putant, sufficere spatium
mensis. Vide dicta *de Furto n.* 530. Admittunt item
Salm. n. 58. cum *Sanch. Pal. Bon. Lug. Pell. etc.* non
esse mortale surripere comestibilia per plures vices,
etiàmsi perveniant ad magnam quantitatem (modò à
Religioso non reserventur, ut *Salm. n.* 57. Et modò
damnificatio Conventûs non sit nimia, et in re extraordinaria, et pretiosiore, ut notat de *Alex. c.* 4 § 1
q. 5. cum *Suar.*) Ratio, quià præsumitur tunc adesse
tacita licentia Prælatorum.

26   Quær. 4. an Religiosus impotens ad restituendum

aliquod debitum suo Monasterio, teneatur ex sibi datis
ad usum ? Affirmant *Lug. Bon. etc.* Negat verò *Pell.*
Fag. Leone, *etc.* Et probabile putant *Salm. n.* 236.
quià miñimè præsumitur velle Prælatus obligare subditum cum tanto incommodo; et verè est probabile ,
si res datæ sint ad usum necessariæ.

Quær. 5. an peccet Religiosus , si ad mutuum det **27**
sine licentia res sibi ad usum concessas ? Affirma ,
sed non gravíter , si tutus sit de restitutione, ut tenent *Laym. Sanch. Peyr.* quos suprà sequitur *Dian.*
R. 14. *et de Alex. c.* 4 §. 1 9. 9.

» 6. Item peccas, si quid abscondas , ut 'illud **28**
» liberæ dispositioni Superioris subducas. Nec Pro-
» curatores, Œconomi, Administratores, Prælati infe-
» riores quidquam possunt expendere , contrà quàm
» regula Ordinis , voluntas Superiorum , vel consue-
» tudo postulat. Ratio est, quià non sunt domini
» bonorum communium , sed tantùm administrato-
» res *Laym. n.* 8, *ex S. Thom.*

» 7. Si Prælatus permittat subdito, ut bona, ex qua- **29**
» cumque causa, aut titulo provenientia, in usus va-
» nos, turpes, aut illicitos expendat, aut superflua, pre-
» tiosa , et statum suum dedecentia penes se habeat ,
» peccat et Prælatus , et subditus contrà votum pau-
» pertatis ; estque talis donatio , seu alienatio irrita ,
» et restitutioni obnoxia. *Nav. Sylv. Val. Mol. t.* 2
» *d.* 276. *Azor. Less. d.* 9. *Sanch. Laym.* Quià Præla-
» tus non potest dare veniam majorem , quàm ipse
» habet : ipse autem , cum non sit dominus , non po-
» test bona suo arbitrio, et inutiliter expendere , sed
« tantùm in Religionis necessitatem, et utilitatem. V.
» *C. Lug. de just. d.* 3 *s.* 7 *n.* 11. »

Super hoc puncto I Quæstio est, an licentia, à Præ- **30**
lato data Religioso expendendi aliquid expressè ad usus
illicitos , de se invalida sit? Affirmant cum *Bus.* hîc
Nav. Pal. Sanch. apud *Croix l.* 4 *n.* 114. et hoc absolutè tenent *Salm. de Rest. c.* 6 *n.* 82. cum communi ,
ut asserunt. Ratio , quià Prælatus non est dominus ,
sed simplex administrator bonorum Monasterii. Rectè

tamen concedunt *Salm. n.* 83. cum *Pal Suar. Az, etc.*
validam esse licentiam datam retinendi superflua sine
notabili excessu ; quià aliter res magnis scrupulis esset obnoxia. At contrà *Lugo de Just. D.* 3 *n.* 137. cum
Less. Az. Tab. et S. Ant. Sylv. Turrecr. Fab. etc. apud
Croix l. c. tenent, licentiam esse validam , quàmvis illicitam : si enim , inquiunt isti , Superior licentiam
daret ad emenda superflua, quis dicet, emptionem esse invalidam? idem censent *Elb. n.* 666. *et Hol. n.* 604.
cum Ills. dicentes, Religiosum, qui habet superflua ex
licentia , peccare quidem contrà paupertatem , cùm
votum paupertatis obliget non solùm ad accipiendum
cum licentia ; sed etiàm ad non habendum superflua;
sed non peccare contrà justitiam , nec esse proprietarium , quandò habet cum licentia , quæ nullo jure
habetur esse invalida , nisi vertat in grave damnum
Monasterii. Hanc sententiam non audeo omninò reprobare propter Auctoritatem tantorum DD. Sed prima sententia mihi omninò arridet; nam ut ajunt *Less.
l.* 2 *c.* 41 *n.* 79. *Salm. n.* 85. *Ronc. Cons.* 25 *n.* 4. et
alii plurimi, Superior non est dominus , nec aliam
habet facultatem super bona Monasterii , nisi eam,
quam Canones , et Religio ei concedunt : Sed non potest dici concedere ipsi facultatem dandi licentiam ad
usus illicitos vel superfluos , nequè sacros Canones,
cum ex iis contrarium eruatur , ut habetur ex *Clement.
f. de Statu Monach.* ubi expressè prohibentur omnia
superflua ; nequè Religionem , quæ numquàm cense-
tùr id concedere in exitium spirituale suorum filiorum.

31   II. Quæstio est, an, cùm Prælatus det licentiam generalem Religioso ad expendendam aliquam summam ad
suum libitum , si iste illam eroget in usus turpes, aut ra-
nos, peccet contrà votum paupertatis, et teneatur ad restitutionem tàm ipse, quàm accipiens? *Prima* sententia
affirmat. Ratio, quià nequè superior intendit tunc licentiam dare ad usus illicitos , nequè ipse superior posset
hanc licentiam concedere , cùm is sit merus administrator. Ità *Sylv. Pal. Mol. Sanch. etc.* apud *Croix l.* 4
n. 143. Et hanc probabiliorem putant *Salm. de Res.
c.* 6 *n.* 85. *et Lugo* vocat communem *D.* 3 *n.* 142.

Juxtà hanc sententiam, dicunt *Sanch. Pell. Mol.*
Reb. etc. cum *Salm. ib. n.* 106. quòd ille, qui malè accipit rem à Religioso, jam benè satisfaciat, si ipse
Religioso rem restituat, quià ponit rem in eodem statu, in quo eam invênit: modò ipse (excipiunt *Salm. ib.*
cum cit. DD.) non timeat, ne Religiosus re illâ abutetur.

Secunda tamen sententia contradicit, et hanc tenent
de *Alex. Conf. Mon. c.* 4 §. 4 Q. 9. cum *Bord. Suar.*
Bann. Lopez, Hurt. Med. Pelliz. Reb. Salas, etc.
apud *Salm. n.* 84. probabilemque hanc vocant *Lugo*
D. 3 *n.* 137. *Dian. Sayr. Mach. etc.* et huic adhæret
Croix l. c. dicens, non obstare, quòd superior non sit
dominus ; nam respondet cum *Reb.* saltèm Monasterium esse dominum, ut possit disponere de bonis suis
ad omnes usus : et sæpè præsumi Monasterium consentire, quod subditi expendant in quibusvis usibus et
maluerint id, quod generaliter est eis concessum ad
expendendum, ne periclitetur fama subditi, aut Superioris, ut dicit *Reb.* Deindè dicit *Lug.* quòd, licet
superior sit simplex administrator, nullo jure tamen
sciatur ejus potestatem esse restrictam ad solos usus
licitos concedendos. Et, ut dicunt *Bann. Lop. Reb. et*
Salas ap. Lug. n. 142. (et hoc ipse non putat improbabile) non est censendum, quòd Superior, dans licentiam, eam limitet tantùm ad usus licitos ; quià ipse,
dando licentiam generalem, vult et potest tollere impedimentum, quod subditus habet ex licentiæ defectu ad expendendum. Pari modo acsi Pontifex dispenset cum consanguineis ad Matrimonium, non
solùm dispensat ad actum conjugii, sed tollit malitiam incestûs, etiàm quòad copulam illicitam, (ùt
tenent *Lug. n.* 133. *et Sanch. de Matr. l.* 7 *D.* 67 *n.* 8 *cum*
Met. Gutt. Manuel, Led. Lamas, etc. modò Episcopus,
cui commissa est Dispensatio, jam dispensârit, ut veriùs dicit *Sanc. numer.* 9. contrà *Major. et Gall. ap.*
Croix). Item, si Papa dispenset ad carnes in Quadragesima cum aliquo, si iste comedet carnes nocivas,
peccabit utiquè ex intemperantia, sed non contrà præceptum jejunii, quod per dispensationem jam subla-

tum est. (Sed quòad hîc obstat Decretum Clementis XI. relatum *in tract. de Jejunio n.* 1015. *v. Quæritur hîc*). Ità loquitur *Lug. n.* 133. *cum aliis , ut suprà.*
Sed , his non obstantibus , quàmvis hanc sententiam
non audeam reprobare , primam amplector: cùm non
satis mihi probetur , quòd superior hanc facultatem
habeat dandi licentiam , nequè specialem , nequè generalem ad usus illicitos , proùt dixi mox in *I. Quæst.
n.* 3o. Aut quod Monasterium in hujusmodi licentias
consentiat in tantum detrimentum animarum suorum
subditorum.

Concedunt verò *Salm. n.* 86 *cùm Pal. et aliis ,* excusari à restitutione eum , qui pro usu turpi rem accipit
à Religiosó , quandò honor Religionis, vel Religiosi
aliàs periclitaretur ; aut si , v. g. cum mulier ob turpem
causam aliquid accepit à Religioso, iste mutet animum,
et intendat donare gratis , quià mulier est pauper,
vel ne damnum in fama patiatur ; tunc enim jam in
usum honestum impenderet. Et hinc, quandò mulier
talem consensum Religiosi rationabiliter præsumere
potest, saltèm ex hoc capite facilè excusabitur. Ità
Salm. l. c.

32   III. Quæstio est, an possit superior licentiam subdito præbêre, ut aliquam summam ludo exponat? Certum est, quòd possit ; si summa sit modica ; in quo
casu subditus potest uti licentiâ etiàm tacitâ , sive præsumptâ. *Less. Mol. Azor. etc.* cum *Salm. de Rest. c.*6
n. 94. Quòad quantitatem autem , alii dicunt posse
Religiosum exponere quantùm posset liberaliter donare; alii dicunt 4 vel 5 aureos pro centum quotannis
ad usum sibi concessis. Ludus autem debet esse licitus, non illicitus, proùt est ludus alearum, taxillorum,
et omnes ludi merè fortuiti , *ex Trid. sess.* 22 *c.* 1.
Cæterùm in aliqua Religione permittitur ex consuetudine, ut ludatur ob modicam summam chartis lusoriis, ut
Salm. n. 95 cum *Peyr. Dic. etc.* V. dicta *de Ludo n.* 873.

Dubium est, an possit Superior validè dare licentiam particularem exponendi ludo magnam summam?
Affirmant *Less. l.* 2 *c.* 26 *n.* 36 cùm *Hurt. Salas, et*

Amic. apud *Salm. l. c. n.* 96 quià quæcumque licentia
ad ineundum contractum, per se quidem justum, de
se valida est. Sed negant veriùs *Salm.* ibi cum *Sanch.*
Led. Dic. Vill. quià, ut dicunt, simplex administrator,
qualis est Superior Conventûs; non potest licentiam
concedere tales ineundi contractus proprios tantùm
Dominorum, qui pro suo arbitrio res suas prodigere
possunt. Quid verò dicendum, si licentia sit generaliter data? Hæc quæstio comprehenditur sub quæstione II. ut suprà jam allata, quam relegere potest.
An verò Religiosus possit ludo plus lucrari, quàm perdere; vide dicta *n.* 874.

IV. Quæstio est, an licentia p
negata, excuset à transgressione
Resp. non excusare, nisi periculum gravis
in mora : tunc enim præsumitur adesse c
Superioris majoris; et
neget, potest aliquandò , legem,
sive votum in tanto discrimine non obligare. Ità probabiliter *Pal. D.* 3 *p.* 23 *n.* 10. *Holzm. p.* 484 *n.* 610
cum cummuni, ac de Alex. c. 4 § 3 *q.* 6. Et hoc benè
congruit doctrinæ *D. Th.* 1 2 *q.* 96 *a.* 6 *in fin.* qui loquens de lege ait: (Si verò sit subitum periculum, non
patiens tantam moram, ut ad superiorem recurri possit, ipsa necessitas dispensationem habet annexam,
quià necessitas non subditur legi.) Idem dicendum
de voto, quòd est quædam lex particularis, et cujus
obligatio non urget, tali periculo imminente. Sed notat
Holzm. cum Pal. quòd licentia negata tum excuset;
cùm sit debita tàm ex parte Religiosi, quàm Prælati,
non autem, si sólùm ex parte Prælati, ità ut subditus non habeat jus ad concessionem licentiæ.

V. Quæstio est, an valeat Religiosus ex licentia
dare aliquid alicui, quod si scivisset Superior, licentiam non concessisset? Respondent *Mol. Disp.* 209 *et*
Alex ib. q. 7 tunc videndum, in quanam dispositione
sit Superior; nam, si præsumitur, quod ipse licentiam omninò revocaret, tunc licentia non valet; secùs
autem dicendum, si præsumatur Prælatus non velle

revocare, licet ab initio licentiam negâsset, si rem scivisset. In dubio autem præsumitur pro validitate actûs . id est licentiæ datæ ; intellige, si non possit Superior adiri.

35   VI. Quæstio est, an votum paupertatis possit per consuetudinem abrogari ? Negant communiter DD. quòad substantiam, affirmant verò quòad modum. Talis autem consuetudo justa præsumitur, quandò ipsa passim practicatur à Religiosis etiàm timoratis, et scientibus, ac non contradicentibus Prælatis ; cùm facilè contradicere possint. Ità de *Alexand. c.* 4. § 1 *q.* 16.

36   VII. Quæstio est circà Moniales, an Abbatissa habeat bonorum sui Monasterii administrationem? Resp. Habet quidèm, si non obest Regula, aut consuetudo. Cæterùm non potest concedere licentiam donationes immoderatas faciendi, ut *Alex. c,* 11. § 1 *q.* 11 cum *Sanch.* Sed bene ipsa potest elargiri in eleëmosynas bona superflua., etiàm sine consensu aliarum ; potest, sed non tenetur superflua in eleëmosynas dispensare, si ea applicet in augendo Ecclesiam, vel habitationem, vel reditus Monasterii, ut Monasterium plures Moniales alere possit, vel ut meliùs servetur vita communis, proùt tenet *Alex. l. c, q.* 23. contrà alios. Superior autem in dispensando bona suis subditis debet respicere necessitatem, non dignitates personarum, nequè proprium commodum, ut *Peyr. cum Alexand, q.* 13.

Potest Abbatissa in rebus modicis contractus per se inire, sed in gravioribus requiritur consensus Capituli, ex *c. Ea noscitur. De his, quæ fiunt à Præl.* Præsertim si recipiantur pecuniæ ad mutuum, quæ posteà non applicentur in utilitatem Monasterii ; aliter enim Monasterium non remanet obligatum, ut *Top. Bard. Alex. c.* 11 §. 1 *q.* 16. Interveniente tamen consensù Abbatissæ, et Capituli, saltèm quòad majorem partem Vocalium, Monasterium debet stare contractui, ex *c, 2 de Ordin. cogn.* An autem valeat remissio debiti, aut renuntiatio legati facta ab Abbatissa, et Capitulo?

Affirmant probabiliter, justâ causâ intercedente, *Sanch.*
Lug. etc. apud *Alex.* Sed non minùs probabiliter ipse
Alex. c. 11 § 1 *q.* 17 cum *Bon. Mol. etc.* negant, quîa
non possunt Moniales lædere Monasterium, quod jam
acquisivit jus ad rem. Et ideò dicunt, non posse Abbatissam, et Capitulum alienare bona immobilia Monasterii (sivè mobilia pretiosa, quæ servari possunt);
nequè ea locare ultrà triennium : nequè transigere super bonis jam Monasterio incorporatis, nisi res sit
litigiosa, vel præjudicialis : nequè illa oppignorare,
nisi urgeat necessitas, et non sit tempus adeundi S. Congregationem : nequè super iis imponere censum, sivè
hypothecam : *Alex. c.* 11 § 1 *q.* 14 cum *Nov. Quart. et*
aliis. Nequè recipere pecunias ad cambium cum solutione lucri cessantis, ex Decr. S. C. *ib.* Neque alienare
greges, vel boves ad culturam agrorum Monasterii
necessarios, benè verò fructus gregum. *Alex. Suar. ib.*

Excipitur tamen, si res non excedat valorem 25
scutorum monetæ Romanæ, et alienatio sit in evidentem utilitatem Monasterii; vel si res sit Monasterio inutilis. Vide alia apud *Alex. c.* 11 § 1 *q.* 18 *et* 19.

Potest etiàm Abbatissa instituere Beneficia et Capellanias conferre, quòad titulum tantùm, et possessionem; non autem quòad potestatem ecclesiasticam, ut
Gonz. Felin. etc. cum *Alex. c.* 11 § 1 *q.* 8. Ità etiàm,
licet non possit ipsa Clericos suos suspendere, potest
tamen ab eis auferre titulum, et possessionem Beneficiorum; quià ablatione positâ, censetur Papâ auferre
etiàm jus spirituale. Ità *Alex.* cum *Pasq.* Potest etiàm
Abbatissa ex justa causa amovère Capellanum, adhûc
invito patrono. Vide *Alex. ib.*

« Resp. 2. Religiosus voto castitatis obligatur, ùt 37
» abstineat ab omni voluntaria delectatione venerea,
» interna, et externa : proindèque, si quis contrà cas-
» titatem peccet, duo peccata admittit, luxuriæ, ët
» sacrilegii. *Less. et Laym. c.* 7. *(Et probabilissimè*
» *peccat etiàm contrà bonum commune, si periculum*
» *sit, quod per suum peccatum Religio infametur. Salm.*
» *de Statu Relig. c.* 6 *n.* 26 *cmm* Pell. *Dian. etc.)* »

Ad majorem autem tutelam castitatis introducta est clausura, non solùm Monialium, sed etiàm Religiosorum, qui non possunt è Monasterio egredi sine licentia Superioris. Ità ex Constit. Clem. VIII quæ incipit *Nullus etc.* (apud *Cherub. in suo Bull. n.* 60.) ubi sic habetur: *Nullus è Conventu egredi audeat, nisi ex causa, et cum socio, licentiâque singulis vicibus impetratâ à Superiore: qui non aliter eam concedat, nisi causâ probatâ, sociumque exituro adjungat, non petentis rogatu, sed arbitrio suo, nequè eumdem sæpiùs; Licentiæ verò generales exeundi nulli concedantur.* Sed hîc quæritur, quale peccatum sit egredi sine licentia? Communiter DD. ut ait *Spor. t.* 3 *p.* 100 *n.* 158 *cum Pelliz. Lazana, etc.* dicunt, ex genere suo id esse mortale, quià consuetudo omnium Religionum fert, ut tales egressus tamquàm graves culpæ semper puniantur. Censent tamen rationabiliter *Anacl. tit.* 35 *de Statu Monach. n.* 69 *et Spor. l. c. cum Nav. Bard. Miranda, Pell. et communi* (contrà *Suarez*) non peccare graviter Religiosum semel vel iterùm exeuntem de die sine licentia, nisi hoc agat ex contemptu, vel cum scandalo; secùs verò dicendum de nocturno, et furtivo egressu. Quòad excommunicationem autem ob violationem clausuræ Regularium, vel Monialium, vide dicenda *de Censur. l.* 7 *n.* 239.

38   » Resp. 3. Religiosus, ex voto *Obedientiæ* obligatur
» ad omnia, quæ Superior præcipit, secuudùm Regu-
» las, et Constitutiones Ordinis, sivè directè, et ex-
» pressè, sivè indirectè, et implicitè. Et quidem, si
» præcipiat in virtute sanctæ Obedientiæ, in nomine
» Domini nostri JESU CHRISTI, vel simili forma,
» tenetur sub mortali, quià intendit obligare, quan-
» tùm potest: sub veniali autem, si aliâ formâ utatur,
» vel sub nullo, quod consuetudo in Societ. JESU
» approbavit. Vide *S. Th.* 2 2 *q.* 104. *Sylv. Sanch. l.* 6
» *mor. c.* 1. *Les. l.* 2 *c.* 4 *d.* 4. *Lay. c.* 9. *(Notandum,*
» *quod, nisi Prælatus mandatum explicet, v. gr. dicens,*
» *Jubeo, præcipio, etc. subditus non teneatur obedire; ità*
» *Salm. ib. n.* 47 *cum Suar., Pelliz. etc. Et, dicente*
» *Prælato, jubeo, præcipio, etc. nec etiàm tenetur subdi-*

» *tus obedire sub gravi, ut docet Sanch. Dec. l. 6 c. 4*
» *n. 26 cum Med. Vasq. Suarez, et de Alexandro Conf.*
» *Mon. c. 6 §. 5 Qu. 14 nisi addatur : In nomine*
» *D. JESU CHRISTI, vel in virtute Obedientiæ : vel*
» *nisi addatur pæna excommunicationis, non solùm*
» *ferendæ, sed etiàm latæ sententiæ, ut dicunt Navar.*
» *Vasq. et alii cum Alex. ib.)* *

» Porrò, quæ indirectè pertinent ad Regulam, *Sylv.* 39
» et quidam alii ampliant ad illa, quæ faciunt ad ple-
» niorem ejus observationem, *Sanch.* tamen arctat
» ad res valdè necessarias, sine quibus Regula com-
» modè servari nequit, alioqui enim Superior quasvis
» corporis macerationes præcipere posset : ordinantur
» enim ad pleniorem observationem Regulæ. *Laym.*
» *l. 4 tr. 5 c. 9. Less. l. 2 c. 4 d. 9.*
» 1. Non tenetur subditus obedire in iis, quæ sunt
» vel contrà Regulam (nisi Superior in ea possit dis-
» pensare, et legitima causa dispensandi subsit)
» *(Hinc constare debet, Prælatum dispensásse sine*
» *causa, ut non tenearis obedire, proùt Salm. de Stat.*
» *Rel. c. 5 n. 72 cum Pell. Peyr. et communi)* *, vel
» suprà Regulam, ut essent magnæ macerationes (nisi
» in pœnam, vel ad obligationem votorum necessariæ).
» vel ut acceptet Episcopatum. * (*Ità Salm. cum com-*
» *muni d. c. 5 n. 77. Vel ut acceptet Beneficium cura-*
» *tum, aut simplex ; Salm. n. 78. Vel, ut eat ad infideles*
» *cum manifesto periculo vitæ, aut servitutis; Salm. ib.*
» *n. 73 cum aliis. Tenetur tamen acceptare munus intrà*
» *Ordinem, si Prælatus præcipiat. Communiter Salm.*
» *n. 79 etiàmsi præcesserit pactum in contrarium, quià*
» *pactum rejicitur tamquàm turpe, ut de Alex. c. 6 §. 1.*
» *Qu. 10 cum S. Th.)* * *Dian. p. 6 t. 9 Res.* 33 et alii
» sex : vel infrà Regulam, scilicet vana (nisi præcipiat)
» ex causa, quæ sit secundùm Regulam, v. gr. ut
» obedientia exerceatur); Nec refert, quod Regulæ
» jubeant in omnibus obedire; id enim non de obli-
» gatione voti, sed de obedientiæ perfectione intelli-
» gitur. Ità *Suarez ; Sanch. 6 mor. c. 2 et Laym.* »
An autem Religiosus teneatur obedire Prælato præ- 40

sipienti, ut assistat infirmis, infectis morbo contå-
gioso? Resp. affirmativè, si infirmi sunt Religiosi ejusdem sui Monasterii, vel Ordinis, quià hoc pertinet
ad bonum commune ipsius Communitatis, ut ipsi
inter se invicem sibi subveniant. Secùs, si infirmi sunt
extranei; nisi deësset, qui ipsis Sacramenta necessaria
ministraret, quià tunc debent postponere vitam temporalem saluti spirituali proximorum. Ità *Sanch. Dec.*
l. 6 c. 2 n. 57. Pal. tr. 15 *D. 4 p. 4 n. 7. Elbel. t. 2*
p. 625 *n.* 624 *et Spor. t.* 3 *p.* 101 *n.* 163 *cum Caj. Lex.*
Rodr. et communi.

41 » 2. Si regula Ordinis sub peccato obliget, ejus
» transgressio est contra votum, et sacrilega. Ratio
» est, quià talis Regula non est minùs præceptiva,
» quàm vox Superioris, et subditus promittens ob-
» servationem Regulæ, eo modo, quo ipsa intendit,
» se obligare censetur: proindèque Carthusianus, v.
» g. carnes edens, vel Franciscanus feriâ sextâ non
» jejunans, et contra obedientiam et contrà temperan-
» tiam peccat; *S. Th. in 2 d.* 44 *qu.* 2 *a.* 3. *Val. Sanch.* 6
» *mor. c.* 1 *et* 4. *Vasq. Rodr. Laym. l. c. n.* 6. *Escob. etc.*

42 » 3. Si Regula sub peccato non obligat, transgres-
» sor illius non peccat contra votum obedientiæ. Ratio
» est, quià talis Regula non continet propriè præ-
» ceptum, sed tantùm est ordinatio, seu monitum,
» obligans tantùm ad pœnam, si imponatur, *S. Th.*
» *Laym. l. c. etc.* Hinc nec transgressio illius, ex ra-
» tionabili causa, et bono fine, seu ex motivo virtu-
» tis facta, v. gr. si extrà tempora loquatur cum socio,
» ut mœstum consoletur, est peccatum; erit tamen
» veniale, si ex negligentia, torpore animi, aliove
» inordinato affectu fiat: * (*Ità S. Th.* 2 2 *q.* 186 *a.* 9
» *ad* 1. *Sanch. l.* 6 *c.* 4 *n.* 14 *et Laym. l.* 4 *tr.* 5 *c.* 9 *n.*
» 8 *cum Vasq. et Val.*) * Quem ut plurimùm concur-
» rere, adeòque rarò omni culpa vacare, putant *Va-*
» *lent. Sanch. et Suar.* Qui addunt, quòd, si quis fre-
» quenter, et quasi per consuetudinem Regulam trans-
» grediatur, religiosam disciplinam graviter perturbet,
» eâque ex causa in periculo expulsionis se constituat,
» peccet mortaliter. *Laym. l.* 5 *c.* 9. *Sanch. n.* 8.

» 4. Etsi Capitulares novum statutum constituere 43
» possint, quo ipsi, aliique postmodùm professionem
» edituri obligentur ; antè tamen professi, qui in il-
» lud non consensêrunt, eo non obligantur, si ad
» Regulam Ordinis non directè, nec indirectè spec-
» tet, *Laym. l. c. n.* 10. Nisi tamen statutum fiat in
» Capitulo generali, vel saltèm provinciali (juxtà cu-
» jusque Ordinis institutum), concurrente majore par-
» te suffragiorum, et non sit Regulæ difforme. V. *Es-*
» *cob. de leg. E.* 1 *c.* 12 *n.* 15. Ratio est, quià, quod
» omnes tangit, ab omnibus debet approbari, juxtà
» *reg.* 39 *in* 6. Addunt *Laym. et Sanch. ex. Sylv. et*
» *Az. t.* 1 *l.* 13 *c.* 11 *q.* 19. *Less.* 2 *c.* 41 *n.* 22. nec
» Pontificem posse Religiosos cogere ad arctiorem,
» vivendi rationem, quàm Instituti prima forma pos-
» tulat ; quià obligatio obediendi, etiàm Pontifici,
» provenit ex voto, quod factum fuit secundûm pro-
» prium Regulæ institutum. Si tamen Regulæ refor-
» matio necessarium medium esset ad Ordinis con-
» servationem, ad eam Prælatus cum Capitulo, mul-
» tòque magis Pontifex illos cogere potest, quandò
» ad hoc se implicitè quisque obligâsse censetur.
» *Sylv. Less. Laym. ll. cc.* »

Quæritur, an Religiosi teneantur obedire Prælatis 44
reformantibus Regulam collapsam ? Certum est, quòd,
postquàm Regula per legitimam consuetudinem relaxata est, quàmvis primi Religiosi peccârint, secundi
tamen non teneantur eam observare, ut fusè probant
Salm. de Leg. c. 6 *a. n.* 39 et docent *Sanch. l.* 6 *c.* 2
n. 26 *etc. ac de Alex. Conf. Mon. c.* 1 § 2 *Q.* 3 cum *Caj.*
Turr. Pal. etc. Sed dubium est, si Regula reformetur
à Capitulo Generali, an Professi teneantur obedire ?
Affirmant de *Alexand. Conf. Mon. c.* 1 § 2 *q.* 4 *et*
Salm. c. 6 *n.* 38 *cum Corduba, Pell. Suor.* (citantque
etiàm *Laym. Vasq. Az. et Sanch.* sed non benè ;
nam *Laym.* est pro secunda sententia, ut infrà, et citat pro se *Vasq. Azorium et Sanch.*) Ratio hujus primæ sententiæ est, quià Religiosi Regulam profitentes,
eam ut primitùs institutam profitentur ; unde saltem

parati esse debent ad illam servandam , quandò de
ea instauranda tractatur. Excipiunt tamen , nisi Religiosus tempore Professionis expressè intenderit se non
ampliùs obligare , quàm ad illam Regulam sic relaxatam. Alii verò , ut *Palaus tr.* 16 *d.* 4 *q.* 4 *n.* 11. *Laym.*
l. 4 *tr.* 5 *c.* 9 *n.* 13 cum aliis, ut suprà, ac *Spor. t.* 3 *pag.*
101 *n.* 161 dicunt non minùs probabiliter , (ut loqui-
tur *Tourn. t.* 3 *pag.* 83 *Q.* 3), et forte probabiliùs ,
Religiosos ad id non tenéri , nisi Reformatio appareat
medium necessarium ad Ordinis conservationem :
nempè, si cum præsenti observantia paucissimi ad perfectionem Religiosam pervenire studeant , vel, si cum
scandalo Sæcularium vivant, ità ut expediret potiùs Religionem dissolvi , quàm ità continuari. Ratio , quià
is , qui Professionem emittit , potiùs censetur juxtà
præsentem statum Regulam profitêri , quàm juxtà
pristinum Institutum. Ait autem *Laym. l. c. cum*
Lesś. et Sanch. posse Prælatum ob aliquàm publicam
necessitatem ad tempus imponere aliquam austerita-
tem , puta jejunium , etc. Imò addunt *Sanch. Sylv.*
Vega , et Vasq. Salm. n. 82. Prælatos posse edere nova Statuta , quandò sunt necessaria, ut vota essentialia, et alia Religionis Statuta serventur.

45 « Etsi consuetum non sit , nec consultum , ut Præ-
» lati sub peccato præcipiant actus internos : probabi-
» le tamen est, id fieri posse, ut docent *Lay. Suar. etc.*
• Ratio est , quià verisimile est, quòd aliqui Religiosi
» ad id se obligare intendant, cum se quasi holocaus-
» tum Deo tradant. »

46 Quær. hîc, quot peccata committat Religiosus,
contrà Obedientiæ præceptum agens? *Sotus , Led.*
Lay. Tam. etc. ap. Sal. c. 6 *n.* 100, dicunt, eum unum
peccatum committere contra votum Obedientiæ , quià
tantùm ex voto tenetur obedire. Contradicunt tamen
probabiliùs *Salm. n.* 110 cum *Suar. Pell. Pal. etc.* qui tenent, eum committere duo peccata, unum contra Religionem ratione voti, alterum contra virtutem Obedientiæ, quam de se debet Religiosus Prælato suo ratione
promissionis, et traditionis factæ de seipso in professio-

ae, ob quàm per se, etiàm sine voto, tenetur legitimo
Superiori obedire.

« Quæres, an subditus teneatur obedire, si dubi- 47
» tet, utrùm sit res licita, quam Prælatus jubet, vel
» justa sit causa imperandi ?

« • Resp. 1. Communiter tenêri, quià tunc melior
» est conditio Superioris, qui est in possessione po-
» testatis præcipiendi : in dubio autem nemo spo-
» liandus est jure, quod habet. Nec dicas, subdi-
» tum etiàm esse in possessione libertatis, cum ha-
» beat debitum parendi.

» Resp. 2. Non tenêri, si grave damnum obediendo
» timeat. Ratio est, quià in dubio favendum est reo,
» eique, de cujus damno agitur. Etsi enim subditus
» non sit in possessione libertatis, est tamen in pos-
» sessione juris, quo potest se à periculosis rebus
» conservare. *Less. Sanch. 6 mor. c.* 4, aliique. »

Quær. I. Utrùm subditus dubitans, an res præcepta sit licita, vel non, possit, et teneatur obedire ? Videtur negare *Adrianus ap. Less. l.* 2 *c.* 41 *n.* 76 dicens:
*Nullus dubitans de actu, an sit mortalis, an non, licitè
obedit, ipso sic dubitante;* idemque tenêre *Vasq. et
Rodriq.* refert *Pal.* Sed communis et certa est sententia opposita, quòd subditus, licet dubio perseverante
non possit obedire, cùm omninò sit illicitum operari
cum dubio practico (quod tantùm ait *Less.* intelligere
Adrianum, et facilè idem intelligunt *Vasq. et Rodr.*);
teneatur tamen eo casu dubium deponere, et sic potest, et debet obedire; *Glossa in c. Ad aures, 6 de
Temp. Ord. v. Obedientia*, ubi dicit : *Si verò dubium
sit præceptum, propter bonum obedientiæ* (subditus) *excusatur à peccato, licèt in veritate sit malum. Az. t.* 1
l. 2 *c.* 19 *q.* 9 qui ait, hanc sententiam esse *omnium
communi consensione receptam*, *Caj.* 2. 2 *q.* 169 *art.* 2
ad 4 *dub.* 2. *Less. l.* 2 *c.* 41 *n.* 73. *Sylvius q.* 19 *ar.* 5.
Cabass. T. J. l. 1 *c.* 21 *n.* 17. *Contin. Tourn. t.* 4 *p.* 89
q. 5 *R.* 2. *Anacl. de Consc. p.* 27 *n.* 34. *Pal. p.* 1 *d.* 3.
punct. 13 *n.* 3. *Spor. t.* 3 *de Stat. Relig. p.* 101 *n.* 161.
Holz. de Præc. part. t. 1 *p.* 479 *n.* 590. *Elbel t.* 2 *p.*

620 n. 612. Salm. tr. 15 *c.* 6 *n.* 68. *Sanch. Dec. l.* 6 *c.*
3 *ex n.* 3 *cum S. Bonav. S. Anton. Innoc. Ostiens.*
Abb. Palud. Soto, Nav. Tol. Mol. Valent. Sa Sylvest.
Ang. Arm. et innumeris aliis. Probatur 1 ex *Deut. c.* 17
v. 8 *et* 10, ubi sic habetur; *Si difficile et ambiguum apud te*
judicium esse perspexeris . . . . . . facies quodcumque di-
xerint, qui præsunt loco, quem elegerit Dominus. Item
ex *c. Si quid culpetur. Dist.* 23 *q.* 1 ubi dicitur, subditum *posse obedire, si, quod sibi jubetur, vel non esse*
contrà Dei præceptum certum est, vel utrum sit, certum
non est. To autem *posse* non quidem denotat libertatem, sed honestatem operandi, nempè non lædi præceptum, de cujus transgressione subditus dubitat.
Idem confirmat *S. Bernardus de Pr. et Disc. c.* 12 ubi:
Quidquid vice Dei præcepit homo, quod tamen non sit
certum displicère Deo, haud secùs omninò accipiendum
est, quàm si præcipiat Deus. Ipse enim Christus Dominus dixit: *Qui vos audit, me audit. Luc.* 10. 16. Et
Apostolus *Hebr.* 13. 17. *Obedite Præpositis vestris, et*
subjacete eis. Item in *Constit. Societ. JESU* sic Igna-
tius præscripsit: *Obediendum in omnibus, ubi pecca-*
tum non cernitur, id est (ut in *Declaratione*) in
quibus nullum manifestum est peccatum. Sic pariter habetur in *Reg. FF. Minorum c.* 10 *apud Elbel: Obedien-*
dum in omnibus, quæ non sunt contraria Animæ, et
Regulæ. Idem docuit *B. Ubertus in lib. de Erud. Rel.*
c. 1 ubi: *Nisi apertè sit malum, quod præcipitur, acci-*
piendum est, ac si à Deo præciperetur. Idem *B. Diony-*
sius Carthus. in 2 *Dist.* 39 *quæst.* 3. scripsit: *In dubiis,*
an sit contrà præceptum Dei, standum est præcepto Præ-
lati; quià, etsi sit contrà Deum, attamen propter obe-
dientiæ bonum non peccat subditus. Et idem docuit priùs
S. Bonav. in Spec. Disc. c. 4. Probatur 2. ratione, quià
Superior est in possessione præcipiendi; undè ab ea
non est exspoliandus, nisi constet, quòd res præcepta sit illicita. Confirmatur, quià, si in cunctis dubiis
de bonitate actionis præceptæ possent subditi se exi-
mere à jugo obedientiæ, utiquè nulla Communitas
benè regi, et consistere valéret. Hinc D. Bernardus

(*L de gratia, et arb.*) meritò objurgat Religiosos præcepta Superiorum discutientes, dicens : *Porrò im-
perfecti cordis, et infirmæ prorsùs voluntatis judicium
est, hœrêre ad singula, quæ injunguntur, et exigere de
quibusque rationem : quonium expedit profectò magis,
omninò non fuisse, quàm nostros permanêre ; nam qui
voluêrunt sui esse, utiquè sicùt Dii scientes bonum et
malum, et facti sunt non solùm sui, sed etiàm Diaboli.*
Nequè hîc obtinet regula : pro subdito in dubio melio-
sit conditio possidentis ; nam, cum ipse jam se sub-
jecerit potestati Prælati, in dubio possessio stat pro
Superiore, habente jus præcipiendi.

Hinc infertur I. Quòd, si diversæ adsint opiniones
probabiles circà rem præceptam, an sit licita, vel non,
subditus teneatur obedire, ut communiter docent *Sanch.
l. c. n.* 6 *et l.* 1 *c.* 3 *n.* 6. *Az. l. c. et Salm. d. c.* 6 *n.* 67 *cum
Val. Pell. Lez. Vil. Salas, Cord. et Prad.* (contra *Les. Dian.
Sanc., ac Pal.,* qui *tr.* 1 *Dist.* 2 *p.* 6 *n.* 5 probabilem vocat
eorum sententiam, sed fatetur contrariam esse com-
munem, aitque semper in praxi consulendam). Nec
obstat dicere, quòd Superior non habeat jus imperandi,
quod illicitum est, et ideò, cum præcipit rem probabiliter illicitam, probabiliter nequeat eam præcipere;
ergò probabiliter nec teneatur subditus tunc obedire.
Nam argumentum hoc claudicat ex duplici capite :
valeret enim argumentum, si Prælatus rem illam
præciperet ut probabiliter illicitam ; sed nos dicimus,
quòd eo casu rem illam præcipiat, non ut probabiliter
illicitam, sed ut probabiliter licitam : et ideò licitè im-
peret, ac proinde subditus teneatur obedire. Præterea,
quàmvis tunc sit probabile, quòd Prælatus non possit
rem illam præcipere, cum sit probabiliter illicita, non
ideò est probabile, quòd subditus non teneatur
obedire ; esto enim Superior non habeat jus præcipiendi id, quod certè injustum est, habet tamen jus
præcipiendi id, quod probabiliter est justum, vel quod
certum non est esse injustum ; idcircò subditus tenetur ei obedire in omni re, quæ vel est probabiliter justa, vel quam non constat esse injustam. Hinc rectè

deducitur, quòd subditus teneatur obedire Prælato, etiàmsi res præcepta probabiliùs ei videatur illicita (quidquid dicant *Sal. n.* 70 : cum ipsi iidem *n.* 66 contrarium apertè asseruerint dicendo, Prælatum habêre jus imperandi, quod vel est probabiliter justum, vel quod non est certè injustum), Ratio, quià jus possessionis, quod habet Superior, prævalet omni opinioni contrariæ, quæ non habet rationes convincentes, fundantes certitudinem moralem, juxtà dicta *de Conscientia cum de Lugo, Pal. Ronc., Spor. et aliis*, ùtque tenent in præsenti casu *Bus. l.* 1 *p.* 6 *vers.* 5 *Superiori, et Laym. l.* 1 *tr.* 1 *c.* 5. § 2. *n.* 11 *cum Vasq. Corduba, ac Miranda*; et idem docet *Sanch. l.* 6 *c.* 3 *n.* 6 *et l.* 1 *c.* 10 *n.* 9, ubi non dubitavit se retractare à diversa opinione, quam olim tenuerat *dé Matrimonio l.* 2 *D.* 41 *n.* 10.

Infertur II. Quòd subditus, etiàmsi habeat unicam opinionem probabilem, quòd res præcepta sit illicita, et nulla sibi appareat probabilitas de illius honestate, adhùc teneatur obedire, ut dicunt idem *Pal. l. c. punc.* 13 *n.* 4 *et Sanch. d. c.* 3 *n.* 6 *cum Suar. Sylvest. Ang. Valent. Tab. Sayr. Salas, Rosell. et Corduba.* Ratio, quià, dum non constat de turpitudine actionis, Prælatus habet jus præcipiendi omnia, quæ ipsi licita videntur, quàmvis subdito illicita appareant, cùm Prælatus (ut diximus) non sit exspoliandus suo jure imperandi, nisi constet, quòd res præcepta sit illicita; Idque patet ex *c. Inquisitionis, de Sen. Excomm.* ubi sancitum fuit, quòd conjux habens tantùm probabilitatem, non autem certitudinem, de nullitate sui matrimonii, teneatur reddere debitum alteri, qui adhùc possidet jus petendi. Hoc autem, quod dictum est de dubio honestatis rei præceptæ, dicendum etiàm est in dubio, an præceptum excedat potestatem prælati, vel an sit suprà Regulam, ut docent *Sanch. l.* 6 *c.* 3 *n.* 3 *et Sal. n.* 67 *cum Az. Valent. Cord. Vill. Salas, etc.*

Limitant verò communiter DD. præfatam sententiam, et dicunt, subditum non tenêri obedire 1. si res sit valdè difficilis, et molesta; quià tunc difficultas operis simùl cum opinione probabili, quod res præcepta sit illicita, vel quod præceptum excedat potestatem Superioris, prævalet illius possessioni, Ità *Bus. ut suprà*, et *Less. l. 2 c. 41 n. 73. Pal. D. 3. punct. 14 n. 16 ac Salm. n. 68 cum Soto, Lop. Med. Hurtad. Prad. Pelliz. et communi.* Limitant 2. Quandò subditus obediendo exponeret se vel alterum periculo gravis incommodi subeundi in vita, fama, honore, aut bonis; ità *Less. n. 76. Sanch. n. 24. Pal. n. 16. Holz. pag. 479 n. 590 Tourn. t. 1 pag. 138. Elbel t. 1 de Cons. n. 60 et Sal. n. 69 cum Soto; Bann. Hurt. Led. Prado, Rodr. et Pell.* Ratio, quià subditus non tenetur tunc se privare jure suo certo, quod possidet circà talia bona magni momenti, ne Superior privetur suâ possessione, quæ in eo casu est aliquo modo incerta.

Sed dubitatur 1. an subditus teneatur obedire, quandò probabiliter opinatur, præceptum non esse impositum, vel esse abrogatum? Resp. negativè, ùt communiter docent *Sanch. Dec. l. 6 c. 5 n. 7 et Salm. c. 6 n. 73 cum Hurt. Prad. etc.* Imò dicendum, quod in dubio de impositione præcepti, nulla sit obligatio parendi, nisi constet, illud fuisse impositum.

Dubitatur 2. an teneatur subditus parêre, si dubium vertat, utrùm, qui præcipit, sit legitimus Superior? Negant *Vasq. Salas, Dian. etc. apud Salm. tr. 15 c. 6 n. 64* quià (ut dicunt) eo casu dubitatur etiàm de possessione Superioris. Sed veriùs dicendum cum *Less. c. 41 n. 78. Cabass. l. 1 c. 31 n. 17. Tourn. t. 3 pag. 89. Sanch. l. 6 c. 3 n. 29 et Salm. n. 65.* quod subditus teneatur tunc obedire, si communiter ille habetur ut Superior; quià, stante tali communi æstimatione ex una parte, et probabilitate, quod ipse legitimus sit Superior ex alia, supplet Ecclesia jurisdictionem, ex *l. Barbarius. ff. de Offic. Præt.* Eo igitùr casu non erit tantùm probabile, sed certum quod ille sit Superior. Secùs; si communiter non habeatur ut talis, quià (ut ait *Cabass. l. c.*) tunc in dubio melior est conditio subditi suam libertatem possidentis.

Quær. II. An Religiosus validè voveat sinè sui Supe-

rioris licentia ? Negant *Palud. Val. Ang. Rosell,* quià
Religiosus per votum Obedientiæ privavit se voluntate. Sed veriùs *Nav. Caj. Sot. cum de Alexand. Conf.*
Mon. c. 6. §. 1. *Qu.* 4. *et aliis* dicunt, benè posse Religiosum vovere, quæ non repugnant Regulæ, aut
præcepto Prælati, neque obsequio illi debito. Quare
possunt emittere vota personalia, vel circà res præceptas, et etiàm non præceptas à Regula, si à Regula
vetitæ non sunt. Potest tamen Superior prohibere subditis, ne voveant, ipso inconsulto, ut apud *Alex. l. c.*
ajunt *Suar.* et *Bart. a S. Fausto;* Qui probabiliter
dicit, valere aliter vota emissa, non obstante hoc
præcepto, quandòquidem materia sit Deo grata,
quàmvis modus Deo non placeat.

49   Quæritur III. An Religiosus teneàtur obedire Prælato præcipienti, ut revelet secretum sibi commissum ? Resp. tenetur, si aliter damnum eveniret Monasterio, aut alii tertio, sivè ipsi Prælato ; quià tunc,
etiàm sine præcepto, de se urget manifestandi
obligatio, quæ per secreti commissionem minimè impeditur. Ità docet *S. Th.* 2. 2 *q.* 70 *ar.* 1 *ad* 2. *S. Ant.*
Nav. Reg. etc. Secùs verò, si absit damnum prædictum ; quià tunc urget fidem servandi naturalis obligatio, quæ per præceptum Prælati auferri nequit, ut
S. Thom. ib. En verba S. Doctoris : *Quandòque enim*
sunt talia....., quæ homo..... manifestare tenetur, puta si
pertinent ad corruptionem multitudinis spiritalem , vel
corporalem , vel in grave damnum alicujus personæ.....
Quod quis propalare tenetur , vel testificando , vel de-
nuntiando..... Quandòque verò sunt talia, quæ quis pro-
dere non tenetur ; undè potest obligari ex hoc , quòd
sibi sub secreto committuntur : et tunc nullo modo tene-
tur ea prodere , etiàm ex præcepto Superioris. An autem possit Religiosus revelare secretum commissum
ad vitandum damnum proprium ? Negat *de Alexand.*
Conf. Mon. p. 124 *q.* 9 *cum Scoto, Sylvest.* etc. Sed
probabiliter affirmant *Less. Laym. Lugo, Spor. Ron-*
caglia et alii plures, quos retulimus *l.* 3. *n.* 971 *v. An*
autem.

Hîc operæ pretium est videre circà obligationem 5o
omnium votorum istorum , an Religiosus , superve-
niente aliqua circumstantia notabili non prævisa , teneatur ad vota in Professione emissa? Loquendo de
votis simplicibus (in *tr. de Voto l.* 3 *n.* 226.) diximus ,
satis quidem probabilem esse sententiam , non esse
obligationem implendi votum , si notabilis circumstantia superveniat, quâ prævisâ quis votum non emi-
sisset ; Excepto voto simplici castitatis , et Religionis ;
nam licet *Bonac, t.* 2 *D.* 4 *q.* 2 *p.* 1 *n.* 26 *et Led. Leand.*
ac Quint. apud Salm. tr. 15 *c.* 6 *n.* 32 sentiant, non tenêri ad præfata vota eum qui illa emiserit agitatus
stimulis carnis cum evidenti periculo incontinentiæ ,
stante experientia lapsuum , si posteà perseverent sti-
muli et pericula, quià (ut inquiunt) eo casu talia vota
non sunt de meliori bono : Attamen meliùs dicunt
Sanch. Dec. l. 4 *c.* 8 *n.* 9 *et de Matr. l.* 7. *D.* 11. *n.* 8.
Pont. de Matr. l. 6 *c.* 12 *n.* 2. *Salm. tr.* 15 *de Stat. Rel.*
c. 6 *n.* 35 *cum Suar. Laym, Pal. Moia , Dian. etc.* præfatam sententiam non esse practicè probabilem , quià
aliàs vix ullus esset casus, quo prædicta vôta firma
remanerent , cùm vix ullus inveniretur , qui vel ob
suam igneam complexionem , fragilitatem expertam ,
pravam consuetudinem , vel ob Dæmonis suggestiones
non ageretur stimulis carnis, et facilè sibi persuaderet,
se non esse talibus votis obstrictum. Loquendo autem
de votis solemnibus emissis in Professione Religiosa ,
vel in susceptione sacrorum Ordinum , omninò tenendum cum communi DD. quod nullo modo vota prædicta irritari possint ob quamcumque notabilèm circumstantiam supervênientem , etiàm non prævisam ,
modò non sit circumstantia versans circà substantiam
votorum. Ità *Sporer de Voto c.* 3 *n.* 6. *Ronc. Vot. c.* 2
q. 3 *R.* 3, *Sanch. de Matr. l.* 10 *D.* 9 *n.* 18. *Laym. lib.*
4 *tr.* 4 *c.* 7 *n.* 5 *Bon. q.* 2 *p.* 3 § 2 *n.* 5. *Holzm. de Vot.*
num. 411. *Pichler l.* 3 *Decret. tit.* 34 *num.* 5. Et idem
dicunt loquendo speciatim de solemni voto Castitatis
Sanch. Dec. l. 4 *c.* 8 *n.* 10 *cum Val. et Salm. de Voto*
c. 1 *n.* 44. Ratio , quià Religiosus vel Sacerdos in tali
casu non consideratur ut persona particularis , cui

melius tunc conveniat non esse voto obstrictum , sed ut pars et membrum Communitatis Ecclesiæ, cui præstat postponere suum bonum privatum bono communi ; nam aliàs innumera inconvenientia , scandala, et perturbationes cum ingenti damno Christianæ Reipublicæ proculdubio sequerentur.

Et idem omninò dicendum , ob eamdem rationem boni communis, pro votis, quæ emittuntur à viris, aut mulieribus oblatis in aliquibus Congregationibus ; Maximè si addatur juramentum Perseverantiæ, proùt fit in Ven. Congregatione Patrum Missionis S. Vincentii à Paulo, et in nostra minima Congregatione SS. Redemptoris : Quià (ut diximus *lib.* 3 *vers. Notandum*) hîc intervenit contractus onerosus utrimque obligatorius ; nulla enim circumstantia superveniens, etiàm non prævisa, potest contractus onerosos irritos reddere ; Undè , sicùt Congregatio nequit Oblatum dimittere ob circumstantias supervenientes (exceptis circumstantiis criminum), ità nec Oblatus potest Congregationem relinquere.

Quæritur hîc, an valeat licentia ab inferiori Prælato concessa, quæ à majori fuerit denegata ? Probabiliter affirmant *Holzm. tom.* 1 *pag.* 474 *n.* 610 *et Croix lib.* 4 *n.* 116 *cum Pelliz.* Ratio, quià Superior major , denegando licentiam , minimè reddit irritam potestatem inferioris. Secùs verò dicendum puto, si Prælatus major positivè prohibeat subditum, ne exequatur rem petitam, quià tunc inferior nequit dispensare in mandato Superioris. Quid, si Prælatus major interdicat inferiori, ne concedat licentiam pro aliqua re ? Probabiliter adhùc dicunt AA. Suprà citati , quod ; si inferior licentiam concedit, validè concedat (quàmvis illicitè) ; secùs , si Superior hujusmodi licentiam irritam declarâsset. Item advertatur hîc, quod habetur in *Trident.* (*Sess.* 25 *de Regul. c.* 4.) ; *Nec liceat Regularibus à suis Conventibus recedere* , *etiàm prætextu ad Superiores suos accedendi* ; *nisi ab iisdem missi, aut vocati fuerint.*

Circà autem Obedientiam *Monialium* , prænotandum, quod Moniales ratione voti teneantur obedire I,

Summo Pontifici. II. Episcopo loci, si non sint
exemptæ; Si verò sint exemptæ, Prælato Ordinis,
eodem modo, quo sui Religiosi illi obediunt. Etiàm tamen exemptæ tenentur obedire Episcopo in iis, in quibus ille se gerit tamquàm Delegatus Sedis Apostolicæ,
proùt in observantia clausuræ. III. Tenentur obedire Abbatissæ in iis, quæ ad Regulam pertinent. Sed de hac obedientia, quam Moniales debent Episcopo, et Abbatissæ,
alia necessaria annotare, et discutere opus est.

Quòad obedientiam debitam Abbatissæ, I. Magna 52
illa quæstio hîc occurrit, an Abbatissa possit præcipere Monialibus in virtute Obedientiæ, obligando in
conscientia; *Prima* sententia negat cum *Soto*, *Caram*,
etc. Quià, ut dicunt, Abbatissa non est capax juris-
dictionis spiritualis exercendæ, sed tantùm ipsa præcipere valet, quæ spectant ad œconomicam Monasterii
gubernationem, *Secunda* tamen sententia affirmat;
quam tenent *Pasqual. in Lauret. p. 1 n.* 761. et unde-
cim alii AA. apud ipsum; et his adhæret *de Alex. c.*
6 §. 2 *Qu.* 7. Ratio, quià per Votum Obedientiæ obligantur Moniales ad obediendum omnibus suis legitimis Superioribus. Legitima autem, et vera Superior
dicenda est Abbatissa in suo Monasterio; cum enim
Pontifex Religionem approbat, approbat pariter inter
Moniales ordinem superioritatis, et subjectionis: aliter
quomodò Monasterium, et observantia Regulæ servari
posset? Quare, licet Abbatissa jurisdictionem non
possit exercere, ut certum est et commune, potest
tamen, saltèm tamquàm Ministra, exigere obedientiam
per votum promissam circà res, quæ à Regula sunt
præceptæ, vel quæ ad profectum Monialium juxtà
Regulam conveniunt. Et secunda sententia mihi videtur absolutè probabilior, cum talis obedientia videatur esse absolutè necessaria ad observantiam Regulæ
sustinendam: talis enim est in monasteriis observan-
tibus praxis universalis.

II. Quæstio occurrit, an possit Abbatissa dispensare 53
cum suis Monialibus in Regulis, aut votis? Certum est,
quod Abbatissa non possit authoritativo modo dis-

pensare quòad observantias Religionis , nempè quòad
jejunia frangenda , ad edendas carnes , etc. contra Regulam; sed benè potest dispensare ex commissione
Prælati , ut notant *Lezan. Tamb.* cum *Alex c.* 11 §. 1
qu. 4. Vel potest ipsa de se declarare aliquandò , jejunium , vel aliud præceptum non obligare. Circà vota
autem Monialium, pariter certum est, non posse Abbatissam in illis dispensare, vel ea commutare, uti potest
cum eis dispensare Episcopus , vel Prælatus Regularis, si sint exemptæ; Sed conveniunt communiter DD.
quod abbatissa , ratione potestatis dominativæ , quam
ob votum Obedientiæ habet suprà suas subditas, sicùt
habent Parentes super filios, possit irritare earum vota
sivè de re supererogatoria, sivè de re circà Regulas, ut
docent *Nav. Sot. Tamb. Sylvest.* cum *Alex. l. c. quæst.*
5. Et hoc, etiàmsi votum fuerit transeundi ad strictiorem Religionem ; ùt tenent *Pasq.* et adhæret *Alex.*
ib. contrà *Less. Pelliz. etc.*

54   Dubitatur autem , an possit Abbatissa irritare votum
Monialis emissum cum suo consensu? Negat *Rich.* Sed
affirmant communiter. *Sylv.* et *Armill.* quibus adhæreo
cum *Tamb. Pasq. Alex. q.* 6 *et Salm.* modò adsit justa
causa ; Aliàs si sinè causa, peccabit, sed probabiliter
non plus , quàm venialiter. Vide dicta *de Voto n.* 239
v. Certum.

55   Vota novitiarum non potest abbatissa irritare, sed
tantùm suspendere eorum executionem , si probationi
officiant, ut *Less. et Sylv.* Si verò vota emissa fuerint
a Novitia , dum adhuc erat sub potestate Parentum ,
tunc dicit *Alex. l. c. q.* 7, posse Abbatissam ea irritare,
cùm ipsa tunc succedat in eamdem potestatem domi-
nativam ergà Novitiam.

56   Quòad autem Obedientiam à Monialibus Episcopo
debitam, plura alia annotare oportet. Notandum I.
quod Moniales non teneantur obedire Episcopo circa
electionem Officialium Monasterii, cùm hæc electio
omninò ad Moniales spectet, ex Decreto S. C. apud
Pasqual. in Lauret. n. 770. Et prædictæ Officiales possunt ad nutum eligentium amoveri, ut statuit *Trid.*

sess. 25 *de Reg. c.* 2. Notandum II quod Episcopus possit Abbatissam ab Officio suspendere casu, quo ipsa Episcopum non præmoneat de professione facienda à Novitia, ex *Trull. l. c. c.* 17. Notandum III, quod Episcopus possit numerum Monialium statuere, ut omnes admissæ commodè sustentari possint. Et hoc etiàm in Monasteriis exemptis : In his tamen debent intervenire etiàm Prælati Ordinis. Ità *Salm. Tr.* 18 *de Priv. c.* 3 *n.* 14 *ex Trid. sess*, 25 *c.* 3 *et Const. S. Pii. V et aliis Declar. S. C.*

Notandum IV. quod Episcopus singulis annis teneatur visitare Monasteria Monialium sibi subjecta per seipsum, vel Vicarium cum suo speciali mandato. Monasteria autem Pontifici immediatè subjecta etiàm ab Episcopo sunt visitanda, sed authoritate Apostolicâ; Exempta verò visitantur à Prælato Ordinis. Ità ex *Clement. Attendentes , de Statu Monac.* Sed quòad observantiam clausuræ etiàm Monasteria exempta visitari debent ab Episcopo, tamquàm Sedis Apost. Delegato, ità ut nullo modo possit Episcopus impediri, ex Decr, S. C. apud *Barb. de Offic. Episc. Alleg.* 102 *n.* 7. Et præsumentes impedire, post tres monitiones , excommunicationem ipso facto incurrunt, ex *d. Clem.* ut suprà. Vide *Alex. c.* 6 § 4 *qu.* 3,

Notandum V. quod in actu Visitationis Moniales ab Episcopo interrogatæ, vel à Prælato Ordinis, teneantur veritatem aperire circà observantias Regulæ, ut de *Alexand. l. c. q.* 5 cum *Texeda :* etiàmsi transgressiones sint leves, quià ordinariè ab istis incipit totius Regulæ relaxatio. Excusant tamen *Lezan. et Alex. ib.* Moniales à manifestando veritatem , I. Si crimen sit emendatum : Ex quo inferunt, eas non tenêri aperire alterius crimen ab annis plurimis (puta tribus , ut censet *Mascard.*) commissum , quià jam emendatum censetur. Et ob eamdem rationem , ordinariè denuntiationi semper est præmittenda correctio ; sed de hoc vide dicenda *infrà ex n.* 249. II. Excusantur Moniales , si crimen sit occultum , et nulla præcesserit infamia, vel indicium evidens. III Si

constet, Prælatum nullum remedium fore adhibitu-
rum; vel si sciant Moniales crimen jam denuntiâsse
alias, à quibus ipsæ illud audierunt, quià ad opus
inutile nemo tenetur. IV. Si manifestatio vergat in
damnum proprium. V. Si crimem cognitum sit sub
secreto naturali; Excipitur tamen, si crimen sit causa
communis damni. Sed hæc vide fusiùs discutienda
infrà *ex n.* 246.

58   Quòad Confessarios Monalium ab Episcopo appro-
bandos; vide *de Sacr. Pœn. lib. 7. n.* 571. Sed hîc libet alia utilia annotare, I. quòad Electionem Abbatissæ. II. Quòad Privilegia Monialium, et Regularium.

I. DE ELECTIONE ABBATISSÆ.

59   Notandum I. quod ex *Trid. Sess.* 25 *de Reg. c. 7,*
non debeat eligi Abbatissa minor 40 annis, et quæ 8.
annis post professionem laudabiliter vixerit; Aliàs
electio est nulla, ut ex Declar. S. C. apud *Alex. Conf.
Mon. c.* 9 § 1 *q.* 1. Imò aliàs, aliqui dicunt, Moniales
privari facultate eligendi pro illa vice; sed probabiliùs putat oppositum *Passerinus.* Casu tamen, quo
desit in Monasterio, quæ talem ætatem habeat, ex
eodem Trid. potest eligi Monialis habens 30 annos,
et 5. professionis: vel alia ex alieno Monasterio ejusdem Ordinis; et etiàm alieni Ordinis, sed hoc nonnisi cum assensu S. C. ut notat *Pasq. in Laurent. n.* 680.
Si verò adsit jam in Monasterio Monialis 40 annorum
(nisi ista sit verè inhabilis) nequit eligi alia, etsi habilior, sinè dispensatione S. C. ut *Alex. l. c. q.* 2. et
Decr. S. C. Et hîc notandum, quod, sicùt Abbatissæ,
sic et Procurator Monasterii debeat quocumque
triennio mutari, ex alio Decr. S. C. apud *Alex. c.* 6.
§ 2 *q.* 13.

    Notandum II. quod non possint eligi in Abbatissas
Illegitimæ, infames, neque corruptæ, ut viduæ; ex
Decl. S. C. nisi corruptio fuerit occulta. Vide *Alex. d.
c.* 9 *Ar.* 1 *t. q.* 5. Item neque cæcæ, aut surdæ, ex *cap.
Hinc* § *Cæcus Dist.* 49 *et cap. Constitutionem. de Verb.
significat.* Idem de muta dicunt DD. apud *Alex. q.* 6.

Notandum III. quod ad electionem Abbatissæ non admittantur Conversæ, sed tantùm Choristæ professæ, *Suar Lez. Tamb. Alex. c.* 9. § 2 *q.* 1. Notand. IV. quod, si qua Monialis sit in lecto infirma, ejus votum etiàm sit recipiendum vel per scriptum sigillo munitum, vel per duas Moniales à Præsidente electionis deputatas. Ità *de Alexand. ibid. q.* 2. ex Decret. S. C. Notand. V. quod, si electio ob discordiam non compleatur, non possit Prælatus præsidens dare suum suffragium, ut ex pluribus Decr. S. C. Sed benè possit præfigere tempus ad electionem, quo elapso, ipse Abbatissam deputabit. Ità pluries declaravit S. C. apud *Alex q.* 3. Notand, VI quod Monialis, quæ jam suam dedit vocem, nequeat ampliùs illam revocare, commun. DD. Cum autem electio fit per scrutinium, præcipit *Trid., l. c.* ut vota secretè præstentur Notario et 4 vel 5 aliis assistentibus; aliàs electio est nulla, ut dicunt *Garcia, Zeroll. Rot. et de Alex q.* 5. Etiàmsi aliter fiat ex ignorantia, ùt *Tamb. et Ricc.* ex Decr. S. C. Ad electionem autem sufficit major pars votorum, ùt *Mirand. Rodriq. etc.* cum communi apud *Alex. q.* 6 contra *Tamb. et alios,* qui requirunt duas tertias partes.

Not. VII. quod in electione Abbatissæ, ùt præcipit *Trid. eod. l.* Prælati, qui præsident, debeant esse extrà Claustra. Putant tamen *Pasqual. Miranda, et de Alex. c.* 9 §. 2 *q.* 7 quod urgente justa causa, (puta, si timeantur rixæ, etc. ut ait *Miranda de Mon. q.* 2 *ar.* 15) possint Prælati Claustra introire. Proindè hîc notandum, quod in Monasteriis non exemptis, vel Sedi Apostolicæ submissis præsideat Episcopus: In exemptis verò Prælatus Regularis unà cum Episcopo, ex *Const. Greg. XV.* Tunc tamen Episcopus tantùm assistit, sed vota non excipit; *Alex. ex Decr. S. C. q.* 8. Factâ autem electione, nisi aliud obstet, debet in eodem loco electio confirmari à Prælato præsidente, scilicet ab Episcopo, vel à Prælato Regulari in Monasteriis exemptis, vel à Sede Apostolica, si Monasterium illi sit immediatè subjectum. Vide *Alex. c.* 9 §. 4 *q.* 1. Et hæc confirmatio potest fieri etiàm à

Prælato absente, et adhùc etiàm extrà Diœcesim degente, ut tenet *Pasqual.* (contrà *Tamb.*) nisi adsit op-
positio, apud *Alex. q.* 3. Item, Abbatissa nequit officium exercere antè confirmationem. Ipsa debet etiàm
benedici in Ecclesia exteriori ab Episcopo, vel Prælato Regulari intrà annum, aliàs privatur officio; Talis
autem Benedictio potest alteri committi, etiàm simplici Sacerdoti; *Pasqual. et Alex. qu.* 8. Sed in his
omnibus, ut notant *Tamb. Azor. etc.* cum *Alex. qu.*
8, attendenda est Monasteriorum consuetudo.

Not. VIII. Quod Abbatissæ possint eligi per triennium, vel per singulos annos, sed non ultrà triennium, aliàs electio est nulla. Et insuper Abbatissa
triennalis debet per triennium vacare, *ex Const.*
Greg. XIII. Exposcit etc. Nequè in Vicariam eligi potest, si fortè nova Abbatissa deficiat, quià præcipit
Pontifex, ut Abbatissa anterior *per triennium omni*
prorsus careat authoritate. Vide *Alex. cap.* 9 §. 3 *q.* 2.
Dicit autem *Alex. q.* 4 cum *Rodr.* quod in Collegiis
Oblatarum benè possit eligi Superior perpetua, quià
tantùm de veris Monialibus professis loquuntur Bullæ.

Alia hîc addere expedit.

II. DE PRIVILEGIIS MONIALIUM, ET RELIGIOSORUM.

60   Hîc prænotandum quòad privilegia Regularium,
quod omnes Ordines Regulares communicent privilegiis aliorum Ordinum, sivè Mendicantium, sivè
non, ùt constare ex privilegiis concessis asserunt *Sabn.*
Tr. 18 *de Priv. c.* 1 *num.* 90 cum *Lez. Tamb. Miranda,*
Pell Rodr. et communi.

Hinc notandum I. quod Moniales gaudeant iisdem
privilegiis (quorum sunt capaces) quibus Religiosi ejusdem Ordinis; Ità *de Alex. Conf. Mon. c.* 10 *q.* 1. cum
S. Anton. Pal. Rodr. Tamb. etc. contrà *Sanch. Barb.*
et alios. Ratio, qnià, cum ipsæ vivant sub eadem Regula, sunt pars Ordinis, et ideò Ordinis privilegiis
meritò gaudere debent. Et hoc, etiàmsi in Privilegio

exprimatur, concessioonem fieri *viris*, *aut masculis*; et etiàmsi Moniales sint Episcopo subjectæ, ut tenent. *Salm. l. c. n.* 92 cum *Suar. Pell. Pal. Bon. Bord. et Alex. c.* 10 *q.* 2 : qui notat cum aliis *q.* 3, gaudere eas etiàm privilegiis aliorum Ordinum suo Ordini communicatis.

Ex hoc infertur I. cum *Lez. Pasq. et Alex. q.* 5.[61] Abbatissam posse dispensare in jejuniis, Officio, etc. juxtà Privilegia sui Ordinis Prælatis concessa ; quià, licet ipsa non possit per se dispensare defectu authoritatis spiritualis, potest hoc tamen Prælati commissione, quæ præsumitur ei facta, statim ac fuerit electa in Abbatissam. Infertur II. Moniales Episcopo subjectas benè posse uti privilegio, v. gr. recipiendi absolutionem etc. à proprio Episcopo, quandò cuicumque Regulari privilegium est concessum ; Secùs tamen, si facultas absolvendi non sit Regularibus concessa, sed tantùm Prælato illius Ordinis ; Ità *Alex.* cum *Cespedes cap.* 10. *q.* 4. Infertur III. cum *Salm. tr.* 10 *de Censur. c.* 9 *n.* 65 *et Viva, Roncagl. Rodr. Alex. c.* 1 *q.* 6. (quidquid dicant *Nav. Barb. etc.* apud *Alex.*) omnes Regulares utriusque sexûs tempore interdicti Generalis posse in suis Monasteriis Divina peragere, proùt Officia recitare, Missas celebrare, etc. submissâ tamen voce, januis clausis, sine campanis, et exclusis nominatim interdictis, vel qui causam Interdicto dederunt, ùt concessum fuit in *càp. Alma Mater, de Sent. Exc.* Item, eas posse Eucharistiam sùscipere, Missas audire, ut *Salm. n.* 48 cum *Pal. Laym. Henr. Sayr.* Item suscipere Extremam Unctionem, ut ibi *Salm.* cum *Pal. Avril. Henr. etc.* Et ad hæc Regulares ex privilegio possunt admittere omnes Monasterii famulos, Procuratores, operarios, ut concessit Alex. IV. Et idem concessit Eug. IV pro Beatis, vel Tertiariis : Exceptis tamen semper specialiter interdictis, etc. ut suprà. *Salm. n.* 66. *Alex. qu.* 7 *etc.* Et possunt etiàm publicè celebrare in pluribus Festis, ut Paschatis, Pentecostes, Nat. Domini, Ass. B. V. Mariæ : Item SS. Sacramenti et Octavæ, Concept. Annunt. et Nat. B. V. Sanctorum Titularium Ecclesiæ, et Sanctorum proprii Ordinis :

Prælato absente, et adhuc etiàm extrà Diœcesim degente, ut tenet *Pasqual.* (contrà *Tamb.*) nisi adsit op-
positio, apud *Alex. q.* 3. Item, Abbatissa nequit officium exercere antè confirmationem. Ipsa debet etiàm
benedici in Ecclesia exteriori ab Episcopo, vel Prælato Regulari intrà annum, aliàs privatur officio; Talis
autem Benedictio potest alteri committi, etiàm simplici Sacerdoti; *Pasqual. et Alex. qu.* 8. Sed in his
omnibus, ut notant *Tamb. Azor. etc.* cum *Alex. qu.*
8, attendenda est Monasteriorum consuetudo.

Not. VIII. Quod Abbatissæ possint eligi per triennium, vel per singulos annos, sed non ultrà triennium, aliàs electio est nulla. Et insuper Abbatissa
triennalis debet per triennium vacare, *ex Const.*
Greg. XIII. Exposcit etc. Nequè in Vicariam eligi potest, si forté nova Abbatissa deficiat, quià præcipit
Pontifex, ut Abbatissa anterior *per triennium omni*
prorsus careat authoritate. Vide *Alex. cap.* 9 §. 3 *q.* 2.
Dicit autem *Alex. q.* 4 cum *Rodr.* quod in Collegiis
Oblatarum benè possit eligi Superior perpetua, quià
tantùm de veris Monialibus professis loquuntur Bullæ.

Alia hîc addere expedit.

II. DE PRIVILEGIIS MONIALIUM, ET RELIGIOSORUM.

80   Hîc prænotandum quòad privilegia Regularium,
quod omnes Ordines Regulares communicent privilegiis aliorum Ordinum, sivè Mendicantium, sivè
non, ùt constare ex privilegiis concessis asserunt *Salm.*
Tr. 18 *de Priv. c.* 1 *num.* 90 cum *Lez. Tamb. Miranda,*
Pell Rodr. et communi.

Hinc notandum I. quod Moniales gaudeant iisdem
privilegiis (quorum sunt capaces) quibus Religiosi ejusdem Ordinis; Ità *de Alex. Conf. Mon. c.* 10 *q.* 1. cum
S. Anton. Pal. Rodr. Tamb. etc. contrà *Sanch. Barb.*
et alios. Ratio, qnià, cum ipsæ vivant sub eadem Regula, sunt pars Ordinis, et ideò Ordinis privilegiis
meritò gaudere debent. Et hoc, etiàmsi in Privilegio

exprimatur, concessioonem fieri *viris*, *aut masculis*; et etiàmsi Moniales sint Episcopo subjectæ, ut tenent. *Salm. l. c. n.* 92 cum *Suar. Pell. Pal. Bon. Bord. et Alex. c.* 10 *q.* 2 : qui notat cum aliis *q.* 3, gaudere eas etiàm privilegiis aliorum Ordinum suo Ordini communicatis.

Ex hoc infertur I. cum *Lez. Pasq. et Alex. q.* 5.[6t] Abbatissam posse dispensare in jejuniis, Officio, etc. juxtà Privilegia sui Ordinis Prælatis concessa ; quìà, licet ipsa non possit per se dispensare defectu authoritatis spiritualis, potest hoc tamen Prælati commissione, quæ præsumitur ei facta, statim ac fuerit electa in Abbatissam. Infertur II. Moniales Episcopo subjectas benè posse uti privilegio, v. gr. recipiendi absolutionem etc. à proprio Episcopo, quàndo cuicumque Regulari privilegium est concessum ; Secùs tamen, si facultas absolvendi non sit Regularibus concessa, sed tantùm Prælato illius Ordinis ; Ità *Alex.* cum *Cespedes cap.* 10. *q.* 4. Infertur III. cum *Salm. tr.* 10 *de Censur. c.* 9 *n.* 65 *et Viva, Roncagl., Rodr. Alex. c.* 1 *q.* 6. (quidquid dicant *Nav. Barb. etc.* apud *Alex.*) omnes Regulares utriusque sexûs tempore interdicti Generalis posse in suis Monasteriis Divina peragere, proùt Officia recitare, Missas celebrare, etc. submissâ tamen voce, januis clausis, sine campanis, et exclusis nominatim interdictis, vel qui causam Interdicto dederunt, ùt concessum fuit in *càp. Alma Mater, de Sent. Exc.* Item, eas posse Eucharistiam sùscipere, Missas audire, ut *Salm. n.* 48 cum *Pal. Laym. Henr. Sayr.* Item suscipere Extremam Unctionem, ut ibi *Salm.* cum *Pal. Avril. Henr. etc.* Et ad hæc Regulares ex privilegio possunt admittere omnes Monasterii famulos, Procuratores, operarios, ut concessit Alex. IV. Et idem concessit Eug. IV pro Beatis, vel Tertiariis : Exceptis tamen semper specialiter interdictis, etc. ut suprà. *Salm. n.* 66. *Alex. qu.* 7 *etc.* Et possunt etiàm publicè celebrare in pluribus Festis, ut Paschatis, Pentecostes, Nat. Domini, Ass. B. V. Mariæ : Item SS. Sacramenti et Octavæ, Concept. Annunt. et Nat. B. V. Sanctorum Titularium Ecclesiæ, et Sanctorum proprii Ordinis :

Item in Festis Circumcisionis , Epiph., SS. Trinitatis, Apostolorum , S. Joann. Baptistæ , S. Luciæ , S. Marci, Omnium Sanctorum , Omnium Defunctorum ; Vide *Salm. n.* 61 , 62 *et* 64. Nec obstat dicere , quod *Trid. Sess.* 25. *de Reg. c.* 12 præceperit , Interdicta etiàm à Regularibus in suis Ecclesiis servari : Nam probabiliter respondent *Alex. d. c.* 10 *q.* 8 *et* 10 cum *Peyrin.Sorb. etc.* mentem Trid fuisse tantùm , compescere aliquos Fratres , qui vi quorumdam privilegiorum prætendebant, à se nullo modo Interdicta ab Ordinariis emanata servanda; non autem abrogare privilegium Religiosis, etiàm Clericis in *d. c. Alma Mater*, ad commune bonum concessum, ut supra, tempore Interdicti.

62   Notandum II. quod in Ecclesiis Monialium non possint sepeliri personæ laicales , nisi ibi habeant jus Sepulturæ , vel nisi obtineatur concessio à S. C. ut pluribus Declar. S. C. apud *Alex. c.* 10 *qu.* 10. et tunc Officia defuncti peragenda sunt vel à Confessario Monialium, vel à Regularibus ejusdem Ordinis, si sint exemptæ, non autem à Clero, ut *Barb. Lez. etc.* cum *Alex. q.* 11.

63   Notandum III. Circà *Divinum Officium* plura privilegia Regularibus fuisse indulta. Clemens VII consessit Monialibus Clarissis Privilegium , uti refert *Alex. cap.* 10. *qu.* 13. (At *Salmant. Tr.* 16 *de Priv. cap.* 3 *n.* 61 *et* 62 dicunt, hoc privilegium concessum fuisse universis Monialibus) ut possint satisfacere per Officium laicarum , si judicio Prælati, vel Confessarii, vel Abbatissæ non sint satis instructæ ad Officium Chori. Idem Clemens concessit omnibus Regularibus infirmis, vel eis qui infirmis inserviunt , ut possint satisfacere per 7 vel. 6 Psalmos à Superiore assignandos , cum 7. *Pater* , et duobus *Credo*. Item Innoc. IV. per Bullam X consessit Monialibus S. Claræ , et indè aliis per communicationem, ut possint satisfacere Officio laicarum, si non dicant Horas Canonicas, ex quacumque rationabili causa , nempè si Monialis sit scrupulosa , si sit extraordinariè defatigata , vel occupata utilibus ministeriis. Ità *Salm. l. c. n.* 62. *Alex. q.* 13. Et notant 1. ibi *Salmant.* eas hoc privilegio uti posse per se , sinè

licentia Superiorum. Notant 2. *Salm. ib. n.* 61. cum
Pell. quod, si Moniales fortè culpabiliter omittant dicere
Officium laicale, non peccent graviter, quià tunc se habent, ut laicæ, quæ ad talem recitationem non tenentur
sub mortali. Notant 3. eodem privilegio uti posse omnes Religiosos, qui communicationem habent privilegiorum ; quià ex communi sententia, sicùt Moniales
privilegiis Religiosorum uti valent, sic è converso. Et
pro causa eis sufficiet, si concionentur in Quadragesima (etsi non quotidiè) cùm magno labore ; si confluat
multitudo pœnitentium t si laxati sint ex itinere , vel
concione : Item si sint lectores, aut studentes, qui
pro majore parte diei vacent studio S. Scripturæ, aut
SS. Canonum, aut Theologiæ Scholasticæ, vel Moralis. Ità *Salm. ib. n.* 56, 57 *et* 63 cum *Pasq. etc.*

Item Martin. V, concessit Monachis S. Hieronymi., 64
ut, qui sine tædio Officium non valent dicere ob infirmitatem, etiàm postquàm convaluerint, satisfaciant
recitando id, quod suis Confessariis visum fuerit. Item
Leo X. concedit Fratribus Minoribus, ut Officia prolixio-
ra anticipare, et breviora reservare possint pro diebus, in quibus minùs occupentur concionibus, et
confessionibus, au studio, ut putant *Salm. n.*59 cnm
Rodr. Tambur. Pelliz. etc. contra *Lezan.* Item Leo X.
concessit Regularibus privilegium recitandi Officium
privatum mentaliter : et, licet *Alexand. c.* 10 *q.* 16
cum *Pelliz. Lez. Tamb. Lugo etc.* apud *Salm.* teneant,
hoc privilegium fuisse revocatum à Gregor. XV. et
Urban. VIII. qui revocârunt omnia privilegia vivæ
vocis Oraculo concessa, proùt tale fuit hoc privilegium,
ut communiter DD. asserunt ; Attamen probabilius
contradicunt *Salm. Tr.* 16 *c.* 3 *n.* 53. cum *Nav. Hurt.*
Henr. Vil. Tamb. de Sacr. Mis. Rodr. Lean. etc. Quià, ut
ajunt, prædicta revocatio respexit tantùm privilegia
oretenus concessa antè S. Pium V. Non autem hoc.,
quod à S. Pio confirmatum fuit per Bullam, quam
referunt *Pell. et Peyr.* Addunt, quià privilegium
Leonis fuit declaratio juris communis in *cap. Dolentes,*
de Cel. Miss. ut idem *Lezana* concedit.. At Oracula

vivæ vocis, quæ sunt declarationes juris communis, vel Bullarum, tunc minimè revocata fuerunt, ut ferè omnes dicunt. proùt testantur *Salm. d. n.* 53. Id autem, quod objicit *Peyrín.* nempe quod dictum privilegium ad summum concessum fuerit pro ea parte, quæ secretò dicitur in Officio publico, vel in Missa, ut exprimunt verba Privilegii relata à *Salm. l. c. n.* 51. minimè obstat, nam ibi in fine sic additur : *Et quod eodem modo possit facere, qui solùm dicit Officium per se : cum prolatio verbalis sit præcipuè, ut ab aliis intelligatur.* Ergò (rectè arguunt *Salm. n.* 54) recitatio privata, ubi nihil dicitur, ut ab aliis intelligatur, et potest ex hoc privilegio tota mentaliter fieri.

Sedulò hîc notandum quòad omnia privilegia Religiorum, quod Superior possit ex justa causa aliquandò limitare privilegia subditorum, quià hæc semper concessa intelliguntur, ut non præjudicent potestati dominativæ, quam ob votum Obedientiæ Superior super subditos habet. Poterit etiàm Abbatissa moderari pœnitentiam à Prælato Moniali impositam, si adsit juxta causa, et accesssus ad Superiorem non pateat. Ità *Alex. cap.* 11 §. 1 *qu.* 28. Ultimò notandum, quod ex Bulla Pauli V. §. 8. omnes Regulares professi (sicùt et Ordinarii locorum) gaudeant indulgentiis concessis cuicumque Ordini Religioso, ut notat *Alex. c.* 10 *qu.* 18.

DUBIUM V.

Qui possint, vel teneantur ingredi Religionem?

65 *Quibus non licent Religionem ingredi ?*
66 *In qua necessitate Parentum prohibeantur filii, ne Religiosi fiant ?* 67. *Quandò filii jam professi teneantur Religione egredi ad subveniendum Parentibus ?*
68 *An peccent filii Religionem ingredientes, invitis aut insciis parentibus ?*
69 *Quandò prohibeantur Parentes, ne Religionem intrent ob necessitatem filiorum ?*
70 *An liceat relinquere Fratres, aut Sorores in necessitate ?*

71 *An debitis gravati possint Religionem ingredi ? Quid ,
si jam sint Professi ?*

72 *Voventes Religionem , quandò teneantur ingredi vel excusentur ab ingressu ?*

73 *Quandò liceat ad aliam Religionem laxiorem vel strictiorem transire ?*

74 *An Parochi possint Religionem ingredi , Episcopo contradicente ? 75. An Episcopus possit impedire Clericos
à Religione ?*

76 *An., et quandò Episcopi possint deserere Ecclesias suas ,
aut purmutare ?*

77 *An peccent graviter Parentes, avertendo filios à Religione ?*

78 *An , et quòmodò aliquis vocatus ad Religionem peccet ,
si vocationem suam negligat adimplere ?*

» R~ESP.~ 1. Omnes illi , et soli possunt ingredi Re- 65
» ligionem , qui sunt sui juris , nec aliis obstricti :
» qui verò aliis obstricti sunt non possunt sinè eorum
» consensu. *Less. l. 2 c. 41 d. 3.*

» Undè 1. non possunt ingredi Religionem impu-
» beres , quià subsunt parentibus , vel tutoribus ,
» quòad vitæ dispositionem. 2. Nec filii , si parentes
» sine illis se alere nequeant. *Laym. l. 4 t. 5 c. 4 n.* 1 et
» suprà *l. 3 t. 3 c. 2. d. 1 , 3.* Nec servi sine consensu
» dominorum. 4. Nec qui decepit virginem sub pro-
» missione matrimonii. 5. Nec is, qui non est solven-
» do creditoribus modò in sæculo manendò possit
» intrà paucos annos solvere. *St. Th.* tamen , *Sylvius*
» *Fumus, v. Religio,* et alii putant , illum posse bona
» præsentia cedere creditoribus ; quià persona homi-
» nis liberi non est pro pecunia obligata. 6. Nec
» Episcopus , sine consensu Papæ , cui juramento
» se obstrinxit ; præterquàm quòd sit obstrictus suæ
» Ecclesiæ , sicùt maritus uxori. 7. Nec conjuges post
» matrimonium consummatum , nisi vir per vim con-
» summâsset , antè expletos 2. menses , qui eis à jure
» conceduntur, aut nisi alter conjugum commisisset
» adulterium : tunc enim innocens ingredi posset. »

Notandum hîc I. Quod , si filius profiteatur Religionem , relinquendo Parentes in necessitate , pro-

fessió , hoc non obstante, benè valida sit. Notandum
II. quod , si filius in seculo manens nullo modo necessitati Parentum possit subvenire, licitè Religionem
ingredi possit. Notandum III. quod, si filius in sæculo
manere non possit sine gravi periculo labendi in aliquod grave peccatum , licitè etiàm ingrediatur Religionem , quacumque necessitate laborent Parentes ,
quià temporali vitæ Parentum præferri quidem debet
spiritualis salus filii. Ità *St. Thomas Quodlib.* 10 art. 9
ubi ait: *Aut iste , qui habet propositum intrandi Religio-*
nem , videt in sæculo non posse vivere sine peccato mor-
tali, vel non de facili; Si timet sibi periculum peccati
mortalis , cum magis teneatur saluti Animæ suæ provi-
dere , quàm corporali necessitati Parentum , non tene-
tur in sæculo remanere. Sanctum Doctorem sequuntur
Sanch. Dec. l. 4 *c.* 20 *n.* 11. *Pal. tr.* 16 *D.* 1 *p.* 7 § 5
n. 7 *et Salm. tr.* 15 *de Statu Rel. c.* 3 *n.* 50 *cum Leza-*
na , Garcia , Peyrino , etc. Intellige tamen (ut benè
advertunt, *Salm. l. c.*) si periculum sit proximum , et
tale , ut à filio , manendo in sæculo , moraliter vitari
non possit.

Sed nunc quæritur , quænam necessitas Parentum
prohibeat filios à Religionis ingressu? Et è converso,
quænam necessitas filiorum prohibeat Parentes, ne Religiosi, fiant? Sic respondet, et docet *S. Thom.* 2. 2 *q.*
189 *art.* 6 loquendo de filiis : *Parentibus in necessitate*
existentibus , ità quod eis commodè aliter subveniri non
possit, non licet filiis... Religionem intrare. Seoùs autem
dicit , si Parentes *filiorum obsequio non multùm indi-*
geant. Hinc dicunt *Sanch. Dec. l.* 4 *c.* 20 *Less. l.* 2 *c.*
41 *n.* 34 *Salm. de Stat. Rel. c.* 3 *n.* 53. cum *Suar.*
Peyrin. Pal. Bon. et communi , quod filius nequeat
ingredi Religionem , relinquendo Parentes in necessitate sivè extrema, sivè gravi (non autem communi),
etiàmsi filius votum Religionis emiserit. Secùs autem,
si necessitas sit communis, aut si illi tantùm aliqualem
patiantur status diminutionem , ut videtur docere
S. Thomas Quod. l. 10 *art.* 9 ubi : *Si sine ejus obsequio*
Parentes nullo modo vivere possunt , sic tenetur eis

servire, et alia opera perfectionis prætermittere. Sî verò sine ejus obsequio possunt aliqualiter sustentari non honorificè, propter hoc non tenêtur opera perfectionis dimittere.

Hoc dicendum de filiis nondùm in Religione pro- 67
fessis ; sed magna quæstio est, an; Parentibus egestate pressis, Filius jam professus teneatur egredi, ut
eis subveniat ? In necessitate extrema certum est, eum
tenêri ; dicunt tamen *Salm. de IV. Præceptò c. unic.
n.* 11 quòd hoc non admittatur, si filius è Claustro possit subvenire, quin egrediatur ; Nec, si Patris néces-
sitas non sit evidens, et Prælatus licentiam neget,
judicans necessitatem non esse talem, quià in dubiò
standum est judicio Superioris. At dubium majus ést,
si necessitas Parentum sit evidens, sed tantùm gravis ? Adest triplex sententia : *Prima* dicit, tenêri filium
egredi, quià per votum non extinguitur obligatio naturalis filii ergà Parentes. Ità *Henr. de Pandao, Cordub. etc. apud Salm. l. cit. n.* 12. *Secunda* sententia
distinguit, et dicit, quòd, si necessitas Parentum antecedit Professionem, filius teneatur egredi, quià obligatio jam contracta non extinguitur per Professionem;
secùs si professionem subsequatur. Ità valdè probabiliter *Elb. de* 4. *Præc. n.* 552. *cum Less. etc. Tolet. summ.
l.* 5 *c.* 1 *n.* 9 *et Nav. Suar., Sylves. etc. apud Salm. n.* 13.
Tertia sententia probabilior docet, eum in tali casu non
tenêri, nec posse filium egredi sine licentia, sivè necessitas Parentum præcedat Professionem, sivè non.
Et probatur ex *D. Thom.* 2. 2 *quæst.* 101 *art.* 4 *ad* 4.
ubi ait : *Ille verò, qui jam est in Religione Professus,
reputatur jam quasi mortuus Mundo; undè non debet
occasione sustentationis Parentum exire Claustrum.*
Tenetur tamen, salvâ sui Prælati obedientiâ, et suæ
Religionis statu, media adhibêre, quibus suis Parentibus subveniatur. Probatur indè ratione, quià,
sicùt filius conjugatus non tenetur relinquere uxorem, et adire Parentes, ut eos alat, sivè necessitas
Matrimonium præcedat, sivè non ; quià jam statum
suscepit, in quo tenetur magis adhærêre uxori, quàm

Tom. III. 27

Parentibus ; sic nequè Religiosus tenetur Claustrum
deserere, ad subveniendum Parentibus. Ità cum *Bus.
de* 4. *Præc.* vide *l.* 3 *n.* 335 *in fin. n.* 5. *S. Thom. l. c.
et Quod l.* 3. *art.* 16 *ac Quod l.* 10. *art.* 9. *Sanch.* Dec.
l. 4 *c.* 20 *n.* 17. *cum Caj. S. Anton. Arm. Tab. etc.
Bon. de* 4 *Præc. p.* 5 *n.* 7. *Salm. n.* 14. cum *Fag.
Bord. Rodr. etc.*

Nota hìc obiter Decretum SS. N. P. Bened. XIV.
incipiens *Pontificia*, editum die 28 Maji 1745, notandum in suo *Bullar. t.* 2 *pag.* 53, quo præcipitur,
ut Regulares extrà Claustra degentes (sicùt et in
civilibus sint subjecti Ordinario, qui eos etiàm corrigere debet.

68   Quæritur indè, an peccent filii, Religionem ingredientes, invitis, aut insciis Parentibus? Dixit Luthe-
rus, ut refert *Bellarm. Contr. t.* 1 *de Monach. c.* 36.
n. 1, peccare filios intrando in Religionem sine Parentum consensu, cum teneantur ipsis in omnibus obedire. Sed hoc reprobatum fuit à Conc. Toletano X.
cap. ult. ubi omninò concessum fuit filiis, ut Religionem
susciperent sine Genitorum licentia, modò annos pubertatis compleverint : *Parentibus* (verba Concilii)
*filios Religioni tradere, non ampliùs quàm usquè ad de-
cimum quartum eorum ætatis annum licentia poterit esse.
Posteà verò, an cum voluntate Parentum, an suæ devotionis sit solitarium votum, erit filiis licitum Religionis
assumere cultum.* Idem sancitum fuit per Conc. Ti-
burtinum Can. 24. Idem docuêrunt S. Ambr., S. Hiero-
nym., S. August., S. Bern., S. Thom. et alii cum
S. Joann. Chrysost. qui generaliter loquendo scripsit:
Cum spiritualem (salutem) *impediunt Parentes, nec
cognoscendi quidem sunt.* Hinc communiter docent
DD. non tenêri filium Religionem omittere, causâ vitandi scandala Parentum. Ità *S. Thom.* 4 *D.* 38 *q.* 2
art. 4 *quæst.* 2 *ad* 2. *Pal. de Char. D.* 6 *part.* 16 *n.* 6
cum *Suar. Vasq. etc. Sporer de Scand. cap.* 1 *n.* 31.
cum *Val. Salm. tr.* 21 *cap.* 8 *n.* 87. *cum Cano, Led.
Hurt. etc.* Quàmvis autem præfati AA. advertant, debêre filium eo casu aliquantulùm expectare, donec

Parentes moneantur de suâ obligatione ; imò, si ipse facilè eò tuto possit ipsorum consensum obtinêre, par esse, ut non discedat sine Parentum benedictione. Hoc tamen intelligendum, ùt mox videbimus ; nisi probabile sit periculum, quòd Parentes injustè illi impediant executionem suæ vocationis. Ideò ùt plurimùm in praxi filii excusantur, si, insciis Parentibus, domum relinquant.

Certum est, quòd circà statûs electionem non teneamur Genitoribus parêre, ut docet communis sententia DD. cum S. Thom. 2. 2 quæst. 104 art. 5, qui ait : *Non tenentur nec servi dominis, nec filii Parentibus obedire de matrimonio contrahendo, vel virginitate servanda, vel aliquo alio hujusmodi.* Dubium igitùr est, an filius teneatur in his consulere Parentes, ut ab ipsis rectum consilium accipiat ? Quòad statum conjugalem, *Sanch. de Matrimon. lib.* 4 *D.* 23 *n.* 10 cum *Con, et aliis*, censent, tenêri filium Parentes consulere, quià in tali negotio ipsi majorem experièntiam, quàm juvenes, habent. Sed adhùc circà matrimonia *Castrop. Henriq. et Salmant.* cum aliis, authoritati S. *Thomæ* innixi (Vide *de Matrim. l.* 6 *n.* 849. *v. Tertia sententia*) excusant à culpa gravi filium, insciis Parentibus, matrimonium contrahentem. Quidquid tamen sit de hoc, rectè dicit P. Pinamontius in aureo Libello (cui titulus *Vocaz vittoriosa cap.* 3) quòd circà electionem Status Religiosi nec teneatur nec expediat, quòd filii consilium Genitorum expetant; quià in hoc non tantùm ipsi nullam experientiam habent, sed etiàm, quià Parentes ob proprium commodum mutantur in hostes, ut ait S. *Th.* 2. 2 *quæst.* 189 *art.* 10 *ad* 1. loquens de vocatione Religiosa : *Frequenter amici carnales adversantur profectui spirituali.* Etenim frequentiùs Parentes malunt filios perire cum eis, quàm salvari sine eis, ut dicit S. *Bernard. Ep.* 111 undè exclamat : *O durum Patrem, o sævam Matrem! O Parentes crudeles, et impios! non Parentes, sed peremptores ; quorum dolor salus pignoris, quorum consolatio mors filii est. Ibidem.* Hinc sic advertit *Porrecta*

apud S. Thom. loc. cit. Si Deus vult Animam ad se
vocatam oblivisci Patrem, et domum Patris, sugge-
rit utiquè per hoc, vocatus ab ipso ad Religionem,
non debet suorum carnalium consilium interponere
Vocationis executioni). Et S. Cyrillus apud eumdem
S. Thom. ibid. explicans illud : *Nemo mittens manum*
suam ad aratrum, et respiciens retrò, aptus est Regno Dei.
Luc. 9. 62. inquit : *Aspicit retrò, qui dilationem quærit*
cum propinquis conferendi. Ideò *S. Th. Opusc.* 17 *cap.*
10. absolutè vocatos animadvertit, ut diligenter caveant, ne de sua Vocatione consilium à Parentibus
accipiant : *Ab hoc consilio primò quidem amovendi sunt*
carnis propinqui, dicitur enim : Causam tuam tracta cum
amico tuo. Propinqui enim carnis in hoc negotio amici
non sunt, sed inimici hominis domestici ejus. Ex his
omnibus concluditur, non solùm, non peccare filios
Religionem assumentes, Parentibus inconsultis ; sed
ordinariè loquendo, valdè errare, si participes eos faciant de sua Vocatione, ob periculum cui se exponunt,
quòd sint ab illa avertendi ; et hoc utiquè confirmatur
ab exemplo tot Sanctorum, quorum discessus, parenti-
businsciis, aut invitis, Deus etiàm miraculis approbavit,
et benedixit. Idemque sentit doctus *P. Elbel de Præc. n.*
538 dicens : (Si filius sentiat se à Deo vocatum ad statum
religiosum, et advertat, Parentes id ægrè laturos, atque ex affectu carnali, ac futilibus motivis se opposi-
turos, non tenetur eos consulere, quià consultiùs
aget rem eis celando, juxtà illud *Matth.* 8 ubi Christus Domin. discipulum reprehendit nolentem eum
illicò sequi ob Patrem prius sepeliendum). An autem peccent graviter Parentes, avertentes filios à Religione, vide *infrà* n. 77.

69   E converso docet *S. Thom. eodem loco*, non licére
Parentibus Religionem intrare, non solùm cum filios
in necessitate gravi relinquere deberent, sed etiàm si
omninò prætermittere deberent eorum curam, *id est,*
non præviso (sunt verba S. D.) *qualiter educari possint.*
Hoc tamen intelligitur, ut dicunt *Salmant. d. cap. 3*
n. 52 cum *Suar. Pal. Pelliz.* de filiis, non emancipa-

tis, quos Parentes nequeunt in sæculo relinquere, quia eis provideant de necessariis, tàm ad sustentationem, quàm ad instrumentum morum. Secùs autem de filiis emancipatis, quos Parentes, ordinariè loquendo, nec alere, nec instruere amplius tenentur, nisi filii per accidens gravi necessitate laborent.

Fratres autem, et Sorores non licet deserere in necessitate extrema, sed licet in gravi; quàmvis ratione charitatis posset quis differre, et etiàm omittere statum Religionis ad subveniendum Fratribus graviter indigentibus. Si verò votum habeat Religionis, in tali casu non posset differre per longum tempus, sine dispensatione. Ità *Salm. ib. n.* 54. cum *Sanch. Suar Pal. Azor. Pelliz. Bonac.* 70

Quæritur indè, an debitor, ære alieno gravatus, possit Religionem ingredi? Adsunt tres sententiæ. *Prima* sententia cum *Gers. Pal.Val. Suar. Reg. Mol. Bon. etc.* apud *Salm. de Rest. c.* 1 *n.* 289. *et Holz. de Rest. n.* 518. absolutè negat, quià hoc esset contrà naturale præceptum justitiæ, lucrum spirituale quærere cum damno creditoris, cui debitor ex justitia solvere tenetur. *Secundò* sententia, quam tenent *Sanch. Dec. l.* 4 *c.* 19 *n.* 8. cum *Major, Nav. Az. et Salm. l. c. n.* 290. distinguit, et dicit, quòd, si debitor, in sæculo manens, brevi tempore probabiliter, et sine magna difficultate acquirere suâ industriâ possit, quod debet, vel notabilem debiti partem, ut solvat; tunc tenetur expectare. Secùs, si diù expectare deberet, vel si sine notabili difficultate satisfacere non posset. Quale autem tempus censendum sit breve? *Maj.* putat triennium: *Sanch.* autem cum *Nav.* biennium. *Tertia* verò sententia absolutè docet, debitorem statim posse Religionem ingredi bona sua creditori cedendo. Hanc tenent *S. Th.* 2. 2 *q.* 189 *a.* 6 *ad* 3. et eum sequuntur *S. Anton Sylv.Caj. Palud.Tabien. Ang. Armill. Arag etc.* apud *Sanch. l. c. n.* 7. ac probabilem putat *Sa.* Et hoc, etiàmsi solutio promissa fuerit cum juramento, ut notant *ib. S. Anton. Sylv. Tab. et Sa.* Ratio *S. Th.* hæc est: *Propter pecuniam... persona liberi hominis secundùm* 71

jura Civilia non obligatur, sed solum res : quià persona
liberi hominis superat omnem æstimationem pecuniæ :
undè licitè potest, exhibitis rebus suis, Religionem in-
trare ; nec tenetur in sæculo manere, ut procuret undè
debitum reddat. Rationem hanc rejecit *Sanch.* eum *Med.*
d. n. 7 dicens, non esse verum, quòd persona debitoris
non sit creditoribus obligata ; aliàs, ait, iniquè debitor carens bonis in carcerem à Judice detruderetur.
Sed respondetur, quòd obligatio personalis, quæ inest
debitori, non jam sit ratione personæ, sed ratione
bonorum, ut docet *S. Th. l. c.* et proùt certum asserunt
Salm. d. c. 1 *n.* 224. Undè, supposito, quod debitor in
sæculo maneat, et liber potensque sit, ad bona acquirenda, benè remanet sua persona obstricta ad bona acquirenda, cum possit sine magno sui detrimento ;
et tunc remanet obligata persona debitoris, non jam
directè ratione sui, sed indirectè ratione bonorum, ad
quæ acquirenda potens est, cum teneatur tunc, non
solùm dare, quæ habet, sed etiàm procurare possi-
bilitatem solvendi, dum potest acquirere sine magno
damno suæ libertatis. Secùs tamen dicendum, supposito, quod velit sæculum relinquere, et Deo se totum
dicare in religione, ubi impotens redditur ad solvendum ; tunc enim liberam habet personam, ut de ea
in Dei obsequium disponere possit : et quòad debitum
solvendum sufficit, si omnia sua bona creditoribus
cedat. Aliàs, si in sæculo manêre teneretur, esset directè, et per se obligata persona debitoris ob pecuniam debitam, quod absolutè negatur, quià libertas
hominis omnem æstimationem pecuniæ excedit, ut
loquitur suprà *S. Thom.* Adde (et sic respondetur rationi primæ sententiæ) quòd Præceptum naturale
non obliget, quandò debitor nequit satisfacere, nisi
cum tanto detrimento suæ libertatis, et cum onere
subeundi, in sæculo manendo, periculum æternæ salutis ; Nemo enim in contractu cum hoc onere præsumitur velle se obligare. Et, sicùt quis non tenetur
in sæculo manêre ad servandam promissionem Matrimonii (nisi per eam copulam extorserit), ità nec

etiàm, qui debitum contraxit. Et hoc, etiàmsi debitum sit ex delicto, ut tenent *Salm. cum aliis d. n.* 290
quià pariter iste debitor non est obstrictus cum tanto
onere, ut Religionis meliori statu privari debeat. Hæ
tres sententiæ sunt omnes probabiles, sed probabilior
mihi videtur secunda ; modò ex illa brevi mansionè
in sæculo non immineat probabile periculum incidèn-
di in peccata, vel àmittendi vocationem ad Religionem. Conveniunt autem DD. in dicendo, quòd
prædicta quæstio transeat, cùm debita sint certa : At,
si incerta sint, procùl dubio statim debitor Religionem ingredi potest ; quià, cùm obligatio elargiendi
debita incerta pauperibus non sit ex justitia, et jure
naturali, sed ex pietate, et jure Ecclesiastico, ùt probant *Salm. de Rest. c.* 1 *n.* 211. cum *Less. Vasq. Bann.*
Vill. Led. etc. contrà alios, ideò benè talis debitor
potest, omissâ restitutione, Religionem petere, cum
nihil sit tàm pium, quàm se, suaque omnia Deo in
Religione dicare. Ità *Sanch. l. c. n.* 4. *Lugo, Suar.*
Pal. etc. cum *Salm. c.* 16 *n.* 287.

Advertendum tamen, quòd hæc locum habeant in
jure naturali. At Sixtus V. per Bullam datam, annò
1587, reddit inhabiles ad Religionem debitores, qui
dilapidavêrunt sua bona, vel qui deponere debent
rationes, antequam debita solverint, aut rationes red-
diderint ; Et licet Clemens inhabilitatem abstulerit,
reliquit tamen prohibitionem. Hoc verò intelligendum, ait *Croix l.* 3 *p.* 2 *n.* 444. cum *Sanch. et Ill.* de
iis, qui aliter non possunt satisfacere, nisi in sæculo
manendo, et à quibus sperari potest solutio ; Item
si magna sint debita, superantia facultates proprias,
cum dicatur in Bulla, *ingenti ære alieno* gravatis.
Prætereà dicit *Croix* cum *Sanch. et Dic.* hoc non intelligi pro Monialibus, nec pro Equitibus Ordinum
Militarium, quià hi in odiosis non comprehenduntur
nomine Religiosorum : Insuper neque pro iis, qui
gravantur debitis tantùm incertis ; nec pro iis, qui
sine culpa gravi incidêrunt in impotentiàm ; nam
Bulla est tantùm pro dilapidatoribus, ut notat *Croix*

ibid. cum *Dic.* nec pro debitoribus ratione donationis , *Croix* cum *Sanch.* Præceptum autem de reddendis rationibus , intelligitur de rationibus valdè litigiosis, intricatis , fraudulentis , daturis causam litibus , *Croix* cum *Dic. et Ills.* •

Si verò quis, debitis gravatus, jam Religionem professus fuerit, valet Professio, ut *Croix d. n.* 444. Nec Prælatus tenetur tunc de justitia licentiam ei dare ad laborandum , ut satisfaciat *Croix n.* 450 cum *Lug.* et *Nav.* Tenetur tamen ex charitate, si nullum inconveniens obstet.

72 » Resp. 2. Qui vovit religionem, tenetur eam ingredi
» secundùm sequentes regulas.

» 1. Non tenetur, imò non potest licitè ingredi Or
» dinem , in quo collapsa est disciplina regularis:
» (*Intellige quòad Observantias principaliores , ut Salm.*
» *de Stat. Rel. c.* 2 *n.* 3.) * idque ob periculum per
» versionis. *Laym. l.* 4 *t.* 5 *c.* 6 *n.* 5.

73 » 2. Qui vovit laxiorem , licitè ingreditur strictio
» rem ; non tamen contrà , quià minùs præstaret,
» quàm promisit. Quid, si tamen profiteatur in laxio
» re , valida est professio, et liberatur à voto stric
» tiorem ingrediendi. Ratio est, quià votum solemne,
» quo fit personæ traditio , et religioni jus in perso
» nam acquiritur, derogat priori voto simplici, per
» quod nullum tale jus Religioni strictiori erat acqui
» situm. *Laym. l. c. ex S. Th. etc.*

» 3. Is, qui vovit, se experturum Religionem stric
» torem , potest id commutare in votum profitendi, et
» perseverandi in laxiore. Ratio est , quià hoc meliùs
» est. *Laym l. c. ex Sanch. etc.*

Communiter DD. dicunt, quòd, si quis voverit Religionem se ingressurum, non tenetur eam quærere extrà propriam Nationem , vel Provinciam : vide *Salm. tr.* 15 *c.* 2 *n.* 8. Fœmina verò, quæ vovit Religionem , non tenetur quærere Monasterium extrà Patriam , longè à suis, ut ajunt *Pal. D.* 1 *tr.* 16 *p.* 3 *n.* 6. *Sanch. D. l.* 4 *c.* 16 *n.* 46. *Tolet l.* 4 *c.* 17 *n.* 12 *et Salm. l. c. cum Garc. etc.* Ratio , quià regulariter non censentur fœ minæ, Religionem voventes, ad id se obligare, cùm hoc gravem et nóvam involvat difficultatem : ob quam *Tolet et Garc. ib.* excusant etiàm viros, votum Religionis habentes.

Quæritur I. An is, qui voverit Religionem, et semel legitimè repellatur ab ea, teneatur iterùm ingredi, si Monasterium postmodùm velit eum admittere ? *Prima* sententia affirmat, eamque tenent *Laym. l. 2 tr.* 5 *c.* 6 *n.* 4. *Bon. t.* 2. *D.* 4 *q.* 2 *p.* 5. § 6 *n.* 11 *et Sanch. Dec. l.* 4 *c.* 16 *n.* 71 *cum Abul.* Ratio, quià votum non est factum in favorem Religionis, sed in Dei obsequium; undè, licet illa cedat juri suo, nolendo eum admittere, non ideò tamen vovens liberatur à sua obligatione. *Secunda* verò sententia negat, quàm tenent *Pal. D.* 1. *p.* 3. *n.* 10. *Less. l.* 2 *c.* 41 *n.* 44. *Suar. c.* 2 *n.* 7. *et* 10 *et Salm. tr.* 15 *c.* 2 *n.* 11 *cum Arag. Pell. Garc. Dian. et à S. Fausto.* Ratio, quià tale votum, quàmvis emissum in honorem Dei, censetur tamen factum sub conditione, *si non repellar;* ergò, conditione non im- pletâ, extinguitur obligatio. Huic objicit *Bon.* nullam conditionem reddere votum conditionale, nisi explicitè apponatur; sed hæc objectio non videtur subsistere, non rarò enim in promissionibus conditio implicitè apposita promittentes obligat juxtà dicta *l.* 3 *n.* 720 *v. Notandum.* Cæterùm in hac quæstione probabiliùs mihi videtur dicendum, quod, si talis vovens habeat probabilem spem, se fore imposterùm recipiendum, non liberetur à voto ; secùs, si nulla probabilis spes appareat.

Quæritur II. An qui simpliciter Religionem voverit, peccet mortaliter, si post ingressum, sine causa ab illa egreditur ? *Prima* sententia negat, et hanc tenent *Bon. de Voto D.* 4 *q.* 2 *p.* 5 § 6. *n.* 22 *et Sotus, Caj. Arag. etc. ap. Sanch. l.* 4. *c.* 16 *n.* 90 et probabilem vocant *Salm. c.* 2. *n.* 23. Ratio, quià qui vovet Religionem, censetur eam vovêre sub conditione probationis à jure concessæ ; jus autem universè concedit ingredientibus, ut possint sine ulla causa pro libito Religionem deserere, uti patet ex *c.* 1 *de Regul. in* 6.

Secunda verò probabilior sententia, quam tenent *Sanch.* *l. c. Pal. tr.* 16. *D.* . 1. *p.* 4 *n.* 2. *Suar. l.* 4 *c.* 3 *n.* 2 *et Salm. c.* 2. *n.* 24 *cum Pell. Garc. Miranda*, *et aliis*, docet, hunc à mortali non excusari, Ratio, quià votum Religionis non tantùm obligat ad suscipiendum habitum religiosum, sed etiàm ad Deo toto vitæ tempore obsequendum; undè obstringit etiàm ad profitendum, nisi justa adsit causa egressûs; puta, si ille inveniat Religionem suis viribus imparem, ut ait *Sanch.* Ad textum autem oppositum respondetur, illum loqui de iis, qui Religionem ingrediuntur tantùm ad experiendum, nullo tamen præmisso voto. Secùs verò dicendum cum *Azor. l.* 11 *c.* 12 *et aliis cit. apud Sanch. ut suprà*, si vovens non habuerit animum profitendi, sed tantùm experiendi. Idque expressè tradit *D. Thom.* 2. 2. *q.* 189. *a* 4 ubi sic docet : *Si ergò vovens intendit se obligare, non solùm ad ingressum Religionis, sed etiàm ad perpetuò remanendum, tenetur perpetuò remanère : Si autem intendit se obligare ad ingressum Religionis causâ experiendi cum libertate remanendi, vel non remanendi, manifestum est, quòd remanère non teneatur. Si verò in vovendo simpliciter de ingressu Religionis cogitavit, absque hoc, quod cogitaret de libertate exitûs, vel perpetuitate remanendi, videtur obligari ad ingressum Religionis secundùm formam juris communis, quæ est, ut ingredientibus detur annus probationis; undè non tenetur perpetuò in Religione permanère.* Rectè autem ad 3 advertit : *Quod ille qui intrat, ut statim exeat, non videtur satisfacere voto suo, quià ipse in vovendo hoc non intendit : et ideò tenetur mutare propositum, ut saltem velit experiri, an ei expediat in Religione remanère : non autem tenetur ad perpetuò remanendum.*

Quæritur III. An, si quis habeat votum profitendi, et Religionem ingrediatur, animo perpetuò manendi, sed à Religione ejiciatur, quià judicatur ineptus ob inscitiam, ægritudinem, et similia, liberetur à voto? Supponendum, ut certum cum *Sanch. l.* 4 *c.* 16 *n.* 108 *et Salm. c.* 2 *n.* 25, quòd, si is remissè se gesserit, teneatur mediocrem adhibère diligentiam, ut se corrigat,

aliter à voto non fit immunis. Difficultas est, quandò
jam diligentiam adhibuit, et repellitur, an maneat
liber à voto ? *Prima* sententia affirmat, quam tenent
Pal. D. 1 *p.* 4 *n.* 10. *Suar. l.* 4 *c.* 4 *n.* 14 *et Garc. apud
Salm. n.* 26, qui eam probabilem putant. Ratio, quià is;
qui promisit, se professurum, non censetur se ad aliud
obligâsse, quàm ad media ordinaria apponenda, quæ
jam apposuit, nec per ipsum stat, quominùs profiteatur.
Secunda verò probabilior sententia negat, et hanc tenent
Sanch. l. c. n. 82. *Laym. l.* 4 *tr.* 5 *c.* 6 *n.* 13. *Bon. t.* 3.
D. 4 *s.* 2*p.* 5 §6*n.* 22. *Salm. l. c. cum Pell.* Ratio, quià hic
tenetur procurare, ut votum illud impleat, usquedùm
apparet probabilis spes implendi ; idque non extraordinarium, sed ordinarium est medium adhibêre ; undè, si ab illa Religione ejicitur, tenetur, mediocrem
diligentiam apponendo, aliam Religionem quærere.

Quær. IV. An, qui voverit, se professurum, possit à
Religione exire ex causa, non jam urgenti, sed justâ,
nempè quià talem vitam expertus sit incommodam ?
Prima sententia affirmat, et hanc tenet *Dian. p.* 2 *tr.*
17 *R.* 10 citans *Sot. Reg. Led. Arag. etc.* eòquod tale
votum intelligatur emissum sub hac conditione, si
talis status conveniens sibi videtur. *Secunda* tamen
vera sententia, quam tenent *Sanch. l.* 4 *c.* 16 *n.* 81
Laym. c. 6 *n.* 13. *Bon. D.* 4 *p.* 5 § 6 *n.* 22 *et Salm. n.*
28 *cum Caj. Az. Val. etc.* docet, hunc tenêri ad profitendum etiàm cum incommodo ; modò non sit tale, ut
intolerabile videatur. Ratio, quià is ità videtur se voluisse obstringere, ut non possit egredi, si ratio ví-
vendi sit tolerabilis ; nam è converso, si difficultatem valdè gravem experiatur, non tenetur pemanêre,
cùm non videatur se voluisse obligare ad id, quod sibi
est moraliter impossibile. Et hanc eamdem nostram
sententiam tenent *Less. l.* 2 *c.* 41 *n.* 46 *et Pal. D.* 1
p. 4 *n.* 9. qui non benè citantur à *Salm.* pro prima
sententia.

Per quantùm autem temporis is, qui votum habet
Religionis, differendo illud exequi, peccet graviter ?
Vide dicta *l.* 3 *n.* 221 *v. Quær.*

»4 »» 4. Professo licentiam transeundi ad Ordinem
» laxiorem Episcopus, vel Prælatus Ordinis exempti
» cum consensu Capituli dispensativè ex justa causa
» dare potest. *Laym. l. c. Less. l. 2 c.* 41 *n.* 103. *Sanch.*
» 6 *mor. c.* 7.

· » 5. Professus ad Ordinem strictiorem, petitâ (licet
» non concessâ) Prælati sui licentiâ, ex justa causa
» transire potest. Quod addo, quià hujusmodi transi-
» tus sine causa temerè fieri non potest. Quod si fiat,
» spectanda est austeritas circà silentium, et solitudi-
» nem, idque non tantùm secundùm institutum Re-
» gulæ. sed etiàm secundùm observationem præsen-
» tem. Probatur *ex c. Licet, de Regularibus. V. Laym.*
» *Less. Sanch. ll. cc.*

Ex dictis resolvuntur hi Casus.

· » 1. Canonici regulares ad Monachos transire pos-
» sunt, non· contrà; cum Religio Monachorum au-
» sterior sit, *Laym. l. c.*

· » 2. Professus Regulam strictiorem, si ea non serve-
» tur in suo Monasterio, aliove ejusdem Ordinis, nec
» sit spes reformationis, potest transire ad Ordinem
» laxiorem, in quo Regula servetur: ità ut, conside-
» rato præsenti statu, ducat vitam strictiorem *Laym.*
» *l.* 4 *tr.* 5 *c.* 6 *n.* 10 *ex Sanch. Rodr. etc.* »

· Benè potest Religiosus ex suo Ordine ad alium
strictiorem transire, petitâ licentiâ à suo Prælato,
quàmvis negatâ; ità *S. Th.* 2 2 *q.* 189 *a.* 8 et DD.
communiter ex *c. Licet* 18 *de Reg.* ubi Innocentius III.
sic præscribit: *Postquàm* (Monachus) *à Prælato suo
transeundi licentiam postulaverit... liberè potest sanctioris
vitæ propositum adimplére, non obstante protervâ indiscreti contradictione Prælati.* Debet tamen Subditus
Prælati responsum expectare usquè ad tempus, quo
Superior valeat examinare, an debeat vel non licentiam
impertire. Contrà verò, re perpensâ, tenetur Prælatus
licentiam concedere, simùl ac videt· nihil obstare.
Prælatus (addit Pontifex) *subdito sine· difficultate, et*

*gravitate qualibet debet transeundi licentiam indulgére ,
ne videatur propositum impedire divinitùs inspiratum.*
Hinc communiter tradunt *Suar. t.* 4 *.de Relig. tr.* 8 *l.*
3 *c.* 10 *n.* 17. *Sylv. verb. Religio* 4 *q.* 1 *n.* 5. *Pell. tr.* 3 *c.*
5 *n.* 139. *Pal. Disp.* 4 *p.* 26 §. 3 *n.* 1. *Lez. t.* 1 *c.* 22
n. 13. *Miranda t.* 1 *q.* 31 *a.* 6. *Salm. tr.* 15 *c.* 5 *n.* 68 *etc.*
quòd Praelatus graviter peccaret , si sine justa causa
licentiam denegaret , quià gravem irrogaret subdito
injustitiam , eum à perfectiori statu retrahendo ,
idque confirmatur ex verbis Innocentii relatis , ubi
dicitur proterva contradictio Praelati , qui injustè
licentiam denegat : *Non obstante protervâ indiscreti
contradictione Praelati.*

. Diximus injustè : nam tres sunt justae causae , ex
quibus Superior valet denegare licentiam , juxtà
verba ejusdem Pontificis in *cit. cap. Licet.* Et 1. Si
subditus *ex temeritate, vel levitate* vellet transire, puta,
si duceretur ex ira alicujus offensionis acceptae , aut
ex fine consequendi aliquod temporale commodum.
In dubio tamen negativo praesumitur recto animo
procedere , ut dicunt *Suar. l. c. c.* 9 *n.* 2 *et Bonac. q.*
2 *p.* 9 §. 3. In dubio autem positivo standum judicio
Superioris, tàm Subditi, quàm Praelati Conventûs ,
nempè Generalis, vel Provincialis , ut praecipit Pontifex *eod. c. Licet.* 2. Si transitus redundet in *jacturam
sui Ordinis: quoniam communis utilitas* (verba textûs)
privatae utilitati praefertur. Sed pro hujusmodi *jactura*
porrò non reputatur illa , quam perferret Ordo ex
privatione exempli illius boni Religiosi ; nam si talis
sufficeret jactura , nemini transire ad arctiorem Ordinem liceret ; nomine *jacturae* intelligunt *Salm. n.* 61
cum Portell. etc. Si v. g. Monachus ille esset Doctor ,
vel arte Peritissimus , ità ut ex ejus deficientia Religio
notabile reciperet damnum. 3. Si ex transitu Ordo
gravem pateretur *injuriam* , sivè dedecus ; ità ut deindè ab aliis notabiliter despiceretur , Vide *Salm. cit.*
n. 61 Hoc dedecus ordinariè abesse censeo . si pateat ,
alterum Ordinem certè in Regulae perfectione prae-
cellere.

Addendum, non licêre Monacho hunc transitum intentare, si altera Religio, quam optat, nollet eum recipere, juxtà præceptum Urbani VIII. (ut in *Bull. t. 4 Constit.* 25.) qui dixit : *Non permittatur transire, nisi constiterit eam Religionem paratam esse eum recipere.* Sufficit autem, si nullum obstet impedimentum, licentia Prælati Conventûs, à quo petitur transitus, ùt *Sylvest. verb. Religio* 4 *q.* 3. *Peyrin q.* 1 *c.* 24 *et Salm. n.* 63. Utrùm autem transitus sine petitione licentiæ non solùm sit illicitus, sed etiàm invalidus? Affirmant *Less. c.* 41 *n.* 101. *Azor c.* 14 *q.* 6. *Sanch. Dec. c.* 7. *n.* 95 *etc.* At valdè probabiliter negant *Suar. l.* 3 *cap.* 10 *n.* 22. *Sylvest. l. c. q.* 1. *et Salm. c.* 5 *n.* 67. *Bon. Pelliz. etc.* quià nullum jus habetur irritans hunc transitum, et contrà ipse transitus de jure naturæ valet, cum sit commutatio in meliùs.

Hîc plures utiles quæstiones annectere oportet. Quæritur I. An Parochus possit licitè Religionem ingredi contradicente Episcopo ? Omninò affirmandum ex c. *Duo sunt leg.* 19 *q.* 5 uti habetur : *Si quis Clericorum in Ecclesia sua sub Episcopo populum (scilicèt proprium, ut explicat Glossa) retinet, et sæculariter vivit, si afflatus Spiritu Sancto in aliquo Monasterio, vel Regulari Canonia salvare se voluerit... etiàm Episcopo contradicente eat liber nostrâ auctoritate :* sic Urbanus II. ad Rufinum. Rationem autem hujus sanctionis dat *D. Th.* 2. 2 *q.* 189 *a* 7 dicens : *Obligatio voti perpetui præfertur omni alii obligationi; obligari autem voto perpetuo, et solemni ad vacandum Divinis obsequiis competit propriè Episcopis, et Religiosis. Presbyteri autem curati, et Archidiaconi non obligantur voto perpetuo, et solemni ad curam Animarum retinendam, sicùt ad hoc obligantur Episcopi; Undè Episcopi Præsulatum non possunt deserere absque auctoritate Romani Pontificis, ut extrà de Reg. etc. c. Licet. Archidiaconi autem, et Presbyteri curati possunt liberè abrenunciare Episcopo curam eis commissam absquè speciali licentia Papæ.* Deindè *S. Th.* (*ad 2 d. a.* 8) affert textum *D. Hieronymi* ad Vigilantium sic dicentis ; *dicis, si omnes se clauserint..., quis sæculares homines lucrifaciet ? quis peccantes ad virtutes poterit exhortari? etc.* Respondet S. Hieronymus : *Rara est virtus, nec à pluribus appetitur.* Hæc omnia uti certa enunciat N. SS. P. Bened. XIV. in sua Bulla, quæ incipit, *Ex quo dilectus*, edita die 14 Januarii 1747. (*in Bullar. t. 2 n. 69 p. 169.*) : Attamen non dubitat idem Pontifex, quin Parochus omninò teneatur, *non tàm officio* (verba Bullæ) *et honestate, quàm naturalis legis præcepto*, certiorem facere Episcopum de suo suscepto consilio, antèquam Religionem ingrediatur, ne grex sine custode deseratur ; si verò Episcopus deindè dissentiat, *Presbyterum non adstringet* (ait Pontifex), *quominùs Religionem ingredi valeat.* Insuper decernit ibidem, Beneficium non vacare, nisi post Professionem, et interim Parochum fructus illius lucrari, acsi legitimo impedimento detineretur. Et idem statuit de omnibus aliis Beneficiariis, juxtà opinionem traditam à *Suar. de Relig. t. 3 l. 5 c. 16 n. 12 et Sanch. Dec. l. 7 c. 4 n. 7 etc.*

Quær. II. Quid dicendum de Clericis, aut aliis Beneficiariis non curatis? Respondeo : quàmvis isti ex officio, et honestate teneantur suos Episcopos certiores reddere de suo Religionem ingrediendi proposito ; non peccant tamen, ut declarat N. SS. Bened. XIV. in Bulla mox citata, si id omittant ob metum reverentialem, ne fortè ab ejus desiderii implemento revocentur. Certum autem est, non posse Episcopos impedire suos Clericos, quominùs Religionem ingrediantur, ut habetur in *c. Clerici* 19 *q.* 1 ubi ex Concil. Tolet. IV dicitur : *Clerici, qui Monachorum propositum appetunt, quià meliorem vitam sequi cupiunt, liberos eis ab Episcopo in Monasteria largiri oportet ingressus, nec interdici propositum eorum, qui ad contemplationis desiderium transire nituntur.* Hunc et consimiles Canones laudat, et approbat præfatus N. Pontifex ; necnon affirmat, id non tantùm intelligi de Religionibus vitæ contemplativæ, sed etiàm activæ.

Declarat tamen, quòd Episcopus benè posset revocare suum Clericum à Religione, si ejus ingressus

gravi detrimento esset Ecclesiæ cui erat addictus,
his verbis : *Quod verò jus certis in casibus certisque de
causis compelit Superiori Ordinis laxioris , ut suum subditum Regularem , ad strictiorem Ordinem digressum,
etiàm post solemnem Professionem in eo emissam, repetere et revocare valeat; idem similiter certis in casibus,
justisque exigentibus causis , Episcopo competit, ut suum
Clericum sæcularem Ordini Regulari adscriptum repetere
possit. Hoc tradit clarissimus Canonum Doctor Innoc. IV
ad sæpè citatum c. Licet de Regul. cujus hæc sunt verba :*
Clericus potest transire ad Religionem, non petitâ licentiâ, etiàmsi contradicatur ; crederemus tamen,
quòd posset eam repetere, si ex transitu ejus prima
Ecclesia gravem sustineret jacturam...... *Satis ita-
què provisum est etiàm Episcopo , qui factum Clerici sui
ad Regularia Claustra, se invito, digressi impugnare velit.*
Cæterùm, cum accidisset casus , quòd Archidiaconus
quidam ad societatem JESU transîsset ; et Eminen-
tiss. Cardinalis Quirinus, conquerens, quòd se invito
hoc fecisset, integro libello typis edito contenderet,
ut Papa declararet, Clericos non posse sine Episcopi
licentia Religionem ingredi ; noster Pontifex respondit, uti in simili casu D. Gregorius (*Epist.* 35 *l.* 12)
cuidam alii Episcopo respondeat , tales Clericos ne-
dum à suo proposito non esse impediendos, sed potiùs ad perseverantiam hortandos et confirmandos.

76   Quær. III. Quibus casibus liceat Episcopis ad Religionem transire? Jam suprà dictum est ex *D. Th. in ctt.*
q. 189 *a.* 7 *et q.* 185 *a.* 4, quòd Episcopi nequaunt deserere Ecclesiam assumptam ob votum perpetuum
eam non relinquendi, nisi auctoritate Papæ, et ex
justa causa, ut etiàm exprimitur in *d. c. Licet.* Justæ
autem causæ, ùt Episcopus possit Ecclesiæ suæ renunciare (ut docet idem Angelicus, et habetur in *c.*
Nisi de Renunc.) sunt. I. ob defectum proprium,
scilicet si sit simoniacus, irregularis, vel indoctus,
senex, infirmus. II. ob defectum subditorum, si in
eis non possit proficere. III. ob scandalum aliorum,
non verò si scandalum oriatur ex malitia aliquorum

volentium justitiam conculcare. Quapropter dicendum,
quòd Episcopi sinè aliqua ex prædictis causis nequeant Ecclesiis renunciare , etiàm ad finem Religionem ingrediendi. Et ità nec etiàm possunt Ecclesias
permutare, uti expressè habetur ex *Can.* 15. *Concilii
Nicæni I.* et idem habetur in *Can.* 5. *Concilii Chalced.
et in Ep. II. ad Anastasium.* Rationem affert *S. Hieronymus Epist.* 83 ad *Oceanum* , ubi memorans prædictum *Can.* 15. *Nicæni,* ait : *Ne virginis paupercula
societate contempta , ditioris adulteræ quærat amplexus.*
Meritò igitùr ait *Cabassut.* (*Hist. Concil. p.* 115.)
has translationes vetitas fuisse, quià vitio cupiditatis
adscribuntur , cùm nemo reperiatur , qui à ditiore
Episcopatu ad pauperiorem transeat. An autem translatio Episcoporum vetetur jure Divino ? Vide *infrà n.* 104.

Hîc autem oportet ad trutinam adducere duas alias 77
quæstiones summoperè quòad praxim scitu utiles. Quæritur IV. An peccent graviter Parentes , qui avertunt
filios à Statu Religioso, sine justa causa ? Si avertunt
injuriosè per minas , aut vim, vel fraudem, nullùs
excusat eos à peccato mortali. Si verò aversio fit tantùm precibus, vel promissionibus, censet *P. Suar.
tr.* 3 *de Rel. l.* 5 *c.* 9 *n. 5,* hoc ex genere suo non esse
peccatum grave; quia (ut ait) ex una parte ibi non
intervenit injuria , licet enim filius grave damnum
patiatur, non tamen patitur involuntariè, sed liberè
consentiens; ex altera, filius non inducitur ad malum,
sed tantùm abstrahitur à bono ad salutem non necessario. Sed omninò tenendum cum communi DD. sen-
tentiâ , hos Parentes peccare graviter, qui sivè fraude
aut vi , sivè precibus, promissionibus , aut alio modo
filios à Religione distrahunt. Ità *Nav. Man. c.* 14 *n.
44 cum S. Antonin. Palud. Sylvest. Ang. Tab. et communi;* item *Mol t,* 3 *tr.* 4 *D.* 51 § *Secunda verò, Tourn.
t.* 3 *p.* 376 *R.* 2. *Abelly p.* 344. *Salm. de* 4 *P. c. un. n.*
29. *Anacl. eod. tit. p.* 319. *n.* 19. *Spor. t.* 1 *p.* 291 *n.* 21
Elbel t. 2 *p.* 195 *n.* 538. *Mazzotta t.* 1 *p.* 483. *P. Conc.
t.* 4 *p.* 222 *n.* 11 *cum Soto, P. Nav. Arag. Sayr. et Led.*

Item *apud Leand. D. 6 q. 17. Trull. Miranda, Fagund. Bord. et Dic.* Et plures horum AA. damnant de mortali, non solùm parentes, sed etiàm extraneos, qui alios avertunt à Statu Religioso. Ratio, quià hoc non potest esse sine gravi damno illius, qui à Religione distrahitur, ùt fatetur ipse *Suarez;* Undè, sivè id fiat vi aut fraude, sivè precibus, aut alio modo, non potest à peccato gravi excusari. Et idem *Suar.* videtur tandem in nostram sententiam descendere, dum *l. c. in fin.* sic concludit : *Licet verum sit, id non esse tàm grave peccatum, est tamen sine dubio peccatum multùm repugnans ordini charitatis, et respectui Dei, à cujus majori obsequio homo separatur.*

Si igitùr tale peccatum multùm repugnat ordini charitatis, quis dicet, illud non esse grave? Hæc autem ratio comprehendit non solùm Parentes, sed etiàm extraneos. Sed Parentes avertentes filios à Religione puto duplici peccato gravi delinquere, nam præter peccatum contrà charitatem, ùt vidimus, committunt alterum peccatum contrà pietatem, dum ipsi, ex officio eorum proprio educationi, tenentur sub gravi incumbere spirituali profectui suorum filiorum; ùt benè advertit *Bon. de 4. Præc. D. 6 q. un. part. 5 n. 2.* Non tamen propterea nego, quòd plures Parentes excusari possint à mortali, saltèm per aliquod breve tempus, ratione ignorantiæ, vel inadvertentiæ; quæ de facili eis inesse potest ob vehementem carnis affectionem ergà filios.

58   Quær. V. An, et quomodò aliquis à Deo vocatus ad Religionem peccet, si Vocationem suam negligat adimplere? Respondemus, quòd negligere Vocationem Religiosam, per se non sit peccatum; Divina enim Consilia per se non obligant ad culpam. Id tamen ratione periculi æternæ salutis, cui vocatus se committit electionem status faciens non juxtà Divinum Beneplacitum, non potest ab aliqua culpa excusari. Et quidem, si quis crederet, quòd in sæculo manens damnationem incurreret, tum ob suam fragilitatem quam inter sæculi occasiones expertus est, tum ob

carentiam auxiliorum, quæ in Religione haberet.; non potest excusari à peccato gravi, cum in grave discrimen salutis suæ se injiciat. Ità *Less. de Statu vit. elig. q. 8 n.* 94; qui priùs dicit, eum, qui nondùm voto se obstrinxerit, non peccare, si non ingrediatur Religionem, ad quàm est vocatus : Sic tamen subdit; *Si conscientia dictet tibi (quod sæpè accidit) te desertum iri à Deo, nisi Divinæ Vocationi obtemperes : te periturum, si manseris in sæculo, etc. tunc peccatum est non sequi Divinam Vocationem.*

qui certi moraliter jam facti de V ligionem, nituntur sibi suadere, se manendo in sæculo, vel in illud redeundo, salutem suam æquè facilè obtinêre posse ? Nòn videtur dubitandum, quin isti magno discrimini salutis se exponant. Nam *Habert. de Sacr. Ord. p.* 3 *c.* 1 § 2 loquens de eo, qui non suscipit statum à Deo sibi destinatum, sic ait : *Non sinè magnis difficultatibus poterit saluti suæ consulere : manebitque in corpore Ecclesiæ velut membrum in corpore humano suis sedibus motum, quòd servire potest, sed ægrè admodùm et cum quadam deformitate.* Deindè rectè concludit : *Licet, absolutè loquendo, salvari possit, difficilè tamen ingredietur viam humilitatis, et pænitentiæ, quâ solâ ipsi patet ingressus ad vitam.* Ideò S. Gregorius (*Hom.* 20 *in Evang.*) scribens ad Mauritium Imperatorem, qui per suum Edictum prohibuerat, nè Milites fierent Religiosi, scripsit hanc legem esse iniquam, cum pluribus Cælum clauderet : *Nam plerique sunt* (en verba, et ratio S. Doct.) *qui, nisi omnia reliquerint, salvari apud Deum nullotenùs possunt.* Ratio autem hujus periculi est, quià, qui in sæculo manet contrà Dei Vocationem, non habebit congrua Gratiæ auxilia, quæ in Religione Deus ipsi præparavit : et ideò illis destitutus difficulter sæculi tentationibus resistet, et sic succumbens damnationem incurret. Præterea, si alter, qui vocato ad Religionem dissuadet ingressum, vel suadet egressum etiàm sinè vi, aut fraude; peccat mortaliter, ùt vidimus suprà in quæstione præcedenti docere communi-

ter Doctores, eò quod induceret vocatum ad subeun-
dum grave damnum, licet is omninò sponte illud
patiatur. Si ergò, qui alteri consulit, ut damnum sibi
inferat, non excusatur à peccato mortali, nescio, quomodò poterit excusari ille ipse, qui sibi tale damnum
infert.

Cæterùm, nolo in hoc puncto absolutum judicium
proferre : Sapientibus illud remitto. Interim Deum in-
stanter rogemus, ut ab hoc discrimine per suam Misericordiam nos prorsùs avertat ; cum innumeris in
eventibus funestis legamus in Historiis tragicè exe-
cutas minas, proferunt Scripturæ in huju-
modi Divinæ Vocationis desertores : In Isaia enim
habetur : *Væ filii, desertores..., ut faceretis consilium,
et non ex me; et ordiremini telam, et non per spiritum
meum.* 3o *v.* 1. In Job : *Deus inultum abire non patitur:
ipsi fuerunt rebelles Domini, nescierunt vias ejus. c.* 24.
v. 12. In Proverbiorum autem Libro *c.* 1 *v.* 23 id expressiùs legitur, ubi singula verba animadvertenda :
En proferam spiritum meum (ecce Divina Vocatio),
*quià vocavi et renuistis... Despexistis omne consilium
meum...Ego quoque in interitu vestro ridebo et subsannabo,
cùm vobis id, quod timebatis advenerit. Cùm irruerit re-
pentina calamitas, et interitus, quasi tempestas ingruerit*
(tempestas nempè tentationum, et periculorum, quibus sæculum abundat); *quandò venerit super vos tri-
bulatio et angustia, tunc invocabunt me, et non exau-
diam. Manè consurgent, et non invenient me, eò quod
exosam habuerint disciplinam..., nec acquieverint consilio
meo* : (nota, quòd loquatur Deus, non de præcepto, sed
de disciplina, et consilio) *et detraxerint universæ cor-
reptioni meæ* : (hîc increpantur, qui parvipendentes
Vocationem dicunt, in omni statu se æquè securè salutem consequi posse) *Comedent igitur fructus vitæ suæ,
suisque consiliis saturabuntur.* (En punitio eligentium
statum non secundùm Divinum, sed proprium consilium) *Aversio parvulorum interficiet eos, et prospe-
ritas stultorum perdet illos* : (ruent isti ad quamcumque
levem sæculi tentationem, et ipsa sæculi bona servient

eisdem ad perditionem). Hinc S. Bérnardus sic allo-
quitur vocatos ad Religionem : *Periclitatur castitas in*
deliciis , humilitas in divitiis, pietas in negotiis , veritas
in multiloquio , charitas in sæculo nequam ; Fugite de
medio Babylonis , et salvate animas vestras. Ex his omnibus velim, ut sedulò perpendant ii, qui Vocatiónem
Religiosam negligunt, an meritò expavescere debeant
utrùm existant , necne, in malo statu.

Sed dices , omnesne igitùr tenentur Religionem ingredi , ut salventur? Respondeo, et distinguo : si loqueris de non vocatis, utique non tenentur : quià Deus
in Sæculo præstabit eis auxilia opportuna ad salutem.
Si verò loqueris de vocatis , dico, eos tenêri , quià Deus
negabit ipsis auxilia , quæ in Religione eis parata habebit, et quibus destituti, licet auxiliis ordinariis, salvari
possent, de facto tamen difficulter salutem adipiscen-
tur , cùm proferat S. Cyprianus : *Ordine suo , non*
arbitrio nostro , virtus Spiritùs Sancti ministratur.

DUBIUM VI.

Ad quid teneantur Religiosi ejecti , et fugitivi ?

79 *Ob quas causas possint Religiosi è Religione expelli?*
80 *Quæ possint acquirere Ejecti? Quæ Apostatæ ?*
81 *Ad quid teneantur Ejecti?*
82 *Ad quid Prælati teneantur ergà Apostatas, vel Ejectos ?*

» **S**uppono, Religiosum justas ob causas è Religione 79
» expelli posse : 1. Si in gravi, vel pernicioso crimine
» existens, notoriè incorrigibilis appareat; in quo ta-
» men casu Moniales perpetuo potiùs carceri manci-
» pandas, quàm ejiciendas , putat *Sanch. l. 6 mor. c.*
» 9 , 2. Si ob criminis infamiam, sine gravi Ordinis
» damno , tolerari nequeat; 3. Si in admissione re-
» ticuerit impedimentum, vel essentiale, vel saltèm
» admodùm grave, v. gr. lepram etc. ut docent *Nav.*
» *Sa* , ver. *Religio n.* 34. *Sanch.* 6 *mor. c.* 4 *n.* 56. Ratio
» est, quià in re admodùm gravi decipit, ità ut fraus

» dederit causam admissioni: Vide *Dian.p.* 91.9 *R.* 57,
» ubi docet, quòd, licet hactenùs ex communi senten-
» tia *Sanc. Suar. Azor. Rodr. etc.* Religiosi propter de-
» lictum aliquod grave, etiàm semel perpetratum po-
» tuerint expelli, jam tamen propter declarationem
» Urban. VIII. editam anno 1624. per nulla privilegia
» possint expelli è Religione (exceptâ Societ. JESU),
» nisi sint incorrigibiles : tales autem non censean-
» tur, nisi unius anni jejunio, et pœnitentiâ in car-
» cere sint probati.

» Hoc supposito, Resp. 1. Professus ex Religione
» ob culpam ejectus manet Religiosus, votisque ad-
» strictus. *Laym. l.* 4 *t.* 5 *c.* 13. ex communi.

Undè resolvuntur hi Casus.

80 » 1. Ejectus rerum, quas acquirit, usum, et ad-
» ministrationem tantùm sibi vendicare potest, non
» autem dominium : neque illud acquiritur Monas-
» terio, cujus non est membrum ampliùs, sed Eccle-
» siæ, in qua Beneficium habet ; vel Papæ, si Bene-
» ficium non habet, et exemptus est. Quòd, si non
» sit exemptus, Episcopo loci. *Laym. l. c. ex Mol.*
» *et Less.*

» Dixi, *Ejectus :* quià fugitivos, et apostatas, iis
» exceptis, quæ ex Beneficio Ecclesiastico acceptata
» sunt ; Monasterio acquirere veriùs est, si illud do-
» minii in communi capax sit, sin minùs, Sedi Apos-
» tolicæ. Ratio est quià Monasterium, instar servo-
» rum, eos vendicare, et reducere poterat. *Laym. l.*
» *c. ex Az. Sylv. etc.*

81 » 2. Ejectus per culpam, non omninò solutus est
» voto Obedientiæ, etsi ejus executio magna ex parte
» cesset : quià caret Superiore, à quo dirigatur ; Debet
» tamen illud servare in præparatione animi, si re-
» cipiatur. *Laym. l. c. ex Nav. et Less.*

» 3. Idem à reliquis monasticis observantiis, et regu-
» lis ; ut à jejuniis, vigiliis, delectu ciborum, et similibus
» liber est, *Lay. l.* 4 *t.* 5 *c.* 14. *S.* a n. 40. *Nav. et alii.* *(Cum
» Bon. Lez. Pal. et Salm. de Stat. Rel. c.* 5 *n.* 94. *Nec u-*

» *netur ad officium Divinum, nisi sit in Sacris, ut Salm. de*
» *Horis c. 2 n. 10. Idem dicitur de damnato ad triremes ib.*
» *Idem dicunt ibi Lez. Bon. Sot. etc. de perpetuò degente*
» *cum licentia extrà Monasterium : sed probabilius hoc*
» *negant Pal. Suarez, Nav. cum Salm. l. c.*) * contrà
» *Less. Sanch. etc.* Ratio est, quià talium observatio
» non comitatur simpliciter professionem votorum
» substantialium, sed statum regularem, è quo illa
» est expulsus.

» 4. Etsi non sit improbabile, quòd docent *Nav.*
» *et Az.* probatque *Rodr.* ejectum tutò manere extrà
» suum Ordinem, nec teneri receptionem petere, eò
» quod justæ sententiæ suæ ejectionis se conformare
» possit : contrarium tamen communius est, et proba-
» bilius. Ratio est, quià, cùm sit obligatus votis, tene-
» tur se qualificare, ut vota sua convenienter profes-
» sioni exequi possit. * (*Ideò tenetur se corrigere. Salm.*
» *d. c. 5 n. 102.*) * Quæ ratio magis probat, si Ordo
» ipsum revocet. *Laym. l. c. n. 6. ex Sylv. Sanch. et*
» *Less.*

.. » 5. Ejectus potest tutò in sæculo manere, si in
» Monasterio non recipiatur, nisi Religionem laxio-
» rem inire malit : quià aliam non vovit, nequè per
» ipsum (ut suppono) jam stat, quominùs in sua reci-
» piatur. Ità *Rodr. Laym. etc. l. c.* Ubi addit, Prælatos
» posse aliquem sub conditione ejicere; ut vel aliam
» Religionem intret, vel ad suam revertatur; imò etiàm
» Ordinarii locorum ejectos ad hoc cogere possunt.
» Ratio est, quòd tales non sinè periculo, et scandalo
» aliorum in sæculo vivant. Vide *Laym. l. c. n. 8 et 9.*

» Respond. 2. Prælati Ordinum fugitivos, et apos-
» tatas requirere tenentur, si absque gravi Ordinis
» damno possint, et non omninò incorrigibiles videan-
» tur. Ità *Sanch. l. c.* Ratio prioris partis est, quià
» jure Divino, et naturali tenentur Prælati prospicere
» eorum saluti. Ratio posterioris est, quià si ob jus-
» tam causam possint ejici, ob eamdem etiàm, post-
» quàm malitiosè exiverunt, poterunt non recipi. *Laym.*
» *l. c. n. 7. Sanch. etc.*

» Dixi, *furgitivos*, *et apostatas* : .quià per senten-
» tiam justam ejectos, etsi se correxerint, necessariò
» recipiendos negant, *Sanch. l. cit et Az. l.* 12 *c.* 17.
» Affirmant *Nav. Mol. t.* 1 *d.* 140; *Less. lib.* 2 *c.* 41
» *d.* 15. Utrique probabiliter.
» Quæres, an professus in uno Monasterio possit
» cogi, ut se transferat ad aliud.
» Resp. posse, si plura Monasteria faciant unum
» corpus sub uno capite; secùs, si singula subsint
» suis Superioribus sub Episcopo, vel immediatè sub
» Papa. Ratio est, quià non vovit obedientiam, nisi
» in hoc Conventu. *Laym. l.* 6. *n.* 10. Vide etiàm *Sanch.*
» *l.* 7. *mor. c.* 32. »

CAPUT II.

De Statu Clericorum.

« Clerici generaliter dicuntur illi, qui Sacris Ordi-
» nibus, vel primâ saltèm tonsurâ sunt initiati. Ad
» quorum statum cum multa pertineant, de quibus
» alibi agendum, hîc agemus de Beneficiis Ecclesias-
» ticis, Horis Canonicis, et aliis paucis. »

DUBIUM I.

DE BENEFICIIS ECCLESIASTICIS.

ARTICULUS I.

Quid, et quotuplex Beneficium Ecclesiasticum?

83 *Quid est Beneficium?*
84 *Quotuplex est?*

85 « Resp. 1. Beneficium Ecclesiasticum est jus perpe-
» tuum percipiendi fructus ex bonis Ecclesiæ, propter
» Officium aliquod spirituale, auctoritate Ecclesiæ
» constitutum, ità *Laym. t.* 4 *t.* 2 *c.* 1. *Less. l.* 2 *c.*
» 34 *d.* 1.

» Dicitur 1 *Jus. perpetuum:* quià in Beneficio duo
» jura à se mutuo separabilia distinguuntur, 1. Est
» jus seu potestas exercendi muneris spiritualis, est-
» que simpliciter spirituale. Alterum est jus perci-
» piendi reditus Ecclesiasticos : quod, etsi secundùm
» se sit temporale, quatenùs tamen fundatur in offi-
» cio spirituali, eique annexum est, spiritualitatem
» aliquam participiat.

» Dicitur 2. *Auctoritate Ecclesiæ*, etc. quià solius
» Prælati est, officia in Ecclesia instituere, eisque pro-
» ventus Ecclesiasticos annectere ; ipsiusque est re-
» spicere, quot, et qualibus ministris Ecclesia egeat.

» Resp. 2. Beneficium dividitur 1. in Sæculare, quod 84
» pro Sæcularibus, et Regulare, quod pro Regulari-
» bus est institutum. Undè sine dispensatione nec sæ-
» culare Regulari, nec contrà conferri potest. Porrò
» omne Beneficium præsumiter esse sæculare, nisi
» probetur esse regulare, vel ex prima sui institutio-
» ne, vel per possessionem pacificam 40. annorum ;
» per eam enim ex sæculari fit regulare, et contrà.

» 2. Beneficium aliud est duplex, aliud simplex.
» Duplex dicitur, quod est cum administratione, ut
» Papatus, Episcopatus, et omnia, quæ dicuntur dig-
» nitatis, hoc est, quæ habent præeminentiam, cum
» jurisdictione in foro externo, ut Præpositura, De-
» canatus, Archidiaconatus, Abbatia sivè sæcularis
» sivè regularis, Prioratus claustralis. Item Persona-
» tus, qui est eminentia in Ecclesia sine jurisdictio-
» ne, v. g. locus honorificus in choro, in Processio-
» nibus, suffragiis ferendis, ut Cantoria, et similes.
» Item Beneficia, quæ dicuntur Officia, habentque
» administrationem rerum Ecclesiasticarum sine ju-
» risdictione, ut Custos, Thesaurarius, Primicerius,
» Archipresbyter. Deniquè duplicia dicuntur Bene-
» ficia curata; hæc enim omnia duplici onere, et curâ
» constricta censentur, cum præter recitationem pre-
» cum omnibus communem, habeant aliquam admi-
» nistrationem, et eminentiam. Simplicia dicuntur
» quæ tantùm sunt instituta ad Officia Divina obeunda,

» neque administrationem , vel eminentiam singula-
» rem habent ; ut Canonicatus sivè sæculares., sivè
» regulares, Capellaniæ ; V. *Laym. c. 4. n. 4 et Less.*
», *l. 2 c.* 34 *d.* 2. »

ARTICULUS II.

Quomodo acquirantur , et conferantur Beneficia ?

85 *Quibus modis acquirantur Beneficia ?*
86 *Quinam sint proprii collatores Beneficiorum ?*
87 *Quid , et quotuplex sit Juspatronatûs ?*
88 *Quandò Patronus teneatur præsentare.*
89 *An pendente lite currat tempus præsentationis ?*
90 *Quid faciendum , si multi præsententur ?*
91 *An peccent non præsentantes digniores ad Beneficia? Cer-*
    tum est de promoventibus ad Cardinalatus , et Episco-
    patus ? 92. Id certum est etiàm de Episcopis non
    eligentibus digniores ad Parochias.
93 *Quid , si electio fit ad Beneficia simplicia? usque ad 96.*
97 *An Patroni non præsentantes digniores peccent graviter ?*
98 *An ad idem teneantur resignantes ? 99. Verior sententia.*
100 *An eligendi digniores ad Prælaturas Regulares ?*
101 *Vera sententia.*
102 *An electio digni, omisso digniori , sit valida ?*
103 *Probabilior sententia.*
104 *An Episcopi digniores sint transferendi ad majores Ec-*
    clesias? Et hîc, an translatio Episcoporum vetetur jure
    Divino? 105. Quid , si absit justa causa?
106 *An eligentes minùs dignum teneantur ad restitutionem?*
    Et cui? 107. An sententia negativa sit probabilis ?
108 *An teneantur ad restitutionem id suadentes ?*
109 *Quid , si Beneficium conferatur per concursum?*
110 *An eo casu minùs dignus electus teneatur resarcire dam-*
    num Ecclesiæ , vel digniori?
111 *An examinatores teneantur denunciare digniores ?*

85 « **R**ESP. 1. Beneficia Ecclesiastica uno ex tribus mo-
» dis communiter acquiruntur ; 1. Per *electionem,*
» v. gr. Canonicorum ; vel etiàm postulationem (quæ
» est electio ejus, qui non erat de Capitulo , vel de

» jure non erat capax), et confirmationem Superio-
» ris, si electum, vel postulatum idoneum esse in-
» telligat. 2. Per *præsentationem* Patroni præviam, et
» institutionem subsecutam à Prælato Ecclesiæ fac-
» tam, si præsentatus sit idoneus. Etsi verò Patronus
» præsentato jus ad rem conferat, ità ut Beneficium
» alteri conferri nequeat, jus tamen in re, et collatio
» Beneficii per institutionem datur. 3 Per *collationem*
» liberam, quandò Beneficium solo jure Prælati datur,
» nec Patronatus juri subest. Undè etiàm Beneficia
» ex modo conferendi dividuntur in Electiva, Patro-
» nata, et Libera.

» Resp. 2. In qualibet Diœcesi Episcopus est pro- 86
» prius collator Beneficiorum, nisi ex legitima præ-
» scriptione hoc jus alteri competat : supremus autem
» et universalis collator omnium Beneficiorum non
» patronatorum est Papa. *Less. l.* 1 *c.* 34 *d.* 10. Ratio
» prioris est, quià Episcopus in sua Diœcesi est mo-
» derator Sacrorum : ergò ipsius est Officia Sacra con-
» ferre. Ratio posterioris est, quià Papa est supremus
» dispensator bonorum Ecclesiasticorum, et Ordina-
» rius Ordinariorum. Potest autem Papa tribus modis
» Beneficia conferre, 1. Jure præventionis. 2. Jure con-
» cursûs. 3. Jure devolutionis, de quibus vide *Less. l. c.*
» ubi notat, jure præventionis, et concursûs, ad vitandas
» lites rariùs Papam uti, imò per concordata Germa-
» niæ inter Sedem Apostolicam, et Fredericum Im-
» peratorem, per Constitutionem Nicolai V. quæ inci-
» pit : *AdSacra, etc.* alterni tantùm menses Papæ colla-
» tioni reservantur, scilicet Januarius, Martius etc. reli-
» qui verò Ordinariis collatoribus relinquuntur. Imò, si
» per tres menses, à die notæ vacationis, in loco Be-
» nificii nulla dispositio, vel gratia Papæ appareat,
» Ordinarius conferre potest. Similiter, mortuo Papa,
» quamdiù Sedes vacat. *Less. l. c. Laym. c.* 10.
» Quod si Pontifex, et Ordinarius eodem die idem
» Beneficium diversis contulerint, et neutrius colla-
» tionis prioritas appareat, præferendus est, qui in-
» venitur in possessione, quià pro eo jus præsumit. Si

» neuter est in possessione, præfertur provisûs à Pon-
» tifice, ob dignitatem provisoris, *Barb. et Bad. d.* 6
» *c.* 6 §. 10. *ex c. Si à Sede.* Deníquè, si ultimâ nocte
» mensis Episcopalis Beneficium cœperit vacare, in
» dubio, utrùm antè; an post mediam noctem, quâ
» incipit mensis Papalis, si nemo sit in possessione,
» nec ulla provisio, præsumptio juris est pro Ordina-
» rio. *Gonzal. Barbos. Bard. d.* 6 *c.* 6 §. 11.

87   » Quæres 1. Quid, et quotuplex sit Jus patronatûs?
      » Resp. 1. Esse potestatem præsentandi ad Benefi-
» cium Ecclesiasticum vacans. Resp. 2. Ecce duplex,
» scilicet jus patronatûs Ecclesiastici, et jus patrona-
» tûs laici, quod alicui competit, quià ex bonis pa-
» trimonialibus Ecclesiam fundavit, vel dotavit, vel
» erexit. *Laym. l.* 4 *tr.* 2 *c.* 13 *n.* 2 *et* 4.

88   » Quæres 2. Quandò Patronus teneatur præsentare,
» Beneficio vacante? Respond. Si patronatus sit lai-
» cus, tenêri intrà 4. menses : *(Ex c. Quoniam. De
» jure patron.*)* Si Ecclesiasticus, intrà 6. *(Ex c.
» unico.* §. *Verum. De Jure part. in* 6. *Si mixtus, etiàm
» intrà* 6. *ut Salm. de Benef. c. un. n.* 275.)* intrà quos,
» nisi fiat præsentatio, Beneficium fit liberum, ejus-
» que dispositio pro ea vice devolvitur ad eum, cujus
» est instituere præsentatum. »

89   Quæritur hîc, an currat tempus præsentationis,
quandò vertitur lis super jurepatronatûs? Nega, si lis
sit inter Episcopum, et Patronum, vel inter ipsos præ-
sentatos. Secùs, si lis sit inter Patronos, v, gr. si non
conveniunt in præsentando; vel si contenditur, cui
competat jus præsentandi; *Salm. tr.* 28 *de Ben. c. un.
n.* 277 cum *Az. Zer. etc. ex c. Quoniam de Jurepatr.*
Notant tamen *Salm. ib.* cum *Barb.* Episcopum tempus
designatum posse per alios 6 menses prorogare; sed
non ampliùs ex *c.* 2 *de Conces. Præb.*

90   » Quæres 3. Quid faciendum, si multi præsenten-
» tur?
      » Resp. 1. Si Patronus, qui anteà præsentavit Pe-
» trum, præsentet posteà Paulum, velitque hunc
» præferri, poterit Prælatus instituere illum, quem

» maluerit, si patronatus sit laicus : quià tunc præsen-
» tatio secunda non facit irritam primam, nec contrà.
» Si tamen patronatus sit Ecclesiasticus, prior tempore
» erit potior jure, ex *c. Cum authent. de jure patrona-*
» *tûs.* Resp. 2. Si ex duobus Patronis, alter Petrum,
» alter Joannem præsentet, potest collator conferre,
• cui maluerit. * (*Sed præferre debet digniorem, etsi à*
» *minore parte Patronorum præsentatum, ex c. Quo-*
». *niam, de Jurepatr. Vide alia infrà ex n. seq.*) * Imò
» juxtà *Sylv.* Episcopus tunc tertio conferre potest, eò
• » quod Patroni non conveniant. Resp. 3. Si multi Pa-
• troni inter se sint discordes, is instituendus, in quem
» plures conveniunt. Vide *Less. l. c. d. 8. Laym. l. c.*

Hìc oportet plures quæstiones discutere scitu maximè necessarias circà collationem Beneficiorum. Quær. I.
An sit obligatio eligendi digniores ad Beneficia? Certum est 1. nullo modo excusari à peccato mortali eos,
qui promovent minùs dignos ad Episcopatus, et Car-
dinalatus. Habetur hoc ex *Trid. sess. 24 c. 1 de Ref.* ubi
declaratur : *Omnes verò et singulos, qui ad promotionem*
præficiendorum, quodcumque jus quacumque ratione à
Sede Apostolica habent, aut alioquin operam suam præ-
stant.... in primis meminerint nihil se ad Dei Gloriam,
et Populorum salutem utilius posse facere, quàm si bo-
nos Pastores, et Ecclesiæ gubernandæ idoneos promove-
ri studeant; eosque alienis peccatis communicantes mor-
taliter peccare, nisi quos digniores, et Ecclesiæ magis
utiles ipsi judicaverint, non quidem precibus, vel huma-
no affectu, aut ambientium suggestionibus, sed, eorum
exigentibus meritis, præfici diligenter curaverint. Ex quo
patet peccare quidem graviter Pontifices, et Reges,
qui ad præfatas Dignitates non digniores promovent.
Ratio, quià, cum Beneficia, seu Dignitates prædictæ,
sint instituta ad commune bonum Ecclesiæ, multùm
ipsi detrahunt, qui prætermittunt eligere magis idoneos ad Ecclesiarum regimen Confirmatur ex Propositione 47. damn. ab Innocent. XI quæ dicebat : *Cum*
. *dicit Concilium Tridentinum alienis peccatis communi-*
cantes mortaliter peccare, qui nisi quos digniores, et

*Ecclesiæ magis utiles ipsi judicaverint, ad Ecclesias pro-
movent, Concilium vel primò videtur per hoc* Digniores,
*non aliud significare velle, nisi dignitatem eligendorum.
sumpto comparativo pro positivo : vel secundò locutione
minùs propria ponit digniores, ut excludat indignos, non
verò dignos; vel tandem loquitur tertiò, quando fit concursus.*

92 Certum est 2 quod Episcopi ad Beneficia curata
pariter teneantur digniores eligere. Ratio est eadem,
quæ suprà declarata est, cùm ad Parochos etiàm pertineat salus Animarum. Et hoc pariter constat ex *c.*
18. *Trident. ejusdem sess.* 24. ubi dicitur ; *Ex hisque
Episcopus eum eligat, quem cæteris magis idoneum judicaverit.* Ex verbis autem Tridentini primo loco relatis, *quos Ecclesiæ magis utiles ipsi judicaverint*, rectè
inferunt cum *S. Thom.* 2. 2 *quæst.* 63. *art.* 2. *Salm.
App. de Benefic. n.* 307 *cum Soto, Cajet. etc.* quòd
major dignitas eligendorum non accipienda sit absolutè, sed respectivè ad utilitatem Ecclesiæ, et Fidelium. Cæteris autem paribus, dicunt *Salm. l. c. cum
Barb. Hurt, etc.* censendum esse digniorem 1. Qui est
senior. 2 Qui de suis bonis fundavit Ecclesiam. 3
Sacerdos in concursu non Sacerdotis. 4 Originarius
respectu extranei. 5 Graduatus in aliqua scientia. 6
Qui præditus est majori sanctitate, aut prudentiâ,
præferendus est ei, qui solâ scientiâ præeminet. 7 Potens et nobilis, quia hæc solent non parùm conducere ad Ecclesiæ bonum. 8 Pauper præferendus est
diviti. Ultimò notant *Pass. Leur. et Sigism. apud Croix
l.* 4. *n.* 594 quod, si quis sit probabiliter dignior, sed
dubiè minùs dignus altero, qui est certè dignus, possit hic certè dignus præferri.

93 Dubitatur 1 an peccent mortaliter Episcopi eligentes minùs dignos ad Beneficia simplicia, omissis dignioribus ? Adest duplex sententia. *Prima* sententia
probabilis negat, quia, cùm Beneficia non sint instituta (saltèm primariò) in bonum singulorum, sed
in utilitatem Communitatis, modicum ei damnum
infertur, si illa conferantur dignis, prætermissis dig-

nioríbus. Ità tenent. *Nav. l. 2 de Rest. c. 2 n.* 172. *Sǫ*
verb. Beneficium; *n.* 42. *Sotus l.* 3. *de Just. q.* 6 *ar.* 4.
Elbel t. 2 *pag.* 507. *ar.* 2. *Sanch. Conf. t.* 2 *c.* 1 *dub.* 2
n. 20 *cum Salon. Gabr. Ales. et Abul.* item *Dic. Hurt.*
Vega, et Diana apud Salm. de Ben. n. 312 et probabilem putant *Salm. n.* 324 *et Card. in dict. Prop.* 47.
damn. ab Innoc. XI. n. 9. Ad textum autem, qui adducitur ab Adversariis in *c. un. Ut Eccles. Ben. sine*
dim. etc. Ubi dicitur : *Debuisti Beneficium in persona*
magis idonea dispensare. Respondent, cum *Lugo de*
Just. D. 35 *n.* 11, ibi reprehendi à Pontifice Episcopum, non quia non dispensavit digniori, sed quià
dispensavit non idoneo, ùt colligitur, judicio *Lugo-*
nis, ex ejusdem Cánónis initió. Ad alios textus verò,
qui opponuntur, respondent, in illis non haberi præceptum, sed tantùm instructionem. Non desunt, qui
asserunt, nullum esse peccatum eligere ad Beneficia
simplicia etiàm minùs dignos, ut *P. Nav. Led. Gutt.*
Garz. Nav. et Diana apud *Carden. d. n.* 9. qui adhùc
probabile putat; Sed puto, in hoc non recedendum à
communi sententia, quæ saltèm à veniali id non excusat: Quinimò rectè *Sanch. n.* 21 *et Continuator*
Tourn. t. 1 *p.* 760 *cum communi* damnàt de mortali
eligere minùs dignum ad Canonicatus, quibus annexum est munus Pœnitentiariæ, vel concionandi,
aut docendi.

Secunda tamen sententia communiòr, et probabilior docet, sub gravi obligatione etiàm ad Beneficia
simplicia eligendos esse digniores. Ratio I. quià, ut ait
S. Thom. 2. 2 *qu.* 63 *a.* 2 *ad* 1. *Prælatus Ecclesiasticus*
non est dominus (Beneficiorum), *ut ea possit dare pro*
libito, sed dispensator etc. Undè peccat, qui aliis Beneficia distribuit, quàm dignoribus, qui ad illa jus
fortiùs habent; Si enim verum est (ut DD. communiter fatentur), quod Beneficia non solùm sint instituta
in bonum commune, sed etiàm (licet minùs principaliter) in præmia meritorum, patet indè, ad illa
majus habere jus, qui commune bonum magis promovent; Saltèm Beneficia sunt bona communia, et

ùt talia etiàm debentur iis, qui meritis præstant.
Ratio 2 potior mihi, et *Lugoni* (qui prædictæ primæ
rationi minimè acquiescit) ea est, quià ipsa utilitas
Ecclesiæ, ob quam sunt beneficia instituta, postulat
de se, ut digniores promoveantur, alioquin Clerici
parùm incumberent ad digniores se reddendos, et sic
valdè deficeret Ecclesiæ utilitas; Hoc autem damnum
non leve, sed satis notabile videtur. Ità *Less. l. 2 c.*
33 *dub.* 14. *Lugo de Justit. D.* 35 *n.* 10. *Pal. tr.* 13. *Disp.*
2 p. 11 *n.* 8. *Holzm. t.* 1 *p.* 432 *n.* 419. *Croix l. 4*
n. 588. *Viva in Propos.* 47. *Innoc. XI. n.* 6 *et* 9. *Ron-*
caglia de Beneficiis c. 5 *qu.* 9 qui, spectatâ, ratione,
putat contrariam carere probabilitate, item *Salm. de*
Benefic. n. 314. *cum S. Anton. Caj. Az. Fill. Garcia,*
et aliis plurimis.

94   Limitant tamen DD. et dicunt, non esse peccatum
mortale, I. Si prætermittatur dignior non passim, sed
semel, vel bis, ut *Lugo l. c. n.* 21. *Nav. Az. et Fill.*
apud *Croix d. n.* 588. item *Less. l. c. n.* 66. *cum Ales.*
Soto, Sa, Gabr. Angel. P. Nav. et Arag. loquendo de
Beneficiis merè simplicibus, ut Capellaniis, et etiàm
Canonicatibus, non autem de iis, quibus annexa est
jurisdictio, vel functio magni momenti, ùt suprà;
Ratio, quià tunc parùm damni infertur Ecclesiæ. Hoc
tamen nullo modo admittendum in Beneficiis curatis,
pro quibus damnum Ecclesiæ, communiter loquendo, esset notabile. Imò *Vasq. Cov. et Caj.* tenent, hoc
esse mortale etiàm in omnibus Beneficiis simplicibus,
quià etiàm violaretur in re gravi justitia distributiva.
è converso, ait *Less. cum aliis n* 65. quod dignior
in his Beneficiis non habeat tale jus strictum, ut illud
violare sit mortale, cùm violatio justitiæ distributi-
væ, ut asserit cùm *Soto.*, non sit semper mortale,
nisi redundet etiàm in violationem justitiæ commutativæ.

95   Limitant II. Si excessus dignitatis sit parvus, quià
tunc damnum leve censetur. Ità *Less. n.* 64. *Lugo n.* 21
qui vocat communue cum *Nav. Sot. Gers. P. Nav. et*
Silvest. Sanch. d. Dub. 2 *n.* 326. cum *Arag. Pal.*

Prado, etc. Et in hoc casu dicunt, electionem non excedere culpam venialem, etiàmsi Electores præstiterint juramentum eligendi digniores, ut *Salm.* cum *Soto*, *Sanch. Pal. et Lugo*, qui *n.* 23. hoc admittit in his duabus, et sequenti limitatione: Hæc tamen limitatio nequaquam admittenda est quòad beneficia curata.

Limitant III. Si beneficia sint parvi momenti, ut *Lugo* ex *n.* 21 communiter cum *Nav. Sylvest. Gers. Arag. Salon. Viva l. c. n.* 6 item *Less. Reg. Reb. Mald.* apud *Croix n.* 588 item *Sotus, Valent. Bann. Rodr.* apud *Dianam. p.* 5 *tr.* 5 *R.* 13. Limitant IV. Si ex lege fundationis debeat eligi aliquis de aliqua Familia, Collegio, vel Oppido, ut *Tourn. t.* 1 *pag.* 762 *cum Sylvio.* Limitant V. Si prævideatur dignior brevi dimissurus Beneficium, ut *Holzm. p.* 232 *n.* 421 *cum Pichler.*

Dub. 2. an Patroni teneantur sub mortali præsentare digniores ad Beneficia? Distinguendum inter Beneficia curata, et simplicia. Si sint curata, certum est, 1. quòd Patroni Episcopatuum, ùt sunt Reges, ad id teneantur ex relato *c.* 1. *Trident. Sess.* 24 ut suprà, ubi hoc declaravit Concilium de omnibus Promoventibus, ut vidimus *n.* 91. Certum est 2. quòd, si Patroni sint Ecclesiastici, teneantur etiàm digniores præsentare, ut sancivit Concilium *c.* 18 *dict. Sess.* 24. Sed dubium est, si Patroni sint laïci? *Prima* sententia, quam tenent *Pal. tr.* 13 *disp.* 2 *p.* 7 *n.* 6 *ac Garcia, P. Nav. et alii apud Salm. de Ben. n.* 281, negat teneri ad præsentandos digniores, sivè Beneficium sit simplex, sivè curatum. Probant ex *Trident. d. c.* 18 ubi dicitur: *Quòd si jurispatronatus laïcorum fuerit, debeat qui à Patrono præsentatus erit, ab eisdem deputatis..... examinari, et non, nisi idoneus repertus fuerit, admitti.* Ergò Concilium, ait *Palaus*, non aliud onus imponit laïco, quàm idoneum præsentare. Confirmant ex *cap. Monasterium.* 33. *Caus.* 17 *q.* 7. ubi dicitur: *Liceat illi Presbytero cui voluerit pro sacro officio illius Diœcesis cum consensu Episcopi, ne malus existat, commendare.* In quibus verbis *ne malus* commentat *Glossa*

Sufficit aliquem non malum esse; Ut notat etiam *Glossa* in cap. licet cas. 8 q. 1.

Sed omninò tenendum cum *secunda* sententia, quòd in Beneficiis curatis teneatur sub gravi Patronus adhùc laïcus præsentare digniorem. Hoc mihi certum videtur, quià in his Beneficiis eadem utique ratio datur, quæ in Episcopatibus, pro quibus jam declaravit Tridentinum, ut suprà vidimus, à quibuscumque Patronis promovendos esse digniores. Idque videtur clarè confirmari ex *Prop. dam.* 47 ut suprà (ut benè advertit *Croix n.* 583;); quæ intelligenda est ex verbis, *quandò fit concursus*, non solùm de Episcopatibus, in quibus non fit concursus, sed etiàm de Beneficiis curatis, quæ per concursum conferuntur. Si verò Beneficia sint simplicia, proùt probabile est, Episcopos non teneri sub gravi ea dignioribus conferre, ità probabile etiàm est, ad hoc non teneri Patronos; sed quià probabiliùs est, ut diximus, illa dignioribus conferenda esse; ità etiàm probabiliùs censemus, Patronos teneri sub gravi digniores præsentare. Ratio potissima, ut benè ait *Sanch. d. lib.* 2 c. 1 *Dub.* 5 *n.* 3 quià aliàs evenirent eadem inconvenientia, quæ sequuntur ex hoc, quòd Electores non eligant digniorem, proùt suprà animadvertimus, cum Episcopus non possit alioquin repellere præsentatum, si sit idoneus, etiàmsi dignior omittatur. Nostram sententiam tenent *Sanch. l. cit. Croix n.* 584 *Viva l. cit. qu.* 4 *et Saim.* cum *Mol. Ban. Vasq. Azor. Less.* Et eamdem tenet *Lugo dict. Dub.* 35 *n.* 39 quàmvis excipiat Capellanias, quas quis pro libito in aliqua Capella suæ familiæ instituit, contrà *Mol. Az. et Vasq.* apud *Viva Opusc. de Benefic. qu.* 4 *ar.* 3 *n.* 5 quià hoc concedunt tantùm Fundatoribus, non autem successoribus.

Dub. 3. an resignantes Beneficia etiàm debeant digniorem quærere? In hoc plures diversæ adsunt sententiæ. *Prima* negat cum *Sanch. Consil. l.* 2 c. 1 *dub.* 7. *n.* 4. *Less. l.* 2 c. 34 *n.* 61 cum *Caj. Pal. tract.* 13. *Disp.* 2 p. 11 §. 2 *n.* 11. item *Azor. Hurtad. Mercad. Salon.* apud *Salm. n.* 330 *et Lugo* vocat communem d.

D. 35 *n*. 49 cum *Malder. Sa* , *et Diana* , et ipse *Lugo* cum *Vasq.* probabilem vocat. Ratio , quià resignans sivè commutans Beneficium non est dispensator boni communis, sed boni sui; undè non peccat contrà justitiam distributivam : nec peccat Episcopus tunc conf·rens Beneficium resignatario idoneo, quià tunc non tenetur digniorem quærere , decreta enim de eligendo digniore loquuntur de collatione per vacationem , non autem per resignationem. Sèntit tamen *Less. l. c.* si offeratur resignanti persona multò dignior, ex charitate ergà commune bonum illam præferendam. *Secunda* sententia omninò òpposita absolutè affirmat, tenêri resignantem quærere digniorem. Hanc tenent *Sotus, de Just. l.* 3 *qu.* 6 *art.* 2. *Viva l. c. n.* 13. *Cont. Tourn. t.* 1 *pag.* 762. item *Vasq. et Palac. apud Salm. n.* 379. Ratio, quià resignans , licet non peccaret tamquàm collator Beneficii, peccaret tamen , quià esset causa illicitæ collationis : cum alioquin collator, qui certè non tenetur acceptare hujusmodi resignationem, non excusaretur à peccato, si eam acceptaret, et præsentaret aliquem qui vix est dignus, dum aliundè de facili inveniri posset magis idoneus, cui Beneficium conferatur; undè peccat etiàm resignans , cooperando peccato collatoris. *Tertia* sententia, quam tenent *Nav. l.* 2 *de Rest. c.* 2 *n.* 173 *et Salm. n.* 331 cum *Vasq.* tum tantùm admittit, posse resignationem fieri non digniori , cum resignatarius sit æquè dignus ac resignans , quià tunc nullum Ecclesiæ damnum irrogatur.

Sed de his omnibus sententiis æquior mihi videtur sententia doctissimi *Lugonis* , nempè, quòd tota ratio [99] culpæ in hoc pnncto sumenda sit à ratione damni, quod Ecclesiæ obveniret. Ratio, quià, cum finis intrinsecus principalis institutionis Beneficiorum sit bonum commune, ut compertum est apud cmnes (juxtà dicta *n.* 93 *et l.* 3 *n.* 492.) Ecclesia, illa conferendo , sub hoc onere confert , ut casu quo Beneficiarii velint ea à se abdicare, non, nisi in bonum commune, resignent; finis autem hic intrinsecus non potest negligi sine culpa. Hinc rectè infert, hujusmodi resignationes, præsertim

In Beneficiis curatis , et præcipuè in Episcopatibus ,
raro esse licitas ; tùm , quià rarò fiunt sine gravi boni
communis detrimento ; tùm, quià istæ electiones non
fiunt cum ea diligenti inquisitione meritorum , quâ
conferuntur Beneficia præfata per vacationem ; item
quià ut plurimùm fiunt cum retentione pensionis ,
quæ in damnum pauperum vergit ; tandem, quià sæpè
fiunt à senibus in adolescentes , ex quo deindè provenit , quòd , ubi digniores in Beneficiis post resignan-
tium mortem electi fuissent, sint tantùm electi minùs
digni : Omnia autem hæc utique vergunt in grave
damnum commune. Si autem ex circumstantiis censeri posset, in aliquo casu nullum, aut modicum detrimentum Ecclesiæ inferri ob resignationem factam
in aliquem minùs dignum alio , qui inveniri posset ;
tunc benè, ait *Lugo* , excusari posse resignantem , et
collatorem à culpa , saltèm gravi. Et huic sententiæ
adhæret etiàm *Croix l.* 4 *n.* 586.

100   Quær. II. An ad Prælaturas Regulares eligendi sint
etiàm digniores ? *Prima* sententia negat cum *Gurt.*
Rodr. et Valer. apud *Salm. n.* 332. nisi agatur de Ge-
neralatu, aut Prælatura perpetua; quòad tamen Prælaturas amovibiles , dicunt, non esse obligationem eligendi digniores ; tùm quià in Religione jam adsunt
Regulæ, quapropter sufficiat , ut juxtà eas subditi re-
gantur, quod benè potest præstare Prælatus dignus,
quin dignior existat ; tùm , quià , si hic damnum aliquod afferret, facilè amoveri potest. Huic sentèn-
tiæ adhæret *Lugo D.* 35 *n.* 56. casu, quo subditi essent
adeò observantes , ut Prælatus non dignior, sed dignus possit sine ullo periculo eis præfici.

101   Sed omninò affirmandum cum sententia communi ,
ut asserit idem *Lugo* , et hanc tenent *Sotus l.* 3 *qu.* 6.
art. 2. *concl.* 9. *Nav. l.* 2 *c.* 2 *n.* 159. *Carden. l. cit.*
n. 5. ubi id prænotat ut certum , *Viva in dict. Prop.* 47
n. 10. *Ronc. c.* 5. *q.* 7. *Sanch. dub.* 2 *n.* 27. et etiàm
habent tamquàm certum *Croix l.* 4 *n.* 582 *et* 589. *Salm.*
n. 333. cum *Vasq. Peyrin. Vill. Fern.* et aliis. Ratio ,
quià eadem valet ratio in Prælatis Regularibus, quàm

in Episcopis, incumbendi bono communitatis, et subditorum, ergà quos Prælati sunt quasi Episcopi.
Nec dicatur, quòd, cum adsint Regulæ, sufficiat,
quòd Prælatus attendat dumtaxat ad ipsarum observantiam retinendam: nam hæc observantia difficillimè
vigebit, si minùs digni eligantur; quià minùs digni
facilè tepescunt, et indigni evadunt, aut saltèm minùs
diligenter observantiæ incumbunt, et deindè ex im-
perfecta observantia facilè ac citò Regularum relaxatio succedet cum damno irreparabili; nam experientiâ
constat, quòd, ubi in aliqua Religione abusus vel semel
intruditur, difficillimè postmodùm avertatur. Et hujus
gravissimi damni profectò sunt causa Prælati minùs
diligentes, et ii, qui tales Prælatos eligunt. Utinam
hujusmodi detrimentum ex hoc capite derivatum in
pluribus Monasteriis sæpè non lugeretur! Ideò num-
quam auderem absolvere Religiosum, qui minùs dignum Prælatum eligere vellet Atquè rectè *Salm.* cum
Anton. de Spirit. Sanct. hanc doctrinam ad electionem
Difinitorum, Consiliariorum, Procuratoris generalis
et Similium extendunt.

Quær. III. an electio digni in Beneficiis, omisso dig- [102]
niore, sit valida? Si Beneficium est simplex, certum
est valêre, eam ex communi DD. V. *Sal. n.* 343. Dubium
est, si sit curatum. Negant probabiliter *Pal. l. c. p.* 11
§. 3. *n.* 3. *Sanch. l.* 1 *c.* 1. *dub.* 6. *et Salm. n.* 345. cum
Consal. Arag. Hurt. etc. Ratio, quià in *cap. cit.* 18.
Trident. circà Beneficia parochialia, postquàm præci-
piatur eligere digniores, sic additur: *Provisiones, seu
institutiones, præter supràdictam formam factæ, subrep-
titiæ esse censeantur:* sed inter has formas (dicunt)
quænam magis præcipua forma est, quàm ut dignior
eligatur, proùt expressè Concilium jubet? Confirmant ex Bulla S. Pii V. anno 1566. *in Bullario n.* 32,
quâ declarantur nullæ omnes collationes, factæ præter
formam Tridentini, præsertim in examine; et insuper
conceditur appellatio digniori præterito.

Affirmant verò, probabiliùs valêre collationem *Lugo* [103]
Dist 35 *n.* 71. cum *Garc., Ugol. Fil. Vas. Mol. Gut. Led.*

et idem tenent *Holzm. pag.* 432. *n.* 422. *cum Anacl. et Angel*, *Croix l.* 4 *n.* 627. *cum Gonz. Leur. et Lott.* Ratio, quià *forma* reverà non significat nisi modum, seu ritum externum in hujusmodi collationibus à Concilio præscriptum, nempè edictum, concursum, examen, etc. Quòd autem dignior judicetur ab Episcopo, non pertinet ad formam, sed ad internum Episcopi judicium, à quo non debet pendêre validitas collationis; nam aliàs, si Episcopus elegerit eum, quem minùs dignum judicaverit, etiàmsi ille reverà sit dignior, erit nulla. Prætereà S. Pius in sua Bulla præscripsit, appellationem interpositam *non impedire*, quominùs electio per Ordinarium primo loco facta interim executioni mandetur, et provisus, causâ pendente, ab eadèm Ecclesia *non amoveatur.* Ergò (benè arguit *Lugo*) electio facta erit valida, donec Judex appellationis eam revocet; alioquin, etiàm appellatione non facta, electio nulla dicenda esset. Omnes autem conveniunt in dicendo, quòd difficillimè possit in eo casu judicari pro appellante, cum major dignitas electi non tantùm pendeat à scientia, sed etiàm ab aliis requisitis prudentiæ, integritatis, aptitudinis, etc. Et ideò præsumptio semper est pro electione Ordinarii; nisi evidenter injusta, et dolosa probetur, ut ajunt *Lugo l. c.* *et Salm. n.* 347.

104   Quær. IV. An obligatio eligendi digniores ad Beneficia curata, præsertim ad Episcopatus, ità urgeat, ut debeat Episcopus dignior ab una Ecclesia ad alteram majorem transferri ? Hæc quæstio tota pendet ab alia, nimirùm, an translatio Episcoporum sit prohibita jure Divino, vel humano ? Quapropter hanc discutere oportet. *Prima* sententia tenet, translationem Episcoporum esse tantùm vetitam de jure Ecclesiastico, ut disponunt *Leo I. Ep.* 82. *Galasius Epist.* 6 etc. Ratio, quià aliàs, si esset vetita de jure Divino, non sufficeret quælibet utilis, et honesta causa ad dispensandum; sed in *cap. Nisi de Renunt.* Pontifex, loquens de renuntiatione Episcopatûs, expressè dixit : *Ut si propter aliquam causam utilem et honestam in hujusmo-*

di proposito perseveres, *de licentia nostra cedas.* Ex quo
infertur, Papam sine causa validè dispensare, et cum
aliqua causa etiàm licitè. Ità mordicùs tuetur *Suar.*
t. 3. de Relig. l. 1 c. 16. cum *Hostiens. et Major.* ac
sequuntur *Barbos etc.* apud *Salm. de Benefic. n.* 380.
Secunda verò sententia communior., et mihi longè
probabilior, docet, Episcopos tenêri jure Divino permanêre in suis Episcopatibus ; ideò nec licitè, nec
validè posse Papam cum eis dispensare ex *cap. Inter*
corporalia. De Trans. Ep. ubi expressè declaravit Innocentius III. quòd, sicùt Deus dissolutionem carnalis
conjugii sibi reservavit, sic etiàm conjugii spiritualis
inter Episcopum et Ecclesiam ; et addidit : *Non enim*
humana , sed potiùs Divinâ potestate conjugium spiritua-
le dissolvitur cum per translationem..... auctoritate
Romani Pontificis (quem constat esse Vicarium Jesu
Christi) ab Ecclesia removetur. Ratio autem hujus naturalis indissolutionis est, quià aliàs innumerabilia
inconvenientia evenirent : præsertim, quià Episcopi
multùm deficerent in dilectione suarum Ecclesiarum,
et ipsæ Ecclesiæ parùm benè regerentur, si sæpè mu-
tarentur Episcopi. Ità *Vasq. in 3 p. 3 D.* 241. *Caj. 2. 2*
qu. 184 *art.* 6. *Sanch. Consil. l. 2 c.* 1 *dub* 3. cum *Salon.*
et Sot. item *Ban. Arag. cum Salm.* qui *n.* 384. reclè
addunt cum *Carthusiano , Soto , Hurtado ; etc.* Episcopis esse etiàm vetitum suas deserere Ecclesias, propter
votum, quod ipsi emittunt, dum Ecclesiis præficiuntur,
curam habendi ovium suarum , quod votum perpetuum est, et in eo solus Papa dispensare potest, ut docet S. *Thomas 2. 2. qu.* 185. *art.* 4. et Clariùs *qu.* 189.
art. 7. ubi ait : *Presbyteri autem curati... non obligantur*
voto perpetuo , et solemni ad curam Animarum..., sicùt...
obligantur Episcopi. Undè Episcopi præsulatum non pos-
sunt deserere absque auctoritate Romani Pontificis.

Advertendum hîc verò, quòd, licet Episcopatus [105]
comparetur Matrimonio carnali, non tamen id ità
verum sit, ut non possit dissolvi hoc conjugium
spirituale per dispensationem Pontificis, justâ et valdè gravi causâ interveniente , ut omnes fatentur. Vide

Salm. n. 328. Et ità respondetur ad textum oppositum à *P. Suarez.* Causæ autem justæ communiter à DD. censentur esse, nimirùm magna utilitas Ecclesiæ universalis, vel particularis, ab alió non supplebilis; vel necessitas Episcopi, propter infirmitatem, aut aeris malitiam : vel quià in sua Diœcesi ob plebis iniquitatem, aut ob aliam causam non potest benè suum munus exercêre. Ità *Salm. n.* 390. *Sanch. l. c.* cum *Soto et Vasquez.* Hinc respondetur ad quæsitum, quòd, si translatio sit vetita tantùm de jure Ecclesiastico, juxtà primam sententiam, minor sufficiat causa ad translationem, et adsit obligatio eligendi Episcopum digniorem, etiàm ex iis, qui aliis Ecclesiis præsunt. Si verò translatio sit jure Divino, juxtà nostram sententiam, nulla erit obligatio eligendi digniorem ex Episcopis, qui actualem curam habent suarum Ecclesiarum ; et si Episcopus nolit transferri, ad id nequit Papa eum cogere : nisi interveniat causa urgens, quo casu potest etiàm cogi Episcopus, ut ad aliam Ecclesiam se transferat, ut dicunt *Sanch. dict. dub.* 3 *n.* 2 *et Arag.* Et idem censent *Salm. n.* 390 *cum Hurtado* de translatione Parochi.

106   Quæritur V. An, qui eligunt ad Beneficia dignum, omisso digniore, teneantur restituere damnum illatum ipsi, aut Ecclesiæ? *Prima* sententia, quam tenent *Caj.* 2. 2. *qu.* 62 *ar.* 4. *Sylv. v. Restitut.* 5. *qu. ult. Vasq. de Benefic. dub.* 17 *n.* 117 *et Salm. n.* 359 cum *Banh. Salon. Arag. Tapia, et Lop.* ait, eos tenêri compensare damnum digniori omisso ; quià, ut dicunt, sicùt si aliqua bona essent à Fundatoribus relicta, ut distribuerentur magis benèmeritis, aut indigentibus, aut propinquis, isti jus strictum quidem haberent ad illa bona ; ità jus habent digniores ad Beneficia, quæ hac lege universali instituuntur, ut sint non solùm stipendia laborum, sed etiàm præmia meritorum. Alii verò, ut *Salm. n.* 367 *cum Bannez, et Salon.* putant, damnum resarciendum non solùm digniori, sed etiàm Ecclesiæ ; quià hoc confertur Electori jus eligendi ab Ecclesia, ut eligat meliores ; Undè dicunt

tenêri Electorem ex justitia commutativa ad compensationem damni, quod ipsi Ecclesiæ obveniat ob electionem minùs digni.

Secunda verò sententia, non minùs probabilis, quam 107
tuentur *Nav. in Man. c.* 17 *n.* 69. *Less. l.* 2 *c.* 34 *dub.*
15. *Sanch. l.* 2 *c.* 1 *D.* 45. *n.* 15. *Pal. tr.* 13. *disp.* 2.
p. 11 § 4 *n.* 5. *Lugo D.* 35 *n.* 83. *Tol. l.* 5. *c.* 4 *n.* 4.
Croix l. 4 *n.* 531. *et Canus cum Adrian. Penna, Cov. etc.*
apud *Salm. n.* 354, qui probabilem vocant, docet, Electorem neque Ecclesiæ, neque digniori tenêri aliquid
restituere ; Non digniori, quià tunc digniores haberent jus strictum ad Beneficia, quandò principaliter,
ut suprà diximus, Fundatores habuissent rationem
meritorum ; non verò quandò minùs principaliter,
ut est in casu nostro, cum Beneficia primariò,
proùt omnes concedunt, imò etiàm unicè, proùt
tenet *Lugo*, sunt instituta in bonum commune,
ut Ecclesiæ inserviatur à bonis Ministris ; et licet secundariò essent etiàm instituta in præmia meritorum,
ex hac tamen justitia nullum jus rigorosum, ad illa
acquirunt, nec digni, nec digniores. Neque sub alio
pacto, seu lege intelligit Ecclesia Electores obligare ; neque ipsi intendunt se obligare sub onere
restitutionis ad ampliùs, quàm ad Ministros non indignos eligendos. Undè neque Ecclesiæ tenentur aliquid restituere, ut pro certo vel ferè certo habent
Pal. Mol. et Sanch. n. 10 cum *Soto, et Arag.* Secùs verò, si eligatur indignus, quià tunc tàm ab electo,
quàm ab Electore, deberetur Ecclesiæ restitutio damni. Utraque sententia est valdè probabilis ; sed reddit
mihi probabiliorem secundam sententiam id, quod
diximus *l.* 1 *p.* 25 *t.* 1 *n.* 83 *et l.* 3 *n.* 927 nempè, quòd
nullus legitimus possessor sui ad retitutionem teneatur;
qui pro se probabilem habet opinionem.

Sic etiàm resolvitur illa alia quæstio, quam retuli- 108
mus *l.* 3 *n.* 585, scilicet an, qui suadet Episcopo, ut conferat Beneficium simplex, aut curatum digno, præter-
misso digniore, teneatur ad restitutionem damni ?
Affirmant *Salm.* in hoc *tract. de Benefic. n.* 371 con-

sequenter ad sententiam , quam ipsi teneut , ut suprà ;
sed nos consequenter ad secundam sententiam , cui
mox suprà adhæsimus , dicimus cum *Laym. Nav. Sa,
Less. Val. Fill.* et aliis apud *Sal n. in tract. de Rest. c.*
1 *n.* 106 ubi ipsi *Salm.* hoe probabile censent, eum ,
qui Episcopo sine vi aut fraude suadet , ut Beneficium
conferat minùs digno, ad nullam restitutionem tenêri.
Secùs verò , si vi vel fraude impediret , quominùs Beneficium conferretur digniori ; tunc enim certè tenetur
damnum ipsi illatum restituere , cum quisque jus ha-
bèat , ne vi vel fraude impediatur à consecutione justi
boni ut, dictum est *l.* 3 *n.* 582. Secùs etiàm, si Beneficium
conferendum esset per concursum , ut in sequenti
quæstione dicetur. An autem teneatur ad restitutionem is , qui non vi , vel fraude , sed tantùm ex odio
impediret aliquem dignum à consecutione Beneficii ?
Probabiliùs negatur. Vide dicta *l.* 3 *n.* 584.

109   Quær. IV. An , quandò Beneficia conferuntur per
concursum , eligens dignum , omisso digniore , teneatur huic damnum restituere ? *Prima* sententia communis affirmat, quam tenent *Pal. d. p.* 11. §. 4 *n.* 6.
Tourn. t. 1 *pag.* 763. *Holzm. pag.* 432 *n.* 419. *Sanch.*
l. 2 *cap.* 1 *dub.* 46 cum *Mol. et Metin. Croix l.* 4 *n.* 628.
Lugo D. 35 *cum P. Nav. Less. Caj. Sylvest. Vasq. etc.*
qui vocavit verissimam sententiam. Ratio , quià eo ipso,
quo dignior admittitur ad concursum , acquirit jus
ad rem, cum in communi æstimatione adsit tunc pactum implicitum in edicto inter Episcopum , et oppositores , ut dignior præferatur. Quod procedit in omni
præmio, quod promittitur vocatis per concursum ad
luctam , ad jactum , etc. Imò ait *Lugo* , quòd , cum in
edicto dicatur , quod cuique sit servandum jus suum,
digniores ex pacto explicito ad Beneficium jus acquirant. Tantò magis , quià in concursu ad Beneficia
curata datur ex Tridentino appellatio digniori , si
prætermittatur ; ergò dicit *Pal. l. cit.* quòd digniores
habeant jus strictum ad Beneficia. Excipiunt tamen
Ronc. c. 5 *q.* 2 *cum Garcia , Lugo n.* 21. *et Sanch. n.* 5
si excessus dignitatis sit parvus.

Secunda tamen sententia negat obligationem restitutionis, ut tenent *Sot. l.* 4. *de Just. q.* 6 *art.* 3 *sub fin. Nav. c.* 17. *in Summ. n.* 74. item *Led. Henr. et alii ap. Sanch. l. cit. n.* 1, qui probabilem censent. Ratio istorum, quià prædictum pactum, quod supponitur, vel habetur in Edicto, non est pactum rigorosum, obligans juxtà leges justitiæ commutativæ, sed est tantùm promissio, obligans dumtaxat ex fidelitate; imò potiùs est explicatio obligationis, quam per se habet Episcopus ex justitia distributiva, quæ non obligat ad restitutionem. Proculdubiò sub gravi debentur, ut ajunt, præmia promissa concurrentibus ad luctam etc. ut suprà, quià illa principaliter sunt instituta, ùt præmia meritorum; sed idem non est de beneficiis, quæ unicè vel principaliter instituuntur in bonum commune. His non obstantibus, non audeo recedere à prima sententia communi, et valdè probabiliori. Sed hanc secundam nec etiàm audeo dicere improbabilem, quià reverà non videtur constare, quòd inter Episcopum et oppositores intercedat pactum illud obligans rigorosè ex justitia commutativa; Et, cùm non constet de tali pacto, non videtur constare de tali obligatione.

Quær. VII. An dignus, se opponens per concursum no digniori, peccet mortaliter, et teneatur ad restituendum illi damnum, si Beneficium obtineat? Nulli dubium, quin, si concurrat indignus cum digno, peccet concurrendo, et acceptando Beneficium teneatur resarcire damnum Ecclesiæ, illudque resignare; vide *Sanch. Cons. l.* 2 *c.* 1 *Dub.* 4 *n.* 9. *et Salm. de Ben. n.* 373. Si verò concurrat dignus cum digniore, duo dubia occurrunt. Dubium 1 est, an iste concurrendo peccet graviter? *Prima* sententia negat, et hanc tenent *Less. l.* 2 *c.* 34 *n.* 70. *Caj.* 2. 2 *qu.* 185 *ar.* 3. *Az.* 2 *p. lib.* 6 *c.* 15 *qu.* 14. *Salm. n.* 374. *cum Soto, Bann. Led. etc.* item *Vasq. et Cov. apud Lugo D.* 35 *n.* 88. Ratio, tum quià non pertinet ad ipsum merita discutere, sed ad Electores; ideò si ipse Beneficium petat, petit sub conditione, si dignior videatur; Tùm, quià

hoc est secundùm mentem Ecclesiæ, ut omnes digni
concurrant; aliàs, si non liceret dignis se oppouere
dignioribus, pauci concurrerent, et, fortè digniores
scrupulo territi se retraherent, idque in grave damnum Ecclesiæ utique verteretur. *Secunda* verò sententia, quam tenent *Sanch. cap.* 1 *dub.* 48 *n.* 4. *Pal. Dub.* 2
p. 11. §. 5 *n.* 1. *Nav. de Orat. Misc.* 45. *n.* 89 *et* 97.
ac Lugo D. 35 *n.* 91. *cum Turriano*, dicit, quòd, si
talis concurrat gratià honoris, ut ad alios concursus
gradum sibi faciat, et posteà desistat petere, ut eligatur, certe non peccet. Secùs si prætendat electionem, apertè cognoscens alterum esse digniorem. Ratio, quià, licet Episcopus non peccet ipsum eligendo
ex errore inculpabili, peccat tamen ille cooperando
tali electioni, saltèm materialiter injustæ; maximè
quià injustitia illa vergeret in damnum dignio-
ris, qui jus habet ad sui electionem. Hæc sententia, speculativè loquendo, apparet probabilior; attamen in praxi numquàm videtur locum habêre posse;
nullo enim casu is, qui est dignus, poterit esse certus, quod Episcopus, bonâ fide eum eligendo, non
habeat aliquod rationabile motivum, ipsi concurren-
ti occultum, excludendi alterum, quem ille putat
digniorem. Hoc innuit ipse *Lugo n.* 89.

Dubium 2. est, an hic dignus, manifestè cognoscens alterum se digniorem, peccet acceptando Beneficium, et teneatur damnum illi resarcire? *Prima* sententia affirmat, quam tenent *Nav. l.* 2 *de Rest. c.* 2.
n. 173. *Pal. d.* § 5 *n.* 1 item *Sylvius*, *et Tanner. apud*
Salm. d. n. 374. Ratio, quià ipse acceptando Beneficium
concurrit ad injustam electionem in damnum alterius.
Secunda tamen sententia, quam tenent *Sanch. c.* 1
dub. 13 *n.* 2. *Sot. de Just. l.* 3 *qu.* 6 *art.* 2. *Diana t.* 2
tr. 5. *Misc. R.* 110 *cum Turr. etc.* ac *Salm. l. c.* dicit,
eum nec peccare, nec tenêri ad restitutionem. Ratio
cur non peccet, quià ex una parte, ut ait *D. Thom.*
2. 2 *qu.* 185 *art.* 3 loquens de assumptione ad Episcopatum, ille, qui debet assumere, *tenetur assumere*
meliorem quòad regimen Ecclesiæ; pro eo verò qui assu-

mitur, dicit, quòd *non requiratur, ut reputet se aliis meliorem....., sed sufficit quod nihil in se inveniat, per quod illicitum ei reddatur assumere prælationis officium.* Ex alia parte non peccat cooperando peccato collatoris, cum per ipsam collationem jam Episcopus peccatum consummaverit, et per accidens se habeat, quod ipse acceptet, vel non; juxtà dicta in simili casu *l.* 3 *n.* 492 *qu.* 8 *v. Sed admissa.* Proùt enim (ait *Sanch.*), si Pater et extraneus sint in extrema necessitate, extraneus recipiendo panem à filio, licet filius peccet panem ei præbendo, ipse tamen non peccat acceptando : Ità in casu nostro. Ratio autem, cur iste neque teneatur ad restitutionem est, quià cum Beneficium jam est ei collatum, alter dignior nullum jus ampliùs ad illud habet, eò quod desinit tunc Beneficium esse inter bona communia: Proùt, si res duobus vendita, tradatur posteriori emptori, non tenetur iste rem emptam priori emptori restituere, cum per traditionem adeptus sit illius dominium, et extinctum sit jus ad rem primi emptoris. Licet autem in nostro casu concedatur digniori appellatio, collatio tamen in utroque foro valida est, et electus non potest à Beneficio acquisito amovêri, nisi per sententiam Judicis collatio invalidetur, ut diximus *n.* 102. Et hæc sententia mihi probabilior videtur; Tantò magis, quià, sicùt dignus electus potest licitè Beneficium petere, juxtà dicta in præcedenti dubio; sic etiàm potest acceptare, eò quod numquàm possit esse certus, collationem fuisse injustam. Hinc ait probabiliter *Less. d. n.* 70 quòd, si certè existimes, Episcopum non judicio, sed favore te prætulisse, hoc tibi non sit imputandum, si Beneficium tibi non sollicitanti fuerit oblatum, vel si bonâ fide sollicitaveris; videtur enim Ecclesia ratas habêre has collationes in favorem concurrentium, ne ipsi deindè perpetuò scrupulis angantur, ut eruitur ex *Trid.ses.*7 *c.* 3 ubi præcipitur, ut Beneficia conferantur *dignis....,* aliter...facta collatio...omni ò irritetur. Ergò collationes, dignis factas, pro assumptis jam ratas habet. Cæterùm benè ait *Sanch. l. c. n.* 3 quòd *communiter Oppositores* excusentur à peccato , quià nullus se reputat minùs dignum , et bonâ fide existimare valet , quòd , si alius excedit in uno , ipse excedat in alio.

111   Quær. VIII. An Examinatores teneantur Episcopo denuntiare digniores? *Prima* sententia negat cum *Lug.* D. 35 *n.* 66. *Pal. l. c.* § 4 *n.* 9. *Croix l.* 4 *n.* 626 *et Barb. Garc. etc.* apud *Salm. n.* 338 Et probant ex *cit. c.* 18. *Trid. Sess.* 24 ubi dicitur : *Peracto deindè examine renuntientur quotcumque ab his idonei judicati fuerint ætate, moribus, doctrina, etc. Ex hisque Episcopus eum eligat, quem cæteris magis idoneum judicaverit.* Ergò , ut dicunt , ex verbis Concilii colligitur , quod solùm ad Examinatores pertineat denunciare idoneos , ità ut Episcopus invalidè eligeret eum , quem ipsi reprobarent ; sed contrà ad Episcopum unicè pertinet judicare , quis eorum sit dignior. Hoc confirmat Lugo ex Declaratione S. C. Concilii , quam refert , ubi dicitur : (S. Congregatio declaravit non pertinêre ad examinatores , sed solùm ad Episcopum judicare , quis ex concurrentibus ad Parochialem vacantem sit magis idoneus). Et in *Concil. Trident. c.* 18. *Sess.* 24 tantùm habetur , ut Examinatores peracto examine renuntient Episcopo , quotcumque ab his idonei judicati fuerint. Hæc sententia est quidem probabilis , sed probabilior mihi est *secunda* sententia opposita , quam tenent communiùs *Nav. l.* 2 *de Rest. c.* 2 *n.* 187. *Ronc c.* 5 *q.* 9 *R.* 1 *et Salm. n.* 339 cum *Azor. Led. Med. Vill. Lop. Dian. Tap. etc.* Ratio , quià ideò præcipuè Concilium præscripsit concursum , et Examinatores , ut Episcopus faciliùs , et tutiùs digniorem agnoscere ac eligere valeret ; Undè quàmvis ex verbis Concilii non inferatur obligatio Examinatorum denunciandi digniorem , infertur tamen ex mente Concilii. Nec obstat Declaratio allata S. C. ut suprà , quià ibi nil aliud decerniter , nisi quòd ad Episcopum pertineat judicare de majori dignitate oppositorum , et hoc est certum ; sed ibi non dicuntur Examinatores tenêri ad exponendum Episcopo , quem ipsi censeant magis idoneum , ut mens Concilii servetur. De-

mùm hîc notandum, quòd examinatores debeant præstare juramentum de fidelitate in suo Officio , ut
præcipitur in Trident *Sess.* 24 *c.* 18 *de Ref.* Alioquin
concursus est nullus, ut declaravit Sacr. Congr. Conc,
die 2 Decemb. 1628.

ARTICULUS III.

Quæ intentio, et qualitates requirantur ad Beneficium accipiendum ?

112 *Quænam qualitas requiratur in eo, cui Beneficium con-*
   fertur?
113 *An requiratur in eo voluntas clericandi? Quomodò peccet*
   recipiens Beneficium simplex cum animo ducendi posteà
   uxorem?
114 *An peccet graviter recipiens Beneficium curatum cum ani-*
   mo dubio suscipiendi Sacerdotium intrà annum?

» R̲ESP. Ut Beneficium aliquod validè, et licitè ob-
» tineatur, requiritur. ut sit persona capàx, et habi-
» lis, hoc est, ut sit Clericus , non illegitimus (quo-
» cum tamen Episcopus dispensare potest ad Ordines
» Minores , et Beneficium simplex, cui Ordo major
» non est annexus), non irregularis, excommunicatus,
» non improbus, aut facinorosus, ut habeat scientiam
» competentem ad munus Beneficio annexum, et æta-
» tem legitimam; nisi dispensetur; scilicet pro bené-
» ficio simplici annos 14. (sufficere tamen 14 inchoa-
» tum, docet *Dian. p.* 3 *tract* 6 *R.* 64 *ex Azor. et*
» *aliis* 5.)* (*Cum Gonzal. Pal. Fill. Barb. et Salm. De*
» *Benef. cap. unic. n.* 160 *communiter*)* Pro eo quod
» Subdiaconatum requirit, vigesimum primum. Pro
» eo, quod Diaconatum, vigesimum secundum. Pro
» eo, quod Sacerdotium, vigesimum quartum inchoa-
» tum, (*Ut probabiliter Less. et Azor. apud Salm.* 157
» *Quæ ætas sufficit, si Ordinem suscipiat intrà annum,*
» *juxtà Trident. sess.* 23 *c.* 12. *Notat, quòd, ætáte*
» *deficiente, etiàm quòad unam horam, provisio Bene-*

» *ficii sit nulla : Est commune cum Sanch. Pal: Azor.*
» *et Salm. n.* 162.)* Colligitur ex *Trid. sess.* 22, 23 etc.
» In his tamen , et similibus casibus multi excusan-
» tur , vel quià illud jus ubiquè non est receptum ,
» vel quià bonâ fide tres annos fuêrunt in possessione,
» quæ veluti usucapionem , et dominium parit *Less.*
» *dub.* 20.

113 » Resp. 2. Qui recipit Beneficium quodcumque ,
» habens annexum Ordinem Sacrum , tenetur habêre
» voluntatem saltèm . conditionatam clericandi , et
» Sacrum Ordinem accipiendi intrà tempus , à jure
» requisitum. *Laym. c.* 13 *Less. l.* 2 *c.* 34 *dist.* 26. Ratio
» est , quia suscipiens Officium , cui obligatio est an-
» nexa, omni modo se habilitare tenetur, imò, si cu-
» ratum , seu parochiale est , habetque intentionem
» sacerdotium intra annum non suscipiendi , sed pa-
» rochiam dimittendi , non taatùm moraliter peccat ,
» sed etiàm ipso jure est privatus , et ad fructuum
» restitutionem tenetur, ut patet ex *cap. Commissa*
» § 7 *de elect. in* 6. Si tamen, mutatâ voluntate, antè
» finem anni Sacerdos fiat, fructus retinêre potest;
» *(Idem docent Nav. Less. Sanch. etc. cum Salm. n.*
» 190. *Et sic tenendum contrà Soto et Tol. ùt probatur*
» *ex dict. cap. Commissa, ubi dicitur , quòd recipiens*
» *Beneficium curatum, animo non suscipiendi Sacerdo-*
» *tium , teneatur fructus restituere,* nisi voluntate mu-
» tatâ promotus fuerit. *Vide omnia verba textûs citati*
» *infrà n.* 114)* Imò et Episcopus dispensare potest ,
» ut, Vicario substituto, studiis per septennium vacet.
» Dixi 1. *Habens annexum Ordinem Sacrum :* quià ,
» si is non sit annexus , et Beneficium sit simplex ,
» licet illud acceptet animo fructus lucrandi, et dein-
» dè uxorem ducendi, non nisi venialiter peccat , si
» aliàs officio suo satisfaciat, ut docent *Laym. c.* 17.
» *Sanch. l* 7 *de Matrim. Dist.* 45. Ratio est, quià illa
» perversio ordinis non videtur gravis , nec ullo jure
» vetatur, ideòque ad nullam fructuum restitutio-
» nem tenetur. Undè *Garcias. p.* 3 *c.* 4 *n.* 42. talem
» ab omni culpa excusat.

» Dixi 2. *Voluntatem saltèm conditionatam :* quià ,
» si ex justa causa postmodùm status Clericalis mi-
» nùs illi convenire videatur , potest animum mutare,
» etiàmsi Beneficium sit curatum , v. gr. , si primo-
» genitus familiæ , aut frater unicus sine liberis de-
» cedat : si optimum matrimonium ad conservatio-
» nem familiæ nobilis vel ad lites graves sopiendas
» necessarium offeratur. Ratio est , quià non est mens
» Ecclesiæ , ità Ecclesiasticum statum obligare , ut
» hæc et similia bona impediantur, *loc. cit.* »

Quær. hîc I. Quomodò peccet , qui recipit Beneficium simplex , animo deindè uxorem ducendi , Beneficio dimisso ? Certum est , eum peccare graviter , si Beneficium habeat annexum Ordinem sacrum, ut communiter docent *Busemb. ut supra* , *et Sanch. l.* 7 *de Matrim. D.* 45 *n.* 14. *Pal. tr.* 13 *Dub.* 4 *p.* 7 *n.* 14. *Salm.
tr.* 18 *c.* 200. *Cum Soto , Tol. etc.* Si verò Ordinem
Sacrum annexum non habeat , tres sunt sententiæ :
Prima, quam tenent *Less. l.* 2 *c.* 34 *n.* 132. *Tol. l.* 5 *c.* 5 *et
Salm n.* 199. *cum Soto, et Gutt.* dicit, eum adhùc peccare
mortaliter , quià similis intentio est perversio ordinis
naturalis et divini , statuentis Beneficia recipienda
esse tantùm ad obsequium Deo præstandum. *Secunda*
sententia , quam sequuntur *Palaus l. c. et Garcias ap.
Bus. supra*, censet, eum ne leviter quidem peccare, quià
nullum apparet præceptum hoc prohibens. *Tertia*
sententia media , quam tuentur cum *Bus , Sanch. l.
c. n.* 19. *et Laym. l.* 4 *tr.* 2 *c.* 14 *n.* 11. *cum Nav. et
Vasq.* tenet, hunc quidem excusari ab aliqua culpa,
cùm talis animus aliquam involvat inordinationem ;
sed non peccare graviter , cum hujusmodi inordinatio non sit tanta, ut damnari debeat de mortali ; nullo
enim jure constat ipsam esse gravem. Nullum autem
præceptum , (ut rectè docent *S. Antoninus, et P. Concina*, quorum verba retulimus *l.* 3 *n.* 547. *v. Cœte-
rùm.*) est hominibus sub gravi imponendum , nisi
evidens ratio id suadeat. Et ex hoc principio , tradito
priùs etiàm à *D. Thom. Quodlibet.* 9 *art.* 15 , præfata
tertia sententia probabilior mihi redditur.

Tom. III. 30

¹¹4   Quær. II. An peccet graviter, et teneatur restituere
fructus, qui recipit Reneficium curatum cum animo
dubio, vel conditionato suscipiendi Sacerdotium intrà
annum? Affirmant *Conc. t.* 10 *pag.* 152. *et Sotus*, *Azo-*
rius apud *Salm. n.* 185. quià lex exigit veram intentionem suscipiendi etc. Sic enim habetur in *cap. Com-*
missa de Elect. in 6: *Cæterùm, si promoveri ad Sacer-*
dotium non intendens, Parochialem receperis Ecclesiam,
ut fructus ex ea per annum recipias, ipsam posteà di-
missurus, (nisi voluntate mutatâ promotus fueris) tene-
ris ad restitutionem fructuum eorumdem, cum eos rece-
peris fraudulenter. Negant verò *Nav. Barb. Garc. Graff*
ib. n. 186. quià textus loquitur de eo, qui accipit
fraudulenter Beneficium; non autem dicunt accipere
fraudulerter, qui cum animo dubio, aut conditionali
accipit. Verùmtamen alii opinantur, ut *Bus. Less. l.*
2 *c.* 34 *n.* 131 *et* 133. *Sanch. d. c.* 45. *n.* 10. *Pal. n.* 5.
et Salm. n. 188. qui citant *Lop. Man. Bardi etc.* accipientem cum dubio peccare mortaliter, et tenêri ad
fructus perceptos restituendos, quià dubitans reverà
non habet intentionem; non verò accipientem sub
conditione, quià hic veram habet intentionem, quàmvis conditionatam. Sed prima sententia est mihi probabilior, quià intentio, ut non sit fraudulenta, debet
esse determinata absolutè ad Ordinem suscipiendum.

ARTICULUS IV.

An liceat habere plura Beneficia? Et quinam Beneficiarii teneantur ad Residentiam?

115 *An et quandò liceat habere plura beneficia? vide alia*
    apud Busemb.
116 *Quotuplicia sint Beneficia? Et quæ sint incompatibilia?*
    Et an, obtento secundo Beneficio quomodocumque in-
    compatibili, vacet primum?
117 *An pluralitas Beneficiorum sit vetita de Jure Divino,*
    vel positivo?
118 *Quæ causæ cohonestent pluralitatem Beneficiorum?*

119 *De obligatione* Residentiæ. *Vide quæ habentur ap. Busemb.*

120 *Quinam Beneficiarii ad Residentiam obligentur?*

121 *Q. I. An Curati teneantur residere de Jure Divino?*

122 *Quid notandum circà Residentiam Episcoporum?*

123 *Quid circà Residentiam Parochorum? Dub.* 1. *An Parochi indigeant licentia in scriptis? Dub.* 2 *An Parochi habentes justam causam possint abesse per duos menses sine licentia? Quid si urgeat aliqua necessitas? Quid si absint per modicum tempus?*

124 *Qu. II. Quo in loco Beneficiarii teneantur residere? Et præsertim ubi Epscopi? Et ubi Parochi?*

125 *Q. III. Quænam causæ excusent Pastores à Residentia? Et I. De causa* Charitatis. *II. De causa* Necessitatis. *III. De causa* Obedientiæ. *IV. De causa* Utilitatis.

126 *Q. IV. Quandò et quomodò pastores non residentes teneantur restituere fructus Beneficiorum?*

127 *Dub.* 1. *Quid, si absint cum justa causa, sed sine licentia? Dub.* 2. *Quid, si eorum absentia sit sine culpa? Dub.* 3. *Quid, si resideant inutiliter? Et an Parochi teneantur per se exercere munia principaliora? Dub.* 4. *An non residentes teneantur fructus restituere?*

128 *Quibus debeant restitui fructus à non Residentibus?*

129 *Plura hîc de Residentia* Canonicorum.

130 *Quænam causæ excusent Canonicos ab assistentia Chori? Et I. De causa* Infirmitatis. *Dub.* 1. *An per se excusentur septuagenarii? Dub.* 2. *An cæci, et surdi? II. De causa* Necessitatis. *Quid, si quis abest à Choro ob excommunicationem, quam incurrit? Quid, si Ecclesia sit interdicta? Quid si polluta? An Canonici irregulares amittant Distributiones, et fructus Præbendæ? III. De causa* Utilitatis.

131 *Quid de Canonico Pœnitentiario? Quid de Theologo, de Examinatoribus, Visitatoribus, etc.*

132 *Quid de Canonicis docentibus? An Parochi docentes gaudeant eodem privilegio? Quid de Canonicis, et Parochis studentibus?*

» R̲ᴇꜱᴘ. Plura Beneficia possidere, non est res sim- 115
» pliciter intrinsecè mala, nec omninò indifferens,
» sed speciem mali præferens, imò ordinariè illi-
• cita, et naturali juri repugnans (si talia sint,

» quorum unum ad honestam sustentationem sufficiat),
» nisi justa causa ex circumstantia cohonestetur. Ità
» ferè *Laym. l.* 4 *t.* 2 *c.* 8 *n.* 1 *ex S. Thom. Less.*
» *Azor. etc.* comm. Quià, ut docet *Trident. sess.* 24
» *de Ref. c.* 17. *Ecclesiasticus ordo pervertitur, quando*
» *unus plurium officia occupat Clericorum, etc.* nam
» pluralitas hujusmodi magnam inordinationem in-
» volvit, dùm minuitur cultus divinus, Ecclesia ope-
» rariis, fundator pià intentione, pauperes utiliores
» Ecclesiæ futuri sustentatione privantur. Hinc Be-
» neficia distinguuntur in Incompatibilia primi gene-
» ris, in quibus, adeptâ pacificâ possessione secun-
» di, vacat prius; qualia sunt plura Beneficia curata;
» item plures Dignitates, Personatus, duo Beneficia
» uniformia sub eodem tecto: et in Incompatibilia
» secundi generis, quæ, etsi sine peccato citrà dis-
» pensationem obtineri nequeant, primum tamen
» altero obtento non vacat: qualia sunt Beneficia re-
» liqua residentiam postulantia, v. gr, Canonicatus
» duo diversarum Ecclesiarum, in quibus recepta
» est constitutio *Trident. sess.* 14 *c.* 12 *de reform.* ut
» non liceat ultrà tres menses Canonicis ab Ecclesia
» abesse. Undè *Laym. c.* 8 *n.* 6 docet, Canonicatus in
» Cathedralibus Ecclesiis Germaniæ, qui ex imme-
» morabili consuetudine requirunt tantùm residentiam
» medii anni, vel 3 mensium, inter compatibilia Benefi-
» cia numerandos. *(Vide n. seq.* 11 *v. Notandum).*

» Dixi, *nisi justa causa cohonestetur;* quià qui per
» dispensationem plura Beneficia obtinuit, nisi justa
» causa subsit, in conscientia non erit tutus, sed tenebi-
» tur alterum resignare, ut docet *Less. l.* 2 *c.* 24 *n.* 151.

» Porrò justa causa dipensandi erit evidens neces-
» sitas et utilitas Ecclesiæ, et quandòque etiàm præro-
» gativæ, et merita personæ, v. gr. insignis nobilitas,
» dignitas, scientia, auctoritas., virtus, etc. modò ca-
» veatur, ne Beneficiorum coacervatio, facta etiàm
» ob prærogativam personæ, ad privatum tantùm, et
» non ad commune bonum referatur. Imò sine dispen-
» satione plura Beneficia sequentibus casibus haberi
» possunt.

» 1. Si utrumque adeò sit tenue, ut neutrum suffi-
» ciat ad sustentationem, modò utrumque sit simplex,
» nec residentiam requirat. *(Secùs igitur, si benefi-
» cia residentiam requirant, licet sint tenuia; Croix lib.
» 4 n. 918 cum communi.)*

» 2. Quandò parochia est annexa Canonicatui,
» eique accessoria; tunc enim utrumque per modum
» unius possidetur, ità tamen, ut teneatur Vicarium
» perpetuum in Ecclesia alere.

» 3. Quandò Beneficia legitimè sunt unita.

» 4. Quandò alius idoneus, et dignus non reperi-
» tur.

» 5. Quandò unum Beneficium habetur in titulum,
» alterum in commendam non perpetuam, sed ad
» aliquot menses, donec de idoneo provideatur. Ità
». Regin. ex Sylv. »

Beneficia alia sunt *Simplicia*, proùt sunt ea, quæ in‑ ¹¹⁶
stituuntur tantùm ad preces Deo persolvendas, et ad
altaris servitium, nimirùm Canonicatus, Capellaniæ
auctoritate Pontificiâ vel Episcopali erectæ, Præsti-
monia, quæ dantur Clericis ad studia prosequenda, et
similia. Alia sunt *Duplicia*, scilicet quæ habent aliquam
jurisdictionem, præeminentiam, vel administrationem,
ut sunt Dignitates, etc. ut infrà. Item alia Beneficia
sunt *Compatibilia*, alia *Incompatibilia*. Et horum alia
sunt incompatibilia *primi generis*, proùt sunt Beneficia
curata, vel uniformia sub eodem tecto, nempè quæ
ad easdem functiones concurrunt eodem loco et tempore; item Dignitates, personatus, et Officia. *Dignitates* sunt, quibus est annexa aliqua jurisdictio suprà
Clerum, aut Populum, ut sunt Episcopatus, Abba-
tiæ, Decanatus, Præpositurae, Archipresbyteratus
Archidiaconatus. *Personatus* autem sunt., qui habent
præeminentiam aliquam suprà Clerum, sed sine ju-
risdictione, ut sunt munera Primicerii, Præcentoris
sivè Cantoris, et Sacristæ primarii. *Officia* demùm sunt
munera Thesaurarii, Præceptoris, Custodis, seu Sacristæ inferioris, Œconomi, etc. quorum aliquibus
est annexa quædam administratio, sine jurisdic-

tione tamen aut præeminentiâ. Alia verò sunt incompatibilia *Secundi generis*, ut sunt Canonicatus, et omnia, quæ residentiam requirunt.

Notandum autem, quod, si quis obtinet duo. Beneficia incompatibilia, obtento secundo, vacet ipso jure primum; et si ille utrumque retinêre præsumat, ipso pariter jure utroque Beneficio privetur. Hæc certa sunt quòad Beneficia incompatibilia primi generis, ex Tridentino *sess*. 7 *c*. 2 *et sess*. 24 *c*. 17 item ex *c. De multa, de. Præb. Extrav. Execrabilis, de Præb. et Dign. cap. Litteras, de Conces. Præb. ac Clement. fin. eod tit.* Sed dubium fit, an idem procedat in Beneficiis incompatibilibus secundi generis, nempè quod, obtento secundo, vacet primum? Affirmant *Contia Sporeii in fine Tomi* 3 *de Statu Clericor. p.* 76 *n.* 48 *ad n.* 9. *Salm. tr.* 28 *de Benef. n.* 664 *cum Gonz. Azor. et Garcia, ac Fagnan. in c. De multa, de Præb.* ex Declaratione S. C. idemque dicunt *Salm.* probari ex locis citatis Tridentini. Sed negat *Busemb.* ut suprà *n. anteced. n.* 115 *ac Holz. t.* 1 *p.* 431 *n.* 415 *cum aliis :* et idem sentit *Nav. l.* 3 *Consil.* 24 *de Præb.* dicens quod, si constaret, S. C. declarâsse, quod Tridentinum ità sit intelligendum, talis Declaratio à Pontifice fuisset confirmata, et tunc sic foret tenendum ; sed quià id non constat, et aliàs ex verbis Concilii id non videtur efficaciter probari, non est quod ad primam sententiam nos adstringat. Reverà enim Concilium in priori loco citato, nempè *ses.* 7 *c.* 4 loquitur quidem de præsumentibus retinere duo Beneficia quomodòcumque incompatibilia, scilicet quæ residentiam requirant, et eos dicit ipso jure privari utroque Beneficio, sed nullum facit verbum de vacatione primi ob. consecutionem secundi. In posteriori autem loco, nempè *sess.* 24 *cap.* 17, ubi præscribit, vacare primum Beneficium, obtento secundo, loquitur tantùm de Beneficiis curatis, nimirùm Episcopalibus, et Parochialibus. Hoc tamen non obstante propter prælaudatam Declarat S. C. cùm ipsa à pluribus referatur, et præsertim à *Fagnano*, qui hujusmodi Declarationum fuit diligens inquisitor, placet nobis potiùs primæ sententiæ adhærere, sed secundam non improbamus. Notat *Laym. lib.* 4 *tom.* 2 *cap.* 8 *n.* 4 *in fine*, quod habens Personalum cum Cura in Ecclesia, benè possit etiàm habere ibidem Canonicatum, cui Parochialis Ecclesia annexa est, et quam per vicarium administrare debet, ex *cap. Super eadem, de Præb. in* 6.

Prætereà notandum cum *Salm. n.* 666 *et Abelly Append. de Statu Cler. p.* 448 *n.* 2, quod in aliquo casu evidentis necessitatis, sivè utilitatis Ecclesiæ posset Papa dispensare, ut aliquis obtineat plura hujusmodi Beneficia incompatibilia, etiàm curata, proùt Gregorius Magnus fertur præfecisse Martinum, Paulinum, et alios duobus Episcopatibus. Idque patet ex *Trid. Sess.* 7 *c.* 5. Diximus *casu evidentis necessitatis.*, *vel utilitatis*, nam aliàs habens plura hujusmodi Beneficia, etiàm cum dispensatione Pontificis, non erit tutus in conscientia, ut rectè dicunt *Salm.. loc. cit. cum Bellarm. Panorm. Wig. et Polet.*

Hîc autem magna vertitur quæstio, an pluralitas Beneficiorum sit vetita non solùm de jure canonico, sed etiàm naturali? *Prima* sententia negat cum *Innoc. in cap. finali, de Cleric. non resid. n.* 1 *et in c. Jamdudum de Præbendis n.* 2 item *Filiuc. Lugo apud. Salm. de Benef. n.* 656 *et Val. Led. Tusch. Rebuff. etc. ap. Croix. l.* 4 *n.* 902. Quià, ut dicunt, si hoc esset contrà jus naturæ, Papa non dispensaret ita frequenter in hac pluralitate, ut videmus esse in consuetudine. *Secunda* verò sententia, quam tenent *Tourn. t.* 3 *pag.* 774 *art.* 2 *et Azor. Panorm. ac Hostiens. ap. Salm. n.* 655, absolutè affirmat tàm de Beneficiis duplicibus, quàm simplicibus. Ratio, tum quià nequit unus duabus Ecclesiis satis benè deservire, tum quià intentio Fundatorum talis est, ut plures sint, qui Ecclesiis inserviant; et ideò pluralitatem Beneficiorum dicunt fuisse expressè damnatam ex Trid. *Sess.* 24 *de Ref. cap.* 17 ubi sic sancitum fuit: *Cum ecclesiasticus Ordo pervertatur, quandò unus plurium officia occupat Clericorum, sanctè sacris canonibus cautum fuit, neminem oportere in duabus*

Ecclesiis conscribi. Verùm quoniam multi improbæ cupi-
ditatis affectu seipsos , non Deum decipientes , ea , quæ
benè constituta sunt, variis artibus illudere , et plura
simùl Beneficia obtinere non erubescunt , sancta Sy-
nodus debitam regendis Ecclesiis disciplinam resti-
tuere cupiens , præsenti decreto , quod in quibuscum-
que personis quocumque titulo , etiàm si cardinalatùs
honore fulgeant , mandat observari , statuit , ut in pos-
terùm unum tantùm Beneficium ecclesiasticum sin-
gulis conferatur. Quod quidem , si ad vitam ejus , cui
confertur , honestè sustentandam non sufficiat , liceat ni-
hilominùs aliud simplex sufficiens , dummodò utrumque
personalem residentiam non requirat , eidem conferri.
Hæcque non modò ad Cathedrales Ecclesias , sed etiàm
ad alia omnia Beneficia, tàm Sæcularia, quàm Regularia,
quætumque , etiàm commendata , pertineant , cujuscum-
que tituli , ac qualitatis existant. Tertia autem sententia communis , et tenenda (etsi olim primam probabilem censui) docet , pluralitatem Beneficiorum sivè
duplicium , sivè simplicium, modò unum sufficiat ad
congruam sustentationem , secundùm se esse contrà
jus na'urale ob rationes mox allatas , et alia plura inconvenientia, quæ oriuntur è pluralitate Beneficiorum,
enumerata à Joanne XXII iu *Extrav. Execrabilis de*
Præb. et Dign. ità ut plura Beneficia nec etiàm cum
dispensatione Pontificis valeant retineri sine peccato
mortali; sed non taliter , ut id non possit ex aliquibus circumstantiis cohonestari. Ità *S. Thom. Quodlib.*
9 a. 15 quem sequuntur *Less. l.* 2 *c.* 34 *n.* 137. *Laym.*
l. 4 *tr.* 2 *c.* 8 *n.* 2. *Pal. tr.* 13 *D.* 6 *p.* 4 *n.* 26. *Az.* 2 *p. l.* 6
c. 12 *qu.* 7. *Abelly App. de Statu Cleric. art.* 3 *quæst.* 4
n. 4. *Holzm. tom.* 1 *p.* 431 *n.* 417. *Salm. n.* 658 *et n.* 669,
ubi nostram sententiam ut certam habent cum aliis
communiter , item *Bellarm. (apud Tourn. l. c.)* qui
ait, dispensationem Pontificis neminem tutum reddere,
nisi adsit urgentissima causa , et Ecclesiæ necessaria.

118   Causæ autem cohonestantes pluralitatem Beneficiorum , ex communi DD. sententia, sunt I. *Necessi-*
tas Ecclesiæ , nempè si desint alii ministri idonei ; ità

P. Concin. t. 10 *pag.* 171 *n.* 7. *Anacl. pag.* 417 *n.* 16.
et Salm. n. 661. *et alii, ex D. Thoma,* qui docet *cit.
art.* 15. tunc posse alicui conferri plura Beneficia ; *si
sit necessitas in pluribus Ecclesiis ejus obsequio , et ipse
possit plus deservire Ecclesiæ , vel tantumdem absens ,
quàm alius præsens*, verba S. Doctoris. II. *Utilitas Ecclesiæ*, nempè si unus solus , licet absens, magis censetur profuturus suâ auctoritate , doctrinâ , et prudentiâ , quàm alter suâ præsentiâ. Ità *Holzmann. tom.*
1 *pag.* 431 *n.* 418. *Conc. l. cit. et Anacl. n.* 17. *cum
Pirhing.* Hinc ajunt *Holz. et Anacl.* hac de causa conferri aliquandò filiis principum plures Episcopatus ,
etiàm antè ætaten, ut Ecclesiæ contrà Hæreticos po-
tentiùs defeudantur. III. *Evidens meritorum præroga-
tiva ,* scilicet si aliquis præstaret doctrinâ , consilio ,
instructione, aut scriptione. Ità *Laym. l.* 4 *tract.* 2
cap. 3 *n.* 2. *Anacl. l. cit. n.* 18 *et Holzm. d. n.* 418.
ex c. De multa. §. *fin. de Præb.* ubi dicitur : *Nullus
plures dignitates , aut personatus habere præsumat ,
etiàmsi Curam non habeant Animarum ; circà sublimes
tamen , et litteratas personas , quæ majoribus sunt beneficiis honorandæ , cum ratio postulaverit , per Sedem
Apostolicam poterit dispensari.* Et hoc est conforme
doctrinæ Apostoli , 1 *ad Tim.* 5 *v.* 17. ubi ait : *Qui benè
præsunt Presbyteri , duplici honore* (idest *munerum
largitione ,* ut explicat Hieronymus *c.* 15. *Matth.*) *digni
habeantur ; maximè qui laborant in verbo , et doctrina.*

Quæritur autem circà Beneficia simplicia, an, si quis
habens unum Beneficium , jam sufficiens ad suam
congruam sustentationem , accipiat secundùm sine
causâ cohonestante, primum ipso jure vacet? Negant
Holzm. tom. 1 *pag.* 431 *n.* 415 item *Gonzalez, et Fla-
minius ap. Salm. n.* 669 dicentes, hunc Beneficio non
privari, sed esse cogendum per sententiam Judicis, ut
alterum dimittat. Sed meliùs, et communiùs affirmant
Barbos. de Pot. Ep. All. 62 *n.* 3. *Fagnan. in c. De multa
de Præb. et Salm.* 669 *cum Garcia, ex* quadam Declar.
S. D. quam iidem *Fagn. et Garcias* referunt, hoc enim
conformius videtur verbis, aut saltèm menti Tridentini.

119 » Quæres, An, et quomodò Clerici teneantur ad
» residentiam ?

» Resp. 1. Episcopos; Parochos, eosque, qui cu-
» ratum Beneficium habent, jure divino tenéri. Nec
» sufficit, si per alios administrent, nisi majus bo-
» num urgeat : quià contrà rationem est, ut hic offi-
» cium, et fructus, alter onus habeat. *Bon. tr.* 1.
» *D.* 5 *de oblig. Benef. p.* 1.

» Resp. 2. Ità tenêri ad residentiam, ut, si Episcopi
» intrà annum ultrà tres, et Parochi ultrà duos men-
» ses absque legitima causâ per Episcopum cognitâ,
» et approbatâ absint, mortaliter peccent, et fructus
» non faciant suos. Ità *Trid sess.* 23 *de reform. cap.* 1
» *v. Bonac. l. c.* Notat autem *Dian. p.* 9 *tom.* 7 *R.*
» 53 *ex Bard.* supradicta etiàm habere locum in Su-
» perioribus, sivè Prælatis Regularibus ; ideòque eos
» tenêri tempore pestis etiàm cum periculo suis as-
» sistere.

» Resp. 3. Qui in Ecclesiis Cathedralibus, vel
» Collegiatis obtinent dignitates, Canonicatus, præ-
» bendas, vel portiones * (*Item omnes Mansionarii*,
» *et cæteri, qui habent in Collegiatis Beneficium perpe-*
» *tuum cum servitio annexo in Choro, ut dicunt Salm.*
» *tr.* 28 *n.* 142. *ex Declar. S. C. contrà Azorium, qui*
» *eos excusat, si alii sint, qui Ecclesiæ inserviant*)*,
» si intrà annum ultrà 3 menses absint, primo anno
» mediâ parte fructuum, secundo verò anno omni-
» bus fructibus, quos illo anno lucrati sunt, privan-
» dos. Quæ tamen pœna est sententiæ ferendæ, non
» latæ : ut constat ex Trident. *sess.* 24 *cap.* 12.

» Resp. 4. Causas à residentia excusantes esse, 1. Lec-
» tionem Theologiæ, vel Juris Canonici; neque ad hoc
» licentiam Prælati, aut Episcopi requiri : requiri au-
» tem ad Lectiones litterarum humaniorum et Philoso-
» phiæ, nisi contrarium habeat consuetudo. 2. Stu-
» dium Theologiæ, vel juris Canonici; id enim per 5
» annos etiàm excusat. 3. Obsequium Papæ, vel Epis-
» copi, ad Ecclesiæ utilitatem. 4. Licentiam legitimam
» ex quavis alia justa causa. 5. Honestam consuetu-

? dinem , ubi dispositio Concilii non est recepta. V.
? Bon. l. c.

» Resp. 5. Qui absque justa causa abest, peccat
» mortaliter, non tamen tenetur ad restitutionem fruc-
» tuum , si officio satisfecerit, nisi ad eam condem-
» netur , vel nisi id aliquo jure sit expressum.

» Resp. 6. Eos, qui ex legitima causa absunt , non
» lucrari distributiones , juxtà Trid. nisi tamen absint
» ad curanda negotia Ecclesiæ , ex commissione Capi-
» tuli , vel omninò involuntariè , ob morbum , capti-
» vitatem , injustam excommunicationem , etc. V.
» Less. lib. 2. cap. 34. dub. 29. »

Plura hîc, scitu et ad praxim necessaria, sunt ad tru- 12e
tinam vocanda circà hanc materiam Residentiæ , cujus
nomine intelligitur commoratio in loco Beneficii , ad
obsequia Ecclesiastica personaliter reddenda. Undè
benè infert Sylvestr, quod ii, qui in loco Beneficii de-
gunt , sed debita officia non præstant, non reputentur
residêre , ùt infrà meliùs explicatur. Ut certum autem sciendum , quod olim de jure communi omnia
simplicia residentiam exigerent, ut patet ex cap. Clericus , Dist. 91. et cap. Ex parte 8. de Cler. non resid.
Sed hodiè ex generali totius Ecclesiæ consuetudine
ipsa talem residentiam non requirunt, cùm sufficiat
per Vicarium servitium præstare, nisi Fundatores
aliud expresserint. Ità communiter Continuat. Tournely tom. 3 pag. 29. Holz. de Præc. partiç. pag. 433.
n. 425. Barb. in Trident. Sess. 24 c. 17 n. 18. cum
Sanch. Azor. Reg. et Sporer tom. 3. de Statu Cleric.
pag. 73 n. 22. qui de hoc refert Decretum S. C. Tantùm hodiè ad residentiam obligantur omnes Pastores
curam Animarum habentes, et omnes Canonici sivè
Præbendati, etc. Cathedralium sivè Collegiatarum, de
quibus infrà posteà agemus.

Quæritur I. An omnes curam Animarum habentes 12t
teneantur ad residentiam de jure Divino. Negant Am-
brosius Catharinus , Valerius . etc. apud Salm tr. 28. de
Ben. n. 91 qui dicunt, eos tenêri tantùm de jure Positivo. Sed omninò tenendum, ad id obligari de jure Di-

vino, ut communiter cum *Busemb* docent *Less. lib.* 2
c. 34 *n.* 153. *Tournely tom.* 3 *pag.* 29. *Petrocor. tom.* 4
pag. 503. *Anacl. de Benef. pag.* 414. *n.* 68. *Roncaglia
eod. tit. cap.* 2 *quæst.* 3 *R.* 2. *Spor. l. c. pag.* 73 *n.* 23.
cum Nav. Fagnan. Garc. Barb. et Salm. l. cit. n. 94.
cum aliis innumeris. Et probatur ex Concil. Trident.
Sess. 23 *cap* 1. *de Ref.* ubi, licet hoc non fuerit expressè definitum, fuit tamen tamquàm certum supposi-
tum his verbis : *Cum præcepto Divino mandatum sit*
*omnibus , quibus Animarum cura commissa est , oves
suas agnoscere , pro his Sacrificium offerre , Verbique
Divini prædicatione ,Sacramentorum administratione, ac
bonorum omnium operum exemplo pascere , pauperum ,
aliarumque miserabilium personarum curam paternam
gerere, in cætera munia pastoralia incumbere; quæ omnia
nequaquam ab iis præstari , et impleri possunt , qui gregi suo non invigilant , nequè assistunt , sed mercenariorum more deserunt ; etc. Decl. S. Synodus , omnes...Ca-
thedralibus Ecclesüs... Præfectos, etiàm si S. Rom. Ecclesiæ Cardinales sint , obligari ad personalem in sua Ecclesia vel Diœcesi residentiam , ubi injuncto sibi officio
defungi teneantur etc.* Si ergò de jure Divino est , ut
Pastores oves agnoscant , et pascant exemplo , de jure
etiàm Divino est consequenter, ut resideant ubi oves
morantur ; aliàs ea nequaquam ab iis præstari et impleri possunt , qui *gregi suo non invigilant , neque assistunt , sed mercenariorum more deserunt.* Idque clarè
declaravit Benedictus XIV. in sua Bulla, *Ubi primum*
§. 4. *edita* 3. *Dec.* 1740. (Vide in *Bullar. Tom. I. p.* 4.)
postquàm enim dixit ibi, tenêri Pastores de jure Divino
suis ovibus assistere , ut eas pascant verbo , et exemplo
mox subdit : *Itaque in statione vestra maneatis oportet,
et personalem in Ecclesia vestra vel Diœcesi servetis Residentiam , ad quam ex vi muneris vestri* (nota) *obligati
estis.* Hinc benè ajunt *Tournely pag.* 31. *et Croix l.* 4
n. 865. *cum Lugo*, non posse Pontificem in hoc dispensare , sed tautùm posse aliquo casu declarare , quod
jus Divinum non obliget , justis intervenientibus causis, de quibus vide infrà *n.* 125.

Hîc autem notandum I. ab eodem Concilio *dict. cap.* 122
1. concessum esse Episcopis, ut per duos vel tres menses
absint à suis Ecclesiis, his verbis : *Quoniam .. qui ali-*
quantisper tantùm absunt, ex veterum Canonum sen-
tentia non videntur abesse, quià statim reversuri sunt ;
Sacrosancta Synodus vult illud absentiœ spatium singulis
annis, sivè continuum, sivè interruptum, extrà prœdictas
causas, nullo pacto debere duos aut ad summum tres
menses excedere. Undè opinantur *Roncaglia c. 2 q. 3*
R. 2. Elbel p. 526 n. 360. et Anacl. p. 415 n. 73.
cum Barbos. et Sot. et aliis, sufficere pro tali absentia excusanda causam etiàm relaxandi animum, vel
consanguineos aut amicos invisendi. Attamen *Pa-*
lausD. 5 p. 4 n. 1. Vasq. Op. de Benéf. cap. 4§. 2 n. 147.
et Mazzot. t. 2 pag. 441 n. 2 cum aliis, dicunt, præfatas causas non sufficere, nisi fortè ad mensem, qui
reverà benè satis èst ad animum relaxandum; dum è
converso Concilium judicium pro sufficientia causæ
æquæ (id est proportionatæ ad talem absentiam) re-
mittit conscientiis Episcoporum, et sedulò monet, ne
salutis periculo ob hoc se committant : sic enim in
eodem cap. 1. Trident. immediatè ad relata verba subditur : *Et haberi rationem, ut id œqua ex causa fiat,*
et absque ullo gregis detrimento ; quod an ità sit, abs-
cedentium conscientiœ relinquit, quam sperat religiosam
et timoratam fore, cùm Deo corda pateant, cujus opus
non fraudulentur agere, suo periculo tenentur. Notandum autem, quod Concilium *ibidem* moneat Episcopos, ne absint à suis Ecclesiis Cathedralibus tempore
Adventûs, Quadragesimæ, Nativitatis, ac Resurrectio-
nis Domini, necnon Pentecostes, et festi Corporis
Christi. An verò causæ suprà allatæ sufficiant ad excu-
sandam absentiam Episcoporum pro tribus mensibus
à Tridentino concessis, vel causæ majores his requirantur? Perpende id, quod in duplici loco de hoc
puncto dixit noster SS. P. Benedict. XIV. Nam in uno
videtur causam absolutè gravem requirere ad excusandum; in altero verò solas causas futiles excludit. En
verba Pontificis in Bulla, quæ incipit *Grave* etc. editâ die

21. August. 1741. (*in Bullar. t. 1 pag.* 63.) scribens ibi ad Episcopos Hibernos, et conquerens, quod aliqui ipsorum vix per mensem in suis Diœcesibus residerent, sic ait ; *Episcopi sanè residendi debito satis numquàm faciunt, qui per alium à se substitutum seu Vicarium Ecclesiam regunt, nisi fortè ad breve tempus, et gravi de causa id fieret.* In alia autem Bulla , quæ incipit *Ad universæ*, edita die 3. Septembris 1746. (*in Bullar. tom.* 2. *pag.* 28.) declarans , qualis sit causa *æqua* requisita à Tridentin. pro trimestri absentia Episcoporum , dicit : *Animi levitas , oblectationum cupiditas , aliæque futiles causæ excluduntur.*

' Insuper quòad hanc Episcoporum Residentiam' plura alia hîc sedulò oportet annotare , quæ habentur in Bulla *Ad Universæ* , mox suprà citatâ. In ea antè omnia confirmantur, et præcipiuntur servari in virtute sanctæ Obedientiæ Decreta hac de re edita per Pium IV. Gregor. XIII. et Clem. VIII. Et præsertim innovantur Decreta Urbani VIII. quibus præscriptum fuerat 1. Quod in curia possint Episcopi manere Romæ per mensem (qui tamen ex concessione Benedict. XIII. prorogari potest per alios 40 dies à Vicario Pontificis). 2. Quod Episcopi accedentes ad limina Apostolorum juxtà tempora statuta abesse possint per quatuor menses , et per septem , si ipsorum Ecclesiæ sint ultrà mare vel montes positæ. 3. Quod, si Episcopi occupari debeant in Conciliis Provincialibus , aut Congregationibus Ecclesiasticorum , vel in Officiis Reipublicæ , quæ suis Episcopatibus sint adjuncta , possint abesse pro tempore ad ea necessario. 4. Quod Episcopi non possint trimestrem absentiam à Tridentino concessam conjungere cum eo tempore , quo ipsi commorari debent : sivè cum eo, quod ipsis conceditur ad sacra limina visitanda ; sivè cum eo, quo propter aëris insalubritatem ipsis extrà Diœcesim degere permittitur ; nec possint trimestre unius anni conjungere cum trimestre anni sequentis.

' Deindè idem Benedict. XIV. in præfata Bulla renovat pœnas Episcopis non residentibus impositas à Tri-

déntin. *Sess.* 6 *cap.* 1 *et Sess.* 23 *cap.* 1. Item innovat
pœnam amissionis facultatis testandi, et disponendi,
si quæ transgressoribus ejusmodi competat, à Pio IV.
impositam, necnon pœnam inhabilitatis ad majores
Dignitates, et Ecclesias obtinendas indictam à Clem.
VIII. quibus addit privationem omnium Privilegiorum;
quæ transgressoribus tamquàm Pontificio Solio assistentibus concessa fuerint. Præereà declarat, quinam
comprehendantur nomine *Transgressorum,* his verbis:
*Decernentes sub Transgressorum nomine comprehendi
non solùm eos, qui præter tres menses à Concilio tolera-
tos, absque legitima causa, et expressa Roman. Pontificis licentia extrà proprias Diœceses commorantur,
sed eos etiàm, qui hujusmodi licentiam falsis simulatisve
causis dolosè extorquére non dubitaverint, vel, eà semel
ritè rectèque obtentà, præscriptos in eadem limites ac
præfinitum tempus prætergressi fuerint.* Vide alia infrà,
quæ in hac Bulla sanciuntur.

Notandum II. Quod sic pariter non excusentur à [23]
gravi culpa, et à restitutione fructuum Parochi non
residentes, ut declaravit idem Tridentinum *dict. Ses.* 23
cap. 1. Et hi tenentur residêre, quantùmcumque modicum sit Beneficium, ut dicunt *Salmant. tract.* 28
n. 109 *cum Barbos. et Reg. ex cap. Conquerente de Cler.
non res.* Statuit autem idem Tridentin. *loc. cit.* Parochos non posse discedere à suis Ecclesiis ultrà bimestre, nisi ex gravi causa, et cum licentia Episcopi in
scriptis; nec infrà bimestre, nisi idem ipsorum Épis-
copus causam, et Vicarium substitutum approbaverit.
Verba Concilii: *Eadem omninò. etiàm quòad culpam,
amissionem fructuum, et pœnas de Curatis inferioribus...
Sacrosancta Synodus declarat et decernit: ità tamen ut
quandòcumque eos, causá priùs per Episcopum cognitâ
et probatá, abesse contigerit, Vicarium idoneum, ab
ipso ordinario approbandum, cum debita mercedis assi-
gnatione relinquant. Discedendi autem licentiam, in
scriptis gratisque concedendam, ultrà bimestre tempus,
nisi ex gravi causa, non obtineant.*

Hîc autem dubitatur 1. an præfata licentia in scrip-

tis omninò requiratur, ità ut non valeat, si oretenùs
habeatur ? Negant *Less. l. 2 cap.* 34 *num.* 158 *et alii*
ap. Bonac. de Benef. D. 5 *p.* 5 *num.* 17 dicentes, Scripturam requiri tantùm pro foro externo, non autem ad
valorem concessionis, affirmant verò *Sanch. Dec. l.* 6
cap. 16 *n.* 31. *Palaus tract.* 13 *D.* 5 *p.* 5 *n.* 8 *et Nav.*
apud Bonac. loc. cit. nam, esto de jure naturæ Scriptura non sit necessaria ad valorem concessionis, hîc
tamen est necessaria, cùm à Tridentino licentia in
scriptis pro forma expostuletur. At, cùm hoc non constet, non puto improbabilem opinionem *Lessii*, quam
tenet etiàm *Viva Opusc.* 3 *q.* 3 *art.* 3 *n.* 7 *in fine*, et
probabilem censet *Croix lib.* 3 *p.* 1 *n.* 739 imò *Conin-*
chius, et Reg. ibid. dicunt, sufficere licentiam tacitam,
saltèm si talia concurrant signa, ut constet Episcopum
actu consentire. Dicit autem *Mazzota tom.* 2 *pag.* 412,
sufficere etiam licentiam præsumptam ; sed ait *Croix. l.*
c. hanc licentiam præsumptam sivè interpretativam
à nullo admitti. Vide dicta *n.* 18 *v. Secunda.* Imò S. C.
Concilii (ut notat *P. Zacharia ap. Croix d. num.* 739.)
declaravit tamen licentiam oportere esse expressam,
    Dubitatur 2. an Parochus, habens justam discedendi
causam, possit per dictos duos menses abesse sine licentia Episcopi ? *Prima* sententia affirmat, eamque
tenent *Nav. Man. c.* 25 *num.* 121. *Cabass. T. J. l.* 5
c. 1 *num.* 4 item *Bon. Rodr. Lop. etc. apud Salm. num.*
117. probabilemque putant *Less. l. 2 c.* 34 *nu.* 159.
Croix l. 3 *p.* 1 *num.* 142. *Azor. p.* 2 *l.* 7 *cap.* 4 *q.* 10 *et*
Pal. tr. 13 *D.* 5. *n.* 3 *cum Sa , Zerol. etc.* Ratio , quià
(ut dicunt) hoc jam permissum erat antè Concilium,
ut patet ex *cap. Præsentium quæst.* 1 ubi præcipitur, ut
Sacerdos, qui causâ infirmitatis aberat à sua Ecclesia
per bimestre, ultrà tamen tempus ei ab Episcopo
præfixum, et ideò fuerat à suo Episcope remotus,
à Pontifice in locum suum restituatur. Ad absentiam autem duorum mensium quælibet causa honesta
sufficit, ut patet ex verbis Tridentini suprà relatis ;
ergò licentia et probatio Episcopi non requiritur prò
tali absentia, sed tantùm pro absentia, ultrà bimes-

tre, pro qua Episcopus debet causæ gravitatem approbare. *Secunda* tamen sententia, quam sequimur,
negat, eamque tenent *Barbos. de Potest Episc. Alleg.*
53 *num.* 96. *Elbel to.* 2 *pag.* 527 *num.* 362 qui oppositam vocat vix probabilem, *Roncag. de Benefic. c. 2.
q. 4. R. 2. Holzm. tom.* 1 *p.* 433 *num.* 428 *et Salm. l. c.*
cum *Vasq. Garc. Gom. Fill. etc.* ex quadam declaratione S. C. apud *Garciam.* Ratio, quia, licet ex Concilio non exigatur gravis causa ad discedendum per
bimestre, absolutè tamen requiritur, ut causa ab
Episcopo agnoscatur, et probetur, ex illis verbis,
*quandòcumque eos abesse contigerit, causd priùs per
Episcopum cognitâ et probatâ.* Tantò magis, quòd Parochus à Concilio prohibeatur discedere, nisi priùs ab
Episcopo approbetur Vicarius, qui relinquitur. Dicit
tamen *Anacl. p.* 416 *n.* 77, in hoc servandum esse usum
Diœcesium; et an rigor iste sit usu receptus, ait *Less.
d. n.* 159 *? Credo.... non esse usu receptum.* Si autem
Episcopus jam causam, et Vicarium approbaverit,
nulla alia licentia requiritur ad discedendum, ut patet ex verbis Concilii suprà relatis *num.* 123.

Cæterùm licitè potuit Parochus abesse per breve
tempus sine licentia, si aliqua occurrat necessitas,
quæ moram non patiatur Episcopum adeundi, modò
idoneum Vicarium relinquat, ut rectè ajunt *Sporer
tom.* 3 *p.* 74 *n.* 30 *Elbel p.* 534 *n.* 379 *cum communi,
et Anacl. p.* 416 *n.* 78 qui hoc ut certum habet, et
approbavit S. C. Concil. ut notat *P. Zachar. ap. Croix
l. 3 p.* 1 *ad n.* 740. Debet verò Episcopum certiorem
reddere de suo discessu et causa, ut ille causam agnos-
cat, et licentiam saltèm posteà præbeat, nisi brevi fiat
reditus, *Elbel. cum Garcia, Sporer ll. cc. cum Fag. Abb.
Anacl. etc.*

Item ex parvitate materiæ poterit Parochus excusari
saltèm à mortali si discedat per modicum tempus, ut
communiter dicunt DD. modò non relinquat infirmos
in articulo mortis. Quantùm autem sit hoc modicum
tempus? S. C. Concilii apud *Garciam,* ùt referunt
Salm. num. 113 sic declaravit: *Parochum non posse*

*abesse absque licentia per hebdomadam, etiàm relicto
Vicario idoneo ab Ordinario approbato.* Verumtamen
communiter admittunt *Holzm. p.* 433 *num.* 427. *Ronc.
quæst.* 3 R. 2 *et Sporer num.* 31 *pag.* 74 *cum Pal. Bor-
bosa et Anacl.* non peccare graviter Parochum, qui
absit sine licentia per sex vel septem dies, relicto tamen Vicario idoneo; Imò *Tourn. pag.* 34 *n.* 5. *Cabas.
lib.* 5 *cap.* 1 *n.* 4. *Sanch. de Matr. lib.* 7 D. 71 *n.* 11 *et
Reg. Valer. apud Salm. n.* 113 id extendunt usquè
ad 15 et 30 dies. Verùm per Synodum Romanam sub
Benedicto XIII *tit.* 15 *c.* 6 vetitum fuit Parochis, ne dis-
cederent à Cura ultrà biduum sine Episcopi vel Vicarii
Generalis licentia in scriptis: sed per aliquos viros pro-
bos tamquàm certum mihi fuit affirmatum, præfatam Synodum non fuisse in nostro Regno receptam. Cæterùm
non acquiesco opinioni, quam tenet *La Croix l:* 3 *p:*
1 *n.* 741 ubi ait, non peccare graviter Parochum, si absit per bimestre sine licentia, sed cum causa, et sine
gravi damno ovium: quià (ut ait) id non est per se
malum, alioquin Concilium numquàm admisisset absentiam per bimestre etiàm præviâ licentiâ: quod autem non petatur eo casu licentia, censet non esse materiam gravem. Imò affert *ibid. Nav. Gurz; Bonac. Barb.*
et alios, qui excusant Parochum à mortali, etiàmsi
abesset sine causa, quià talis absentia per se censetur
modica; Undè *Navar. Azor. Castrop. Bonac. et alii ap.
Croix n.* 743 eum tali casu non obligant ad restitutionem fructuum. Quidquid tamen sit de his, benè poterit Episcopus prohibere Parochos, ne omninò discedant
à suis Ecclesiis, esto nequeat eos obstringere per excommunicationem, ne per biduum quidem absint, ut
dicunt *Salm. n.* 103. *Ronc. q.* 4 R. 2. *Bonac. D:* 5 *p.* 3
n. 8 Decreto S. C. *ap. Garc. et Barb.*

124 Quæritur II. Quo in loco Beneficiarii teneantur residere? Papa tenetur residere Romæ, proùt etiàm Cardinales; ità *Ronc. de Benef. c.* 2 *q.* 3 R. 2. *Salm. tr.* 28
n. 97. Episcopos autem, alii dicunt teneri ad residendum in sua Cathedrali; nec satis esse si resideant in
Diœcesi, ut *Salm. n.* 98. *Fag. in c.* 34 *de Cler. non resid.*

Roncag. l. c. cum Barb. et Sporer pag. 73 *n.* 25 *ex c. Placuit. ut nemini q.* 1 ubi ex Concilio Carthag. *c.* 5 sic statutum fuit : *Placuit, ut nemini sit facultas, relictâ principali Cathedrâ, ad aliquam Ecclesiam in Diœcesi constitutam se con ferre, vel in re propria diutiùs, quàm oporteat constitutam curam vel frequentationem propriæ Cathedræ negligere.* Si verò Episcopus habeat duas Cathedrales, potest ubi mavult residere, ut *Salm. l. c.* ex Bulla Urbani VIII. Alii tamen veriùs, ut *Hol. tom.* 1 *p.* 433 *n.* 426, *Cabass. T. J. lib.* 5 *c.* 1 *n.* 2 eisque adhæret *Bon. t.* 1 *D.* 5 *p.* 3 *n.* 5, dicunt, posse residere Episcopum in quocumque loco suæ Diœcesis; et de hoc videtur non posse dubitari, cum in Tridentino expressè dicantur Episcopi *obligari ad personalem in sua Ecclesia. vel Diœcesi residentiam.* Idèmque declaravit N. P. in Bulla, quæ incipit, *Ubi primùm,* editâ 3 *Decemb.* 1740 §. 4 dicens: *Personalem in Ecclesia vestra, vel Diœcesi servetis residentiam.*

Parochi autem debent habitare in domo suæ Ecclesiæ, si ibi adest; si verò non adest, debent residere in alia domo, quæ sit intrà limites Parochiæ, saltèm moraliter, nempè quæ sit ità Propinqua Ecclesiæ Parochiali, ut commodè possit ei inservire : et quò Parochiani facilè queant ad ipsum recurrere pro Sacramentis suscipiendis; ità *Palaus tract.* 13 *D.* 5 *part.* 2 *n.* 1. *Bon. de Benef. D.* 5 *p.* 5 *n.* 4 *et Salm. tr.* 28 *n.* 110 *cum Nav. Bard. Hurt. et Garcia;* Hinc rectè dicunt *Bon. et Salm. ll. cc.* nequaquam residentem censeri Parochum, qui habitaret procùl à sua Ecclesia per tria, aut quatuor milliaria ; imò etiàm per duo, ut non irrationabiliter sentit *Croix. lib.* 3 *p.* 2 *n.* 745. Imò *ibid.* addit cum *Luc., Leur. Lot. etc.* non satis residere Parochum, etiamsi habitet intra fines Parochiæ, si oves non facilè eum accedere possint. Parochus verò, qui haberet duas Parochias perpetuò unitas, quarum nulla sit dignior, aut frequentior, aut existens in Civitate, poterit habitare in ea, in qua velit: ut *Salm. ibid. cum Nav. Pal. Hurt. Bard. et Garcia,* qui refert, hæc fuisse decisa ex variis Declarationibus S. C...

125 · Quæritur III. Quæ sint causæ excusantes Episcopos, et Parochos à residentia? Quatuor ex Trident.
sess. 23 *cap.* 1 assignantur causæ, nempè *christiana
charitas, urgens necessitas, debita obedientia, et evidens Ecclesiæ, aut Reip. utilitas.* Has tamen causas decernit Concilium, quòad Episcopos excusandos pertinet, approbandas esse in scriptis vel à Pontifice vel
à Metropolitano, vel eo absente à suffraganeo Episcopo antiquiore residente, qui Metropolitani absentiam
probare debebit. Sed nunc semper ad Papam recurrendum, ut *n.* 222 *in fin.* Quòad Parochos verò, causæ
approbari debent à suis Ordinariis, ut jam suprà diximus. Sed de præfatis causis sigillatim agendum.

Et I. Ratione *Christianæ charitatis* excusantur Pastores Animarum, si abesse debeant ad componendas
inimicitas, præsertim personarum potentium; ut
Ronc. cap. 2 *qu.* 4. *Barbos. Ail.* 53. *Holzm. pag.* 434
n. 428. *Elbel tom.* 1 *pag.* 527 *n.* 363. *Tourn. tom.* 3 *pag.*
33. *Salm. n.* 102 *cum Sot. Vasq. etc.* Vel ad opitulan-
dum alteri Ecclesiæ, quæ indigeat eorum prædicatione, ut liberetur ab hæresi, vel aliis gravibus flagi-
tiis; *Palaus tr.* 13 *D.* 5 *p.* 4 *n.* 4 item *Ronc. Holzm.
et Elbel. ll. cc.* Modò, advertit *Palaus cum Tol. et Barb.*
hoc non fiat cum notabili detrimento propriæ Ecclesiæ.

II. Ratione *Urgentis Necessitatis* excusantur Pastores, quandò eis imminet periculum extrinsecum mortis ab inimicis (vel gravis damni in bonis, ut ait *Petrocorens. l. c.*) dummodò præsentia Pastoris non sit
necessaria ad salutem subditorum, nempè ad confirmandos eos in fide, vel ad Sacramenta eis ministran-
da, et aliàs sufficienter ipsis per Vicarios provideatur,
ut docent communiter DD. cum *S. Thom.* 2. 2 *q.* 185
art. 5 cujus verba retulimus *lib.* 3 *n.* 361 *v. Dub. III
pag.* 129. Dicit autem *Ronc. c.* 2 *q.* 4 cum *Fagn. in c.
Clericos de Cler. non resid. n.* 25 et 26 ex Decr. S. C.
quod, si aliquis Parochus gravem haberet inimicitiam,
posset discedere per sex menses, constituto idoneo
Vicario, et licentiâ obtentâ; quæ posset prorogari,
si inimicitia perduraret; sed transacto anno debet

Parochus induci omninò ad resignandam vel permutandam Ecclesiam. Insuper animadvertendum, quod talis absentia tum tantùm permittatur, cùm periculum sit particulare ipsius Pastoris, non verò quandò est commune totius Populi, proùt accidit tempore pestis, ut docent communiter *Fagn. l. c. n.* 38. *Tourn. t.* 3 *p.* 33. *Ronc. c.* 2 *Quæst.* 4. *Sporer p.* 74 *n* 32 *et Elbel t.* 1 *p.* 529 *n.* 170 et sic referunt *Fag. et Sporer* declarâsse S. C. an. 1576 die 11 Octobris, instante S. Carolo Borromæo. Et idem dicendum ait *Spor.* de tempore incursionis hostium.

Sic pariter excusantur Pastores à residentia ob periculum intrinsecum infirmitatis, puta si eos oporteat abesse à suis Ecclesiis propter insalubritatem aëris, ut communiter docent *Cajet.* 2. 2 *q.* 185 *art.* 5. *Petr. de Benef. t.* 4 *p.* 505. *Tourn. pag.* 33. *Holzm. pag.* 433 *n.* 428. *Salmantic. n.* 102 *et Laymann. l.* 4 *tr.* 2 *c.* 6 *n.* 5 *ex c. Præsentium* 7 *Q.* 1 *etc. Ad audientiam de Cler. non res.* Modò tamen, ut benè advertunt *Tourn., et Salmantic. ll. cc.* cum *Bellarmin. Vasq. Hurtado*, infirmitas non sit perpetua, et absentia non sit ovibus graviter nocitura, nam tunc deberet Pastor vel residere, vel Curam resignare. Hîc autem advertendæ sunt Regulæ, quas super hac causa infirmitatis præscripsit Bened. XIV in Bulla, *Ad universæ*, suprà relata; et quas mandavit servari ab iis, ad quos spectat; in ea sic loquitur: *Qui verò licentiam abessendi petierint ratione infirmitatis extrà Diœcesim contractæ, dum vacatione à Concilio inductâ uterentur, asserentes eâ de causa regressum ad propriam Diœcesim sibi prohiberi, exponere debebunt contractæ infirmitatis qualitatem, et super ea testimonium Medici juramento firmatum exhibere. Atque ubi petita licentia ipsis indulgeatur, ea semper ad certum ac definitum tempus concedi debebit, adjectâ quoque clausulâ, si tamdiù infirmitas duraverit.*

Ab iis autem, qui hujusmodi licentiam postulaverint, eò quod aëris mutatione opus sibi esse dicant ad convalescendum ex morbis, quos in suis Ecclesiis residen-

do contraxerunt, exprimendum erit in precibus, quo morbi genere, quàm graviter laborant, ac proferendum testimonium Medici, qui jure jurando testetur, utile ac necessarium Oratori esse, ut in aliam Regionem atque aërem per aliquod tempus se transferat. Nec illud silentio prætereundum, an scilicet Orator, antequàm morbo corriperetur, trimestri licentiâ à Concilio permissâ usus fuerit : Si enim id nondùm fecerit, et tempus à Concilio indultum sufficiens ipsi non reputetur, poterit eidem concedi, ut per quatuor menses, in quibus tamen Conciliares menses comprehendantur, à Residentia absens permaneat : At si prædictos Conciliares menses, remoto omni dolo et fraude, jam extrà Diœcesim transegerit, tantùm temporis ipsi indulgeatur, quantum ad confirmandam ipsius valetudinem verè necessarium esse prudenter judicabitur.

Qui tandem licentiam commorandi extrà Diœcesim postulabit propter malignitatem aëris, quem in sua Diœcesi aliquo anni tempore insalubrem esse affirmet; is videat etiam atque etiam, quid agat : Et quid pro veritate exponat, quibus anni mensibus perniciosus sit Regionis aër : Item, an eodem cæli temperies totam comprehendat Diœcesim, ità ut nullus intrà ejus tractum locus existat, in quo suspectum illud tempus absque salutis detrimento transigere valeat; postremò, an Conciliaribus mensibus usus fuerit: Etenim, si nondùm eos sibi sumpserit, non ægrè obtinebit Indultum abessendi per quatuor menses (quatenùs periculum ab aëre tamdiù durare censeatur), in quibus tamen tres illi à Concilio permissi numerandi erunt : Si autem hujusmodi Concilii indulgentiâ jam usus fuerit, frustra novum Indultum prædicta de causa ab Apostolica Sede postulabit : sibique imputare debebit, quòd, cùm sciret certo anni tempore in sua Diœcesi aërem insalubrem fore, concessos vacationis menses in tempus illud non reservaverit. In omnibus autem absentiæ Indultis, quæ ratione aëris insalubris imposterùm concedentur, hanc clausulam adjici volumus : Dummodò intrà Diœcesim aliquis locus non adsit, in qua aër salubris sit, et in quo Episcopus commorari possit.

III. Ratione *Debitæ Obedientiæ* excusantur Episcopi. vel Parochi, si absunt, ut obediant Pontifici vel suis Ordinariis ob bonum Ecclesiæ, vel Reipublicæ, ut dicunt *Elbel p.* 527 n. 363. *Salm. n.* 103. *et Holzm. pag.* 433 n. 428. vel ob quamcumque aliam gravem causam, ut ait *Tournely. pag.* 34. Dummodò absentia sit ad breve tempus, nam aliàs requiritur absoluta necessitas boni communis, ut *Salm. n.* 103. *cum Caj. Gonzal. Soto, Vasq.* etc.

An autem Episcopus possit retinêre Parochum, ut sit suus Vicarius, Visitator, aut Secretarius? Affirmant *Nav. Sylv. Oxeda, et alii apud Salm. n.* 121. Sed melius id negant *Bonac. D.* 5 q. 2 n. 4. *Tournely pag.* 34. *Ronc. c.* 2 q. 4. *Salm. n.* 122 *cum Gonsal. Garcia, etc. uc Viva Opus.* 3. q. 3 ar. 2 n. 8. qui refert, S. Congregationem sic declarâsse : *Episcopus non potest uti operâ Parochi in Visitatione, vel in alio servitio suæ Diœcesis, nisi pro tempore illi permisso duorum mensium.* Excipit *Palaus D.* 5 p. 4 n. 9. *cum Vasq. Azor. et Barbos.* si talis sit indigentia, ut non sit alius, qui hujusmodi legitimè præstare possit.

IV. Ratione *Evidentis Ecclesiæ, aut Reip. Utilitatis* excusantur Pastores, si absunt causâ assistendi Synodis Provincialibus vel Diœcesanis ; Vel ut defendant se, vel suos, aut Ecclesiam apud Curiam Regiam in gravi negotio, ut dicunt *Salm. n.* 102. *cum Soto, et Vasq. Roncagl. c.* 2 q. 4 *et Bonac. D.* 5 p. 5 n. 12. (contrà *Nav.*) cum quadam Decisione Rotæ Rom. ex *c. Ex parte* 13 *de Cler. non res.* ubi dicitur : *Quod si ; non absentando in fraudem, Præpositurœ tuœ jura fideliter prosequeris, ex hoc censeri debeas residens.* Hoc tamen intelligendum (benè advertit *Ronc. l. c.*), modò non sit alius, qui æquè utiliter id implere possit. Insuper præscribit Bened. XIV. in Bulla suprà cit. quod in hujusmodi litibus pro Ecclesia vel Clero tuendo Episcopus exponere debeat gravitatem litis et causas, per quas necessaria creditur ejus assistentia ; et an mensibus conciliaribus usus fuerit : nam si non dum usus sit, rescribere debebit, ut iis ad hunc efsectum utatur : si verò usus fuerit, concedatur illi licentia, ut absit non usquè ad exitum causæ, sed quamdiù necesse erit ad Advocatos et Judices instruendos. Si autem lis pertineat ad suam familiam, alia licentia ipsi non concedetur, nisi pro mensibus conciliaribus.

. Nullo autem modo poterunt abesse, etiàm cum licentia Pontificis , ad fungendum Officio Proregis, Consiliarii, etc. nisi id exigat bonum commune, ut dicunt *Azor. Sotus , Bardi , Diana , etc. apud Salm.* n. 105. Sed meliùs id intelligendum, ut docent *Vasq. Barb. Garcia , et Molfes. apud Bonac. D. 5 p. n.* 9. si non sint alii, qui æquè utiliter, et fideliter talia Officia exercere valeant.

226 - Quæritur IV. Quandò et quomodò Episcopi , ac Parochi teneantur ad restitutionem fructuum suorum Beneficiorum ? Antè omnia advertere oportet, quæ super hoc puncto statuit Tridentinum, nam in *Sess. 6 c. 1. de Ref.* sic præscripsit: *Si quis à Patriarchali, Primatiali, Metropolitana, seu Cathedrali sibi quacumque titulo.... commissa....rationabilibus causis cessantibus, sex mensibus continuis extrà suam Diœcesim morando abfuerit, quartæ partis fructuum unius anni fabricæ Ecclesiæ, et pauperibus loci per Superiorem Ecclesiasticum applicandorum pænam ipso jure incurrat. Quod si per alios sex menses in hujusmodi absentia perseveraverit , aliam quartam partem fructuum similiter applicandam eo ipso amittat.* Deindè in *Sess. 23 c. 1 de Ref.* declaravit, Episcopum ultrà tres menses, et sine justa causa absentem à sua Ecclesia : *Præter alias pænas adversùs non residentes sub Paulo III. impositas et innovatas, ac peccati mortalis reatum....., eum pro rata temporis absentiæ fructus suos non facere, alid etiàm declaratione non secutâ....., sed teneri..... per Superiorem Ecclesiasticum illos fabricæ Ecclesiarum , aut pauperibus loci erogare, prohibitâ quacumque conventione.* Deindè respectu Parochorum hæc subdit : *Eadem omninò, etiàm quàd culpam, amissionem fructuum, et pænas, de Curatis inferioribus etc. sacrosancta Synodus declarat et decernit*

Sed dubitatur 1 an Pastores Animarum teneantur [127] ad restitutionem fructuum , si absint sine licentia , sed cum justa causa? Negat *Viva Op.* 3 *q.* 3 *art.* 3 *n.* 7. et dicit quod, si causa absentiæ sit evidenter justa, non teneantur restituere fructus, nisi post sententiam Judicis , modò per alios ovibus sufficienter providerint. Ratio , quià talis restitutio non debetur , nisi quandò violatur jus naturale contractûs , quòd hîc non violatur ; non verò quandò læditur solùm jus positivum , tunc enim requiritur sententia , ut pœna incurratur. Sed quòad Episcopos aliter hodiè dicendum ex Bullâ suprà relatâ N. SS. P. Bened. XIV. *Ad universæ* , ubi sancitur, quod , si Episcopus ultrà menses Conciliares absit *sine licentia expressa Romani Pontificis* , habeatur ùt transgressor , et fructus non faciat suos, et alias incurrat pœnas transgressoribus impositas. Vide *n.* 122 *in fin.*

Dubitatur 2 an restituendi sint fructus , si absentia sit inculpabilis , quià scilicet facta fùit bonâ fide , et cum existimatione causæ excusantis à residentia ? Negant *Vivà dict. art.* 3 *n.* 9. *et Garcia apud Bonac. D.* 5 *p.* 4 *n.* 10. Ratio , quià obligatio restitutionis vel est de jure positivo tamquàm pœna , et hæc non debetur nisi post sententiam ; vel est de jure naturali , et ex benignitate Ecclesiæ præsumitur, nolle ipsam damnare ad talem restitutionem Beneficiarium , qui inculpabiliter suæ obligationi non satisfacit ; proùt Beneficiarius inculpabiliter omittens recitationem Officii probabiliùs non tenetur restituere fructus Beneficii , ùt communissimè docent DD: vide dictâ *l.* 3 *n.* 665. esto plures Auctores sentiant , Beneficiarios de jure natùrali ad Officium tenêri ; Sed huic opinioni minimè acquiesco, nam ùt certum habendum puto , quod hæc obligatio non sit de jure positivo , sed de jure naturali et Divino , cùm de jure naturali Divino teneantur Pastores residere, ut ex Tridentino probavimus suprà *n.* 121. Posito igitùr , quod Pastores teneantur de jure natùrali ad residentiam, ad eam quidem non aliâ ratione tenentur , quàm contractûs initi inter ipsos et Ecclesiam, ex quo dantur eis fructus Beneficiorum sub conditione residentiæ'; quâ non impletâ, etiàm sine culpa, nullo modo Pastores tales fructus acquirunt. Præsumptio autem illa, quod Ecclesia fructus remittat illis, qui sine culpa non resident, valdè dubia est; imò potiùs præsumitur Ecclesia oppositum velle, ne pateat via ad eludendam hanc residentiam tàm rigorosè ab ipsa Ecclesia requisitam : Tantò magis, quod N. P. Benedict. XIV. in citata Bulla *Ad universæ*, expressè declaraverit, haberi tamquàm transgressores, et fructus non facere suos, Episcopos qui *sine legitima causa* à suis Ecclesiis absunt. Nec obstat paritas allata Beneficiariorum inculpabiliter omittentium Officium, nam (ut diximus *l.* 3 *d. n.* 665 et dicemus infrà *n.* 145 *Q. I.*) communiter DD. docent, proùt fatetur *Covarr.* contrariæ sententiæ fautor, quod Beneficiarii non jam teneantur ad restitutionem fructuum de jure naturali, sed positivo ex Concilio Lateran. et ex Bulla S. Pii V. ubi talis restitutio omittentibus præcipitur.

Dubitatur 3 an teneantur restituere fructus Pastores, qui inutiliter in suis Ecclesiis resident? Negant *Garc.*, et *Led.* apud *Viva cit. Opusc.* 3 *q.* 3 *art.* 3 *n.* 8; quià (ùt dicunt) absentia est rigorosè explicanda, undè semper ac non absint, possunt fructus lucrari, satisfaciendo per alios suis obligationibus. Sed veriùs affirmat *Viva loc. cit.* tum quià restitutio fructuum reverà, ùt diximus, ab his non tantùm debetur de jure positivo ratione pœnæ, sed etiàm de jure naturali ratione contractûs, sivè conditionis residentiæ in contractu appositæ non impletæ, quæ conditio quidem non potest intelligi de sola residentia corporali: Tum quia, etiàmsi restitutio fructuum non deberetur de jure naturali, sed ex sola lege pœnali Tridentini, adhùc Pastores inutiliter residentes tenerentur fructus restituere; dum Concilium in *cit. ses.* 23. *c.* 1 *de Ref.* postquàm declaravit ipsos obligari ad personalem residentiam, addidit : *Ubi injuncto sibi officio defungi teneantur.* Atque in Bulla *Grave*, Bened. XIV. declaratur residentia non esse vera, nisi sit formalis.

Hinc communiter dicunt DD. ut *Salm. t.* 28 *n.* 114 *cum Vasq. Barbos et Garc.* ex Declarat. S. C. quod Parochus non reputetur residere, si per ipsum non exerceat principaliora munera, nempè administrationem Verbi Divini, Sacramentorum, etc. Et quòad Episcopos, ut ait *Sporer tom.* 3 *p.* 73 *n.* 27. quod, licet ipsi regulariter, juxtà consuetudinem non teneantur per se prædicare, et Sacramenta ministrare, debeant tamen personaliter invigilare, ut per alios id præstent, et insuper gregem bono exemplo instruere, ac pauperibus subvenire. Dictum est *regulariter*, nam puto, saltèm aliquandò Episcopos tenêri ad concionandum, dum ipsi (ut declarat Tridentinum *d. c.* 1 *sess.* 23.) de jure Divino tenentur oves suas Verbi Divini prædicatione pascere. Hocque per idem Concilium *Sess.* 5. *c.* 2 declaratur : *Omnes Episcopos.... et Prælatos tenéri per seipsos, si legitimè impediti non fuerint, ad prædicandum... Si quis autem hoc adimplere contempserit districtæ subjaceat ultioni.* Circà obligationem autem Parochorum concionandi, et Sacramenta ministrandi, vide dicta *l.* 3 *n.* 267. *v. Hìc obiter, et n.* 358.

Sentit autem *Hurtadus l.* 3 *de Resid. Paroch. Resp.* 9 *contrà Sancium*, non esse tutum in conscientia Parochum, qui degens in Parochia per duos menses, Sacramenta per seipsum non ministraret, nisi in Beneficio constitutus esset alius Vicarius perpetuus, ùt dicunt *Salm. num.* 114 *cum Gonzal. Barb. et Garc.* Censet tamen *Viva cit. art.* 3 *n.* 9 *cum Sancio*, esse valdè probabile, quod Episcopus vel Parochus absens cum justa causa, et tantò magis inutiliter residens in sua Ecclesia per tres menses, vel duos, ipsis respectivè à Trid. concessos, non teneatur ad restitutionem fructuum. Idque non omninò improbabile videtur, cùm ex Concilio *dict. cap.* 1 præfatum spatium non reputetur gravis materia; nam pro trimestri Episcoporum absentia utitur verbo illo *aliquantisper*; et pro bimestri Parochorum gravem non requirit causam. Dicunt verò *Bon. et Barb. ap. Croix l.* 3 *p.* 1 *n.* 752, quod Pa-

rochi, qui tantùm habitu sunt Curati, possint totam
Curam Sacellanis committere. Curati autem etiàm actu
peccant mortaliter, si semper per alios ministrent,
cùm ipsi commodè possint; Secus, si aliquandò ministrent, per se præsertim Sacramentum Pœnitentiæ;
et aliàs per Sacellanos.

Dubitatur 4. an Episcopus vel Parochus non residens teneatur ad integram restitutionem fructuum,
tempori absentiæ respondentium (Affirmat *Nav. apud
Bonac. de Benef. D. 5. p. 4 n.* 5 quià (ut ait) Tridentinum indefinitè absentes privat eos fructibus; propositio enim indefinita æquivalet universali. Negant
verò probabiliter *Bon. loc. cit. Barbos. de Pot. Ep. pag.
3. Alleg. 43 n. 10. Croix l. 3 n. 737 et Viva Opusc. 3.
q. 3 art. 3 n. 3 et 4 cum Vasq.* et communi, ùt asserit;
idemque ait *Viva* et de omnibus aliis Beneficiariis ad
residentiam obstrictis. Ac ejusdem sententiæ, ait *Bon.*
debere esse omnes DD. qui excusant ab integra restitutione fructuum Beneficiatos omittentes recitationem
Horarum, ùt retulimus *lib. 3 num.* 672. *Quæst.* 10
Ratio, quià fructus non solùm dantur Pastoribus pro
oneribus residentiæ, sed etiàm pro recitatione Divini
Officii, et aliis muneribus; undè Concilium Tridentinum, cum oppositum non expresserit, benignè in-
terpretandum velle, quod præfati Pastores teneantur
restituere fructus tantùm residentiæ respondentes,
juxtà rationem naturalem, quæ dictat, quod, si quis
duplici onere gravatur, nòn sit privandus integrâ
mercede, cùm unum adimpleat.

128   Quæritur V. Quibus restitui debeant fructus à non
Residentibus? Hìc notanda est differentia inter rationem faciendam à Beneficiario ob omissionem Horarum; et ob omissionem residentiæ. Illa enim potest
fieri quibusque pauperibus, et in fabricam domûs Beneficii, sivè in emendis, aut meliorandis agris Beneficii; quià omnia hæc veniunt nomine *Fabricæ Beneficii*,
ùt dicitur in Bulla S. Pii V. vide *dicta lib.* 3 *n.* 672. Ob
omissionem autem residentiæ, restitutio debet omninò
erogari vel in *fabricam Ecclesiæ*, vel in *pauperes illius*

loci, ut sancitur in Trid. *Sess.* 23 *c.* 1. Vide *Bon. q.* 5. *p.* 4. *et Viva Opusc.* 3 *q.* 3. *art.* 4 *n.* 1. Nec satisfacit Pastor non residens, applicando restitutionem in Missis vel aliis suffragiis pro Animabus Purgatorii illius loci; quià reverà Animæ defunctorum non possant ampliùs diei pauperes loci illius.

Dicit autem *Viva loc. cit. cum Less.* et communi, ùt asserit, quod benè posset Beneficiarius sibi restitutionem applicarê, casu, quo ipse verè esset pauper, cùm non debeat inferioris esse conditionis, quàm alii pauperes; modò id non faciat in fraudem, nempè si non resideat eo animo, ut posteà applicet deindè sibi fructus ratione paupertatis; fraus enim nulli debet patrocinari, ùt diximus *lib.* 3 *n.* 672; et sic dicit *Viva n.* 4, qui tamen excipit; si fortè Beneficiarius in gravem necessitatem posteà incideret, et pœnitentiâ ductus proponeret se emendare in futurum. Insuper *Viva n.* 5 *et Bon. de Hor. Can. D.* 1 *q.* 5 *p.* 4 *n.* 10 *cum Suar. Nav. Az. Men. etc.* communiter docent, quod, si pauperes donarent Beneficiario fructus restituendos post ipsorum traditionem, tunc benè posset ille hos retinere; secùs verò, si donarent antè traditionem; quià tunc donatio est nulla; pauperes enim nullum jus certum et firmum habent ad illos fructus, sed tantùm vagum et incertum, cùm sit in potestate Beneficiarii eligere pauperes, quos velit.

Hîc ultimò plura annotare oportet circà residentiam Canonicorum in loco Beneficii. Antè omnia animadvertenda sunt verba Tridentini, quæ circà id habentur in *Sess.* 24 *c.* 12 *de Ref.* ibi: *Prætereà, obtinentibus in eisdem Cathedralibus, aut Collegiatis Dignitates, Canonicatus, etc. non liceat vigore cujuslibet statuti, aut consuetudinis ultrà tres menses.... quolibet anno abesse, salvis nihilominùs earum Ecclesiarum Constitutionibus, quæ longius servitii tempus requirunt. Alioquin primo anno privetur unusquisque dimidiâ parte fructuum, quos ratione etiàm Præbendæ ac residentiæ fecit suos. Quod si iterùm eâdem fuerit usus negligentiâ, privetur omnibus fructibus, quos eodem anno lucratus fuerit. Crescente*

verò contumacia, contrà eos juxtà sacrorum Canonum
Constitutiones procedatur. Insuper ex Diplomate N. SS.
P. Benedicti XIV. (quod retulimus l. 3 n. 675 v. Dubitatur 3) habetur, quòd Canonici Choro non in-
teressentes, sivè non canentes, psallentesve, non
solùm amittant Distributiones, ùt jam statutum erat
in eod. can. 12. Concilii (cujus verba retulimus eod.
l. c.), sed etiàm fructus omnes Præbendarum, cum eos
non faciant suos. Si ergò non faciunt fructus suos non
canentes, tantò magis non faciunt non residentes.
Præterquàm quod id clarè eruatur ex eodem Tridentini loco mox suprà citato (quidquid dicat Bon. t. 1
D. 5 de Onere Benef. ad Resid. p. 4 n. 16., dum ibi
dicitur, quod Canonicus non residens ultrà tres menses, privetur dimidid parte fructuum, quos ratione etiàm
Præbendæ ; ac residentiæ (nota) fecit suos. Ergò si
Canonicus ratione residentiæ facit fructus suos, non
residendo suos non facit. Dicit autem Bonacina, (et
hoc valdè probabile est) l. c. cum Gar. Macigna, ex
quadam Declar. S C. Canonicos non privari fructibus,
si tantùm per paucos dies ultrà tres menses absint ;
hujusmodi enim transgressio non videtur talis, ut prædictam gravem pœnam privationis medietatis fructuum
mereatur.

· Canonici autem tribus mensibus, quibus absunt,
non lucrantur Distributiones, sed benè lucrantur
fructus Præbendæ : Modò (ùt benè ait Concina tom. 2
p. 535 n. 32 cum Garcia) reliquo tempore anni rese-
derint, et Chorum frequentaverint, contrà Palaum tr.
7 D. 3 p. 9 n. 10 et Bon. de Hor. Can. D. 2 q. 5 p. 4
n. 22 et 25 qui dicunt, Canonicos absentes majori anni
parte non ideò carere privilegio trium mensium ipsis
concesso, quià privilegium non datum est residentibus, sed obligatis ad residendum ; aliàs Canonici non
possent eo privilegio frui, nisi priùs per novem menses
jam resedissent, quod certè non esset juxtà usum receptum, dum in qualibet anni parte tres menses privilegii accipere solent. Sed huic opinioni non acquiesco, quià Concilium præbendatos ultrà tres menses

absentes absolutè privat fructibus Præbendæ ; atque
etiàm eos damnat ad restituendam medietatem fructuum , quos ratione residentiæ fecerânt suos; quapropter ipsi ex Concilio post absentiam trium mensium privantur omninò præfato privilegio. An autem
Canonicus , qui inutiliter prodigit tres menses à Trid.
concessos , teneatur restituere fructus Beneficii; affirmant *Palud. et Nav. apud Conc. pag.* 535 *n.* 32. Sed
probabiliùs negant *ibid. Sanch. Pelliz.*, *et Leand.* Ratio,
quià Concilium absolutè concedit Canonicis, ut per tres
menses absint , nullâ speciali causâ requisitâ. Benè
autem possunt Canonici conjungere tempus trimestre
concessum cum trimestri anni sequentis , ùt dicunt
Pell. et Leand. Nisi (excipit *Concina pag.* 535 *n.* 33)
scandalum obveniat , aut cultus Divinus minuatur.
Prætereà refert *ibid Concina* , sacram C. apud *Leand.*
declarâsse , quod non possint confici præfati tres menses ex horis, quibus Canonici residentes absunt à Choro ; item declarâsse, non posse Canonicos computare
punctaturas pro tribus mensibus sibi concessis , ità
ut nihil teneantur restituere , si omnes punctaturæ
anni non excedant quartam partem integræ residentiæ. Cæterùm , regulariter absentes à Choro ex justa
causa lucrantur et fructus , et Distributiones : ità
communiter *Bonacina Dist.* 2 *q.* 7 *pag.* 1. *Salm. tr.* 16
c. 4 *n.* 11. *Concina t.* 5 *pag.* 522 *n.* 2 *etc.* Quidquid
sit, ut alii negant, de Distributionibus , quæ ex absentia reliquorum Canonicorum ipsis deberentur. Adversatur huic , quod ex Decr. S. C. Conc. apud *Jord.*
Pax (*Jord. Pax Elucubr. lib.* 10 *tom.* 40 *n.* 73,) Canonici nequeant in mensibus conciliariis abesse diœcesi , nisi de licentia Episcopi.

· Causæ autem excusantes Canonicos ab assistentia 13•
Chori tres sunt, ùt constituit Bonifacius VIII. *in cap.*
unic. de Cler. non resid. in 6. nempè: *Infirmitas* , *Ra-*
tionabilis corporis Necessitas , *et Evidens Ecclesiæ Uti-*
litas. Et hîc expedit prænotare, quod ille, qui non residet propter has tres causas in præfato textu expressas, non privetur neque fructibus Præbendæ , neque

Distributionibus, ùt patet ex eodem *cap.* citato. Quibus addenda est quarta causa (ut censet *Pichler in*
Candid. ab. brev. l. 3 *t* t. 4 *n.* 8) nempè consuetudo introducta post Tridentinum : nam Concilium antegressas
abolevit. Qui autem non residet propter causas diversas à tribus prædictis, sed etiàm justas, puta ob studium, visitationem, et alias, de quibus infrà fiet sermo
(ubi semper requiritur licentia Episcopi, vel Prælati),
is lucratur quidem fructus, sed non Distributiones,
ùt *Anacl. l.* 3. *tit.* 4 *n.* 134 *et* 163 *ac Holzmann. to.* 1
p. 434 cum aliis communiter. I. igitùr excusat *Infir-*
mitas, non quidem levis, sed tantùm gravis, vel quæ
gravis fieri potest per accessum ad Ecclesiam, ùt communiter dicunt *Palaus D.* 3. *p.* 9 § 1 *n.* 2. *Bon. q.* 5
p. 1 *n.* 13. *Concina tom.* 2 *pag.* 522 *n.* 2 *et Salm. tr.* 16
c. 4 *n.* 15 *cum Pell. etc.* Excusantur autem etiàm ii,
qui propriâ culpâ infirmitatem contraxerint, ùt pariter cum communi docent *Pal. n.* 3. *Bon. n.* 7. *Conc.*
n. 3 *cum Nav. Sanch. et Salm. n.* 16 *cum Garc. Covar.*
et Pell. quià jus indistinctè excusat infirmos. Et hoc,
etiàmsi quis datâ operâ in morbum se conjecerit, ut
absit à Choro, proùt probabiliter dicunt *Palaus, Sal.*
ll. cc. et probabilem putat *Concina n.* 4 *cum Bon.* Ratio, quià lex ad infirmitatem, non autem ad intensio-
nem respicit; et hoc etiàmsi iste antè infirmitatem
consuevisset abesse à Choro, ùt probabile putant *Nav.*
l. 2 *de Rest. c.* 11 *n.* 238. item *Conc. l. c. n.* 5 *et Salm.*
cum P. nav. et Pal. qui id vocat satis probabile (contrà
Bon. p. 1 *n.* 10 *cum Covar. Az. etc.*), et meritò, quià
infirmitas hîc et nunc de se excusat. Nec officit, quod
ille nec vellet assistere, si esset sanus; nam leges non
puniunt nisi culpabilem absentiam. Secùs verò, ajunt
Sanch. Cons. l. 2 *t.* 2 *Dub.* 90 *n.* 5. *Pal. n.* 6. *Salm.*
n. 18 *et Concina pag.* 526 *n.* 6, cum communi, ùt asserit, si Canonicus sinè legitima causa absit, et infirmetur, quià tunc pro toto tempore absentiæ reputatur
culpabiliter absens. Contrà hanc sententiam, quam
audio vocari communem, nolo judicium ferre; sed
durum mihi videtur, ùt, si quis, licet sine causa,

alió accedat, et ibi contrahat perpetuum morbum, perpetuò debeat distributionibus, et fructibus Præbendæ privari.

Dubitatur, an excusentur absolutè septuagenarii ab assistentia Chori? affirmant *Leander, et alii;* sed verius negat *P. Conc. t.* 2 *p.* 526 *n.* 8, si ipsi robusti sint; et ad alia peragenda negotia ordinariè egrediantur; Secùs si sint debiles, et minùs apti ad longum iter faciendum, ità ut commodè interesse nequeant, ùt ait *Bon. p.* 2 *n.* 6 *cum Azor. Men. et aliis.* undè probabiliter dicunt *Salm. c.* 4 *n.* 19, quod hujusmodi senes regulariter non teneantur ad Chorum, non autem, quod numquàm.

Dubitatur 2. an excusentur cæci et surdi, et lucrentur Distributiones, si absint Choro? Affirmant *Barb. Pelliz. Diana, etc. apud Salm. c.* 4 *n.* 18. Idque inferunt, ex *l.* 1. *C. qui morb. etc.* ubi dicitur: *Qui utriusque oculi actum amisit, levamen sentit munerum personalium.* Sed meliùs negat *Sanch. Cons. l.* 2. *c.* 2. *dub.* 90. *et Salm. ibidem cum Suar. P. Nav. et Cov.* quià Chorus istis non nocet, et ipsi assistendo saltèm auctoritatem præbent. Excusarem autem cæcum, qui sinè notabili incommodo non posset ad Ecclesiam accedere.

II. Excusat *rationabilis corporis necessitas*, sub quâ intelligitur timor cujuscumque gravis damni in vita, honore, aut bonis. Undè non privantur distributionibus, qui domi morantur ad medicinam sumendam, ut vena scindatur, vel proficiscuntur ad balnea, aut locum salubrioris aëris: item qui ab hostibus capiuntur, aut qui patiuntur injustum exilium, aut detinentur per vim, aut ob timorem gravis nocumenti ab inimicis; ità *Bon. q.* 5 *p.* 2 *ex n.* 7. *Salm. tr.* 16 *c.* 4 *n.* 19. *et Conc. t.* 2 *pag.* 526 *n.* 9 *cum commun.* Idem probabiliùs dicendum de absente ob metum belli, vel pestis grassantis in loco Beneficii, ut tenent *Bon. n.* 7. *et* 8. *Pal. tr.* 7 *D.* 3 *p.* 9 §. 2 *n.* 2. *et Salm. cum Vasq. Pell. Covarr. Garc. etc.* contrà *Conc. l. c. Barb. etc.* qui concedunt, posse quidem talem percipere fructus Præbendæ, non verò distributiones.

Cùm autem quis abest à Choro ob excommunicationem , amittit distributiones ; si justè sit excommunicatus; secùs si injustè, et curet, ut ab excommunicatione absolvatur, *Concina p.* 527 *n.* 10. *et Salm. n.* 21. Idem
de Canonico suspenso probabiliùs esse censet *Concina*
n. 12. Si verò quis sit justè excommunicatus , etiàmsi
Choro assistat, putat *P. Concin. n.* 11. *cum Abb. Pal.*
Innoc. Nav. Suar. Tolet. Fill. Sylv. et communi , ut
asserit; hunc amittere tàm distributiones, quàm fructus Beneficii; sed probabiliter id negant *Sanch. de Mat.*
l. 3 *D.* 51 *n.* 12. *Bon. p.* 2 §. 2. *Pal. p.* 9 §. 2 *n.* 4. *cum*
Connck. Vasq. et Gloss. in c. Pastorali, §. *Verùm de*
Appell. ac Salm. c. 4 *n.* 21. *cum P. Nav. Pelliz etc.* et
dicunt, quod, licet iste peccaret assistendo, et meritò
deberet privari à Judice distributionibus, et fructibus;
nullibi tamen constat, hanc privationem ipso jure impositam esse. Qui autem esset excommunicatus , et
resipiscens absolutionem peteret, non amitteret distributiones , si injustè absolutio ei negaretur , cum
tunc per ipsum non fiat, quòminùs assistat. Ità *Palaus*
p. 9 §. 2 *n.* 4. *cum Suar. Vasq. Sylvest. Armill. Sa ,*
Henr. Snyr. Lop. etc. communiter.

· Quandò autem Ecclesia est interdicta, Canonici
non assistentes non ideò amittunt distributiones , dummodò non dederint causam Interdicto , *Concina l. c.*
n. 12. Secùs est in Cessatione Divinorum Officiorum ,
tunc, enim etiàm non dantes causam Cessationi privantur distributionibus , ut *Concina. l. c. Pal. n.* 11.
et Bonac. p. 1 §. 5. *cum Suar. et Sayr. ex cap. Canon.*
§. *Sciscitari de Off Ordin. in* 6. ubi statuitur , quod ii,
qui causam dederint Cessationi, debeant restituere
Canonicis omne interesse, quod ipsi amittunt omittendo assistere Divinis Officiis. Sic pariter quândò Ecclesia est polluta, non privantur distributionibus illi ,
qui causam pollutioni non dederunt. Ità *Palaus p.* 9
§. 2 *n.* 10. *Conc. d. n.* 12. *cum Suar. Bon. Sayr. Trull.*
Henr. et Communi.

· "Quæritur autem hîc , an Canonici irregulares assistentes amittant distributiones , et fructus Præbendæ ?

Si irregularitatem incurrerint post collationem Beneficii, certum est et commune, quod neutrum amittant:
Ità *Concina t.* 2. *pag.* 527. *n.* 12. Sed dubium fit, quandò irregularitatem incurrerunt antè collationem. Hæc
quæstio omninò pendet ab alia, an collatio Præbendæ
facta Clerico irregulari sit per se invalida? Negant
Palaus. de Censur. tr. 29. *D.* 6. *p.* 5 *n.* 7. *Elbel t.* 2.
pag. 457 *n.* 158. *Ronc. de Censur. c.* 1 qu. 5 *R.* 1 *et Salm.
tr.* 10. *c.* 7 *n.* 34. *cum Sylv; Felin. Leand. Laym. Less.
· Suar. Conc. Hurt. etc.* hanc sententiam probabilem
putant. Hi dicunt, collationem istam illicitam quidem
esse, et nullam in foro externo, sed validam in conscientia. Ratio, quià cùm nulla irregularitas incurratur,
nisi in jure sit expressa, tantò minùs incurritur ejus
effectus, qualis est inhabilitas ad Beneficia; hic autem
effectus nullibi in jure reperitur expressus. Affirmant
verò probabiliùs *Concina l. c. Contin. Tourn. de Irreg
t.* 2 *p.* 12. *Holz. t.* 1 *p.* 411 *n.* 320. *Bonac. de Irreg. D.*
5. *p.* 4 *n.* 6. *cum aliis:* et hanc sententiam ipsi *Salm.*
fatentur esse communem. Probatur 1. *ex c.* 2. *de Cler.
pugn. in duello,* ubi dicitur, dispensari posse cum Clerico irregulari, ut Beneficium possideat; ergò sinè
dispensatione ipse est inhabilis ad recipienda Beneficia.
Probatur 2. et fortiùs ex Trid. *Sess.* 22. *c.* 4. *de Ref.*
ubi Concilium loquens de Præbendatis, sic ait: *Ne
aliis imposterùm fiat provisio, nisi iis, qui jam ætatem,
et cæteras habilitates integrè habere dignoscantur, aliter
irrita sit provisio.* Respondent *Salm. et Ronc.* ad præfatum textum (cujus ipsi *Salm.* fatentur difficilem esse
solutionem), et dicunt, To *cæteras habilitates* intelligi
de habilitatibus ex jure naturali, non autem positivo:
sed hæc responsio non satisfacit; nam Concilium, cùm
indistinctè et integrè habilitates requirat, sanè intelligendum est de omnibus habilitatibus, tàm de jure
naturali, quàm positivo necessariis; idque videtur
expressè ibidem declarari, cum dicatur, *qui jam ætatem etc.* idest ætatem requisitam ad Ordines recipiendos, ùt Concilium præceperat, quæ quidem habilitas
certè est de jure positivo. Hinc probabiliùs *P. Conc.*

l. c. sentit, Clericos, qui post irregularitatem Præben-
das recipiunt, privari ipso jure etiàm in conscientia
distributionibus, et fructibus Beneficii.

III. Excusat *Ecclesiæ Utilitas*, modò utilitas sit gravis judicio Episcopi, vel Capituli, et sit Ecclesiæ propriæ, vel universalis, aut totius Diœcesis, non verò
alterius Ecclesiæ vel particularis, ut *Conc. t. 2 p. 528
n. 14. et Salm. tr. 16 c. 4 n. 23.* An autem, qui propter
utilitatem Ecclesiæ abest à loco Beneficii, lucretur
distributiones : Negant aliqui ex *cap. Cum non deceat,
de Cler. non resid. in* 6. ubi Clerici ad Sedem Apostolicam accedentes ob negotium suarum Ecclesiarum
distributionibus privantur. Sed probabiliùs affirmant
Salman. l. c. num. 24. cum Palud. Pelliz. etc. idque
satis probabile putat *Concina num. 15. ex cap. un de
Cler. non resid. in* 6. ubi absolutè conceditur privilegium absentibus in utilitatem evidentem Ecclesiæ. Alter autem textus intelligitur de solo casu, quo
Præbendatus accedit ad Sedem Apostolicam ob instructionem electionis.

Item ex hàc ratione excusatur Canonicus, qui mittitur (nam unus tantùm mitti potest) ab Episcopo ad
visitanda Limina Apostolorum, ùt communiter omnes cum *Concina num. 16.* Idem dicitur de Canonico comitante suum Episcopum ad eadem Limina,
ex Decreto Sixti V. apud *Concina*, qui *ibid.* ait,
Episcopum Limina visitantem posse etiàm duos Canonicos secum ducere. Idem dicitur de Canonico
misso ad Concilium Provinciale tamquàm Theologo,
Canonista, aut Procuratore, ut probabiliùs sentiunt
*Concina pag. 529. num. 17. et Salmanticens. cap. 4
num. 24. cum Palud. Pelliz. etc.* Idem si mittatur Canonicus à Capitulo ad Pontificem, aut Principem
tamquàm Legatus pro agendis negotiis Ecclesiæ,
Concina ibid. Idem, si eligatur Vicarius Capitularis
Sede Vacante, ut communiter docent DD. quià hic
incumbit totius Diœcesis utilitati. Secùs, si eligatur
Vicarius Episcopi, quià tunc Episcopo, non ecclesiæ inservit. Is enim lucratur quidem fructus Præ-

bendæ, sed non distributiones. *Pal. p.* 9 §. 7 *n.* 2. *Salmant. c.* 3 *n.* 34. *Conc. p.* 5 29 *n.* 18 *et* 24.

Minimè autem privatur distributionibus Canonicus [3] Pœnitentiarius, qui tempore officii Confessiones excipit, ex Trid. *Ses.* 24 *c.* 8 *de Ref.* ubi dicitur : *Pœnitentiarius aliquis, cum unione Præbendæ proximè vacaturæ ab Episcopo instituatur ; qui Magister sit , vel Doctor , aut Licentiatus in Theologia , vel jure Canonico , et annorum* 40 *seu alias qui aptior pro loci qualitate reperiatur , qui dum Confessiones in Ecclesia audiet, interim præsens in Choro censeatur.* Sed hîc dubitatur, an lucretur distributiones Pœnitentiarius, qui tempore officii manet in confessionali expectans pœnitentes accessuros ? Negat *Barbosa de Pot. Ep. Alleg.* 65 *n.* 30 *cum Garcia , Ugolin. Sal. et Moneta*, qui referunt decisum , non habendum esse pro præsente in Choro Pœnitentiarium , qui residet in confessionali pro tempore , quo non audit Confessiones ; etiàm ut opportuniùs Confessiones audiat. Sed veriùs *Salm, c.* 4 *n.* 31 *cum Barb. Bon. Pell. Ronc. tr.* 6 *c.* 2 *qu.* 9 *R.* 1 *et Con. cum Pal. et Leand.* affirmant, si pœnitentes soleant accedere , et Pœnitentiarius eo animo se detineat, ut promptiorem illis se exhibeat, ex Decl. S. C. relatâ à Barbosa in *Con. Trid. sess.* 24 *c.* 8 pro Ecclesia Abulensi, quâ mandatur Pœnitentiario, ut se sistat in Confessionali, ne pœnitentes perquirere eum cogantur, et ob verecundiam ejus inquisitionis Confessiones omittant. Et idem dicitur de Canonico subrogato Pœnitentiario, modò subrogatio non fiat in fraudem ; et de aliis, qui Pœnitentiarium adjuvant de mandato Superioris in magno concursu , *Con. ibid. et Castropal. li* 6 , *n.* 3 *c.* 4. Præterea addunt *Barb. in Trid. Sess.* 24 *c.* 8 *n.* 29. *Cast. n.* 2 *et Bon. t.* 1 *de Hor. Canonic. D.* 2 *qu.* 5 *p.* 3 §. 5 *n.* 3 *cum Sal. et Garcia* ex alia Declarat. S. C. in una Gienen. 4. *Sept.* 1591. Pœnitentiarium censeri præsentem etiàm processionibus , orationibus , et exequiis Defunctorum, quæ fiunt tempore, quo ipse Confessiones audit. Quod autem dicunt de Pœnitentiario, dicunt etiàm de Canonico curato, qui tempore

Officii opera sui muneris exercet, *Pal. p.* 9 §. 3. *n.* 8.
Salm. cap. 4 *n.* 26 *cum Barbos. Garc. Gutt. et Concina*
p. 532, *n.* 22. Qui sentit, idem procedere, etiàmsi
Ecclesia, de qua is Curam habet, sit diversa ab Ecclesia,
ubi est Canonicus; dummodò illa sit intrà propriam
Diœcesim ; sed huic contradicit *Bonac. D.* 1. *qu.* 5.
p. 3 §. 6 *n.* 5. Non amittit autem distributiones is,
qui abest ad tuenda jura sui Beneficii : secùs verò si
defendat jus suum ad Beneficium adversùs alterum
Concina ibid.

– Sic pariter lucratur distributiones Canonicus Theo-
logalis, qui tempore Officii legit, aut concionatur, ùt
communiter docent omnes ; et etiàmsi in aliis Horis
ipsius Diei (non verò præcedentis) se pararet ad le-
gendum, vel concionandum, ut *Roncag. c.* 2 *q.* 6 *R.*
2 cum communi, ex Concessione Greg. XIII. et *Concina p.* 531 *n.* 21 cum communiori ex Decl. S. C. *apud
Garcium*, qui contradicit.

Sentiunt autem *Concina pag.* 532 *n.* 22. *Pal. p.* 9 §
7 *n.* 1. *Roncag. R.* 3 *et Salman. c.* 4 *n.* 34 *cum Garc.
Pell. etc.* contrà *Barbos. et Zechium apud Pal.* quod
Canonici Examinatores, dum absunt à Choro (nisi
alia sit alicubi consuetudo), non lucrentur distributiones. Idem ajunt de Canonicis destinatis ab Episcopo ad visitanda Hospitalia et Ecclesias Diœcesis, quià
hi non occupantur in servitio propriæ Ecclesiæ.
Episcopus autem potest duos Canonicos in suo servitio occupare ex *cap. De cætero*, etc. *Ad audientiàm*,
de Cler. non res. qui lucrantur fructus Præbendæ,
sed non distributiones; ut *Ronc. l. c. et Salm. n.* 125
ex Decl. S. C. Dicit tamen *P. Conc.* n. 23 quod Canonici assistentes Episcopo solemniter celebranti lucrentur etiàm distributiones. Canonici autem absentes à
Choro tempore Officii, ut Capitula celebrent, amittunt tàm distributiones, quàm fructus Præbendæ,
quià tempore Officii vel Missæ Choralis ipsis vetitum
est Capitula celebrare, nisi urgeat grave negotium,
quod moram non patiatur; *Conc. ibid.*

132 Ultimò notandum, quod Præbendati docentes in

Scholis publicis (non autem privatis), sacram Scripturam , licet non lucrentur distributiones , acquirant tamen fructus suorum Beneficiorum , ex Trid *Sess.* 5 *c.* 1 *in fin.* Idem dicitur in *cap. fin. de Magistris* , de docentibus Theologiam. Idque communiter extendunt DD. ad docentes Jus Canonicum , ut *Palaus. p.* 9 § 9 *n.* 1. *Roncag. de Benef. c.* 2 *q.* 6 *R.* 3. *Concina t.* 2 *pag.* 533 *n.* 24 *et Salm. tract.* 28 *n.* 129 *et* 130 *cum Sanch. Filliuc. Garcia* , qui de hoc affert declarationem S. C. Idem dicunt de docentibus Grammaticam *Palud. n.* 3. *Concina n.* 26. *Roncag loc. cit. et Salm. tr.* 16 *c.* 4 *n.* 37. Necnon *Salmanticenses* idem sentiunt de docentibus Logicam , et Philosophiam , quià (ut ajunt) omnia hæc sunt necessariò præmitenda ad Theologiam addiscendam.

An autem Parochi docentes sacram Scripturam , Theologiam, aut jus Canonicum eodem privilegio gaudeant? Negat *P. Concina num.* 25 quià in Tridentino Parochus absolutè vetatur abesse ultrà duos menses. Sed probabiliter admittunt *Palaus n.* 4. *Salm. dict. n.* 37 *et Ronc. l. cit. cum Gonzal. Barbos. etc.* Ratio , quià in *cit. cap. fin. de Magistris* indistinctè omnibus facultatem Theologicam docentibus conceditur privilegium , sivè exémptio à residentia : hocque privilegium non habetur in Tridentino , quod ibi clarè (ut oportebat) sit revocatum : verba autem textus præfati hæc sunt : *Docentes verò in theologica facultate , dum in scholis docuerint , et studentes in ipsa integrè per annos quinque , percipiant de licentia* (nempè *generali , concessa auctoritate hujus Constitutionis ,* ubi explicat Glossa) *Sedis Apostolicæ proventus præbendarum , et beneficiorum suorum , non obstante alia aliqua consuetudine , aut Statuto ; cum denario fraudari non debeant in vinea Domini operantes.* Ratio, quià id redundat in bonum totius Diœcesis , imò universalis Ecclesiæ.

Idem privilegium sanè conceditur Præbendatis studentibus in universitate ex Trident. *l. c. et ex cit. c. fin. de Mag. et cap.* 11. *de Privil. in* 6. *ac cap. Tua , de Cler. non resid.* modò ipsi studiis operam dent saltèm per majorem anni partem, ut ait *Conc. n.* 27 *et Pal. n.* 5 *cum Bonac. Barbos. etc.* et modo habeant de hoc licentiam (quæ verò non requiritur pro docenti-bus, ut dicunt *Palaus part.* 9 § 9 *n.* 7. *Ronc. qu.* 6 *R.* 3. *Conc. n.* 28 *ex Salm. tr.* 28 *n.* 130 *cum Barb. et Garc.* Ex Bulla Pii IV. *Ad aures*, edita 24 Novemb. 1564. Hæc autem licentia illis suffragatur pro quinquennio, si audiant sacros Canones; pro septennio verò, si audiant Sacram Scripturam, seu Theologiam, *Salm. l. c. cum Garc. et Barb.* An autem Parochi studentes Theológiæ excusentur à residentia post duos menses ipsis à Trid. concessos? Affirmant *Nav. Tolet. Less. etc.* àpud *Palaum n.* 9. Idque probabile putant *Palaus ibid. et Salm. tr.* 16 *c.* 4 *n.* 39. Quià in *cit. cap. fin. de Ma-gistris* eodem privilegio gaudent docentes, quo studen-tes. Sed probabiliùs negant *Conc. pag.* 534 *n.* 29. *Ronc. qu.* 6 *R.* 3. *Palaus n.* 9. *Salm. l. cit. cum Gonzal. Barb. Garcia, etc.* Ratio, tum quià Tridentinum declaravit, non posse Parochos ultrà duos menses abesse, nisi ex gravi causa; et S. C. *apud Garciam* declaravit, hu-jusmodi causam studiorum nequaquam esse gravem; tum quià privilegium præfatum concessum est tantùm addiscentibus, undè non concedendum Parochis, qui jam edocti supponuntur. Dicunt verò *Salm. n.* 128 ex Decl. S. C. quod, si à Papa detur alicui licentia, ut absit causâ studiorum, hæc non valeat, nisi consensus Ordi-narii accedat. Et sic pariter referunt declarâsse Pium IV. de his, qui studiis in Curia Romana assistunt. Hîc autem obiter notandum, quod in *c. fin. de Cler. vel Mon.* prohibeantur *Archidiaconi, Decani, Plebani, Præpositi, Cantores, et alii Clerici Personatus haben-tes, necnon Presbyteri* studere Juri Civili, vel medi-cinæ sub pœna excommunicationis latæ, si infrà duos menses à tali studio non destiterint. (Dicit tamen *Bonac. de Censur. D.* 2 *q.* 4 *p.* 7 *n.* 4. cum communi, hoc non intelligi de studio privato; nec si audiatur lector domi, ut probabile putat cum *Tol. Calder. etc.* Neque intelligi de docentibus, ut sentiunt *Sanch. l.* 6 *cap.* 8 *n.* 9. et idem *Bon. cum Tab. et aliis*). Undè tales studentes privantur fructibus suarum Præbendarum , ut dicunt *Pal. l. c. p. 9 n. 6. Salm. c. 4 n. 38. cum Bonac et Barbosa.*

Diximus autem , præfatos Magistros aut Scholares excusatos, lucrari quidem fructus Beneficiorum , non verò distributiones : si tamen Beneficium constaret ex solis distributionibus, has etiàm eos lucrari dicit *Conc. pag.* 533 *n.* 27. cum communi ex Decl. S. C. apud *Garciam* (contrà *Bon.*) quià tunc distributiones succedunt loco fructuum. Et idem ait *Conc. pag.* 536 *n.* 35. de dispensatis à Choro , quandò Beneficium tantùm ex distributionibus conflatur. Excipit tamen *Conc.* contrà alios , si sint distributiones minutæ pro Anniversariis, quià Testatores nolunt has dari nisi assistentibus.

ARTICULUS V.

Quibus modis Beneficia amittuntur ?

133 *Quibus modis amittuntur Beneficia?*
134 *Quid , et quotuplex est Resignatio?*
135 *Quid requiritur , ut valeat Resignatio conditionata?*
136 *Quid de Permutatione Beneficiorum?*

« R ESP. 1. Beneficia quatuor modis amittuntur. 1.133
» Per mortem Beneficiati. 2 Ex dispositione juris ,
» idque vel propter alterius Beneficii incompossibilis
» consecutionem , vel per professionem religiosam,
» vel per contractum matrimonii, vel per commissio-
» nem criminis (v. gr. hæresis , schismatis , sodomiæ
» sæpiùs exercitæ), cui amissio Beneficii ipso facto
» est annexa , ut v. apud *Less. l.* 2 *cap.* 34 *d.* 34. 3.
» Per sententiam judicis. 4 Per liberam resignatio-
» nem, de qua.

» Resp. 2 Resignatio est spontanea proprii Benefi- 134
» cii dimissio , facta coram legitimo Superiore id ac-
» ceptante. Estque duplex, scilicet tacita quæ fit ex
» juris dispositione; ut dum quis Religionem pro-

» fitetur : et expressa, quæ rursus est duplex, scilicet
» pura, quæ fit sine conditione et pacto apposito, coram
» Ordinario, qui Beneficium cuilibet alteri conferri
» potest : et conditionata, seu in favorem : eaque vel
» est simplex in favorem, ùt quandò fit absque reser-
» vatione ; vel est qualificata, quandò scilicet fit re-
» servato sibi jure regressûs, vel pensione, vel fruc-
» tibus aliquibus, quæ ob simoniam juris humani,
» nonnisi in Pontificis manibus fieri potest. Et quam-
» vis veriùs sit, etiàm resignationem simplicem in
» Pontificis manibus faciendam, cùm alioqui peri-
» culum sit, ne Beneficiorum resignationes speciem
» quamdam hereditariæ successionis acquirant, quod
» jura Canonica detestantur: probabile tamen est,
» in manu Ordinari fieri posse, eò quod permutatio
» in ejus manibus fieri possit. * (*Sed omninò con-*
» *tradicunt Salm. de Simon. c. 3 n. 52. cum communi.*
» *Vide dicta de Simon l. 3 n. 81.*) * Idque à fortiori
» verum est, si fiat sinè modo obligatorio, quàmvis
» additâ deprecatione, ut personæ certæ conferatur.
» Idque observari potest, ubi non est recepta Bulla
» Pii V. quamlibet personæ successuræ designatio-
» nem prohibens, quam citat *Laym. l. 4 t. 2 cap. 17.*

135 » Porrò, ut resignatio conditionata valida sit ;
» requiritur 1. Ut Beneficium sit resignantis, cùm
» resignatio sit juris sui dimissio. 2. Ut fiat libere. 3.
» Ut fiat in manibus ejus, qui potest admittere, scili-
» cet Pontificis, Ordinarii, Collatoris, vel Institu-
» toris, juxtà dicta. 4. Ut acceptetur à Prælato, in
» cujus manibus fit, quià sine acceptatione jus suum
» resignans non perdit. 5. Ut conferatur illi, in
» cujus favorem, cum clausula consueta, *non aliter,*
» *nec aliàs,* est resignatum. 6. Ut is, cui confertur,
» acceptet ; aliàs enim resignans non perdit Benefi-
» cium, propter clausulam, *non aliter.* 7. Requiritur
» consensus Patroni, vel Electorum, proùt Beneticium
» est patronatum, vel electivum. 8. Si resignans sit
» infirmus, ut à resignatione supervivat 20. dies,
» aliàs enim per obitum vacare censebitur. 9. Ut, si

» resignatio fiat in Curia Romana , intrà 6. menses à
" supplicatione oblata computandos, in loco Beneficii
» publicetur : sin autem extrà Curiam , intrà men-
» sem : alioqui, si contingat resignantem mori, ante-
» quàm resignatarius ceperit possessionem , Bene-
» ficium vacare censebitur. *Less. et Laym. c.* 17.

» Resp. 3 Permutatio Beneficiorum , quæ est quæ-¹³⁶
» dam species conditionalis resignationis , fit , cum
» duo Beneficiati unum , vel plura sua Beneficia Pon-
» tifici non reservata , in manus Ordinarii , alteriusve
» Episcopali auctoritate præditi resignant, cum con-
» ditione, ut posteà vicissim alteri alterius Benefi-
» cium conferat. Quòd quandoque Episcopus insti-
» tuere potest, si necessitas ità exigat; vocatis tamen
» iis, quorum interest , scilicet Patrono, et Collatore
inferiore. Ad hanc autem omnia requiruntur , quæ
ad resignationem in favorem. V. *Less. c.* 31 *d.* 35
et 36. *Laym. cap.* 17. *Bon. de Sim. d.* 1 *qu.* 4 § 12.
* (*Vide l.* 3 *n.* 72.)*

» Quæres 1. An licitæ sint permutationes corant
» Ordinariis , in mensibus reservatis per Concordata
» Germaniæ ? Resp. affirmativè , quià per reservatio-
» nem Concordatorum non censetur Pontifex voluisse
» conditionem Ordinariorum Germaniæ deteriorem
» facere , quàm Episcoporum extrà Germaniam , co-
» ram quibus id simpliciter licet.

» Quæres 2. An licitum sit permutare Beneficia ,
» compensatâ fructuum æqualitate.

» Resp. 1. non licere , si Beneficium copiosus , non
» separatis proventibus à titulo, permutetur cum te-
» nui. Ratio est , quià excessus ille , eo ipso , quo
» manet annexus titulo , est debitus titulo , ideòque
» pro eò nihil exigi potest , quin etiàm exigatur pro
» titulo.

» Resp. 2. posse peti compensationem ob hujus-
» modi permutationem à Pontifice , pro incommodo
» temporali , quod alter subit, spoliando se proven-
» tibus sui Beneficii , ideòque talis compensatio non
» est pretium Beneficii , aut proventuum annexorum,

» sed conditio , ut se indemnem servet , sinè qua con-
» ditione nollet se spoliare.

　　• Resp. 3. Jura proventuum posse separari à titulis,
» - et primò nudos titulos ; deindè alio contractu jura
» proventuum , utpotè temporalia , permutari , com-
» pensato excessu opulentioris ; idque auctoritate so-
» lius Papæ. V. Less. l. c. Bon. l. c. § 12 n. 11 * (Vi-
» de l. 3 n. 75 et 76.) *

　　» Quæres 3. An licitè permutetur Beneficium hac
» lege , ut expensæ litis, vel Bullarum refundantur
» per recipientem ? Resp. Videri permutationem si-
» moniacam , si impensæ sint causa impulsiva per-
» mutationis , sine qua actus non fuerit futurus. Idem
» de simili resignatione affirmarem. Less. l. c. Bon.
» l. c. n. 9. »

ARTICULUS VI.

Quid , et quotuplex sit Pensio ?

137 Quid et quotuplex Pensio ?
138 A quo et quanta possit Pensio designari?
139 An Pensionarius possit de illa liberè disponere ?

137　» Resp. Pensio est jus percipiendi fructus ex alieno
» Beneficio. Estque triplex : 1. Temporalis , quæ da-
» tur propter ministerium temporale , v. gr. Cantori,
» Ædituo , Patrono , et Defensori Ecclesiæ. 2. Spiri-
» tualis , quæ fundatur in titulo merè spirituali , ùt
» quæ datur Concionatori , Coadjutori Episcopi , Pa-
» rocho , etc. 3. Media , quæ fundatur in statu spiri-
» tuali , non tamen officio spirituali : ùt quæ datur
» Clerico pauperi , vel Parocho seni ad sustentatio-
» nem , vel quæ datur causâ resignationis , et litis
» componendæ. Duæ posteriores dicuntur Clericales,
» quià Clericis ; prima Laicalis , quià Laicis tantùm
» datur.

　　• Porrò circà pensiones Lay. c. 18 et Les. c. 35 docent

» hæc : I. Etsi eam designare proprium sit Papæ, id
» tamen etiàm Episcopum posse in causis speciali-
» bus, et necessariis : v. gr. propter paupertatèm, et se-
» nium resignantis, vel litis compositionem, vel prop-
» ter adæquandos fructus, in permutatione Beneficio-
» rum. * (*Vide l. 3. n. 73.*) * II. Debere esse modera-
» tam, ità ut Beneficiato relinquatur sufficiens sus-
» tentatio ; talis autem plerumque censetur tertia pars
» fructuum.* (*Cum Salm. de Benef. cap. unic. n. 46.*)*
» III. Ad pensionem non requiri consensum patroni,
» ùt quidam volunt, quià id nullo jure statutum est.
» Nequè ullum fit præjudicium per impositionem pen-
» sionis, cum is fructus non percipiat ex Beneficio,
» sed tantùm habeat jus instituendi, et præsentandi,
» quod ei non adimitur. IV. Pensionarius post consti-
» tutionem Pii V. ubi ea est recepta, tenetur recitare
» Officium B. V. nec facit fructus suos, si omittat. *
» (*Intelligitur de pensione, quam quis ùt Clericus perci-*
» *pit. Vide Salm. de Benef. n.* 64. *Item ad tale onus*
» *non obligantur, qui dicunt Officium Majus, vel qui*
» *fiunt Equites Ordinis Militaris, cum satifaciant reci-*
» *tando preces à Religione præceptas. Ità Azor. Pal.*
» Bonac. Led. cum Salm. l. c. et de Hor. Can. c. 2
» n. 28.) * V. Pensionem extingui morte Pensionarii,
» sicut ususfructus morte usufructuarii. Posset tamen
» Papa facere perpetuam, ex plenitudine potestatis.
» De venditione et redemptione pensionis v. *Láym.*
» c. 18. *et Less. l.* 2 c. 25 *d.* 22. Bon. *l. c.* §. 13. »

Quæritur, an pensionarius possit de redditibus pensionis pro libito disponere? Affirmant *Vasq. Covarr etc.* [139]
apud *Salm. de Benef. cap. un. n.* 63. Quia pensio, ùt
dicunt, est portio jam extracta ex fructibus Beneficii.
Et pro hac sententia adest Decisio Rotæ Romanæ,
quam affert *Azor. p.* 2 *l.* 7 *c.* 9 *q.* 12. in qua definitum
fuit, *pensiones decursas et non solutas non computari*
inter spolia (sicùt computantur fructus Beneficiorum),
sed transire ad hæredes; quià pensio non est Beneficium,
sed consistit in mera temporalitate. Negat verò *Nav.*
Mol. Garcia, quià pensio eisdem regulis Beneficiorum

metiri debet, cum illis æquiparetur. Verùm *Salm. ibid.* distinguunt, et affirmant de pensione laicali, negant de Ecclesiastica. Hæ tres sententiæ omnes sunt probabiles. *Vide l.* 3 *n.* 491. *Qu. VI.*

FINIS TOMI TERTII.

INDEX

MONITUM.

Hic Tomus jam diù subscriptoribus fuisset distributus, nisi Correctori advertenti, plurimos textus, tum ex scriptura sacra, tum ex Concilio Tridentino, Doctore Angelico, Salmanticensibus, Lessio, Layman, La Croix, aliisque Authoribus incorrectè citatos, multaque loca malè allegata, sæpiùs ad fontes fuisset recurrendum. Hæc omnia correcta reperiuntur N.ᶦˢ 907. 931. 966. 968, 973. 981. 985. 992. 1000. 1011. 1022. 1030. 1041. 1042. 1046. 1047. Ex Tomo 2. Ed. Bassan : N.ⁱʳ 2. 10. 15. 17. 49. 66. 67. 68. 71. 73. 74. 78. 91. 97. 104. 110. 117. 121. 126. 127. etc. nimis enim longum esset omnia, quæ fuêre correcta, hîc allegare.

Lightning Source UK Ltd.
Milton Keynes UK
UKHW05f1549091018
330182UK00020B/544/P